21世纪高等学校教材
普通高等教育“十一五”汽车类专业（方向）规划教材

汽车制造工艺学

主　编　曾东建
副主编　贺曙新　徐　雳　石美玉
参　编　杨仁华　吴　涛
　　　　李水良　吴　石
主　审　韩英淳

机 械 工 业 出 版 社

本书是根据全国普通高等教育汽车类专业（方向）教材编审委员会确定的教材规划编写的，系统地阐述了汽车设计与制造专业所需要的工艺基本理论和知识。全书共分十一章，内容包括汽车制造过程概论，汽车及其零件制造中常用制造工艺基础知识，工件的机械加工质量，工件的定位和机床夹具，机械加工工艺规程的制定，尺寸链原理及其应用，装配工艺基础，结构工艺性，汽车典型零件的制造工艺，汽车车身制造工艺，自动化制造系统及先进制造技术简介。作为课后练习，每章后均附有与课程内容紧密相关的习题。

本书除作为高等院校汽车设计与制造专业教材外，还可供汽车设计、制造部门的工程技术人员参考。

图书在版编目（CIP）数据

汽车制造工艺学/曾东建主编．—北京：机械工业出版社，2005.9（2025.7重印）

21世纪高等学校教材，普通高等教育“十一五”汽车类专业（方向）规划教材

ISBN 978-7-111-17452-3

Ⅰ.汽…　Ⅱ.曾…　Ⅲ.汽车-车辆制造-工艺-高等学校-教材　Ⅳ.U466

中国版本图书馆CIP数据核字(2006)第109605号

机械工业出版社(北京市百万庄大街22号　邮政编码100037)
策划编辑：赵爱宁　责任编辑：冯　铁　版式设计：冉晓华
责任校对：李秋荣　责任印制：单爱军
北京盛通数码印刷有限公司印刷
2025年7月第1版第28次印刷
184mm×260mm · 22.5印张 · 557千字
标准书号：ISBN 978-7-111-17452-3
定价：55.00元

电话服务
客服电话：010-88361066
010-88379833
010-68326294

网络服务
机　工　官　网：www.cmpbook.com
机　工　官　博：weibo.com/cmp1952
金　　书　　网：www.golden-book.com
机工教育服务网：www.cmpedu.com

普通高等教育汽车类专业（方向）

教 材 编 审 委 员 会

序

汽车被称为“改变世界的机器”。由于汽车工业具有很强的产业关联度，因而被视为一个国家经济发展水平的重要标志。近10年来，我国汽车工业快速而稳步发展，汽车产量年均增长15%，是同期世界汽车产量增长量的10倍。汽车工业正在成为拉动我国经济增长的发动机。汽车工业的繁荣，使汽车及其相关产业的人才需求量大幅度增长。与此相应地，作为人才培养主要基地的汽车工业高等教育也得到了长足发展。据不完全统计，迄今全国开办汽车类专业的高等院校已达百余所。

从未来发展趋势看，打造我国自主品牌、开发核心技术是我国汽车工业的必然选择。但当前我国汽车工业还处在以技术引进、加工制造为主的阶段，这就要求在人才培养时既要具有前瞻性，又要与我国实际情况相结合。要在注重培养具有自主开发能力的研究型人才的同时，大力培养知识、能力、素质结构具有鲜明的“理论基础扎实，专业知识面广，实践能力强，综合素质高，有较强的科技运用、推广、转换能力”特点的应用型人才。这也意味着对我国高等教育的办学体制、机制、模式和人才培养理念等提出了全新的要求。

为了满足新形势下对汽车类高等工程技术人才培养的需求，在中国机械工业教育协会机械工程及自动化学科教学委员会车辆工程学科组的领导下，成立了教材编审委员会，组织制定了多个系列的普通高等教育规划教材。其中，为了解决高等教育应用型人才培养中教材短缺、滞后等问题，组织编写了“普通高等教育‘十一五’汽车类专业（方向）规划教材”。

本系列教材在学科体系上适应普通高等院校培养应用型人才的需求；在内容上注重介绍新技术和新工艺，强调实用性和工程概念，减少理论推导；在教学上强调加强实践环节。此外，本系列教材将力求做到：

1）全面性。目前本系列教材包括汽车设计与制造、汽车运用与维修、汽车服务工程、物流工程等专业方向，今后还将扩展专业领域，更全面地涵盖汽车类专业方向。

2）完整性。对于每一个专业方向，今后还将继续根据行业变化对教学提出的要求填平补齐，使之更加完善。

3）优质性。在教材编审委员会的领导下，继续优化每一本教材的规划、编审、出版和修订过程，让教材的生产过程逐步实现优质和高效。

4）服务性。根据需要，为教材配备CAI课件和教学辅助教材，召开新教材讲习班，在相应网站开设研讨专栏等。

相信本系列教材的出版将对我国汽车类专业的高等教育产生积极的影响，为我国汽车行业应用型人才培养模式作出有益的探索。由于我国汽车工业还处于快速发展阶段，对人才不断提出新的要求，这也就决定了高等教育的人才培养模式和教材建设也处于不断变革之中。我们衷心希望更多的高等院校加入本系列教材建设的队伍中来，使教材体系更加完善，以更好地为高等教育培养汽车专业人才服务。

中国汽车工程学会　常务理事
中国机械工业教育协会
车辆工程学科　副主任
林　逸

前　言

本书是根据全国普通高等教育汽车类专业（方向）教材编审委员会确定的教材规划编写的。

遵循“加强工艺基础、突出汽车特点、着重能力培养”的指导思想，本书力求将该课程与生产实践相密切配合，使学生初步学会从工艺观点去分析汽车及其零部件的结构，扩大他们的知识范围。本书不仅全面而系统地阐述了汽车生产制造工艺的基本理论，而且力求使内容覆盖面广，并保持一定的深度，为学生今后进一步学习、提高汽车生产制造理论打下良好的基础。另外，在保持传统内容的基础上，为跟上我国近年来高速发展的现代高新汽车生产加工技术的发展步伐，让学生对新的汽车制造技术有一个了解，增加了诸如第十一章的内容。同时，为进一步加强、突出教材针对性，书中例题、习题几乎均与汽车的零件、部件加工、装配有关，使读者通过阅读、学习本书，就能对汽车的生产、加工过程有一个较系统而清晰的认识。

本书适用于70学时。但考虑各个学校的课程设置不完全相同，所以采用本教材进行教学时，可以根据具体教学的需要进行删筒。例如，已经专门开设铸造、锻造、焊接、冲压等课程的学校，第二章就可以放弃不学。

在撰写过程中，所有参加本书的编者都一致认为：为加强汽车生产加工技术的教育，扩大本书的使用面，既可作为高等院校汽车设计与制造、起重运输、工程机械等车辆类有关专业的教材，也可作为汽车运用与维修、汽车生产管理等方面的工程师以及具有中等以上文化知识基础的技术员、生产工人的参考书。

本书由西华大学曾东建任主编，南京工程学院贺曙新、哈尔滨理工大学徐雳、黑龙江工程学院石美玉任副主编。本书的编写分工为：曾东建（第一章、第五章），贺曙新（第八章），徐雳（第九章），石美玉（第三章、第七章），西华大学杨仁华（第六章、第十一章），西华大学吴涛（第十章），河南科技大学李水良（第四章），哈尔滨理工大学吴石（第二章）。

本书由吉林大学韩英淳教授主审。韩教授对初稿进行了认真的审阅，提出了许多宝贵的意见，编者在此表示衷心的感谢。同时，对在编写过程中提供大力支持和帮助的领导、同事、同学表示衷心的感谢。

由于水平所限，书中不可避免地会有缺点和错误，欢迎广大读者批评指正。

编　者

目　　录

第一章　汽车制造过程概论

第一节　汽车的生产过程

汽车的生产是一个复杂的过程。汽车是由许多零件、部件、分总成等装配而成的。将原材料制造成产品的全部过程，包括原材料的运输、保管，毛坯制造、机械加工及热处理，部件装配和汽车的总装配，产品的品质检验、调试、涂装及包装、储存等，如图 1-1 所示。

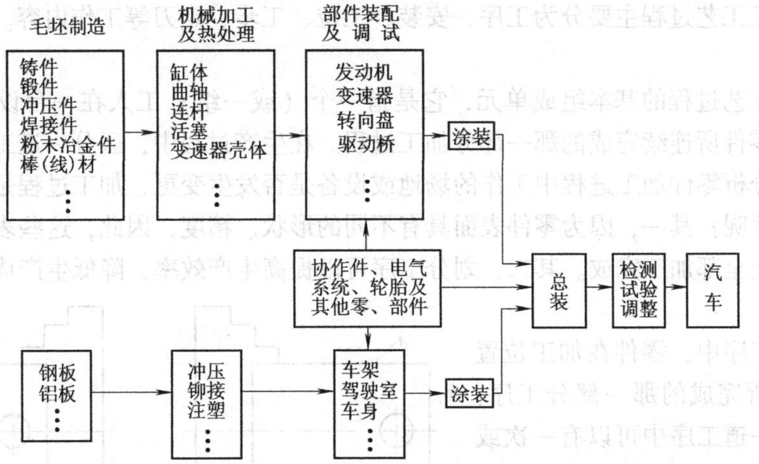

图 1-1　汽车生产过程简图

汽车的生产过程虽然可通过过程简图集中表达出来，但在实际生产中，它是一个社会化的生产过程，是由若干不同的专业化生产厂（车间）合作完成的。为了经济地、高质量地、高效率地提供汽车生产所需要的零、部件，这些专业化工厂（车间）按产品的协作原则组织生产、分工合作。如生产一台发动机，首先是铸造、锻造厂（车间）将各种特性不同的原材料加工制造成毛坯，然后经过机械加工、热处理厂（车间）制成合格的零件，再结合利用其他专业技术的产品，如火花塞（汽油机）、燃油泵（柴油机）等各种附件，在总装厂（车间）进行部件装配和总成装配，最后经过调整试验达到要求的性能指标，成为一台质量合格的发动机。一个完整的汽车生产过程，除了上述生产厂（车间）外，还应包括为生产准备和为生产服务的有关部门，如原材料及半成品供应；产品品质检测；工夹具、刀具制造、管理和准备；设备维护等部门。

第二节　汽车生产工艺过程

一、工艺过程的定义

工艺过程是生产过程中最主要的组成部分。所谓工艺过程，就是改变原材料（或毛坯）

的形状、尺寸、相对位置和材料性能，使其成为成品或半成品的那部分生产过程，它包括铸造、锻造、热处理、机械加工和装配等工艺过程。铸造和锻造工艺过程统称为毛坯制造工艺过程。在这一工艺过程中，原材料经过铸造或锻造而成为满足设计技术要求、具有特定外形形状的铸件或锻件。在紧接下来的机械加工工艺过程中，借助于不同形式的加工方法和不同性能的加工设备，毛坯按一定顺序依次通过各道工序，改变形状、尺寸、相互位置关系，成为满足设计图样要求的零件。而这些被加工好的、合格的零件按照规定的技术要求装配起来，就成了具有一定功能的部件、分总成（如发动机、变速器等）和汽车，这一环节称为装配工艺过程。

二、机械加工工艺过程的组成

机械加工工艺过程主要分为工序、安装、工位、工步、走刀等工作内容。

1. 工序

工序是工艺过程的基本组成单元，它是指一个（或一组）工人在一台设备上对一个或同时对几个零件所连续完成的那一部分加工过程。在生产过程中，区分一道工序的依据是什么呢？就是分析零件加工进程中工作的场地或设备是否发生变更，加工过程是否连续。为什么要划分工序呢？其一，因为零件表面具有不同的形状、精度，因此，这些表面一般不可能在一台机床上全部加工完成。其二，划分工序可以提高生产效率，降低生产成本。

2. 安装

同一道工序中，零件在加工位置上装夹一次所完成的那一部分工序，称为安装。一道工序中可以有一次或多次安装。如图1-2所示，在车削发动机活塞外圆面、端面和活塞环槽的工序里，车削裙部外圆 *A* 和端面 *B* 所进行的安装称为安装1；车削活塞顶部 *C* 和切活塞环槽 *D* 所进行的安装称为安装2。所以在这道工序中包括了两次安装。

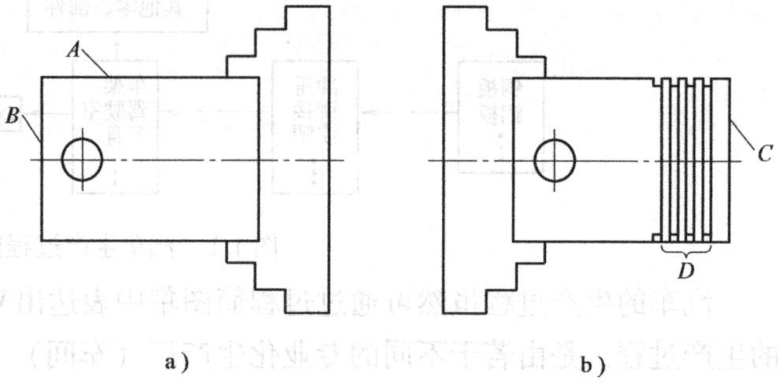

图1-2 活塞裙部和活塞环槽加工

a) 安装1 b) 安装2

在一道加工工序中，应尽量减少安装次数。这是因为安装次数增多，不仅影响生产效率，而且由于多次安装，安装位置改变，势必影响被加工部位间的精度。如上述活塞外圆面的加工，就因为采用两次安装，可能造成活塞裙部外圆与环槽外圆同轴度精度降低以及裙部端面与活塞顶面不平行。因此，同一工序中，为提高生产效率和零件位置精度，应尽量减少安装次数。

3. 工位

采用转塔加工设备或转位工作台进行零件加工时，零件一次安装后，零件（或刀具）相对于机床有多个不同位置。零件在每个位置上完成的那一部分加工过程，称为一个工位。

图1-3所示为零件在二轴组合钻、铰设备上的加工情况。零件安装在回转工作台上，从装卸位置1到铰零件孔位置3，零件相对于刀具位置发生了三次改变，三次位置改变的完成即表示一个零件在该工序的加工内容的结束，而零件每转一个位置，则是一个工位，所以该

工序为三个工位。另外，应注意：如果零件安装在固定的工作台上，而加工刀具安装在转塔刀架上，这时刀架的每一次转动，零件相对于刀具的位置也发生一次改变，这也是一个工位。

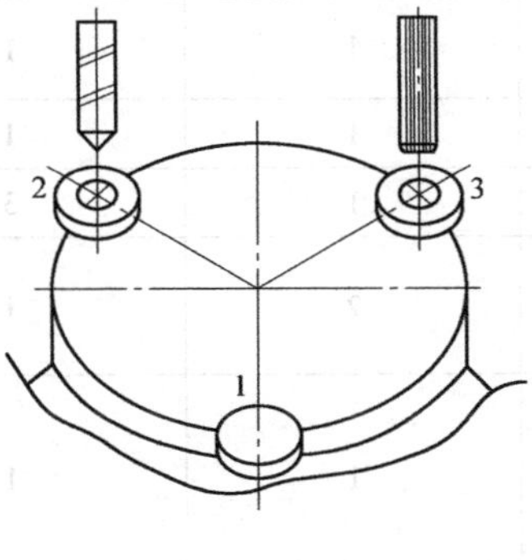

图 1-3　三工位二轴钻铰孔加工

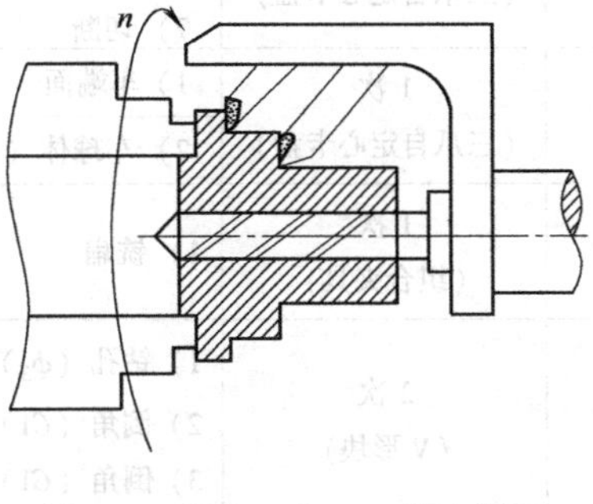

图 1-4　复合工步——通油螺塞孔及外圆表面加工

多工位零件加工方法减少了安装次数，提高了生产效率，特别适合于汽车零件的加工生产。

4. 工步

零件在一次安装中，在加工表面、加工刀具、切削用量（转速及进给量）不变的情况下，所连续完成的那一部分工序内容称为工步。如图 1-2 中，车削活塞顶部 *C* 和切活塞环槽 *D* 的工序中，由于加工表面、刀具、切削用量都不同，所以它们属于不同的工步。

在汽车的零件加工生产中，为了提高生产效率，常在一次安装条件下，利用多个刀具同时加工多个待加工表面，作为一个工步，我们称其为复合工步。如图 1-4 所示，在车床上用 2 把车刀，1 把钻头同时车削外圆台阶表面和钻油孔，即为一个复合工步。

5. 走刀

零件一次安装后，在一个工步内，被加工表面余量较大时，需要进行多次切削。每进行一次切削，称为一次走刀。

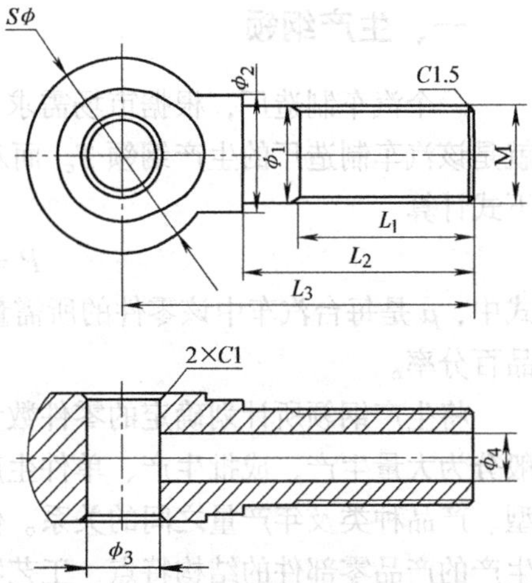

图 1-5　三通螺钉零件结构图

图 1-5 所示为一三通螺钉零件设计图，通过表 1-1 的描述，可以方便地分清工序、安装、工位、工步、走刀之间的关系。

表 1-1　三通螺钉加工工艺过程

工序	安装次数（夹具）	工　步	工位	走刀
Ⅰ车	1 次 （三爪自定心卡盘）	1）车端面 2）车外圆（ϕ_2） 3）车外圆（ϕ_1）		
		4）倒角（C1.5）	1	1

（续）

工序	安装次数（夹具）	工　步	工位	走刀
Ⅰ车	1次 （三爪自定心卡盘）	5）车螺纹（M）	1	3
		6）钻孔（ϕ_4） 7）切断	1	1
Ⅱ车	1次 （三爪自定心卡盘）	1）车端面	1	1
		2）车球体（$S\phi$）	1	3
Ⅲ铣	1次 （组合夹具）	1）铣扁	2	1
Ⅳ钻	2次 （V形块）	1）钻孔（ϕ_3） 2）倒角（C1） 3）倒角（C1）	1	1

第三节　汽车及其零件生产模式和生产理念的发展

一、生产纲领

一个汽车制造厂，根据市场需求、销售和本企业的生产能力制订的年产量和进度计划，就是该汽车制造厂的生产纲领 T。而对于汽车零件的生产车间或协作厂的生产纲领 P，可按下式计算

$$P = T\mu\ (1+\alpha)\ (1+\beta)$$

式中，μ 是每台汽车中该零件的所需量（件/台）；α 是批次中备件的百分率，β 是批次中废品百分率。

将生产纲领所计划确定的零件数量，在一年里分批生产，每批生产的数量即为批量。一般分为大量生产、成批生产、单件生产三种生产类型。表1-2列举了我国汽车制造厂生产类型、产品种类及年产量之间的关系。但应注意：汽车零件生产车间、协作厂或生产线由于所生产的产品零部件的结构特点、工艺特点、需求量以及零部件使用寿命长短不同，可能具有相异的生产类型。

表1-2　汽车制造厂生产类型与产品特征及产量之间的关系

汽车种类 / 生产类型		小轿车及1.5t以下轻型载货汽车（辆/年）	载货汽车（辆/年）2～6t	载货汽车（辆/年）8～15t
单件生产		10以下	10以下	10以下
成批生产	小批	2000以下	1000以下	500以下
	中批	2000～10000	1000～10000	500～5000
	大批	10000～50000	10000～30000	5000～10000
大量生产		50000以上	30000以上	10000以上

二、生产类型与生产方式

汽车产品的销售与工厂的生产能力，决定了工厂的生产纲领，生产纲领的制定，决定了产品的生产类型，即生产规模。

1. 单件生产

一次生产一台或少量的几台汽车，不重复或很少重复制造的一种生产方式。这种生产类型，常出现在汽车产品试制阶段。这种生产类型所生产的汽车产品，由于往往只进行一次或很少重复，因此在生产组织上很灵活，加工设备为通用设备，专用夹具使用很少，而更多的是采用组合夹具。

2. 成批生产

小批生产、中批生产、大批生产统称为成批生产。在成批生产中，产品成批地、周期性地投入生产，每一工作场地或加工设备分批完成不同零件的一道工序或同一工件的几道相似工序。中、重型载货汽车的生产即属于这种生产类型。在小批生产中，汽车产品产量不多，但周期性生产，其特征与单件小批生产相近。而大批生产的工艺特征与大量生产相似。

3. 大量生产

产品的数量很大，每一设备或工作地重复地进行一种零件或几种相似零件的某一工序的生产。汽车、汽车发动机、汽车上大部分零部件的加工，均采用这种生产类型。由于大量生产的零件数量很多，因此，在生产组织上，按零件的结构或部件的独立功能作用专业化进行，如发动机、变速箱、转向器、车身等。为提高生产效率，生产设备常采用专用机床设备、工艺装备，并按工艺规程顺序排列。

三种不同的生产类型，在实际的生产中可能同时发生在一个工厂，甚至一个车间内。例如，某一发动机的制造是成批生产，但是发动机所用的某一个零件（气阀、连杆、活塞、活塞环等）却是大量生产。此外，在一个专业化制造厂或车间内，根据零件的结构、尺寸和工艺特征的相似性，对同类零件进行分组，将同组零件集中在一条生产线或一台设备上进行加工，这就是所谓的成组技术。这样，既可使多品种小批量零件生产统一起来变为成批大量生产，又可采用先进的生产工艺和生产组织形式。当生产从一种零件转换到另一种零件时，设备或生产线不需调整或稍作调整即可。

传统汽车生产同其他产品一样，选用生产类型与生产方式的准则仍然是：质量、成本、生产率。但随着生产技术的发展，人们消费水平的提高，消费的个性化以及汽车制造竞争日趋激烈，使传统的大批量生产类型正逐步被多品种小批量生产模式所取代。质量、成本、生产率这一传统准则的内涵也被赋予了新的含义，从而在汽车制造领域内，提出了新的 T（交货时间）、Q（质量）、C（成本）、S（服务）准则。根据 $TQCS$ 四要素的要求，在满足用户需求的前提下，为了在激烈的市场竞争中占领优势地位并取胜，快速响应制造的概念正在汽车制造业界内以风起云涌之势推广开来。快速制造不仅要求加速更新换代的进程，而且要求保持质量领先。因此，确定一种汽车产品的生产类型、生产方式及制造工艺时，既要对汽车制造技术有深刻透彻的掌握，还要从汽车生产管理的角度作出有战略眼光的选择。

汽车及其零部件的生产过程实际上包括零件、部件、整车生产的全过程。纵观世界汽车制造的生产方式，主要有以下三种：

1）生产全部零部件，并且组装整车。

2）只负责汽车的设计和销售，不生产任何零部件。

3）生产一部分关键的零部件（如发动机等），其余的向其他专业生产厂（公司）成套采购。

第一种生产方式，如传统上的一些大型、超大型汽车制造企业，这些企业拥有汽车所有零部件设计、加工制造能力，在一个局部地区形成大而全、小而全的托拉斯汽车制造企业。这种生产方式，对市场的适应性极差，难以做到生产设备负荷的平衡，固定资产利用率低，工人工作极不均衡，是一种呆板、跟不上时代的、落后的生产方式。

第二种生产方式，固定资产投入少，充分适应市场变化快的特点，转产容易，使汽车生产彻底社会化、专业化，如国外敏捷制造中的动态联盟。其实质就是在互联网信息技术支持下，在全球范围内实现这一生产方式。这种生产方式突出了知识在现代制造中的作用和地位，是一种将传统的汽车制造由资金密集型向知识密集型过渡的先进生产方式。

第三种生产方式，克服了第一种方式所具有的投资大，对市场适应性差的缺点，也克服了第二种方式不能控制掌握汽车制造中的核心技术和工艺的不足，成为当今汽车制造最普遍的生产方式之一。按这种生产方式运作，汽车生产只控制整车、车身、发动机等核心零部件的设计、生产，其余零部件由专业生产厂家提供。如美国的三大汽车公司，在各自公司周围密布了成百上千的专业生产企业，承担了汽车零、配件和汽车生产所需的专用工装夹具、模具、专用设备的生产供应。日本的汽车工业生产格局也是如此。如日本电装、丰田工机等公司原来都是典型的专业生产汽车零部件的企业，它们不仅为日本本国汽车生产企业提供配件，而且为全球汽车生产厂供货。以日本电装公司为例，它原是丰田公司属下的一个汽车电器配套子公司，1949 年另立门户后，现已成为年产值逾 120 亿美元的日本最大的汽车零部件生产厂，所生产的汽车空调器、起动机、刮水器、散热器等产品市场占有率居世界首位。

20 世纪初到中叶，汽车制造主要以 Ford 生产方式为代表，其生产特点为典型的大批量生产模式。专用设备、刚性生产线，以及零件高度互换和质量统计分析为主的质量保证体系，代表了它的主要特征。这个时期，单工序优化的制造技术研究对提高生产率、降低制造成本发挥了决定性作用。但随着经济的发展，人们消费水平的提高，汽车消费要求日趋个性化，多品种、小批量的汽车生产方式逐渐占据主导地位。但在多品种、小批量生产方式下，汽车制造的效益不再显著。如何面对激烈的市场竞争，使企业保持良好的效益，从管理科学方面对汽车制造提出了许多新理念及企业运作方法。如日本丰田公司实施的准时生产 JIT (Just In Time) 及生产监控方法。所谓 JIT，就是在需要的时间里生产需要的合格产品。生产监控方法就是在生产线中保证进入下一工序的成品或半成品是 100% 的合格品。丰田的这种生产运作方式不仅适应了市场变化，而且使在制品库存积压大量减少。又如美国里海大学与通用汽车公司（GM）共同提出的敏捷制造（AM）的概念。敏捷制造的目的是快速解决市场需求问题，基本核心内容就是虚拟公司与动态联盟。所谓虚拟公司，就是当有了成熟的汽车产品设计后，不再像传统汽车生产方式那样组织生产，而是通过计算机网络，在全球范围内，选择最具实力的制造企业组成联盟，即虚拟公司。虚拟公司的生产运作均是通过网络、数据库、多媒体等信息化技术手段来完成的。当产品的市场寿命结束了，虚拟公司也就完成其使命。在扁平化管理的虚拟公司运作中，各加盟配套企业在技术、经济、管理上各自都相对独立，有较大自我决策权，联盟仅参加意见，这样更有利于实现敏捷设计、敏捷制造的并行。事实上，现在许多发达国家的汽车制造工业在生产方式及配套体系运作上已全面按这种理念进行运作。

三、不同生产类型的工艺特征

生产类型的不同，生产组织、管理，生产车间的布置，毛坯的制作，设备、工装夹具、加工方法的选择以及对工人技术等级等各方面的要求均不同。制定工艺规程时，必须考虑与生产类型相适应，这样才能取得最大的经济效益。表1-3对不同汽车生产类型和工艺过程的特征进行了详细的比较和描述。

表1-3 不同汽车生产类型和工艺过程的特征比较

特征	项目	单件小批生产	成批生产	大批、大量生产
产品特征	产量	少	一般	多
	产品品种	繁多	少量同类品种	基本单一品种
	生产重复性	经常变换，基本不重复	周期性变换、重复	基本固定不变、重复
	零件互换性	没有互换性，广泛采用钳工进行装配	大部分有互换性，同时保留试配	全部有互换性，某些精度高的配对件采用分组选择装配法
	毛坯制造及加工余量	铸件用木模手工制造，锻件用自由锻，毛坯精度低，加工余量大	部分铸件用金属模，部分锻件用模锻，毛坯精度一般，加工余量较小	金属模机器造型，锻件采用模锻及其他高生产率毛坯制造法，毛坯精度高，加工余量小
工艺装备特征	机床设备	通用机床、数控机床、加工中心	数控机床、加工中心、柔性制造单元，部分也采用通用机床、专用机床	专用生产线，自动化生产线，柔性制造生产线或数控机床
	夹具	极少采用夹具，偶尔采用组合夹具	广泛采用专用夹具	采用高生产率专用夹具
	刀具与量具	采用标准刀具和通用量具	采用标准刀具、量具，部分采用专用刀具及量具	基本采用专用刀具、专用量具
工艺特征	加工方法	试切法、划线找正加工法	调整法为主，偶尔也采用试切法	调整法自动加工
	工艺规程	简单的工艺路线（流程）卡	有工艺规程，对一些主要或关键零件有详细的工艺规程	有详细的工艺规程
技术经济性比较	设备投资	少	一般	高
	生产效率	低	一般	高
	生产成本	高	一般	低
	对工人技术要求	熟练	一般熟练	操作工人技术水平要求低，调整工人要求技术水平高

习 题

1-1 用方框图描述汽车的生产过程。

1-2 什么是生产纲领？什么是生产类型？它们之间有什么联系？

1-3 组织汽车产品的生产有几种方式？试进行比较。

参考文献

1 王贵成主编．机械制造学．北京：机械工业出版社，2001

2 黄鹤汀，吴善元主编．机械制造技术．北京：机械工业出版社，1997

3 李华主编．机械制造技术．北京：机械工业出版社，1997

4 叶伟昌．先进制造技术发展动向与我们的策略．机械制造，1996（5）

5 房费如等．先进制造技术的总体发展过程和趋势．中国机械工程，1995（3）

第二章　汽车及其零件制造中常用制造工艺基础知识

第一节　铸造工艺基础

一、概述

将熔化后的金属液浇注到铸型中，待其凝固、冷却后，获得一定形状的零件或零件毛坯的成形方法，称为铸造。铸造获得的毛坯或零件称为铸件。

（一）铸造的特点及分类

汽车用铸件的主要特点是壁薄、形状复杂、尺寸精度高、质量轻、可靠性好、生产批量大等。铸件一般占汽车自重的20%左右，仅次于钢材用量，居第二位。就材质而言，铸铁、铸钢、铸铝、铸铜等应有尽有，仅铸铁就采用了灰铸铁、球墨铸铁、蠕墨铸铁、可锻铸铁及合金铸铁等。可以说，汽车工业使各种铁造材质达到物尽其用的地步。就所采用的各种工艺方法而言，一般习惯将铸造分成砂型铸造和特种铸造两大类。

液态金属完全靠重力充满整个铸型型腔，且直接形成铸型的原材料主要为型砂，这种铸造方法称为砂型铸造。在汽车铸件生产中，砂型铸造所生产的铸件占整个汽车铸件的90%以上。凡不同于砂型铸造的所有铸造方法，统称为特种铸造。

（二）合金的铸造性能

合金在铸造过程中所表现出来的性能统称为合金的铸造性能，主要是指流动性、收缩性、偏析和吸气性等。

1. 流动性

合金的流动性是指液态合金的流动能力。液态金属的流动性好，充型能力强，能浇出形状复杂、壁薄的铸件，避免产生浇不足、冷隔等缺陷；有利于金属液中气体和夹杂物的上浮和排除，可减少气孔、渣眼等缺陷；铸件在凝固及收缩过程中，可得到来自冒口的液态合金的补充，可防止铸件产生缩孔、缩松等缺陷。影响流动性的因素很多，主要有合金成分、浇注温度、浇注压力和铸型等。

2. 收缩性

合金在冷却凝固过程中，其体积和尺寸减小的现象称为收缩。合金从浇注温度冷却到室温要经过液态收缩、凝固收缩和固态收缩三个阶段。液态收缩和凝固收缩是铸件产生缩孔的基本原因。固态收缩是产生铸造应力、变形和裂纹的基本原因。影响铸件收缩的主要因素有合金成分，浇注温度以及铸型和铸件结构等。

3. 偏析及吸气性

在铸件中出现化学成分不均匀的现象称为偏析。偏析使铸件性能不均匀，严重时会使铸件报废。合金在熔炼和浇注时吸收气体的性能称为合金的吸气性。在合金液冷凝过程中，随着温度降低会析出过饱和气体。若这些气体来不及从合金液中逸出，将在铸件中形成气孔、针孔或非金属夹杂物（如FeO、Al_2O_3等），从而降低了铸件的力学性能和致密性。为减少合金的吸气性，常采用缩短熔炼时间，选用烘干过的炉料；在熔剂覆盖层下或在保护性气体介质中熔炼合金；提高铸型和型芯的透气性；降低造型材料中的含水量等等。

二、砂型铸造的造型工艺

（一）砂型铸造的工艺过程

造型工艺是指铸型的制作方法和过程，是砂型铸造工艺过程中最重要的组成部分。铸造是以砂为主要造型材料制备铸型的一种铸造工艺方法。砂型铸造应用十分广泛，目前90%以上的铸件是用砂型铸造方法生产的。

铸造工艺过程主要由以下几个部分组成（图2-1）：①造型；②造芯；③砂型及型芯烘干；④合型；⑤熔炼金属；⑥浇注；⑦落砂和清理；⑧检验。但需注意，有时对某个具体的铸造工艺过程来说并不一定包括上述全部内容，如铸件无内壁时无需造芯，湿型铸造时砂型无需烘干等。

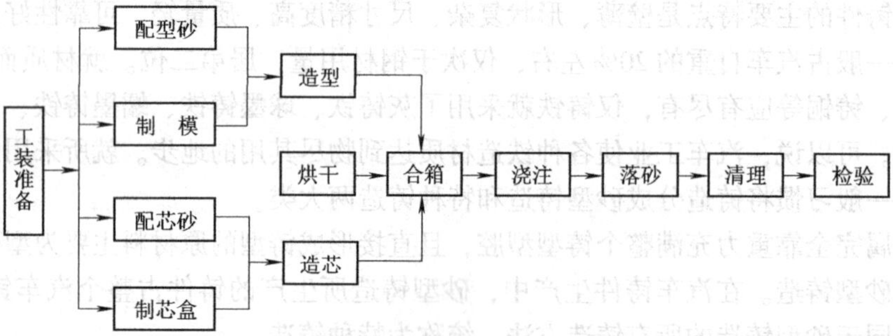

图2-1 砂型铸造的工艺过程

（二）造型材料和造型方法

制造铸型用的材料称为造型材料，主要指型砂和芯砂。它由砂、粘结剂和附加物等组成。造型材料应具备可塑性、强度、耐火度、透气性和退让性。砂型铸造的造型方法很多，可分为手工造型和机器造型两大类。手工造型是指全部用手工或手动工具完成的造型过程。手工造型按照起模特点可分为整模造型、挖砂造型、分模造型、活块造型、三箱造型等方法。机器造型是指用机器完成全部或至少完成紧砂操作的造型过程。

（三）铸件浇注位置和分型面的选择

铸件的浇注位置是指浇注时铸件在铸型内所处的位置；分型面是指两半铸型相互接触的表面。它们的选择原则主要是保证铸件质量和简化造型工艺。一般情况下，应先选择浇注位置后决定分型面。但在生产中由于浇注位置的选择和分型面的确定有时互相矛盾，所以必须综合分析各种方案的利弊，选择最佳方案。

1. 浇注位置的选择原则

（1）铸件的重要加工面应朝下　由于气孔、砂眼、夹渣、缩孔容易出现在上表面，而下部的金属比较纯净，金属的组织比较致密，所以铸件的重要加工面应朝下，如图2-2所示。当重要加工面朝下有困难时，则应尽量使其处在侧面位置。

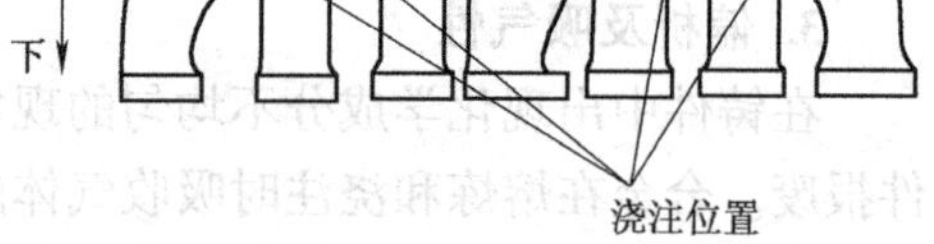

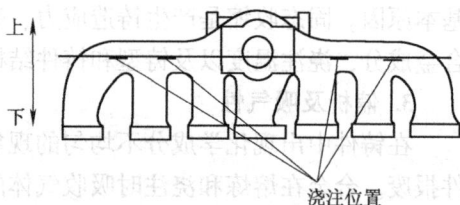

图2-2 CA6120进、排气支管分型面的选取

（2）铸件的大平面应朝下　由于浇注时的热

辐射作用，铸型型腔上表面的型砂容易拱起和开裂，使铸件上表面产生夹砂和夹杂缺陷，所以大平面应朝下。

(3) 铸件薄壁部分应放在下部　薄壁部分易产生浇不足和冷隔，放在下部可增加充型压力，提高金属充型能力。

(4) 保证铸件实现定向凝固　对于合金收缩大、壁厚不均匀的铸件，应使厚度大的部分置于铸件的最上方或分型面附近，以利于安放冒口，实现定向凝固。

(5) 便于型芯的固定、安装、排气和合型　图 2-3 所示为气缸体分型面的选取，对于卧浇生产的气缸体工艺方式，分型面一般选择在缸孔中心线所在的平面上，以便砂芯定位和铸型排气。

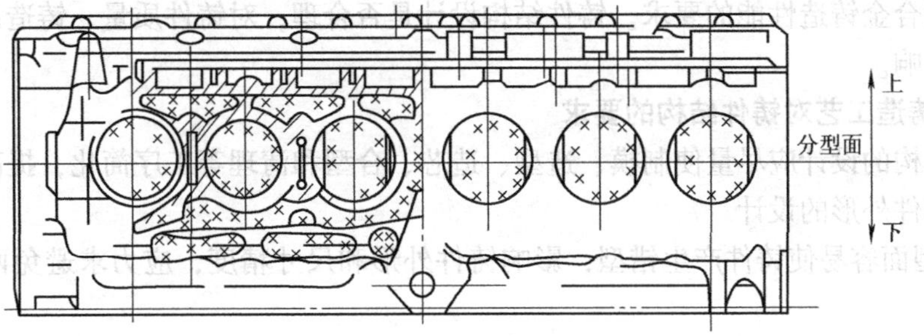

图 2-3　气缸体分型面的选取

2. 分型面的选择原则

(1) 分型面应尽量采用平面分型面　采用平面分型面可以避免挖砂造型，提高生产率。即使采用机器造型，也可简化模板。

(2) 分型面数量尽量减少　图 2-4 所示为汽车双联齿轮铸件在大批量生产时加一个环状型芯，可使三箱造型改为两箱造型，提高了生产率和铸件精度，简化操作。

(3) 尽量使铸件全部或大部分放在同一砂型中　将铸件的全部或大部分放在同一砂型中，可提高铸件精度，铸件的清理也较容易，且易于批量生产。

(4) 应尽量减少型芯和活块的数量　减少型芯和活块的数量可以简化造型、造芯工艺，提高生产率。

(四) 工艺参数的选择

铸造工艺方案确定以后，还要选择各种工艺参数。

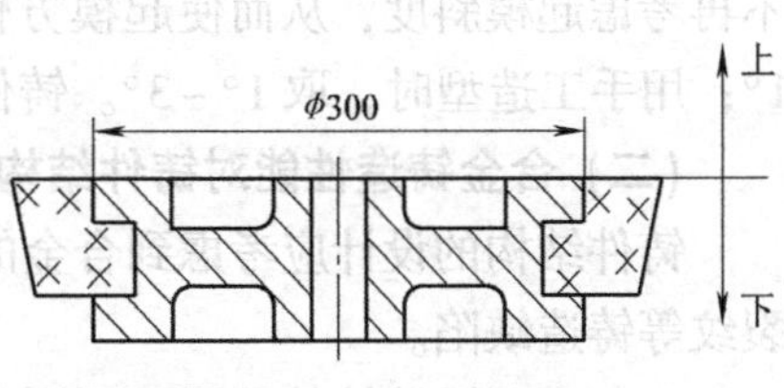

图 2-4　双联齿轮分型面的选择

(1) 加工余量　所谓加工余量，就是铸件上需要切削加工的表面，应预先留出一定的加工余量，其大小取决于铸造合金的种类、造型方法、铸件大小及加工面在铸型中的位置等诸多因素。铸钢件表面粗糙，变形大，加工余量大；非铁合金表面较光洁，加工余量小；铸件越大、越复杂，加工余量越大；铸件的顶面比底面和侧面的加工余量大。

(2) 起模斜度　为了使模样便于从铸型中取出，垂直于分型面的立壁上所加的斜度称为起模斜度。模样越高，斜度取值越小；内壁斜度比外壁斜度大；手工造型比机器造型的斜度大。铸件外壁斜度一般取 0.5°～4°。

(3) 铸造圆角　为了防止铸件在壁的连接和拐角处产生应力和裂纹，防止铸型的尖角损坏和产生砂眼，在设计铸件时，铸件壁的连接和拐角部分应设计成圆角。

(4) 型芯头　为了保证型芯在铸型中的定位、固定和排气，模样和型芯都要设计出型芯头。它们之间的尺寸和形状要留有装配用的芯头间隙。

(5) 收缩余量　由于铸件在浇注后的冷却收缩，制作模样时要加上这部分收缩尺寸。一般灰铸铁的收缩余量为0.8%～1.0%，铸钢为1.8%～2.2%，铸造铝合金为1.0%～1.5%。收缩余量的大小除了与合金种类有关外，还与铸造工艺、铸件在收缩时的受阻情况等有关。

三、铸件结构工艺性

铸件结构工艺性是指所设计的铸件结构不仅能保证零件使用性能的要求，而且还能适应铸造工艺和合金铸造性能的要求。铸件结构设计是否合理，对铸件质量、铸造成本和生产率有很大的影响。

(一) 铸造工艺对铸件结构的要求

铸件结构的设计应尽量使制模、造型、造芯、合型和清理等工序简化，提高生产率。

(1) 铸件外形的设计

1) 分型面容易使铸件产生错型，影响铸件外形和尺寸精度，应力求避免两个以上的分型面。

2) 铸件外形应尽量方便造型。设计铸件侧壁上的凸台、凹槽时，要考虑到起模方便，尽量避免使用活块和型芯。

(2) 铸件内腔的设计

1) 尽量避免不必要的型芯。造芯不仅增加铸造工时，而且在下芯和合型浇注时产生麻烦和容易形成铸造缺陷。

2) 型芯要便于固定、排气和清理。型芯在铸型中的固定必须依靠型芯头，当型芯头固定型芯有困难时必须由型芯撑辅助，但有时型芯撑不容易与铸件熔合，造成渗漏。要求气密性好的铸件应尽量少用或不用型芯撑。

(3) 铸件结构斜度的设计　铸件结构设计时，考虑到起模方便，应在垂直于分型面的不加工立壁上设计出斜度。设计斜度要比制作模样时给出的起模斜度大，这样便于制作模样时不再考虑起模斜度，从而使起模方便，铸件精度高。采用机器造型时，设计斜度取0.5°～1°；用手工造型时，取1°～3°。铸件内壁斜度要大于外侧面。

(二) 合金铸造性能对铸件结构的要求

铸件结构的设计应考虑到合金的铸造性能要求，避免产生缩孔、缩松、浇不足、变形和裂纹等铸造缺陷。

(1) 合理设计铸件壁厚　不同的合金、不同的铸造条件，对合金的流动性影响很大。为了获得完整、光滑的合格铸件，铸件壁厚设计应大于该合金在一定铸造条件下所能得到的"最小壁厚"。表2-1列举了在砂型铸造条件下铸件的最小壁厚。铸件壁厚也不宜选择过厚。由于铸件中心部位冷却缓慢、晶粒粗大，容易产生缩松、缩孔等缺陷，其承载能力并非按壁厚截面增加而成比例增加，所以壁厚应选择适当。

(2) 铸件壁厚应尽可能均匀　铸件壁厚均匀是为了铸件各部分冷却速度相接近，形成同时凝固，避免因壁厚差别而形成热节，产生缩孔、缩松，也避免薄弱环节产生变形和裂纹。

表 2-1　砂型铸造条件下铸件的最小壁厚　(mm)

铸件尺寸	铸钢	普通灰铸铁	球墨铸铁	可锻铸铁	铝合金	铜合金
<200×200	8	4~6	6	5	3	3~5
200×200~500×500	10~12	6~10	12	8	4	6~8
>500×500	182~0	15~20	—	—	6	—

注：若铸件结构复杂或铸造合金的流动性差，则应取上限值。

(3) 铸件壁的连接方式要合理

1) 铸件壁之间的连接应有铸造圆角。如无圆角，直角处的热节大，易产生缩孔缩松，并在内角处产生应力集中，裂纹倾向增大。

2) 铸件壁要避免交叉和锐角连接，铸件壁连接时应采用图 2-5 所示的形式。

3) 铸件壁厚不同的部分进行连接时，应力求平缓过渡，避免截面突变。当壁厚差别较小时，可用圆角过渡。当壁厚之比差别在两倍以上时，应采用楔形过渡。

(4) 避免铸件收缩阻碍　当铸件的收缩受到阻碍，产生的铸造内应力超过合金的强度极限时，铸件将产生裂纹。因此，在设计铸件时，应尽量使其能自由收缩。特别是在产生内应力叠加时，应采取措施避免局部收缩阻力过大。

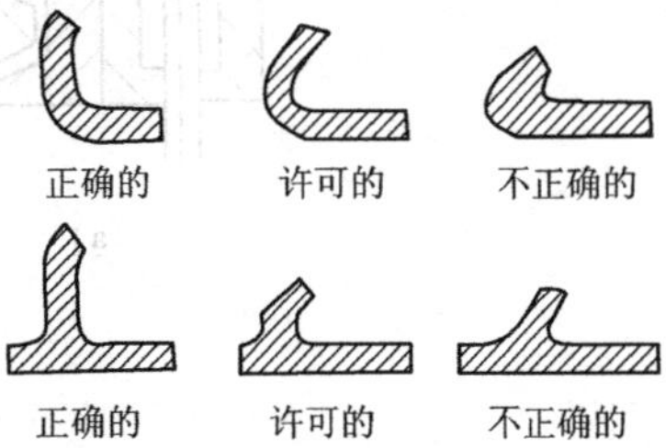

图 2-5　接头结构

(5) 避免大平面　大平面受高温金属液烘烤时间长，易产生夹砂；金属液中气孔、夹渣上浮滞留在上表面，产生气孔、渣孔；而且大平面不利于金属液充填，易产生浇不足和冷隔。

四、特种铸造

特种铸造是指与砂型铸造不同的其他铸造方法。在汽车用铸件中常用的特种铸造方法有金属型铸造、压力铸造、低压铸造、离心铸造以及消失模铸造和熔模铸造等，还有一些特种铸造方法目前在汽车铸件大量生产中采用较少，例如挤压铸造、陶瓷型铸造、石膏型铸造、连续或半连续铸造以及真空吸铸等等。

(一) 金属型铸造

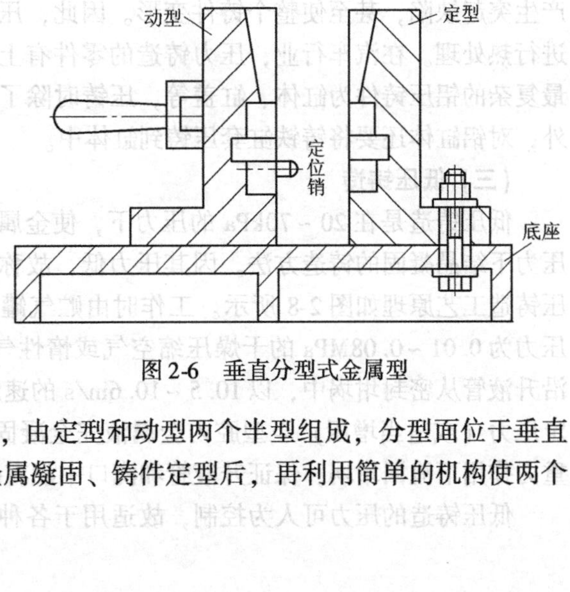

图 2-6　垂直分型式金属型

金属型铸造是指用重力将熔融金属浇注入金属铸型获得铸件的方法。金属型是指由金属材料制成的铸型，不能称作金属模。常用的垂直分型式金属型如图 2-6 所示，由定型和动型两个半型组成，分型面位于垂直位置，浇注时先使两个半型合紧，待熔融金属凝固、铸件定型后，再利用简单的机构使两个半型分离，取出铸件。

金属型铸造实现了“一型多铸”，克服了砂型铸造造型工作量大、占地面积大、生产率低等缺点；具有铸件精度和力学性能高的特点。在汽车行业中，铝合金缸盖、进气管及活塞等形状不太复杂的中、小铸件的大批量生产均采用金属型铸造。

(二) 压力铸造

压力铸造是指将熔融金属在高压下高速充型，并在压力下凝固的铸造方法。压力铸造使用的压铸机如图 2-7a 所示，由定型、动型、压室等组成。首先使动型与定型合紧，用活塞将压室中的熔融金属压射到型腔，如图 2-7b 所示；凝固后打开铸型并顶出铸件，如图 2-7c 所示。

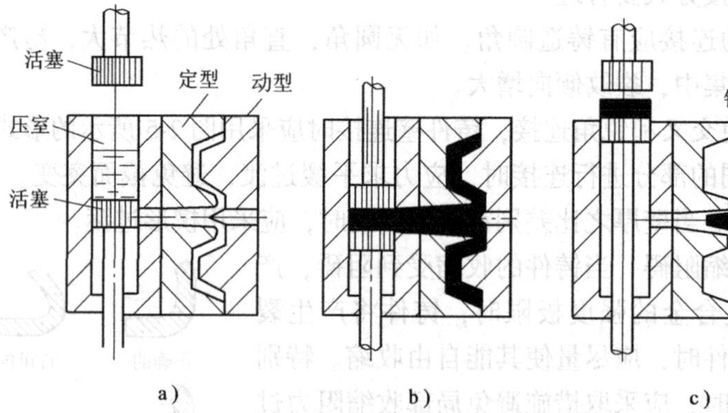

图 2-7 压力铸造

a) 合型浇注 b) 压射 c) 开型顶件

压力铸造以金属型铸造为基础，又增加了在高压下高速充型的功能，从根本上解决了金属的流动性问题。压力铸造可以直接铸出零件上的各种孔眼、螺纹、齿形等。铸件的组织更细密，其力学性能比砂型铸造提高 20% ~40%。但是，由于熔融金属的充型速度快、排气困难，常常在铸件的表皮下形成许多小孔。这些表皮下的小孔充满高压气体，受热时因气体膨胀而导致铸件表皮产生突起缺陷，甚至使整个铸件变形。因此，压力铸造铸件不能进行热处理。在汽车行业，压力铸造的零件有上百种之多，其中最复杂的铝压铸件为缸体、缸盖等，压铸时除了要下很多型芯之外，对铝缸体还要将铸铁缸套压铸到缸体中。

(三) 低压铸造

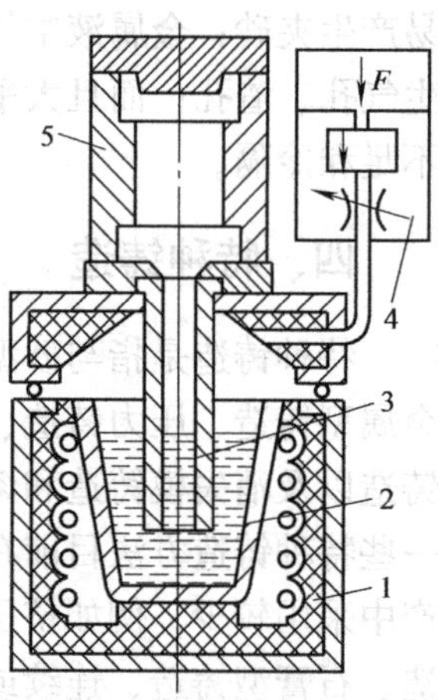

图 2-8 低压铸造工艺原理图

1—保温室 2—坩埚 3—升液管 4—贮气罐 5—铸型

低压铸造是在 20 ~ 70kPa 的压力下，使金属液压入铸型并在压力下结晶凝固的铸造方法。因其压力低，故称为低压铸造。低压铸造工艺原理如图 2-8 所示。工作时由贮气罐向保温室中送入压力为 0.01 ~ 0.08MPa 的干燥压缩空气或惰性气体，使金属液（高出液相线 100 ~ 150℃）沿升液管从密封坩埚中，以 10.5 ~ 10.6m/s 的速度压入铸型型腔中，将其充满后，仍保持一定压力（或适当增压）至型腔内金属液完全凝固。然后撤出压力，使没有凝固的金属液在重力作用下流回坩埚，保证升液管和浇口中没有凝固的金属液。最后，打开铸型取出铸件。

低压铸造的压力可人为控制，故适用于各种材料的铸型（金属型、砂型、壳型和熔模铸型）。铸件在压力下凝固结晶，浇口又能起补缩作用，铸件自上而下顺序凝固，因此组织致密，能有效地克服铝合金的针孔等缺陷。铸件成品率高，浇口余头小，金属利用率高（可达95%）。另外，低压铸造的铸件表面粗糙度可达 R_a12.5～3.2μm，公差等级能满足IT14～1T12，最小壁厚为2～5mm。

低压铸造是介于重力铸造（靠金属液本身重力流入型腔）和压力铸造之间的一种铸造方法，它可以生产铝、镁、铜合金和少量钢制薄壁壳体类铸件，例如发动机的缸体和缸套，高速内燃机的活塞、带轮、变速箱壳体等。

（四）离心铸造

离心铸造是指将熔融金属浇入绕轴回转的铸型中，在离心力的作用下凝固成形的铸造方法。其铸件轴线与铸型回转轴线重合。这种铸件多是简单的圆筒形，铸造时不用型芯就可形成圆桶形内孔。离心铸造过程如图2-9所示。当铸型绕垂直线回转时，浇注入铸型中的熔融金属的自由表面呈抛物线形状，如图2-9a所示，因此，不宜铸造轴向长度较大的铸件。当铸型绕水平轴回转时，浇注入铸型中的熔融金属的自由表面呈圆柱形，如图2-9b所示，因此，常用于铸造要求壁厚均匀的中空铸件。

离心铸造时，熔融金属受离心力的作用容易充满型腔；在离心力的作用下结晶能获得组织致密的铸件。但是，铸件的内表面质量较差，尺寸也不准确。离心铸造主要用于制造铸钢、铸铁、有色金属等材料的各类管状零件的毛坯。

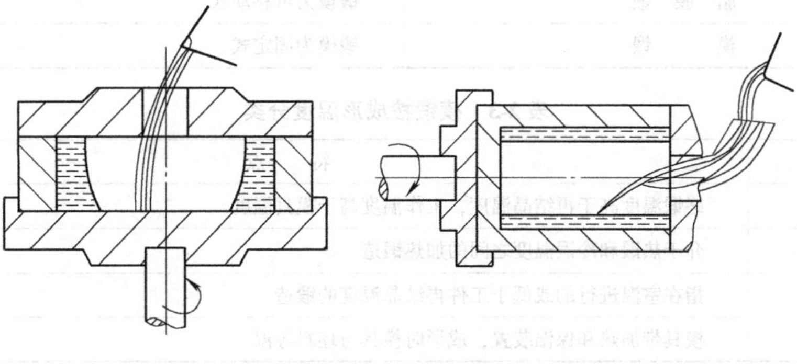

a）　　　　b）

图2-9　离心铸造

a）垂直轴线　b）水平轴线

第二节　锻造工艺基础

一、概述

锻造是利用金属材料的可塑性，借助外力（加压设备）和工模具的作用，使坯料或铸锭产生局部或全部变形而形成所需要的形状、尺寸和一定组织性能锻件的加工方法。

（一）锻造的生产方式

锻造按所用工具与模具的安置情况的不同分为自由锻（图2-10a）、胎模锻（图2-10b）、模锻（图2-10c）等类型，其加工特点如表2-2所示。模锻按成形温度可分为热锻、温锻、冷锻、等温锻等类型，其加工特点如表 2-3 所示。随着生产技术的发展，锻造中也引入轧、挤等方法，如用辊锻方法生产连杆，用挤压方法生产发动机气阀、汽车转向轴等，这样，扩展了锻造领域，提高了毛坯质量和生产率。

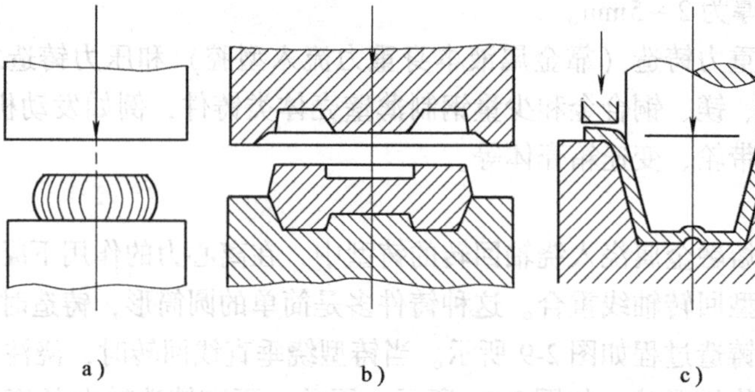

图 2-10 生产方法示意图

a) 自由锻 b) 胎膜锻 c) 模锻

表 2-2 锻造按所用模具的安置情况分类

名 称	特 点
自 由 锻	靠固定的平砧或型砧成形
胎 膜 锻	锻模为可移动式
模 锻	锻模为固定式

表 2-3 模锻按成形温度分类

名 称	特 点
热 锻	终锻温度高于再结晶温度，工作温度高于模具温度
温 锻	介于热锻和冷锻温度之间的加热锻造
冷 锻	指在室温进行的或低于工件再结晶温度的锻造
等温锻	模具带加热和保温装置，成形时模具与坯料等温

(1) 自由锻、胎模锻、模锻 都是通过金属体积的转移和分配来获得毛坯的加工方法。为使金属有较好的塑性，一般都在热态下加工。

(2) 轧制 利用金属坯料与轧辊接触表面的摩擦力，使金属坯料截面积减小、长度增加的加工方法称为轧制，如图 2-11 所示。轧制一般为热轧，即将金属坯料加热到塑性状态进行加工，这样变形程度大、生产率高。

(3) 拉拔 金属坯料在拉力作用下，通过拉拔模模孔使截面缩小、长度增加的加工方法称为拉拔，如图 2-12 所示。

(4) 挤压 将金属坯料放入挤压模内，使其受压并被挤出模孔、产生变形的加工方法称为挤压，如图 2-13 所示。

(二) 锻造的特点

锻造制成的毛坯和零件应用广泛，它主要具有以下特点：

1) 金属材料经过锻压后，可改善组织，提高力学性能。铸态材料经过锻造、轧制或挤压后，可使铸态组织的一些缺陷如气孔、缩孔等压合，晶粒细化，性能提高。

2）锻造加工主要依靠金属在塑性状态下体积的转移，不需要切除金属。因此，锻件的材料利用率高，流线分布合理，工件强度高。

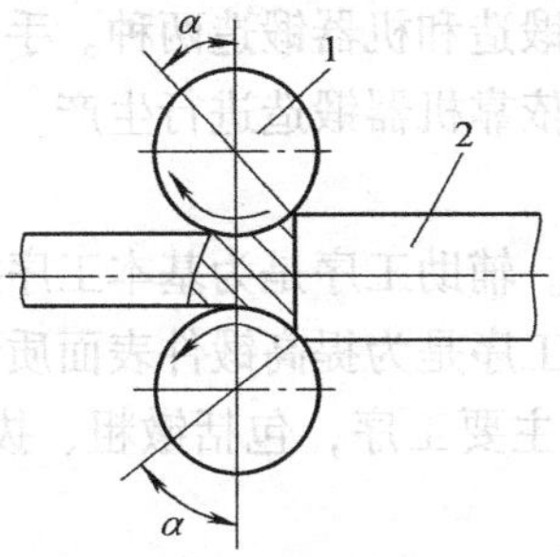

图 2-11　轧制示意图
1—轧辊　2—坯料

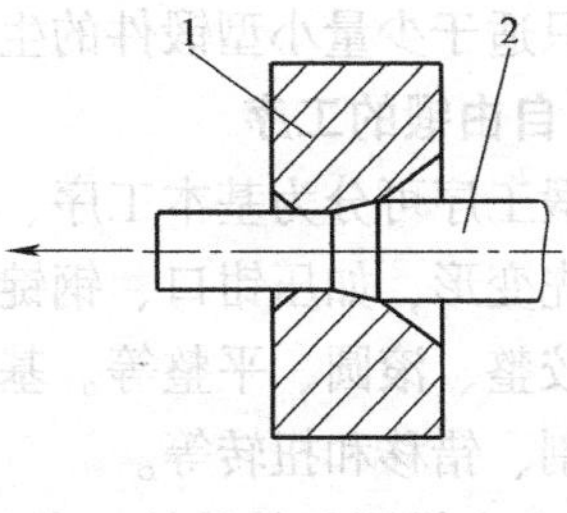

图 2-12　拉拔示意图
1—拉拔模　2—坯料

3）用轧、拉、挤、压等加工方法制得的坯料或零件具有力学性能好、表面光洁、精度高、刚度大等特点，可做到少切削、无切削。

4）除自由锻外，其他锻压加工容易实现机械化、自动化，具有较高的生产率，其中尤以轧制、拉拔、挤压等工艺最为明显。

锻压生产是使金属在固态下流动成形的，因此，变形量不能太大，工件的形状不能太复杂；而且锻压设备和模具等投资较大；其中有些加工方法，如自由锻，其表面质量稍差，生产率也较低。

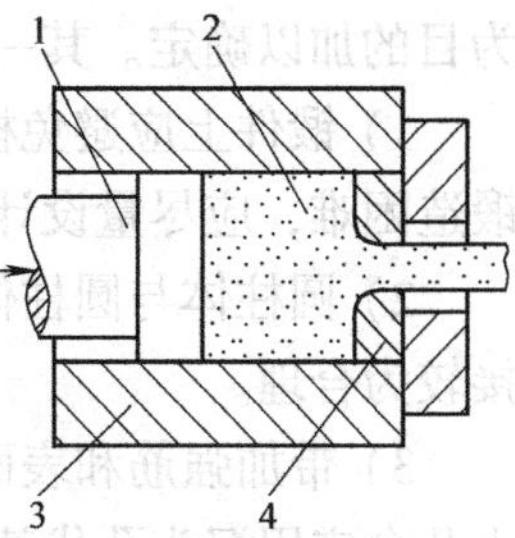

图 2-13　挤压示意图
1—凸模　2—坯料　3—挤压筒　4—挤压模

（三）锻造加工的适用范围

锻件的强度及可靠性很高，广泛应用于汽车发动机、变速器、转向器、行走部分总成的零件上，主要有以下各类：

1）发动机：曲轴、连杆、连杆盖、凸轮轴、进排气阀门等。

2）前悬架：上悬臂架、下悬臂架、转向横拉杆球铰接头等。

3）前桥：转向节、转向节臂等。

4）转向：转向扇形轴、转向摇臂、变速器等。

5）后桥：后车轴、外壳末端。

6）驱动轴：驱动轴、十字轴、轴叉、TM 齿轮。

7）差速器：主动小齿轮、环齿轮、凸缘叉。

8）等速万向节、半轴齿轮轴、轴承外座圈、内轴承座圈。

（四）金属的锻造性能

金属的锻造性能（可锻性）是衡量材料经受塑性成形加工，获得优质锻件难易程度的一项工艺性能。金属锻造性能的优劣，常用金属的塑性变形能力和变形抗力两个指标来衡量。金属塑性高，变形抗力低，则锻造性能好；反之，则锻造性能差。影响金属塑性变形能力和变形抗力的因素主要有化学成分、金属组织、变形温度和变形速度等几个方面。

二、自由锻

自由锻锻件形状和尺寸主要由操作工的操作技术来保证，金属受力变形在砧铁间各个方向是自由流动的，故称之为自由缎。自由锻可分为手工锻造和机器锻造两种。手工锻造劳动强度大，只适于少量小型锻件的生产，汽车生产中主要依靠机器锻造进行生产。

（一）自由锻的工序

自由锻工序可分为基本工序、辅助工序及修整工序。辅助工序是为基本工序操作方便而进行的预先变形，如压钳口、钢锭倒棱和压肩等。修整工序是为提高锻件表面质量而进行的工序，如校整、滚圆、平整等。基本工序是自由锻造的主要工序，包括镦粗、拔长、冲孔、弯曲、切割、错移和扭转等。

（二）自由锻零件的结构工艺性

设计自由锻件结构和形状时，除满足使用性能要求外，还应考虑自由锻设备和工具的特点。良好的锻件结构工艺性应以结构合理、锻造方便、减少材料与工时的消耗和提高生产率为目的加以确定。其一般原则是：

1）锻件上应避免楔形、曲线形、锥形等倾斜结构，这类锻件加工时需要专用工具，且锻造困难，应尽量设计成圆柱形、方形结构。

2）圆柱体与圆柱体曲面交接处锻造很困难，应改成平面与圆柱体交接或平面与平面交接较为合理。

3）带加强筋和表面小凸台的锻件，结构上是不允许的。可采用适当增加壁厚提高强度，小凸台应用沉头孔代替。

4）对于横截面有急剧变化或形状复杂的锻件，可将其设计成几个简单件锻制成形后，再用焊接或机械连接方式构成整体组合件。

三、模锻

模锻是使金属坯料在锻模模膛内一次或多次承受冲击力或压力的作用，而被迫流动成形。由于模膛对金属坯料流动的限制，最终得到与模膛形状相符的锻件。

模锻的主要特点：①生产率高，金属变形是在模膛内进行，锻件成形快；②模锻件尺寸相对精确，加工余量小；③可以锻出形状比较复杂的锻件；④比自由锻节省材料，减少切削加工工作量，降低成本；⑤操作简单，易于实现机械化和自动化生产。模锻的不足之处在于坯料整体变形，变形抗力较大，而且锻模制造的成本很高，适合中、小型锻件的大批量生产。

按使用设备不同，模锻可分为锤上模锻、胎膜锻、压力机上模锻以及其他专用设备上的模锻。其中锤上模锻的工艺通用性强，是目前最常用的模锻方法，故以此为例进行介绍。

（一）锻模

如图 2-14 所示，锤上模锻用的锻模是由带燕尾的活动上模 2 和固定下模 4 两部分组成，并分别用楔铁 10、7 紧固在锤头 1 和模座 5 上。上、下模合模后，其中部形成完整的模膛 9、分模面 8 和飞边槽 3。锻模模膛可分为制坯模膛和模锻模膛两大类。

制坯模膛主要作用是使坯料形状基本接近模锻件形状，合理分布金属材料，更易于充满模膛。一般有三种类型：拔长模膛用于减小坯料某部分横截面积，增加该部分长度；滚压模膛用于减小坯料某部分的横截面积，增大另一部分的横截面积，使金属按模锻件形状分布；弯曲模膛用于弯曲杆类模锻件的坯料。

模锻又分为预锻模膛和终锻模膛两种。预锻模膛的作用是使坯料变形到接近于锻件的形状和尺寸，使金属更容易充满终锻模膛，减少模膛磨损，增加模膛使用寿命。终锻模膛的形状和锻件形状相同。模膛设计应考虑到锻件冷却时的收缩量，使坯料最后变形到锻件所要求的形状和尺寸。

根据模锻件复杂程度不同，锻模又可分为单膛锻模和多膛锻模。单膛锻模是指在一副锻模上只具有一个终锻模膛；多膛锻模是指在一副锻模上具有两个以上的模膛。

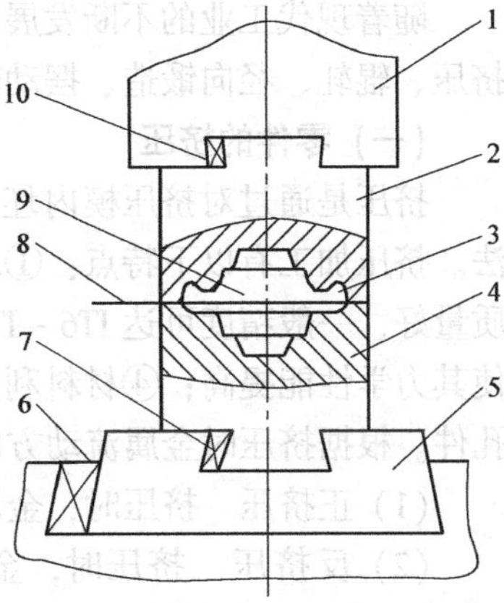

图 2-14　锻模

1—锤头　2—上模　3—飞边槽　4—下模　5—模座　6、7、10—楔铁　8—分模面　9—模膛

（二）锤上模锻工艺规程的制订

锤上模锻的工艺过程一般为：切断毛坯→加热坯料→模锻→切除飞边→校正锻件→锻件热处理→表面清理→检验→成堆存放。模锻生产的工艺规程包括：绘制模锻件图、坯料尺寸计算、确定模锻工步（选择模膛）、选择模锻设备、安排修整及辅助工序等。

（1）绘制模锻件图　该图是以零件图为依据按模锻工艺特点绘制的，是设计和制造锻模，计算坯料、选择模锻设备的吨位和检验锻件的依据。绘制模锻件图时，主要考虑如下几个问题：

1）确定分模面。分模面是上下锻模在锻件上的分界面。确定分模面要遵循下列原则：①分模面应选在锻件最大尺寸截面处，保证模锻件能从模膛中取出；②为便于发现错模，上下模膛分界处的轮廓应一致；③尽可能使模膛深度最浅，便于制造锻模；④分模面最好为平面，应使锻件上所加敷料最少；⑤尽可能使上下模膛深度相等，便于脱模和金属充满模膛。

2）根据锻件大小、形状和精度等级选择余量、公差和敷料。一般余量为 1～4mm，公差为 ±0.3～3mm。

3）模锻斜度的大小与锻件高度和设备类型有关。一般模锻件外壁的斜度值常取 5°～10°，内壁斜度比外壁斜度大 2°～5°。

4）一般凸圆角半径 r 等于单面加工余量加上零件圆角半径的值，凹圆角半径 $R=(2\sim3)r$。

（2）确定模锻工步　主要依据锻件的形状和尺寸确定长轴类模锻件，如台阶轴、连杆等一般要经过拔长、滚压、弯曲、预锻和终锻等工步。而盘类模锻件，如齿轮、法兰盘等常选用镦粗、预锻和终锻等工步。

（3）锻件修整　主要包括切边、冲连皮、校正、清理、精压以及锻后热处理等。

（三）模锻件结构工艺性

模锻件结构工艺性要求：①模锻件应有合理的分模面、模锻斜度和圆角半径；②模锻件的几何形状应有利于金属成形；③应尽量避免锻件上有深孔或多孔结构；④形状复杂的模锻件可采用锻—焊组合工艺。

四、锻压新工艺

随着现代工业的不断发展，锻压也有很大发展，出现了许多新工艺和新技术，如零件的挤压、辊轧、径向锻造、摆动辗压等。

(一) 零件的挤压

挤压是通过对挤压模内坯料施加强大压力，使它发生变形而获得毛坯或零件的加工方法。挤压加工有以下特点：①坯料在挤压模内三向受压，使金属塑性提高；②挤压零件表面质量好，一般精度可达 IT6 ~ IT7，表面粗糙度达 R_a3. 20 ~ 0. 4μm；③挤压零件流线分布好，使其力学性能提高；④材料利用率可高达 70%，生产率高，并可制出形状复杂、薄壁、深孔件。根据挤压时金属流动方向和凸模运动方向的关系，可分为以下四种挤压方法。

(1) 正挤压　挤压时，金属流动方向与凸模运动方向一致，如图 2-15 所示。

(2) 反挤压　挤压时，金属流动方向与凸模运动方向相反，如图 2-16 所示。

(3) 复合挤压　挤压时，金属沿凸模运动方向和相反方向均有流动，如图 2-17 所示。

(4) 径向挤压　挤压时，金属流动方向与凸模运动方向呈 90°角，如图 2-18 所示。

挤压主要应用于生产各种轴对称形状的小型零件，对于非对称件，挤压时金属流动不均，很容易使凸模折断。

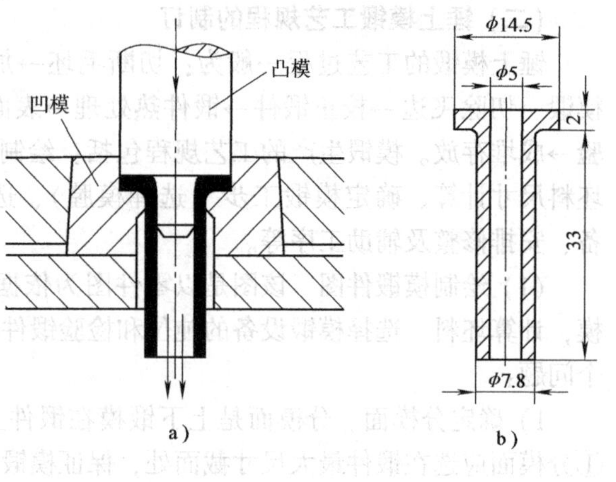

图 2-15　正挤压

a) 挤压示意图　b) 气门嘴

(二) 零件的轧制

轧制主要用以生产型材、管材、板材及异型钢材等原材料，近年来，成功地用来制造各种零件，应用逐渐广泛。零件的轧制具有以下特点：生产率高，如辊锻的生产率要比锤上模锻高 5 ~ 10 倍；锻件质量好，轧制锻件可更接近零件形状，节约金属材料；工人劳动条件好，便于实现机械化、自动化；设备结构简单。零件轧制工艺主要有辊锻、环形件轧制、热轧齿轮等。

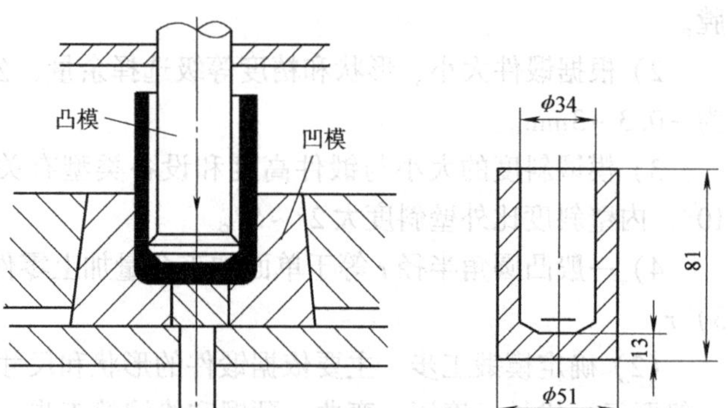

图 2-16　反挤压

a) 挤压示意图　b) 活塞

(1) 辊锻　辊锻是使坯料通过装在一对轧辊上的扇形模块时，受压产生变形的生产方法，其工艺示意图如图 2-19 所示。扇形模块可以在轧辊上装拆更换，坯料通过辊轧，截面积减小、长度增加。国内已有多家采用成形辊锻工艺预成形汽车前轴、连杆等较复杂锻件。

(2) 环形件的轧制　环形件的轧制是将坯料放置在两高速旋转的成形轧辊中加压，使环形件的截面积缩小、直径增大的一种加工方法，其工艺示意图如图2-20所示。该工艺可轧制齿圈、轴承套圈等环形锻件，生产率很高。

(三) 摆动辗压

摆动辗压又称旋转成形，其工作原理，如图2-21所示。上模1与垂直轴线成一倾斜角，上模作高频率的圆周摇摆运动，与坯料2顶面局部接触，同时，液压柱塞3推动下模4使坯料向上移动，对摆动的上模加压。当液压柱塞到达预定位置，锻造完

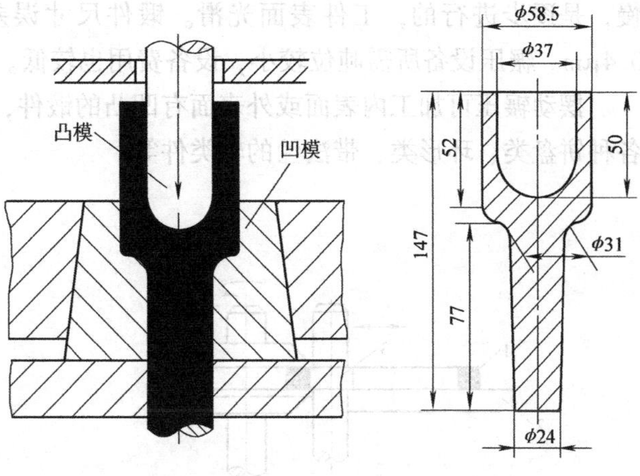

a)　b)

图2-17　复合挤压

a) 复合挤压示意图　b) 工件

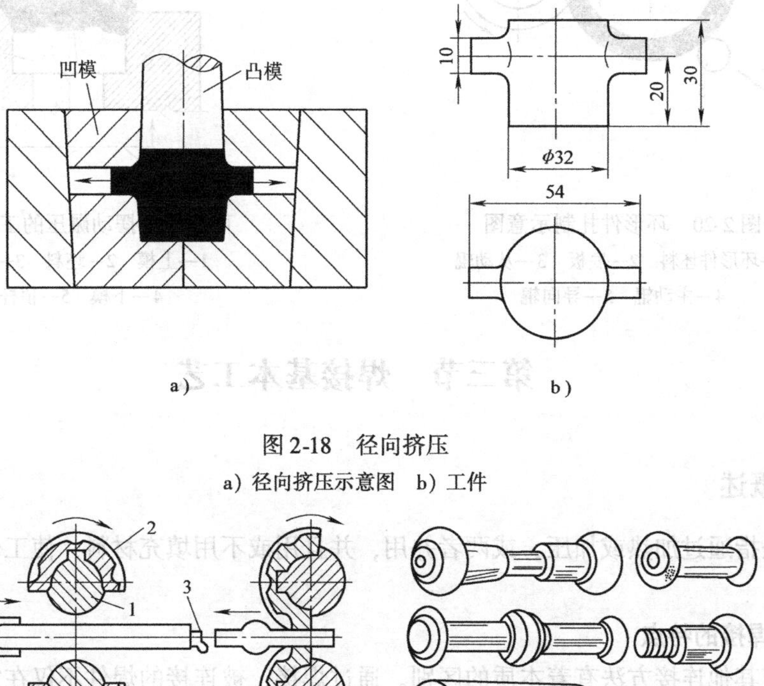

a)　b)

图2-18　径向挤压

a) 径向挤压示意图　b) 工件

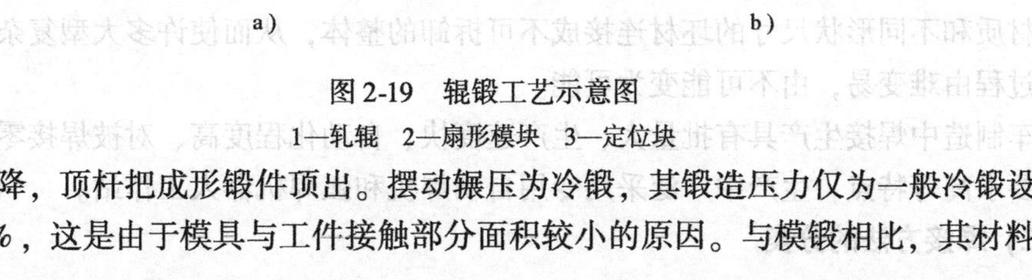

a)　b)

图2-19　辊锻工艺示意图

1—轧辊　2—扇形模块　3—定位块

毕，柱塞下降，顶杆把成形锻件顶出。摆动辗压为冷锻，其锻造压力仅为一般冷锻设备所需的5%～10%，这是由于模具与工件接触部分面积较小的原因。与模锻相比，其材料变形较

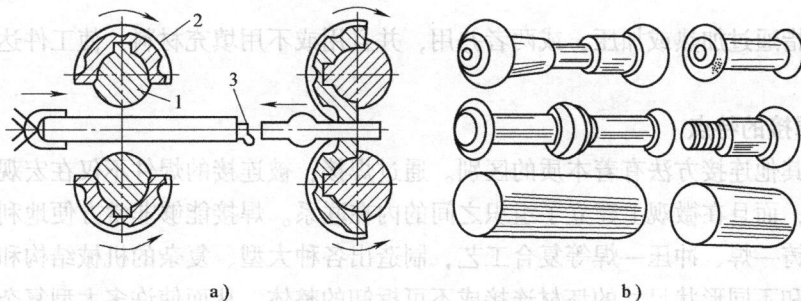

慢，是逐步进行的，工件表面光滑。锻件尺寸误差为0.025mm，表面粗糙度为R_a1.6～0.4μm。辗压设备所需吨位较小，设备费用也较低。

摆动辗压可加工内表面或外表面有凹凸的锻件，如汽车后桥法兰半轴、后桥从动齿轮及各种饼盘类、环形类、带法兰的轴类件等。

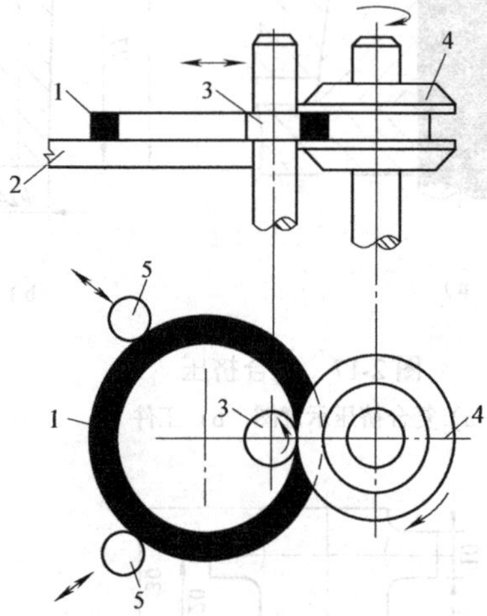

图2-20　环形件扎制示意图

1—环形件坯料　2—底板　3—从动辊

4—主动辊　5—导向辊

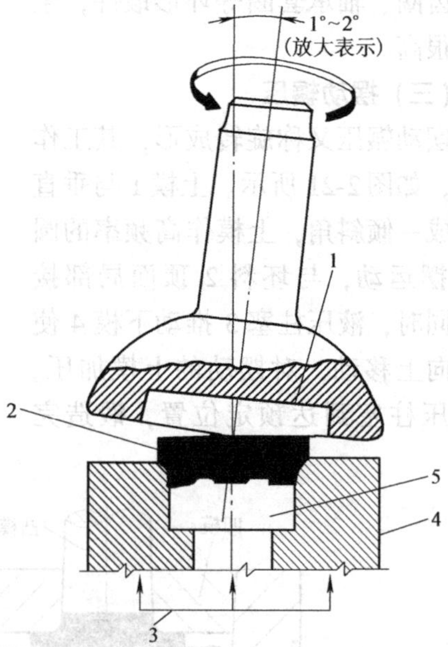

图2-21　摆动碾压的工作原理

1—上模　2—坯料　3—柱塞

4—下模　5—顶杆

第三节　焊接基本工艺

一、概述

焊接是指通过加热或加压，或两者并用，并且用或不用填充材料，使工件达到结合的一种方法。

(一) 焊接的特点

焊接与其他连接方法有着本质的区别。通过焊接，被连接的焊件不仅在宏观上建立了永久性的联系，而且在微观上建立了组织之间的内在联系。焊接能够非常方便地利用型材和采用锻—焊、铸—焊、冲压—焊等复合工艺，制造出各种大型、复杂的机械结构和零件，并可把不同材质和不同形状尺寸的坯材连接成不可拆卸的整体，从而使许多大型复杂的铸、锻件的生产过程由难变易，由不可能变为可能。

汽车制造中焊接生产具有批量大、生产速度快、自动化程度高、对被焊接零件的装配焊接精度要求高等特点，生产中广泛采用专用自动焊机和弧焊机器人工作站。

(二) 焊接方法的分类

焊接方法种类繁多，目前一般按其焊接过程的不同将焊接分为三大类，如图2-22所示。

(1) 熔焊 将待焊处的母材金属熔化以形成焊缝的焊接方法。实现熔焊的关键是加热热源，其次是必须采取有效的措施隔离空气以保护高温焊缝。

(2) 压焊 焊接过程中，必须对焊件施加压力（加热或不加热），以完成焊接的方法。

(3) 钎焊 采用比母材熔点低的金属材料作钎料，将焊件和钎料加热到高于钎料熔点温度、低于母材熔化温度、利用液态钎料润湿母材、填充接头间隙并与母材相互扩散实现连接的焊接方法。

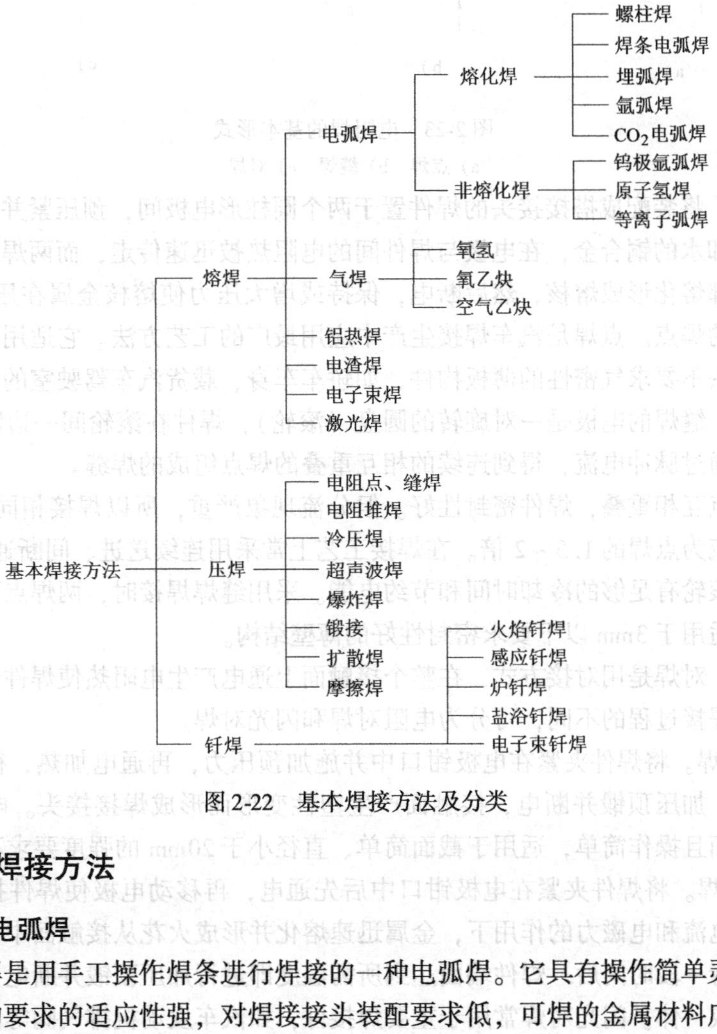

图2-22 基本焊接方法及分类

二、几种焊接方法

(一) 焊条电弧焊

焊条电弧焊是用手工操作焊条进行焊接的一种电弧焊。它具有操作简单灵活，对生产环境及焊接位置的要求的适应性强，对焊接接头装配要求低，可焊的金属材料广的特点。由于焊条电弧焊的熔敷速度低，焊接质量受焊工水平的影响大，焊后焊渣的清理比较麻烦，因而在汽车生产线上已较少应用。

(二) 电阻焊

电阻焊属于压焊的一种，是利用电流通过焊件接触面所产生的电阻热，将焊件局部加热到高塑性或半熔化状态，并在压力下结晶凝固形成焊接接头的方法。电阻焊的生产率高，焊接变形小，不需要填充金属，劳动条件好，操作简便，易于实现自动化生产。但焊接设备复杂，耗电量大，对焊件厚度和接头形式有一定限制，通常适用于大批量生产。电阻焊的基本形式可分为点焊、缝焊和对焊，如图2-23所示。

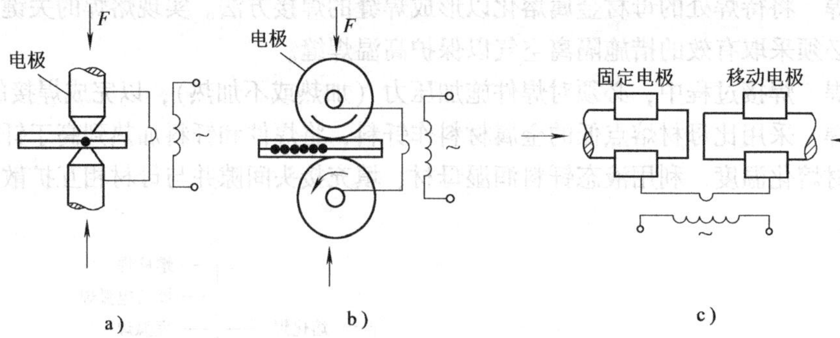

图2-23　电阻焊的基本形式

a) 点焊　b) 缝焊　c) 对焊

（1）点焊　将装配成搭接接头的焊件置于两个圆柱形电极间，预压紧并通电加热。由于电极是通有冷却水的铜合金，在电极与焊件间的电阻热被迅速传走，而两焊件接触处热量集中，将金属局部熔化形成熔核，然后断电，保持或增大压力使熔核金属在压力下凝固结晶，形成组织致密的焊点。点焊是汽车焊接生产中应用最广的工艺方法。它适用于制造可以采用搭接接头、接头不要求气密性的薄板构件，如轿车车身、载货汽车驾驶室的焊接。

（2）缝焊　缝焊的电极是一对旋转的圆盘（滚轮），焊件在滚轮间一边随滚轮转动而送进，一边受压通过脉冲电流，得到连续的相互重叠的焊点组成的焊缝。

缝焊时焊点互相重叠，焊件密封性好。但分流现象严重，所以焊接相同条件的焊件时，缝焊的焊接电流为点焊的1.5~2倍。在焊接工艺上常采用连续送进、间断通电的操作方法，以保证焊件和滚轮有足够的冷却时间和节约电能。采用缝焊焊接时，两焊点要有足够的重叠部分。缝焊只适用于3mm以下要求密封性好的薄壁结构。

（3）对焊　对焊是用对接方式，在整个接触面上通电产生电阻热使焊件连接在一起的焊接方法。根据焊接过程的不同，可分为电阻对焊和闪光对焊。

1）电阻对焊。将焊件夹紧在电极钳口中并施加预压力，再通电加热，待接触面被加热到塑性状态后，加压顶锻并断电，接触面产生塑性变形而形成焊接接头。电阻对焊接头光滑，无毛刺，而且操作简单，适用于截面简单、直径小于20mm的强度要求不高的焊件。

2）闪光对焊。将焊件夹紧在电极钳口中后先通电，再移动电极使焊件接触。因断面接触点少，在强电流和电磁力的作用下，金属迅速熔化并形成火花从接触面中飞出，形成闪光现象。闪光进行一段时间后．焊件端面达到所需温度即进行加压顶锻并断电，使焊件产生塑性变形而焊合成一体。闪光对焊常用于重要焊接件，如汽车发动机排气阀等。

(三) 气体保护焊

气体保护焊是利用外加气体进行保护电弧和焊缝的电弧焊。目前常用的保护气体是氩气和二氧化碳，称之为氩弧焊和二氧化碳保护焊。

（1）氩弧焊　氩弧焊的保护气体氩气是惰性气体，在高温下，氩气不与金属起化学反应，并保护电弧和熔池不受空气的有害作用。氩弧焊按所用的电极不同可分为钨极氩弧焊和熔化极氩弧焊。

1）图2-24所示为钨极氩弧焊。钨极氩弧焊的电极常用钍钨棒或铈钨棒。钨棒的熔点很高，焊接时钨棒不熔化，仅有少量损耗。如图2-24a所示，焊丝从一侧送入，熔化后填充焊缝。为了尽量减少钨极损耗，焊接电流不宜过大，常适用于焊接4mm以下的薄板。

2）图2-24b所示为熔化极氩弧焊。焊接过程可采用自动焊或半自动焊方式，并选择较大的焊接电流，适用于焊接厚度为25mm以下的焊件。

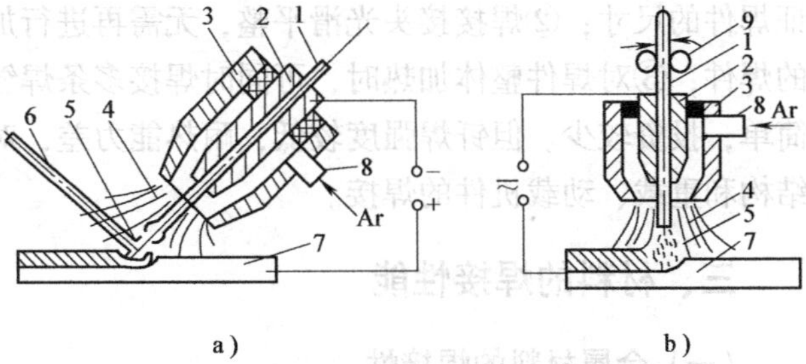

图2-24　氩弧焊示意图

a）不熔化极氩弧焊　b）熔化极氩弧焊

1—焊丝或电极　2—导电嘴　3—喷嘴　4—氩气流　5—电弧　6—填充焊丝　7—工件　8—进气管　9—送丝辊轮

氩弧焊的特点如下：①用氩气保护使焊接过程无冶金反应，金属只进行熔化。因此，该方法特别适用于焊接非铁金属和各种合金钢，焊接质量好。②电弧在气流压缩下燃烧，热量集中，熔池小，热影响区小，所以焊后变形小。③焊接电弧稳定，金属飞溅少，焊接过程中无熔渣，焊缝美观。④可进行全方位焊接，并且明弧操作，便于观察、控制和调整。⑤氩气成本高，一般情况下不宜采用。

（2）二氧化碳气体保护焊　二氧化碳气体保护焊是以CO_2作为保护气体，以连续送进的焊丝为电极的焊接方法。其焊接过程和装置与熔化极氩弧焊相似，可以采用自动焊或半自动焊方式进行焊接。但CO_2是氧化性气体，故不适用于焊接非铁金属。为了保证焊缝中合金元素的含量，应采用硅、锰含量较高的焊丝，如H08MnSiA，H08Mn2SiA等。

二氧化碳气体保护焊的特点如下：①CO_2气体来源广、价格低，其焊接成本甚至只有埋弧自动焊和手弧焊的40%～50%。②CO_2保护焊焊缝含氢量低，抗裂性能好；电弧集中，热影响区小，变形和裂纹倾向小。③焊接时电流密度大，熔深大，焊接速度快，焊后无清渣过程，所以生产率高。④可进行全方位焊接，并可焊接1mm左右的薄钢板，生产中常用来焊接30mm以下的低碳钢和低合金结构钢。⑤由于是氧化性气体保护，焊接时造成液滴飞溅大，焊缝成形后不平滑，而且焊接时需要采用直流电源。

（四）钎焊

钎焊是将熔点比焊件低的钎料加热熔化后渗入固态焊件间的间隙内，将焊件连接起来的焊接方法。钎焊时焊件常以搭接形式装配好，钎料安放在间隙旁或间隙内，加热后熔化的纤料在熔剂的作用下依靠润湿和毛细现象吸入并保持在固态焊件的间隙内，液态钎料和固态金属相互扩散而形成钎焊接头。在钎焊过程中，使用熔剂的作用是清除母材表面的氧化物和杂质，保护母材和钎料在钎焊过程中免受氧化，增加钎料的渗透能力和对母材的附着能力。根据钎料的熔点不同，钎焊可分为硬钎焊和软钎焊。

（1）硬钎焊　钎料熔点高于450℃，接头强度较高（>200MPa），主要用于受力较大或工作温度较高的工件。常用的钎料有铜基、银基和镍基合金等。熔剂为硼砂、硼酸、氯化物和氟化物的各种组成物。硬钎焊主要用于受力较大的钢材、铜合金构件的焊接和刀具、工具的焊接。

（2）软钎焊　钎料熔点低于450℃，接头强度低（≤100MPa），主要用于受力较小或工作温度较低的工件。常用的钎料是锡铅合金（焊锡）。熔剂为松香、氯化锌或氯化铵溶液。

软钎焊广泛用于受力不大的钢铁构件、铜合金构件和仪表、导电元件的焊接。

钎焊的特点是：①加热温度较低，母材组织和性能变化小，焊件应力和变形小，可以保证焊件的尺寸；②焊接接头光滑平整，无需再进行加工；钎焊可以焊接异种金属和厚薄不等的焊件；③对焊件整体加热时，可同时焊接多条焊缝的复杂焊件，生产率很高；④钎焊设备简单，投资较少。但钎焊强度较低，耐热能力差，对焊件清理要求严格，不适用于较重要钢结构和重载、动载机件的焊接。

三、材料的焊接性能

（一）金属材料的焊接性

金属材料的焊接性是指在一定的焊接工艺条件下金属材料获得优质焊接接头的难易程度。它包括两方面的内容：其一是工艺焊接性，即金属形成焊接缺陷的敏感性要小；其二是使用性能，即金属的焊接接头适应使用时的性能要求。这不仅与金属本身材质有关，也与焊接时采用的工艺条件、焊接方法有关。

（二）碳钢及低合金钢的焊接

低碳钢的碳含量少，焊接性良好。焊接过程中不需要任何特殊的工艺措施，几乎所有的焊接方法都能获得优质焊接接头。中碳钢的 $w_C=0.25\%\sim0.60\%$。随着碳含量增加，焊接性变差，焊接时应适当进行预热。高碳钢的碳含量高，焊接性很差，一般只对高碳钢工件进行焊补，而不进行结构焊接。

合金钢中作为焊接结构使用的一般是低合金结构钢。在低合金结构钢中，$w_C<0.4\%$ 时，合金元素含量少，强度级别较低，焊接性良好。当 $w_C=0.4\%\sim0.6\%$ 时，含合金元素较多，强度级别较高，焊接性较差；焊接前一般都要进行预热，焊接时工艺措施要求严格，选用低氢焊条及焊后进行退火处理，以避免产生裂纹和变形。

（三）铸铁的焊补

铸铁的碳、硅含量高，塑性很差，属于焊接性很差的材料。一般铸铁不考虑作为焊接结构件，而只能进行焊补。

（四）有色金属的焊接

有色金属的焊接性较差，其主要原因是：有色金属的焊接一般均具有容易氧化、吸气性大、热导率大和线膨胀系数大等特点。例如，铝合金的焊接常用氩弧焊、气焊、点焊、缝焊和钎焊。其中，以氩弧焊质量最好，焊接时可不用熔剂，焊丝成分与母材相近，但氩气纯度要求大于99.9%。对要求不高的焊件可采用气焊。为了去除氧化膜及杂质，必须使用氯化物和氟化物等物质组成的熔剂。

四、焊接件的结构工艺性

设计焊接件时，不仅要考虑到焊件的使用性能，还要考虑焊件结构的工艺性能，使焊件生产简便、质量优良、成本低廉。焊件结构工艺性应包括结构材料的选择、接头形式、焊缝布置等方面。

（一）焊接结构材料的选择

在满足焊接结构件使用性能的前提下，应尽量选用焊接性良好的材料。低碳钢和普通低合金钢的焊接性良好、价格低廉、焊接工艺简单、易于保证焊接质量，应优先选用。而 w_C >0.5%的碳钢和 w_C >0.6%的合金钢焊接性不好，应尽量避免采用。在采用两种不同材料进行焊接时，应注意它们焊接性的差异。

(二) 焊接接头形式

熔化焊接头基本形式有对接接头、搭接接头、角接接头和T形接头。接头形式的选择主要根据结构形状、使用要求和焊接生产工艺而定。图2-25所示为常用焊接接头的过渡形式。对接接头的应力分布均匀，接头质量容易保证，且节省材料，是用得最多的接头形式，重要的受力焊缝应尽量选用。当接头构成直角或一定角度连接时，则必须采用角接接头和T形接头。

当焊件厚度较大时，为保证焊透，接头处应根据工件厚度加工出各种坡口。坡口形式的选择主要应根据板厚和熔透要求，同时应考虑坡口加工的经济性和焊接工艺性。通常，要求焊透的重要受力焊缝应尽量采用双面焊，以利于保证质量。

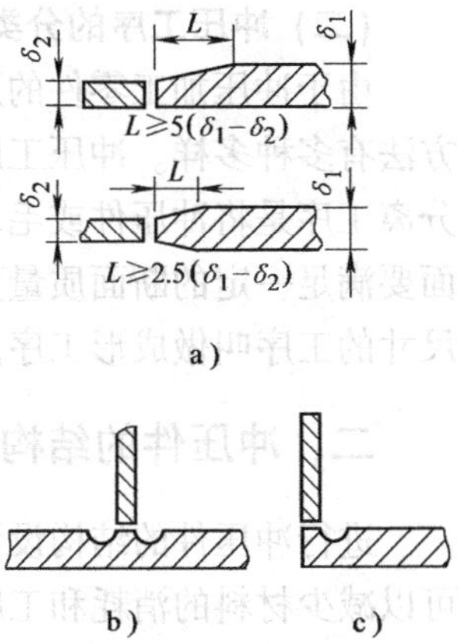

图2-25　焊接接头的过渡形式
a) 对接　b) T型接　c) 角接

(三) 焊缝的布置

焊接结构件的焊缝布置对焊接质量、生产率有很大的影响。其一般的设计原则如下：①焊缝的位置应便于操作；②焊缝应避开应力最大和应力集中的部位；③焊缝布置应尽可能分散；④焊缝位置应尽可能对称；⑤焊缝位置应远离加工表面 。

第四节　冲压工艺基础

一、概述

(一) 冲压工艺的特点

冲压工艺是一种先进的金属加工方法，它是建立在金属塑性变形基础上，在常温条件下利用模具和冲压设备对板料施加压力，使板料产生塑性变形或分离，从而获得具有一定形状、尺寸和性能的零件。冲压工艺在汽车工业有着广泛的应用。汽车车身是由覆盖件、结构件等组焊而成的全金属薄壳结构，车身本体的零件基本上是采用冲压工艺生产出来的，汽车车身对其冲压件的尺寸精度和表面质量的要求高，只有合格的冲压件才能焊装出合格的白车身，因此冲压件的质量是汽车车身制造质量的基础，冲压技术是汽车车身制造中的关键技术之一。

冲压与其他金属加工方法相比，具有下述的特点：

1）生产率高，且操作简便，易实现机械化与自动化。

2）车身零件的尺寸精度是由模具保证的，所以质量稳定，一般不需要切削加工便可用于装配。

3）利用冲压工艺方法可以获得其他金属加工方法所不能或难以加工的、形状复杂的零件。

4）冲压加工一般不需加热毛坯，也不像切削加工那样需切除大量金属，所以它不但节能，而且材料利用率高。冲压工艺能获得刚度大、强度高而质量轻的零件，适合于进行车身零件的加工。

5）冲压所用原材料为轧制板料或带料，在冲压过程中材料表面一般不受破坏，所以冲压零件的表面质量较好，为后续表面处理工序（如涂装）提供了方便。

（二）冲压工序的分类

由于冲压加工零件的形状、尺寸、精度要求、批量大小、原材料性能等的不同，其冲压方法有多种多样。冲压工序按加工性质的不同，可以分为两大类型：分离工序和成形工序。分离工序是将冲压件或毛坯在冲压过程中沿一定的轮廓使其相互分离，其冲压零件的分离断面要满足一定的断面质量要求；板料在不破坏的情况下产生塑性变形，获得所需求的形状及尺寸的工序叫做成形工序。冲压最常用的四个基本工序为：冲裁、弯曲、拉深、成形。

二、冲压件的结构工艺性

进行冲压件的结构设计时，不仅要保证其使用要求，还要满足冲压工艺性的要求。这样可以减少材料的消耗和工序数，使模具寿命延长、产品质量稳定、操作简单、成本降低。一般而言，对冲压件结构性影响最大的是工件的几何形状、尺寸和精度要求。

（一）冲裁件的结构工艺性

图 2-26 所示，为冲裁件尺寸与厚度的关系。通过该图可以分析得到：

1）冲裁件的外形和内孔形状应尽量简单、对称，最好是规则的几何形状或由规则的几何形状（圆弧与互相垂直的线条）组成，避免狭槽、长的悬臂，且其宽度 b 应大于料厚 S 的 2 倍，即 $b>2S$。

2）冲裁件直线相接处均要以圆角过渡。一般圆角半径 $R>0.5S$，否则会显著降低模具寿命。

3）孔的尺寸不能过小，保证 $d>S$，避免增加孔的冲压难度。

（二）弯曲件的结构工艺性

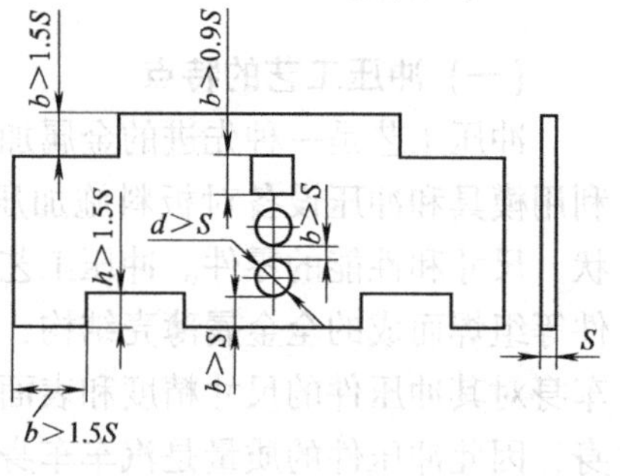

图 2-26　冲裁件尺寸与厚度的关系

1）弯曲件的圆角半径不能小于最小弯曲半径，也不宜过大。圆角半径过大，受回弹影响，弯曲角度和圆角半径的精度不易保证。

2）弯曲件的形状应尽量对称，弯曲半径应左右对称，保证板料不会因摩擦阻力不均而产生滑移。如工件不对称时，为防止板料偏移，在模具结构的设计时，可考虑增设压紧装置或定位工艺孔。

3）弯曲边不要过短，应使弯曲边平直部分的高度 $H>2S$，如图 2-27a 所示。

4）弯曲带孔件时，孔的位置如图 2-27b 所示，$L>(1.5\sim2)S$，这样可避免孔的变形。

5）弯曲件的尺寸精度一般不应超过 IT9 ~ IT10。

（三）拉深件的结构工艺性

1）拉深件形状力求简单，避免圆锥形、球面形和空间复杂曲面形，尽量采用轴对称的形状，使零件变形均匀和模具加工制造方便。

2）应使拉深件高度尽可能减低，过高、过深的拉深件易出现废品，需要多次拉深。

3）对于半敞开或不对称的拉深件可采用合冲工艺，即将两个或几个零件合并成对称形状，一起冲压，然后切开，以减少工序、节约材料、保证质量。

4）对带凸缘拉深件的凸缘宽度要适当。凸缘过宽，需增加拉深次数；但凸缘尺寸过小，拉深时压边圈不易压住，反而容易起皱。凸缘的合理尺寸为

$$d + 12S \leqslant d_T \leqslant d + 25S$$

式中，d 为拉深件内径，单位为 mm；d_T 为凸缘直径，单位为 mm；S 为坯料厚度，单位为 mm。

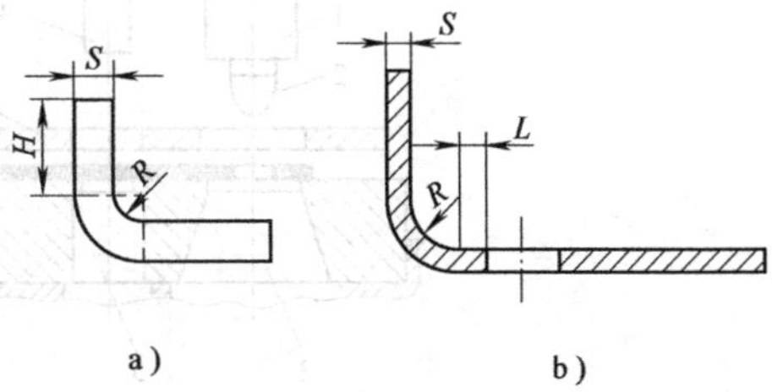

图 2-27 弯曲件边高与带孔的弯曲件

a）弯曲边高 b）带孔的弯曲件

5）拉深圆筒形件时，底与壁间的圆角半径应满足 $r_p \geqslant S$，凸缘与壁间的圆角半径要满足 $r_d \geqslant 2S$。建议 $r_p \approx (3 \sim 5) S$，$r_d \approx (4 \sim 8) S$。矩形盒角部的圆角半径 $r \geqslant 3S$。为减少拉伸次数，尽可能取 $r \geqslant \frac{1}{5}H$（H 为矩形盒高）。

6）拉深件的尺寸精度不能要求过高，其高度尺寸精度应不高于 IT16 ~ IT17，直径尺寸精度应不高于 IT12 ~ IT16。

三、冲模

冲模是冲压必要的专用工具。冲模的结构与质量对冲压生产极为重要。根据工序的复合程度，冲模可分为简单模、复合模和连续模三种。

（一）简单模

在压力机一次工作行程中只能完成一道工序的冲模称为简单模。图 2-28 所示为一落料用简单模。凸模 1 用固定板 6 固定在上模板 3 上，凹模 2 用压板 7 固定在下模板 4 上，上模板则通过模柄 5 与压力机的滑块连接，因此，凸模可随滑块作上、下运动。板料在凹模上沿导板 9 送进，碰到定位销 10 为止。当凸模下压时，冲下工件进入凹模孔，坯料在凸模回程时，碰到卸料板 8 时被推下，完成一次冲压。

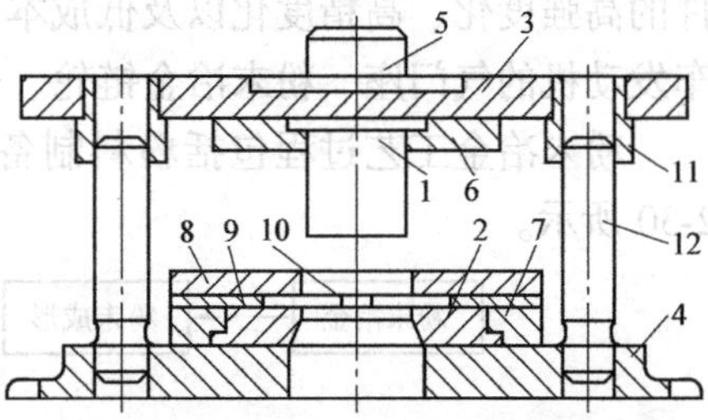

图 2-28 简单模

1—凸模 2—凹模 3—上模板 4—下模板
5—模柄 6—固定板 7—压板 8—卸料板
9—导板 10—定位销 11—导套 12—导柱

（二）连续模

在滑块一次冲压行程中，在同一冲模的不同部位上同时完成两道或数道工序的冲模称为连续模。图 2-29 所示为冲孔、落料连续模。图中左、右两凸模 1 和 4 分别作落料、冲孔用，而凹模 3 和 5 则在两凸模下的相应位置设有模孔，在落料凸模 1 下侧有定位销 2，以便对准预先冲出的工件。

（三）复合模

在压力机的一次冲程中，在模具同一部位上完成数道冲压工序的冲模叫做复合模。此种模具应用于产量大、精度高的冲压件生产。

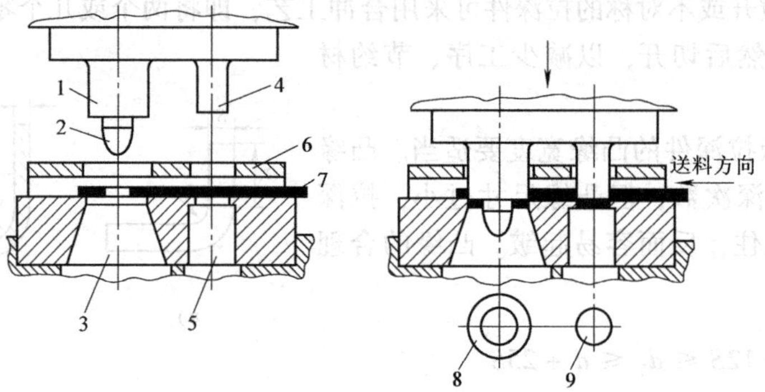

图 2-29　冲孔、落料连续模

1—落料凸模　2—定位销　3—落料凹模
4—冲孔凸模　5—冲孔凹模　6—卸料板
7—板料　8—工件　9—废料

第五节　粉末冶金

一、概述

粉末冶金法是以分割成很细小的金属或非金属粉末颗粒做原料，通过固结使其成为具有一定形状制品的技术。其制品统称为粉末冶金零件或烧结零件。粉末冶金零件是机械制造工业中的一大类通用性基础零件，一般包括结构零件、减摩零件和摩擦零件。

汽车工业中使用的各类粉末冶金零件，已占粉末冶金总产量的 70% ~80%。由于零部件的高强度化、高精度化以及低成本化，使粉末冶金零件在汽车上的使用量越来越多，如汽车发动机的气门座、粉末冶金链轮、带轮等。

粉末冶金工艺过程包括粉料制备、成形、烧结以及后续处理等工序，其工艺流程如图 2-30 所示。

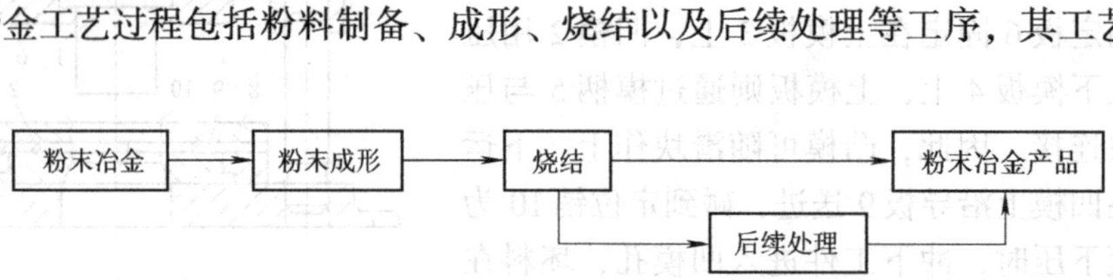

图 2-30　粉末冶金工艺流程

二、粉末的制取

制粉方法大体上可归纳为机械法和物理化学法两大类。机械法是将原材料机械地粉碎，而化学成分基本上不发生变化的工艺过程；物理化学法是借助化学的或物理的作用，改变原材料的化学成分或聚集状态而获得粉末的工艺过程。从工业规模而言，制粉应用最广泛的方法是雾化法、还原法和机械法。

(一) 雾化法

图 2-31 所示为雾化制粉方法的示意图。依靠自重从漏包中流出的金属液流被从喷嘴喷射出的高压气体或水冲击，雾化成粉。喷射流的主要作用是：把熔融液流击碎成细小的液

滴；通过急冷使细小的液滴凝固。

（二）还原法

使氧化物和盐类发生还原反应制取粉末，称为还原法。在工业上，还原法被广泛地用来制取铁、铜、镍、钴、钨、钼等金属粉末，这是由于还原法制取的粉末不仅经济，而且制粉过程比较简单，在生产时容易控制粉末的颗粒大小和形状。还原法制得的粉末还具有很好的压制性和烧结性。

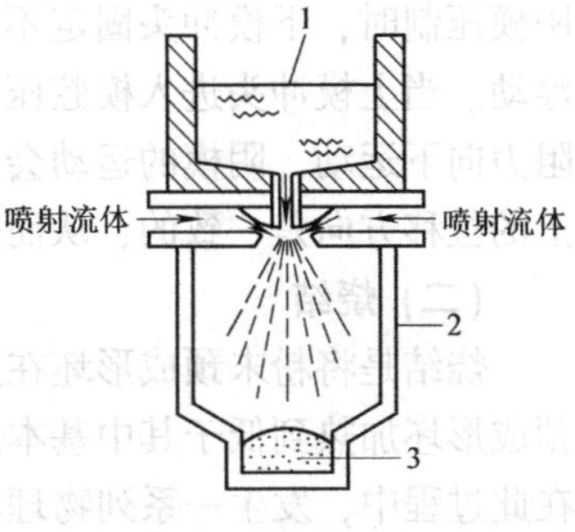

图 2-31　雾化制粉

1—熔融金属　2—集气室　3—金属粉末

（三）机械法

机械法是指利用破碎机、锤击机或球磨机粉碎材料，生产细小颗粒的粉末。最常见的球磨机是利用回转筒内不断抛落的钢球破碎金属。

其他生产粉末的方法，如电解法、化学沉积法和高速冲击法，一般应用较少。

三、零件的成形

通常，粉末制取后，粉末冶金的工艺过程包括三个步骤：①粉末混合。②粉末压紧。在这个工序中，将金属粉末制成具有一定形状、尺寸、孔隙度以及强度的预成形坯。③粉末烧结。将粉末压坯在低于熔点的适当温度中受热，颗粒之间发生粘结，烧结体的强度增加，而且多数情况下密度也提高。如果烧结条件控制得当，烧结体的密度和其他物理、力学性能可以接近或达到相同成分的致密材料。

（一）钢模压制

粉末压紧时，需要较高的压力使粉末成为所需形状。常用的工艺方法称为钢模压制。压制时，两个方向相反的冲头挤压位于模腔中的粉末，如图 2-32 所示。压制后的工件称为预成形坯。预成形坯一般具有足够的强度，搬运时不会破裂，但远低于烧结后的工件强度。

常用的钢模压制的压力设备为机械、水压或者二者的结合。根据工件的复杂程度，钢模压制的基本方式有三种，即单向压制、双向压制以及浮动阴模压制。

在单向压制时（如图 2-32a），阴模和下模冲头不动，由上模冲头单向加压，压力施加在粉末坯料的上顶部，由于粉末坯料与阴模之间的摩擦，使得预成形坯的底部和顶部的密度不均匀。使用润滑剂，可以减小粉末坯料与模壁之间的摩擦力，从而使沿高度方向的密度不均匀的程度降低。

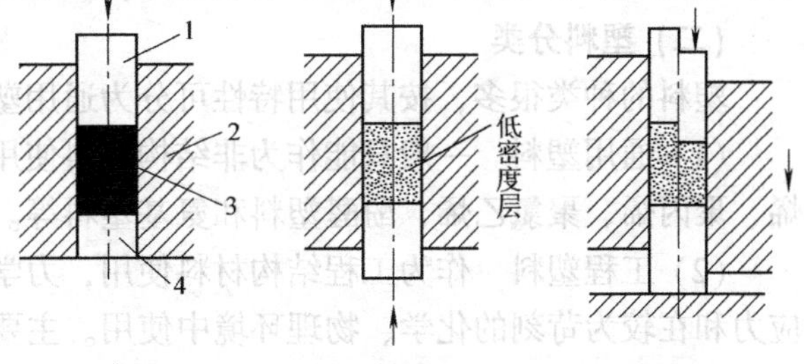

图 2-32　钢模压制

a）单向压制　b）双向压制　c）浮动阴模压制

1—上模冲头　2—阴模　3—粉末　4—下模冲头

采用双向压制法（如图 2-32b）可以减小预成形坯中密度分布的不均匀性。在双向压制时，压力是同时从上、下两个方向施加在粉末坯料上的。对于采用双向压制所得到的预成形坯来说，与冲头接触的两端密度较高，而中间部分的密度较低。但总体来看，采用双向压制方法，可以使像单向压制时的沿高度方向密度的不均匀性得到改善，适于压制较长的制品。

浮动阴模压制（如图2-32c）是在双向压制的基础上发展起来的粉末压制方法。在浮动阴模压制时，下模冲头固定不动，阴模安放在弹簧（也可以安装在液压缸）上，使之可以浮动。当上模冲头进入模腔压制粉末时，粉末与阴模内表面之间的摩擦力使阴模克服弹簧的阻力向下运动，阴模的运动会产生与下冲头运动相同的效果。阴模的运动方向与粉末沿高度上的位移方向是一致的，从而使得粉末预成形坯密度沿高度分布趋于均匀。

（二）烧结

烧结是将粉末预成形坯在适当的温度和气氛条件下加热所发生的现象或过程。即把粉末预成形坯加热到低于其中基本成分熔点的温度下保温，然后以各种方式和速度冷却到室温。在此过程中，发生一系列物理和化学的变化，粉末颗粒的聚集体变成为晶粒的聚结体，从而获得具有所需物理、力学性能的制品或材料。由于粉末冶金生产属于大批量生产，所以大多烧结炉设计成自动进料方式，一般包括三个步骤：预热、烧结和冷却。

随着粉末冶金工业的发展，粉末冶金出现许多新工艺，并获得迅速发展。如热压成形、粉末挤压、粉末锻造、粉末扎制、等静压成形、喷射成形等。这些先进工艺的特点是：具有更高的生产率；采用加热压实，以减小成形压力，提高压实密度并增加制件强度；提高制件表面质量；扩大应用范围等。

第六节 塑料成型工艺基础

一、概述

（一）塑料组分

塑料的主要成分是合成树脂。合成树脂是由相对分子质量小的物质经聚合反应而制得的相对分子质量大的高分子聚合物，有聚氯乙烯、聚乙烯、聚丙烯、聚苯乙烯、聚酰胺、聚碳酸酯、酚醛树脂、聚氨脂、环氧树脂等。简单组分的塑料基本上以树脂为主要成分，不加或加入少量助剂；多组分的塑料除树脂外还需加入其他一些助剂，如增塑剂、稳定剂、润滑剂、填充剂、阻燃剂、发泡剂、着色剂等，用以改善塑料的加工性能和使用性能。

（二）塑料分类

塑料的种类很多，按其使用特性可分为通用塑料、工程塑料和功能塑料。

（1）通用塑料　一般只能作为非结构材料使用，产量大，用途广，价格低。主要有聚乙烯、聚丙烯、聚氯乙烯、酚醛塑料和氨基塑料等。

（2）工程塑料　作为工程结构材料使用，力学性能优良，能在较宽温度范围内承受机械应力和在较为苛刻的化学、物理环境中使用。主要有聚酰胺、聚碳酸酯、聚甲醛、ABS、聚苯醚、聚砜、聚酯及各种增强塑料等。

（3）功能塑料　用于特种环境中，具有某种特殊性能的塑料。主要有医用塑料、光敏塑料、导磁塑料、高温耐热塑料、高频绝缘性塑料等。

（三）交联高聚物形态塑料

高聚物在成形过程中，大分子链结构由线型或支链型形成网状或立体结构的反应称为交联反应，通过交联反应制得的高聚物称为交联高聚物或体型高聚物，其力学强度、耐热性、化学稳定性和尺寸稳定性均有很大提高，因此交联高聚物塑料在生产、生活中用途广泛。

二、注射成型原理和工艺过程

注射成型又称注塑成型，是热塑性塑料制件的一种主要成型方法，某些热固性塑料也可采用注射方法成型。注射成型所用的设备是注射机。图 2-33 所示为螺杆式注射机工作原理示意图。将颗粒状或粉状塑料从注射机料斗送入高温的料筒；塑料受到料筒加热和螺杆的剪切摩擦热作用而逐渐熔融塑化，并不断被螺杆压实同时被推向料筒前端，产生一定压力，使螺杆在转动的同时，缓慢地向后移动，当螺杆退到预定位置，触及限位开关时，螺杆即停止转动；然后注射活塞带动螺杆按一定的压力和速度，将积存于料筒端部的塑料粘流态熔体经喷嘴注入模具型腔；充满模腔的熔料经一定时间的保压冷却定型后，开模分型脱模取出塑件，获得具有一定形状和尺寸的塑料制件；塑件经注射成型后，除去浇口凝料、余料和飞边毛刺；有些制件还需要进行消除应力或稳定性能的后处理。

注射成型在汽车塑料制品生产中所占的比例很大，如保险杠、通风格栅、仪表板、座椅靠背、护风圈、空调机壳等大型零件及各种开关、把手、结构件、装饰件、减摩耐磨件、轮罩、护条等小型零件。

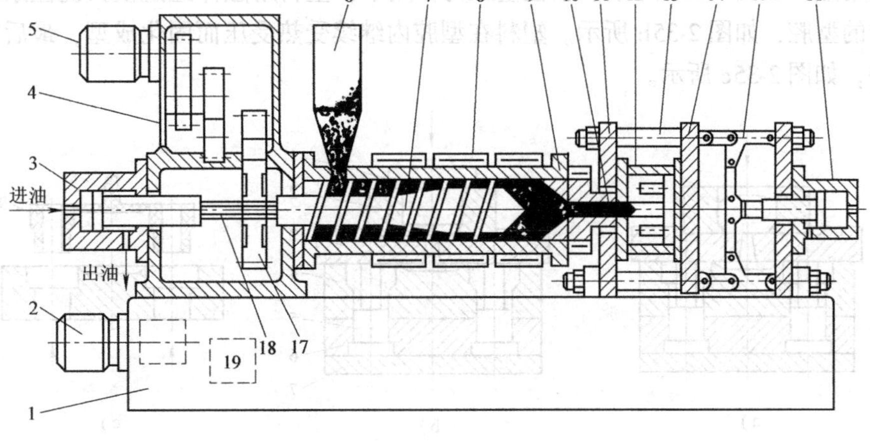

图 2-33　螺杆式注射机结构示意图

1—机身　2—电动机及液压泵　3—注射液压缸　4—齿轮箱　5—齿轮传动电动机　6—料斗　7—螺杆　8—加热器　9—料筒　10—喷嘴　11—定模固定板　12—模具　13—拉杆　14—动模固定板　15—合模机构　16—合模液压缸　17—螺杆传动齿轮　18—螺杆花键　19—油箱

三、压缩和压注成型工艺

(一) 压缩成型工艺原理

压缩成型是将粉状、粒状或纤维状的热固性塑料放入模具加料腔内（图 2-34a），然后合模加热使其熔融，并在压力作用下使塑料流动而充满模腔（图 2-34b），同时塑料高分子发生交联固化而定型，最后脱模，即得到所需制品（图 2-34c）。

压缩成型主要用于热固性塑料零件的生产。热塑性塑料也可采用压缩成型，在成型前一阶段与热固性塑料相同，但由于没有交联反应，所以必须冷却固化才能脱模，因此需要模具交替加热与冷却，生产周期长，只在模压较大平面热塑性塑料零件时才采用压缩成型。压缩

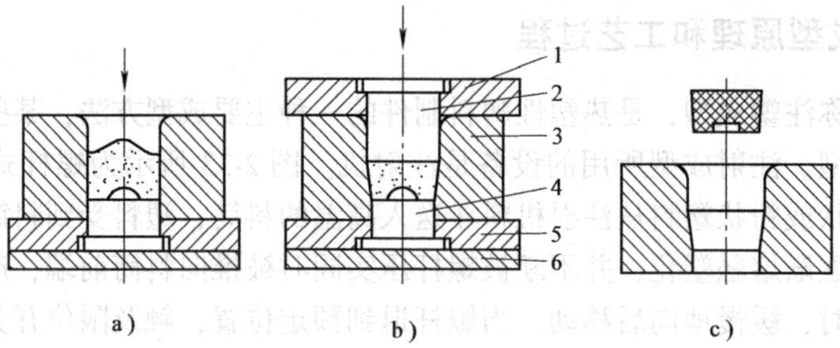

图 2-34 压缩成型原理

1—凸模 2—上凸模 3—凹模 4—下凸模 5—凸模固定板 6—下模座

成型适合于汽车大型零件的生产，如导流板、车门、门梁柱、顶盖等。

(二) 压注成型工艺原理

压注成型是在改进压缩成型的基础上发展起来的一种热固性塑料的成型方法，其成型原理如图 2-35 所示。模具闭合后，将塑料（预压锭）加入已加热到一定温度的模具加料室中使其受热熔融，如图 2-35a 所示。在柱塞压力作用下，塑料熔融体经过模具浇注系统注入并填满闭合的型腔，如图 2-35b 所示。塑料在型腔内继续受热受压而固化成型，最后打开模具取出塑件，如图 2-35c 所示。

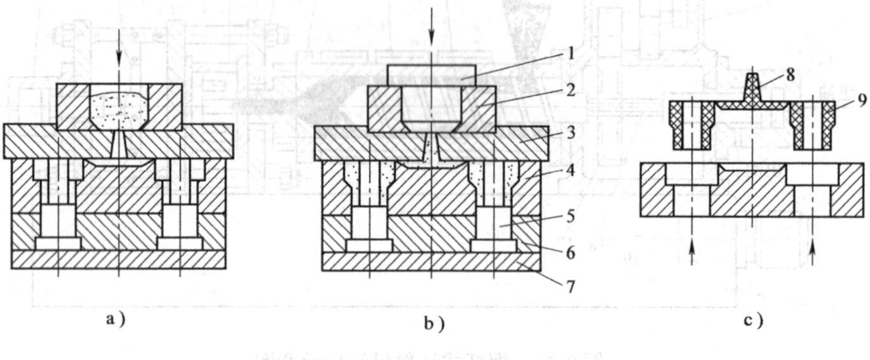

图 2-35 压注成型原理

1—柱塞 2—加料腔 3—上模板 4—凹模 5—型芯 6—型芯固定板
7—下模板 8—浇注系统 9—塑件

压注成型中，塑料在型腔内预先受热熔融，在压力作用下注入型腔，因此能制作成型状带有深孔或形状复杂的塑料零件，也可制作成带有精细嵌件的塑料零件，塑料零件的密度和强度也较高。由于塑料成型前模具已经完全闭合，因而塑料精度易保证，表面粗糙度值也较小，塑料零件上只有少许模具分型面造成的很薄的塑料飞边。

第七节 毛坯的选择

毛坯选择是零件设计中的重要一环。合理选择毛坯的类型，会使零件制造工艺简便、生产率高、质量稳定、成本降低。为能合理选用毛坯，需要清楚地了解各类毛坯的特点、适用范围及选用原则等。

一、各种毛坯的特点

常用的汽车零件的毛坯有铸件、锻压件、焊接件以及粉末冶金件等，现简述如下。

（一）铸件

铸造是最常用的毛坯生产方法，能生产出形状复杂的各类汽车用铸件，因此，一些要求耐磨、减振、承压、价廉的零件（如活塞环、活塞、气缸套、气缸体等），以及一些形状复杂、用其他方法难以成形的零件（如气缸盖、变速箱壳体以及进、排气支管等），只能通过铸造生产毛坯。随着铸造技术的不断发展，铸件的应用范围继续扩大，过去普遍采用锻件的曲轴、连杆、齿轮等零件，也开始被铸件逐渐取代。

为弥补砂型铸件的不足，汽车零件也常采用特种铸造方法来生产铸造毛坯，以提高生产率，改善劳动条件，获得尺寸精确、机械强度好的铸件。

（二）锻压件

锻压件是汽车零件制造业中的另一种常用毛坯。它是材料塑性变形的结果，因此锻压件晶粒较细，没有铸件的粗大组织和内部缺陷，其力学性能较好，所以一些要求强度高、耐冲击、抗疲劳的重要零件大多采用锻造毛坯。但因它是在固态下塑性成型，难于获得复杂的形状，特别是一些复杂内腔的零件。锻压件广泛应用于汽车发动机、变速器、转向器、行走部分总成的零件上。常用的有自由锻件、模锻件等。

（三）焊接件

焊接件的特点是可以以小拼大，气密性好，生产周期短，不需要重型设备，可以生产有较好的强度和刚度，而且质量轻、材料利用率高的毛坯；缺点是抗振性差，易变形。因此，选用焊接件为毛坯，对一些性能要求高的汽车重要零件在机械加工前应采用退火处理，以消除应力、防止变形。

（四）粉末冶金件

粉末冶金是一种少无切削工艺，可获得表面光洁、尺寸精确的零件。粉末成分可任意调整，制成任意成分的金属和合金构件以及耐高温、承受高速的构件。但粉末冶金所用的粉料生产成本高，模具费用大，对结构复杂、薄壁、锐角零件成型困难，受工艺限制，零件不能太大，适合于大批量生产。

二、毛坯选择原则

汽车毛坯材料的选择首先必须遵循一般的工程材料选择原则。由于材料的种类繁多，性能、作用和应用场合也各不相同，因此，毛坯的选择一般应考虑以下原则。

（一）使用性原则

毛坯的使用要求是指将毛坯最终制成满足使用要求的产品。零件的使用要求具体体现在零件的形状、尺寸、精度及工作条件、受力情况等，只有满足使用要求的毛坯，才有实际价值。因此，保证使用要求是选择毛坯的首要原则。

例如，各类机械中最常用的齿轮，虽然其结构特点与功能相同，但由于工作条件、使用要求不同，其毛坯的类别、材料和制造方法也不一样。机床中的齿轮，工作时要求传动平稳、振动小，受力稳定，在静态下变换转速，且有良好的润滑条件，工作环境较好，故常选用中碳钢或低合金钢经锻造和机械加工后，根据需要进行不同热处理后使用。汽车齿轮速度较高，在动态下进行变速，常因特殊情况，如路面不平、超载等，要承受较大冲击，要求齿轮具有较高的耐磨性、疲劳强度、心部强度和抗冲击性，故汽车齿轮常选用合金渗碳钢或低碳合金结构钢（如20CrMnTi）等材料。毛坯经锻造、正火、机械加工、渗碳、淬火及低温回火、喷丸、磨削加工后使用。

由上述可知，在确定毛坯类别时，首先考虑零件的工作条件，根据使用时的性能及技术要求，选用合适的工艺方法和材料。

（二）经济性原则

所谓经济性原则，主要就是降低毛坯的成本。选择毛坯时，应在保证使用要求的前提下，尽量减少消耗、降低毛坯制造成本，满足市场竞争的要求。降低毛坯制造成本的主要途径如下：

（1）选择合适的毛坯生产工艺　应根据零件的生产批量及使用要求，选择合适的毛坯制造工艺，以降低废品率，提高生产率，节约工时与材料。应尽量采用先进工艺，以提高质量和生产率，降低成本。在改变毛坯生产工艺或采用先进工艺的同时，可能需添置一些新的工艺装备和设备，这些新增加的费用要作为成本由合格产品分担，所以改用新工艺时必须结合产品批量等进行综合考虑。

（2）选择合适的材料　毛坯材料是零件成本的组成部分。此外，由于材料的改变而使毛坯生产工艺改变，也会间接影响零件成本。例如，在轿车毛坯材料选材时，要求总质量轻、强度高，一般根据材料的比强度（强度/密度）来比较候选材料。在满足使用要求的前提下，尽量选用成本低的材料，并把必须使用的贵重金属材料减少到最低限度。目前，许多高分子材料在一些场合可以替代金属材料，既降低成本，又减轻了质量。比如采用聚甲醛替代轴承钢制造4t载货汽车用底盘衬套轴承，可在行驶10000km以上不用加油保养。

（3）批量和生产周期　为适应市场需求，选择毛坯时，生产批量和生产周期对选定毛坯的种类有很大影响。

一般单件、小批量生产，而且生产周期短时，应选用常用材料、通用设备和工具、低精度和低生产率的毛坯生产方法。这样，毛坯制造方便，生产周期短，成本低。

在大批量生产条件下，应选用专用设备和工具及高生产率的毛坯生产方法。大批量生产零件，需精心设计、仔细考虑其整个工艺过程，虽然用了专用设备和工具增加了费用，但其材料消耗与切削加工量等会大幅度降低，生产率提高．所以总体成本还是较低的。

（三）实际生产条件

根据使用要求和经济性所确定的毛坯生产方案是否能实现，还必须考虑企业的实际生产条件。只有实际生产条件能够实现毛坯的生产方案，这个方案才是切实可行的。

所谓实际生产条件，主要是指本企业的设备条件、技术水平、厂房情况及原材料供应情况等。如这些条件不能满足生产要求，就应考虑选用其他的零件毛坯生产制造方法。

综上所述，所谓毛坯选择，主要是指在选择毛坯种类、毛坯材料以及毛坯生产制造工艺等时，需综合考虑的一些原则，如使用要求、经济性和实际生产条件等，这些因素是相互联系又相互制约的。因此，在确定毛坯选择方案时，应在保证零件使用要求的前提下，从本企业实际出发，力求做到高效、优质、低成本。

习　题

2-1　什么是金属的铸造性能？它包含哪些内容？它们对铸件的质量影响如何？

2-2　铸件浇注位置和分型面选择的主要原则是什么？

2-3　设计铸件结构时，应考虑哪些问题？为什么？

2-4　金属型铸造、压力铸造、低压铸造、离心铸造与普通砂型铸造相比，有何优缺点？

2-5　什么是锻压？锻压有何特点？适于生产何种汽车零件？

2-6　什么是模锻？模锻有何特点？锤上模锻工艺规程如何制定？

2-7　什么是焊接？焊接与铸造、锻压相比有何特点？按焊接过程的不同将焊接分为几大类？各类的特点如何？

2-8　电阻焊、气体保护焊、钎焊等焊接方法的特点是什么？各应用于汽车生产的哪些部件？

2-9　设计焊接结构应考虑哪些方面？焊缝布置的一般设计原则有哪些？

2-10　什么是冲压？与锻造相比有哪些异同？适用于汽车生产的哪类零件？

2-11　冲模有几种？各适用于生产汽车何类零件？

2-12　简述粉末冶金的工艺过程和特点。

2-13　简述注射成型原理和工艺过程。

2-14　简述压注成型和压缩成型原理和工艺过程。各有何特点？

2-15　简述选择毛坯的三项原则及其相互关系。

2-16　大批量生产汽车用内燃机缸体、曲轴、连杆和正时齿轮等主要零件时采用何种毛坯？为什么？

参考文献

1　肖智清主编．机械制造基础．北京：机械工业出版社，2003

2　程熙主编．热能与动力机械制造工艺学．北京：机械工业出版社，2000

3　陈文第主编．客车制造工艺技术．北京：人民交通出版社，2002

4　姚贵升主编．汽车工程手册：制造篇．北京：人民交通出版社，2001

第三章　工件的机械加工质量

机械加工质量问题是本课程研究的主要内容之一。每一种机械产品都是由许多相关零件装配而成的，因此产品的质量不仅取决于装配质量，而且还与零件的加工质量直接相关。机械制造工艺问题的三个指标是质量、生产率和经济性，它们三者相互联系、相互制约，而质量始终是最根本的问题。要在保证质量的前提下，努力提高生产率、降低成本。

本章主要介绍机械加工质量的概念，分析加工质量的形成、影响因素及对零件使用性能的影响。

第一节　机械加工质量的基本概念

机械加工质量包括加工精度和表面质量两个方面，如图 3-1 所示。

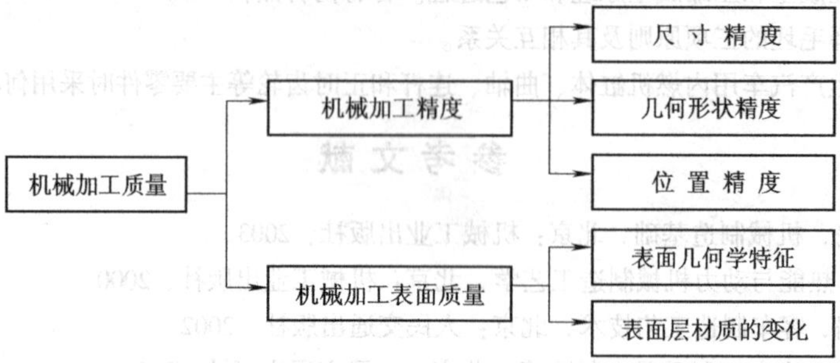

图 3-1　机械加工质量

一、机械加工精度

机械加工后所获得的零件各表面的尺寸、形状以及各表面间的相互位置不可能绝对准确，总会存在一定的误差，这就是加工误差。机器零件经过机械加工后，各表面的实际尺寸、实际形状和实际相互位置与其理想值的接近程度称为加工精度。实际值越接近理想值，则加工精度越高，加工误差越小。

零件的加工精度包括尺寸精度、形状精度和位置精度三个方面。机械加工精度的具体内容是：

（1）尺寸精度　是指加工后零件表面本身或表面之间的实际尺寸与理想尺寸之间的符合程 度，如长度、宽度、高度、直径等。

（2）几何形状精度　是指加工后零件各表面本身的实际形状与理想零件表面形状之间的符合程度，如平面度、直线度、圆度、圆柱度、锥度等。

（3）位置精度　是指加工后零件各表面间的实际相互位置与理想零件各表面之间位置的符合程度，如平行度、垂直度、同轴度等。

通常以公差值的大小或公差等级表示零件的机械加工精度要求。

二、机械加工表面质量

零件的表面质量包括表面粗糙度和表面层的物理力学性能。其具体内容是：

(1) 表面几何学特征　是指零件最外层表面的微观几何形状，通常用表面粗糙度、波度表示。

(2) 表面层材质的变化　是指在一定深度的零件表面层出现与基体材料组织不同的变质情况，主要指表面层因塑性变形引起的冷作硬化、表面层因切削热引起的金相组织变化、表面层产生的残余应力。

加工表面质量的重要性在于，它对机器零件的使用性能以及整部机械的工作性能有很大的影响。

三、获得加工精度的方法和经济加工精度

(一) 获得尺寸精度的方法

机械加工中获得零件尺寸精度的方法有试切法、定尺寸刀具法、调整法和自动控制法。

(1) 试切法　先在工件加工表面上试切一小部分，测量试切所达到的尺寸，按加工要求作适当调整，再试切、再测量，如此反复，当试切尺寸达到要求时，按最后试切的位置切削整个待加工表面。这种方法加工精度不稳定，生产率低，其加工精度取决于操作者的技术水平，通常只适用于单件小批生产。

(2) 定尺寸刀具法　用具有一定尺寸精度的刀具来保证工件被加工部位的尺寸，如钻孔、铰孔、拉孔和攻螺纹等。这种方法通常应用于零件的内表面加工，尺寸稳定，生产率高。

(3) 调整法　按工件规定的尺寸，调整好刀具和工件在机床上的相对位置，并在一批零件的加工过程中保持这个相对位置不变。刀具和工件的相对位置，多用定程机构和对刀装置等进行调整，如行程开关、定程挡块、样件、样板、对刀块等。用这种方法加工后工件的尺寸是在一次调整后得到的，因此工件的尺寸稳定性好，生产率高。

(4) 自动控制法　利用测量装置、进给装置和控制系统，使工件在加工过程中自动测量、进给、补偿，当工件达到要求的尺寸时，自动停止加工。具体方法有自动测量和数字控制等。这种方法在自动加工机床和生产自动线上广泛应用，生产率高，工件的尺寸精度易于保证。

(二) 获得形状精度的方法

机械加工中获得零件几何形状精度的方法有轨迹法、成形法和展成法。

(1) 轨迹法　利用切削运动中刀具刀尖的运动轨迹以形成工件被加工表面的形状。如工件外圆车削加工中，工件作旋转主运动，刀具作轴向进给运动，刀尖相对于工件的运动轨迹即形成了工件的外圆表面。

(2) 成形法　利用成形刀具切削刃的几何形状切削出工件的形状。这种加工方法中，工件的形状精度与切削刃的形状精度和刀具的安装精度有关。

(3) 展成法　利用刀具和工件作展成切削运动时，切削刃在被加工表面上的包络面形成工件的加工表面。这种加工方法，工件的形状精度与机床展成运动中的传动链精度有关。

(三) 获得位置精度的方法

机械加工中，零件表面的相互位置精度主要取决于工件的装夹定位方式。按生产批量、

加工精度要求和工件大小不同，工件的安装方式主要有两种：①找正装夹法；②专用机床夹具装夹法。详情请参阅本书第四章有关内容。

（四）经济加工精度

某种加工方法的经济加工精度，是指在正常的生产条件下（机床设备、工艺装备、切削用量、工人等级，工时定额）所能达到的公差等级。每一种加工方法的经济加工精度都与一定范围的公差等级相对应，而且经济加工精度所对应的公差等级并不是一成不变的，它随着机械加工水平的不断提高、机床和工艺装备的改进而逐渐提高。

每种加工方法的经济加工精度，也有相应的表面粗糙度范围。在一般情况下，尺寸公差等级和表面粗糙度是相对应的，即公差等级愈高，表面粗糙度值愈小。不同加工方法的经济加工精度和表面粗糙度可参考有关资料或手册。

为了获得零件的尺寸、形状和相互位置精度，必须分析研究加工过程中影响加工精度的因素。

第二节 影响加工精度的因素

机械加工中，零件的加工精度主要取决于工件和刀具在切削成形运动中的相互位置关系，而工件和刀具安装在夹具和机床上，并受到夹具和机床的约束。因此，机械加工时，机床、夹具、工件和刀具就构成一个完整的系统，称为工艺系统。加工精度问题涉及到整个工艺系统的精度问题。

工件装在夹具上可能产生定位误差；夹具装在机床上可能产生安装误差；对刀（导向）元件的位置不准确，将产生对刀误差；因机床的精度、刀具的精度、工艺系统的弹性变形、热变形以及残余应力等原因，将引起其他加工误差。所有这些误差都将反映到被加工零件上，所以机械加工后的零件，在尺寸、形状、位置等方面总存在一定的误差，不可能绝对准确。我们只能根据零件的工作要求，将加工误差控制在一定的允许范围内。

造成加工误差的工艺因素也可以分为两部分：

（1）工艺系统的原有误差　主要有原理误差、机床误差、夹具误差、安装误差、刀具误差、测量误差、调整误差等。

（2）加工过程中的误差　主要有工艺系统的受力变形、受热变形、磨损和残余应力变形等。

有关定位误差、安装误差和对刀误差将在第四章中讨论，本章只讨论其他加工误差产生的主要因素。

一、加工原理误差

由于采用近似的加工方法、近似形状的刀具、近似的传动比代替理论的加工方法、刀具、传动比进行加工，所带来的加工误差，称为加工原理误差或理论误差。滚齿就是一种近似的加工方法。由于滚刀的齿数是有限的，所以滚切出来的渐开线不是理想的光滑渐开线，而是多条趋近于该曲线的折线。不仅滚齿方法是近似的加工方法，滚刀也是近似形状的刀具，所以也会引起加工误差。

车螺纹时，如果螺距具有几位小数，在选择挂轮时，因为挂轮的齿数是固定的，所以往往只能得到近似的螺距。

应当指出，当包括原理误差在内的加工误差总和不超过规定的工序公差时，就可以采用近似的加工方法。采用近似方法往往比理论上精确的方法简单，加工误差的累积较少，它有利于简化机床结构、降低刀具成本和提高生产率，是切实可行的加工方法。

二、机床的制造误差及磨损

机械加工中，工件相对刀具的各种成形运动是由机床来完成的，零件的加工精度在很大程度上取决于机床的精度。影响机床精度的因素主要有：机床的制造误差、磨损及其安装误差。其中对工件加工精度影响较大的有，机床导轨误差、主轴的回转误差等。下面以车床为例进行说明。

（一）机床导轨的直线度误差

车床导轨在水平面内有直线度误差 Δy，如图 3-2 所示，则会引起工件沿轴线方向任一截面的直径误差 $2\Delta y$。如果沿轴线方向任一截面的 Δy 值不等，还将引起工件的圆柱度误差。因此，车床导轨在水平面内有直线度误差，对工件精度的影响很大，必须加以控制。

如果车床导轨在垂直面内有直线度误差，如图 3-3 所示，则刀尖由 a 点移到 b 点，并引起工件半径上的加工误差 Δy。由直角三角形 $\triangle Oab$ 知

$$\left(\frac{d}{2}+\Delta y\right)^2=\left(\frac{d}{2}\right)^2+\Delta z^2$$

则

$$d\Delta y+\Delta y^2=\Delta z^2$$

略去 Δy^2，则

$$\Delta y=\frac{\Delta z^2}{d}$$

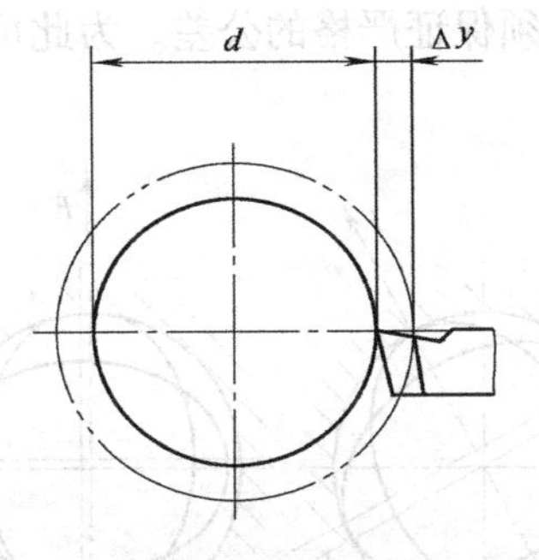

图 3-2 车床导轨在水平面内有直线度误差

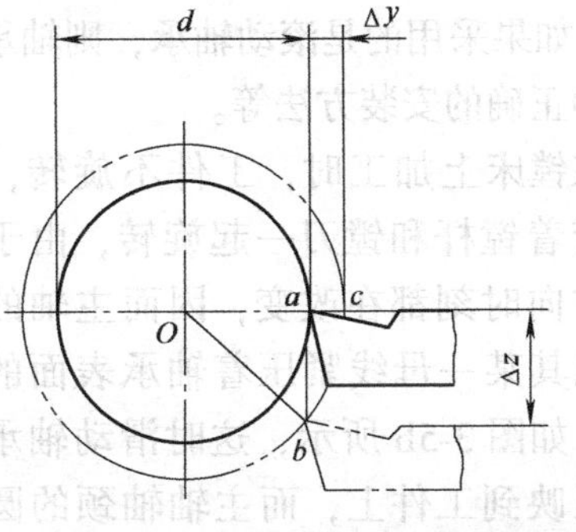

图 3-3 车床导轨在垂直面内有直线度误差

由于 Δz 很小，所以 Δz^2 更小，故这项加工误差很小。

因此，车床导轨在垂直面内有直线度误差，对工件直径的影响很小。

（二）机床导轨与主轴轴线的平行度误差

如果机床导轨与主轴轴线在水平面内不平行，工件被加工成锥体形。若平行度误差在长度 L 上为 a，则被加工表面的锥度为

$$k=\frac{2a}{L}$$

如图 3-4 所示，如果机床导轨与主轴轴线在垂直面内不平行，刀尖运动轨迹为 AC，则工件表面被加工成双曲面回转体形。图中 Ox 为工件轴线，AC 为刀尖运动轨迹，即工件母线，它与 xOy 平面的倾斜角为 β，则

$$\tan\beta = \frac{b}{L}$$

式中，b 是机床主轴轴线与导轨在垂直面内 L 长度上的平行度误差。

令 $x=0$ 处工件半径为 r_0，则任意位置 x 处的半径为

$$r_x = \sqrt{r_0^2 + x^2\tan^2\beta}$$

或

$$r_x = \sqrt{r_0^2 + \left(x\frac{b}{L}\right)^2}$$

如以 y 代替 r_x，则得

$$\frac{y^2}{r_0^2} - \frac{x^2}{\left(\frac{Lr_0}{b}\right)^2} = 1$$

这是双曲面方程式。

任意位置 x 处半径方向的加工误差为

$$\Delta r = \sqrt{{r_0}^2 + \frac{x^2b^2}{L^2}} - r_0$$

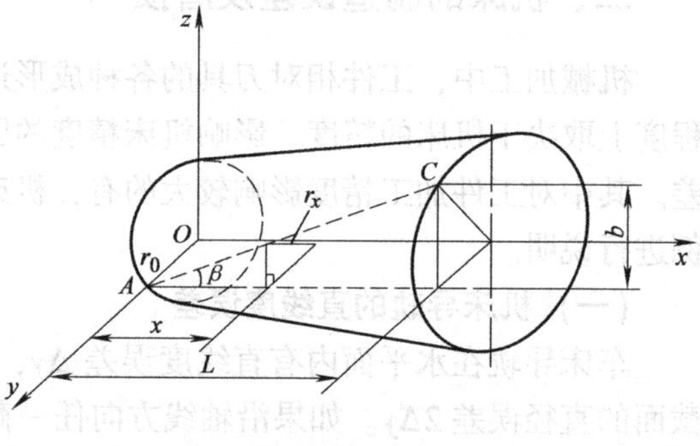

图 3-4 机床导轨与主轴轴线在垂直面内不平行

（三）机床主轴旋转时轴线位置的变化

如果主轴旋转轴线的位置在加工过程中发生变化，将影响工件的圆度。

当车床主轴采用滑动轴承，由于切削载荷使主轴的轴颈始终压紧在轴承表面的一定部位上，如图 3-5a 所示，则主轴轴颈的圆度就会反映到工件上去，而轴承孔的误差影响很小。因此，采用滑动轴承的主轴轴颈的圆度公差一般都定得很小，普通精度的机床，此值为 3 ~ 5μm。如果采用的是滚动轴承，则轴承的径向圆跳动必须保证严格的公差。为此可采用精密轴承和正确的安装方法等。

在镗床上加工时，工件不旋转，机床主轴带着镗杆和镗刀一起旋转，由于切削力的方向时刻都在改变，因而主轴的轴颈始终以其某一母线紧压着轴承表面的不同部位，如图 3-5b 所示，这时滑动轴承的圆度将反映到工件上，而主轴轴颈的圆度对工件的精度则没有影响。

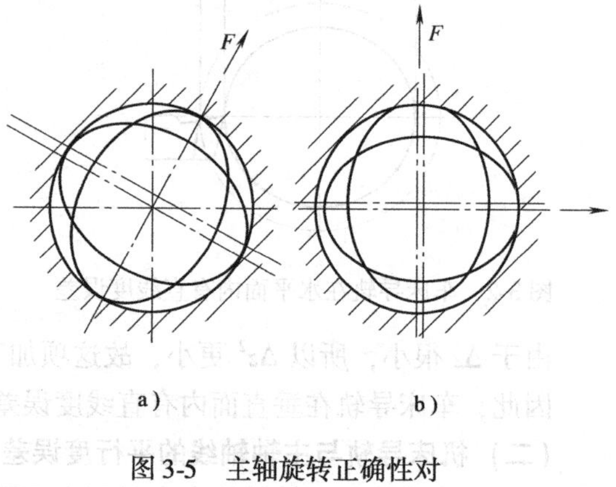

图 3-5 主轴旋转正确性对工件形状的影响

（四）机床导轨的磨损

在使用过程中，由于各摩擦部分的磨损，机床的精度会逐渐下降。对加工精度影响最大的是机床主轴的轴颈（采用滑动轴承时）和轴承的磨损，以及床身导轨的磨损。

如图 3-6 所示，车床床身前导轨（图中 K）的磨损比后导轨（图中 M）厉害，一般大 5 倍。而前导轨本身磨损最厉害的部位在离主轴前端 400mm 附近，因为刀架经常在这段范围内工作。如果前导轨在床身长度上某处磨成一个深度为 a 的凹坑，而后导轨还是平直的，则当刀架移动到凹坑上时，刀尖就会在水平方向偏离距离 x，工件直径将增加 $2x$，当刀架移过

了这个区段后，车刀的刀尖又回到原来的位置。刀尖偏移值为

$$x = a\frac{H}{B}$$

式中，a 为床身前导轨的磨损量；H 为机床的中心高；B 为前、后导轨间的距离。

（五）控制机床误差的措施

（1）减小导轨误差的方法　导轨的误差来源于导轨的制造误差、不均匀磨损和变形、机床的安装误差等。所以应合理设计导轨，以提高导轨的刚性、耐磨性。近年来，精密机床有的采用滚动导轨、静压导轨等，以减小不均匀磨损。另外，要注意机床的正确安装，床身的水平调整，提高导轨的制造精度，加大导轨与工作台（溜板）的配合长度以均化导轨误差等。

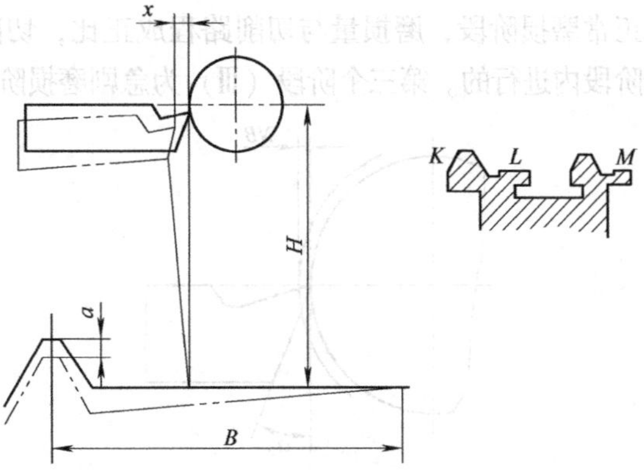

图 3-6　机床导轨的磨损

（2）减小主轴旋转误差　机床中采用精密的主轴部件，如采用静压轴承（特别是静压球轴承，其径向和轴向跳动可达 0.04μm），或用短三瓦自位轴承。选用相应等级的滚动轴承，并相应提高轴颈、支承孔、调节件的制造精度和配合质量等，都可以减小主轴回转误差。另外，主轴和装在主轴上的零件（如齿轮、带轮等）的动平衡，对减小主轴回转误差也有较大的作用。

（3）机床磨损的危害与防止　任何运动副、定位和导向元件的磨损，都会造成机床、夹具运动精度、导向精度、传动精度、几何位置精度以及定位精度的下降，使加工误差增大。还可能加剧机械振动的幅值使加工表面质量变坏。

防止机床磨损的措施有：施加足够的、合适的润滑剂；设置防止微粒进入界面的防护装置，并定期清除污物；采用气、液静压轴承和静压导轨；使用耐磨材料，如贴塑导轨、涂层导轨等；重载、高速运动副采用强制冷却措施等。

三、刀具的制造误差及磨损

刀具误差也包括制造和磨损两方面。刀具误差对加工精度的影响，随刀具种类的不同而异。

①定尺寸刀具，如钻头、铰刀、孔拉刀、丝锥、板牙、槽铣刀等，加工时刀具的尺寸、形状误差及磨损，直接影响工件的尺寸精度和形状精度。②成形刀具，如成形车刀、成形铣刀、成形砂轮等的形状误差与磨损，将直接影响工件加工表面的形状精度。③展成法加工刀具，如齿轮滚刀、插齿刀等的切削刃形状制造误差与磨损，将影响齿形的加工精度。④普通刀具，如普通车刀、刨刀、面铣刀、单刃镗刀等，它们的制造误差与加工精度没有直接的关系，但其磨损对工件的尺寸和形状精度有很大的影响。

在精加工过程中，刀具磨损所引起的误差占加工误差总数的比例很大。

要注意加工表面径向的切削刃磨损量，这种磨损通常称为尺寸磨损，如图 3-7 中的 NB。刀具在这个方向上的磨损不仅影响工件的尺寸精度，还影响工件的形状精度。如在车床上车长轴或镗深孔时，随着车刀逐渐磨损，可能在工件上出现锥度。用成形刀具加工时，刀具的

磨损会使工件的轮廓发生变化。在多刀机床上加工时，因为各刀具的磨损不可能一样，所以工件各部分的尺寸误差就不相同。

刀具的磨损分三个阶段（其他机器零件的磨损亦然），如图3-8所示。第一个阶段（Ⅰ）为初期磨损阶段，时间短（仅几分钟），磨损剧烈，切削路程不超过1km。第二个阶段（Ⅱ）为正常磨损阶段，磨损量与切削路程成正比，切削路程可达30km，刀具绝大部分工作是在这个阶段内进行的。第三个阶段（Ⅲ）为急剧磨损阶段，刀具磨损迅速，切削刃在很短时间内损坏。

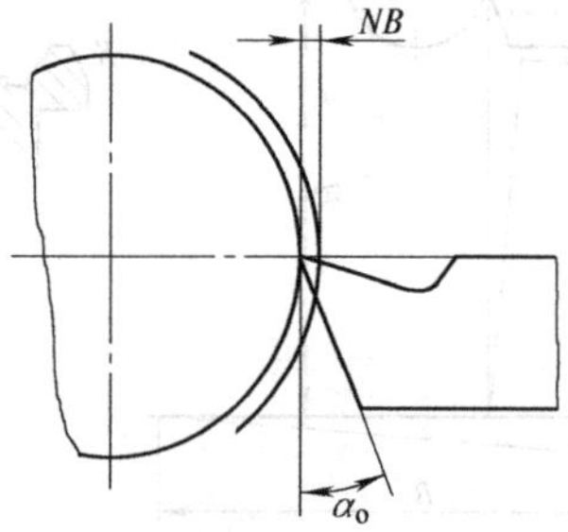

图3-7 后刀面磨损

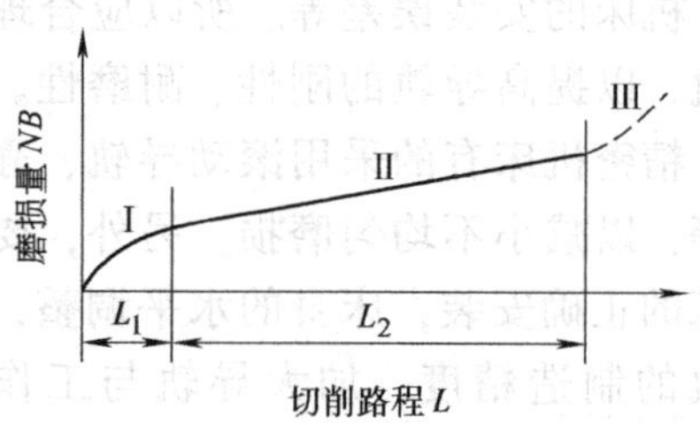

图3-8 刀具磨损与切削路程的关系

刀具磨损使切削刃变钝，还会使切削力逐渐增大，导致机床、工件和刀具弹性变形，工件尺寸因而产生额外的变化，有时较刀具本身尺寸改变的影响更为严重。

减少刀具磨损对加工误差影响的措施：

1）尺寸补偿或调整。如数控机床按给定补偿值控制工作台在刀具尺寸磨损方向的进给行程。采用主动控制工件尺寸的闭环控制机床，如广泛应用于汽车生产中的半自动外圆磨床。调整法加工中定期检测工件尺寸，调整刀具位置来补偿尺寸误差。

2）根据工件材料选用亲和力小、耐磨的刀具材料，如陶瓷合金、立方氮化硼、人造金刚石、表面涂层硬质合金等。

3）选择合适的切削液，要求切削液有较强的浸润性、润滑性、冷却性、稳定性、对环境的无害性、防锈性。

4）砂轮的自动修整与补偿。

5）适当减小切削用量，以提高刀具耐用度。

四、工艺系统受力、受热变形引起的误差

（一）工艺系统的受力变形

1. 基本概念

机床、夹具、工件和刀具构成的弹性系统，称为工艺系统。工艺系统在外力（切削力、夹紧力、传动力、离心力等）的作用下会产生弹性变形，包括工艺系统各组成环节本身的弹性变形，以及各组成环节配合处的位移。工艺系统的受力变形是影响加工精度的重要因素。工艺系统受力变形的大小，与工艺系统的刚度有关。在外力作用下，工艺系统抵抗变形的能力称为工艺系统刚度。

加工表面法线方向的变形，对加工误差的影响最大。因此，工艺系统刚度是指在切削力 F_f、F_p、F_c 的综合作用下，沿加工表面法线方向上的切削分力 F_p 与切削刃在此方向上相对于工件的压移 y 之比值，即

$$J_S = \frac{F_p(\text{法向切削力})}{y(\text{在 } F_f\text{、}F_p\text{、}F_c \text{ 综合作用下刀具相对于工件的法线压移})}$$

式中，J_S 为工艺系统刚度，单位为 N/mm。

工艺系统刚度对加工精度有影响；工艺系统刚度与振动现象密切相关；工艺系统刚度不足，还会影响加工表面质量和生产率。

2. 机床的刚度及其对加工精度的影响

机床的刚度决定于各有关部件的刚度。各有关部件的刚度可以通过试验测定。知道了机床各部件的刚度，就可以计算出机床的刚度。现以车床为例讨论机床刚度的计算。

图 3-9 所示为在车床两顶尖间加工光轴的示意图。在任意点切削力 F_p 的作用下，主轴的位置从 A 移至 A'，尾座从 B 移至 B'，刀架从 C 移至 C'，主轴、尾座和刀架的压移分别为 y_t、y_w、y_d。为了便于研究，设工件为刚体（即工件不变形），则工件轴线由 AB 移至 $A'B'$，在离主轴 x 处移动了 y_x，则机床压移量 y_j 为

$$y_j = y_x + y_d \tag{3-1}$$

而

$$y_x = y_t + K$$

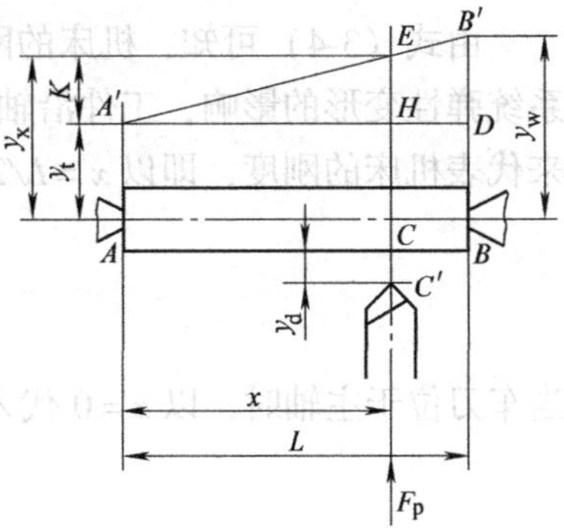

图 3-9　机床刚度的计算

式中 K 值可由相似三角形 $\triangle A'B'D$ 和 $\triangle A'EH$ 求出

$$\frac{K}{y_w - y_t} = \frac{x}{L}$$

所以

$$K = \frac{x}{L}(y_w - y_t)$$

故

$$y_x = y_t + \frac{x}{L}(y_w - y_t) \tag{3-2}$$

设 F_A、F_B 分别为由切削力 F_p 在主轴和尾座处所引起的压力，则有

$$F_A L = F_p(L - x)$$

$$F_B L = F_p x$$

或

$$F_A = F_p\left(\frac{L - x}{L}\right)$$

$$F_B = F_p\left(\frac{x}{L}\right)$$

因

$$y_t = \frac{F_A}{J_t}$$

$$y_w = \frac{F_B}{J_w}$$

所以

$$y_t = \frac{F_p}{J_t}\left(\frac{L - x}{L}\right)$$

$$y_w = \frac{F_p}{J_w}\left(\frac{x}{L}\right)$$

代入式（3-2）并整理得

$$y_x = \frac{F_p}{J_t}\left(\frac{L-x}{L}\right)^2 + \frac{F_p}{J_w}\left(\frac{x}{L}\right)^2 \tag{3-3}$$

将式（3-3）及 $y_d = F_p/J_d$ 代入式（3-1）得

$$y_j = \frac{F_p}{J_t}\left(\frac{L-x}{L}\right)^2 + \frac{F_p}{J_w}\left(\frac{x}{L}\right)^2 + \frac{F_p}{J_d}$$

故任意点即离主轴为 x 处的机床刚度 J_j 为

$$J_j = F_p/y_j = \frac{1}{\frac{1}{J_t}\left(\frac{L-x}{L}\right)^2 + \frac{1}{J_w}\left(\frac{x}{L}\right)^2 + \frac{1}{J_d}} \tag{3-4}$$

由式（3-4）可知，机床的刚度不是一个常数，而是车刀位置的函数。因此，由于工艺系统弹性变形的影响，工件沿轴向的直径将不是一致的。一般取刀具位于工件中点处的刚度来代表机床的刚度，即以 $x = L/2$ 代入式（3-4），可得机床的刚度

$$J_{j(\frac{L}{2})} = \frac{1}{\frac{1}{4}\left(\frac{1}{J_t} + \frac{1}{J_w}\right) + \frac{1}{J_d}} \tag{3-5}$$

当车刀位于主轴时，以 $x = 0$ 代入式（3-4）得

$$J_{j(0)} = \frac{1}{\frac{1}{J_d} + \frac{1}{J_t}} \tag{3-6}$$

当车刀位于尾座时，以 $x = L$ 代入式（3-4）得

$$J_{j(L)} = \frac{1}{\frac{1}{J_d} + \frac{1}{J_w}} \tag{3-7}$$

令 $\frac{dJ_j}{dx} = 0$，可得刚度在 x_0 处的极值为

$$x_0 = \frac{LJ_w}{J_t + J_w}$$

又因 $\frac{d^2J_j}{dx^2} < 0$，所以 J_j 有最大值，即

$$J_{jmax} = \frac{1}{\frac{1}{J_t + J_w} + \frac{1}{J_d}} \tag{3-8}$$

3. 工件的刚度及其对加工精度的影响

工件的刚度可以近似地用材料力学中的公式计算，这时假设机床及刀具不产生变形。现以车床上常见的加工情况为例进行说明。

（1）工件在车床两顶尖间加工　这种装夹方式近似于一根梁自由支承在两个支点上。在切削分力 F_p 的作用下，如果工件是一根光轴，则工件最大挠曲发生在工件中间位置，在工作行程中，车刀所切下的切屑厚度将不相等，在工件中点处，即挠曲最大的地方切屑最薄，而两端切屑较厚，加工出的零件形状如图3-10 所示。

（2）工件在卡盘中加工　这种装夹方式近似于悬臂梁。如果工件是光轴，则最大挠曲发生在切削力作用于工件末端时，加工后的零件形状如图 3-11 所示。这种装夹方式一般用

于长径比不大的工件。

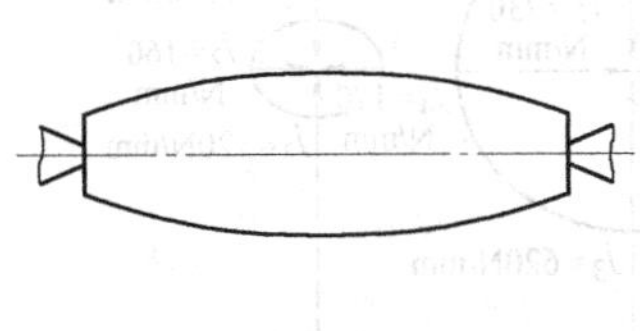

图 3-10　工件在车床顶尖间加工

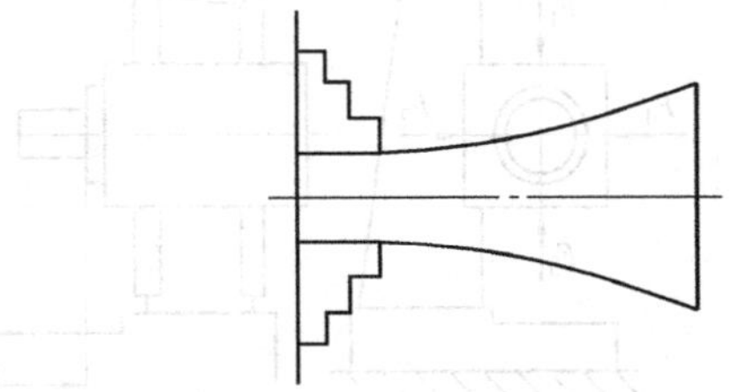

图 3-11　工件在车床卡盘中加工后形状

（3）工件装在卡盘中并用后顶尖支承加工　这种装夹方式属于静不定系统，加工后的零件形状如图3-12 所示。

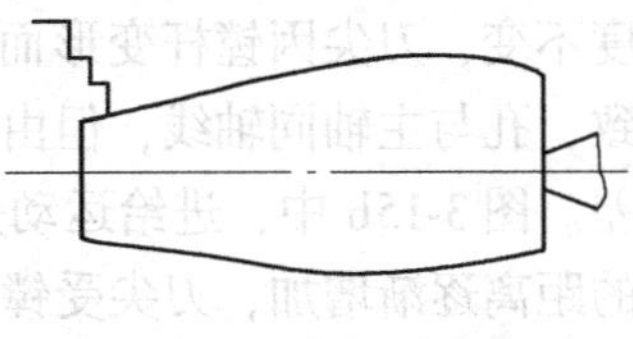

图 3-12　工件前端夹在卡盘中后端用顶尖支承加工后形状

对于各种装夹方式，工件的刚度都与工件的长度有关，工件的刚度在工件全长上是一个变值。加工细长轴（如凸轮轴、曲轴）时，常采用中心架（或其他形式的中间支承），以减小工件的挠曲变形。

当刚度很差的工件被夹紧在夹具中，在夹紧力的作用下，工件会发生弹性变形，它对加工精度的影响很大。如夹紧薄壁套筒、圆环和其他类似的工件时，工件很容易变形。图 3-13 所示为三爪自定心卡盘夹紧薄壁工件的情况，这时已经加工完的孔的形状产生了误差。因此，加工薄壁零件时，夹紧力应在工件圆周上均匀分布，如采用液性塑料夹具等。

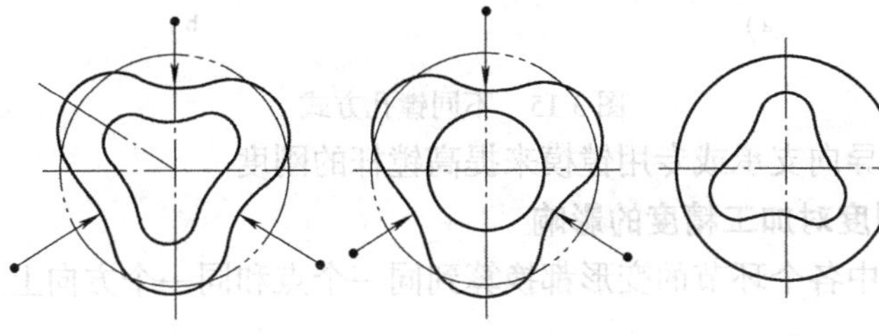

a）　　b）　　c）

图 3-13　薄壁工件在三爪自定心卡盘中夹紧

a）夹紧后工件的形状　b）内孔加工完毕后的形状　c）卸下工件弹性恢复后的形状

4. 刀具的刚度及其对加工精度的影响

在卧式镗床上加工时，机床立柱和工作台的刚度很高，而刀具的刚度很低并对加工精度的影响较大。刀具的刚度又与主轴刚度和刀杆刚度有关。镗杆主轴的刚度在各个方向是不相等的，即主轴同一横截面内，各方向抵抗变形的能力不同。对某卧式镗床按上下前后四个方向测定刚度时，得到不同的数值，如图 3-14 所示。而且主轴悬伸长度愈大则刚度愈小，不同方向的刚度差值也相应减小。在镗床上镗孔时，由于切削力的方向是不断变化的，所以被加工的孔将因主轴各方向刚度的差别而产生相应的圆度误差。

镗杆的刚度也可以近似地用材料力学的公式计算。如图 3-15a 中的镗杆刚度可以按悬臂梁近似计算；而图 3-15b 中的镗杆刚度，则可以按一端夹紧、另一端支承的静不定梁近似计算。

现分析上述两种方式中因刀具弹性变形所引起的加工误差。如图 3-15a 中，刀杆悬伸长

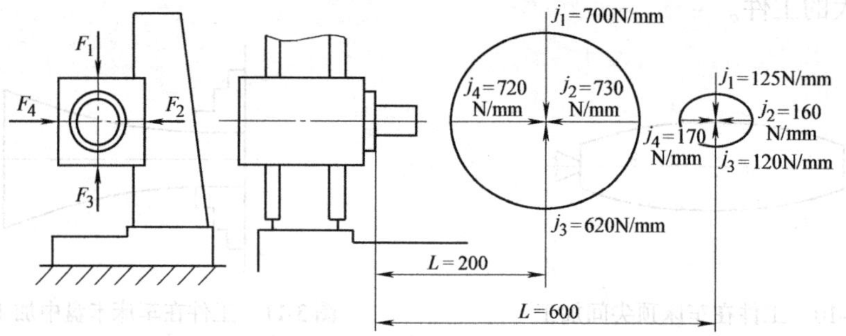

图 3-14　镗床主轴同一截面内不同方向的刚度不相等

度不变，刀尖因镗杆变形而产生的位移在孔的全长上是相等的，因此孔轴向截面的直径一致，孔与主轴同轴线，但由于主轴的刚度在各个方向不相等，所以孔的横截面形状有圆度误差。图 3-15b 中，进给运动是由镗杆移动来实现的，加工过程中，镗杆上刀尖距主轴箱端面的距离逐渐增加，刀尖受镗杆和主轴弹性变形的综合影响，被加工孔的横截面不圆，而且沿孔全长上各个横截面的圆度值也不一致。

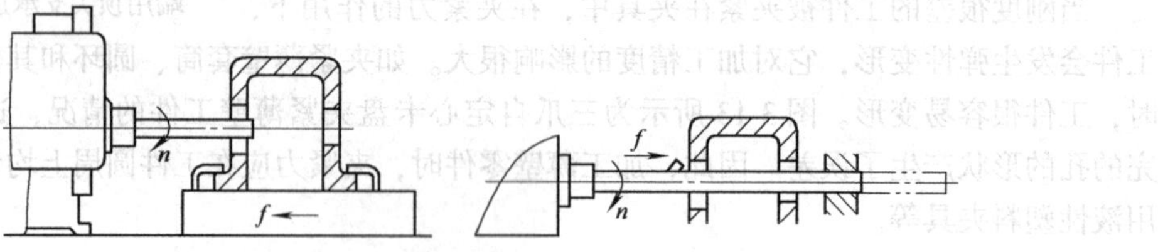

a)　　　b)

图 3-15　不同镗孔方式

镗床上常采用后导向支承或专用镗模来提高镗杆的刚度。

5. 工艺系统的刚度对加工精度的影响

如果把工艺系统中各个环节的变形都换算到同一个点和同一个方向上，则整个系统的变形就等于

$$y_s = y_j + y_g + y_d \tag{3-9}$$

式中，y_s 是工艺系统变形；y_j 是机床变形；y_g 是工件变形；y_d是刀具变形。

根据刚度定义，式（3-9）可写成

$$\frac{F_p}{J_s} = \frac{F_p}{J_j} + \frac{F_p}{J_g} + \frac{F_p}{J_d}$$

即

$$\frac{1}{J_s} = \frac{1}{J_j} + \frac{1}{J_g} + \frac{1}{J_d} \tag{3-10}$$

有时为计算方便，令刚度的倒数为柔度 w，即

$$w = \frac{1000}{J}$$

式中，J 为刚度，单位为 N/mm；w 为柔度，单位为 μm/N。

则

$$w_s = w_j + w_g + w_d \tag{3-11}$$

在不同的情况下，工艺系统各环节的柔度是不同的。在车床顶尖间加工外圆时，通常只考虑机床及工件的变形，而认为车刀的变形可以忽略不计，这时，工艺系统就可以看作为机

床—工件系统；在镗床上加工时，由于镗杆是在悬臂状态下工作的，它的变形对加工精度影响极大，而工件的变形可以忽略不计，因此，工艺系统可以看作为机床—刀具系统。

根据前面的分析，对车床而言，由于机床刚度和工件刚度在工件全长上都是变值，故工艺系统的刚度在工件全长上也是一个变值，因此，加工后零件各个横截面上的直径尺寸各不相同，工艺系统的刚度在工件全长上的差别愈大，则零件的几何形状误差愈大。

6. 误差复映规律

如果在车床上加工具有偏心（或其他形状误差）的毛坯，如图 3-16 所示。毛坯转一转时，背吃刀量从最小值 a_{p2} 增加至最大值 a_{p1}，然后再降至最小值 a_{p2}，切削力也相应地由最小增加至最大，又减至最小。这时，工艺系统各部件也相应地产生弹性压移，切削力大时弹性压移大，切削力小时弹性压移小，所以偏心毛坯加工后所得到的表面仍然是偏心的，即毛坯误差被复映下来，只不过误差减小了，这称为误差复映规律。

加工后工件直径上的误差 Δ_w 可按下式确定

$$\Delta_w = y_1 - y_2 = \frac{F_{p1}}{J_s} - \frac{F_{p2}}{J_s} \tag{3-12}$$

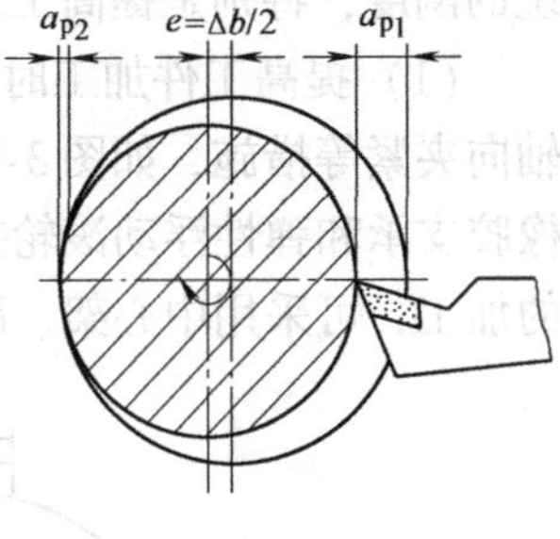

图 3-16　车削偏心毛坯

式中，y_1、y_2 是背吃刀量为 a_{p1}、a_{p2} 时工艺系统的弹性压移；F_{p1}、F_{p2} 是背吃刀量为 a_{p1}、a_{p2} 时工件法向切削分力。

根据切削原理，法向切削分力 F_p 与切向切削分力 F_c 有如下关系

$$F_p = \lambda F_c$$

而

$$F_c = C_{F_c} a_p f^{0.75}$$

式中，λ 为主要与刀具几何角度有关的系数，一般取 0.4；f 为进给量；a_p 为背吃刀量；C_{F_c} 是与工件材料、刀具几何形状等有关的系数。

将 F_p 值代入式（3-12）得

$$\Delta_w = \frac{\lambda F_{c1}}{J_s} - \frac{\lambda F_{c2}}{J_s} = \frac{\lambda}{J_s}(C_{F_c} f^{0.75} a_{p1} - C_{F_c} f^{0.75} a_{p2})$$

$$= \frac{\lambda}{J_s} C_{F_c} f^{0.75}(a_{p1} - a_{p2}) = \frac{\lambda}{J_s} C_{F_c} f^{0.75} \Delta_b \tag{3-13}$$

从上式可知，当毛坯的偏心 $2e = \Delta_b$（或其他形状误差）一定时，工艺系统刚度愈大，加工后工件的偏心（或其他形状误差）愈小，即加工后工件的精度愈高。

为了表示工件加工后精度提高的程度，用复映系数 ε 表示，即

$$\varepsilon = \frac{\Delta_w}{\Delta_b} = \frac{\lambda}{J_s} C_{F_c} f^{0.75} \tag{3-14}$$

ε 值愈小，加工后零件的精度愈高。

当该表面分几次工作行程进行加工时，第一次工作行程后的复映系数为 ε_1，第二次工作行程后的复映系数为 ε_2，第三次复映系数为 ε_3…则该表面总的复映系数为

$$\varepsilon = \varepsilon_1 \varepsilon_2 \varepsilon_3 \cdots \varepsilon_n$$

因为每个复映系数均小于 1，故总的复映系数 ε 将是一个很小的数值。这样，经过几次工作行程后，零件上的误差比毛坯误差小得多，有可能达到允许的公差范围，从而得到所要

求的精度。因此，精度要求高的表面，需要有粗、精和光整加工等几道工序。

式（3-13）也可以写成如下形式

$$J_{s}=\lambda C_{F_{c}}f^{0.75}\frac{\Delta_{b}}{\Delta_{w}}=\frac{\Delta F_{p}}{\Delta_{w}} \tag{3-15}$$

因此，只要测量出毛坯加工前后的偏心（或半径上的误差），从切削用量手册中查出 C_{F_c}；或通过电测仪器测出 ΔF_p，则工艺系统刚度就可以确定。如果加工的工件刚性很好（工件不变形），则式（3-15）所得即为机床刚度 J_j。

7. 控制工艺系统受力变形的主要措施

控制工艺系统受力变形的主要措施有：减小切削用量、补偿工艺系统有关部件的受力变形、提高工艺系统刚度等。减小切削用量是一种比较消极的办法，而补偿受力变形也往往由于结构限制或加工调整过于复杂，而使其采用受到限制。比较彻底的解决办法是提高工艺系统的刚度，特别是提高工艺系统中薄弱环节的刚度。

（1）提高工件加工时的刚度　对薄壁套类零件可采用另加刚性开口夹紧环或改用端面轴向夹紧等措施，如图 3-17a 所示。对薄片类零件（如摩擦片等）的磨削加工，则可采用厚橡胶支承和弹性浮动滚轮夹压，或采用环氧树脂粘结等措施，如图 3-17b 所示。对细长轴类的加工，可采用中心架、跟刀架或前后支承架等措施。

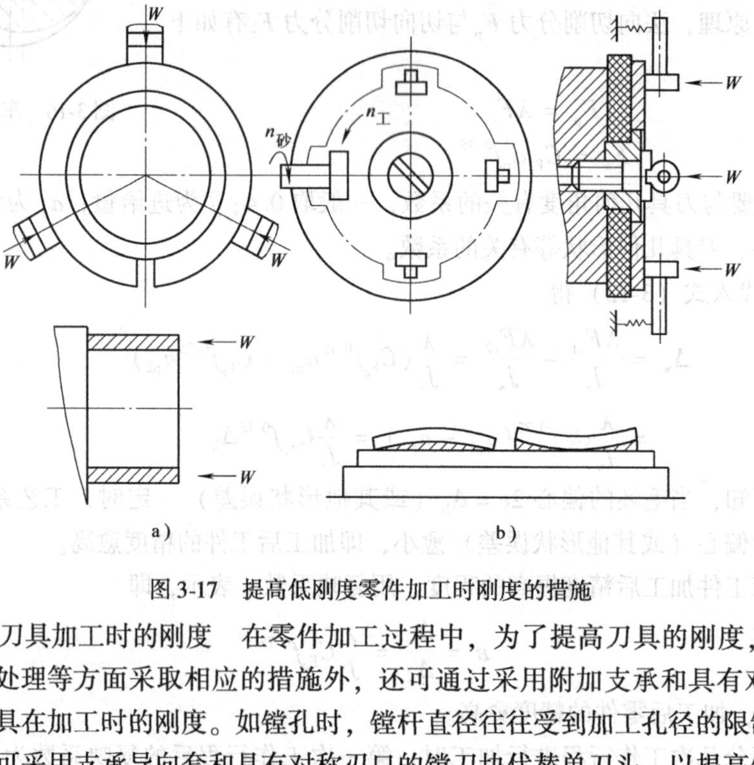

图 3-17　提高低刚度零件加工时刚度的措施

（2）提高刀具加工时的刚度　在零件加工过程中，为了提高刀具的刚度，除从刀具材料、结构和热处理等方面采取相应的措施外，还可通过采用附加支承和具有对称刃口的刀具，来提高刀具在加工时的刚度。如镗孔时，镗杆直径往往受到加工孔径的限制使其刚度明显降低，为此可采用支承导向套和具有对称刃口的镗刀块代替单刀头，以提高镗杆在加工时的刚度。

（3）提高机床和夹具的刚度　在机械加工中使用的机床和夹具，是由较多数量的零件组成的，提高它们的刚度除了提高其组成零件本身的刚度外，还应着重提高各有关组成零件的连接面刚度。为此，可采取如下措施：

1）在设计机床或夹具时，应尽量减少其组成零件数量，以减少总的接触变形量。如精密丝杠车床的刀架部件，由卧式车床的五个主要组成零件（床鞍、中滑板、转盘、小滑板和方刀架）的结构，减少为三个主要组成零件（床鞍、中滑板和小滑板）的结构；高精度蜗轮加工机床，大多将一般滚齿机上的可移动刀架结构改为固定式结构，都可以大大提高刀架部件的刚度。这种减少组成零件数量的措施，往往受到机床使用性能和范围的限制，多用于专用机床或专门化机床。

2）在加工机床或夹具的组成零件时，应尽量提高有关组成零件连接表面的形状精度，并减小其表面粗糙度值。由于机床或夹具有关组成零件连接表面形状精度的提高和表面粗糙度值的减小，可以大大增加连接时的实际接触面积而提高机床或夹具的刚度。

3）对机床或夹具上的固定联接件，装配时采用预紧措施。由于对机床或夹具上有关组成零件在装配时施加预紧力，这样必然会增加实际接触面积而相应提高它们的接触刚度。但有时又往往受到预紧力不能进一步增大的限制。为此可采取减少连接面接触面积的办法，如图 3-18a 所示，以达到增大预紧力的目的。如图 3-18b 所示，增大了预紧力就可使连接面的接触刚度处于接触刚度曲线的上部，图中 2 点。此外，由于预紧一段时期后有时还可能产生永久变形（蠕变），从而又引起连接面松动和接触刚度下降，为此，需要在一定时期内进行多次反复预紧。

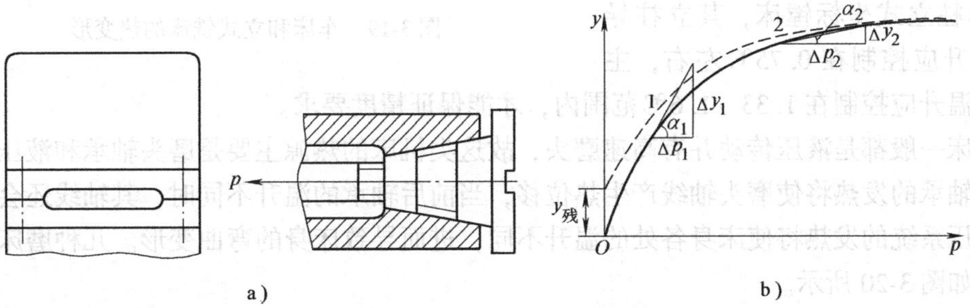

a）　　　　　　　　b）

图 3-18　提高联接面接触刚度的措施

（二）工艺系统的热变形

机械加工过程中，工艺系统要产生热量。工艺系统受热而引起的变形，称为热变形。热的来源主要有以下三个方面：

1）切削热。被加工材料塑性变形以及前后刀面摩擦而转变成的热量。由于热的传导，它主要对工件和刀具有较大的影响。

2）摩擦热和传动热。机床运动零件的摩擦（齿轮、轴承、导轨等）转变的热量，液压传动（液压泵、液压缸等）和电动机的温升等，这类热量对机床的影响较大。

3）环境热。如外界热源和阳光辐射等。在各种精密加工中，环境热的影响特别突出，因为在这种场合下，切削力比较小，工艺系统刚度不足所引起的加工误差也比较小，而热变形引起的误差就相对较大。

1. 机床热变形及其对加工精度的影响

机床受热而产生变形的情况比工件和刀具的热变形复杂，而且视机床类型不同而异。

机床在运转与加工过程中，由于内、外部热源的影响，其温度会逐渐升高。由于机床各部分的热源和尺寸形状的不同，各部件的温升也不相同。由于不同温升，将使机床各部件的相互位置和相对运动发生变化，使机床的原有几何精度遭到破坏，从而造成工件的加工误差。

机床在运转一段时间之后，当传入各部件的热量与由各部件散失的热量接近或相等时，其温度便不再继续上升而达到热平衡状态。此时，机床各部件的热变形也就不再继续而停止在相应的程度上，它们之间的相互位置和相对运动也相应地稳定下来。达到热平衡之前，机床的几何精度是变化不定的，它对加工精度的影响也变化不定。因此，一般都要求在机床达到热平衡之后，再进行精密加工。

对于车、铣、镗床类机床，其主要热源是主轴箱的发热，如图3-19所示，它将使箱体和床身（或立柱）发生变形和翘曲，从而造成主轴的位移和倾斜。坐标镗床为精密机床，要求有很高的定位精度，其主轴由于热变形产生的位移和倾斜将破坏机床的原有几何精度。为此，需要对机床的温升严加控制。如SIP-2P型单柱立式坐标镗床，其立柱导轨的温升应控制在0.75℃左右，主轴箱的温升应控制在1.33~1.6℃范围内，才能保证精度要求。

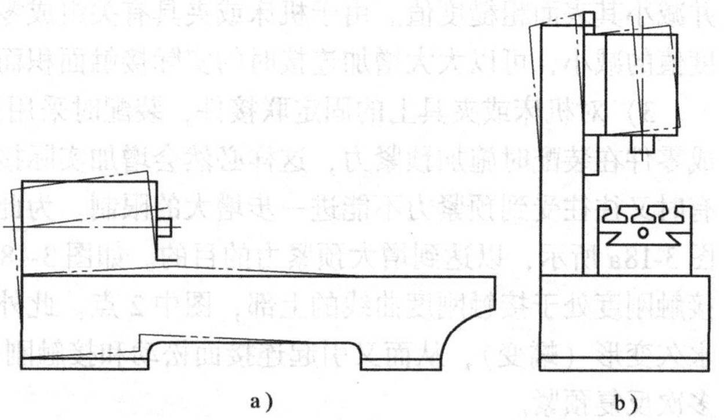

图3-19 车床和立式铣床的热变形

磨床一般都是液压传动并有高速磨头，故这类机床的热源主要是磨头轴承和液压系统的发热。轴承的发热将使磨头轴线产生热位移，当前后轴承的温升不同时，其轴线还会出现倾斜。液压系统的发热将使床身各处的温升不同，进而导致床身的弯曲变形。几种磨床的热变形情况如图3-20所示。

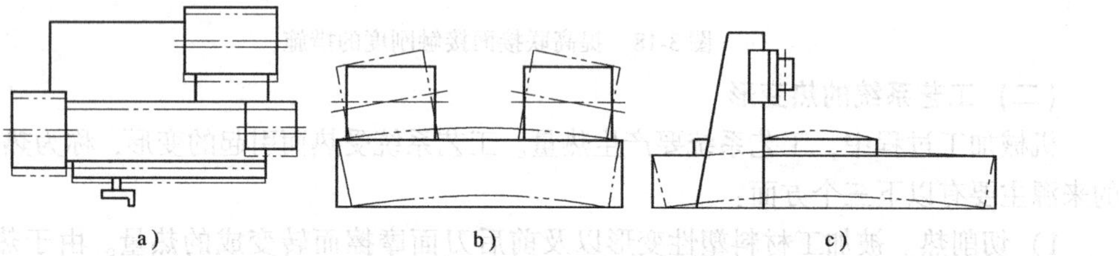

图3-20 几种磨床的热变形

a）外圆磨床 b）双端面磨床 c）导轨磨床

对于大型机床，如导轨磨床、龙门铣床、立式车床等，除内部热源引起变形之外，车间温度变化也是一个必须重视的因素。如导轨磨床的床身，因其长度大，车间温度变化及其他辐射热对其影响比较显著，当车间温度变化时，地面因其热容量大温度变化不大，而床身上部则随车间的温度变化，当车间温度高于地面温度时，床身呈中凸形。大型机床的立柱，受局部温差的影响较大，车间温度一般上高下低，机床立柱上下温差可达4~8℃，由此而引起的热变形也是不可忽视的。

2. 工件热变形及其对加工精度的影响

工件所受的热主要来自切削区，切削热的分布情况如图3-21所示。加工精密零件或薄壁零件时，加工环境的温度变化也会产生明显的影响。均匀的温度变化，将使工件的尺寸变化；不均匀的温度变化，会改变工件的形状。

如多刀车削轴类零件，且多次工作行程，可认为工件将均匀受热，这时工件上的切削热量 Q 可按下式粗略计算

$$Q = F_c v t K$$

式中，F_c 为切向切削分力；v 为切削速度；t 为切削时间；K 为切削热传入工件的百分比。

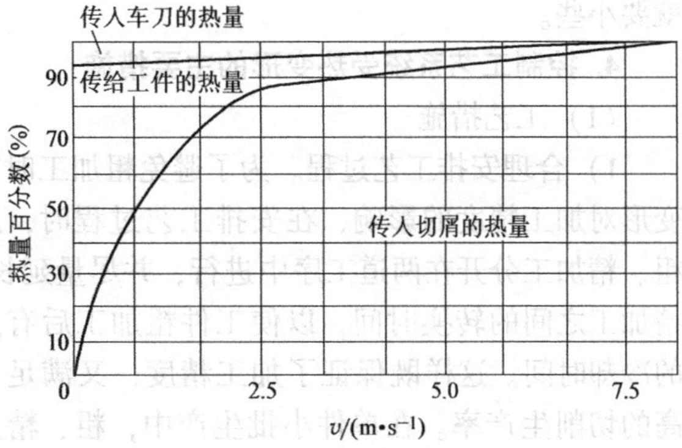

图 3-21 切削热的分布

工件因传入热量引起的温度升高为

$$\Delta t = \frac{Q}{c\rho V}$$

式中，c 为工件材料的比热容；ρ 为工件材料的密度；V 为工件的体积。

由此引起工件的热变形量为

$$\Delta L = a_1 L \Delta t$$

单面加工薄片类零件时，容易引起不均匀的温度变化，从而使工件产生形状误差。如图 3-22a 所示薄片长 L、厚 δ，加工时上下面温度差 $\Delta t = t_1 - t_2$，设材料线膨胀系数为 a_1，则由于上下表面温差，工件向上凸起，放大的表示如图 3-22b 所示。工件中间的变形量为

$$x = \frac{L}{2}\tan\frac{\varphi}{4}$$

考虑到 φ 角很小，可近似地取

$$x \approx \frac{L\varphi}{8}$$

薄片上面的膨胀量

$$BE = a_1 \Delta t L$$

则

$$\varphi = \frac{a_1 \Delta t L}{\delta}$$

代入得

$$x = a_1 \Delta t \frac{L^2}{8\delta}$$

从上式知，热变形随零件长度的增加而迅速增大。

此外，太阳光的照射，暖气装置的热量辐射，都将使工件产生不均匀的热变形。

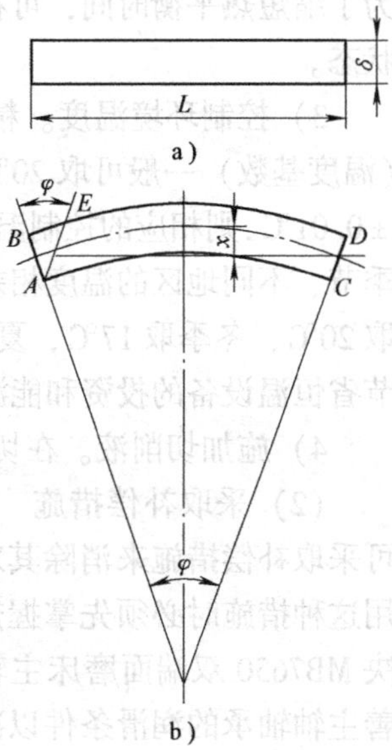

图 3-22 不均匀受热引起形状变化

3. 刀具热变形及其对加工精度的影响

刀具的热源主要是切削热。虽然切削热传给刀具的比例较少（见图 3-21），但由于刀具体积小，所以刀面上的温度还是比较高的。车刀的刀头受热后伸长，工件被加工的直径就随之减小。图 3-23 所示为车刀的热变形曲线，它的热变形规律与机床相似，也是按指数曲线上升和降低，只是刀体热容量小，达到热平衡的时间短得多，一般连续工作 16 ~ 20min 就达到

了。达到热平衡时，车刀热变形一般在0.03～0.05mm左右。实际工作中，常不可能连续工作16min以上（加工面小、切削时间短），而是有停歇的间断切削情况，这时刀具的热变形就要小些。

4. 控制工艺系统受热变形的主要措施

（1）工艺措施

1）合理安排工艺过程。为了避免粗加工时的热变形对加工精度的影响，在安排工艺过程时，应把粗、精加工分开在两道工序中进行，并尽量延长粗、精加工之间的转换时间，以使工件粗加工后有足够的冷却时间。这样既保证了加工精度，又满足了较高的切削生产率。在单件小批生产中，粗、精加工在同一道工序进行，则粗加工后应停机一段时间，使工艺系统冷却，并将工件松开再重新夹紧后，进行精加工。

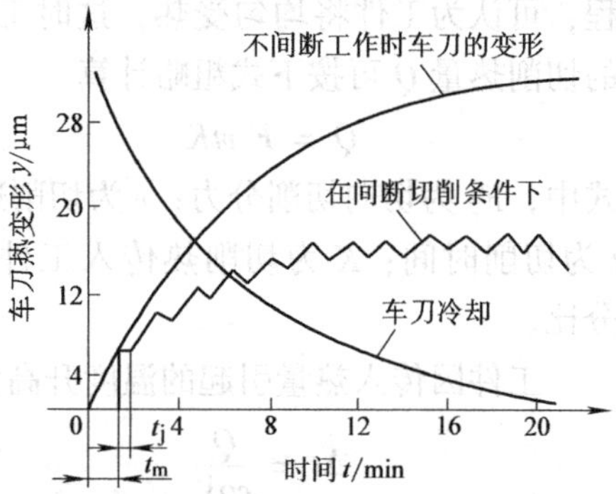

图3-23　车刀的热变形曲线

2）保持工艺系统的热平衡。机床开机工作一段时间后，由热源传入的热量与散发的热量相等时，就达到了热平衡，此时机床各部位的热变形趋于稳定。因此，在精密加工之前，应让机床先空转一段时间，等达到热平衡时再进行加工，有利于加工精度的保证。由于机床结构和工作条件不同，达到热平衡时所需的时间也各不相同。一般车床、磨床需要4～6h，中小型机床为1～2h，大型精密机床热容量大，所需的热平衡时间也长，有的机床可达50h。为了缩短热平衡时间，可在机床工作初期，人为地给机床供热，以促使机床更快地达到平衡状态。

3）控制环境温度。精密零件的加工和装配，应在恒温室内进行。恒温室的平均温度（温度基数）一般可取20℃。恒温精度通常分为一般级±1℃、精密级±0.5℃、超精密级±0.01℃，则相应的控制温度分别为（20±1）℃、（20±0.5）℃和（20±0.01）℃。由于不同季节、不同地区的温度相差很大，因此还可以根据具体情况选取相应的温度基数。如春秋季取20℃，冬季取17℃，夏季取23℃。这样做不仅减少了加工和装配中的热变形，而且可以节省恒温设备的投资和能源消耗，并有利于工人的健康。

4）施加切削液。在切削区域施加充分的切削液，这也是生产中常用的工艺措施。

（2）采取补偿措施　当热变形不可避免时，可采取补偿措施来消除其对加工精度的影响。采用这种措施时必须先掌握热变形的规律。如在解决MB7650双端面磨床主轴热伸长问题时，除改善主轴轴承的润滑条件以减少发热外，还采用了图3-24所示的补偿机构，即在轴承与壳体间增设一个过渡套筒，此套筒与壳体仅在前端固定而后端不接触。当磨床主轴轴承发热向前伸长时，套筒发热向后伸长，并使主轴也向后移动，从而自动补偿了主轴向前的热伸长，消除了主轴热变形对加工精度的影响。

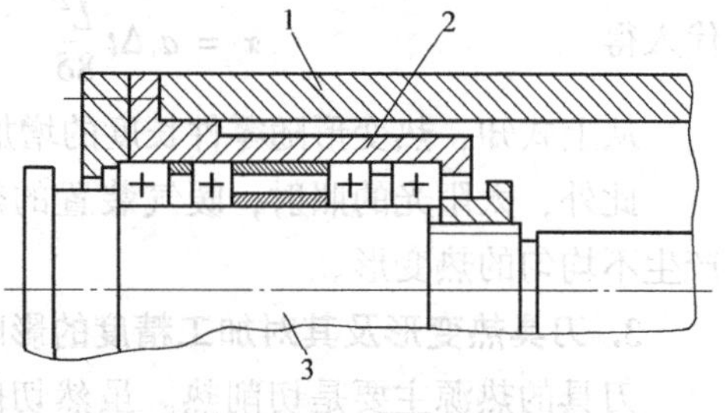

图3-24　MB7650双端面磨床主轴热伸长的补偿

1—壳体　2—过渡套筒　3—主轴

在JCS-013型自动换刀数控卧式镗铣床中，滚珠丝杠是一个关键部件，工作时由于它的负荷大、转速高、散热条件不好，因此会产生热变形。为防止滚珠丝杠的热变形，常采用一种所谓“预拉法”的措施，即在丝杠加工时故意将其螺距做得小一些，装配时对丝杠预先进行拉伸，使其螺距拉大到标准值。这样利用丝杠受拉后产生的内应力来吸收热应力，从而补偿了丝杠的热变形。实践证明，在装配上述机床时，用7848～9810N的预拉力使丝杠预伸长0.03～0.04mm，机床工作时效果很好。

(3) 改进机床结构，进行计算机辅助设计　设计机床时，从结构上加以改进使热变形减小，这也是很重要的一个措施。如在主轴箱的设计中将传动元件（轴、轴承及传动齿轮等）安放于对称位置，可以均衡箱壁的温升从而减少其变形。有些机床采用双立柱结构，由于左右对称，其在左右方向的热变形就比单立柱的结构要小得多。再如高速往复运动的牛头刨床的滑枕，由于导轨部分摩擦生热，迫使整个滑枕弯曲变形。对B6065型牛头刨床，由于设计的滑枕截面结构如图3-25a所示，导轨处于最下面，故其热变形量Δ较大（如图3-25b)，最大变形量甚至可达0.25mm。为减少滑枕的热变形，在B6063A牛头刨床上，采用了如图3-25c所示的导轨，由于滑枕截面中间的对称结构，滑枕工作时的热变形量Δ即下降到0.01～0.015mm。

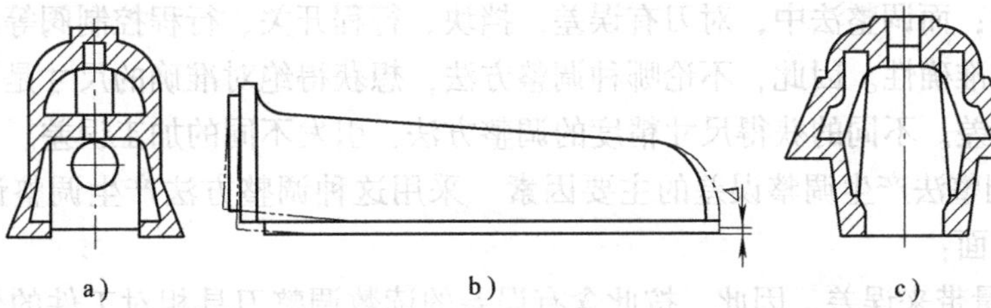

图3-25　牛头刨床滑枕热变形及改进前后的结构

另外，在结构设计时，使关键部件的热变形只在无碍于加工精度的方向上产生，这也是从结构上解决热变形对加工精度影响的一个措施。如图3-26a所示车床主轴箱和床身连接的结构中，主轴轴线相对于装配基准H而言，只产生z方向的热变形，此方向主轴的热位移对加工精度影响很小。而图3-26b中，主轴的热位移不仅在z方向而且在y方向也产生，这就直接影响了主轴轴线和刀具之间的径向位置，从而造成较大的加工误差。

为减少热变形的影响，在结构设计时，还可以从选择材料上加以考虑，如对一些十分关键的零件，可采用线膨胀系数小的材料。

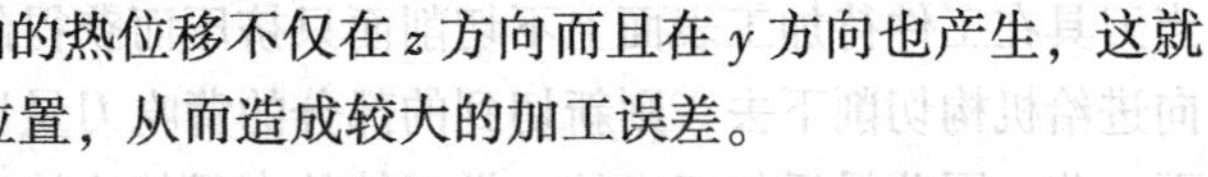

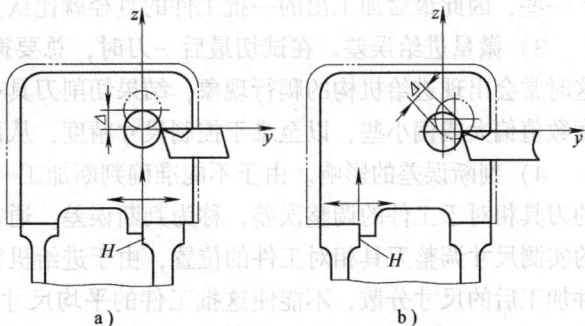

图3-26　车床主轴箱两种设计结构的热位移示意图

五、测量误差和调整误差

(一) 测量误差

测量误差是指工件实际尺寸与量具表示出的尺寸之间的差值。加工一般精度的零件时，测量误差可占工件公差的1/5～1/10，而加工精密零件时，测量误差可占工件公差的1/3左右。

测量误差产生的原因如下：

1）计量器具本身精度的影响。计量器具的精度决定于它的结构、制造和磨损情况。所用的计量器具不同，测量误差的变动范围也不同。如用光学比较仪测量轴类零件时，误差不超过1μm；用千分尺时，测量误差可达5～10μm；而用游标卡尺时则可达150μm。所以，必须根据零件被测尺寸的精密程度，选择适当的计量器具。

2）温度的影响。如直径为ϕ100mm的钢轴在加工完毕后，温度从常温20℃升高至60℃，如果立即测量，由于材料热膨胀的原因，直径增大0.048mm。即使在常温条件下，车间内的温度也不是固定的，其变动范围可达3～4℃，在此温度变动范围内，对钢件来说，在100mm长度上可达0.003～0.004mm。所以进行精密零件测量时不仅应在恒温室内。还应十分注意辐射热的影响。

3）人的主观原因。如零件测量值的读数误差，因人而异。

为保证测量精度，除合理选择测量工具外，还必须采用正确的测量方法。

（二）调整误差

切削加工时，要获得规定的尺寸就必须对机床、刀具和夹具进行调整。在单件、小批生产中，普遍采用试切法调整；而在成批、大量生产中，则常采用调整法。显然，试切法不可避免会产生误差；而调整法中，对刀有误差，挡块、行程开关、行程控制阀等的精度和灵敏度都影响调整的准确性。因此，不论哪种调整方法，想获得绝对准确的尺寸是不可能的，这就产生了调整误差。不同的获得尺寸精度的调整方法，引发不同的加工误差。

（1）试切调整法产生调整误差的主要因素　采用这种调整方法产生调整误差的主要因素有如下4个方面：

1）由于测量带来误差，因此，按此含有误差的读数调整刀具相对工件的位置，势必直接造成刀具的调整误差。

2）加工余量的影响。在切削加工中，切削刃所能切下的最小切屑厚度是有一定限度的。锋利的切削刃可切下7.5μm，已钝化的切削刃只能切下20～50μm，切屑厚度再小时切削刃就切不下金属而只起挤压作用。如在精车外圆时，试切的最后一刀切削层总是很薄的，当刀具在工件待加工表面上不切削而只挤压而获得的尺寸就认为试切尺寸已经合格，合上纵向进给机构切削下去，则新切到的部分的背吃刀量比试切部分大，切削刃不打滑，从而多切下一些，因此最后加工出的一批工件的直径就比认为试切合格的直径小。

3）微量进给误差。在试切最后一刀时，总要微量调整一下切削刀具相对工件的位置。这时常会出现进给机构的爬行现象，结果切削刀具在切削方向的实际位移比手轮上转动的刻度数值偏大或偏小些，以至难于控制尺寸精度，从而造成加工误差。

4）判断误差的影响。由于不能准确判断加工一批工件尺寸分布中心位置，而可能产生的刀具相对于工件的调整误差，称为判断误差。通常采用试切调整法只是按试切一个工件后的实测尺寸调整刀具相对工件的位置，由于进给机构的重复定位误差的存在，将造成一批工件加工后的尺寸分散，不能使这批工件的平均尺寸（即尺寸分散中心）同工序尺寸的公差带中心重合，而产生一定的偏离，即判断误差，其最大值为6σ，这也是造成这批工件加工误差的一种调整误差。

（2）按标准样件或对刀块（导套）调整时产生调整误差原因　这种因调整方法产生调整误差的主要原因有：标准样件本身制造的尺寸误差，对刀块（导套）相对于夹具上定位元件起始基准的尺寸误差，刀具调整时的目测误差，行程挡块的受力变形，电气开关、离合器、液压控制阀等的灵敏度，以及切削加工中刀具相对工件加工表面的弹性退让等。

六、工件内应力（残余应力）引起的误差

工件去掉外力后，存留在工件内部的应力称为内应力（或残余应力）。当外界条件发生变化，如温度改变或工件被切除一部分金属，则原来的内应力平衡遭到破坏，工件在内应力作用下，将发生形状变化，形成新的平衡状态，这个形成新的平衡状态的过程称为内应力重新分布。内应力经过一个时期后，自发地逐渐消失，同时零件的形状发生变化，这是内应力的一个特点。

工件产生内应力的根本原因，是由于零件材料不均匀的体积变化，它来源于：

1）零件不均匀的加热和冷却。

2）零件材料金相组织的转变。

3）强化时塑性变形的影响。

如图 3-27 所示，不同壁厚的铸件在冷却时速度是不一样的，薄壁 1 先冷却，厚壁 2 冷却收缩时受到早已冷却了的壁 1 的阻碍，结果在厚壁 2 中产生拉应力，而在薄壁 1 中产生压应力。壁厚不均匀且形状复杂的铸件，由于各部分冷却速度和收缩程度不一致，其中内应力很大，甚至使铸件发生裂纹。发动机缸体、变速器壳体就属于这类零件。

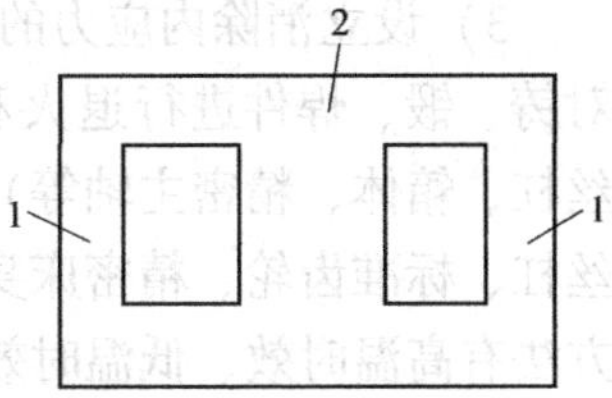

图 3-27　不同壁厚的铸件
1—薄壁　2—厚壁

在有内应力的情况下对铸件进行机械加工，由于切去一部分金属后，内应力将重新分布而使工件形状改变。因此，加工某些复杂铸件的重要表面（如发动机缸体的缸孔）时，在粗加工后，要经过时效处理或经过许多别的工序才能安排精加工，目的就是让内应力充分重新分布，待工件变形稳定后再进行精加工。

经过表面淬火的零件，也会产生内应力。因为这时表面层的金属组织转变了，即从原来密度比较大的奥氏体转变为密度比较小的马氏体，因此表面层的金属体积要膨胀，但受到内层金属的阻碍，从而在表面层产生压缩应力，在内层产生拉伸应力。

细长的轴类零件如凸轮轴、曲轴等，容易产生弯曲变形，在加工过程中常用冷校直的方法校正。如图 3-28a 所示，在室温下将工件放在两个支承（V 形块）上，在工件中间加压力 F，使工件反向弯曲以校直工件。

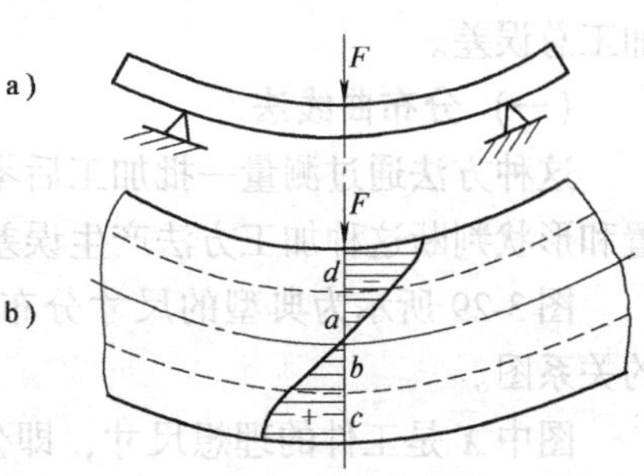

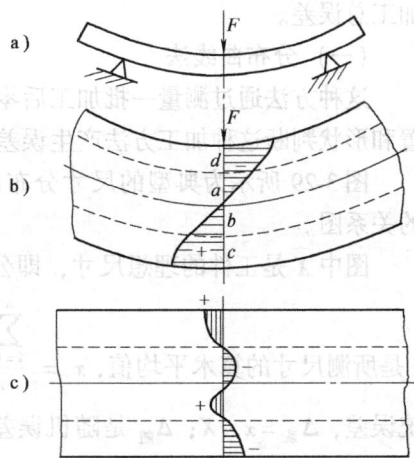

图 3-28　冷校直及产生的内应力状况
a）零件受力图　b）未冷校直前应力图
c）冷校直后应力图

如图 3-28b 所示，冷校直会在工件内产生内应力，在 ab 段产生了弹性变形区，按照胡克定律，ab 段范围内可用直线表示应力图形。在边上 bc 和 ad 两段产生塑性变形区，这两段内的应力，将沿着类似拉伸曲线上超过比例极限外的那段曲线变化。去掉外力

F 以后，工件弹性恢复，由于边上 bc 和 ad 段残留有塑性变形，工件原有的弯曲度减少或消除，但工件内部却产生了如图 3-28c 所示的内应力。因此，冷校直后的零件在进行下一步加工时，一般还处在内应力状态下，当从表面切去一层金属后，内应力的平衡遭到破坏，引起内应力的重新分布，使零件产生新的变形。

减小和消除内应力的工艺措施有：

1）改善零件结构。在机器零件的结构设计中，尽量简化零件结构，减小尺寸和壁厚差异，使壁厚均匀，提高零件的刚度等，均可以减少在毛坯制造中产生的内应力。

2）合理安排工艺过程。在安排工艺过程中，应尽可能地将粗、精加工分开，使粗加工后有一定的时间让内应力重新分布，工件充分变形，再经过精加工加以纠正，从而减少对加工精度的影响。在加工大型零件时，粗、精加工往往在一道工序中完成，这时应在粗加工后松开工件，待其自由变形后，再用较小的夹紧力夹紧工件进行精加工。对于精度要求高的零件，在加工过程中禁止进行冷校直，必要时可用热校直代替冷校直，以减少内应力的产生。

3）设立消除内应力的专门工序。消除内应力的专门工序主要有热处理和时效处理。如对铸、锻、焊件进行退火和回火；零件淬火后进行回火；对精度要求高的零件（如床身、丝杠、箱体、精密主轴等）在粗加工后进行时效处理等。对一些要求很高的零件，如精密丝杠、标准齿轮、精密床身等，往往在每次切削加工后都要进行时效处理。常用的时效处理方法有高温时效、低温时效、冲击时效和振动时效等。

机械加工后，零件表面也会引起内应力，这将在下节介绍。

七、总加工误差的合成

在零件加工过程中，各种原始误差会造成不同性质的加工误差，如系统误差和随机误差。对加工误差的分析在于确定系统误差的数值和随机误差的范围，从而找出造成加工误差的主要因素，以便采取相应的措施，提高零件的加工精度。在生产中常用统计学的方法分析加工总误差。

（一）分布曲线法

这种方法通过测量一批加工后零件的实际尺寸，作出尺寸分布曲线，然后按此曲线的位置和形状判断这种加工方法产生误差的情况。

图 3-29 所示为典型的尺寸分布曲线与公差带的关系图。

图中 $\overline{X}$ 是工件的理想尺寸，即公差带中心值；

$\bar{x}$ 是所测尺寸的算术平均值，$\bar{x}=\dfrac{\sum\limits_{i=1}^{n}x_i}{n}$；$\Delta_{系}$ 是系统误差，$\Delta_{系}=\bar{x}-\overline{X}$；$\Delta_{随}$ 是随机误差的分散范围，$\Delta_{随}=6\sigma=6\sqrt{\sum\limits_{i=1}^{n}(x_i-\overline{X})^2/n}$；$T$ 是工件的公差。

一般情况下，在机床上用调整法加工一批零件时，得到的实验分布曲线与正态分布曲线相符

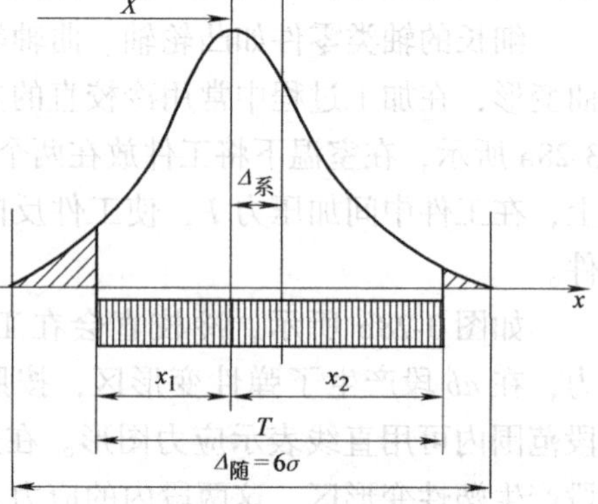

图 3-29 尺寸分布曲线与公差带的关系图

合。因此，曲线下在 $\pm\infty$ 范围内的面积为 1，而 $\pm\frac{x}{\sigma}$ 范围内的面积可由表 3-1 查得。

表 3-1　正态分布概率表

$\frac{x}{\sigma}$	A	$\frac{x}{\sigma}$	A	$\frac{x}{\sigma}$	A	$\frac{x}{\sigma}$	A
0	0.000 0	0.3	0.235 9	1.5	0.866 4	3.0	0.997 3
0.1	0.074 6	0.5	0.383 0	2.0	0.954 2	3.5	0.999 4
0.2	0.185 6	1.0	0.682 6	2.5	0.987 6	4.0	0.999 9

利用尺寸分布曲线与公差带的关系图和表 3-1，可以：

1）分析系统误差的大小和方向。

2）指出随机误差因素对加工精度的综合影响。

3）分析各尺寸范围内的零件占总数的百分比。

4）估算产生废品的可能性及数量。

5）分析减少废品率的有效方法。

（二）点图法

利用点图法能将按一定规律变化的系统误差和随机误差区分开，在一批零件的加工中及时发现加工误差的变化，以便采取补偿措施消除各种系统误差，使加工精度得到提高。

一批零件加工的总误差可按下式计算

$$\Delta_{总} = \Delta_{系综} \pm \frac{1}{2}\Delta_{随综}$$

式中，$\Delta_{系综} = \sum_{i=1}^{n}\Delta_{系i}$；$\Delta_{随综} = \sqrt{\sum_{i=1}^{n}\Delta_{随i}^{2}}$

第三节　影响表面质量的因素

提高机械加工表面质量，应研究的主要内容如下：

1）表面粗糙度及其改善的工艺措施。

2）表面层物理、力学性能及其提高的工艺措施。

3）机械加工中的振动及其控制。

一、表面粗糙度

用金属切削刀具对零件表面进行加工时，影响加工表面粗糙度的因素有以下几个方面：

1. 刀具结构参数的影响

如图 3-30a 所示，若车削加工主要是以切削刃的直线部分形成表面粗糙度（不考虑刀尖圆弧半径的影响），则可以通过几何关系导出

$$H = \frac{f}{\cot\kappa_r + \cot\kappa_r'}$$

式中，f 为刀具的进给量（mm/r）；κ_r、κ_r' 分别为刀具的主偏角和副偏角。

若加工时的背吃刀量和进给量均较小，则加工后表面粗糙度主要是由刀尖的圆弧部分构

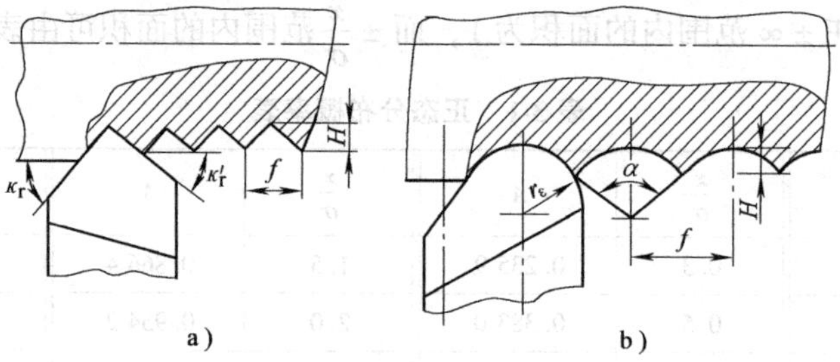

图 3-30 车削加工时影响表面粗糙度的几何因素

a）不考虑刀尖圆弧半径的影响 b）背吃刀量和进给量较小的影响

成，其关系可由如图 3-30b 所示的几何关系导出

$$H = r_{\varepsilon}\left(1 - \cos\frac{\alpha}{2}\right) = 2r_{\varepsilon}\sin^{2}\frac{\alpha}{2}$$

当中心角 α 很小时，可用$\frac{1}{2}\sin\frac{\alpha}{2}$代替 $\sin\frac{\alpha}{4}$，且 $\sin\frac{\alpha}{2}\approx\frac{f}{2r_{\varepsilon}}$，故得

$$H \approx 2r_{\varepsilon}\left(\frac{f}{4r_{\varepsilon}}\right)^{2} = \frac{f^{2}}{8r_{\varepsilon}}$$

如图 3-31 所示，虚线为按上式计算所得的 R_z 与 r_{ε}、f 的关系曲线，图中实线为实际加工所得的结果。相比较可见，计算所得与实际结果是相似的，两者在数量上的一些差别是因为 R_z 不仅受刀具几何形状的影响，同时还受表面金属层塑性变形的影响，在进给量小、切屑薄及金属材料塑性较大的情况下，这个差别就更大些。

对铣削、钻削等加工，也可以按几何关系导出类似的关系式，找出影响表面粗糙度的几何因素。但对铰孔加工来说，则同用宽刃车刀精车加工一样，刀具的进给量对加工表面粗糙度的影响不大。

为减少或消除几何因素对加工表面粗糙度的影响，可以选用合理的刀具几何角度、减小进给量和选用具有直线过渡刃的刀具。

2. 物理因素的影响

物理因素对加工表面粗糙度的影响一般比较复杂，它与切削原理中所述的加工表面形成过程有关，如在加工过程中产生的积屑瘤、鳞刺和振动等。

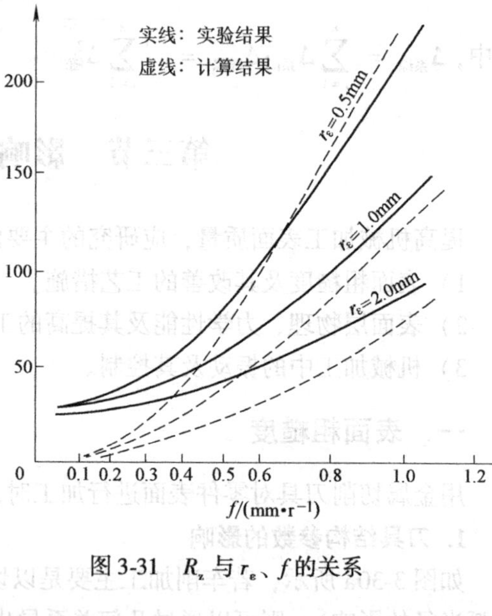

图 3-31 R_z 与 r_{ε}、f 的关系

切削过程中刀具的刃口圆角及后面的挤压与摩擦，使金属材料发生塑性变形而使理想残留面积挤歪或沟纹加深，因而增大了表面粗糙度值。在加工塑性材料时，切削过程中出现积屑瘤和鳞刺，会使表面质量严重恶化。

（1）切削用量的影响

1）进给量 f 的影响。在粗加工和半精加工中，当 $f>0.15\text{mm/r}$ 时，对表面粗糙度 R_z 的影响很大，符合前述的几何因素的影响关系。当 $f<0.15mm/r$ 时，则 f 的进一步减少就不能引起 R_z 值明显的降低。$f<0.02mm/r$ 时，就不再使 R_z 值降低，这时加工表面粗糙度主要取决于被加工表面的金属塑性变形程度。

2）切削速度 v_f 的影响。加工塑性材料时，切削速度对表面粗糙度的影响较大。切削速度 v_f 越高，切削过程中切屑和加工表面层的塑性变形程度越轻，加工后表面粗糙度值也就越小。图 3-32 所示为 45 钢的积屑瘤高度、表面粗糙度与切削速度 v_f 的关系曲线。

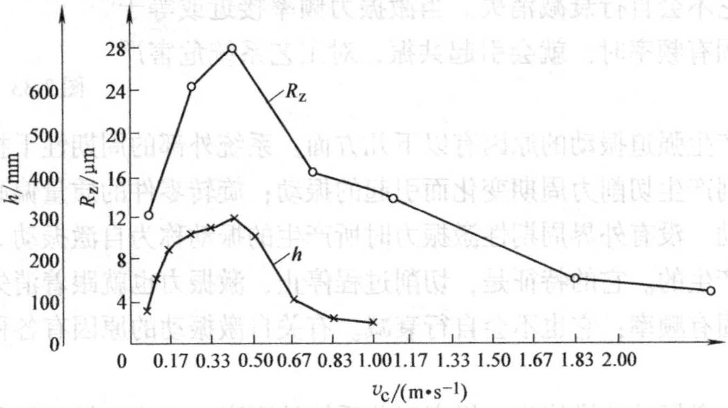

图 3-32　h、R_z、v_c 的关系曲线

当切削速度较低时，切削刃上易出现积屑瘤，它将使加工表面的粗糙度值提高。实验证明，当切削速度 v_c 下降到某一临界值以下时，R_z 值将明显提高。产生积屑瘤的临界速度将随加工材料、冷却润滑及刀具状况等条件的不同而不同。

由此可见，用较高的切削速度，既可以使生产率提高，又可以使表面粗糙度值下降。所以不断地创造条件以提高切削速度，一直是提高工艺水平的重要方向。其中发展新刀具材料和采用先进刀具结构，常可使切削速度大为提高。

加工脆性材料时，切削速度对表面粗糙度的影响不大。一般来说，切削脆性材料比切削塑性材料容易达到表面粗糙度的要求。

3）背吃刀量 a_p 的影响。一般来说，背吃刀量 a_p 对加工表面粗糙度的影响是不明显的。但由于切削刃不可能刃磨得绝对尖锐，而是具有一定的刃口半径，当 a_p 小到一定数值以下时，这时正常切削就不能维持，常出现挤压、打滑和周期性地切入加工表面等现象，从而使表面粗糙度值提高。为改善加工表面质量，应根据刀具刃口刃磨的锋利情况选取相应的背吃刀量 a_p。

（2）工件制造用材料的影响　工件材料的韧性和塑性变形倾向越大，切削加工后的表面粗糙度值越高。如低碳钢工件加工后的表面粗糙度值就高于中碳钢工件。由于黑色金属材料中铁素体的韧性好，塑性变形大，若能将铁素体—珠光体组织转变为索氏体或托氏体—马氏体组织，就可以减小加工后的表面粗糙度值。

工件材料金相组织的晶粒越均匀、颗粒越细，加工时越能获得较小的表面粗糙度值。为此，对工件进行正火或回火处理后再加工，能使加工表面粗糙度值明显降低。

3. 加工过程中振动的影响

机械加工时工艺系统的振动，是指刀具相对工件产生周期性的位移，在加工表面上形成波纹，如图3-33所示。

振动不仅加大加工表面的粗糙度值，也使刀具很快变钝或崩刃，机床联结处遭到破坏，限制生产率的提高。

机械加工时的振动有两种，即强迫振动和自激振动。

（1）强迫振动　由外界具有一定频率的周期性变化的激振力所引起的振动称为强迫振动。其特征是，机床振动的频率与激振力的频率一致，它不会自行衰减消失。当激振力频率接近或等于工艺系统本身的固有频率时，就会引起共振，对工艺系统危害严重。

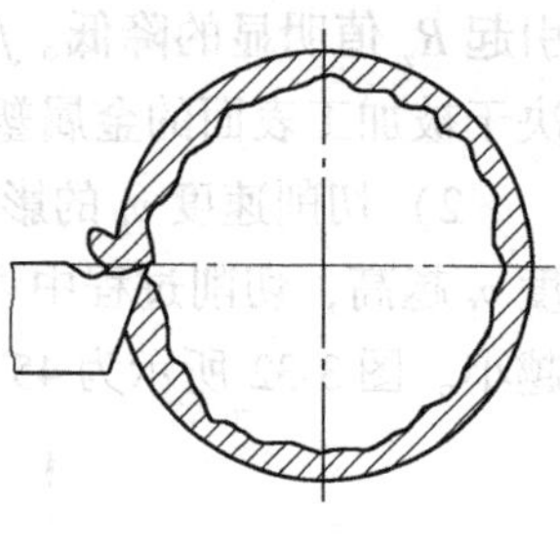

图3-33　加工表面的波纹

机械加工时产生强迫振动的原因有以下几方面：系统外部的周期性干扰；传动机构的缺陷；由于断续切削产生切削力周期变化而引起的振动；旋转零件的质量偏心等。

（2）自激振动　没有外界周期性激振力时所产生的振动称为自激振动。这时，激振力是由切削运动本身产生的。它的特征是，切削过程停止，激振力也就跟着消失；自激振动的频率接近于系统的固有频率；它也不会自行衰减。有关自激振动的原因有各种不同的观点，请参阅有关参考书。

减轻或消除自激振动的措施为：提高工艺系统的刚度；正确选择刀具和切削用量；采用消振装置等。

二、表面强化和表面残余应力

（一）表面强化

如图3-34所示，切削过程中，切削刃总会存在一定的钝圆半径 r_n，因此，加工表面的形成将不是沿着 bb 线而是沿着 oc 线进行。这时，金属层 Δ_a 受到切削刃钝圆的强烈挤压，刀具离开后弹性恢复 H_s；后刀面又与加工表面产生强烈的摩擦，这种摩擦既包括加工表面与后刀面间的外摩擦，又包括加工表面晶粒间的内摩擦，因此表面层塑性变形严重。结果使表面层的显微组织受到破坏，晶格畸变，晶粒在变形方向被拉伸，晶界面增加，晶粒间易于咬合，这些作用使晶粒滑移困难，表面层的硬度和强度提高了，伸长率和断面收缩率降低了，从而在工件表面形成一个硬化层，这就是表面强化。

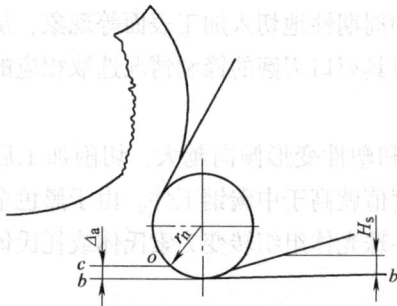

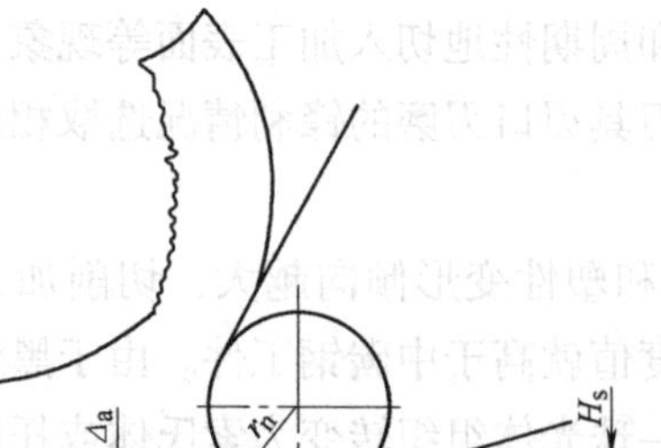

图3-34　切削状态

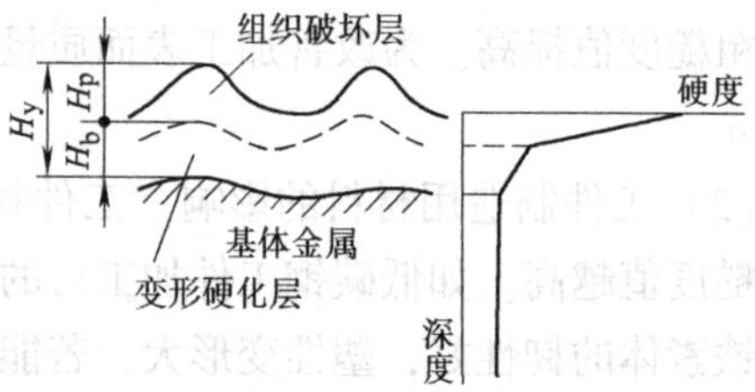

图3-35　加工表面的强化

如图3-35所示，破坏层和硬化层的硬度都比基体金属高，而组织破坏层的硬度更高。任何一种加工方法（除电解抛光外）都能产生表面强化。如对钢件的磨削，表面硬度平均值可以达原工件硬度的1.2~2倍，强化层深度平均值可以达0.02~0.06mm；手工研磨时，表面仍有3~7μm的硬化层，其显微硬度比基体金属高12%~17%。

另外，切削过程中伴随有切削热，它使加工表面温度升高，当温度达到某一数值时，歪扭的晶格自行复原，力学性能也部分地恢复，即硬度和强度降低、塑性增加。若温度很高，则发生再结晶现象，这时表面强化完全消失，这种现象称作弱化。由于塑性变形和切削热是同时产生的，所以表面强化和弱化同时存在。一般在温度不高的情况下，表面强化占主要地位。

适度的表层硬化可使零件表面的耐磨性提高，而且可以阻碍表面疲劳裂纹的产生和扩展。但硬度过大，则金相组织出现过大变形，影响耐磨性能，甚至出现较大的脆性裂纹而降低疲劳强度。

影响表面层加工硬化的因素可以从以下几个方面来分析：

1）被加工工件材料的影响。硬度愈低、塑性愈大的材料切削后的冷硬现象愈严重。

2）刀具的影响。刀具的前角、刃口圆角半径和后刀面的磨损对于冷硬层有很大的影响，前角减小、刃口圆角半径增大及后刀面的磨损增加时，冷硬层深度和硬度也随之增大。

3）切削用量的影响。切削速度增大，硬化层深度和硬度都有所减小。这是由于一方面切削速度增大会使温度升高，有助于冷硬的回复，另一方面由于切削速度增大时刀具与工件接触时间短，使塑性变形程度减小。进给量增大时，切削力增大，塑性变形程度也增大，因此冷硬现象增大。但在进给量较小时，由于刀具的刃口圆角在加工表面单位长度上的挤压次数增多，因此硬化现象也会增加。

（二）残余应力

切削或磨削过程中加工表面层相对基体材料发生形状、体积或金相组织变化时，工件表面层与基体材料的交界处产生相互平衡的应力，称为表面层残余应力。各种机械加工方法所得到的零件表面层，都存在或大或小、或拉或压的残余应力。切削加工时，被加工表面层产生残余应力的原因如下：

1）由于塑性变形，使金属的组织发生变化，表面层金属的密度减小（体积增加），但受到与其相连的下面未变形金属的阻碍，因此在外表面层中产生残余压缩应力，而里层产生残余拉伸应力。

2）切除切屑时，表面层纤维被拉长，后刀面的摩擦又助长了表面层纤维的拉长，但表面层下面的未变形的金属阻碍表面层的拉长，结果在表面层产生残余压缩应力，而在下面未变形金属层产生残余拉伸应力。

3）切削过程中产生的热，在不引起相变的情况下，使工件表面层产生残余拉伸应力，而下层产生残余压缩应力。

4）磨削淬硬钢时，由于切削热的作用，工件表层还可能产生金相组织的变化。因为马氏体的密度比托氏体、奥氏体的密度小，故淬硬钢表面回火转变为托氏体或残留奥氏体时，表面层密度增大（体积缩小），但受到里层的阻碍，结果在表层产生残余拉伸应力。残余拉应力的数值随托氏体、奥氏体份量和回火层深度的增加而增加。反之，如磨削后马氏体份量占多数，而回火层的深度又不大时，则在表面层产生残余压缩应力，而在里层产生残余拉伸应力。马氏体和奥氏体份量的比例和回火层深度的大小受工件材料和磨削用量的影响。

当零件表面具有残余拉应力时，其疲劳强度会明显下降，特别是有应力集中的零件或在腐蚀性介质中工作的零件，残余拉应力对零件疲劳强度的影响更为突出。为此，机械加工中应尽可能减小残余拉应力，最好避免产生残余拉应力。表面层残余压应力则有利于零件疲劳强度的提高。

表面层中残余应力是拉伸应力还是压缩应力，主要取决于上述因素中哪个因素起主要作用。如切削加工过程中，若切削热不大，加工表面层以冷态塑性变形为主，将产生残余压应力；若切削热较大，这时在表面层中由于局部高温产生的残余拉应力将与冷态塑性变形产生的残余压应力相互抵消一部分。磨削加工时，由于磨削热量大，常以局部高温和金相组织变化产生的拉应力为主，故加工后的表面层常常带有残余拉应力。当残余拉应力超过金属材料的强度极限时，在表面上就会产生裂纹。有时磨削裂纹也可能不在零件的表面上，而是在表面层下，成为难以发现的缺陷。磨削裂纹的方向大都与磨削方向垂直或呈网状，而且常与表面烧伤同时出现。为了降低磨削区温度，可以从减少磨削热的产生和加速磨削热的传出这两条途径入手予以改善。

第四节　表面质量对机器零件使用性能的影响

零件的耐磨性、耐疲劳性、抗腐蚀性等，都与表面质量密切相关。下面介绍表面质量对零件主要使用性能的影响。

一、表面质量对零件耐磨性的影响

零件的耐磨性主要与摩擦副的材料、热处理和润滑条件有关，在这些条件已经确定的情况下，零件的表面质量就起决定性的作用。

零件的磨损过程，通常分为初期磨损、正常磨损、急剧磨损三个阶段。表面粗糙度对零件表面磨损的影响很大。一般来说，表面粗糙度值越小、其耐磨性越好。但是表面粗糙度值太小，不利于润滑油的贮存，接触面间产生金属分子间的亲和力，甚至产生分子间的粘合，使摩擦阻力增大，磨损反而增加。因此就磨损而言，存在一个最优表面粗糙度值。

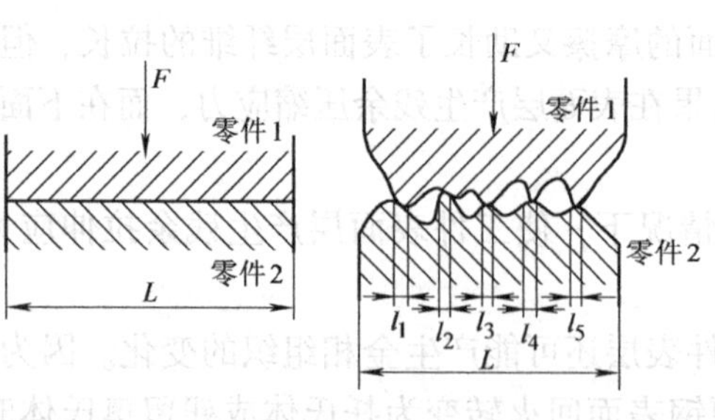

图 3-36　两表面接触情况

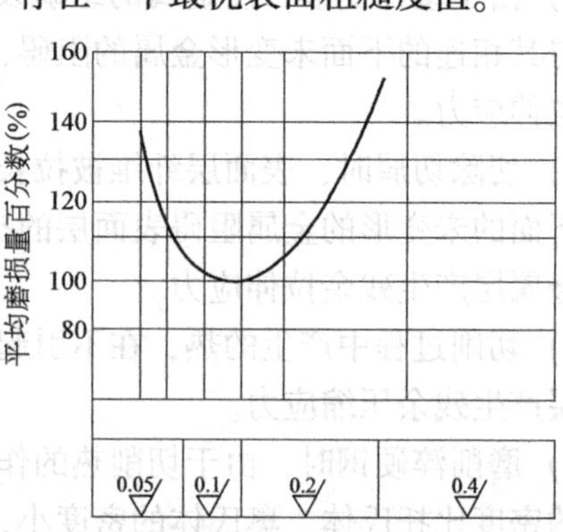

图 3-37　发动机活塞销最合适的表面粗糙度值

如图 3-36 所示，当零件 1 和零件 2 配合时，它们不是在全长 L 上接触，而是在局部小段上（l_1，l_2，…，l_n）接触。这时，接触面积小，压强大，凸峰迅速被压平，这称为初期磨损阶段。这个阶段的磨损很快，在轻的和中等的摩擦条件下，将使表面粗糙度值减小 65% ~75%。此后接触面积增大，压强减小，磨损缓慢而趋于稳定，这称为稳定磨损阶段或正常工作阶段。

因此表面粗糙度值小，零件接触面积增加，压强小，可减小磨损的速度，这意味着较小的表面粗糙度值可提高零件的耐磨性，即延长了零件的使用寿命。

但对耐磨性来说，并不是表面粗糙度值越小越好，在一定摩擦条件（摩擦因数、摩擦速度及压力、润滑性质等）下，零件表面有一个最合适的表面粗糙度值，一般由试验确定。图 3-37 所示为拖拉机发动机活塞销最合适的表面粗糙度值，这时的磨损最小。

零件表面层的硬化程度和硬化深度，也对耐磨性有影响。因为表面层显微硬度的提高，增强了表面层的接触刚度，减少了摩擦表面发生变形的可能性和金属咬合的现象。但也不是硬化程度越高，耐磨性就越好，在过度硬化时会使金属表面变脆，甚至发生剥落。

二、表面质量对零件疲劳强度的影响

在交变载荷作用下，零件表面有微观不平度时会形成应力集中，产生疲劳裂纹，导致零件的疲劳损坏。表面越粗糙，应力集中越严重，因此减小表面粗糙度数值，可以提高疲劳强度。

不同材料对应力集中的敏感程度不同。一般来说，钢的极限强度愈高，应力集中的敏感程度就愈大，表面粗糙度对疲劳强度的影响程度也愈严重。铸铁和有色金属对应力集中不敏感，所以表面粗糙度值的大小对零件的疲劳强度影响不大。

金属的表面强化有助于提高零件的疲劳强度，因为经过强化的表面层能阻碍疲劳裂纹的出现。强化过的表面层还可以显著地消除外部缺陷和表面微观不平度的有害影响。但冷硬层过大时，金属变脆，又容易产生裂纹，因此要求把冷硬层控制在一定的范围内。

零件表面层残余应力的性质和大小，会直接影响疲劳强度。表面层有压缩残余应力时，将提高零件的疲劳强度；表面层有拉伸残余应力时，将降低零件的疲劳强度。这是因为零件的疲劳破坏常常是由于反复的拉伸应力作用的结果，如果预先在零件的表面层造成压缩应力，就可以抵消在循环载荷下所产生的拉伸应力的作用。

为了提高零件的疲劳强度，可人为地在零件表面层造成压缩残余应力。这些方法是：喷丸加工或滚挤压加工；表面渗碳和淬火；渗氮。

三、表面质量对零件抗腐蚀性的影响

零件在潮湿的空气或有腐蚀性的介质中工作时，常会发生化学腐蚀或电化学腐蚀。化学腐蚀是由于在粗糙表面的凹谷处容易积聚腐蚀性介质而发生化学反应。电化学腐蚀是由于两个不同金属材料的零件表面相接触时，在表面的粗糙度凸峰间产生电化学作用而被腐蚀掉。因此，零件表面的粗糙度值越大，抗腐蚀性能越差。

如发动机排出的废气中含有酸性物质，它凝结在气缸壁上，使缸壁发生腐蚀，加速了气缸的磨损，腐蚀的程度和速度与零件表面粗糙度有很大关系。如图 3-38 所示，机械加工后表面产生凹谷或显微裂纹，腐蚀性物质就积聚在凹谷和裂纹处，并按箭头方向产生侵蚀作用，它逐渐渗透到金属内部，使金属断裂而剥落，形成新的凹凸表面。凹谷越深，谷底半径越小，或显微裂纹越深，就越容易附着各种有腐蚀作用的介质，从而加速表面的腐蚀。因此，降低表面粗糙度值能提

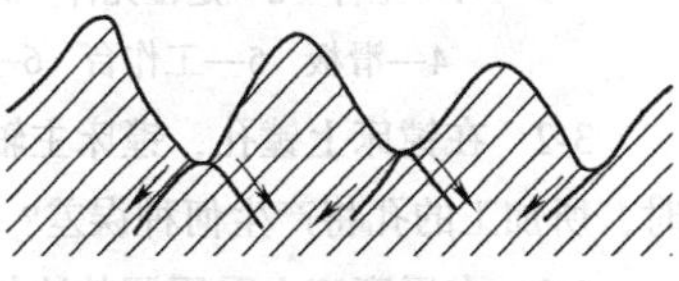

图 3-38 表面腐蚀过程

高零件的抗腐蚀性能。

在零件表面层造成残余压应力和一定程度的强化，能使表面的显微裂纹闭合，将有助于提高零件的耐腐蚀性能。

有些零件按其在机构中的作用，并不要求小的表面粗糙度值，但由于工作环境的原因，要求它有较高的抗腐蚀能力，则零件的表面必须具有良好的表面质量。

四、表面质量对零件配合性质的影响

对于机器中相配合的零件，无论是间隙配合、过渡配合还是过盈配合，若加工表面的粗糙度值过大，则必然要影响到它们的实际配合性质。

一台新机器的正常工作状态是从初期磨损后才开始的，也就是先要经过“磨合”阶段才进入正常的工作状态。若具有间隙配合的配合表面的粗糙度值过大，则经初期磨损后其配合间隙就会增大，从而改变了应有的配合性质，甚至可能造成新机器刚经过“磨合”阶段就已漏水、漏油或晃动而不能正常工作。为此，在配合间隙要求很小的情况下，就不仅要保证配合表面具有较高的尺寸和形状精度，还应保证具有足够小的表面粗糙度值。

在过盈配合中，如果零件的配合表面很粗糙，则在配合时，表面的凸峰很快被压平，使有效过盈量减少，从而降低了过盈配合的强度。此外，在过盈配合中，如表面强化现象严重，则强化层的金属很可能与内部金属脱离，从而破坏了配合性质。

习　题

3-1　采用夹具装夹加工一批工件的通槽，如图3-39所示。试分析在只考虑工艺系统误差影响的条件下，造成加工后通槽侧面与工件侧面 A 平行度误差的主要因素。

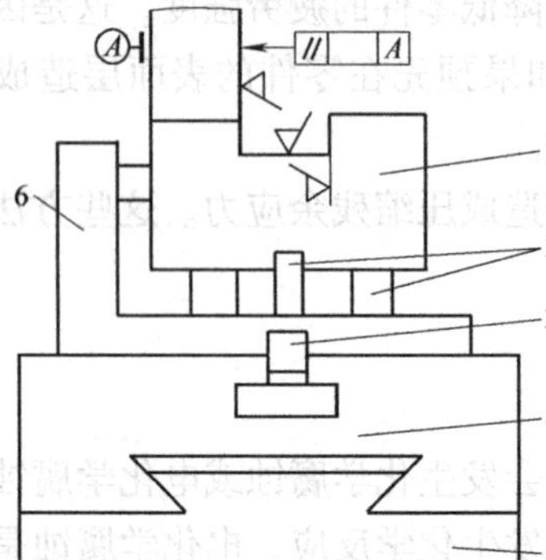

图3-39　题3-1图

1—工件　2—定位元件　3—定向键

4—滑板　5—工作台　6—夹具体

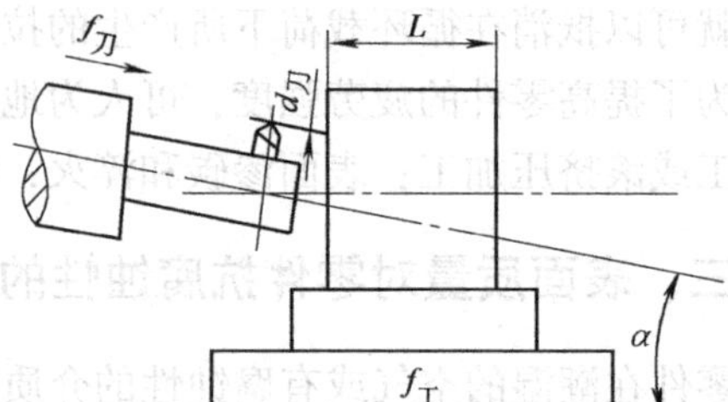

图3-40　题3-2图

3-2　在镗床上镗孔，镗床主轴与工作台面有平行度误差 α，如图3-40所示。问当工作台作进给运动时，所加工的孔将产生何种误差？其值为多大？当主轴作进给运动时，该孔将产生何种误差？其值多大？

3-3　在平磨床上采用调整法加工一批工件，如图3-41所示，图样要求零件厚度 $H=20^{+0.10}_{-0.02}$mm。当本工序的均方根偏差为 $\sigma=0.01$mm，且只考虑调整误差的影响时，试通过分析计算确定采用哪种调整方法（即按试切一个工件的尺寸或按试切一组工件的平均尺寸调整）方可满足图样要求？

3-4　假设工件的刚度极大，且车床主轴、尾座刚度 $K_主>K_尾$，试分析如图3-42所示的三种加工情况，加工后工件表面会产生何种形状误差？

3-5　在车床上半精镗一短套工件的内孔，加工前内孔的圆度误差为0.4mm，加工后要求圆度误差达到0.01mm。已知车床主轴刚度 $K_{主}=40000$ N/mm，刀架刚度 $K_{架}=3000$ N/mm，尾座刚度 $K_{尾}=25000$ N/mm，进给量 $f=0.05$ mm/r，$C_{FZ}=2500$。试分析计算在只考虑机床刚度的影响时，一次进给圆度精度能否达到图样要求？若达不到要求，可采取何种工艺措施？

3-6　如图3-43所示，在外圆磨床上磨削一根带有键槽的细长轴，已知机床的几何精度很高，且机床主轴、尾架的刚度不等，$K_{主}>K_{尾}$，试分析在只考虑工艺系统受力变形影响下，往复磨削一次后，被磨轴颈在轴向和径向将产生何种形状误差？采取何措施可提高加工后的形状精度？

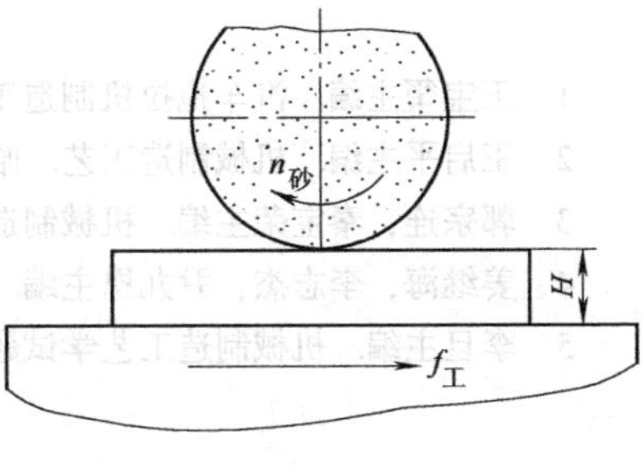

图3-41　题3-3图

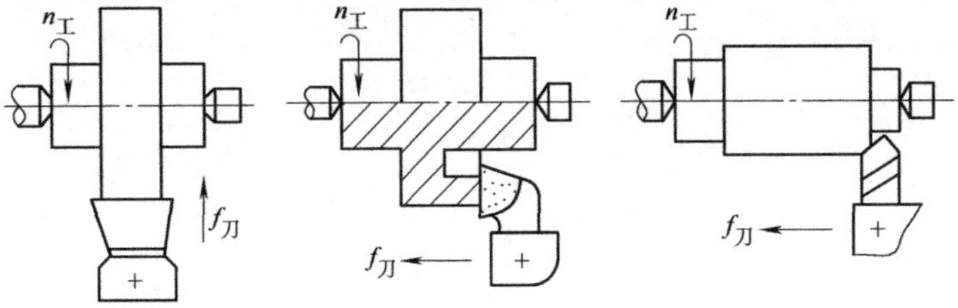

图3-42　题3-4图

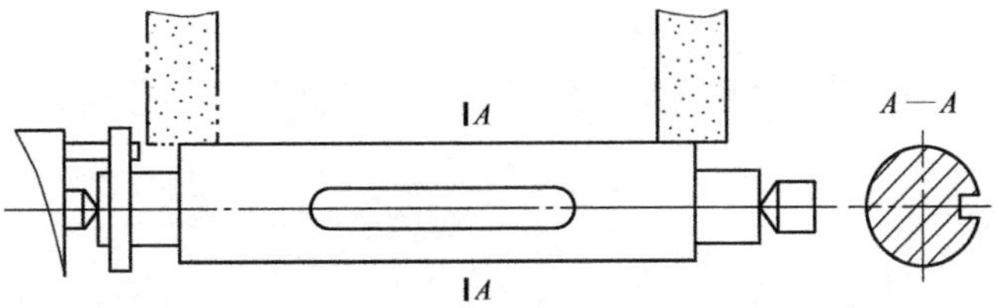

图3-43　题3-6图

3-7　如图3-44所示，在车床上采用调整法加工一批齿轮毛坯的外圆，图样要求尺寸为（$\phi100\pm0.05$）mm，若已知 $K_{系}=10000$ N/mm，$f=0.05$mm/r，$C_{FZ}=2500$，毛坯尺寸为（$\phi105\pm1$）mm，试计算按 $\phi100$mm 的样件准确调刀后一次进给加工，这批齿轮毛坯加工后直径尺寸的总误差为多大？

3-8　有一批小轴，其直径尺寸要求为 $\phi18_{-0.035}^{\ 0}$mm，加工后尺寸属正态分布，测量计算得一批工件直径的算术平均值 $\bar{x}=17.975$ mm，均方根差 $\sigma=0.01$mm。试计算合格品率及废品率，分析废品产生的原因，指出减少废品率的措施。

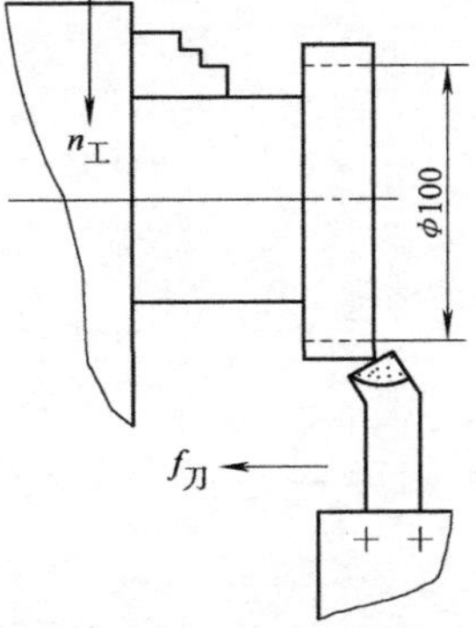

图3-44　题3-7图

参 考 文 献

1 王宝玺主编. 汽车拖拉机制造工艺学：第2版. 北京：机械工业出版社，2000
2 王启平主编. 机械制造工艺. 哈尔滨：哈尔滨工业大学出版社，1999
3 郭宗连，秦宝荣主编. 机械制造工艺学. 北京：中国建材工业出版社，1997
4 姜继海，李志杰，尹九恩主编. 汽车厂实习教程. 哈尔滨：哈尔滨工业大学出版社，1998
5 李旦主编. 机械制造工艺学试题精选与答题技巧. 哈尔滨：哈尔滨工业大学出版社，1999

第四章　工件的定位和机床夹具

机械零件从毛坯到成品，要经过多次机械加工。每次在机床上加工时，为了使本次加工出来的表面达到图样上的尺寸和位置公差要求，在加工进行之前，必须使工件在机床上或夹具中占有正确位置。通常把确定工件在机床上或夹具中占有正确位置的过程，称为工件的定位。当工件定位以后，为避免在加工中受到切削力、重力、惯性力等其他外力的作用而破坏定位，还应该用一定的机构将工件牢牢固定住。工件定位后将其固定，使其在加工过程中保持定位位置不变的操作，称为夹紧。将工件在机床上或夹具中定位、夹紧的过程称为装夹。

在成批大量生产中，工件装夹是通过机床夹具来实现的。所谓夹具，就是能迅速把工件定位并固定在准确位置或同时确定操作工具位置的一种辅助装置。而在金属切削机床上采用的夹具称为机床夹具。

工件装夹是否正确、迅速、方便和可靠，将直接影响工件的加工质量、生产率、制造成本、操作工人劳动强度和操作安全。因此，根据具体的生产条件和工件的加工要求，正确而合理地选择工件的装夹方法，设计出合理、实用的机床夹具，是机械加工工艺要研究的重要课题之一。本章将围绕工件的装夹问题，介绍有关基准的概念、工件的装夹方法、工件定位的基本规律和机床夹具设计等方面的重要知识。

第一节　基准的概念和工件的安装

一、基准的概念

我们都知道，一个零件是由若干要素（点、线、面）组成的，各要素之间都有一定的尺寸和位置公差要求。用来确定工件（零件）上几何要素间的几何关系所依据的那些点、线、面就被称作基准。基准按其作用的不同，可分为两大类，即

- 基准
  - 设计基准
  - 工艺基准
    - 工序基准
    - 装配基准
    - 定位基准
      - 粗基准
      - 精基准
      - 辅助基准
    - 测量基准
    - 对刀基准

（一）设计基准

设计基准是设计图样上所采用的基准。如图 4-1 所示的阶梯轴，端面 1 是端面 3、4 的设计基准；中心线 2 是外圆面 ϕd_1 和 ϕd_2 的设计基准。

另外，在设计图样上常常标注有形位公差，如图 4-1 中，规定了端面 4 与 ϕd_1 轴线 2 的

垂直度要求，轴线 2 是端面 4 形位公差的设计基准。

从上述实例的分析可知，设计基准就是设计图样上确定几何要素之间相互位置关系的那些点、线、面，它们既可以是实际存在的（如图 4-1 中的表面 1、3、4），也可以是假想的（如图 4-1 中的轴线 2、对称面等）；而且对那些有直接尺寸关系的表面之间，可以互称设计基准，如图 4-1 中，也可以说端面 3 是端面 1 的设计基准。即设计基准可以互称。

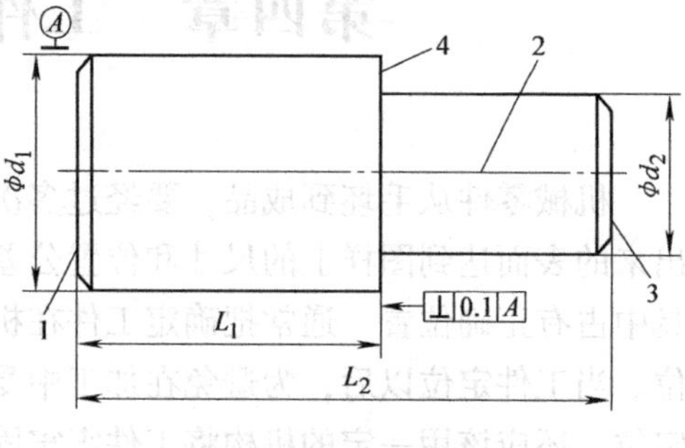

图 4-1　设计基准举例

1、3、4—端面　2—轴线

（二）工艺基准

工艺基准是在工艺过程中采用的基准。它可分为工序基准、定位基准、测量基准、装配基准、对刀基准等。

1. 工序基准

在工序图上用来确定本工序被加工表面加工后的尺寸、位置和形状的基准，称为工序基准。图 4-2 所示为法兰盘车削加工的工序图。端面 F 为端面 1 和 2 的工序基准，端面 1 和 2 通过尺寸 L_1、L_2 及平行度公差与工序基准 F 相联系。外圆 ϕd 和内孔 ϕD 的工序基准是轴线。联系被加工表面与工序基准之间的尺寸，是这道工序应直接保证的尺寸，称为工序尺寸，如图 4-2 中的 L_1、L_2、ϕd、ϕD 等。因此，工序基准也就是工序图上工序尺寸、位置公差标注的起始点。工序尺寸是有方向性的，即由工序基准指向被加工表面。

从上述分析可知，工序基准可以是实际存在的，也可以是假想的。零件加工时，应尽量使工序基准与设计基准重合，否则就要进行尺寸换算。

2. 定位基准

工件在机床上或夹具中装夹时，使工件占有正确位置所采用的基准，称为定位基准。作为定位基准的点、线、面可以是实际存在的，也可以是假想的。假想的定位基准是由实际存在的表面来体现的，这些体现定位基准的表面称为定位基面。如图 4-2 所示：工件装夹在三爪自定心卡盘中，工件外圆面 5 与卡爪接触，端面 6 靠在卡盘端面上，从而实现了工件的定位。就是说，工件的定位基准是外圆面 5 的轴线和端面 6，而端面 6 是实际存在的定位基准，它确定工件轴向位置；轴线是假想的定位基准，它确定工件径向位置，由外圆柱面 5 来体现，外圆柱面 5 是定位基面。

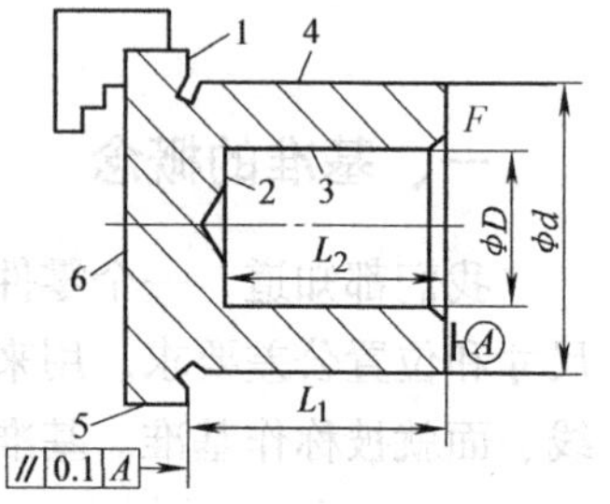

图 4-2　法兰盘工序图

1、2、6、F—端面

3、4、5—圆柱面

在机械加工过程中，应尽量使定位基准、工序基准和设计基准重合，否则将产生基准不重合误差。有关基准不重合误差问题将在以后的章节中详细介绍。

工件首次加工所使用的定位基准（面）都是未经加工过的表面，这样的定位基准被称为粗基准；当采用已加工过的表面作为定位基准（面）的，称为精基准；纯粹为机械加工工艺的需要而专门在工件上设计制造出来的定位基准称为辅助基准（如轴类零件端面上的中心孔等）。

3. 测量基准

测量时所采用的基准，即用来确定被测量尺寸、形状和位置的基准，称为测量基准。如图4-2中，以端面F为基准，用深度卡尺测量端面1、2的尺寸L_1、L_2，端面F就是端面1、2的测量基准。用卡尺测量外圆面4的直径尺寸，卡尺量爪与外圆面接触的两点就是测量基准。又如将阶梯轴两端中心孔支承在两顶尖上，测量各外圆面的径向圆跳动，两中心孔模拟（体现）轴的轴线，轴线即为测量基准，而中心孔为测量基面。

4. 装配基准

装配时用来确定零件或部件在产品中相对位置所采用的基准，称为装配基准。如齿轮的轴孔和端面就是齿轮的装配基准（轴孔是径向装配基准，齿轮轮毂端面是轴向装配基准）。

5. 对刀基准

在加工过程中调整刀具与机床夹具相对位置所采用的基准就叫对刀基准。如车床的主轴轴线就是调刀基准。

以上所述只是介绍了一些常用基准的概念。基准在加工工艺过程当中是一个很重要的概念，望大家认真学习，真正搞清楚它们的含义。

工艺过程中常用的基准之间的关系如图4-3所示。从图中可以看出，有些几何要素，由于其作用不同而给予不同的基准名称，这在工艺学上称为基准重合。基准重合是产品设计人员和工艺人员都应遵循的基本原则。如在产品设计时，应尽量把装配基准作为零件图样上的设计基准，以便直接保证装配精度要求。在零件加工时，应使工序基准与设计基准重合，以便能直接保证加工精度要求；设计机床夹具时应使工件的定位基准、工序基准与夹具的对刀重合，可避免产生基准不重合误差，提高加工精度。同时，基准重合还可以避免进行复杂的尺寸换算（原因将在后面介绍）。

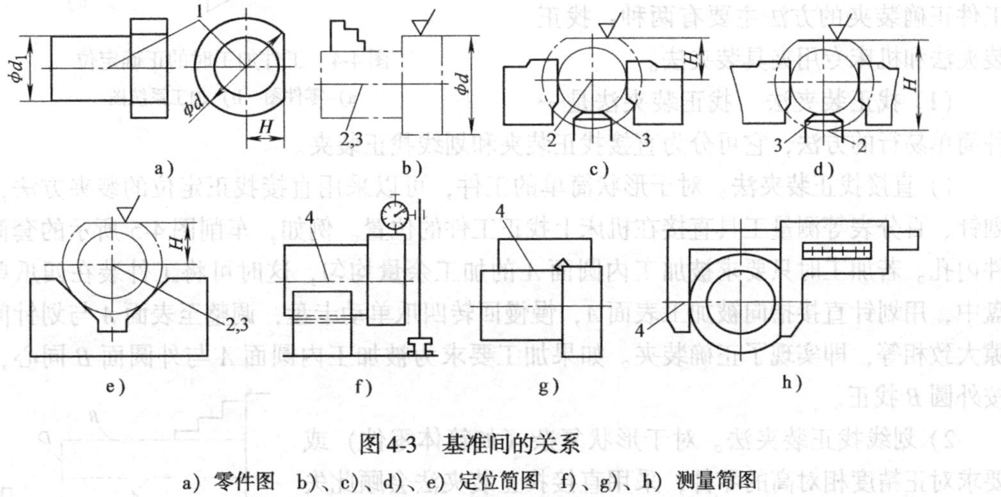

图4-3　基准间的关系

a）零件图　b)、c)、d)、e）定位简图　f)、g)、h）测量简图

1—设计基准　2—工序基准　3—定位基准　4—测量基准

二、工件的安装与安装方式

（一）工件的安装

前面已讲过，工件通过一次装夹后所完成的那一部分工序，就是安装。一道工序中可有一次或多次安装（参见图1-2及其描述）。要完成一次正确的安装，就必须完成下述两个方面的工作：

（1）工件必须正确定位　所谓工件的正确定位，就是加工时必须使工件的工序基准相对于刀具和机床有一正确位置。什么样的位置才算正确呢？要针对具体情况，进行具体分析。例如图4-4a所示的工件，要求在卧式铣床上用三面刃铣刀铣削宽度为b的通槽，保证工序尺寸H、B和b。工序基准为表面K_1和K_2。工件槽宽b是由铣刀宽度尺寸直接保证的，所以工序尺寸b与工件的定位无关，也即与工件的位置无关。加工时，铣刀主切削刃S_1相对于机床工作台纵向进给运动v_f的轨迹，形成槽的底面；侧切削刃S_2相对于机床工作台纵向进给运动的轨迹，形成槽的两侧面，这是由加工系统决定的。为了获得工件的尺寸H、B及平行度，工件装到机床上时必须使：K_1、K_2平面与机床纵向进给方向平行；K_1面与铣刀主切削刃S_1下母线保持距离H；K_2面与铣刀侧切削刃S_2间保持距离B，如图4-4b所示，这就是这个零件在加工时应具有的正确位置，只有这样，加工的结果才是正确的，否则无法保证加工要求。

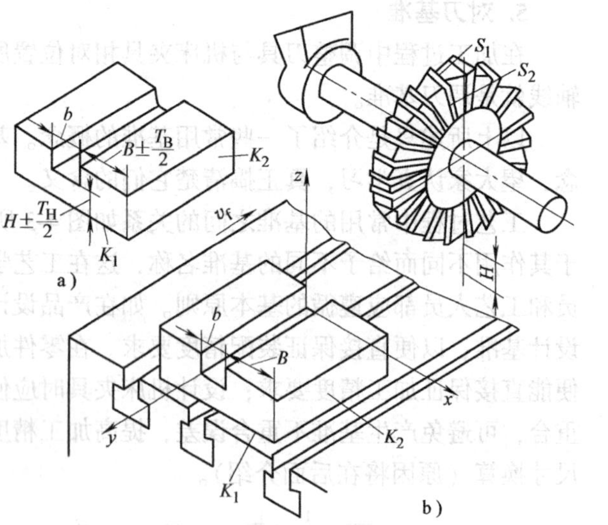

图4-4　工件加工时的正确定位

a）零件图　b）加工系统图

（2）工件必须合理夹紧　在加工过程中，为使作用于工件上的各种外力不破坏工件的正确定位，工件就必须合理夹紧。关于合理夹紧的概念将在后面的章节中介绍。

（二）工件的安装方式

工件安装的中心任务是装夹。实现工件正确装夹的方法主要有两种：找正装夹法和机床专用夹具装夹法。

（1）找正装夹法　找正装夹法是一种简单易行的方法，它可分为直接找正装夹和划线找正装夹。

1）直接找正装夹法。对于形状简单的工件，可以采用直接找正定位的装夹方法，即用划针、百分表等测量工具直接在机床上找正工件的位置。例如，车削图4-5所示的套筒类工件内孔。若加工时只要求被加工内圆面A的加工余量均匀，这时可将工件装在四爪单动卡盘中，用划针直接指向被加工表面A，慢慢回转四爪单动卡盘，调整至表面A与划针间的间隙大致相等，即实现了正确装夹。如果加工要求为被加工内圆面A与外圆面B同心，则应按外圆B找正。

2）划线找正装夹法。对于形状复杂（如箱体零件）或要求对正精度相对高的零件，采用直接找正装夹法会顾此失彼，这时就有必要按照工序图的加工要求，在毛坯上划出中心线、对称线及各待加工表面的加工位置线，然后按照划好的线找正工件在机床上的位置进行加工。如在图4-6所示的工件上加工孔，首先按孔的位置尺寸划线；然后将划好线的工件装在台虎钳中，轻轻夹持，将钻头对准已划出的孔中心位置，然后夹牢，最后钻孔。

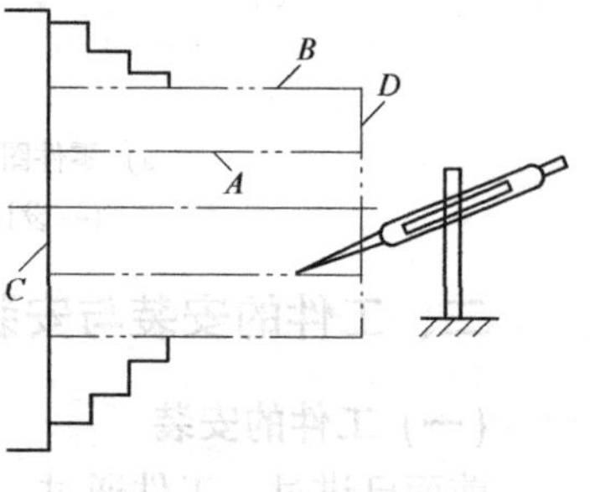

图4-5　套筒的装夹简图

找正装夹法，通常是与四爪单动卡盘、机用台虎钳等通用机床夹具结合起来进行的。找正仅仅是解决工件的正确定位，而四爪单动卡盘、台虎钳等通用机床夹具，是用来夹紧工件的。对于一些大型工件，如发动机缸体、拖拉机传动机构箱体等，加工时也常用垫铁支承、划针找正、压板夹紧的找正装夹方法。

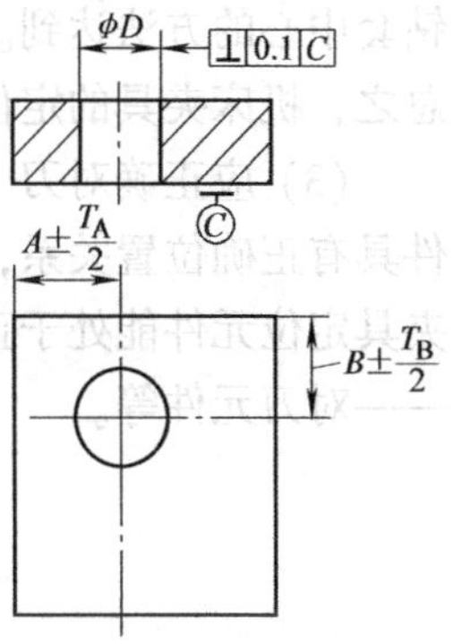

图 4-6　工件的划线找正装夹

由上述分析可知，找正装夹法简便易行，但效率较低，劳动强度大，找正精度不稳定（因为它取决于找正方法、找正工具和操作工人技术水平）。对于产品试制、单件生产、产量不大的加工场合，仍不失为一种经济而合理的装夹方法。

(2) 机床专用夹具装夹法　所谓机床专用夹具，是指为某零件的某道工序而专门设计制造的夹具。在生产实际中，对于大批量生产的中小尺寸工件，常采用机床专用夹具来实现工件的装夹。夹具以一定的位置（用定位键）安装在机床上，工件按定位原则（后边介绍）定位并夹紧在夹具中，不需要人工现场找正。这样既保证了工件的定位精度稳定，而且装卸方便迅速、生产效率高、工人劳动强度低，是当前最常用的装夹方法。

图 4-7 所示为一钻床夹具，是专门为加工图 4-6 所示工件的孔而设计的机床专用夹具。工件的加工要求是：钻孔，其轴线相距两工序基准面的距离分别为 A 和 B，孔的轴线垂直于底面。

机床专用夹具主要适用于产品相对稳定而产量较大的场合。目前，为适应多品种、中、小批量生产的需要，已经出现了许多新颖的现代机床夹具，如组合夹具、可调整夹具和成组夹具等。

由上述分析可知，机床专用夹具除了能保证加工精度稳定、提高生产率、减轻工人劳动强度的作用外，还有扩大机床加工范围的作用。如在卧式车床刀架处安装镗孔夹具，车床主轴上安装镗刀，可对箱体轴承座孔进行加工。

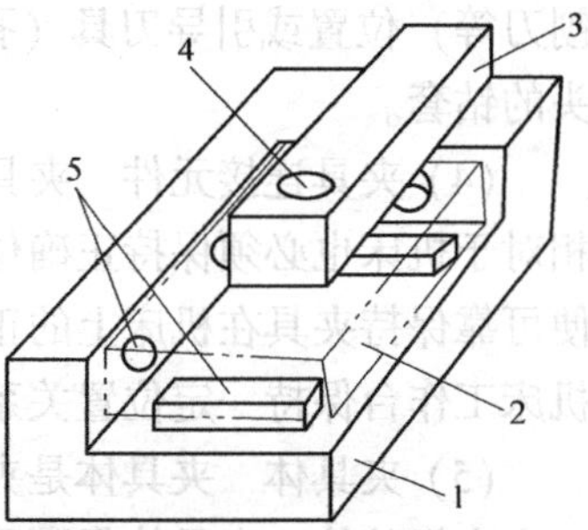

图 4-7　工件的机床专用夹具装夹
1—夹具体　2—工件　3—钻模板
4—引导孔（钻套）　5—定位元件（支承钉、支承板）

(三) 工件位置公差的保证

前边介绍了工件尺寸和形状的获得方法。那么，工件的位置公差如何保证呢？所谓位置，就是指工件上几何要素间的相互位置关系，如垂直度、平行度等。从上述分析可知，采用不同的装夹方法，保证工件位置公差的方式也不同。采用找正装夹法时，由找正的结果保证工件的位置公差；使用机床专用夹具装夹工件时，为保证工件位置公差，工件在机床夹具中必须正确定位。除此之外，还应满足以下条件：

(1) 夹具定位元件与夹具安装基准应有正确位置关系　因为机床夹具是通过夹具安装基准（钻床和铣床夹具的夹具体底面）装在机床工作台上的，所以机床夹具定位元件相对于机床夹具安装基准应具有正确的位置关系。

(2) 机床夹具应正确定位　机床夹具装到机床上时，应使机床夹具的安装基准相对于机床保持正确位置，即机床夹具相对于机床保持正确位置，这个过程称为机床夹具的定位。例如图 4-7 所示钻床夹具，通过导引孔（钻套）4 与钻床主轴同心实现机床夹具的定位。这可以由装在钻床主轴上的钻头插入钻套孔内达到，也可以由在钻床主轴上装一杠杆千分尺找正钻套中心的方法达到。铣床夹具可通过夹具底面的定位元件装在铣床工作台T形槽内实现。总之，机床夹具的定位可以通过机床夹具的某一特定元件实现。

(3) 应正确对刀　机床夹具装在机床上后，还应使刀具切削刃相对于工件或夹具定位元件具有正确位置关系，这一过程称为对刀。为对刀，机床夹具上一般都安装有使刀具相对于夹具定位元件能处于正确位置的元件，如钻床夹具的钻套——导向元件，铣床夹具的对刀块——对刀元件等。

第二节　机床夹具的组成及其分类

一、机床夹具的组成

对于不同的工件和不同的工序，机床夹具的实际结构是千差万别的。机床专用夹具是为某零件的某道工序而专门设计制造的，但总的来说，机床夹具应由以下几个部分组成：

(1) 定位元件　从上节对机床专用夹具装夹工件过程的分析可知，夹具的首要任务是对工件进行快速定位和牢靠夹紧，因此不论何种夹具，都必须设置用以确定工件正确位置的定位元件。如图4-7中三个坐标面上的支承钉、支承块。

(2) 夹紧装置　在工件定位好正确位置后，将工件牢靠地固定在定位位置的夹紧机构。定位元件和夹紧装置都是与保证工件加工精度直接有关的重要部件。

(3) 对刀、导向元件　用专用夹具装夹工件进行加工时，基本上都采用调整法加工。为便于快速、准确调整刀具的正确位置，根据不同加工情况，可在夹具上设置确定刀具（铣、刨刀等）位置或引导刀具（孔加工所用刀具）方向的对刀、导向元件。如图4-7中引导钻头的钻套。

(4) 夹具连接元件　夹具最终要安装在机床上。为保证工序尺寸和位置公差要求，夹具相对于机床也必须保持正确位置。因此，在夹具上一般设置有定位和固定用的连接元件，以便可靠保持夹具在机床上的正确位置。如铣床、刨床夹具底面上装的定位键等，就是夹具与机床工作台保持一定位置关系的连接元件。

(5) 夹具体　夹具体是夹具的骨架，夹具上的所有组成元件，都必须最终通过它连接成一个有机整体。夹具体保证了各元件之间的相对位置，因此夹具体的结构一般都比较复杂，既要有足够的刚度，也要有足够的强度，还要有高的加工精度。

(6) 其他装置或元件　按照工序的加工要求，有些夹具上还设有其他装置或机构，如进行多工位加工用的分度机构、动力装置的操纵系统等。

上述各组成部分，不是每个夹具都必须完全具备的。一般来说，定位元件、夹紧装置、夹具体则是夹具的基本组成部分。这些元件和装置与工件、机床、刀具间的关系，如图4-8所示。

二、机床夹具的分类

机床夹具是夹具中的一类。对于夹具的分类，到目前为止还没有一个统一的标准，通常按下述方法进行分类：按工艺过程的不同，夹具可分为机床夹具、装配夹具、焊接夹具等；

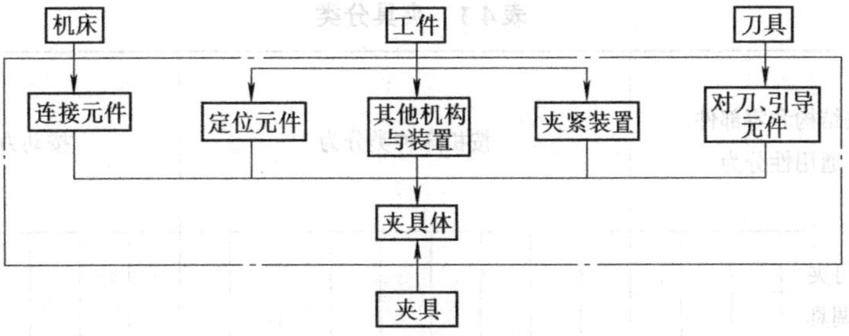

图 4-8　专用机床夹具的组成及其与工件、机床、刀具间的关系

按机床种类的不同，机床夹具又可分为车床夹具、铣床夹具、钻床夹具等；按所采用的夹紧动力源的不同又可分为手动夹具、气动夹具等。分类情况如表 4-1 所示。下面着重讨论按夹具结构与夹具零部件通用性程度来分类的机床夹具。

1. 机床专用夹具

根据零件加工工艺过程中某道工序的需要而专门设计的夹具。该夹具只为某种产品零件在某一道工序上的装夹使用，不具备通用性。它具有定位准确、装卸工件迅速、效率高、加工质量好等优点。机床专用夹具主要适用于产品品种相对稳定而产量比较大的场合。如图 4-7 所示的钻床夹具。图 4-9 所示的连杆铣槽夹具也是机床专用夹具，工件在其上第一工位加工完毕后，旋转 90°进行第二次装夹，完成第二工位的加工。

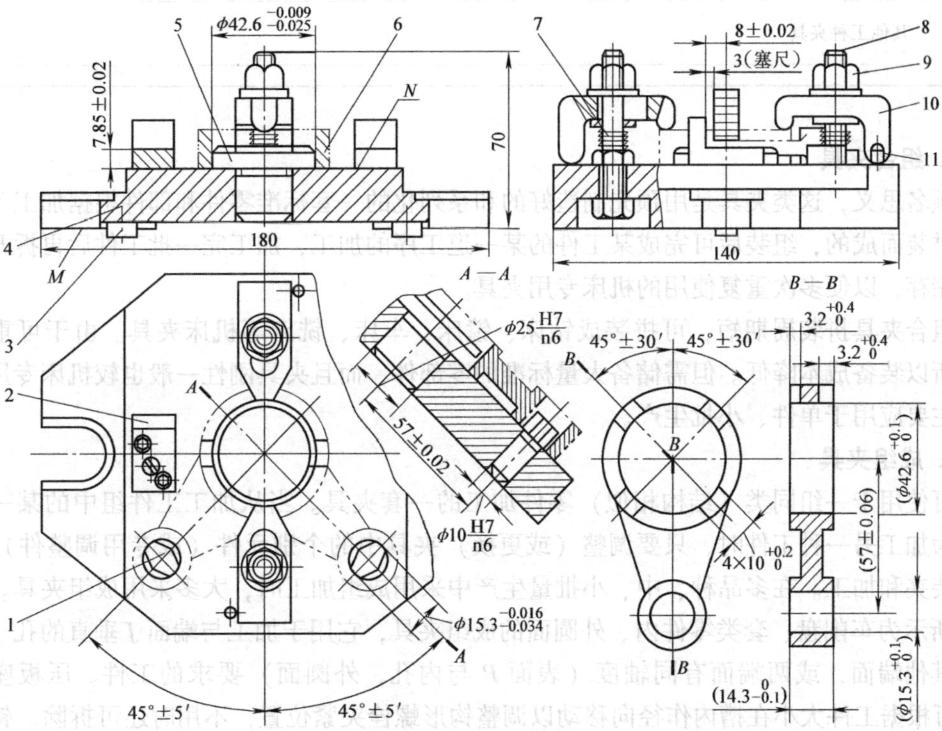

图 4-9　连杆铣槽夹具

1—菱形销　2—对刀块　3—定位键　4—夹具底板　5—圆柱销　6—工件　7—弹簧　8—螺栓　9—螺母　10—压板　11—止动销

表 4-1 夹具分类

<table>
<tr><td rowspan="7">夹具（按工艺过程不同分）</td><td rowspan="3">机床夹具</td><td colspan="6">按结构和零部件通用性分为</td><td colspan="9">按机床种类分为</td><td colspan="8">按动力源类型分为</td></tr>
<tr><td rowspan="2">机床附件类夹具</td><td colspan="2">可调夹具</td><td rowspan="2">随行夹具</td><td rowspan="2">组合夹具</td><td rowspan="2">专用夹具</td><td rowspan="2">车床夹具</td><td rowspan="2">铣床夹具</td><td rowspan="2">钻床夹具</td><td rowspan="2">镗床夹具</td><td rowspan="2">刨床夹具</td><td rowspan="2">磨床夹具</td><td rowspan="2">拉床夹具</td><td rowspan="2">齿轮机床夹具</td><td rowspan="2">其他夹具</td><td rowspan="2">手动夹具</td><td rowspan="2">气动夹具</td><td rowspan="2">液压夹具</td><td rowspan="2">气液夹具</td><td rowspan="2">电动夹具</td><td rowspan="2">磁力夹具</td><td rowspan="2">真空夹具</td><td rowspan="2">其他夹具</td></tr>
<tr><td>普通可调</td><td>成组夹具</td></tr>
<tr><td colspan="24">检验夹具</td></tr>
<tr><td colspan="24">装配夹具</td></tr>
<tr><td colspan="24">焊接夹具</td></tr>
<tr><td colspan="24">其他工种夹具</td></tr>
</table>

2. 组合夹具

顾名思义，这类夹具是用预先制造好的和系列化的一套标准零件和部件根据加工工序的需要拼装而成的，组装后可完成某工件的某一道工序的加工，加工完一批工件后再拆开、清洗和储存，以便多次重复使用的机床专用夹具。

组合夹具拼装周期短，可拼装成钻床、镗床、车床、铣床等机床夹具。由于可重复使用，所以装备成本降低。但需储备大量标准的零部件，而且夹具刚性一般也较机床专用夹具低。主要应用于单件、小批生产。

3. 成组夹具

可使用于一组同类（结构相似）零件加工的一套夹具。当从加工工件组中的某一种工件转为加工另一种工件时，只要调整（或更换）夹具中的个别元件（或专用调整件）即可进行装夹和加工。在多品种、中、小批量生产中采用成组加工时，大多采用成组夹具。如图 4-10 所示为车削盘、套类零件内、外圆面的成组夹具，它用于加工与端面 *J* 垂直的孔、外圆面及其他端面，或两端面有同轴度（表面 *P* 与内孔、外圆面）要求的工件。压板座组件 *KT*1 可根据工件大小在槽内作径向移动以调整钩形螺栓夹紧位置，不用时还可拆除。钩形螺栓 *KH*1 可视工件大小更换。根据工件定位基准不同，定位元件 *KH*2 也可以更换。图示的加工零件组简图就是这套成组夹具所能装夹和加工的零件。

其他几种机床夹具就不介绍了。

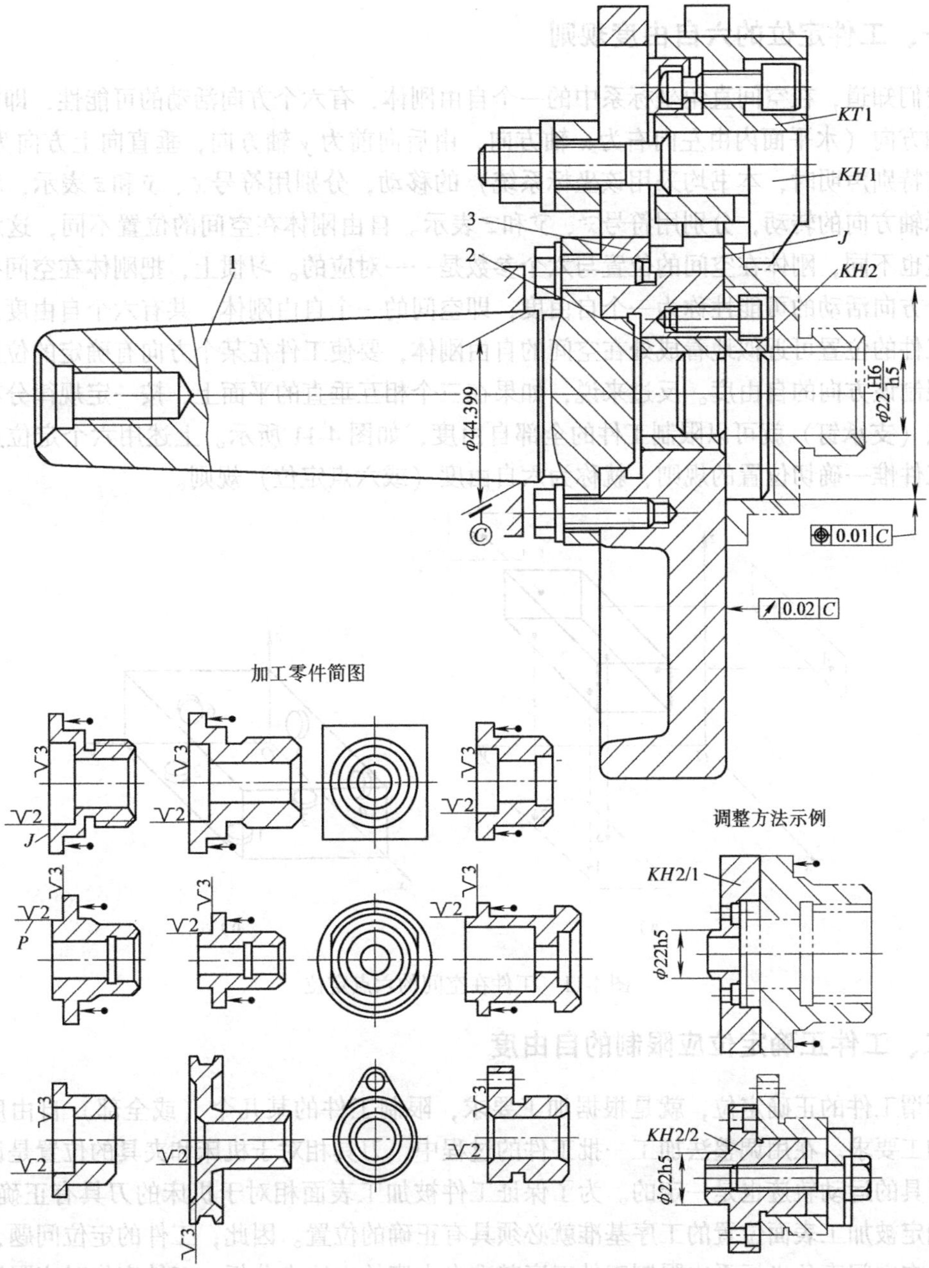

图4-10　车削盘、套类零件内、外圆的成组夹具

1—锥柄　2—定位衬套　3—花盘　KH1—钩形螺栓　KH2—定位元件　KT1—压板座组件

第三节　工件的定位原理

工件在夹具中正确定位，是保证加工精度的重要环节之一，是工件正确装夹的第一步，所以必须搞清楚正确定位的含义和过程。

一、工件定位的六自由度规则

我们知道，在空间直角坐标系中的一个自由刚体，有六个方向活动的可能性，即沿三个坐标轴方向（水平面内由左向右为 x 轴方向，由后向前为 y 轴方向，垂直向上方向为 z 轴，在没有特别声明时，本书均采用该坐标系统）的移动，分别用符号 $\vec{x}$、$\vec{y}$ 和 $\vec{z}$ 表示，和绕三个坐标轴方向的转动，分别用符号 $\overset{\frown}{x}$、$\overset{\frown}{y}$ 和 $\overset{\frown}{z}$ 表示。自由刚体在空间的位置不同，这六个参数的值也不同，刚体在空间的位置与六个参数是一一对应的。习惯上，把刚体在空间坐标系中某个方向活动的可能性称为一个自由度，即空间的一个自由刚体，共有六个自由度。

工件的位置可近似地看成处在空间的自由刚体，要使工件在某个方向有确定的位置，就必须限制该方向的自由度。反过来说，如果在三个相互垂直的平面上，按一定规律分布六个定位点（支承钉）就可以限制工件的全部自由度，如图 4-11 所示。上述用六个定位点就能确定工件惟一确切位置的规则，就称为六自由度（或六点定位）规则。

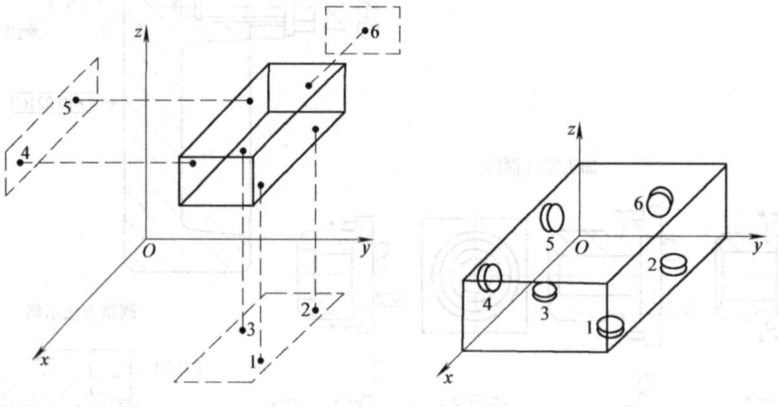

a) b)

图 4-11 工件在空间的六点定位

二、工件正确定位应限制的自由度

所谓工件的正确定位，就是根据加工要求，限制工件的某几个（或全部）自由度，以达到加工要求。在用调整法加工一批工件的过程中，刀具相对于机床和夹具的位置是调整好的，刀具的运动轨迹也是一定的。为了保证工件被加工表面相对于机床的刀具有正确位置，用来确定被加工表面位置的工序基准就必须具有正确的位置。因此，工件的定位问题，可以转化为在空间直角坐标系中限制工件工序基准自由度的方法来分析。工件定位时应限制哪些自由度（方向和数量），完全由工件在该工序中的加工要求和工序基准的结构性质来决定的。下面结合实例加以说明。

如图 4-12 所示，有六个待加工工件，其中，图 4-12a 要在一个球体工件上加工一个平面，且有如图所示的工序尺寸要求。应该限制哪些自由度呢？对于这样的工件和加工要求，三个转动自由度不必限制，因为被加工平面在球体上的加工部位没有要求；x、y 轴方向的移动无尺寸要求，也无需限制，故只要限制 z 方向的移动自由度，即球体铣平面（通铣），只需限制 1 个自由度 $\vec{z}$。仿照同样的分析，图 4-12b 要在球体上钻孔，只需限制 $\vec{x}$、$\vec{y}$ 2 个自由度；图 4-12c 要在长方体上通铣平面，只需限制 $\overset{\frown}{x}$、$\overset{\frown}{y}$、$\vec{z}$ 3 个自由度；图 4-12d 要在圆柱轴上通铣键槽，只需限制 $\vec{x}$、$\vec{z}$、$\overset{\frown}{x}$、$\overset{\frown}{z}$ 4 个自由度；图 4-12e 要在长方体上通铣键槽，只需限制 $\vec{x}$，$\vec{z}$、$\overset{\frown}{x}$、$\overset{\frown}{y}$、$\overset{\frown}{z}$ 5 个自由度；图 4-12f 要在长方体上铣不通键槽，则 6 个自由度都要限制。

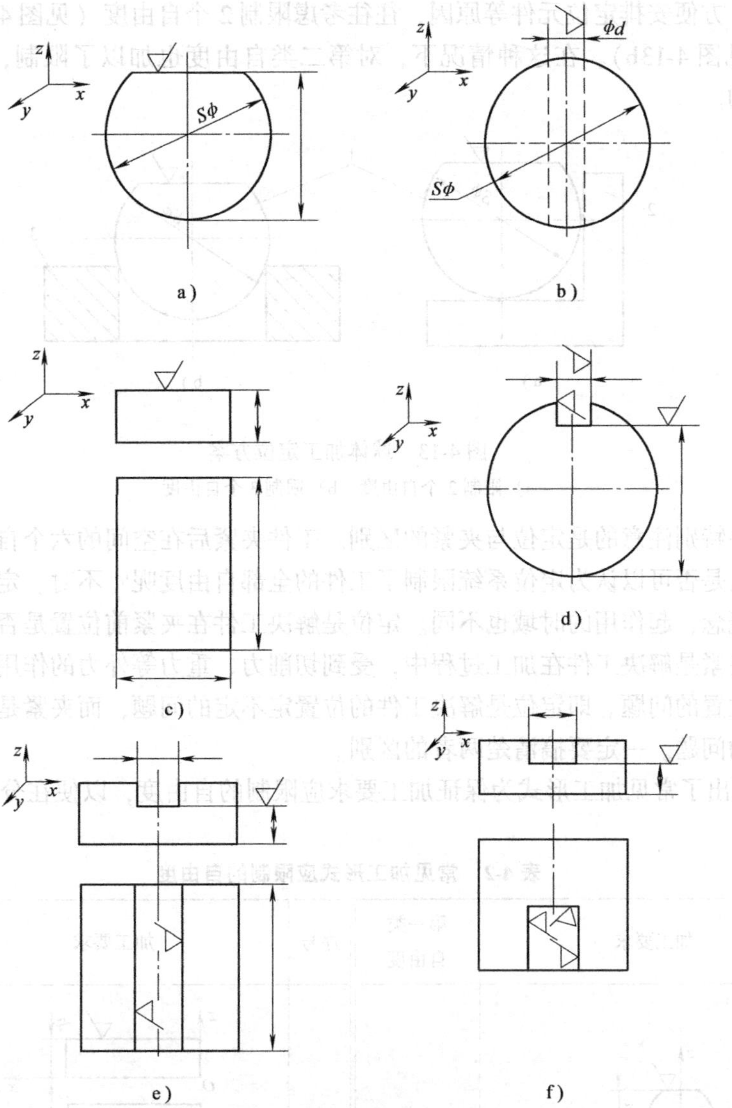

图 4-12　工件应限制自由度实例

a）球体上铣平面　b）球体上钻孔　c）长方体上通铣平面　d）圆轴上通铣键槽　e）长方体上通铣键槽　f）长方体上铣不通键槽

由上述实例分析可见，从保证加工要求（尺寸、平行度、垂直度等）的角度，工件的正确定位，并不是对工件的六个自由度都要加以限制，这是因为有些自由度并不影响加工要求。因此，不影响加工要求的自由度，就不一定加以限制。在考虑工件定位方式时，首先要找出哪些自由度会影响加工要求（尺寸和位置公差），哪些自由度与加工要求无关。前者称为第一类自由度，后者称为第二类自由度。对于第一类自由度，工件定位时必须全部限制，不能遗漏，这是因为它对加工要求有直接影响。至于第二类自由度是否应加以限制，应按照加工系统所承受的切削力、夹紧力和定位方案的方便实现等因素，决定限制还是放弃。

如图4-13所示，由前述分析可知，球体上通铣平面只需限制1个自由度，这是从定位分析角度得出的结论，但是在决定定位方案的时候，为了使得定位系统能够实现，承受切削力、夹紧力，方便安排定位元件等原因，往往考虑限制2个自由度（见图4-13a），或限制3个自由度（见图4-13b）。在这种情况下，对第二类自由度也加以了限制，不仅是允许的，而且是必要的。

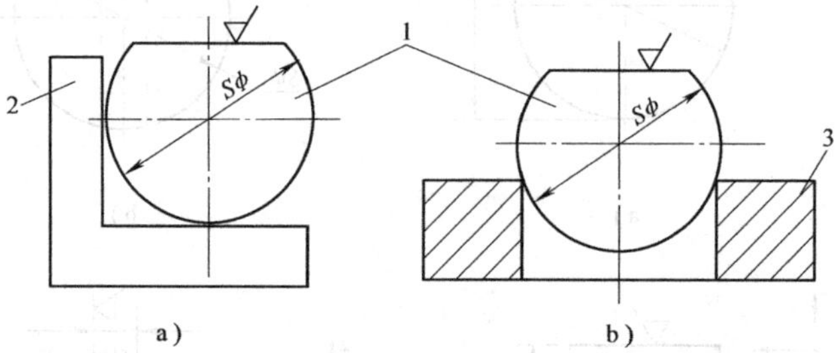

a）　　b）

图4-13　球体加工定位方案

a）限制2个自由度　b）限制3个自由度

在这里要特别注意的是定位与夹紧的区别。工件夹紧后在空间的六个自由度基本上都无法活动，那么是否可以认为定位系统限制了工件的全部自由度呢？不对。定位和夹紧是两个完全不同的概念，起作用的时域也不同。定位是解决工件在夹紧前位置是否正确、是否到位的问题；而夹紧是解决工件在加工过程中，受到切削力、重力等外力的作用下，是否稳定地保持在定位位置的问题。即定位是解决工件的位置定不定的问题，而夹紧是解决工件受力后位置动不动的问题。一定要搞清楚两者的区别。

表4-2列出了常见加工形式为保证加工要求应限制的自由度，以便在分析工件第一类自由度时参考。

表4-2　常见加工形式应限制的自由度

序号	加工要求	第一类自由度	序号	加工要求	第一类自由度
1	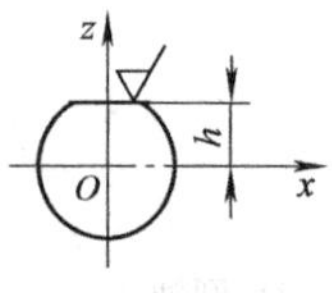 球体加工平面	$\vec{z}$	3	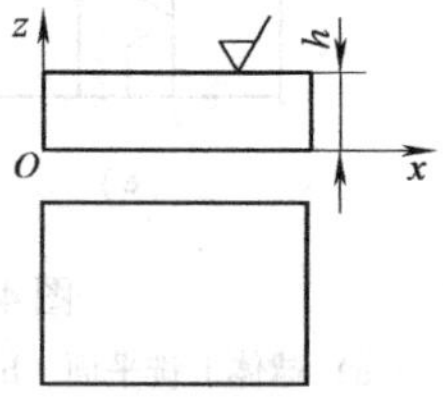 长方体加工平面	$\vec{z}$、$\overset{\frown}{x}$、$\overset{\frown}{y}$
2	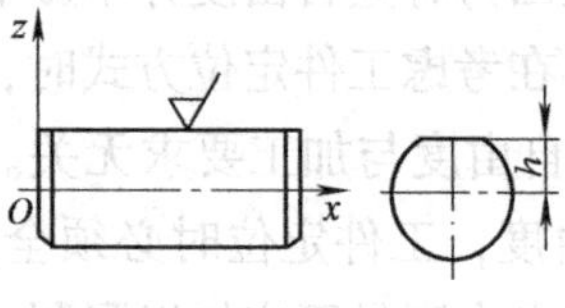 柱体加工平面	$\vec{z}$、$\overset{\frown}{y}$	4	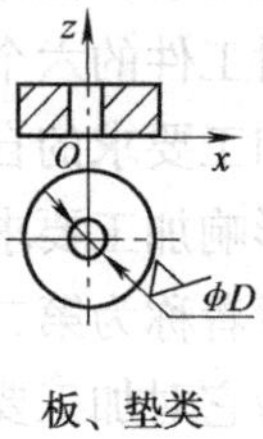 板、垫类 工件钻孔	$\vec{x}$、$\vec{z}$、 $\overset{\frown}{x}$、$\overset{\frown}{y}$

（续）

序号	加工要求	第一类自由度	序号	加工要求	第一类自由度
5	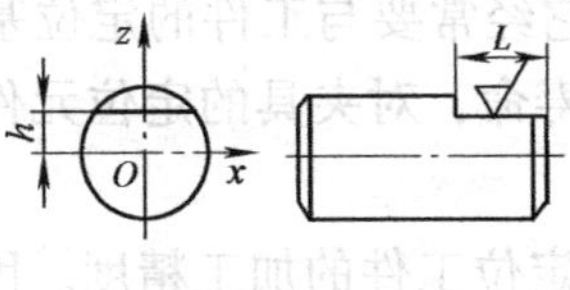 柱体加工不通平面	$\vec{y}$、$\vec{z}$、$\overset{\frown}{x}$、$\overset{\frown}{z}$	9	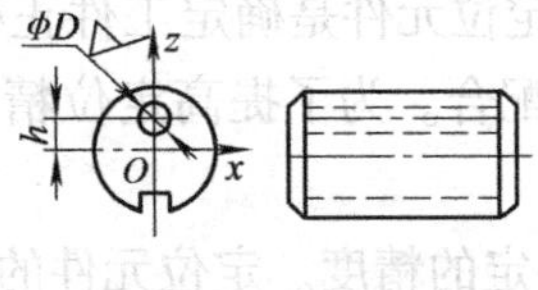 柱体加工轴向通孔	$\vec{x}$、$\vec{z}$、$\overset{\frown}{x}$、$\overset{\frown}{y}$、$\overset{\frown}{z}$
6	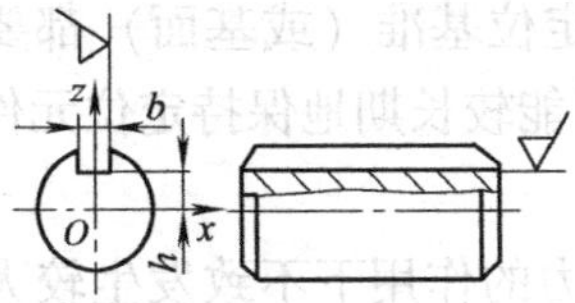 柱体铣通键槽	$\vec{x}$、$\vec{z}$、$\overset{\frown}{x}$、$\overset{\frown}{z}$	10	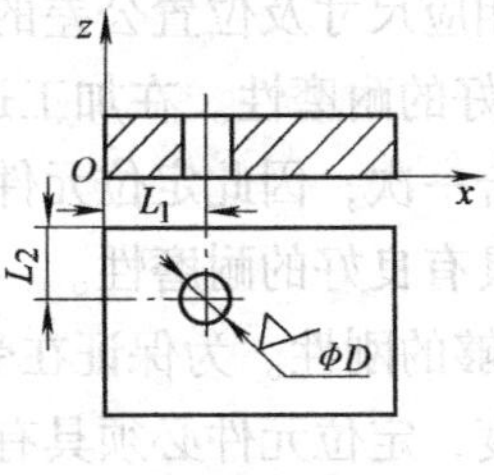 长方体加工通孔	$\vec{x}$、$\vec{y}$、$\overset{\frown}{x}$、$\overset{\frown}{y}$、$\overset{\frown}{z}$
7	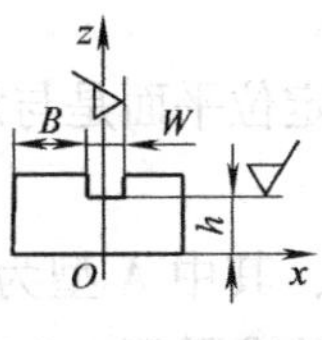 长方体加工通键槽	$\vec{x}$、$\vec{z}$、$\overset{\frown}{x}$、$\overset{\frown}{y}$、$\overset{\frown}{z}$	11	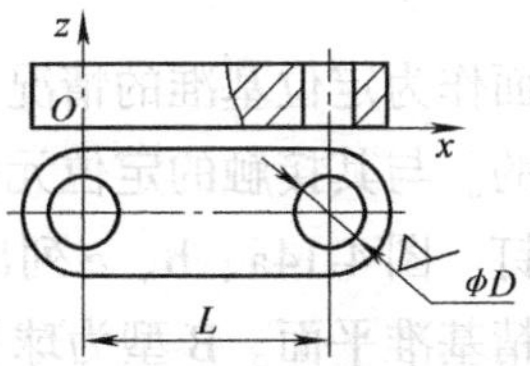 条形板加工通孔	$\vec{x}$、$\vec{y}$、$\overset{\frown}{x}$、$\overset{\frown}{y}$、$\overset{\frown}{z}$
8	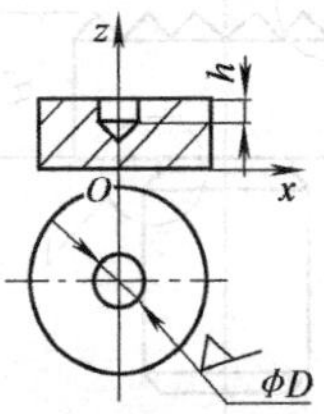 圆板上加工盲孔	$\vec{x}$、$\vec{y}$、$\vec{z}$、$\overset{\frown}{x}$、$\overset{\frown}{y}$	12	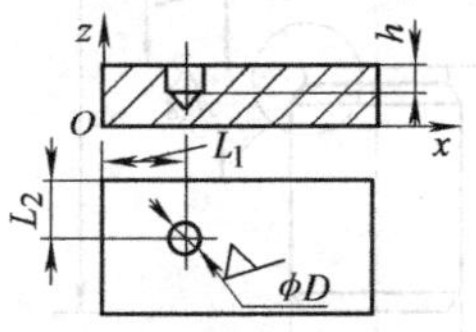 长方体加工盲孔	$\vec{x}$、$\vec{y}$、$\vec{z}$、$\overset{\frown}{x}$、$\overset{\frown}{y}$、$\overset{\frown}{z}$

第四节　常用定位元件和工件在夹具中的定位误差分析

上面我们已经分析过保证加工要求所必须限制的第一类自由度。这些自由度是如何被限制的呢？下面详细分析这个问题。

工件在机床上或夹具中定位时，其第一类自由度是通过工件的定位基准（或基面）与机床或夹具定位元件相接触或配合而被限制的。不同结构的定位基准（或基面）与不同结构类型的定位元件相接触或配合，所能限制的自由度是不同的。定位元件到底有哪些类型呢？它们又是如何限制工件的自由度的呢？下面我们以定位基准（或基面）的不同类型为例来介绍各种常用的定位元件及其所限制的自由度（数量和方向）。

工件上常用的定位基准（或基面）主要有平面、内圆面、外圆面、内锥面、外锥面及成形面（如渐开线表面）等。

夹具中常用的定位元件主要有：支承钉、支承板、定位销（心轴）、定位套、V形块等。

夹具中的定位元件是确定工件正确位置的重要零件，它经常要与工件的定位基准（或基面）接触或配合。为了提高定位精度，延长夹具的使用寿命，对夹具的定位元件提出以下几点要求：

1）要有一定的精度。定位元件的制造精度直接影响被定位工件的加工精度。因此，对定位元件的尺寸及形位公差都提出了严格的要求。一般定位元件的尺寸及位置公差应当控制在被定位工件相应尺寸及位置公差的1/5～1/2。

2）要有良好的耐磨性。在加工过程中，每一个工件的定位基准（或基面）都要与定位元件接触或配合一次，因此定位元件很容易引起磨损。为了能较长期地保持定位元件的定位精度，它必须具有良好的耐磨性。

3）要有足够的刚性。为保证在受到夹紧力、切削力等力的作用下不致发生较大的变形而影响加工精度，定位元件必须具有足够的刚性。

一、工件以平面定位

工件以平面作为定位基准的情况是非常多见的，这时工件的定位平面是与定位元件相接触而实现定位的。与其接触的定位元件主要有下列几种：

（1）支承钉 图4-14a、b、c列出了三种支承钉的结构形式，其中A型为平头支承钉，常常用于支承精基准平面。B型为球头支承钉，常常用于支承粗基准平面。C型为齿纹平面

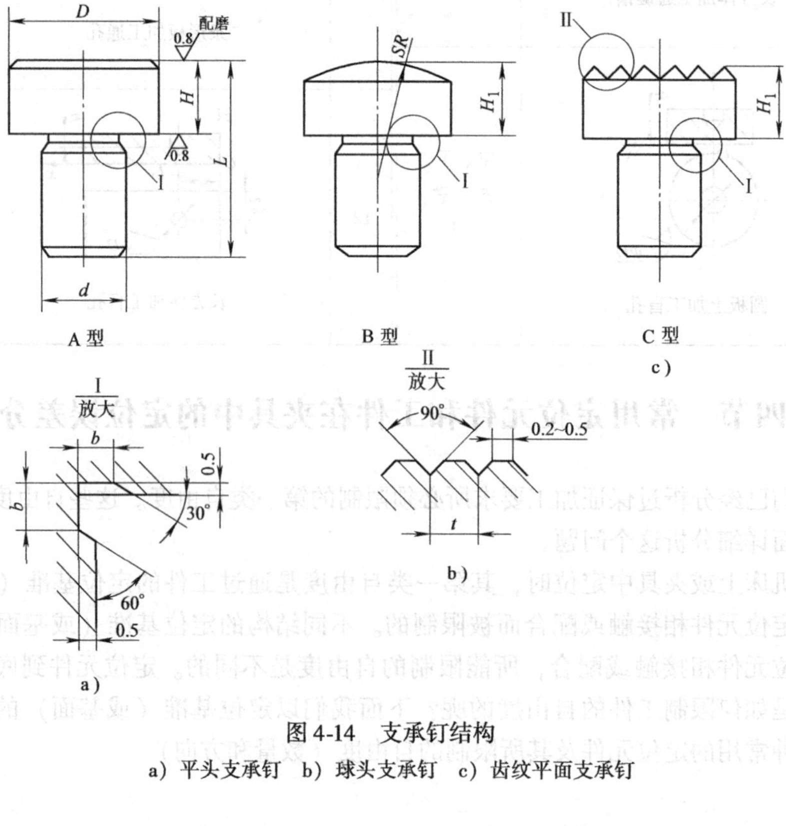

图4-14 支承钉结构

a）平头支承钉 b）球头支承钉 c）齿纹平面支承钉

支承钉，与定位面间的摩擦因数较大，从而增大了定位的可靠性。但槽中易积屑，多用于侧面定位。支承钉的结构已标准化，使用时可直接查阅相关标准。

通常将一个支承钉视为一个支承点，能限制一个自由度（一个移动或转动），所限制自由度的方向随定位系统的情况而定。如图 4-15a 所示工件的定位情况，当工件的轴线平行于 x 轴放置时，支承钉限制 $\vec{x}$（限制移动），而图 4-15b 中的支承钉则限制 $\widehat{x}$（限制转动）。

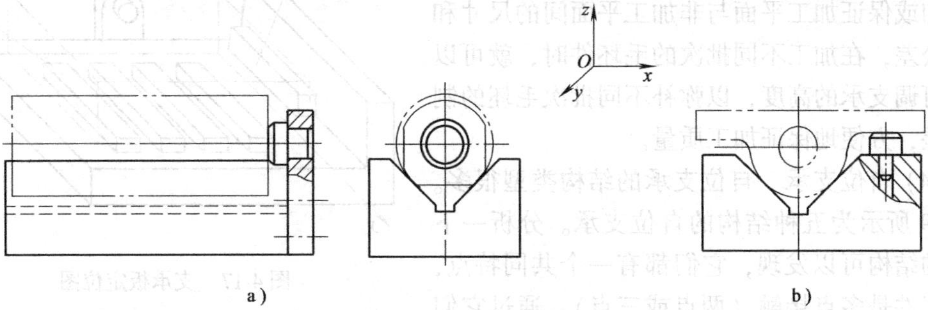

图 4-15　支承钉限制的自由度

a）支承钉限制 $\vec{x}$　b）支承钉限制 $\widehat{x}$

（2）支承板　支承板的结构形式如图 4-16 所示。A 型结构简单，但埋头螺钉处容易积屑，清理切屑比较麻烦，适宜用于侧面和顶面定位；B 型支承板在螺钉孔处开有斜凹槽，易于保持工作面清洁，适用于底面定位。单个支承板限制二个自由度（一个移动，一个转动）。支承板多用于支承已加工过的平面。

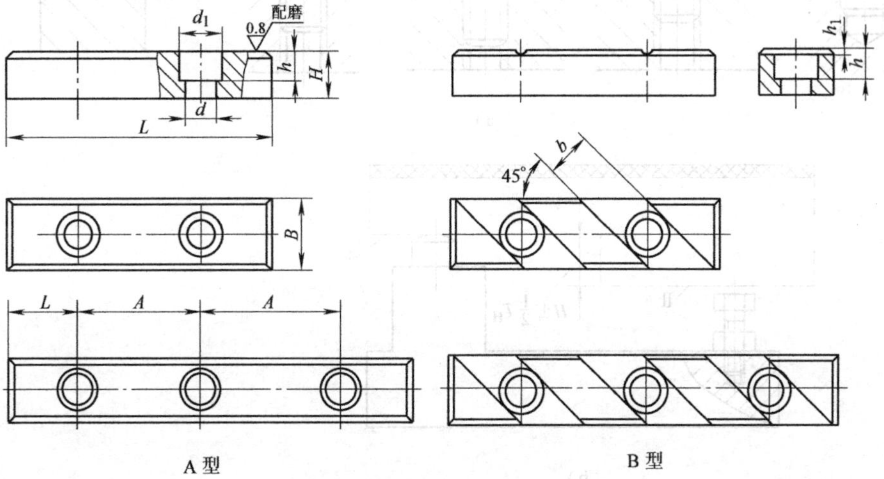

图 4-16　支承板结构

当被支承定位的基准平面较大时，如图 4-17 所示，为了提高支承刚度，常用几块支承板组合成一个平面。为保证几块支承板的工作面（支承钉亦同）在同一个面上，在组装到夹具体上之后，应将其工作面一起再磨一次。多个支承板联合工作限制多少自由度呢？如图 4-17 下平面上的四个支承板所组成的平面Ⅰ限制三个自由度——$\vec{z}$、$\widehat{x}$、$\widehat{y}$；侧面上的单个支承板Ⅱ限制两个自由度——$\vec{x}$、$\widehat{z}$。

（3）可调支承　可调支承就是支承高度可以调节的支承，其结构形式很多，如图 4-18a 所示。它多用来支承工件的粗基准面。可调支承的可调性完全是为了弥补粗基准面的制造误差。一般每加工一批毛坯时，根据粗基准的误差变化情况，相应加以调整。

可调支承的应用实例参见图4-18b所示。工件用两个未加工过的阶梯平面Ⅰ及Ⅱ作为定位粗基准，在工件粗基准平面Ⅰ上用两个固定支承钉定位，在平面Ⅱ处用了一个可调支承来定位。当不同批次的毛坯使得两个粗基准平面Ⅰ与Ⅱ之间存在较大的尺寸误差时，为保证加工余量均匀或保证加工平面与非加工平面间的尺寸和位置公差，在加工不同批次的毛坯件时，就可以调整可调支承的高度，以弥补不同批次毛坯的制造误差，方便地保证加工质量。

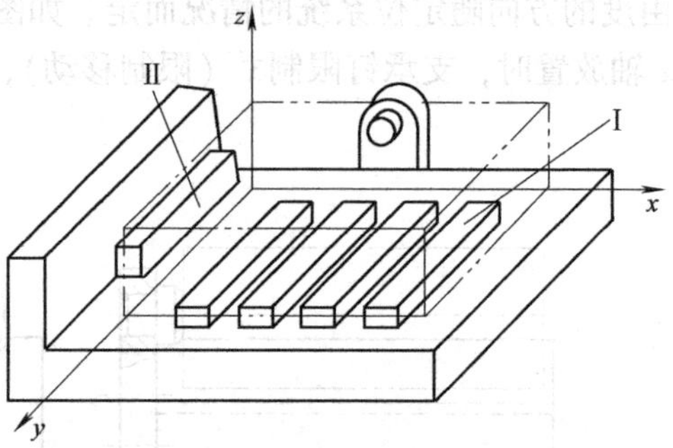

图4-17 支承板定位图

(4) 自位支承 自位支承的结构类型很多。图4-19所示为五种结构的自位支承。分析一下它们的结构可以发现，它们都有一个共同特点，即与工件是多点接触（两点或三点），通过它们

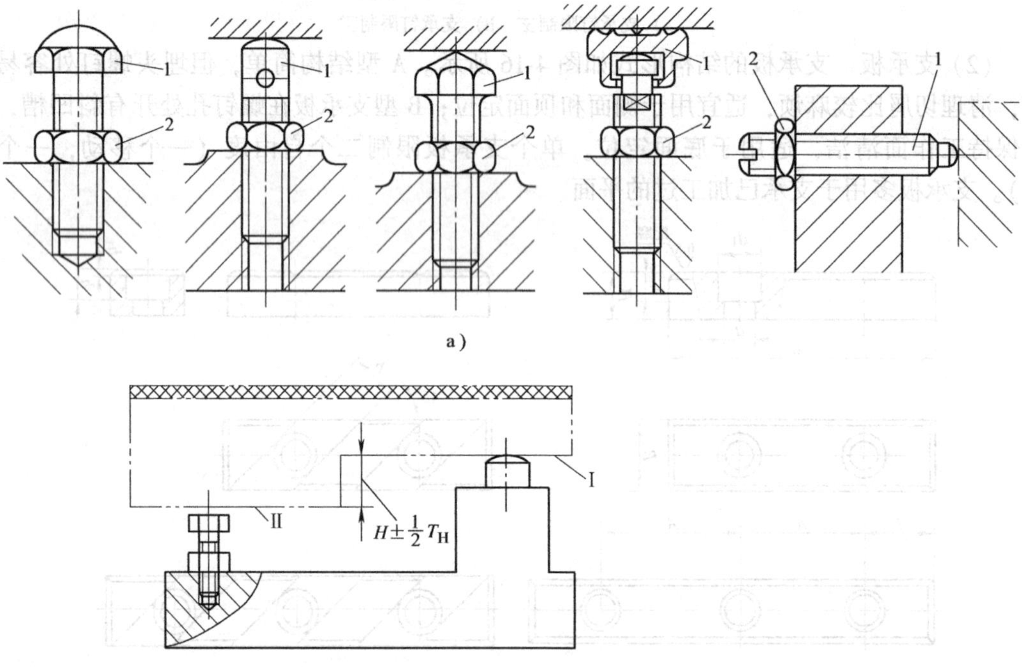

图4-18 可调支承及其应用

a) 可调支承示例 b) 可调支承应用

1—调节支承钉 2—锁紧螺母

自身的浮动机构，实现对工件只起一个支承点的作用。所以自位支承只限制一个自由度。在有些定位系统中，既要求增加支承点数目，以减少工件变形或减小接触应力，又要求只限制一个自由度时，可使用自位支承。

(5) 辅助支承 在有些定位系统中，为了增加工件在加工过程中的刚度和提高工件的稳定性，需要增加支承点数以防止工件在加工中变形，故出现了辅助支承。辅助支承在定位系

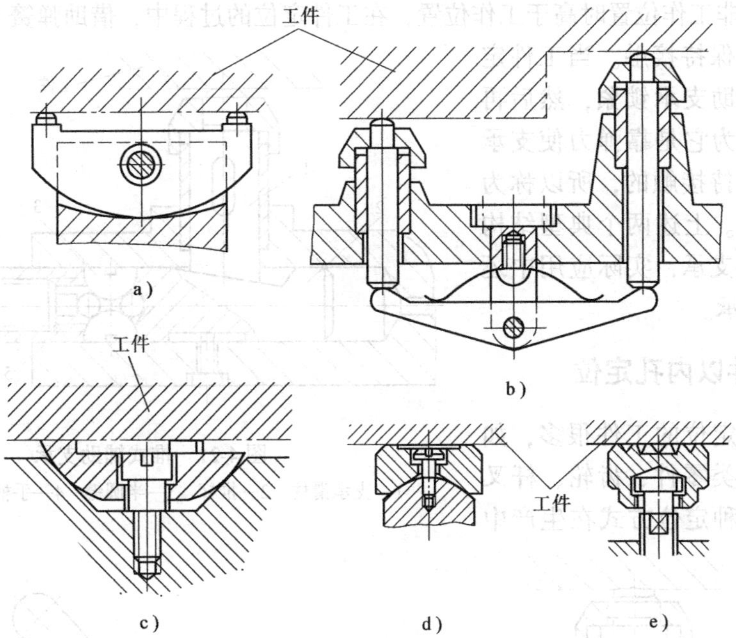

图 4-19　自位支承结构

a)、b) 二转一　c) 三转一　d)、e) 一个小平面转一

统中不起定位作用，其高度锁定后就成为固定支承，可以承受切削力。辅助支承起作用前后都不允许破坏工件已定好的位置。

辅助支承的应用实例参见图 4-20 所示。被加工件是轴承座，在加工其底平面时，以它的顶部剖分面为定位基准面，此时工件将有部分要悬空，显然刚性很差，加工时易产生变形和振动。因此，应该在它的悬空一端增加辅助支承，这样就提高了工件的刚性和稳定性。对于本例中的辅助支承，一定要在工件装夹好以后再与工件接触起到辅助支承作用，否则，有可能破坏工件的正常定位。

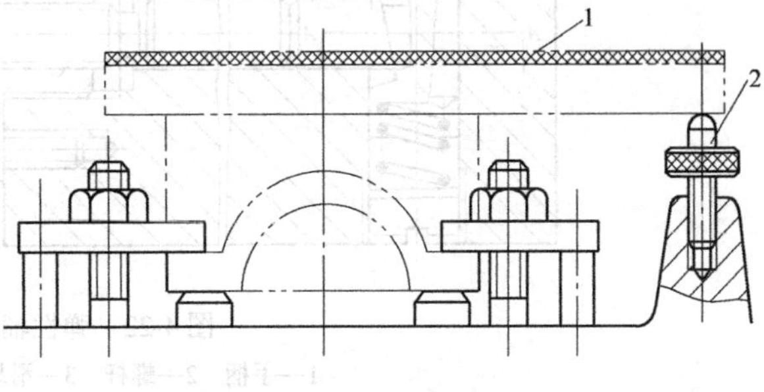

图 4-20　辅助支承应用

1—加工面　2—辅助支承

从工作过程上看，辅助支承与可调支承有点类同。但实际上是不同的。首先，可调支承在定位系统中是起定位作用的，而辅助支承是不起定位作用的。其二，可调支承是加工一批工件调整一次，所以其上有高度锁定机构（锁紧螺母）；而辅助支承的高低位置必须每次都按工件已确定好的位置进行调节，其上有用于方便、快速调整和锁定高度的机构。

尽管辅助支承的实际结构很多，但按工作原理可分为两种类型。其一的典型结构如图 4-21 所示，它的支承工作面在非工作位置时低于工作位置，不与工件接触。工作时，向左推动手柄 4，将支承滑柱 1 向上推，与工件接触，然后利用半圆键 3 和钢球 5 组成的锁紧机构将系统锁紧。这种类型的辅助支承，都是在工件定位夹紧后，靠推出支承顶在工件表面上而起到支承作用的，因而称为推式辅助支承。另一种类型的典型结构如图 4-22 所示，它的支承工作面在非工作位置时高于工作位置，在工件定位的过程中，借助弹簧力使支承滑柱的工作面与工件保持接触。当工件定位后，先把辅助支承锁紧，然后再夹紧工件。因为它是靠弹力使支承滑柱与工件保持接触的，所以称为弹性辅助支承。上述两个典型结构都是单点辅助支承，实际应用中还有多点辅助支承。

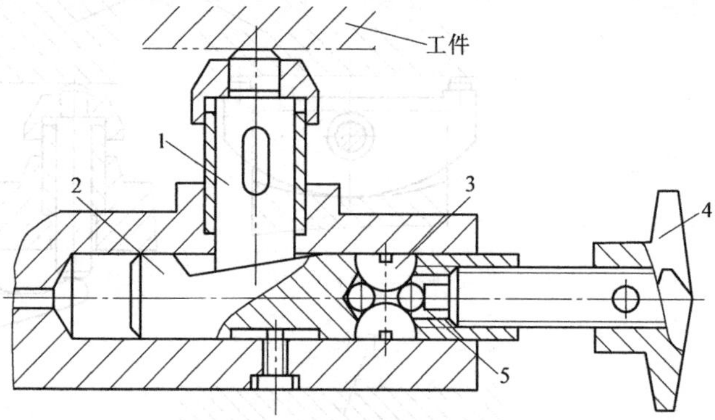

图 4-21 推式辅助支承

1—支承滑柱 2—推杆 3—半圆键 4—手柄 5—钢球

二、工件以内孔定位

以内孔来定位的工件很多，如盘类零件、套类零件、齿轮、杆叉类零件等，此种定位方式在生产中

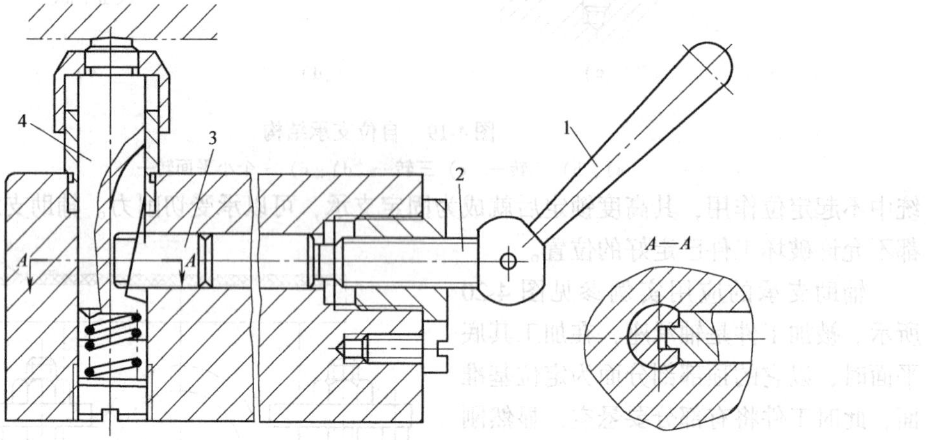

图 4-22 弹性辅助支承

1—手柄 2—螺杆 3—滑块 4—支承滑柱

应用很广。工件的内孔定位面是与定位元件相配合而实现定位的，这样的定位元件常用的有心轴、圆柱定位销和圆锥销。

（1）心轴 实际应用中的心轴结构形式很多，但按其与孔的配合性质主要有下列三种典型结构。

1）锥形心轴，如图 4-23a 所示。锥形心轴的锥度一般为 1/1000 ~ 1/5000，属于小锥度心轴。小锥度既可以防止工件在轴上倾斜，也可以提高定位精度。工件定位时，是依靠心轴的锥体定心和胀紧。锥形心轴能限制五个自由度（沿心轴轴线方向的定位精度取决于工件定位孔的加工精度，如要提高此方向的定位精度，则应严格控制定位孔的加工精度），除绕心轴轴线转动的自由度不能限制外，其余的自由度都受到限制。

2）过盈配合圆柱心轴，如图 4-23b 所示。心轴的定位部分 3 与工件的定位孔是过盈配合，工件须经压力机将其压入心轴的定位部分。一般最大过盈量不超过$\frac{H7}{r6}$，以免压入工件的压力过大使工件过分变形而遭受损坏。为了使工件方便、迅速而准确地装配，在心轴前端设置导向部分1。心轴末端为传动部分2，起带动心轴运动的作用。这种心轴定心精度较高，能传递一定扭矩，常用于车床精车盘套类零件。这类过盈配合心轴能限制四个自由度，即限制除沿心轴轴线的移动和绕心轴轴线的转动以外的四个自由度。

3）间隙配合心轴，如图4-23c所示。心轴定位部分与工件定位孔是间隙配合，其配合间隙可按$\frac{H7}{h6}$或$\frac{H7}{g6}$或$\frac{H7}{f7}$设计。心轴轴肩作轴向定位。间隙配合心轴装卸工件较为方便，但定心精度较差。工件是靠心轴右端的螺母夹紧的。为装卸工件迅速，还采用了开口垫圈。这种心轴能限制五个自由度。除绕心轴轴线转动的自由度不能限制外，其余的自由度都受到限制。

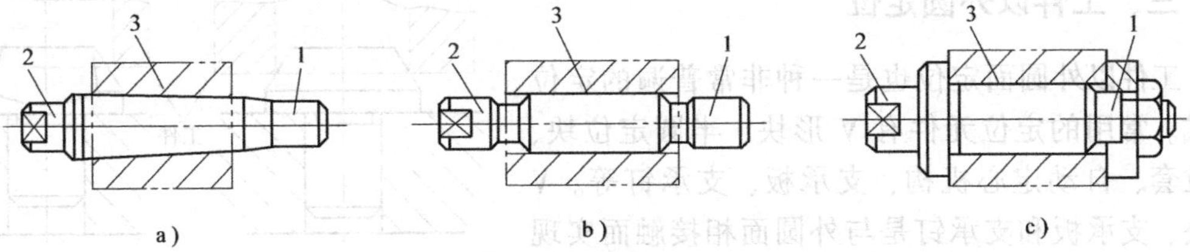

图4-23　常用的刚性心轴结构

a）锥形心轴　b）过盈配合圆柱心轴　c）间隙配合心轴

1—导向部分　2—传动部分　3—定位部分

（2）圆柱定位销　图4-24所示为常用的圆柱定位销结构。圆柱定位销与定位孔基本上都采用间隙配合。按圆柱定位销与夹具体的安装配合性质可将圆柱定位销分为两类。一类如图4-24a所示，为固定式的，它直接以$\frac{H7}{r6}$过盈配合压入夹具体孔内。另一类如图4-24b所示，为可换式的。在大批量生产中，圆柱定位销的磨损是不可避免的。为方便地更换磨损了

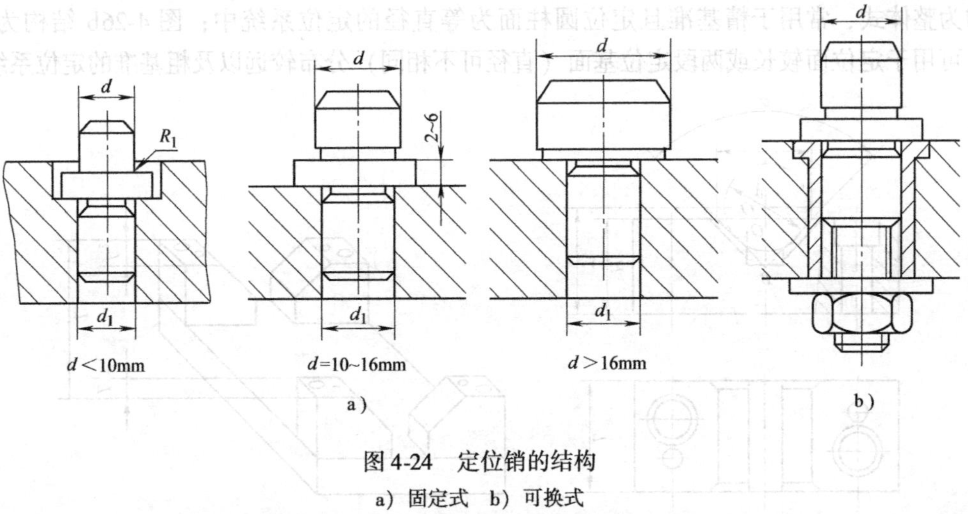

图4-24　定位销的结构

a）固定式　b）可换式

的圆柱定位销，采用这种可换式的。有时为了提高定位销安装孔的耐磨性，在夹具体上的安装孔中压有固定衬套，定位销以$\frac{H7}{h6}$配合装在衬套内，并用螺母拉紧。定位销已标准化，使用时可查阅相关标准。也可根据自己的特殊需要自行设计。

圆柱定位销与工件内圆柱面配合定位时，定位元件所能限制的自由度也可根据定位面与定位元件的有效接触长度L与定位孔直径D之比而定。当$L/D\geqslant1$时，可认为是长圆柱定位

销与圆孔配合，它们限制了四个自由度（单指与孔配合的圆柱定位面），即限制除沿轴线的移动和转动以外的四个自由度；当$L/D<1$时，可认为是短圆柱定位销与圆孔配合，它限制两个自由度（被限制自由度的方向视具体定位系统而定）。

（3）圆锥销　圆锥销也常常用作孔的定位元件，如图4-25所示。图4-25a用于已加工过的孔，图4-25b用于未加工过的孔。用圆锥销定位时限制三个自由度（被限制自由度的方向视具体定位系统而定）。圆锥销与夹具体的连接方式也可以做成像圆柱销一样，呈固定式和可换式两种。

三、工件以外圆定位

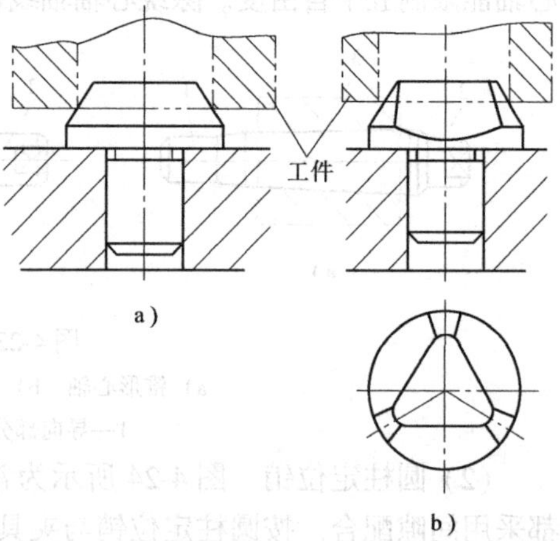

图4-25　工件圆孔在圆锥销上的定位
a）用于已加工过的孔　b）用于未加工过的孔

工件以外圆面定位也是一种非常普遍的定位方式。常用的定位元件有V形块、半圆定位块、定位套、自动定心机构、支承板、支承钉等。V形块、支承板和支承钉是与外圆面相接触而实现定位的。半圆定位块、定位套和自动定心机构则是通过与外圆面相配合而实现定位的。实际使用中以V形块应用最广。因为结构简单，定位精度适中，它不仅适用于完整的外圆面定位，而且也适用于非完整的外圆面和多级台阶外圆面的定位。因此，下面介绍V形块定位的情况，其他定位元件的定位情况可参照自行分析设计。

常用的V形块结构如图4-26所示。图4-26a结构为整体式，常用于精基准且定位圆柱面为等直径的定位系统中；图4-26b结构为组合式，可用于定位面较长或两段定位基面（直径可不相同）分布较远以及粗基准的定位系统中。

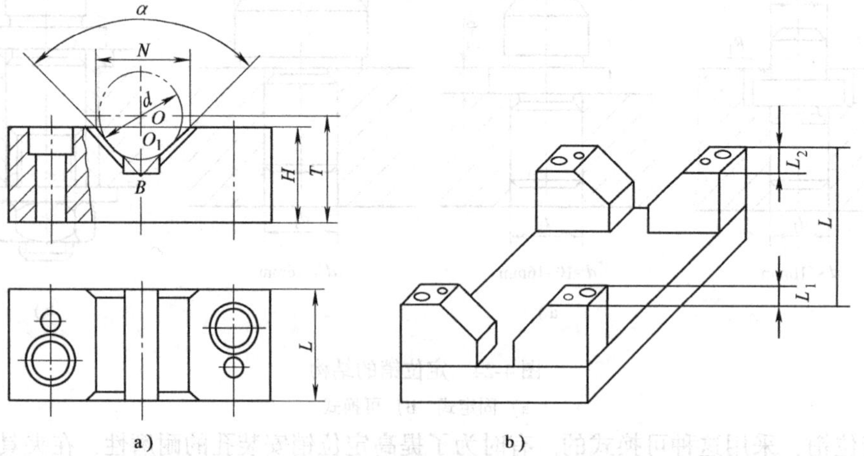

图4-26　V形块的结构
a）整体式　b）组合式

V形块在对工件定位时，具有起对中作用的特性，即能使工件外圆轴线与V形块两斜面的对称平面重合。

V 形块两斜面的夹角 α 一般选用 60°、90°和 120°，其中最常用的是 $\alpha=90°$。V 形块的结构和基本尺寸均已标准化。如果有必要自行设计时，则可参照图 4-26a 所列尺寸进行计算。

由图 4-26a 可知，V 形块的基本尺寸有：d——V 形块的标准心轴直径（也即工件定位基面外圆直径的平均值），H——V 形块高度，T——V 形块放标准心轴时的标准定位高度（这是检验 V 形块加工是否合格的重要尺寸），N——V 形块的开口尺寸。

设计 V 形块时，工件直径 d 是已知的，而 N 与 H 可参照标准先行确定，也可根据定位系统的实际结构尺寸而定（N 的尺寸不应小于 V 形块与工件接触的实际宽度），然后计算出尺寸 T。尺寸 T 的计算如下：由图 4-26a 可知

$$T-H=\overline{OB}-\overline{O_1B}$$

而

$$\overline{OB}=\frac{d}{2\sin\frac{\alpha}{2}};\ \overline{O_1B}=\frac{N}{2\tan\frac{\alpha}{2}}$$

所以

$$T=\frac{d}{2\sin\frac{\alpha}{2}}-\frac{N}{2\tan\frac{\alpha}{2}}+H$$

当 $\alpha=60°$ 时，$T=H+d-0.867N$；

$\alpha=90°$ 时，$T=H+0.707d-0.5N$；

$\alpha=120°$ 时，$T=H+0.578d-0.289N$。

工件在 V 形块中定位时，当工件外圆与 V 形块定位接触线（图 4-26 中 L）较长时（$L/d\geqslant1$），相当于长 V 形块与外圆接触定位，它限制四个自由度，即除了沿被定位圆面轴线的移动和绕该轴线的转动以外的四个自由度；当接触线较短时（$L/d<1$），相当于短 V 形块与外圆接触定位，限制两个自由度（单个短 V 形块使用时），所限制自由度的方向视具体定位系统而定（参见图 4-27）。

V 形块既可以做成固定式的，也可以做成可移动式的。移动式的 V 形块还兼起夹紧工件的作用，也可以补偿毛坯尺寸变化对定位的影响。其典型应用实例如图 4-27 所示。图中加工的是一个连杆类零件。加工内容是钻工件两端的孔，且保持两孔轴线在工件杆身纵向对称平面内。工件以底面和两端弧面为定位基准（基面），定位元件是两个支承环和两个 V 形块。两个支承环所组成的平面与工件底面接触定位，限制三个自由度（以主视图的方位放入坐标系中，三个自由度的方向是：$\vec{z}$、$\overset{\frown}{x}$、$\overset{\frown}{y}$）；工件左端圆弧面与固定 V 形块 1 接触（短形 V 块），限制两个自由度（两个自由度的方向是：$\vec{x}$、$\vec{y}$）；工件右端圆弧面与可移动 V 形块 3 接触，限制一个自由度（一个自由度的方向是：$\overset{\frown}{z}$）。这里，可移动 V 形块 3 除了起到定位和借助于螺杆起到夹紧元件作用外，同时又可利用其在 x 方向可移动的特点来补偿毛坯尺寸变化时对定位的影响。

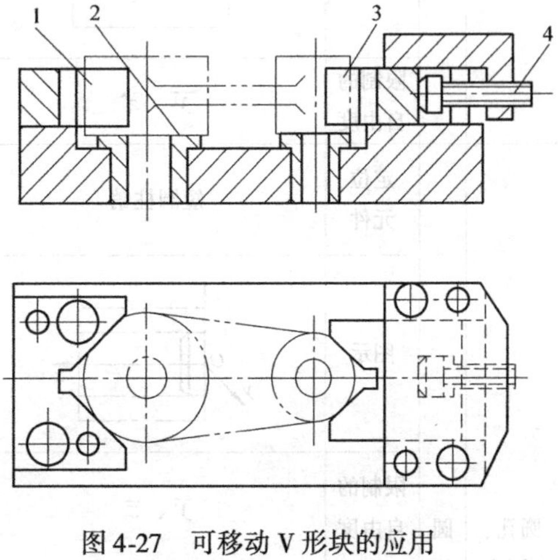

图 4-27　可移动 V 形块的应用
1—固定 V 形块　2—支承环
3—可移动 V 形块　4—夹紧螺杆

表 4-3列举了一些常用定位元件及其组合所限制的自由度，供设计定位系统时参考。

表4-3 常见定位元件及其组合所限制的自由度

工件的定位面	夹具的定位元件				
平面	支承钉	定位元件	1个支承钉	2个支承钉	3个支承钉
		图示	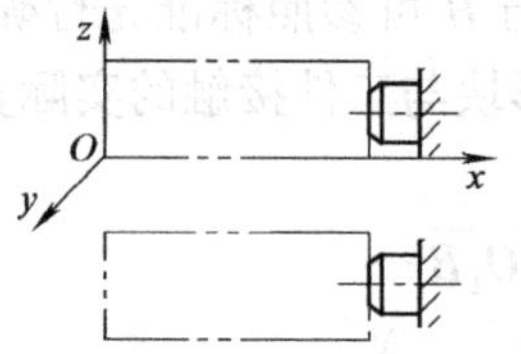	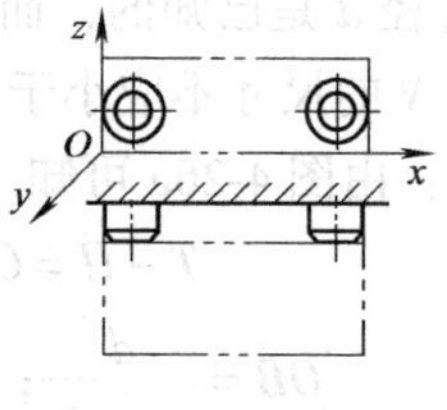	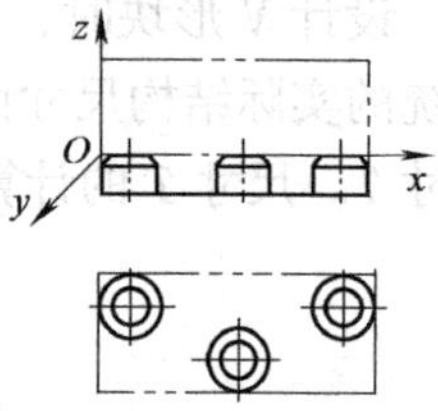
		限制的自由度	$\vec{x}$	$\vec{y}$、$\vec{z}$	$\vec{z}$、$\overset{\frown}{x}$、$\overset{\frown}{y}$
平面	支承板	定位元件	一块支承板	两块支承板	三块支承板（大平面）
		图示	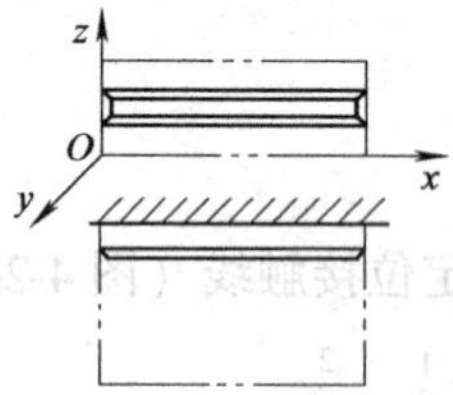	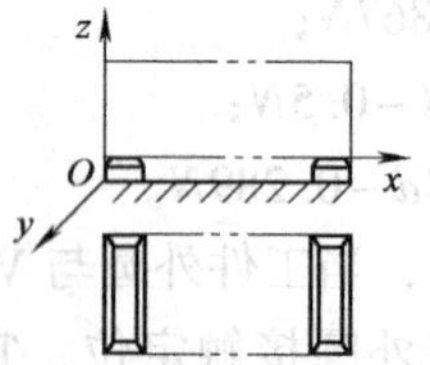	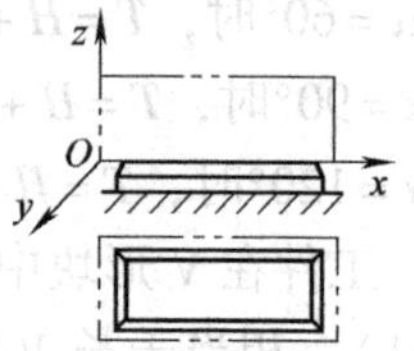
		限制的自由度	$\vec{y}$、$\vec{z}$	$\vec{z}$、$\overset{\frown}{x}$、$\overset{\frown}{y}$	$\vec{z}$、$\overset{\frown}{x}$、$\overset{\frown}{y}$
圆孔、内圆锥面	圆柱销	定位元件	短圆柱销	长圆柱销	两段圆柱销
		图示	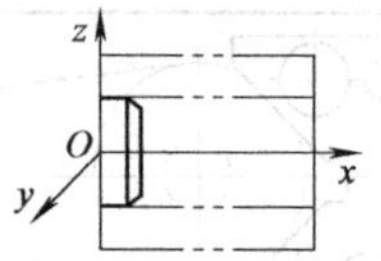	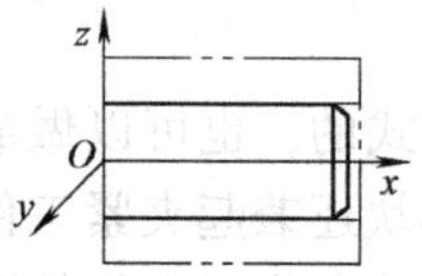	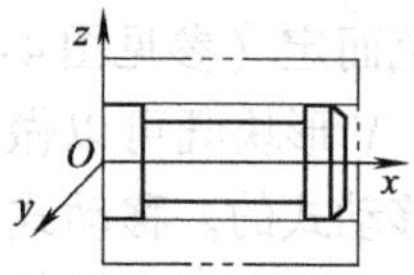
		限制的自由度	$\vec{y}$、$\vec{z}$	$\vec{y}$、$\vec{z}$、$\overset{\frown}{y}$、$\overset{\frown}{z}$	$\vec{y}$、$\vec{z}$、$\overset{\frown}{y}$、$\overset{\frown}{z}$
		定位元件	菱形销	长销小平面组合	短销大平面组合
		图示	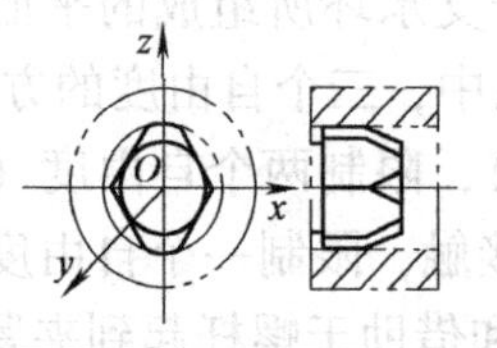	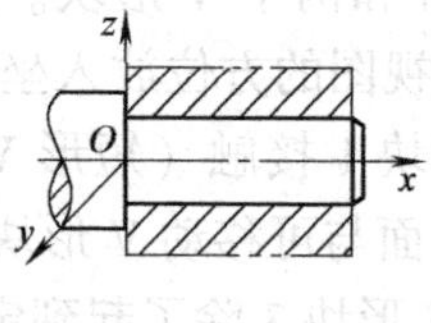	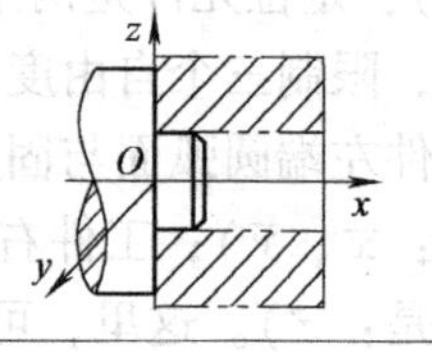
		限制的自由度	$\vec{z}$	$\vec{x}$、$\vec{y}$、$\vec{z}$、$\overset{\frown}{y}$、$\overset{\frown}{z}$	$\vec{x}$、$\vec{y}$、$\vec{z}$、$\overset{\frown}{z}$、$\overset{\frown}{y}$

（续）

工件的定位面	夹具的定位元件				
圆孔、内圆锥面	圆锥销	定位元件	固定圆锥销	浮动圆锥销	固定浮动锥销组合
		图示	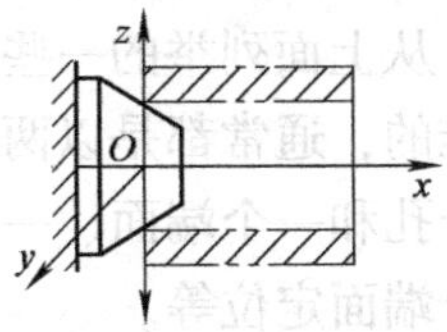	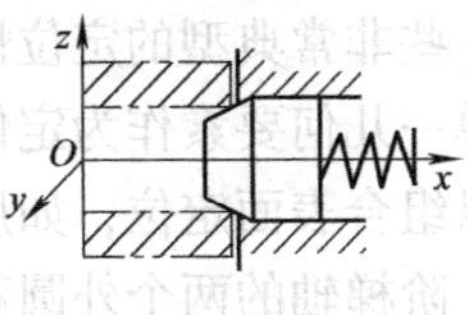	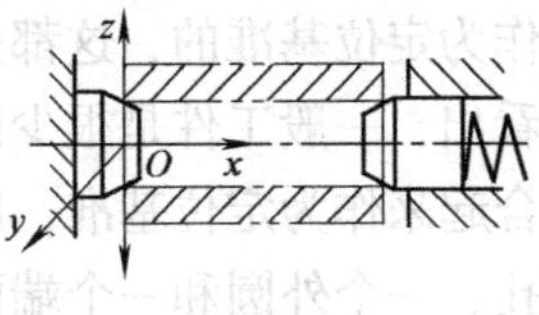
		限制的自由度	$\vec{x}$、$\vec{y}$、$\vec{z}$	$\vec{y}$、$\vec{z}$	$\vec{x}$、$\vec{y}$、$\vec{z}$ $\overset{\curvearrowright}{y}$、$\overset{\curvearrowright}{z}$
	心轴	定位元件	长圆柱心轴	短圆柱心轴	小锥度心轴
		图示	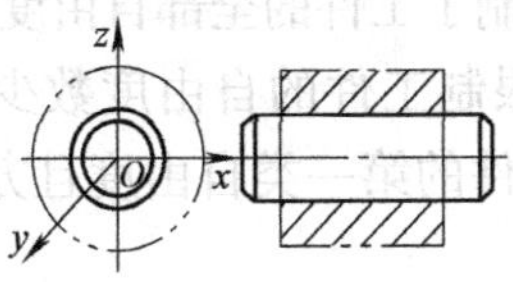	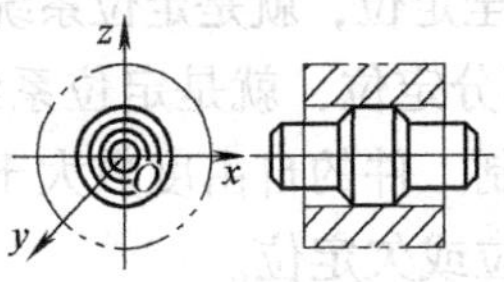	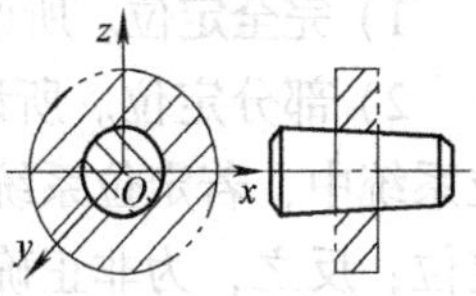
		限制的自由度	$\vec{x}$、$\vec{z}$、$\overset{\curvearrowright}{x}$、$\overset{\curvearrowright}{z}$	$\vec{x}$、$\vec{z}$	$\vec{x}$、$\vec{z}$、$\vec{y}$
	V形块	定位元件	一块短V形块	两块短V形块	一块长V形块
		图示	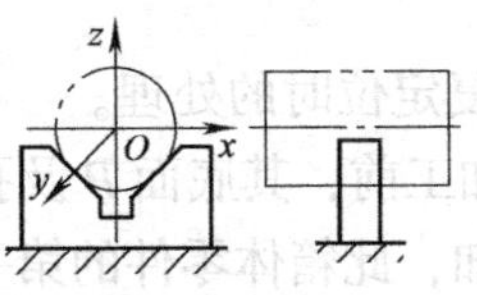	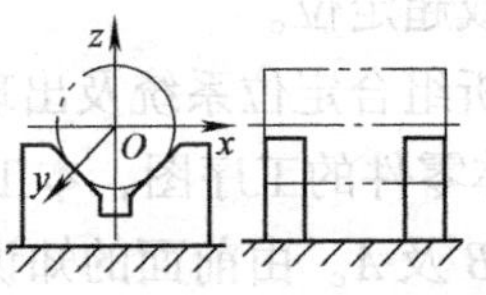	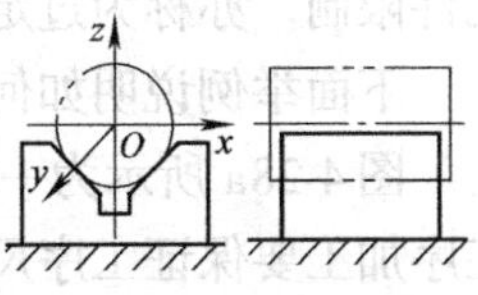
		限制的自由度	$\vec{x}$、$\vec{z}$	$\vec{x}$、$\vec{z}$、$\overset{\curvearrowright}{x}$、$\overset{\curvearrowright}{z}$	$\vec{x}$、$\vec{z}$、$\overset{\curvearrowright}{x}$、$\overset{\curvearrowright}{z}$
	定位套	定位元件	1个短定位套	2个短定位套	1个长定位套
		图示	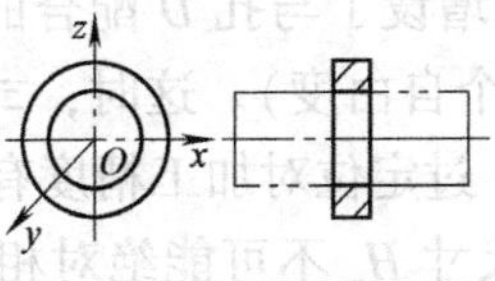	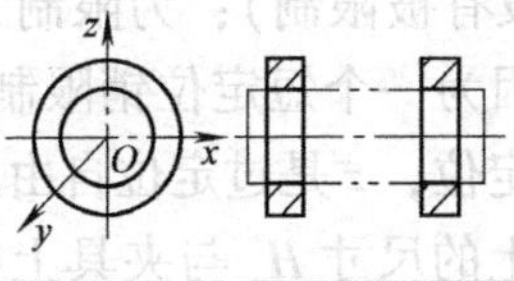	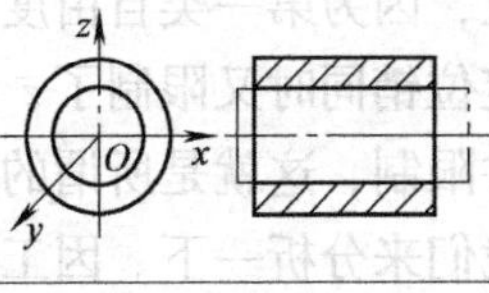
		限制的自由度	$\vec{x}$、$\vec{z}$	$\vec{x}$、$\vec{z}$、$\overset{\curvearrowright}{x}$、$\overset{\curvearrowright}{z}$	$\vec{x}$、$\vec{z}$、$\overset{\curvearrowright}{x}$、$\overset{\curvearrowright}{z}$
	锥顶尖和锥度心轴	定位元件	前后顶尖	浮动前顶尖和后顶尖	锥形心轴
		图示	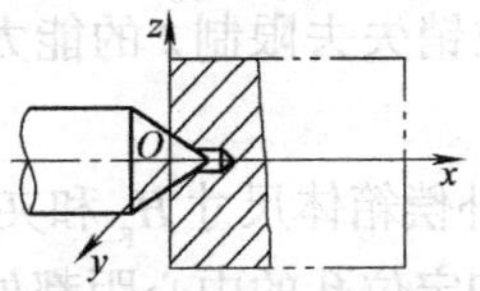	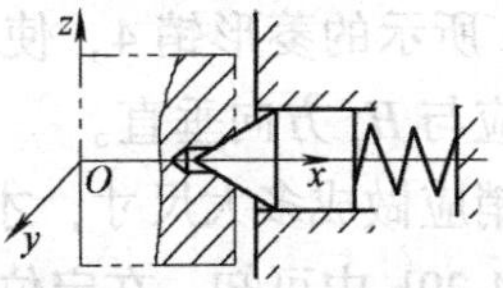	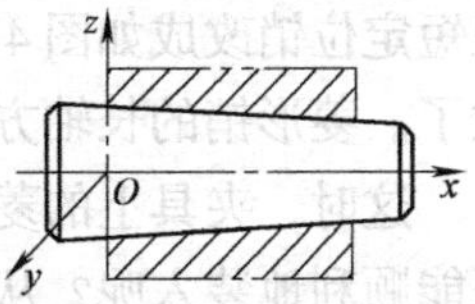
		限制的自由度	$\vec{x}$、$\vec{y}$、$\vec{z}$	$\vec{y}$、$\vec{z}$	$\vec{x}$、$\vec{y}$、$\vec{z}$、$\overset{\curvearrowright}{y}$、$\overset{\curvearrowright}{z}$

注意：表中所标方向是参照本书规定的坐标系，若参照的坐标系与本书不同，方向将发生变化。

四、用工件上的两孔一面定位

以上所介绍的定位情况，都是以工件单一的几何表面（如平面、内圆柱面、外圆柱面）作为定位基准的，这都是一些非常典型的定位情况。从上面列举的一些工件定位实例中可以看出，一般工件是很少以单一几何要素作为定位基准的，通常都是以两个以上的几何要素联合起来作为定位基准，即以组合表面定位，如用一个孔和一个端面、一个平面及其上的两个孔、一个外圆和一个端面、阶梯轴的两个外圆和一个端面定位等。

如果工件以一组几何要素作为定位基准来定位，定位元件也应当由多个联合成为一个定位系统。由于多个定位元件彼此之间还有一定的尺寸或位置联系，使得定位系统变得比较复杂。

在组合定位系统中，有下述几种定位情况：

1）完全定位。所谓完全定位，就是定位系统限制了工件的全部自由度（即六个自由度）。

2）部分定位。所谓部分定位，就是定位系统限制工件的自由度数少于六个。在这类定位系统中，若定位系统限制工件的自由度数大于工件的第一类自由度且方向也一致，为正确定位；反之，为非正确定位或欠定位。

3）欠定位。所谓欠定位，就是工件的第一类自由度（包括数量和方向）没有得到全部限制。这类定位系统在加工中是绝对不允许出现的。

4）重复定位。所谓重复定位，就是定位系统中出现一个自由度同时被两个以上的定位元件限制。亦称为过定位或超定位。

下面举例说明如何分析组合定位系统及出现重复定位时的处理。

图 4-28a 所示为一箱体零件的工序图，本工序加工前，其底面 P 及孔 D 已经加工好，本工序加工要保证工序尺寸 B 及 A。由前面的知识可知，此箱体零件的第一类自由度为 $\vec{x}$、$\vec{z}$、$\overset{\frown}{x}$、$\overset{\frown}{y}$ 和 $\overset{\frown}{z}$（共五个）。由两条支承板、两个支承钉和一个短定位销组成的联合定位系统如图 4-28b 所示，底面上的两条支承板 1 限制三个自由度：$\vec{z}$、$\overset{\frown}{x}$、$\overset{\frown}{y}$；工件端平面 F 与侧面两支承钉 2 接触，限制两个自由度：$\vec{y}$、$\overset{\frown}{z}$（这时所限制的自由度数已是五个，但它是欠定位，因为第一类自由度 $\vec{x}$ 没有被限制）；为限制 $\vec{x}$，增设了与孔 D 配合的短定位销 3，但短定位销同时又限制了 $\vec{z}$（因为一个短定位销限制两个自由度）。这时，$\vec{z}$ 同时被两个定位元件限制，这就是所谓的过定位，$\vec{z}$ 是过定位自由度。过定位对加工精度有什么影响呢？下面我们来分析一下。因工件上的尺寸 H_g 与夹具上的尺寸 H_x 不可能绝对相等，当 $H_g < H_x$ 时，可出现工件底面脱离支承板，使支承板失去定位作用的现象；当 $H_g > H_x$（$H_g - H_x > X/2$，X 为孔与定位销的间隙）时，工件孔将装不进短定位销（见图 4-29b），即出现了装夹干涉现象。在这样的组合定位系统中，为了既要保证夹具定位的准确性，又不致发生无法装夹，可把短定位销改成如图 4-28c 所示的菱形销 4，使定位销失去限制 $\vec{z}$ 的能力，就不会出现过定位了。菱形销的长轴方向应与 H_x 方向垂直。

这时，夹具上的菱形销应做成多大尺寸，才能补偿箱体尺寸 H_g 和夹具尺寸 H_x 误差，保证能顺利地装入呢？从图 4-29b 中可知，在定位销和定位孔的中心距都处在最大误差的情况下，即 $H_g + \frac{1}{2}T_{Hg}$、$H_x - \frac{1}{2}T_{Hx}$ 时，孔与销中心的偏移量为

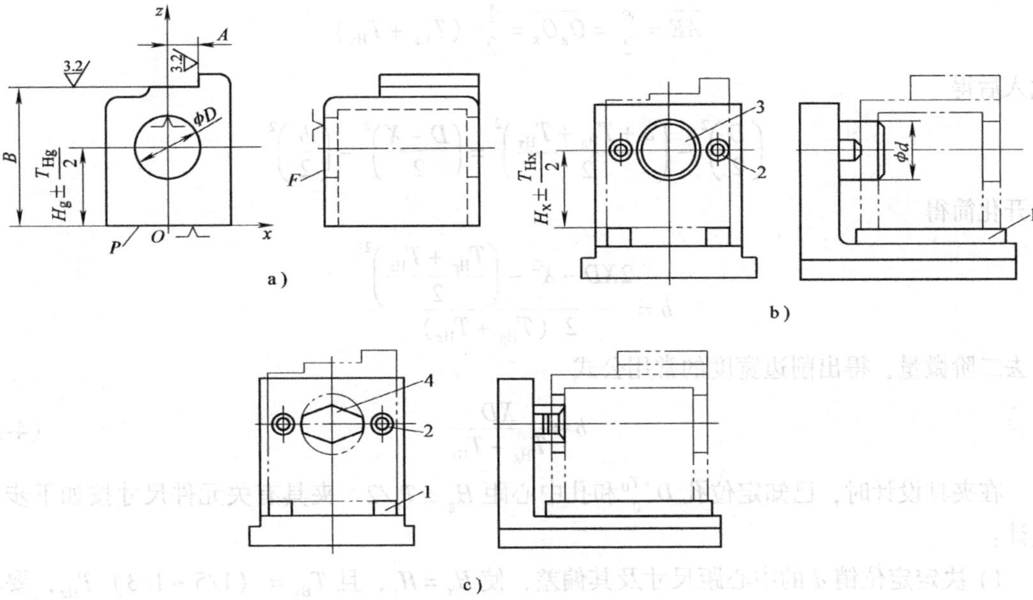

图 4-28　箱体的定位

a）工序图　b）过定位系统图　c）正常定位系统图

1—支承板　2—支承钉　3—短定位销　4—菱形销

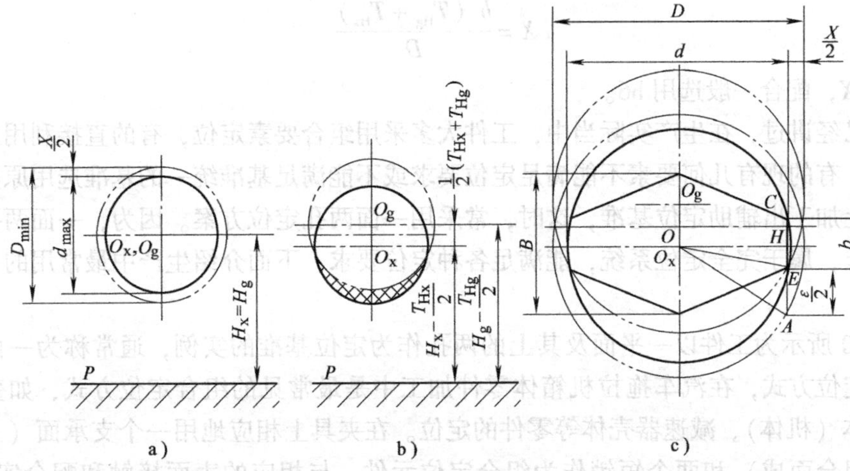

图 4-29　菱形销的补偿作用

$$\overline{O_{g}O_{x}}=\frac{\varepsilon}{2}=\frac{1}{2}\left(T_{Hg}+T_{Hx}\right)$$

由于这一偏移，使销与孔产生月牙形的干涉区（图中交叉线部分）。如果将定位销削边，其圆弧带宽度 $b\leqslant\overline{EC}$，便不发生干涉。而 b 的大小，可按几何关系进行计算。由三角形 $\triangle O_{x}AH$ 和 $\triangle O_{x}EH$ 可得

$$\overline{O_{x}A}^{2}-\overline{AH}^{2}=\overline{O_{x}E}^{2}-\overline{EH}^{2}$$

式中，$\overline{O_{x}A}=\dfrac{D}{2}$；$\overline{EH}=\dfrac{b}{2}$；$\overline{O_{x}E}=\dfrac{d}{2}=\dfrac{D-X}{2}$。

$$\overline{AE}=\frac{\varepsilon}{2}=\overline{O_gO_x}=\frac{1}{2}\left(T_{Hg}+T_{Hx}\right)$$

代入后得

$$\left(\frac{D}{2}\right)^2-\left(\frac{b+T_{Hg}+T_{Hx}}{2}\right)^2=\left(\frac{D-X}{2}\right)^2-\left(\frac{b}{2}\right)^2$$

展开化简得

$$b=\frac{2XD-X^2-\left(\frac{T_{Hg}+T_{Hx}}{2}\right)^2}{2\left(T_{Hg}+T_{Hx}\right)}$$

略去二阶微量，得出削边宽度的常用公式

$$b\approx\frac{XD}{T_{Hg}+T_{Hx}} \tag{4-1}$$

在夹具设计时，已知定位孔 $D^{+T_D}_{0}$和孔中心距 $H_g\pm T_g/2$。夹具有关元件尺寸按如下步骤设计：

1）决定定位销 d 的中心距尺寸及其偏差，使 $H_x=H_g$，且 $T_{Hx}=(1/5\sim1/3)\ T_{Hg}$，要求定位准确时取小值。

2）决定菱形定位销基本尺寸及其偏差和削边宽度。如表 4-4 所示，按工件孔的基本尺寸 D，得 b、B。当采用修缘菱形销时，以 b_1 代替 b，再按式（4-1）计算最小配合间隙值

$$X=\frac{b\left(T_{Hg}+T_{Hx}\right)}{D} \tag{4-2}$$

则 $d=D-X$，配合一般选用 h6。

前面已经讲过，在生产实际当中，工件大多采用组合要素定位，有的直接利用工件上的几何要素，有的现有几何要素不能满足定位要求或不能满足基准统一的基准选用原则，则需要在工件上加工出辅助定位基准，这时，常采用一面两孔定位方案。因为，一面两孔定位系统结构简单，属于完全定位系统，能满足各种定位要求。下面介绍生产中最常用的一面两孔定位系统。

图 4-30 所示为工件以一平面及其上的两孔作为定位基准的实例，通常称为一面两孔定位。这种定位方式，在汽车拖拉机箱体零件加工中是最常见的组合定位方式，如变速器壳体、气缸体（机体）、减速器壳体等零件的定位。在夹具上相应地用一个支承面（一般由多个支承板组合而成）和两个短销作为组合定位元件，与相应的表面接触和配合实现定位，通常简称为一面两销定位。

表 4-4 菱形销尺寸 （mm）

菱形销直径 d	>3~6	>6~8	>8~20	>20~24	>24~30	>30~40	>40~50
b	2	3	4	5	5	6	8
b_1	1	2	3	3	3	4	5
B	$d-0.5$	$d-1$	$d-2$	$d-3$	$d-4$	$d-5$	$d-5$

定位时，短销 1 与孔 1′、短销 2 与孔 2′的最小配合间隙分别为 X_1 和 X_2。这时，支承平面限制了$\vec{z}$、$\widehat{x}$、$\widehat{y}$三个自由度。每个短销限制两个自由度，两个短销共限制四个自由度。

很显然，定位系统共限制了七个自由度，定位系统肯定有过定位自由度。哪个是过定位自由度呢？假设一个短销（如销 1，反之亦然）限制了$\vec{x}$、$\vec{y}$两个自由度，则另一短销 2 一定限制了$\vec{x}$（为什么不是$\vec{y}$呢？因为发生装夹干涉的方向一定在两销的连心线上）及$\vec{z}$两个自由度。这样，$\vec{x}$自由度被两个短定位销同时限制了，是过定位自由度。与图 4-28 所示定位方式类似，在两孔和两销间的中心距都存在较大误差时，若短销 1（d_1）插入孔 1′（D_1）内之后，短销 2（d_2）与孔 2′（D_2）就很可能套不进去，发生干涉现象。这时，出现定位干涉最严重的两种情况为：$L_X + T_{LX}/2$ 和 $L_g - T_{Lg}/2$ 或 $L_X - T_{LX}/2$ 和 $L_g + T_{Lg}/2$。图 4-30b 所示为后一种情况。为解决这一矛盾，应该将短销 2（d_2）在两销中心连线的垂直方向削边，变成菱形销，如图 4-29b 所示。在短销 1 与孔 1′轴线重合条件下，菱形销 d_2 与 D_2 配合的最小间隙值由式（4-2）得

$$X_2 = \frac{b\ (T_{Lg} + T_{Lx})}{D_2}$$

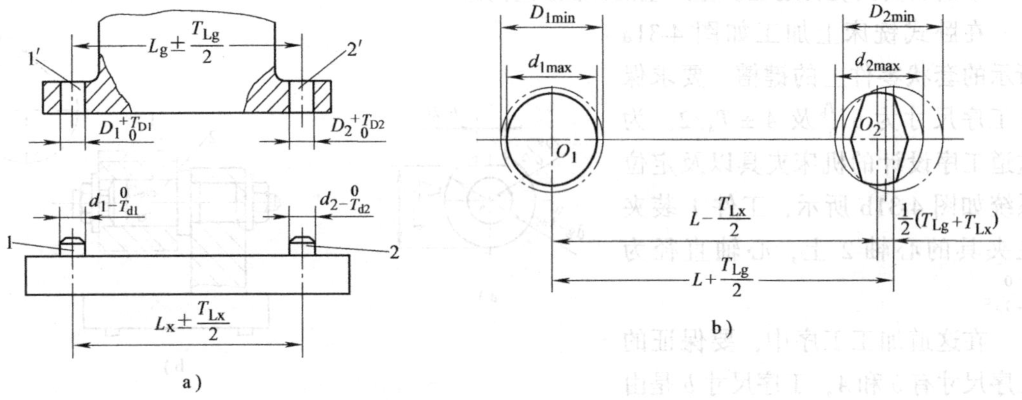

图 4-30 工件以一面两孔定位

a）定位面与定位元件 b）定位示意图

1、2—短销 1′、2′—孔

夹具定位销及其他有关尺寸参考图 4-29 计算。

由上述分析可知，在一面两销组合定位系统中，其中一销应做成菱形销，其长轴应垂直于两销的连线，共限制六个自由度。

在组合定位时，过定位将造成工件定位不稳定，或者使定位元件或工件发生变形，影响加工精度；严重时工件无法装夹。因此，在一般情况下，应尽量避免产生过定位。但是，如果发生了过定位，在定位基准之间和定位元件之间的位置精度都很高的情况下，它对工件加工精度影响不超过允许范围时，还是允许的。比如在某些刚性较差的工件粗加工时，为避免工件受力后发生过大变形而影响加工精度，还有意识地设置若干过定位元件。由于增加了工件的支承刚性，因而将工件变形和加工误差控制在允许范围内，这时，过定位也是允许的。还有薄壁件和细长轴加工时，也经常利用过定位提高其支承刚度。

五、定位误差的分析与计算

前面我们已经分析了工件的正确定位以及各种定位元件。是否只要工件正确定位了，经过加工就能达到要求呢？回答是不一定。那么加工精度和定位元件还有什么关系呢？这就是我们下面要分析的定位误差与计算。

（一）定位误差产生的原因

在机械加工过程中，造成工件产生加工误差的因素很多。在这些诸多的因素中，有一项是与夹具的定位系统有关的。

当用调整法加工一批工件时，工件是通过机床夹具固定在加工设备上的，工件在机床夹具上的定位过程中，会遇到工件的定位基准与工件的工序基准不重合的情况，从而引起基准不重合误差以及工件的定位基准（基面）与定位元件工作表面本身存在制造误差（必然存在），这些都将引起工件的工序基准偏离理想位置，由此引起工序尺寸产生加工误差。工件的工序基准沿工序尺寸方向上发生的最大偏移量称为定位误差，用 Δ_d 表示。

下面以实例说明定位误差产生的原因及组成。

在卧式铣床上加工如图4-31a所示的套状零件上的键槽。要求保证工序尺寸为 $b^{+T_b}_{0}$ 及 $A \pm T_A/2$。为这道工序设计的机床夹具以及定位系统如图4-31b所示，工件1装夹在夹具的心轴2上，心轴直径为 $d^{0}_{-T_d}$。

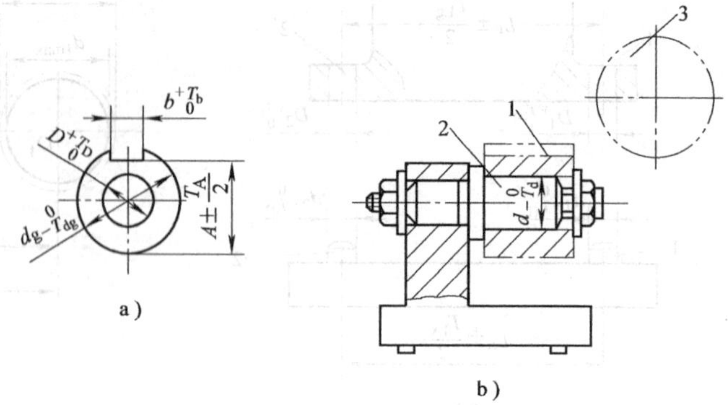

图4-31 定位方案简图

a）工序图 b）定位系统图

1—工件 2—心轴 3—铣刀

在这道加工工序中，要保证的工序尺寸有 b 和 A，工序尺寸 b 是由铣刀3的宽度直接保证的，与定位无关；而工序尺寸 A 是由工件相对于刀具的正确定位来保证的，其尺寸精度与定位有直接关系。

从图4-31a的工序图可知，工序尺寸 A 的工序基准是外圆面 d 的下母线。而在此定位系统中，夹具的对刀基准是心轴轴线；工件用内孔装在夹具心轴上实现定位，工件的定位基准为孔的轴线。显然，工件的定位基准与工序尺寸的工序基准没有重合（也就是工序尺寸的工序基准与夹具的对刀基准不重合）。不重合对工序尺寸有什么影响呢？假设孔与心轴配合间隙为零，孔的轴线与心轴的轴线就重合了。刀具的位置是按心轴轴线来调整的（对刀基准是心轴轴线），并在加工一批工件过程中，不考虑其他因素（如刀具磨损、铣刀杆的变形等）时，其位置是不变的。假如需要保证的工序尺寸是图4-32a所示的尺寸 C 而不是 A，这时工件的定位基准、工序尺寸的工序基准和对刀基准是重合的（孔和销的轴心线），加工出来的一批工件的 C 尺寸是一样的，也即不存在因定位引起的加工误差。而现在要加工的工序尺寸是 A，尽管工件的定位基准（孔的轴线）和对刀基准（心轴轴线）在整个加工过程中保持位置不变，但外圆直径 d_g 在其尺寸公差内变动，从而引起工序基准在工序尺寸方向上产生位置变化，其最大值为 $T_{dg}/2$。这就是由于工序基准与定位基准（对刀基准）不重合引起的基准不重合误差，以 $\Delta_{j,b}$表示。$\Delta_{j,b}$值为

$$\Delta_{j,b}=\frac{T_{dg}}{2}$$

上述的定位误差（基准不重合误差）是在心轴与孔配合间隙为零的假设条件下分析的(这对上述分析结果没有影响)。实际上，由于心轴与孔存在最小间隙 X 以与孔与心轴本身的制造误差 T_D、T_d，工件在自重的作用下，孔和心轴的轴线必定不会时时重合，孔的轴线会偏离心轴轴线位置而下移（即工件的定位基准离开了我们希望它永久占据的位置——对刀基准位置)，如图 4-32b 所示。这时，如果不考虑外圆 d_g 的误差，工序尺寸也会出现加工误差。这种由于定位基面（孔）和定位元件（心轴）的制造误差，而使定位基准在工序尺寸方向上产生最大位置变化而引起的加工误差，称为基准位移误差，以 $\Delta_{j,y}$表示。本例中由于工件的重力作用使得工件向单一方向位移，故 $\Delta_{j,y}$值为

$$\Delta_{j,y}=\frac{T_D+T_d+X}{2}$$

由于上述两项定位误差是相互独立存在的，所以对于工序尺寸 A 总的定位误差为

$$\Delta_{d(A)}=\Delta_{j,b}+\Delta_{j,y}=\frac{T_{dg}}{2}+\frac{T_D+T_d+X}{2}$$

由上述实例可推论出定位误差产生的一般规律和计算方法：

1）定位误差只产生在采用调整法加工一批工件的场合，如一批工件逐个按试切法加工，则不产生定位误差。

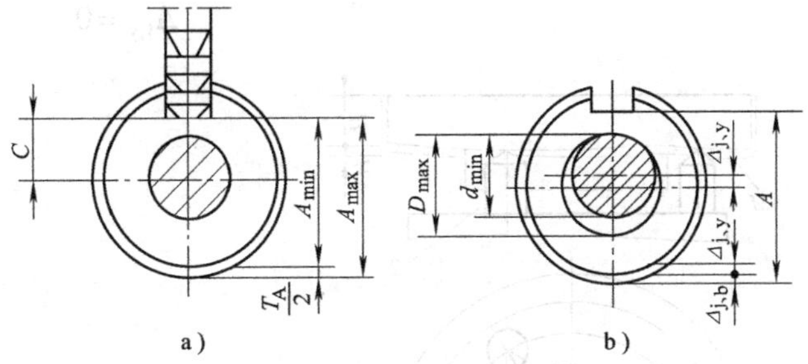

图 4-32　定位误差分析

a）基准不重合　b）基准位移

2）定位误差 Δ_d 可以分为两部分：①工序基准与定位基准（或对刀基准）不重合，引起基准不重合误差 $\Delta_{j,b}$；②定位基准（基面）和定位元件本身存在制造误差和最小配合间隙，使定位基准偏离其理想位置，产生基准位移误差 $\Delta_{j,y}$（简称基准位移误差)。

但并不是在任何情况下这两部分误差都存在，当定位基准与工序基准重合时，$\Delta_{j,b}=0$；当工序基准无位移变化时，$\Delta_{j,y}=0$。总的定位误差为

$$\Delta_d=\Delta_{j,b}+\Delta_{j,y} \tag{4-3}$$

3）定位误差可采用两种方法计算：①极限位置法。画出一批工件定位时引起工序尺寸变化的两个极限位置（最大和最小)，通过几何关系，直接找出工序基准的位置变化量在工序尺寸方向上的分量，即为该工序尺寸的定位误差。②单项计算合成法。根据定位误差的定义，分别计算基准不重合误差 $\Delta_{j,b}$和基准位移误差 $\Delta_{j,y}$，然后按照式（4-3）进行合成。但要特别注意，一批工件从一种极限位置变为另一种极限位置时 $\Delta_{j,b}$和 $\Delta_{j,y}$的变化方向与工序尺寸方向的关系，从而确定 $\Delta_{j,b}$和 $\Delta_{j,y}$的大小和符号。

由此可知，要提高定位精度，除了应使定位基准与工序基准重合外，还应尽量提高定位基准（基面）和定位元件的制造精度。

（二）定位误差的分析与计算

上面分析了定位误差产生的主观原因。那么已经确定了的定位系统如何分析计算它的定位误差呢？下面以不同类型的定位面为例，介绍定位误差的分析与计算。

由前面的分析可知，只要出现定位误差，就会使工序基准在工序尺寸方向上发生位置偏移。因此，分析计算定位误差，就是找出一批工件的工序基准位置沿工序尺寸方向上可能发生的最大偏移量。

1. 工件以平面定位时的定位误差

当工件以单一平面为定位基准时，平面与定位元件是直接接触的。若平面又是工序基准时，则基准是重合的，所以没有基准不重合误差，即 $\Delta_{j,b}=0$；若平面不是工序基准，则基准是不重合的，所以一定存在基准不重合误差，即 $\Delta_{j,b}\neq 0$。而基准位移误差有两种情况：

（1）定位平面是未加工的毛坯表面　这种情况一般用三点支承方式，定位元件是球头支承钉（图4-33a）。由于毛坯面的制造误差，使得定位基准在 ΔH 范围内变化，故

$$\Delta_{j,y}=\Delta H$$

（2）定位平面是已加工过的平面　这种情况一般用多条支承板，也可以用支承钉，如图4-33b所示。由于平面已被加工过，可以认为定位基准（工序基准）没有位移变化。故

$$\Delta_{j,y}=0$$

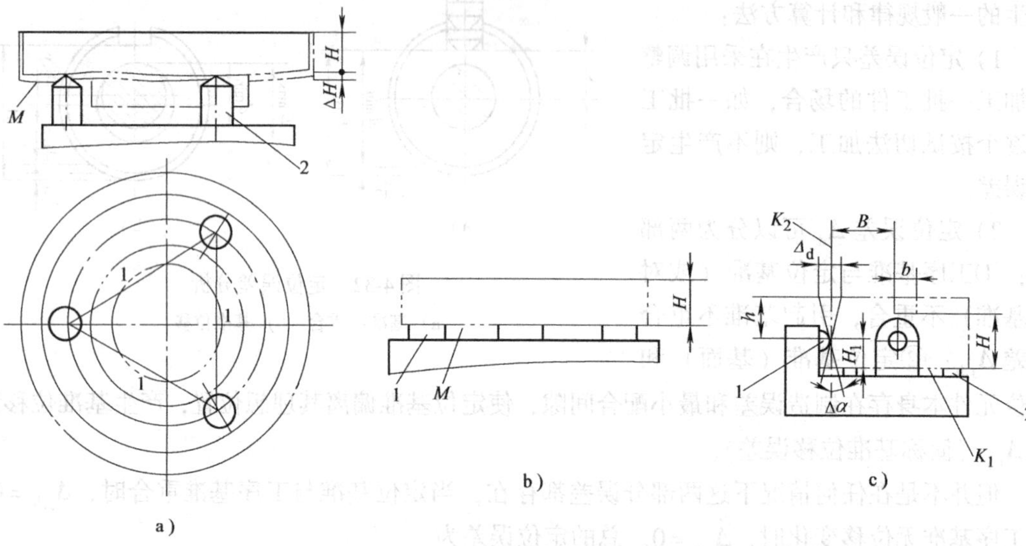

图4-33　平面定位误差

a）粗基准平面　b）精基准平面　c）两个组合平面

1—支承板　2—支承钉

当工件以两个以上的组合平面定位时，情况比较复杂，要根据具体情况具体分析。其中基准位移误差是由定位基准（平面）之间的位置误差产生的。例如：图4-33c所示的定位系统，该工序要求保证工序尺寸 b、H 及 B。其中 b 是由铣刀宽度保证的，尺寸 H 及 B 是靠工件相对于铣刀的正确定位来保证的。当以平面 K_1 和 K_2 为定位基准时，由于定位基准与工序

基准重合（K_1 和 K_2 是工序基准），基准不重合误差等于零。而基准位移误差，对于 H 工序尺寸，它的工序基准和定位基准都是 K_1 平面，且平面 K_1 是已加工表面，故基准位移误差也为零。即

$$\Delta_{d(H)} = \Delta_{j,b(H)} + \Delta_{j,y(H)} = 0 + 0 = 0$$

对于工序尺寸 B，它的工序基准和定位基准都是 K_2 平面。由于平面 K_1 与 K_2 之间存在垂直度误差（$90° \pm \Delta\alpha$），因此，在调整好的机床上加工一批工件时，将引起工序基准位置发生变化，故工序尺寸 B 也随之产生加工误差，其定位误差为

$$\Delta_{d(B)} = \Delta_{j,b(B)} + \Delta_{j,y(B)} = 0 + 2h\tan\Delta\alpha = 2h\tan\Delta\alpha \tag{4-4}$$

2. 工件以圆孔定位时的定位误差

与孔配合的定位元件有心轴、定位销和锥销。工件以圆孔在不同的定位元件上定位时，所产生的定位误差是随定位系统和孔与心轴（销）的不同配合性质而变化的。这里分析工件以圆孔在间隙配合心轴（或定位销）上定位的定位误差。根据心轴（或定位销）放置方位的不同，有两种情况。

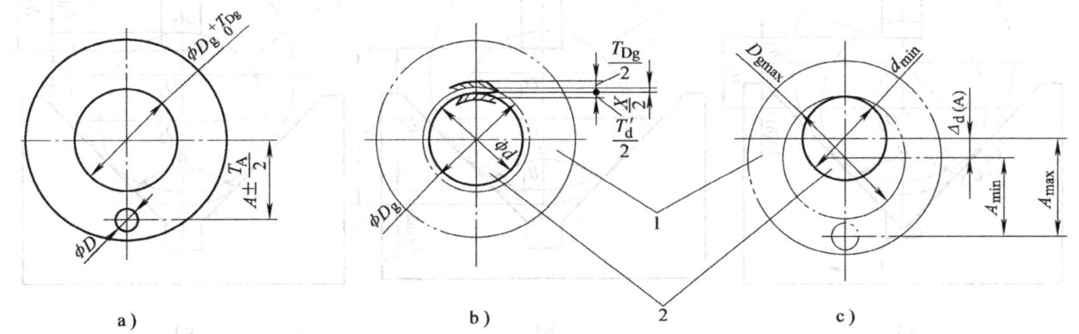

图 4-34 心轴（定位销）水平放置时的定位误差

a）工序图 b）、c）误差分析图

1—工件 2—心轴

（1）心轴（或定位销）水平放置 在图 4-34a 所示工件上钻一个小孔，由工序图可知，工序基准与定位基准都是定位孔的轴线，基准是重合的，所以基准不重合误差为零。由于孔和心轴存在制造误差和最小配合间隙（见图 4-34b），所以当工件装在心轴（定位销）上时，因其自重而下降使圆孔上母线与心轴上母线接触，引起定位基准（工序基准）发生偏移，如图 4-34c 所示。这就是基准位移误差，定位孔与心轴的最大间隙为（$T_{Dg} + T_d + X$），因为心轴水平放置，工件在重力的作用下，总是向单方向移动，故定位误差为

$$\Delta_{d(A)} = \frac{1}{2}(T_{Dg} + T_d + X) \tag{4-5}$$

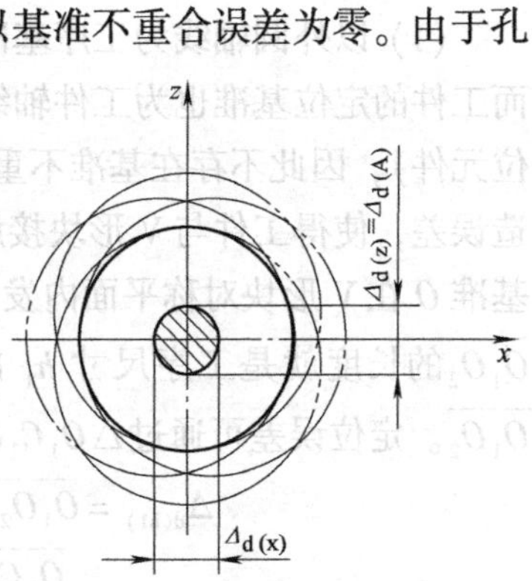

图 4-35 心轴（定位销）垂直放置时的定位误差

（2）心轴（定位销）垂直放置 现仍以图 4-34a 所示的工件为例，在立式钻床上钻孔并保证工序尺寸 A。由图 4-35 可以看出，由 $\Delta_{j,y}$ 引起的工件工序基准变化范围，是以心轴轴线为圆心，直径为最大配合间隙的圆。因此，心轴垂直放置时的定位误差比水平放

置时的定位误差增大1倍,即

$$\Delta_{d(A)} = T_{Dg} + T_d + X \tag{4-6}$$

有关孔与心轴（定位销）的过盈配合以及与锥销配合时的定位误差分析，这里不再赘述。

3. 工件以外圆定位时的定位误差

工件用外圆定位时，常用的定位元件有各种定位套、支承板、支承钉等。采用各种定位套、支承板、支承钉定位时，定位误差的分析可参照前述圆孔定位和平面定位的情况。下面主要分析工件外圆在V形块上定位时的定位误差。

在外圆尺寸为 $\phi d_{-T_d}^{\ 0}$ 的圆柱体上铣一键槽，圆柱体放在V形块上定位，当键槽深度尺寸（工序尺寸 h）的标注方法不同（工序基准不同）时，出现如图4-36所示的三种情况。

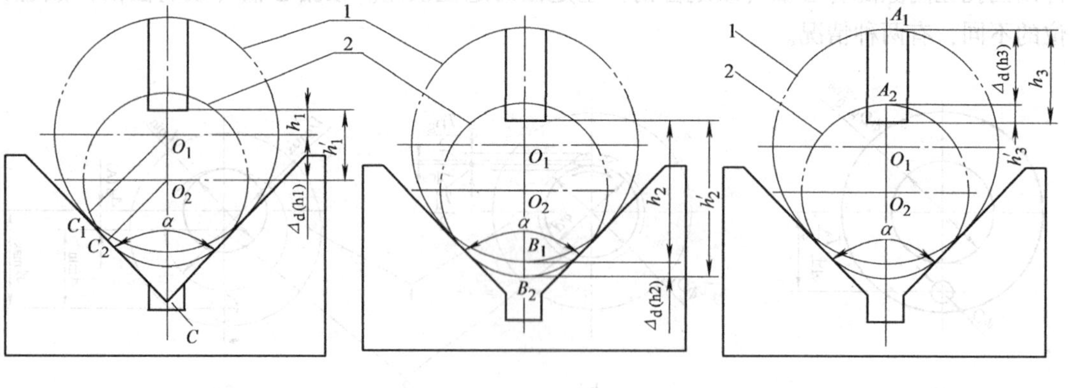

图4-36 外圆在V形块上定位时的定位误差

a）以外圆轴线为工序基准 b）以外圆下母线为工序基准 c）以外圆上母线为工序基准

1—工件的最大尺寸 2—工件的最小尺寸

（1）以外圆轴线为工序基准 如图4-36a所示，工序尺寸 h_1 的工序基准为工件轴线 O，而工件的定位基准也为工件轴线 O，两者是重合的（V形块既是对中定位元件，也是定心定位元件），因此不存在基准不重合误差。但是，由于一批工件的定位基面——外圆柱面有制造误差，使得工件与V形块接触时，将在最大尺寸1和最小尺寸2之间变动，从而引起工序基准 O 在V形块对称平面内发生偏移，移动的区间是 $\overline{O_1O_2}$，且 $\overline{O_1O_2}$ 的方向与工序尺寸一致，$\overline{O_1O_2}$ 的长度就是工序尺寸 h_1 的基准位移量，在这里也就是定位误差。故 $\Delta h = h_1' - h_1 = \overline{O_1O_2}$。定位误差可通过 $\triangle O_1C_1C$ 与 $\triangle O_2C_2C$ 的关系求得

$$\Delta_{d(h1)} = \overline{O_1O_2} = \overline{O_1C} - \overline{O_2C}$$

$$= \frac{\overline{O_1C}}{\sin\dfrac{\alpha}{2}} - \frac{\overline{O_2C}}{\sin\dfrac{\alpha}{2}} = \frac{d}{2\sin\dfrac{\alpha}{2}} - \frac{d-T_d}{2\sin\dfrac{\alpha}{2}} = \frac{T_d}{2\sin\dfrac{\alpha}{2}} \tag{4-7}$$

（2）以外圆下母线为工序基准 如图4-36b所示，工序尺寸 h_2 以外圆下母线 B 为工序基准。这时，除了存在上述的定位基面制造误差而产生的基准位移误差外，还存在基准不重

合误差。由图 4-36b 可知，定位误差为

$$\Delta_{d(h2)} = \overline{B_1B_2} = \overline{O_1O_2} + \overline{O_2B_2} - \overline{O_1B_1}$$

$$= \frac{T_d}{2\sin\frac{\alpha}{2}} + \frac{d-T_d}{2} - \frac{d}{2} = \frac{T_d}{2}\left(\frac{1}{\sin\frac{\alpha}{2}} - 1\right) \tag{4-8}$$

(3) 以外圆上母线为工序基准　如图 4-36c 所示，工序尺寸为 h_3 以外圆上母线 A 为工序基准铣键槽。与第二种情况相同，定位误差也是由于基准不重合和基准位移误差共同引起的。由图 4-36c 可知，定位误差为

$$\Delta_{d(h3)} = \overline{A_1A_2} = \overline{O_1A_1} + \overline{O_1O_2} - \overline{O_2A_2}$$

$$= \frac{d}{2} + \frac{T_d}{2\sin\frac{\alpha}{2}} - \frac{d-T_d}{2} - \frac{d}{2} = \frac{T_d}{2}\left(\frac{1}{\sin\frac{\alpha}{2}} + 1\right) \tag{4-9}$$

由上述分析可知，外圆在 V 形块上定位铣键槽时，键槽深度的工序基准不同，其定位误差也是不同的，即 $\Delta_{d(h2)} < \Delta_{d(h1)} < \Delta_{d(h3)}$。从减少定位误差来考虑，标注尺寸 h_2 最佳。定位误差大小还与定位基面的尺寸公差和 V 形块的夹角 α 有关。α 角越大，定位误差越小。但随着 α 角的增大，其定位稳定性也将降低。当 α 角增大到平角时，就变成了平面定位的情况，从而失去了对中定位的作用。

4. 工件以组合表面定位时的定位误差

工件以组合表面定位的情况非常多，其定位误差的分析与计算也较为复杂。但是，只要画出工件工序基准的两个极限位置，通过几何关系也是不难计算的。下面以生产中最常用的一面两销为例，说明组合定位时定位误差的分析与计算方法。

加工如图 4-37 所示箱体零件上的两孔 M_1 及 M_2。M_1 及 M_2 两孔的工序尺寸分别为 A、B、E 及 F。孔Ⅰ′与圆柱定位销Ⅰ配合，直径尺寸分别为 $\phi D_1{}^{+T_{D1}}_{\ \ 0}$ 和 $\phi d_1{}^{\ \ 0}_{-T_{d1}}$，最小配合间隙值 X_1；孔Ⅱ′与菱形销Ⅱ配合，直径尺寸分别为 $\phi D_2{}^{+T_{D2}}_{\ \ 0}$ 和 $\phi d_2{}^{\ \ 0}_{-T_{d2}}$，最小配合间隙值为 X_2。两孔和两销的中心距分别为 $L \pm T_{Lg}/2$ 和 $L \pm T_{Lj}/2$。

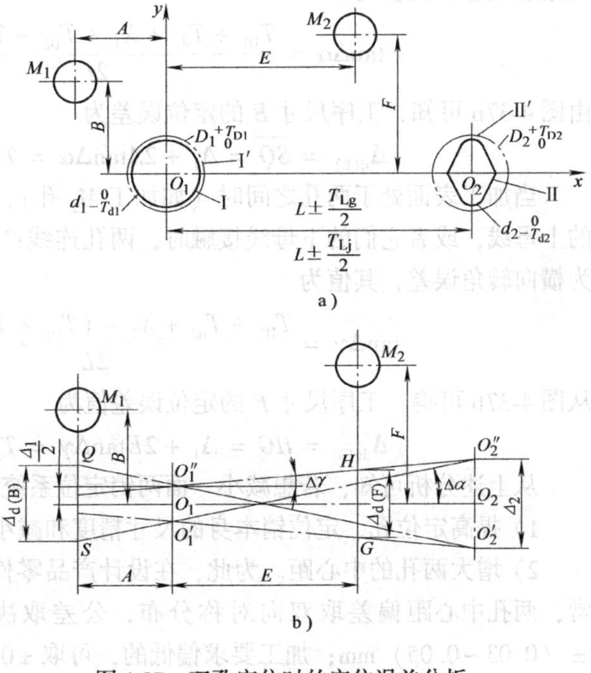

图 4-37　双孔定位时的定位误差分析

从图 4-37a 可知，M_1 及 M_2 的工序基准有两个：孔Ⅰ′的中心 O_1 以及孔Ⅰ′与孔Ⅱ′的中心连线。工件的定位基准为孔Ⅰ′的中心 O_1 和孔Ⅰ′、孔Ⅱ′的中心连线（实际上还有一个平面）。因此，M_1 及 M_2 孔的工序基准与定位基准是重合的，基准不重合误差等于零。由此可知，只需要计算出基准位移误差，就可得到定位误差值。

基准位移误差包括两类，即沿图示 x 轴方向的基准位移误差（称纵向定位误差）和基准 $\overline{O_1O_2}$ 偏离理想位置的转动的基准位移误差（$\Delta\alpha$、$\Delta\gamma$）。

（1）对于纵向定位误差　一般加工箱体零件时，由于箱体自重较大，定位销多为垂直放置。因此，加工 M_1 及 M_2 孔时，沿两孔中心连线方向的纵向定位误差与垂直放置的单销定位情况相同。定位误差也是由于定位基面（孔）和定位元件（销）本身的制造误差及最小配合间隙引起的，工序尺寸 A、E 的定位误差值为

$$\Delta_{d(A,E)} = T_{D1} + T_{d1} + X_1 = \Delta_1$$

因为一面两销定位时，圆柱销的配合间隙比菱形销的小，所以取 Δ_1 为纵向定位误差。

（2）对于转动的基准位移误差　由于中心 O_1 在 O_1' 和 O_1'' 间变动，中心 O_2 在 O_2' 和 O_2'' 间变动（图 4-37b），因此中心线 $\overline{O_1O_2}$ 有两种极端变动：一是从 $\overline{O_1'O_2'}$ 变动到 $\overline{O_1''O_2''}$；另一种情况是从 $\overline{O_1'O_2''}$ 变动到 $\overline{O_1''O_2'}$。计算定位误差时，首先要分析哪一种极端情况会引起工序基准产生最大位移，然后根据几何关系计算定位误差。

从图 4-37b 可知，加工表面处于两定位孔之外（如加工 M_1 孔）时，孔Ⅰ′与销Ⅰ在上母线接触，而孔Ⅱ′与销Ⅱ下母线接触，或者相反位置时引起的工序基准位移最大。这时，两孔中心连线 $\overline{O_1'O_2''}$ 相对理想位置 $\overline{O_1O_2}$ 偏转了一个角度 $\Delta\alpha$，通常称为转角误差，亦称角向误差或角度误差，其值为

$$\tan\Delta\alpha = \frac{T_{D1} + T_{d1} + X_1 + T_{D2} + T_{d2} + X_2}{2L} = \frac{1}{2L}(\Delta_1 + \Delta_2) \quad (4\text{-}10)$$

由图 4-37b 可知，工序尺寸 B 的定位误差为

$$\Delta_{d(B)} = \overline{SQ} = \Delta_1 + 2A\tan\Delta\alpha = T_{D1} + T_{d1} + X_1 + 2A\tan\Delta\alpha$$

当加工表面处于两孔之间时（如加工 M_2 孔），孔Ⅰ′和孔Ⅱ′的上母线分别与销Ⅰ和销Ⅱ的上母线，或者它们的下母线接触时，两孔连线产生的转角误差为 $\Delta\gamma$（一般 $\Delta_2 > \Delta_1$），称为横向转角误差，其值为

$$\tan\Delta\gamma = \frac{T_{D2} + T_{d2} + X_2 - (T_{D1} + T_{d1} + X_1)}{2L} = \frac{1}{2L}(\Delta_2 - \Delta_1) \quad (4\text{-}11)$$

从图 4-37b 可得，工序尺寸 F 的定位误差值为

$$\Delta_{d(F)} = \overline{HG} = \Delta_1 + 2E\tan\Delta\gamma = T_{D1} + T_{d1} + X_1 + 2E\tan\Delta\gamma$$

从上述分析可知，若想减小一面两销定位系统的定位误差，可以：

1）提高定位孔、定位销本身的尺寸精度和减小配合间隙。

2）增大两孔的中心距。为此，在设计产品零件时，应尽量使两定位孔布置得远些。通常，两孔中心距偏差取双向对称分布，公差取决于工件设计要求和工艺水平，一般为 ±（0.03～0.05）mm；加工要求偏低的，可取 ±0.1mm。

以上讨论了以平面、内孔、外圆及其组合表面定位时产生定位误差的原因及其计算。对较为复杂的定位方式，可以通过下述方法求定位误差数值：

1）画出工件定位时工序基准偏离理想位置的两个极限位置。

2）从工序基准与其他有关尺寸的几何关系中，计算工序基准沿工序尺寸（或位置公差）方向上的最大变动量，即为定位误差的值。

表 4-5 所示列举了几种常见定位系统的定位误差，供参考。

表 4-5 常见定位方式的定位误差

序号	工序简图	定位简图	工序尺寸或位置精度	定位误差
1	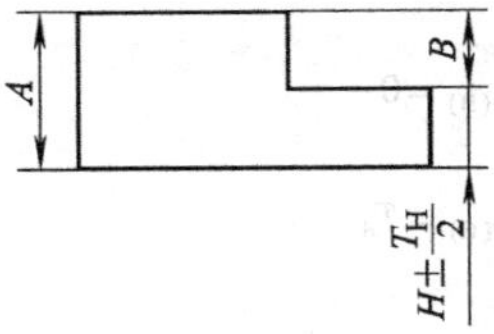	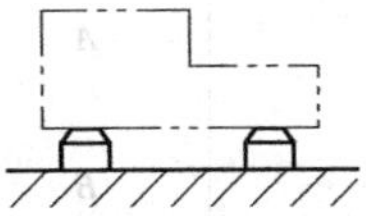	A B	$\Delta_{d(A)}=0$ $\Delta_{d(B)}=T_H$
2		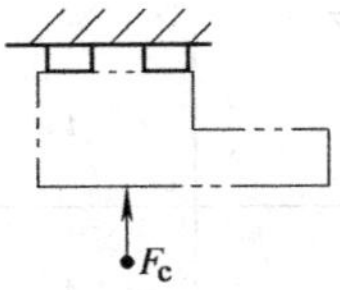	B	$\Delta_{d(B)}=0$
3	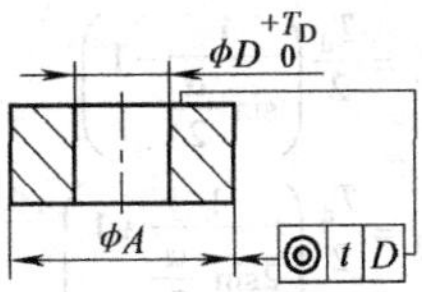	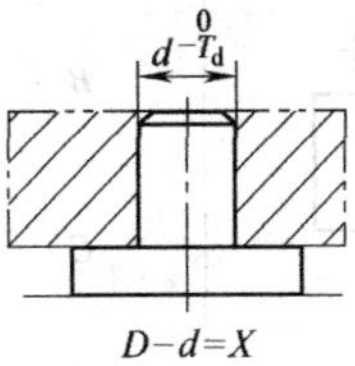	外圆对内圆的同轴度	$\Delta_{d(同轴度)}=T_D+T_d+X$
4		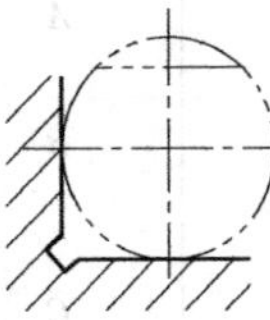	A B C	$\Delta_{d(A)}=\frac{1}{2}T_d$ $\Delta_{d(B)}=0$ $\Delta_{d(C)}=T_d$
5	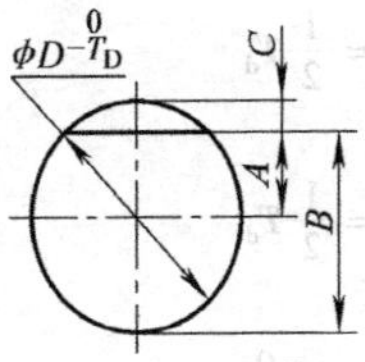	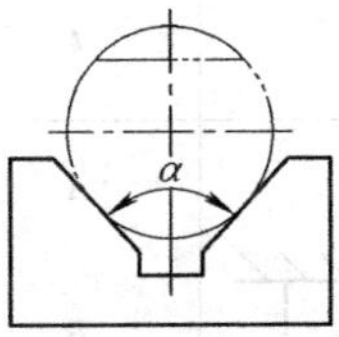	A B C	$\Delta_{d(A)}=\dfrac{T_d}{2\sin\frac{\alpha}{2}}$ $\Delta_{d(B)}=\dfrac{T_d}{2}\left(\dfrac{1}{\sin\frac{\alpha}{2}}-1\right)$ $\Delta_{d(C)}=\dfrac{T_d}{2}\left(\dfrac{1}{2\sin\frac{\alpha}{2}}+1\right)$
6		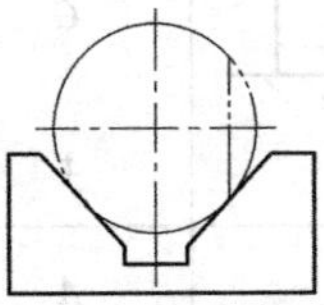	A B C	$\Delta_{d(A)}=0$ $\Delta_{d(B)}=\frac{1}{2}T_d$ $\Delta_{d(C)}=\frac{1}{2}T_d$
7		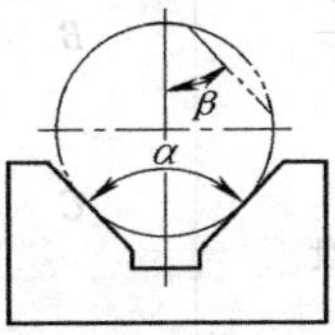	A B C	$\Delta_{d(A)}=\dfrac{T_d\sin\beta}{2\sin\frac{\alpha}{2}}$ $\Delta_{d(B)}=\dfrac{T_d}{2}\left(\dfrac{\sin\beta}{\sin\frac{\alpha}{2}}-1\right)$ $\Delta_{d(C)}=\dfrac{T_d}{2}\left(\dfrac{\sin\beta}{\sin\frac{\alpha}{2}}+1\right)$

(续)

序号	工序简图	定位简图	工序尺寸或位置精度	定位误差
8		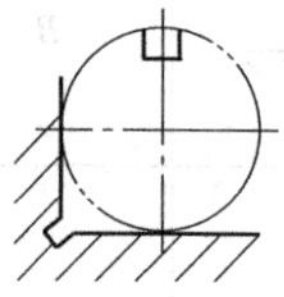	A	$\Delta_{d(A)}=\frac{1}{2}T_d$
			B	$\Delta_{d(B)}=0$
			C	$\Delta_{d(C)}=T_d$
			t	$\Delta_{d(对称度)}=\frac{1}{2}T_d$
9		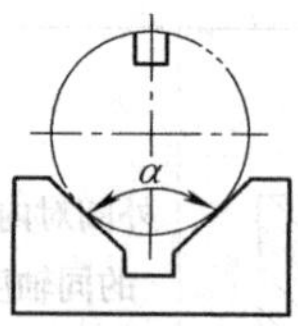	A	$\Delta_{d(A)}=\frac{T_d}{2\sin\frac{\alpha}{2}}$
			B	$\Delta_{d(B)}=\frac{T_d}{2}\left(\frac{1}{\sin\frac{\alpha}{2}}-1\right)$
			C	$\Delta_{d(C)}=\frac{T_d}{2}\left(\frac{1}{2\sin\frac{\alpha}{2}}+1\right)$
			t	$\Delta_{d(对称度)}=0$
10	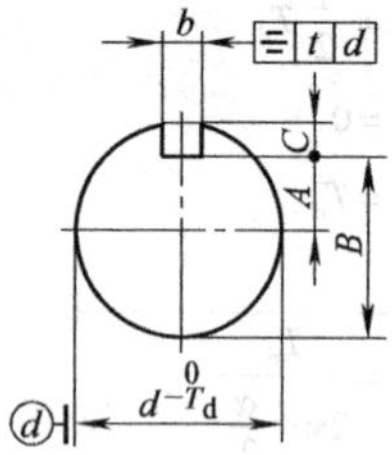	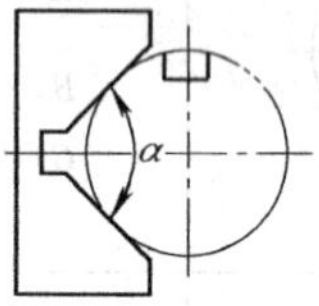	A	$\Delta_{d(A)}=0$
			B	$\Delta_{d(B)}=\frac{1}{2}T_d$
			C	$\Delta_{d(C)}=\frac{1}{2}T_d$
			t	$\Delta_{d(对称度)}=\frac{T_d}{2\sin\frac{\alpha}{2}}$
11		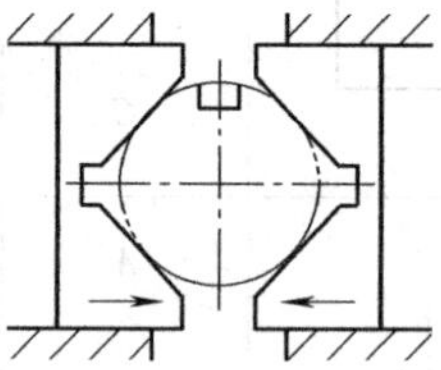	A	$\Delta_{d(A)}=0$
			B	$\Delta_{d(B)}=\frac{1}{2}T_d$
			C	$\Delta_{d(C)}=\frac{1}{2}T_d$
			t	$\Delta_{d(对称度)}=0$
12		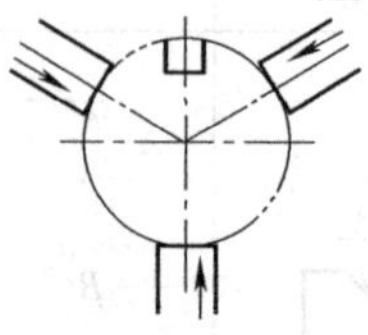 三爪自定心卡盘	A	$\Delta_{d(A)}=0$
			B	$\Delta_{d(B)}=\frac{1}{2}T_d$
			C	$\Delta_{d(C)}=\frac{1}{2}T_d$
			t	$\Delta_{d(对称度)}=0$

（续）

序号	工序简图	定位简图	工序尺寸或位置精度	定位误差
13	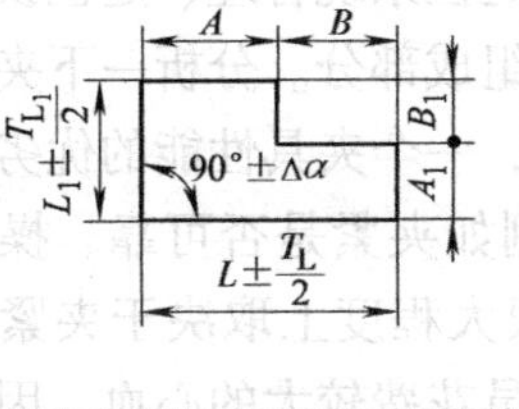	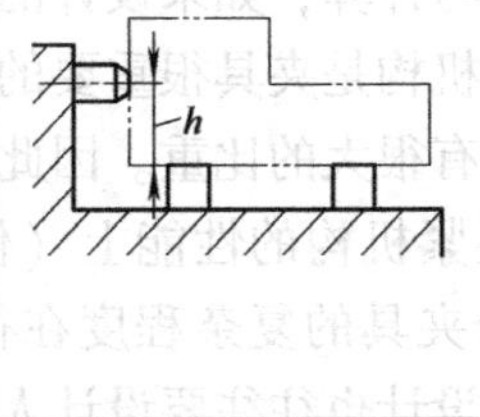	A A_1 B B_1	$\Delta_{d(A)}=2\ (L_1-h)\ \tan\Delta\alpha$ $\Delta_{d(A1)}=0$ $\Delta_{d(B)}=2\ (L_1-h)\ \tan\Delta\alpha+T_L$ $\Delta_{d(B1)}=T_{L1}$
14	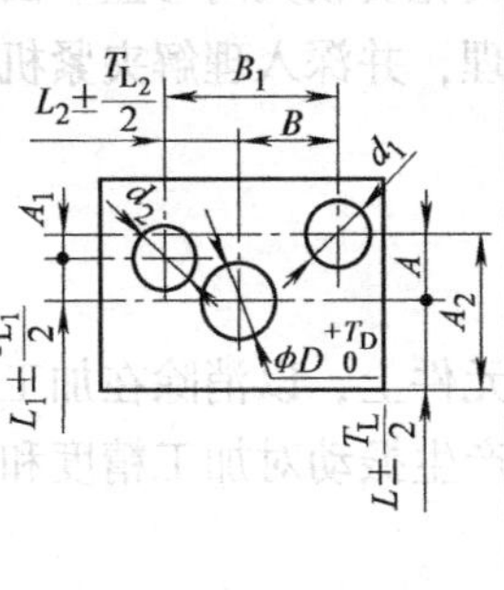	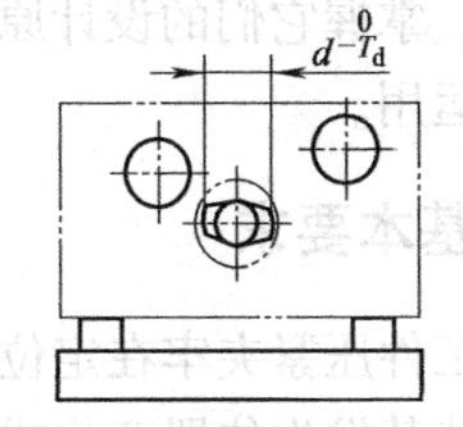 $D-d=x$ 最小配合间隙	A A_1 A_2 B B_1	$\Delta_{d(A)}=T_L$ $\Delta_{d(A1)}=T_L+T_{L1}$ $\Delta_{d(A2)}=0$ $\Delta_{d(B)}=T_D+T_d+X$ $\Delta_{d(B1)}=T_D+T_d+X+T_{L2}$

注：表中A、A_1、A_2、B、B_1、C均为本工序的工序尺寸，t为本工序的形位公差，其他尺寸均为已知。

（三）加工误差不等式

通过上述的分析可知，定位系统设计得不当会给工件的加工带来加工误差。而产生加工误差的因素又很多。但只要最终的加工误差在允许的公差范围内，工件就是合格的。而定位误差应控制在什么范围内算是合适呢？下面分析这个问题。加工过程中，产生加工误差的主要原因有以下几方面：

（1）定位误差Δ_d　工件在夹具中定位时，由定位系统所产生的误差。

（2）对刀误差$\Delta_{d,d}$　调整刀具与对刀基准时产生的误差，它包括操作时人为因素造成的读数误差、夹具对刀和导向元件与定位元件间误差，以及夹具定位元件与夹具安装基面间的位置误差等。

（3）安装误差Δ_a　夹具安装在机床上时，由于安装不准确而引起的误差。

（4）其他误差Δ_c　加工中其他原因引起的加工误差，如机床误差、刀具误差以及加工中的热变形及弹性变形引起的误差等。

为了保证工件的加工要求，上述四项加工误差总和不应超过工件设计要求的公差T，即应满足不等式

$$\Delta_d+\Delta_{d,d}+\Delta_a+\Delta_c\leqslant T$$

在夹具方案设计时，可将工件公差进行预分配，将加工公差大体上分成三等分：定位误差Δ_d占1/3；对刀误差$\Delta_{d,d}$和安装误差Δ_a占1/3；其他误差Δ_c占1/3。故一般在对具体定位方案进行定位误差计算时，所求得的定位误差不超过工件相应公差的三分之一，就可以认为定位方案是可行的。上述公差的预分配仅作为误差估算时的初步方案，夹具设计时，若有特殊要求，应根据具体情况进行必要的调整。

第五节 工件的夹紧及夹紧装置

前面介绍了定位系统和定位误差分析与计算，如果设计的定位系统合理、定位误差符合要求，下一步就该设计夹紧机构了。夹紧机构是夹具很重要的组成部分。分析一下夹具的操作过程会发现，夹紧机构的操作在其中占有很大的比重。因此，一个夹具性能的优劣，除了从定位性能方面加以评定外，还必须从夹紧机构的性能上（例如夹紧是否可靠、操作是否方便迅速等）进行考核。另一方面，一个夹具的复杂程度在很大程度上取决于夹紧机构的复杂程度；从设计难度上讲，夹紧机构的设计也往往要设计人员花费较大的心血。因此，夹具设计人员必须熟悉多种多样的夹紧机构，掌握它们的设计原理，并深入理解夹紧机构的设计一般原则，能够结合具体情况加以灵活运用。

一、工件的夹紧及对夹紧装置的基本要求

工件定位以后必须采用一定的装置把工件压紧夹牢在定位元件上，以消除在加工过程中工件因受到切削力、惯性力等力的作用而使其发生位置变化或产生振动对加工精度和安全生产造成的影响。这种把工件压紧夹牢的装置，称为夹紧装置。

（一）夹紧装置的组成与基本要求

由于工件的结构千变万化，夹紧工件的方式存在差异，因而夹紧装置的结构形式也就种类繁多。一般夹紧装置由动力装置（动力源）、中间传力机构和夹紧元件组成。图4-38所示为机动夹紧装置的组成实例。

（1）动力装置　它是产生夹紧力的动力源，所产生的力为原始动力。若夹紧装置的夹紧力来自人力的，称为手动夹紧；而夹紧力来自气动、液压和电力等动力源的，则称为机动夹紧。

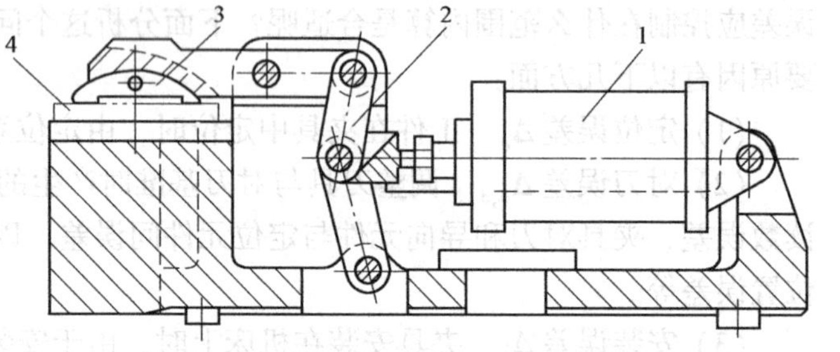

图4-38　夹紧装置的组成实例

1—液压缸　2—杠杆　3—压块　4—工件

（2）中间传力机构　变原始动力为夹紧力的中间传力环节称为中间传力机构。如铰链杠杆、斜楔等。它们的作用主要有三个：①改变夹紧力的大小；②改变夹紧力的方向；③实现自锁。

（3）夹紧元件　夹紧元件是执行夹紧的最终元件，如各种螺钉、压板等，它们是直接与工件接触的。

夹紧装置的三个组成部分一般情况下清晰易辨，但有时则混在一起很难区分。因此，常把中间传力机构和夹紧元件统称为夹紧机构。

在设计夹紧机构时，一般应满足以下要求：

1）夹紧时应保证工件的定位，而不能破坏工件的定位。

2）夹紧力的大小应适宜，既要保证工件在整个加工过程中位置稳定不变，还不能产生振动、变形和表面损伤。

3）应根据生产类型设计相应的夹紧机构。尽量做到结构简单，操作安全，省力、方便，讲究工作效率。

4）为防止夹紧后自动脱开，夹紧机构须具备良好的自锁性能。

（二）夹紧力的确定原则

在设计夹紧机构时，为了达到上述对夹紧机构的要求，夹紧力的三要素（大小、方向和作用点）必须首先地给予合理的确定。

（1）夹紧力的作用点　夹紧时，夹紧元件与工件表面的接触位置即为夹紧力作用点。它的选择对工件夹紧的稳定性和变形有很大影响。选择时，应考虑下述几点原则：

1）夹紧力应落在支承元件上或几个支承元件所形成的支承平面内，这样夹紧力才不会使工件倾斜而破坏定位。若夹紧力作用在支承面之外，如图4-39a与图4-39b所示，均为不合理。

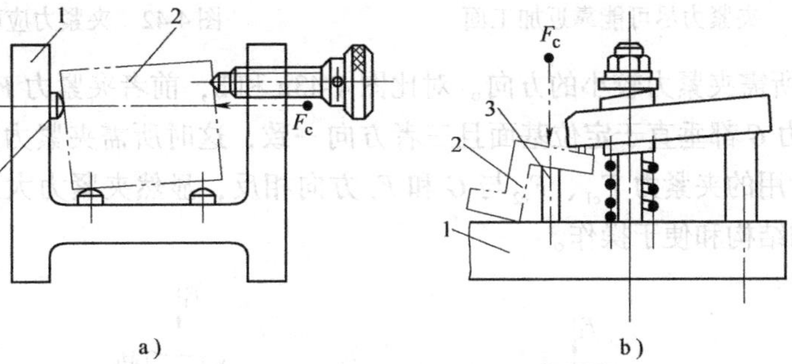

图4-39　夹紧力的作用点

1—夹具体　2—工件　3—支承钉

2）夹紧力应落在工件刚性较好的部位上，这对刚性差的工件尤为重要。如图4-40所示，图a作用在中间的单点就不如图b作用在两侧的两点，前者工件易变形，且夹紧可靠性差。

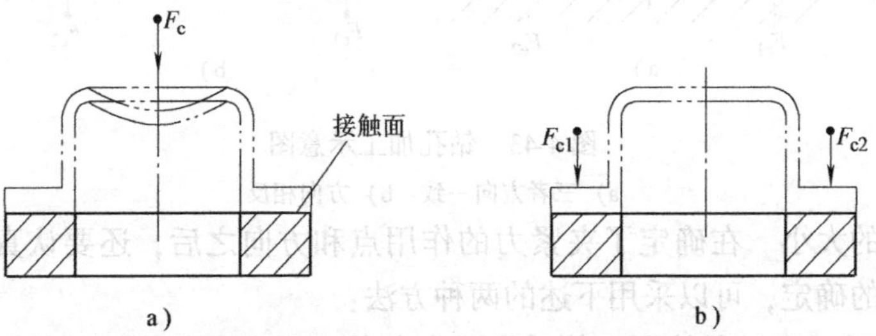

图4-40　夹紧力的作用点应落在工件刚性强的部位上

a）一个夹紧力作用点　b）两个夹紧力作用点

3）为提高夹紧的可靠性，防止和减少工件的振动，夹紧力应尽可能靠近加工面。如图4-41所示，同样的夹紧力 F_c 作用于 O_1 点时比作用于 O_2 点夹紧牢靠。

（2）夹紧力的方向　在确定夹紧力的方向时，要考虑工件定位基准所处的位置，以及工件所受外力的作用方向等。具体内容如下：

1）垂直于工件的主要定位基面（限制自由度最多或定位精度要求高的定位面），以保证加工精度。图4-42所示为工件在支架上镗孔的简图。端面 A 是被加工孔的垂直度基准，夹紧力 F_{c1}、F_{c2} 垂直作用于主要定位基准 A，既可保证定位要求，又使工件定位稳定可靠。

如夹紧力朝向基准 B 面，则因工件的 A 面和 B 面存在垂直度误差，就很难保证加工要求。反之，如果加工的孔与 B 面有一定的平行度要求，则夹紧力应垂直于 B 面。

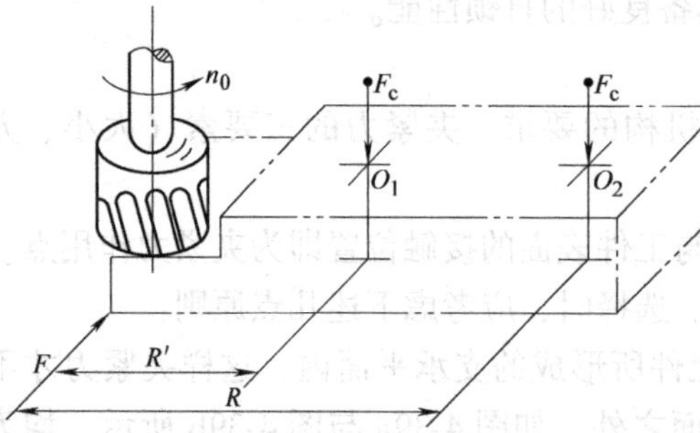

图 4-41 夹紧力尽可能靠近加工面

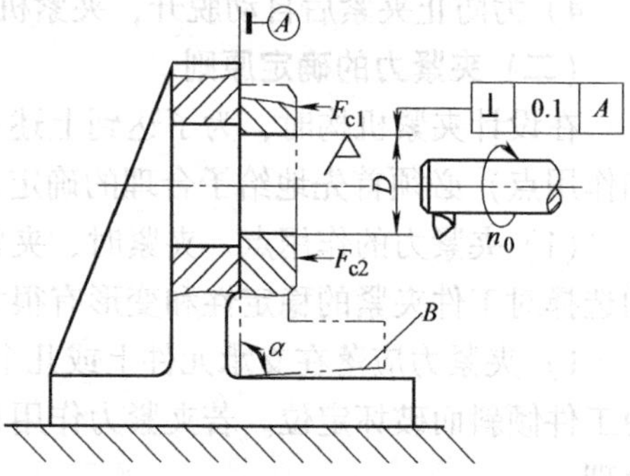

图 4-42 夹紧力应朝向主要基面

2）应选择所需夹紧力较小的方向。对比图 4-43a 和 b，前者夹紧力 F_{c1}、F_{c2} 与钻头进给力 F_t 和工件重力 G 都垂直于定位基面且三者方向一致，这时所需夹紧力最小；后者是从工件下面夹紧，所用的夹紧力 F_{c1}、F_{c2} 与 G 和 F_t 方向相反，显然夹紧力大。减小夹紧力可以简化夹紧装置的结构和便于操作。

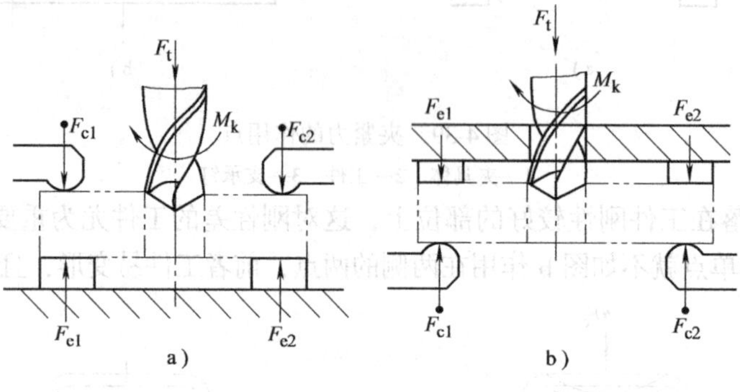

图 4-43 钻孔加工示意图

a）三者方向一致 b）方向相反

（3）夹紧力的大小 在确定了夹紧力的作用点和方向之后，还要认真确定夹紧力的大小。夹紧力大小的确定，可以采用下述的两种方法：

1）平衡计算法。此法是按照工件受力平衡条件，列出夹紧力的计算方程式，从中求出所需夹紧力。因为各种作用力在平衡力系中对工件所起的作用不完全相同，如加工中、小尺寸工件时切削力起主要作用；加工大型笨重工件时，还需考虑工件重力的作用；工件在高速运动时，离心力或惯性力对夹紧的影响不能忽视；切削力本身在加工过程中也是变化的。因此，要把夹紧力计算得十分准确比较困难。正因夹紧力大小计算的复杂性，一般只作简化计算：假设工艺系统是刚性的，切削过程稳定不变，只考虑切削力（或切削力矩）对夹紧的影响，找出加工过程中对夹紧最不利的状态，按能量平衡原理求出夹紧力 F_c，再乘以安全系数 K（为保证夹紧力可靠）作为实际所需的夹紧力数值 F'_c，即

$$F'_c = KF_c$$

考虑到切削力的变化和工艺系统变形等因素，一般在粗加工时取 $K=2.5\sim3$；精加工时取 $K=1.5\sim2$。

2）经验类比法。前面说过，精确计算夹紧力的大小是件很不容易的事，因此在实际夹具设计中，有时不用计算的方法来确定夹紧力的大小。如手动夹紧机构，常根据经验或用类比的方法确定所需夹紧力的数值。但对于需要比较准确地确定夹紧力大小的，如气动、液压传动装置或容易变形的工件等，仍有必要对夹紧状态进行受力分析，估算夹紧力的大小。

夹紧力的大小，对工件装夹的可靠性，工件和夹具的变形，夹紧装置的复杂程度等，都有着很大的影响。

二、几种常用典型夹紧机构

在确定好夹紧力的三要素（作用点、方向和大小）之后，接着需要具体设计或选用夹紧装置来实现夹紧的方案。在夹紧机构的设计过程中，应当遵循哪些基本原则？实际应用的夹紧机构种类繁多，选用时应当注意什么问题？下面就介绍几种常用夹紧机构的典型结构、工作原理和应用范围等，以供设计夹紧机构时参考。

1. 斜楔夹紧机构

斜楔夹紧机构是以斜楔为原动力的。图 4-44a 所示即为具有斜楔夹紧机构的钻床夹具，夹紧力 F_c 是由作用在斜楔上的外力 $F_{e,x}$ 产生的。现分析斜楔楔入过程中斜楔的受力情况（见图 4-44b）：工件对它的反作用力 F_{r1} 和由此而引起的摩擦力 F_{f1}、夹具体对它的反作用力 F_{r2} 和由此而引起的摩擦力 F_{f2}。图中

$$\boldsymbol{F}_{e1}=\boldsymbol{F}_{r1}+\boldsymbol{F}_{f1}$$

$$\boldsymbol{F}_{e2}=\boldsymbol{F}_{r2}+\boldsymbol{F}_{f2}$$

夹紧时，显然存在如下关系

$$\boldsymbol{F}_{e1}+\boldsymbol{F}_{e2}+\boldsymbol{F}_{e,x}=0$$

故可得

$$\sum X=0$$

$$F_{e,x}=F_{e1}\sin\varphi_1+F_{e2}\sin(\alpha+\varphi_2)$$

将

$$F_{e1}=\frac{F_c}{\cos\varphi_1};F_{e2}=\frac{F_c}{\cos(\alpha+\varphi_2)}$$

代入上式，可得斜楔所产生的夹紧力

$$F_c=\frac{F_{e,x}}{\tan\varphi_1+\tan(\alpha+\varphi_2)} \tag{4-12}$$

式中，φ_1 为工件与斜楔间的摩擦角；φ_2 为夹具体与斜楔间的摩擦角。

由式（4-12）可得如下结论：

1）斜楔机构具有增力作用，用增力系数 i_c 表示，i_c 又称扩力比。当外加一个较小作用力 $F_{e,x}$ 时，可获得比 $F_{e,x}$ 大好几倍的夹紧力。即 $i_c=F_c/F_{e,x}$，为夹紧力与初始作用力之比。斜楔夹紧机构的扩力比 $i_c\approx3$。而且当升角 α 越小时，增力就越大。而升角减小后，若要保持相同的夹紧力，斜楔的原始夹紧行程（图 4-44 中与力 $F_{e,x}$ 方向一致的斜楔行程）就要增加。斜楔的原始夹紧行程的增加倍数等于夹紧力的增力倍数，即夹紧行程增大多少倍，夹紧

力就增加多少倍，这是斜楔夹紧的一个重要特性。

2）选用斜楔夹紧工件时，只要升角 α 取得合适，就能实现夹紧机构的自锁。自锁条件见图4-44c所示。若工件夹紧后 $F_{e,x}$ 力消失，斜楔只受到 F_{e2} 和 F_{e1} 的作用，其中 F_{e2} 的水平分力 F_{h2} 有使斜楔松开的趋势。如果摩擦力 $F_{f1} \geqslant F_{h2}$，就能阻止其松开而自锁，即

$$F_c\tan\varphi_1 \geqslant F_c\tan(\alpha - \varphi_2)$$

因摩擦角 φ_1、φ_2 很小，所以 $\tan\varphi_1 \approx \varphi_1$；$\tan(\alpha - \varphi_2) \approx \alpha - \varphi_2$，故斜楔的自锁条件为

$$\alpha \leqslant \varphi_1 + \varphi_2$$

一般钢的摩擦因数 μ 为0.1～0.15，则 $\varphi_1 = \varphi_2 = 5° \sim 8°$，故 $\alpha \leqslant 10° \sim 16°$。通常 $\alpha = 5° \sim 7°$。

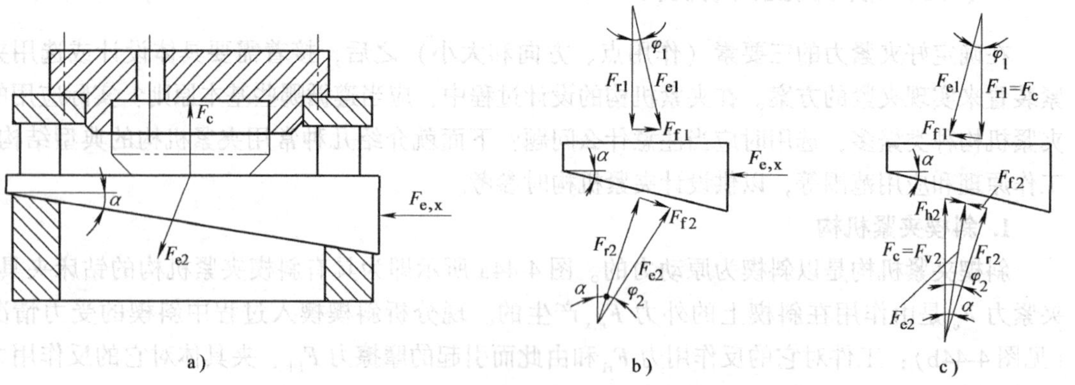

图4-44 斜楔夹紧机构原理及受力分析

a）斜楔夹紧机构实例 b）斜楔夹紧机构受力图 c）自锁受力图

在实际生产中，因手动操作的简单斜楔夹紧机构操作不方便，故直接应用得较少。但是利用斜楔与其他机构组合起来夹紧工件的机构却用得比较普遍，如图4-45所示的气动斜楔夹紧机构就是一例。夹紧工件的源动力是压缩空气，通过气缸推杆5推动斜楔4向左移动，在斜楔4斜面的作用下，滚轮3上移并通过其上部的蝶形杠杆推动两个夹紧元件2，对工件实施夹紧。拆卸工件时反之。

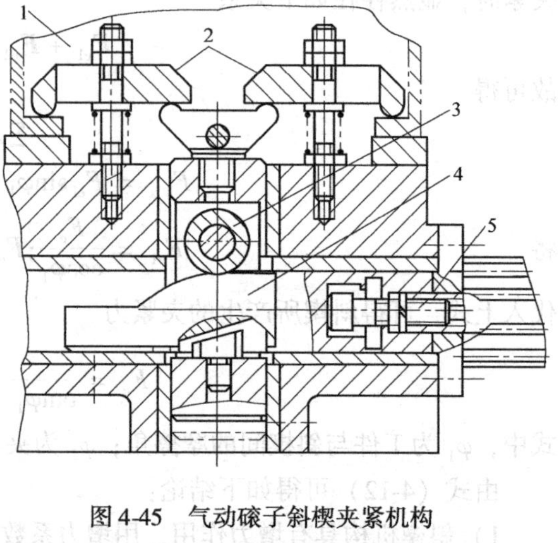

图4-45 气动磙子斜楔夹紧机构

1—工件 2—夹紧元件 3—磙轮 4—斜楔 5—气缸推杆

2. 螺旋夹紧机构

用螺旋作为动力源所组成的夹紧机构。由于螺旋夹紧机构结构简单，夹紧可靠，所以在夹具中得到广泛应用。螺旋机构既可以单独组成夹紧机构（图4-46），也可与其他机构联合组成夹紧机构（图4-47）。单螺旋夹紧机构与工件的接触形式有两种：一种如图4-46a所示，螺钉头部与工件表面直接接触，在夹紧时会使工件产生移动，且容易损伤与工件接触的表面；另一种如图4-46b所示，螺杆3的头部通过活动压块4与工件接触，这样

就防止了在夹紧时带动工件转动，并避免螺钉头部与工件接触面产生压痕。

螺旋夹紧机构也是扩力机构，其扩力比较大，一般可达 $i_c=60\sim100$。它的缺点是动作慢，夹紧费时。在生产中，它常与其他机构联合使用，组成各种高效、可靠的夹紧机构。

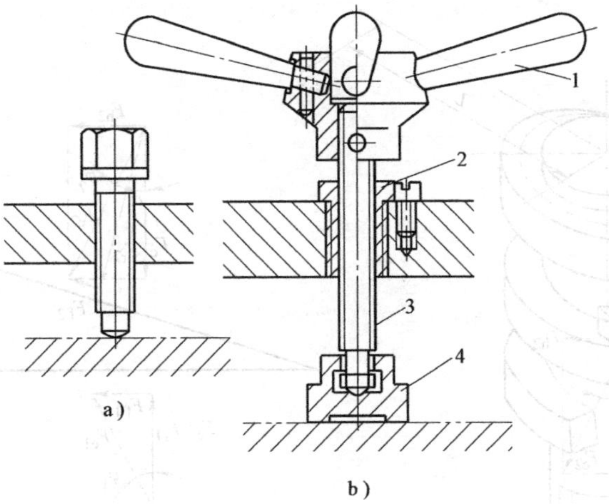

图 4-46　单螺旋夹紧机构

a）螺钉头部与工件表面直接接触　b）带压块的夹紧机构

1—手柄　2—中间螺母　3—螺杆　4—活动压块

图 4-47 所示为三种典型的螺旋压板式夹紧机构。根据所附的三个受力分析简图可知，在 $F_{e,x}$ 相同的情况下，图 4-47c 中产生的夹紧力最大，扩力比 $i_c=2$；图 4-47a 夹紧力最小，扩力比 $i_c=1/2$；图 4-47b 夹紧力界于中间，扩力比 $i_c=1$。

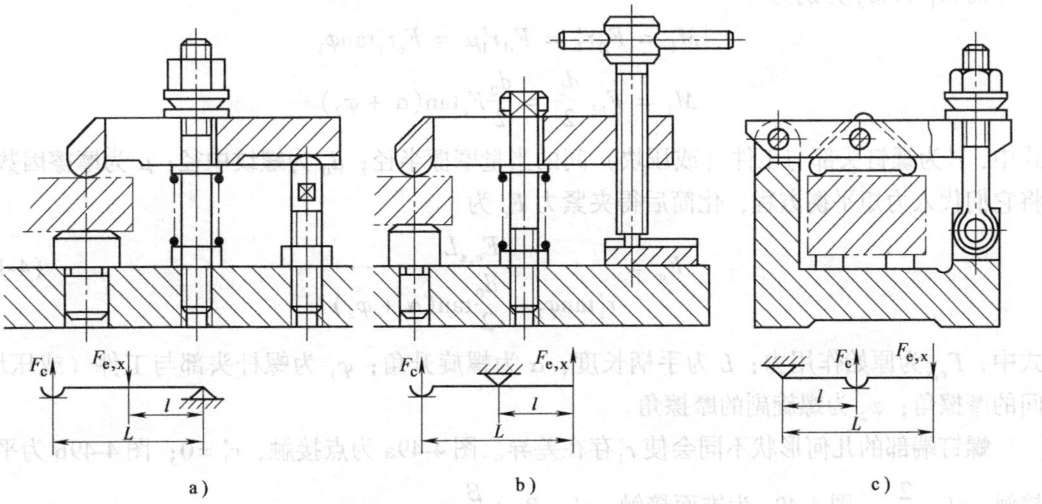

图 4-47　三种典型的螺旋压板夹紧机构

a）$i_c=1/2$　b）$i_c=1$　c）$i_c=2$

现以图 4-48 的螺钉受力为例分析产生的夹紧力。为便于分析，常把螺旋看作是一个绕在圆柱体上的斜楔。$F_{e,x}$ 为操作者施加在手柄上的原始力，其产生的力矩为 $M=F_{e,x}\times L$。在螺钉头部受到反作用力 F_{r1}（等于工件的夹紧力 F_c）和摩擦力 F_{f1}，进而在摩擦半径处产生

摩擦阻力矩 M_1；在螺母和螺纹表面处产生作用力 F_{r2} 和摩擦力 F_{f2}，它们的合力 F_{e2} 分解为夹紧力 F_c 和产生阻力矩 M_2 的分力 F_{h2}。夹紧时力矩应保持平衡。即

$$M_1 + M_2 = M$$

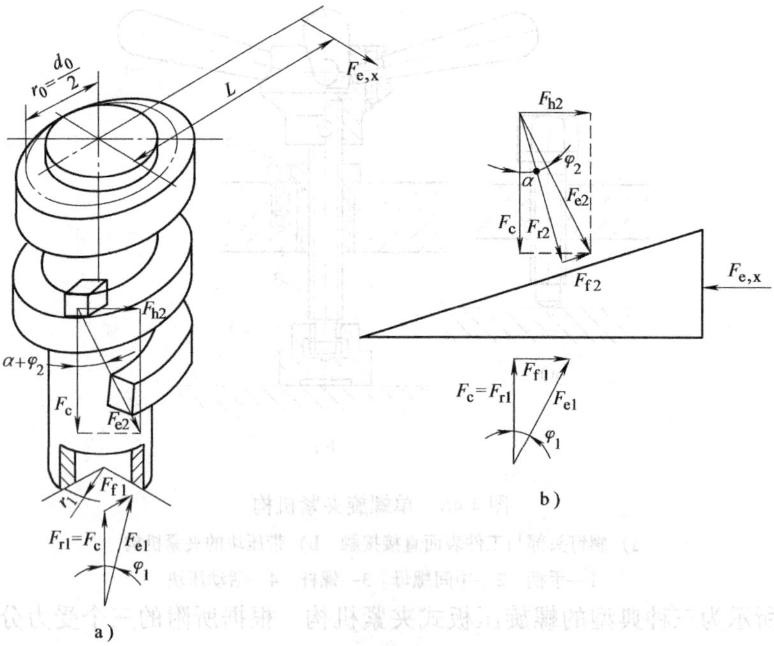

图 4-48　螺旋夹紧受力分析

而 M_1 和 M_2 分别为

$$M_1 = F_{f1}r_1' = F_{r1}r_1'\mu = F_c r_1'\tan\varphi_1$$

$$M_2 = F_{h2}\frac{d_0}{2} = \frac{d_0}{2}F_c\tan(\alpha+\varphi_2)$$

式中，r_1' 为螺钉头部与工件（或压块）间的当量摩擦半径；d_0 为螺纹中径；μ 为摩擦因数。将它们代入力矩平衡方程，化简后得夹紧力 F_c 为

$$F_c = \frac{F_{e,x}L}{r_1'\tan\varphi_1 + \dfrac{d_0}{2}\tan(\alpha+\varphi_2)} \tag{4-13}$$

式中，$F_{e,x}$ 为原始作用力；L 为手柄长度；α 为螺旋升角；φ_1 为螺杆头部与工件（或压块）间的摩擦角；φ_2 为螺旋副的摩擦角。

螺钉端部的几何形状不同会使 r_1' 存在差异。图 4-49a 为点接触，$r_1'=0$；图 4-49b 为平面接触，$r_1'=\frac{2}{3}r$；图 4-49c 为锥面接触，$r_1'=R\cot\frac{\beta}{2}$。

3. 偏心夹紧机构

偏心夹紧机构是通过偏心零件直接夹紧或与其他元件组合而夹紧工件的，属斜楔夹紧机构的一种变形。偏心零件一般有圆偏心和曲线偏心两种，常用的是圆偏心（偏心轮或偏心轴）。图 4-50 所示为偏心压板夹紧机构。下面重点介绍圆偏心夹紧机构。

如图 4-51 所示，D 是圆偏心轮的直径，其转动轴心 O_2 与外圆中心 O_1 间存在偏心距 e。

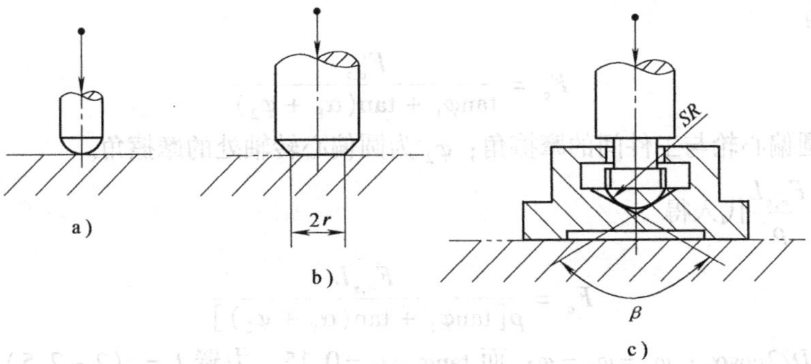

图 4-49　螺钉头部形状与 r'_1 的值

a) 点接触　b) 平面接触　c) 锥面接触

因转动轴心 O_2 至圆偏心轮工作表面上各点的距离不相等，当转动手柄时，就相当于一弧形楔卡紧在基圆和工件受压表面之间而产生夹紧作用。转动轴心 O_2 与外圆中心 O_1 处于水平位置时的夹紧接触点为 P。若将偏心的弧形楔轮廓线假想展开，得到如图 4-51b 所示的曲线斜楔。曲线上任意点的斜率为该点的斜楔升角，其数值是一变值。随着圆偏心旋转角度的增加，斜楔升角由 m 点的最小值逐渐增大到 P 点附近的最大值。因 P 点附近这段曲线接近于直线，升角的变化较小，此处夹紧比较稳定，所以常取 P 点左右 30°作为偏心轮的工作表面。

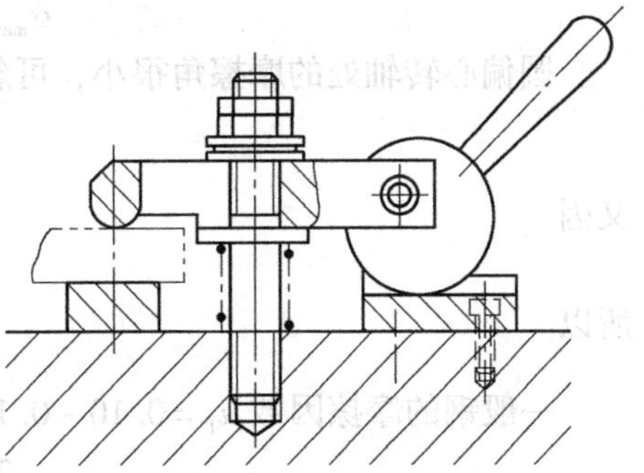

图 4-50　偏心压板夹紧机构

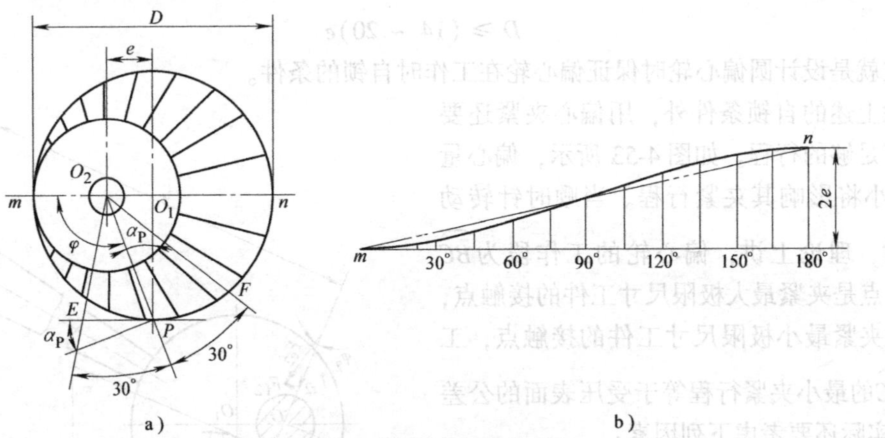

图 4-51　圆偏心及其展开图

a) 圆偏心　b) 圆偏心展开图

现将圆偏心近似看成假想的斜楔来分析计算圆偏心的夹紧力。如图 4-52 所示，作用于手柄上的原始力矩 $F_{e,x}L$ 应和作用于 P 点的力矩 $F'_{e,x}\rho$ 相等，即

$$F'_{e,x} = \frac{F_{e,x}L}{\rho}$$

式中，ρ 为转动轴心至夹紧点 P 间的回转半径。$F'_{e,x}$ 的水平分力 $F'_{e,x}\cos\alpha_P$，即为作用于假想斜楔的外力。因升角 α_P 很小，可以认为 $F'_{e,x}\cos\alpha_P \approx F'_{e,x}$。由式（4-12）得此偏心轮产

生的夹紧力为

$$F_c = \frac{F'_{e,x}}{\tan\varphi_1 + \tan(\alpha_P + \varphi_2)}$$

式中，φ_1 为圆偏心轮与工件间的摩擦角；φ_2 为圆偏心转轴处的摩擦角。

将 $F'_{e,x} = \frac{F_{e,x}L}{\rho}$ 代入得

$$F_c = \frac{F_{e,x}L}{\rho[\tan\varphi_1 + \tan(\alpha_P + \varphi_2)]} \tag{4-14}$$

如取 $\rho = D/2\cos\alpha_P$；$\varphi_1 = \varphi_2 = \varphi$；而 $\tan\varphi = \mu = 0.15$，力臂 $L =$ （$2 \sim 2.5$）D，$\tan\alpha_{max} \approx 2e/D = 1/7$，则扩力比 $i_c \approx 12$。

一般计算时，认为 P 点的升角 α_P 近似于最大值 α_{max}。由斜楔的自锁条件知，用圆偏心夹紧时，若要保证自锁，则必须满足

$$\alpha_{max} \approx \alpha_P \leqslant (\varphi_1 + \varphi_2)$$

圆偏心转轴处的摩擦角很小，可忽略不计。因此

$$\tan\alpha_P \leqslant \tan\varphi_1$$

又因

$$\tan\alpha_P = \frac{2e}{D}$$

所以

$$\frac{2e}{D} \leqslant \mu_1$$

一般钢的摩擦因数 $\mu_1 = 0.10 \sim 0.15$，因此，自锁时圆偏心轮外径和偏心距的关系为

$$\frac{2e}{D} \leqslant 0.10 \sim 0.15$$

即

$$D \geqslant (14 \sim 20)e$$

这就是设计圆偏心轮时保证偏心轮在工作时自锁的条件。

除上述的自锁条件外，用偏心夹紧还要考虑有足够的行程。如图 4-53 所示，偏心量 e 的大小将影响其夹紧行程。当顺时针转动手柄时，理论上讲，偏心轮的工作段为 $\overset{\frown}{BC}$ 弧，B 点是夹紧最大极限尺寸工件的接触点，C 点是夹紧最小极限尺寸工件的接触点，工作段 $\overset{\frown}{BC}$ 的最小夹紧行程等于受压表面的公差 T。但实际还要考虑下列因素：

1）圆偏心与工件夹压表面间应留有间隙 S_1，以便于装卸工件。一般 $S_1 \geqslant 0.3$mm。

2）夹紧机构存在弹性变形 S_2，一般取 0.05 ~ 0.15mm。

3）工作段行程储备量 S_3，一般取 0.1 ~ 0.3mm。

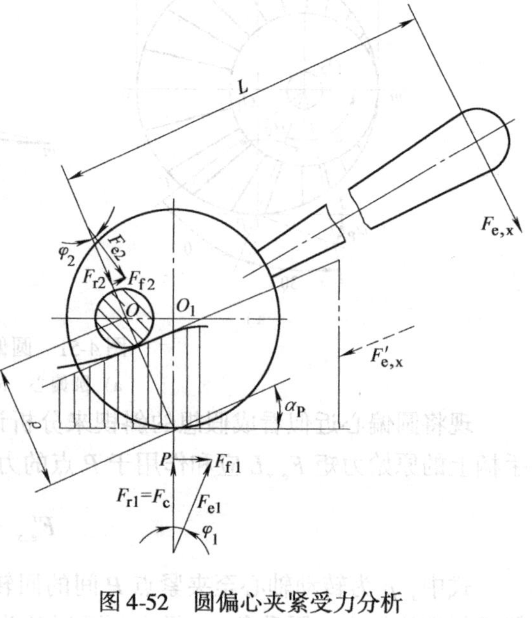

图 4-52 圆偏心夹紧受力分析

所以实际只能以工作段$\widehat{B'C'}$弧夹紧工件，也就是$\widehat{BC}$弧的总夹紧行程h_{BC}必须满足下式，即

$$h_{BC}=S_1+S_2+S_3+T$$

而由图4-53可知

$$h_{BC}=h_C-h_B$$

又 $$h_B=R-e\cos\beta_1;h_C=R+e[\cos(\pi-\beta_2)]=R-e\cos\beta_2$$

得出 $$h_{BC}=e(\cos\beta_1-\cos\beta_2)$$

为使所设计的圆偏心轮能够产生足够的夹紧行程，偏心量e值应为

$$e=\frac{S_1+S_2+S_3+T}{\cos\beta_1-\cos\beta_2}$$

标准偏心轮的e值在实际应用时一般取为1.3～7mm。

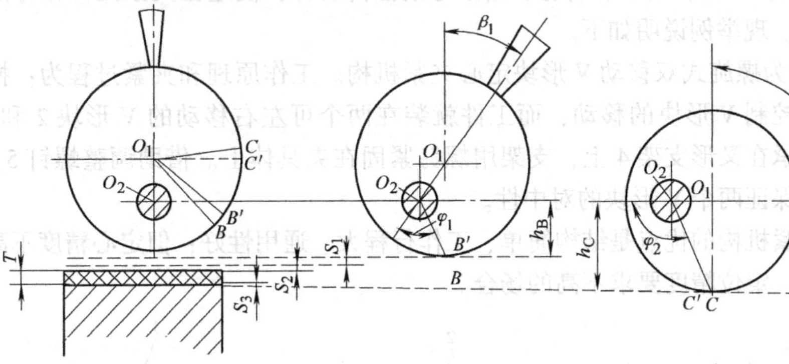

图4-53　圆偏心轮的夹紧行程

设计圆偏心轮的大体过程是：

1）确定夹紧行程h。

2）根据夹紧行程h确定偏心量e，一般推荐标准偏心距$e=1.3\sim7$mm。

3）根据自锁条件选定偏心轮直径D，并进行夹紧力验算。

4）按夹紧要求选取标准结构的偏心轮。

圆偏心夹紧机构具有结构简单、制造工艺性好、动作迅速等优点，但它的夹紧行程受偏心距的限制，直接提供的夹紧力也较小，故一般仅适用于工件被夹紧部位的尺寸公差较小和切削过程中受力不大、振动较小的场合。

4. 定心夹紧机构

定心夹紧机构的结构非常多而复杂。这里不介绍它们的设计过程，只介绍一些定心夹紧机构的工作原理和应用。如图4-54所示，以轴线、对称中心为工序基准的工件，为了使定位基准与工序基准重合，采用定心夹紧机构（亦称自动定心机构）是最合理的选择。它起着实现定心（定位基准与工序基准重合）和工件夹紧的双重作用。在这种机构中，与工件接触的元件既是定位元件，又是夹紧元件。定位夹紧元件在这种机构中能等速趋近或退离工件，所以能将定位基面的误差沿径向或沿对称面对称分布，从而使工件的轴线、对称中心不产生位移，实现定心夹紧作用。

根据传动方式的不同，定心夹紧机构可分为两类。

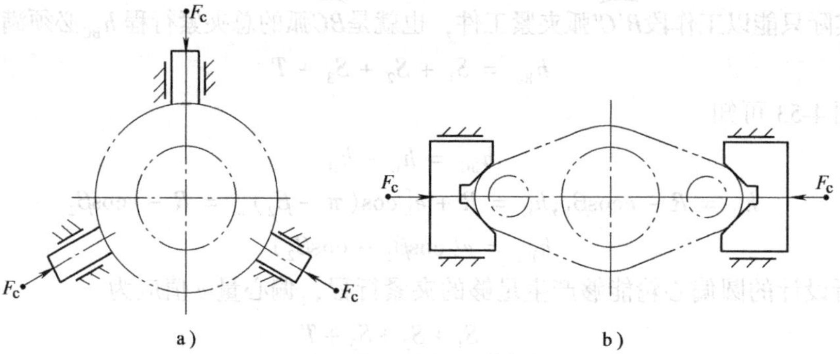

图 4-54　几何形状对称工件的定心机构

1）利用斜楔、螺旋、偏心、齿轮和齿条等刚性传动件，使定位夹紧元件作等速位移实现定心夹紧作用。现举例说明如下。

图 4-55 所示为螺旋式双移动 V 形块定心夹紧机构。工作原理和夹紧过程为：操纵具有左右旋的螺杆 1 控制 V 形块的移动，而工件就装在两个可左右移动的 V 形块 2 和 3 之间。螺杆 1 的中部支承在叉形支架 4 上，支架用螺钉紧固在夹具体上。借助调整螺钉 5、6 调节支架 4 的位置，保证两个 V 形块的对中性。

这种定心夹紧机构的优点是结构简单、工作行程大、通用性好；但定心精度不高。只适用于工作行程大、定位精度要求不高的场合。

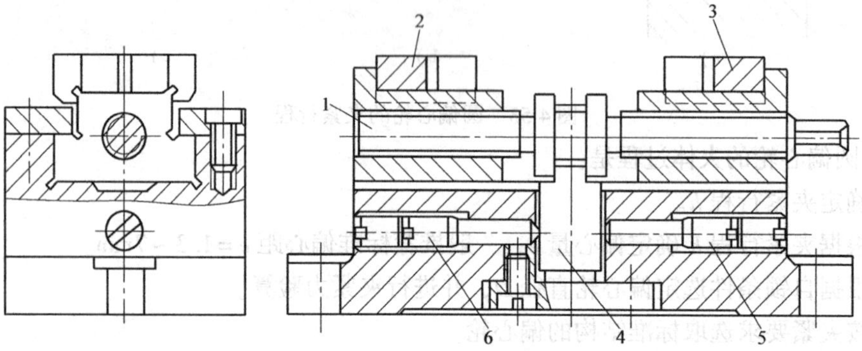

图 4-55　螺旋式双移动 V 形块定心夹紧机构

1—螺杆　2、3—V 形块　4—叉形支架　5、6—调整螺钉

图 4-56 所示为齿轮式定心夹紧机构。此机构装有三个与中心齿轮 4 相啮合的偏心卡爪 2，偏心卡爪分装在三个齿轮轴 3 上。当圆盘形工件装入后，松开手柄 1，在拉力弹簧 5 的作用下，偏心卡爪 2 使齿轮轴 3 逆时针转动，三个偏心卡爪同时将工件定心并夹紧。若想松开工件，可顺时针转动手柄 1。

齿轮式定心夹紧机构因存在齿轮传动间隙和其他零件的制造误差等，其定心精度低，较广泛地应用在盘形零件（如齿坯等）的钻、扩孔等工序中。但其具有夹紧力随切削扭矩增加而增大、结构简单、操纵方便、通用性好的优点。

图 4-57 所示为斜楔式定心夹紧机构。由手动或由液压、气动活塞杆动作而使拉杆产生拉力 $F_{e,x}$，在拉力的作用下，斜楔 2 产生轴向移动。三个卡爪 1 沿斜楔 2 相对滑动时能同时径向移动，从而使装在卡爪上的套筒类零件得到定心夹紧。该夹紧机构主要用在工件大孔的

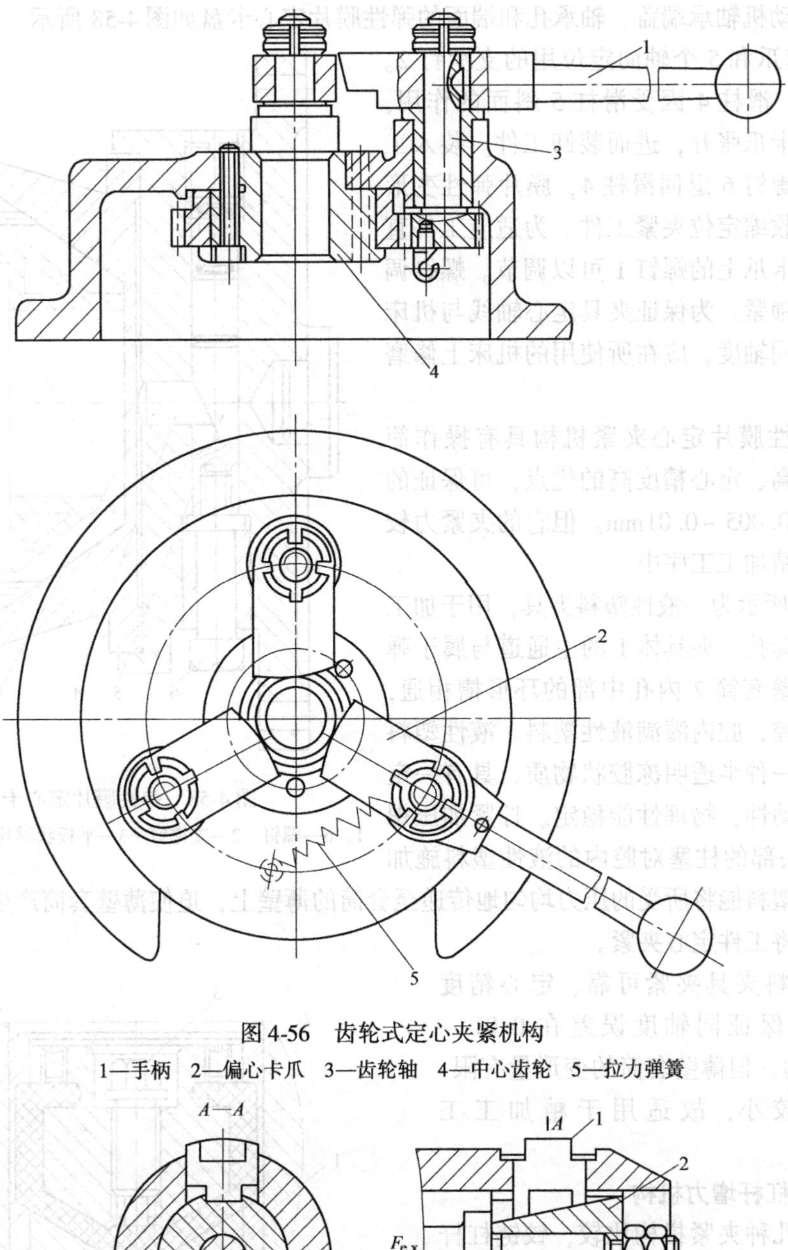

图 4-56　齿轮式定心夹紧机构

1—手柄　2—偏心卡爪　3—齿轮轴　4—中心齿轮　5—拉力弹簧

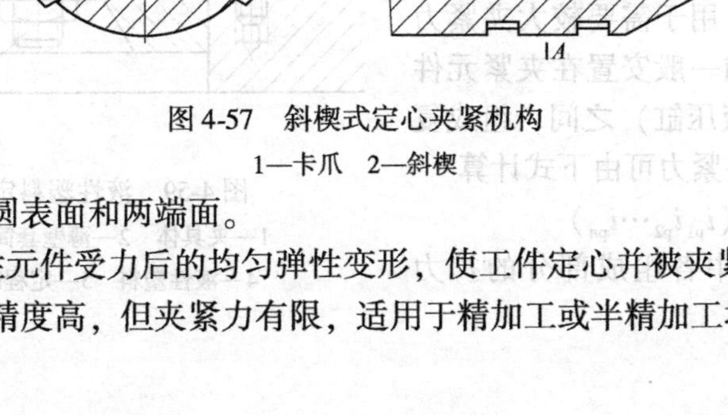

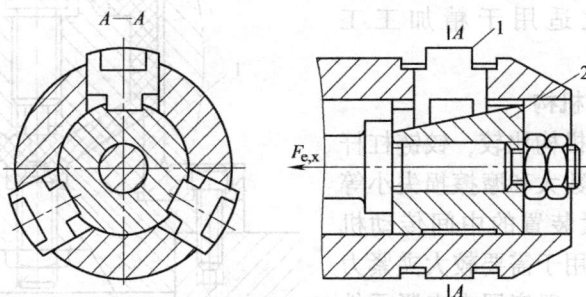

图 4-57　斜楔式定心夹紧机构

1—卡爪　2—斜楔

定心夹紧，加工其外圆表面和两端面。

2）利用薄壁弹性元件受力后的均匀弹性变形，使工件定心并被夹紧。这种定心夹紧机构和上一类相比定心精度高，但夹紧力有限，适用于精加工或半精加工场合。

精车发动机轴承端盖、轴承孔和端面的弹性膜片定心卡盘如图4-58所示。平板状膜片3上有10个卡爪和5个轴向定位用的支承钉2。转动螺钉6，滑柱4因受滑柱5斜面的作用，使膜片变形卡爪张开，进而装卸工件。装入工件后，反转螺钉6退回滑柱4，膜片弹性变形恢复，卡爪收缩定位夹紧工件。为适应工件直径的变化，卡爪上的螺钉1可以调节。螺钉调节后用螺母锁紧。为保证夹具定心轴线与机床旋转轴线的同轴度，应在所使用的机床上修磨定位面。

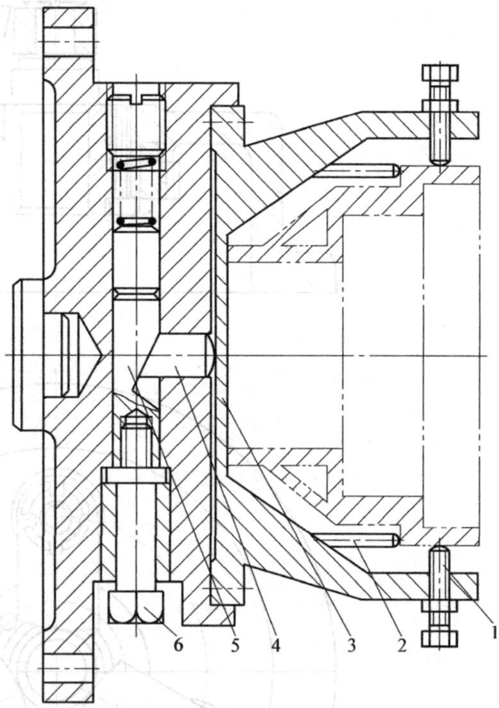

图4-58　弹性膜片定心卡盘

1、6—螺钉　2—支撑钉　3—平板状膜片　4、5—滑柱

这种弹性膜片定心夹紧机构具有操作简便、生产率高、定心精度高的优点，可保证的定心精度为0.005～0.01mm。但它的夹紧力较小，多用在精加工工序中。

图4-59所示为一液性塑料夹具，用于加工连杆小头衬套孔。夹具体1的主通道与属于弹性元件的薄壁套筒2内孔中部的环形槽相通，形成一密封腔，腔内灌满液性塑料。液性塑料在常温下是一种半透明冻胶状物质，具有一定的弹性和流动性，物理性能稳定。拧紧加压螺钉3，螺钉头部的柱塞对腔内的液性塑料施加压力，液性塑料能将所受的压力均匀地传递至套筒的薄壁上，迫使薄壁套筒产生均匀的径向弹性变形，将工件定心夹紧。

液性塑料夹具夹紧可靠、定心精度高，一般可保证同轴度误差在0.01～0.02mm之内。但薄壁套筒的变形量有限，夹持范围较小，故适用于精加工工序。

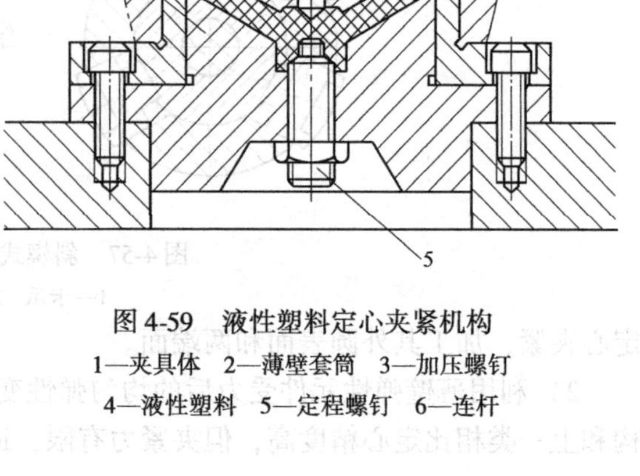

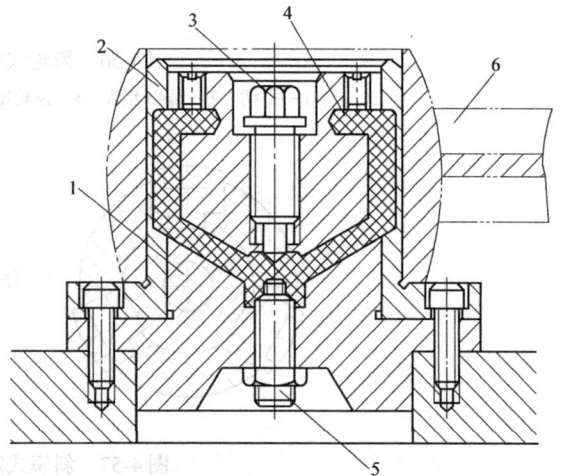

图4-59　液性塑料定心夹紧机构

1—夹具体　2—薄壁套筒　3—加压螺钉　4—液性塑料　5—定程螺钉　6—连杆

5. 铰链杠杆增力机构

同上述几种夹紧机构比较，铰链杠杆夹紧机构具有扩力系数大和摩擦损失小等优点，它多用作夹紧装置的中间传动机构，可扩大夹紧力，用于需要较大夹紧力的场合。此增力机构一般安置在夹紧元件和动力源（气缸或液压缸）之间，组成复合的增力机构。其夹紧力可由下式计算

$$F_c = F_{e,x}(i_{p1}i_{p2}\cdots i_{pn})$$

括号内是复合机构中各组成部分的扩力比。

图 4-60 所示为单作用铰链杠杆夹紧机构。当活塞向左移动时，滚子 2 在垫块 1 上移动，把压板 4 的左端拉下而将工件放松。活塞若向右移动，则夹紧工件。借助螺纹可调节杠杆 3 的长度，从而调整其夹紧时的工作位置。

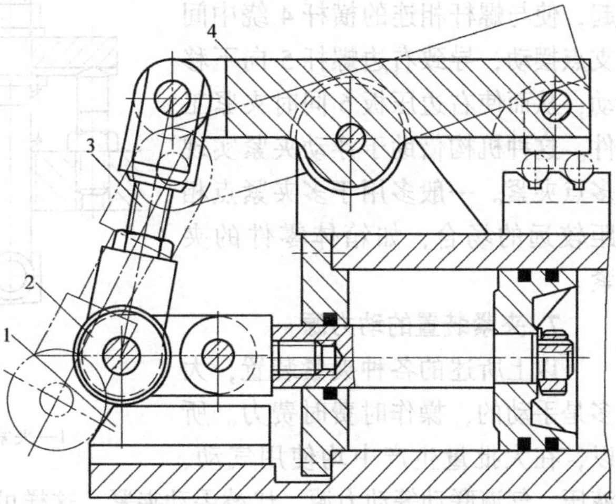

图 4-60　单作用铰链杠杆夹紧机构

1—垫块　2—滚子　3—杠杆　4—压板

铰链杠杆夹紧机构虽具有扩力比较大、摩擦损失较小的优点，但自锁性能较差。

6. 多件多位夹紧机构

若需要同时在几个点对工件进行夹紧或需要同时夹紧几个工件，则可以采用各种多点多件联动夹紧机构。

（1）多件平行夹紧机构　如图 4-61 所示。其中 a 图是四根轴在 V 形块上定位，用螺旋压板机构夹紧多件工件的夹具。夹紧元件做成铰链式结构是因为工件有尺寸偏差，这样可使夹紧力均匀地分布在四个工件上。b 图结构为液性塑料多件夹紧机构，夹紧柱塞通过液性塑料的流动补偿同批工件尺寸误差的变化，实现多件均匀地夹紧。这两种夹具都是平行夹紧多个工件的，总的夹紧力较大。

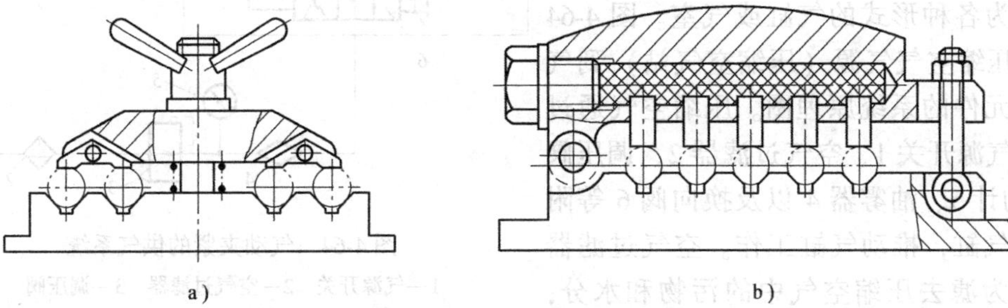

a）　　　　b）

图 4-61　多件平行夹紧机构

a）铰链式　b）液性塑料式

（2）多件顺序夹紧机构　如图 4-62 所示，用于铣轴承盖两端面。夹紧时通过夹紧螺钉 2 将工件顺序地夹紧。夹紧力顺次地由一个工件传至另一个工件上。V 形定位压板 1 可绕销轴 3 转动，以保证各工件都被夹紧。若不计摩擦损失，每个工件的夹紧力等于螺钉产生的夹紧力。这种夹紧方式，因工件的尺寸误差依次传递，逐个积累，故适用于工件的加工表面和夹紧力方向相平行的场合。

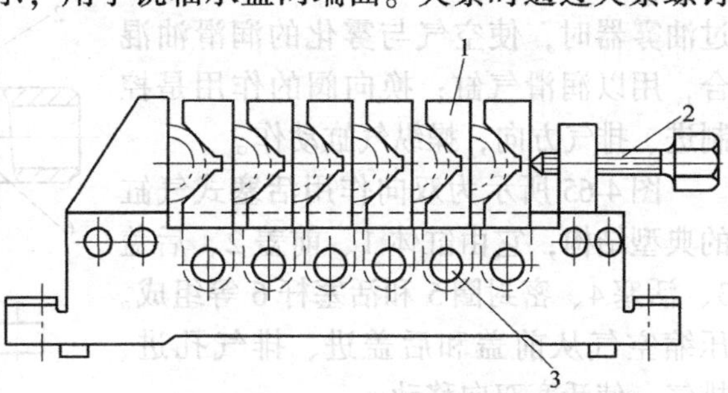

图 4-62　多件顺序夹紧机构

1—V 形定位压板　2—夹紧螺钉　3—销轴

（3）多位夹紧机构　如图 4-63 所示，

可将一套夹紧机构的夹紧力施加在同一工件多处表面上。当旋紧左边的夹紧螺母1时，压板2向下夹紧工件，而螺杆3向上提起，使与螺杆相连的横杆4绕中间支点摆动，导致右边螺杆5向下移动，从而使右边压板6同时夹紧工件。这种机构借助于浮动夹紧实现多点夹紧。一般多用于多夹紧点相距较远的场合，如箱体零件的夹紧。

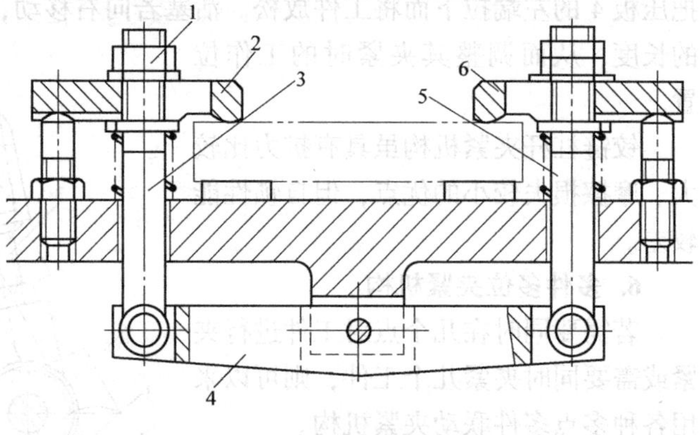

图4-63　多位夹紧机构

1—夹紧螺母　2、6—压板　3、5—螺杆　4—横杆

7. 夹紧装置的动力源

以上所述的各种夹紧装置，大多是手动的，操作时费时费力。所以，在大批量生产中均使用气动、液压、气液联动等动力源，代替手动夹紧，这样可改善劳动条件和提高生产率。其中用得较多的是气动和液压传动装置。下面介绍气动夹紧的动力装置。

压缩空气是气动夹紧的能源，它一般由集中的压缩空气站通过管路供应，因此每台机床无需空气压缩机等设备。动力执行装置为各种形式的气缸或气室。图4-64所示为压缩空气气源（压缩空气站）到气动执行元件的系统原理图。压缩空气通过管路经气源开关1、空气过滤器2、调压阀3、压力计5、油雾器4以及换向阀6等附件进入气缸，推动气缸工作。空气过滤器的作用为滤去压缩空气中的污物和水分；调压阀的作用是控制进入气缸的空气压力，并使其保持稳定，一般压力稳定在400～600kPa；油雾器的作用是当压缩空气通过油雾器时，使空气与雾化的润滑油混合，用以润滑气缸；换向阀的作用是控制进、排气方向，操纵气缸动作。

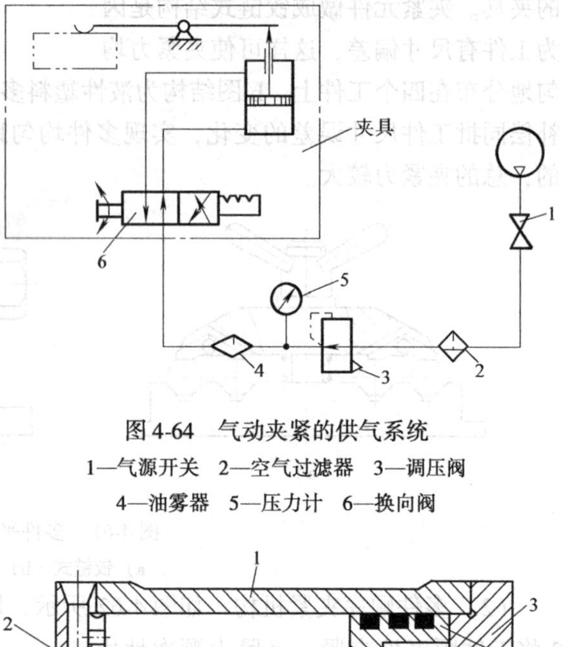

图4-64　气动夹紧的供气系统

1—气源开关　2—空气过滤器　3—调压阀　4—油雾器　5—压力计　6—换向阀

图4-65所示为双向作用活塞式气缸的典型结构，它由缸体1、前盖2、后盖3、活塞4、密封圈5和活塞杆6等组成。压缩空气从前盖和后盖进、排气孔进、排气，使活塞双向移动。

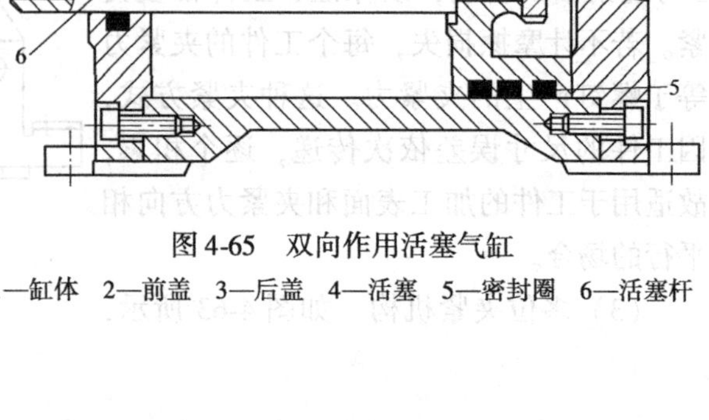

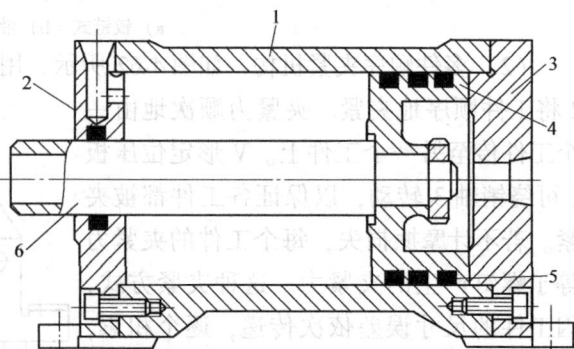

图4-65　双向作用活塞气缸

1—缸体　2—前盖　3—后盖　4—活塞　5—密封圈　6—活塞杆

气缸按其安装方式不同可分为以下三类：

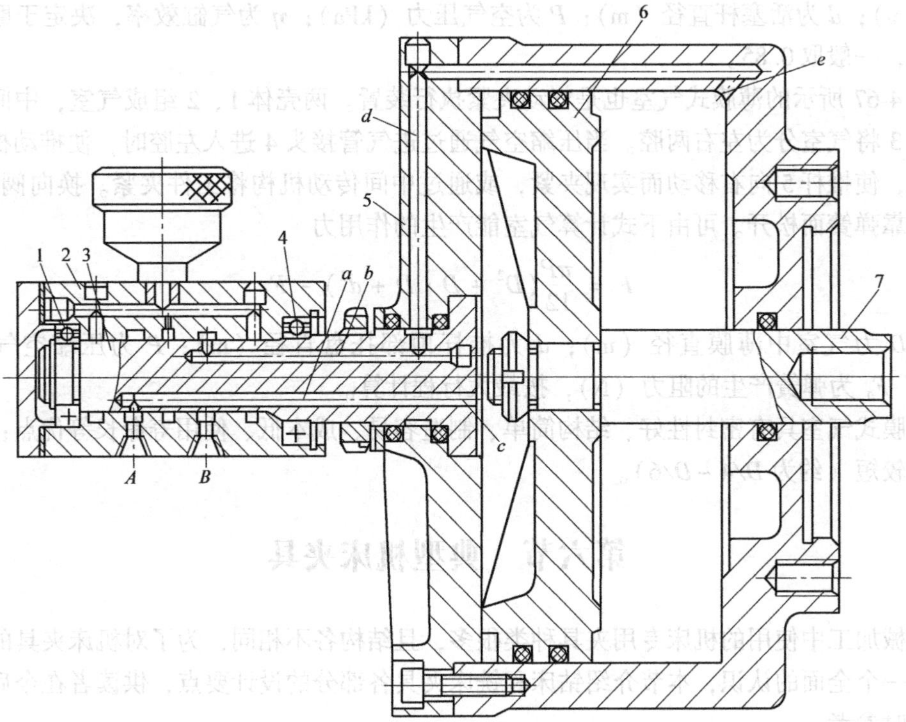

图 4-66　回转式活塞气缸

1、4—滚动轴承　2—导气管接头　3—支承心轴　5—气缸盖　6—活塞　7—活塞杆

a、b、c、d、e—通气孔道　A、B—进、排气接头

（1）固定式　如图 4-65 所示，通常固定在夹具体上。

（2）摆动式　如图 4-38 所示。

（3）回转式　如图 4-66 所示，为常用于车床、内孔磨床夹具中的一种回转式双向气缸结构，安装在主轴尾部上，随主轴旋转。其工作原理如下：支承心轴 3 用螺钉紧固在气缸盖 5 上，随气缸一起在滚动轴承 1、4 内旋转。导气管接头 2 固定不动，压缩空气可由接头 A 经支承心轴 3 通道 a，从 c 孔进入气缸左腔，或由接头 B 经 b、d、e 孔进入右腔。

可按下式计算回转式活塞气缸产生的作用力

推力　$$F=\frac{\pi}{4}D^2P\eta \tag{4-15}$$

拉力　$$F=\frac{\pi}{4}(D^2-d^2)P\eta \tag{4-16}$$

式中，F 为气缸产生的作用力（N）；D 为活塞

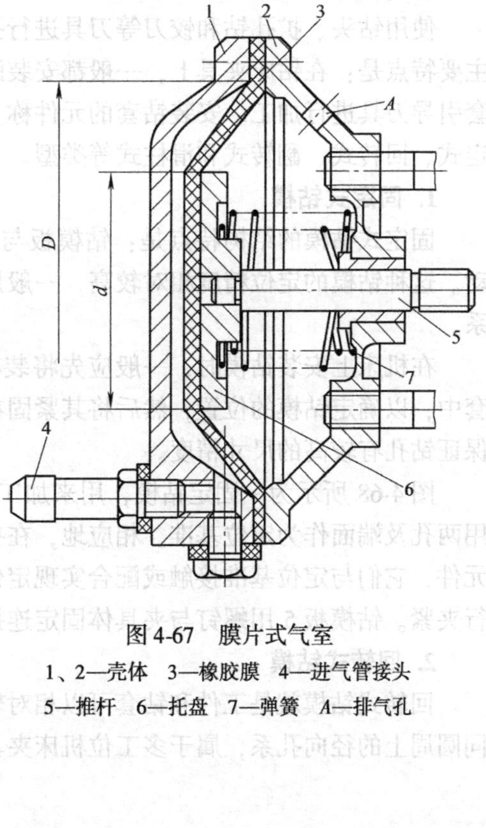

图 4-67　膜片式气室

1、2—壳体　3—橡胶膜　4—进气管接头

5—推杆　6—托盘　7—弹簧　A—排气孔

直径（m）；d 为活塞杆直径（m）；P 为空气压力（kPa）；η 为气缸效率，决定于摩擦及密封情况，一般取0.85。

图4-67所示的薄膜式气室也是气动夹紧执行装置。两壳体1、2组成气室，中间装有一橡胶膜3将气室分为左右两腔。当压缩空气通过进气管接头4进入左腔时，便推动橡胶膜压缩弹簧，使推杆5向右移动而实现夹紧，或通过中间传动机构将工件夹紧。换向阀换向后，推杆5靠弹簧而松开。可由下式计算气室能产生的作用力

$$F = \frac{\pi P}{12}(D^2 + D \cdot D + d^2) - F_1 \tag{4-17}$$

式中，D 为气室中薄膜直径（m）；d 为推杆顶部托盘直径（m）；P 为压缩空气的压力（kPa）；F_1 为弹簧产生的阻力（N），按最大行程计算。

薄膜式气室具有密封性好、结构简单、制造容易、成本低、使用寿命长等优点；其缺点是行程较短（约为 $D/4 \sim D/6$）。

第六节　典型机床夹具

机械加工中使用的机床专用夹具种类很多，且结构各不相同，为了对机床夹具的结构和特点有一个全面的认识，本节介绍钻床和铣床夹具各部分的设计要点，供读者在今后设计机床夹具时参考。

一、钻床夹具

（一）钻床夹具的主要类型

使用钻头、扩孔钻和铰刀等刀具进行孔加工的机床夹具叫钻床夹具，又称为钻模。它的主要特点是：在钻床夹具上，一般都安装距定位元件有一定位置和尺寸要求的钻套，通过钻套引导刀具进行加工。安装钻套的元件称为钻模板。根据使用上的不同，钻床夹具可分为固定式、回转式、翻转式和滑柱式等类型。

1. 固定式钻模

固定式钻模的结构特点是：钻模板与夹具体固定连接，加工过程中钻模的位置固定不动。这种钻模的定位精度相对较高，一般用于立式钻床加工单孔或在摇臂钻床上加工平行孔系。

在机床上安装钻模时，一般应先将装在主轴上的钻头（精度要求高时用心轴）插入钻套中，以确定钻模的位置，然后将其紧固在机床工作台上。这样既可减少钻模的磨损，又可保证钻孔有较高的尺寸精度。

图4-68所示为一固定钻模，用来加工连杆类零件上的锁紧孔。根据工件加工要求，选用两孔及端面作为定位基准。相应地，在夹具上用挡套2、活动心轴4及菱形销8作为定位元件，它们与定位基准接触或配合实现定位。用螺母7、开口垫片3和活动心轴4对工件进行夹紧。钻模板5用螺钉与夹具体固定连接。

2. 回转式钻模

回转式钻模就是工件和钻套可以相对转动，以便加工同一圆周上的平行孔系，或分布在同圆周上的径向孔系，属于多工位机床夹具。回转式钻模，大多数是专用的钻床夹具和标准

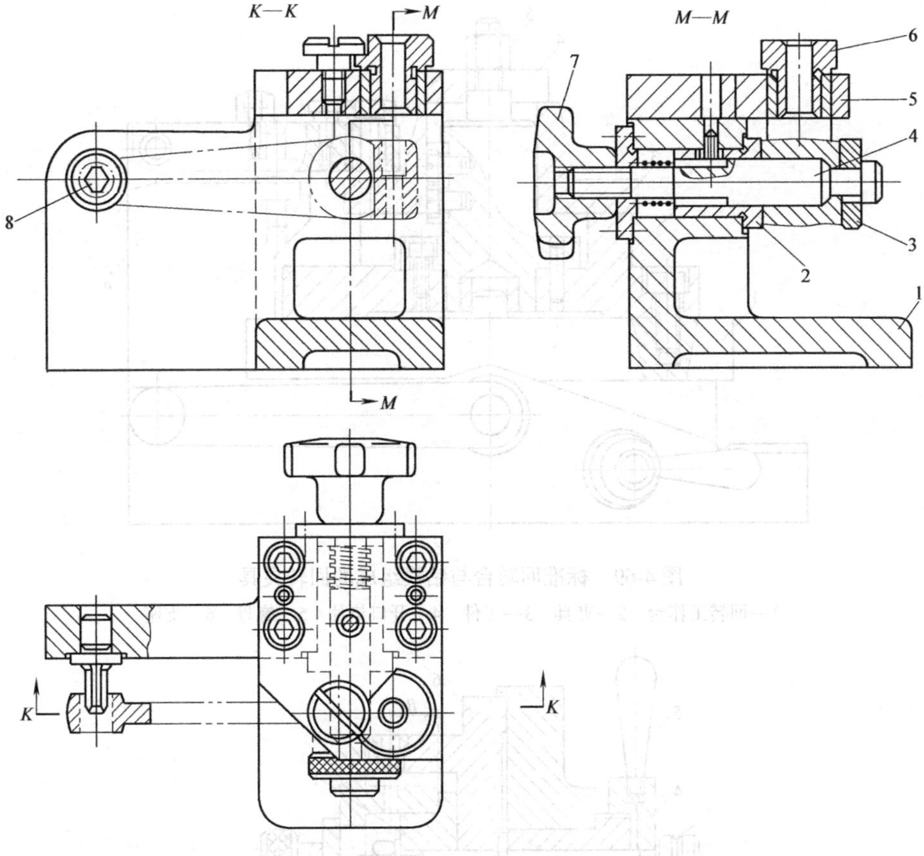

图 4-68　固定式钻模

1—夹具体　2—挡套　3—开口垫片　4—活动心轴　5—钻模板　6—钻套　7—螺母　8—菱形销

回转台联合组成。图 4-69 所示为立轴回转台与钻模组成一多工位钻床夹具的实例。在这个夹具中，工件 3 装夹在以回转工作台 1 为基础件的标准回转分度机构上，利用标准回转分度机构相对于钻套的旋转，来完成工件圆周方向分布的各个孔。图 4-70 所示为一套专用回转钻模。工件通过分度机构的分度在一次装夹中完成三个均布径向孔的加工。在分度盘 6 的端面有三个分度锥孔，圆周上有三个径向均布的钻套。加工时，在弹簧力的作用下分度销 2 插入分度锥孔中，从左端看逆时针转动手柄 5，带有内螺纹的环套 4 通过锁紧螺母 7，使分度盘 6 锁紧在夹具体 3 上。当钻完第一个孔后，顺时针转动手柄 5，则环套 4 上的凹形斜面将分度销 2 从锥孔中拔出。接着用手转动分度盘至下一个锥孔与分度销对准时，分度销在弹簧力的作用下插入另一个锥孔中，再锁紧分度盘钻第二个孔，依次再加工第三个孔。

3. 滑柱式钻模

这种钻模的特点是钻模板装在可升降的滑柱上。这种夹具结构和尺寸系列已经标准化。图 4-71 所示为滑柱式钻模的标准结构，它由斜齿轮轴 1、齿条轴 2、钻模板 3、两根导向滑柱 5 以及夹具体等部分所组成。

使用时，如转动手柄 6 可使斜齿轮轴 1 转动，并带动齿条轴、钻模板 3 上下移动，进而松开和夹紧工件。当钻模板向下与工件接触，并将工件夹紧后，继续转动手柄，斜齿轮轴的锥体 *A* 可实现锁紧功能。

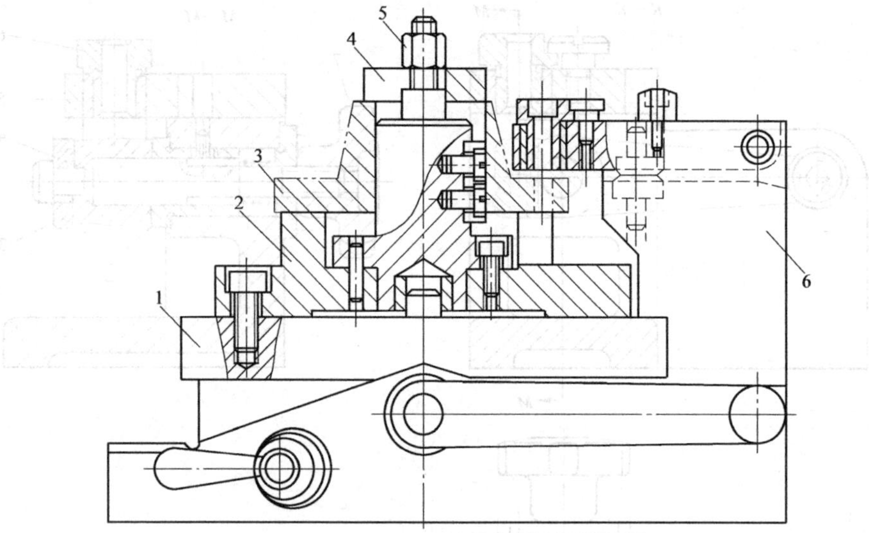

图 4-69 标准回转台与钻模组成的回转夹具

1—回转工作台 2—夹具 3—工件 4—开口垫片 5—螺母 6—支座

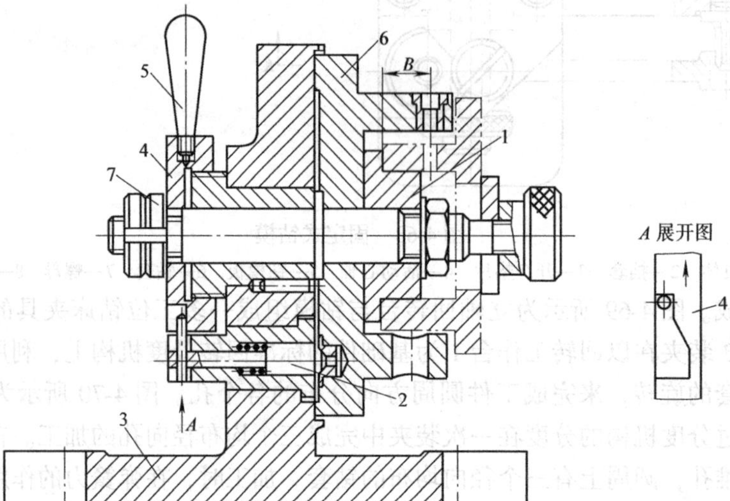

图 4-70 专用回转钻模

1—定位环 2—分度销 3—夹具体 4—环套

5—手柄 6—分度盘 7—锁紧螺母

因工件结构形状、尺寸和加工要求等条件不同，设计时需设计相应的定位元件、夹紧装置和钻套，将它们装在夹具体的平台或钻模板上的适当位置，就成为一专用钻模。图 4-72 为钻连杆小头孔用的滑柱式专用钻模，是根据标准化的滑柱钻模设计的。

(二) 钻套

钻套是引导加工刀具的元件，其作用有二：一是确定刀具相对于夹具定位元件的位置；二是提高孔加工刀具的刚度，防止在加工中发生弯曲与偏斜。按钻套的结构和使用情况不同，可分为标准化钻套和特殊钻套；标准化钻套包括固定式、可换式、快换式三种。

1. 钻套的构造

标准化的钻套结构如图 4-73 所示。图 4-73a、b 所示为固定式钻套的两种形式，它们多用于中、小批生产，使用过程中不需要经常更换钻套。钻套外径和钻模板的孔以 H7/n6 相配合。固定式钻套结构较为简单，可获得较高的精度。图 4-73c 所示为可换式钻套。这种钻套用在生产量较大、使用过程中需要更换磨损了的钻套的场合。可换式钻套装在衬套中，衬套按 H7/n6 的配合压入夹具体内，可换钻套外径与衬套内径一般采用 H7/g6 或 H7/h6 的配合。为防止在加工过程中钻头与钻套内径摩擦而使钻套发生转动，或退刀时钻套随刀具抬起，采用螺钉加以固定。图 4-73d 所示为快换式钻套。当一次安装中顺次进行钻、扩、铰孔，需要使用不同内径的钻套来引导刀具时，可使用快换式钻套。

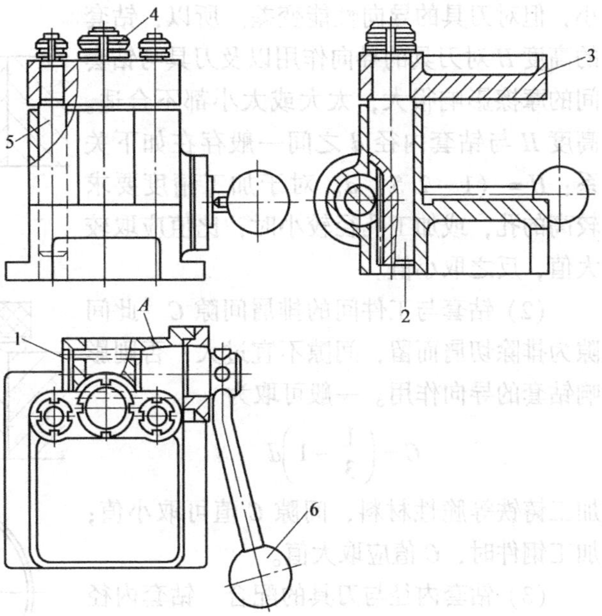

图 4-71　滑柱式钻模的标准结构
1—斜齿轮轴　2—齿条轴　3—钻模板　4—螺母
5—导向滑柱　6—手柄

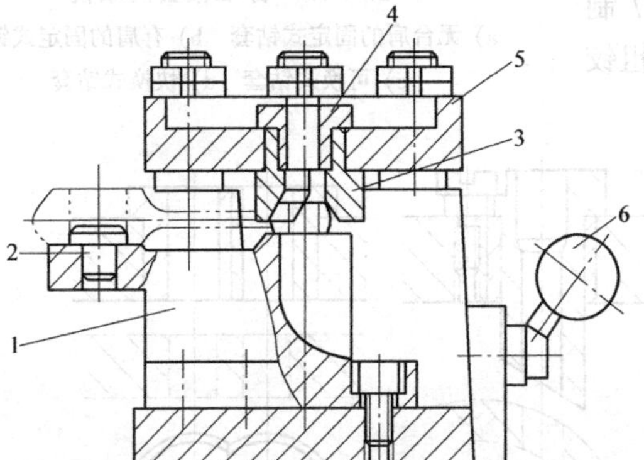

图 4-72　钻连杆小头孔用的滑柱式钻模
1—支架　2—定位销　3—衬套定位夹紧件　4—钻套　5—钻模板　6—手柄

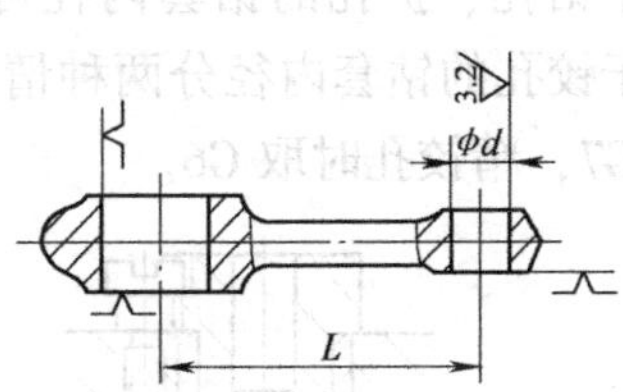

使用时，只要将钻套朝逆时针方向转动一个角度，使得螺钉的头部刚好对准钻套上的缺口，然后往上一拔，就可取下钻套。

图 4-74 列出了几种特殊结构的钻套，其中图 a 为用于加工深坑底面孔的加长钻套；图 b 用于加工曲面上的孔；图 c 用于加工孔间距很小的孔。

2. 钻套有关尺寸及其偏差

(1) 钻套的高度 H　如图 4-75 所示，若钻套的导向高度大，对刀具的导向作用好，但刀具与钻套间的摩擦会增大；反之，若钻套的导向高度小，虽然刀具与钻套间的摩擦会减小，但对刀具的导向性能变差。所以，钻套的高度 H 对刀具的导向作用以及刀具与钻套间的摩擦影响很大，太大或太小都不合适。高度 H 与钻套内径 d 之间一般存在如下关系：$H=(1\sim2.5)d$。对于加工精度要求较高的孔，或加工孔径较小时，比值应取较大值，反之取小值。

（2）钻套与工件间的排屑间隙 C　此间隙为排除切屑而留，间隙不宜过大，否则影响钻套的导向作用。一般可取为

$$C=\left(\frac{1}{3}\sim1\right)d$$

加工铸铁等脆性材料，间隙 C 值可取小值；加工钢件时，C 值应取大值。

（3）钻套内径与刀具的配合　钻套内径与刀具采用间隙配合的原则。根据刀具的种类和被加工孔的尺寸精度来确定内径的尺寸及其偏差。为防止加工时刀具和钻套咬死，钻套内径基本尺寸 d 应选择刀具最大极限尺寸。用于钻孔、扩孔的钻套内径可按 F7 制造；用于铰孔的钻套内径分两种情况：粗铰孔时取 G7，精铰孔时取 G6。

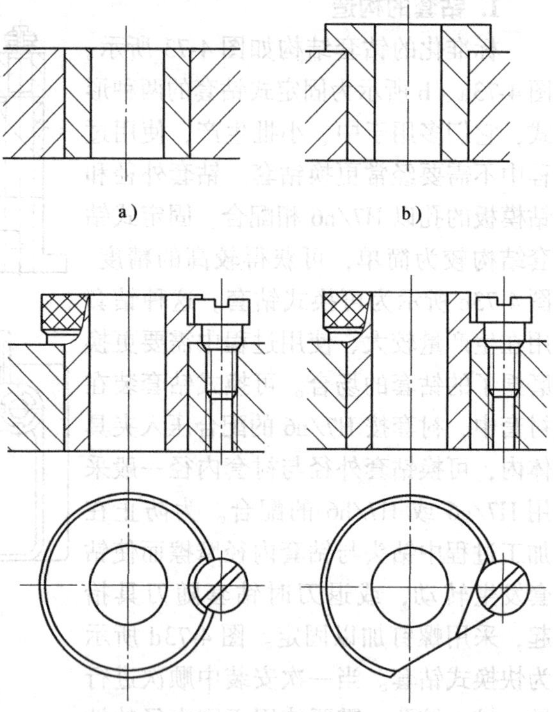

图 4-73　标准钻套的结构

a）无台肩的固定式钻套　b）有肩的固定式钻套　c）可换式钻套　d）快换式钻套

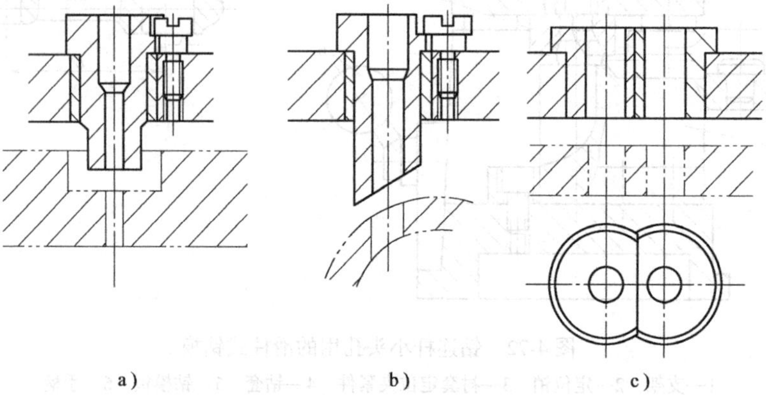

图 4-74　特殊钻套的结构

（三）钻模板

安装钻套的零件就是钻模板。按其与夹具体的连接方式不同，可分为固定式、铰链式、悬挂式、升降式和可拆式等。下面介绍前三种。

（1）固定式钻模板　钻模板和夹具体或支架固连在一起（参见图 4-68），两者之间没有相对运动。也即钻模板上的钻套相对于夹具体或支架是固定的，所以加工的位置精度较高。

（2）铰链式钻模板　钻模板与夹具体为铰链连接，如图 4-76 所示。加工时，钻模板需

用菱形螺母或其他方法予以锁紧。

（3）悬挂式钻模板　若采用多轴传动头进行平行孔系加工时，所用的钻模板需悬挂在多轴传动箱上，并随机床主轴往复移动，故称为悬挂式钻模板。图4-77所示为用于立式钻床上的多轴传动头及悬挂钻孔夹具。钻模板装在两根导柱上，从而确定了钻模板相对于夹具体的位置。随着机床主轴下降，钻模板压在工件上，并借助弹簧的压力将工件压紧。机床主轴继续下降，钻头进行钻孔。钻削完毕，钻头退出工件，钻模板也随机床主轴上升，恢复到原始位置。这样，装卸工件时可省去移开钻模板的时间。因钻模板的定位采用活动连接，所以被加工孔与定位基准间尺寸误差较大，精度只能达到±0.2～0.25mm。

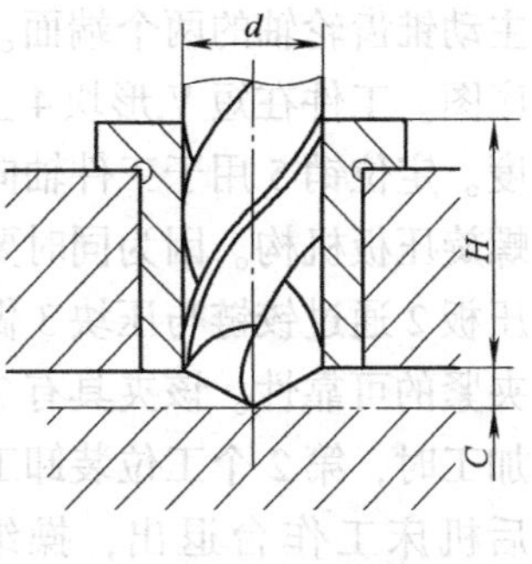

图4-75　钻套与钻模板

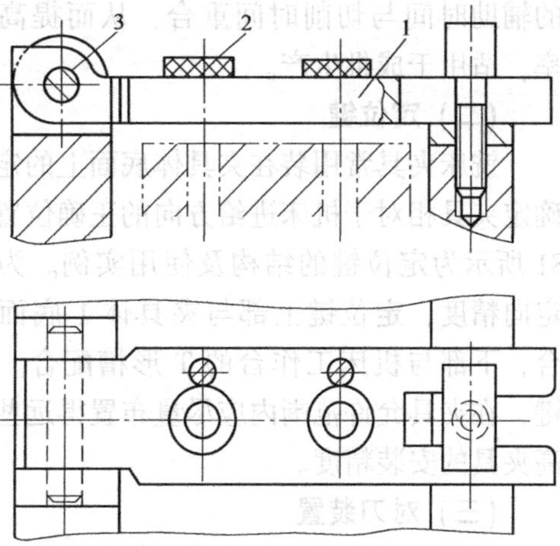

图4-76　铰链式钻模板

1—钻模板　2—钻套　3—销轴

二、铣床夹具

（一）铣床夹具的主要类型

铣床夹具是生产中应用很广泛的一种夹具。铣床夹具多数是安装在机床工作台上的，并和工作台一起作进给运动。铣削的进给方式在很大程度上决定了铣床夹具的整体结构。常用的有直线进给的和圆周进给的铣削夹具。按在夹具中同时装夹的工件数不同，还可分为单件和多件装夹的铣床夹具。

（1）单件装夹的铣床夹具　图4-78所示为单件加工、直线进给的铣床夹具，用于铣削工件上的槽。工件以一面两孔定位，夹具上相应的定位元件为支承板、一个圆柱销和一个菱形销。工件的夹紧通过螺旋压板夹紧机构来实现。卸工件时，松开压紧螺母，螺旋压板在弹簧作用下抬起，转离工件的夹紧表面。使用定位键5和对刀块4，确定夹具与机床、刀具与夹具正确的相对位置。

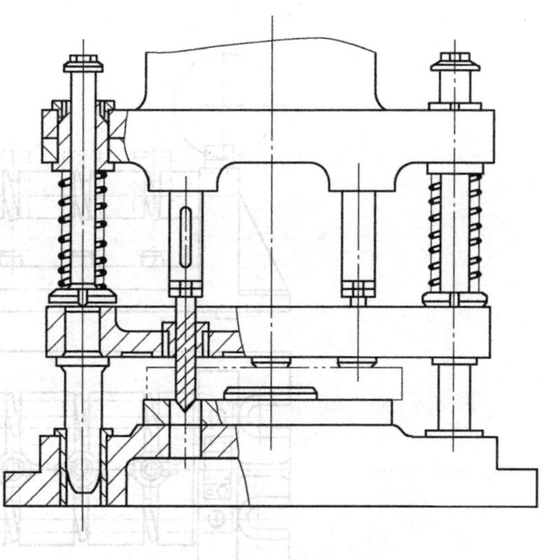

图4-77　悬挂式钻模板

（2）多件装夹的铣床夹具　图4-79所示为直线进给、多件装夹的铣床夹具，用于在小轴端面上铣削一通槽。工件以V形块和支承钉定位，每次装夹6个工件，由薄膜式气室的推杆直接顶在右端第一个活动V形块上，顺序夹紧每个工件。由于采用多件夹紧机构，辅助时间少，生产率较高，所以适用于成批大量生产。

（3）双工位铣床夹具　图4-80a所示为双工位多件加工的铣床夹具，用于铣削汽车后桥主动锥齿轮轴的两个端面。图4-80b所示为其工序图。工件在短V形块4上定位，限制4个自由度。定位销5用于工件轴向定位。夹紧工件采用螺旋压板机构。因为同时要夹紧2个工件，所以压板2通过铰链与压块3做成活动连接，以保证夹紧的可靠性。该夹具有2个工位，第1个工位加工时，第2个工位装卸工件。加工完一个端面后机床工作台退出，操纵转台连同夹具同转180°，然后继续加工另一端面，这样使装卸工件的辅助时间与切削时间重合，从而提高了生产率，适用于成批生产。

（二）定位键

铣床夹具常用装在夹具体底面上的定位键来确定夹具相对于机床进给方向的正确位置。图4-81所示为定位键的结构及使用实例。为了提高定向精度，定位键上部与夹具体1底面的槽配合，下部与机床工作台的T形槽配合。两定位键，在夹具允许范围内应尽量布置得远些，以提高夹具的安装精度。

（三）对刀装置

铣削夹具使用对刀装置可便于迅速确定刀具相对于夹具的相对位置。对刀装置由对刀块及塞尺组成。塞尺的主要作用是检验调刀尺寸的精

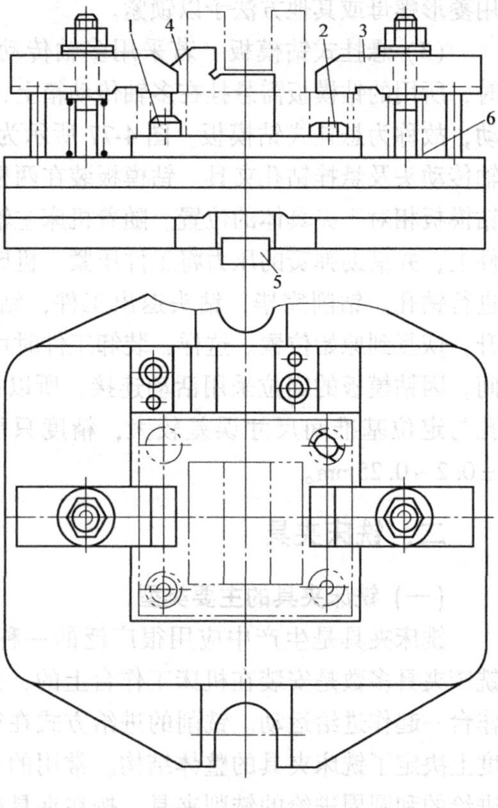

图4-78　单件加工铣床夹具
1—圆柱销　2—菱形销　3—螺旋压板　4—对刀块
5—定位键　6—弹簧

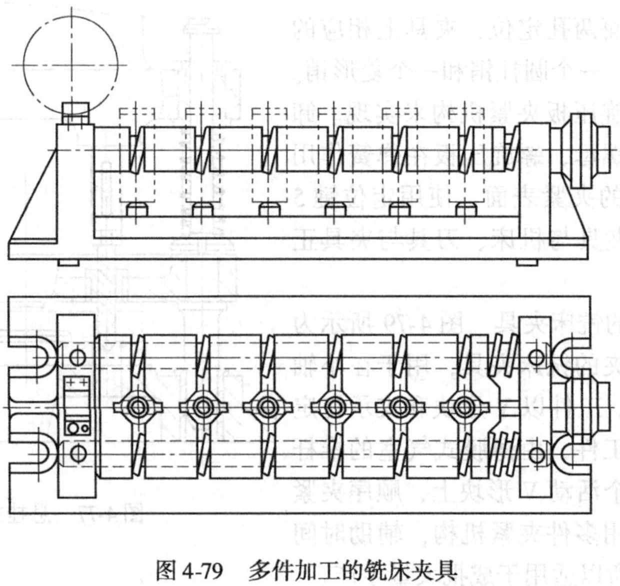

图4-79　多件加工的铣床夹具

度，其次是保证刀具和对刀块的表面之间应留有一定间隙，以免在加工过程中造成对刀块的

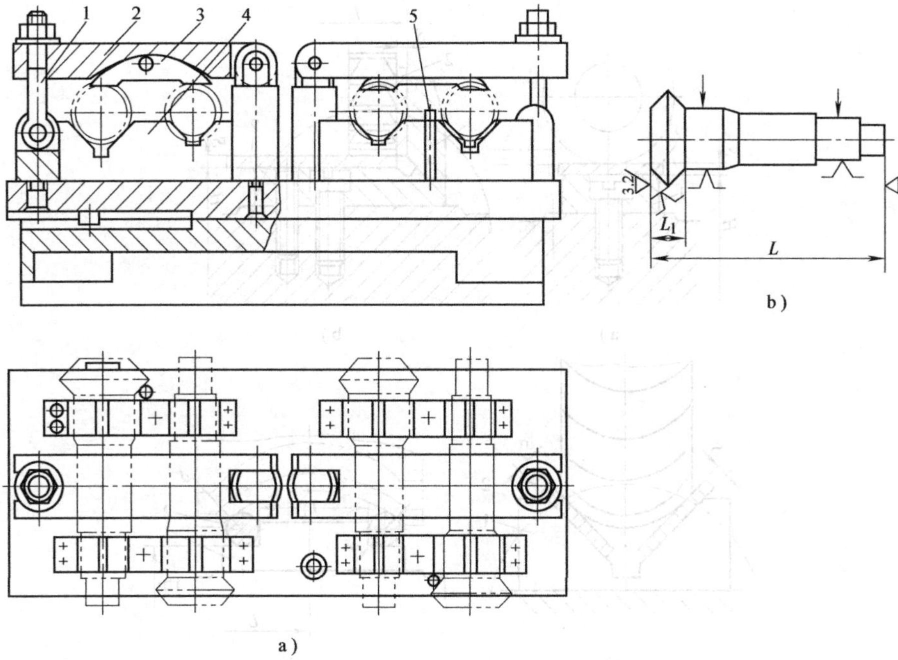

图 4-80　双工位铣床夹具和工序图

1—螺钉　2—压板　3—压块　4—V 形块　5—定位销

损坏。常用塞尺的尺寸 S 为 1mm、2mm、3mm、4mm、5mm，按 h8 精度制造。图 4-82 所示为铣床夹具中常见的对刀装置结构。图 a 为用于铣削平面的对刀装置；图 b 为用于铣削槽的对刀装置；图 c、d 为用于铣削成形表面的对刀装置。对刀装置还应有严格的尺寸要求，如图 4-82 中的 H 及 L 尺寸是对刀块工作表面与定位元件基准间要求的位置尺寸。若对刀要求较高而夹具上不便设置对刀装置时，也可以采用试切法或按样件对刀。

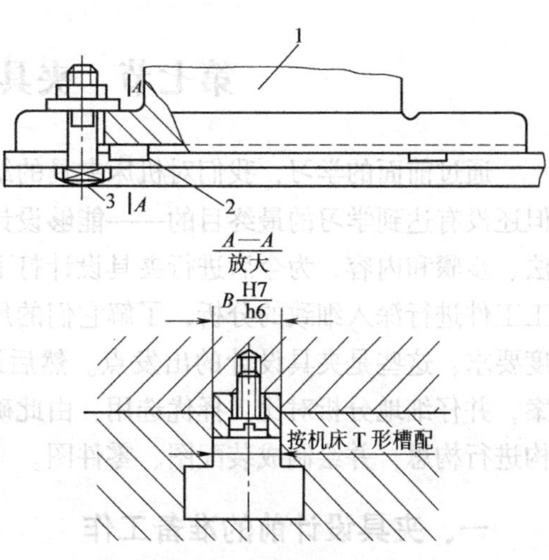

图 4-81　定位键的结构及使用实例

1—夹具体　2—定位键　3—T 形螺钉

（四）对铣床夹具的要求

1）由于铣削时切削力较大，且为断续切削，易产生振动，因此铣床夹具应有足够的强度和刚度。

2）铣床夹具的夹紧力应足够大，且有较好的自锁性能。

3）夹具的高度和重心应尽量低。工件的加工表面应尽可能地靠近工作台面，以降低夹具的重心。通常夹具体的高度与其宽度之比限制在 $H/B \leqslant 1 \sim 1.25$ 范围内。

4）根据实际情况设置必要的加强肋，以提高夹具的刚性和抗振性。

5）铣削加工时切屑较多，夹具应有足够的排屑空间。清理切屑要安全方便，并注意切屑的流向。

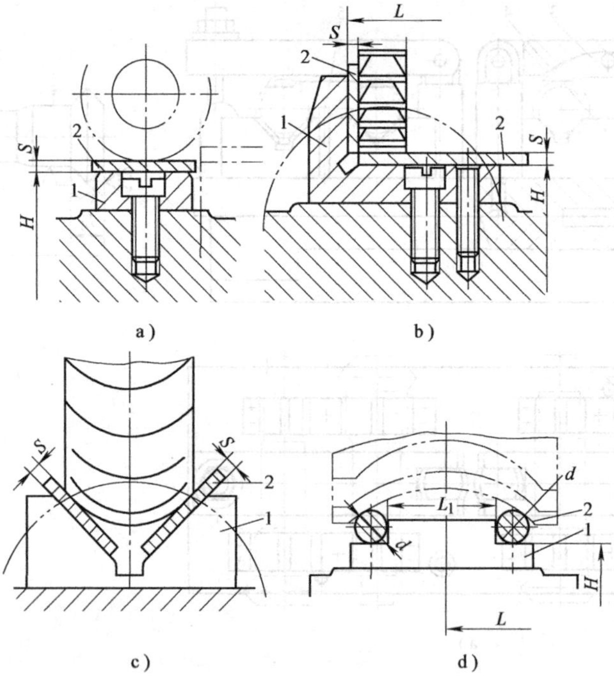

图 4-82 对刀装置
1—对刀块 2—塞尺

第七节 夹具设计的方法和步骤

通过前面的学习，我们对机床夹具的结构、作用、工作原理等方面有了较清楚的认识。但还没有达到学习的最终目的——能够设计各种机床夹具。下面介绍有关专用夹具设计的方法、步骤和内容，为今后进行夹具设计打下理论基础。在进行夹具设计时，首先应该对被加工工件进行深入细致的分析，了解它们的尺寸、形状特征以及待加工表面的精度和表面粗糙度要求，这些是夹具设计的出发点。然后运用前面学过的知识，提出可行的定位和夹紧方案，并仔细地分析对比，择优选用，由此确定出夹具的总体方案。接着应该对夹具的具体结构进行构思，并绘制成装配图、零件图。

一、夹具设计前的准备工作

在进行夹具设计之前，应该收集和掌握下列必要的资料：

（1）生产纲领　零件的生产纲领，对于工艺过程及工艺装备都会产生十分重大的影响。例如大批量生产时，都采用气动或其他机动夹具，它们的自动化程度都很高，同时装夹的工件也较多，结构也比较复杂；而单件小批量生产时，则都采用结构简单，成本低廉的手动夹紧夹具。

（2）零件图与工序图　工件的零件图是夹具设计的重要资料之一，它给出了工件在尺寸、形状、位置精度和工件的材料等全方位的要求。工序图则给出了夹具所在工序的情况、零件的工序尺寸、工序基准、已加工表面、待加工表面、工序尺寸精度等等，它是夹具设计

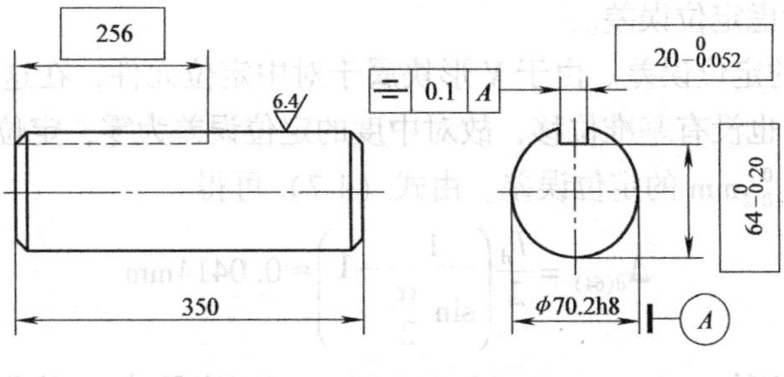

图 4-83　轴键槽加工工序图

的直接依据。

(3) 工序内容　夹具所在工序的内容，主要指该工序所用的机床、刀具、切削用量、工步安排、工时定额、装夹工件数目等。这些资料在考虑夹具总体方案和夹具结构、估算夹紧力时，都是必不可少的。工序内容一般可以在工艺卡上查到。如图 4-83 所示为在光轴上铣削一键槽的工序图，材料为 45 钢，质量为 1.05kg。本工序之前，外圆已精车过，尺寸为 ϕ70.2h8mm；表面粗糙度为 R_a6.4μm；轴的总长度为 350mm。本工序加工的键槽宽度为 20H9 ($_{-0.052}^{0}$) mm，它由三面刃铣刀宽度尺寸直接保证；其余各项要求（图中方框内的尺寸均为本工序加工要求），均需要由加工时的定位来保证。本工序在 X62W 卧式铣床上加工。

二、定位基准的分析和定位方案的确定

(一) 定位基准的分析

定位基准的选择对保证加工精度和夹具结构的复杂程度均有很大影响。在考虑定位方案时，应该按工件的精度要求、工序内容等来决定应限制自由度的数目和方向。进而选择好定位基准，并考虑所需的定位元件。一般情况下，定位基准在制定工艺规程时，已由工艺人员确定了。因此，在夹具设计时只需分析定位基准选择的正确性。如果选择得不当，应与有关人员协商修改。

定位基准确定后，就可以根据定位基准及加工要求选择定位方案、选择定位元件、计算定位误差，以确定方案是否可用。例如图 4-83 所示的工件，由本工序加工要求可知，只有绕轴线转动的自由度不用限制。为提高生产率，采用每次装夹 2 件的方法。为保证对称度，工件外圆以 2 个平行放置的 V 形块定位，限制工件 4 个自由度，在轴的右端放置 1 个支承钉限制轴的轴向移动，这样就满足了工件定位要求，确定了轴线的正确位置（见图 4-84）。由于作为轴向定位的端面与工序基准不重合，故应控制铣削两端面时的工序尺寸（350mm）及公差，以减小误差。

(二) 定位方案的确定

前面进行了定位元件的选择和布置，这只是考虑了工件定位的可行性和方便性，所选的定位方案是否可用，应根据定位误差是否在规定范围内来确定。例如图 4-83 所示有 3 个工序尺寸和 1 个形位公差，它们的定位误差计算如下：

1) 工序尺寸 256mm 的定位误差。该工序尺寸的工序基准是工件的左端面，为自由公差，可采用进给行程来获得，故不考虑定位误差。

2) 键槽的宽度尺寸 20 $_{-0.052}^{0}$ mm 的定位误差。该尺寸是由刀具的宽度直接保证的，与定

位系统无关，故不考虑定位误差。

3）键槽对称度的定位误差。由于V形块属于对中定位元件，在这里，对中度的工序基准与定位基准重合，也没有基准位移，故对中度的定位误差为零，定位系统满足加工要求。

4）工序尺寸$64_{-0.2}^{\ 0}$mm的定位误差。由式（4-7）可得

$$\Delta_{d(64)}=\frac{T_d}{2}\left(\frac{1}{\sin\frac{\alpha}{2}}-1\right)\approx0.0414\text{mm}$$

根据加工误差预分配可知：$\Delta_{d(64)}<T_{64}/3\approx0.067$mm（工序尺寸64的公差为0.2）。

由以上分析可知，定位误差在规定的允许范围内，故定位系统可用。

三、对刀元件和导向元件的选择

设计机床夹具的目的，就是要实现工件和刀具的快速定位。定位元件实现了工件的快速定位，由对刀元件来实现刀具的迅速准确定位。对刀元件的结构是否合理、位置是否准确将影响加工表面的位置，造成加工尺寸误差，即产生对刀误差。例如图4-84所示，为保证键槽的对称度公差和尺寸64mm的公差，三面刃铣刀两侧面的对称平面应与V形块对称面重合，铣刀切削刃下母线距工件下母线距离应为64mm。为了满足这些要求，就必须严格控制对刀块各工作表面与V形块标准心轴轴线间的对刀尺寸，即H及L（如图4-82所示）。对刀尺寸H和L按工序图的相应尺寸的中间值（将相应尺寸改写为对等公差的标注形式）及塞尺尺寸计算决定。本例中应按已知尺寸$\phi70.2_{-0.046}^{\ 0}$mm、工序尺寸$64_{-0.2}^{\ 0}$mm、工序尺寸$20_{-0.052}^{\ 0}$mm和塞尺尺寸$3_{-0.014}^{\ 0}$mm来计算。

H尺寸的计算过程如下：

工序尺寸$\phi70.2_{-0.046}^{\ 0}$mm的对等公差标注方式为（$\phi70.177\pm0.023$）mm；若用半径表示则为（35.0885 ± 0.0115）mm。

工序尺寸$64_{-0.2}^{\ 0}$mm的对等公差标注方式为（63.9 ± 0.10）mm。

由此换算出当以轴线为工序基准的中间工序基本尺寸为63.9mm − 35.0885mm = 28.8115mm，公差应用尺寸链原理（后面学习）计算，工序尺寸64mm的公差带0.2mm减去工序尺寸$\phi70.2_{-0.046}^{\ 0}$mm用半径表示的公差带0.023mm，再对等平分，等于±0.0885mm。即以轴线为工序基准的中间工序尺寸为（28.8115 ± 0.0885）mm。

夹具对刀块工作面至V形块标准心轴轴线间的H尺寸及公差分别为

$$H=(28.8115-3)\text{ mm}=25.8115\text{mm}$$

$$T_H=\frac{\pm0.0885}{3}\text{mm}\approx\pm0.03\text{mm}$$

则 $$H=(25.8115\pm0.03)\text{ mm}\approx(25.81\pm0.03)\text{ mm}$$

L尺寸的计算过程如下：

工序尺寸$20_{-0.052}^{\ 0}$mm虽然自身的大小与定位系统无关，但它有对称度要求，所以对它也要作同样的处理。

工序尺寸$20_{-0.052}^{\ 0}$mm的对等公差标注方式为（19.974 ± 0.026）mm，由此换算出当以工件对称面为工序基准的中间工序基本尺寸为9.987mm，公差应为对称度要求±0.05mm（见图4-83中对称度0.1mm）。即以工件对称面为工序基准的中间工序尺寸为（9.987 ± 0.05）

mm。

保证键槽的对称度公差，V 形块对称中心平面至对刀块工作面间的 L 尺寸为

$$L=(9.987+3)\ \text{mm}=12.987\text{mm}$$

其极限偏差取

$$T_{\mathrm{L}}=\frac{\pm 0.05}{4}\text{mm}=\pm 0.013\text{mm}$$

则
$$L=(12.987\pm 0.013)\ \text{mm}\approx(12.99\pm 0.01)\ \text{mm}$$

图 4-84 所示为标注计算结果的夹具总图。同时要求，在水平面与垂直平面内工件轴线与进给方向应该平行，这由放在 V 形块上的检验标准心轴轴线与夹具底面平行、与定位键的侧面平行来保证。机床行程控制限位块可控制键槽长度方向的尺寸 256mm。

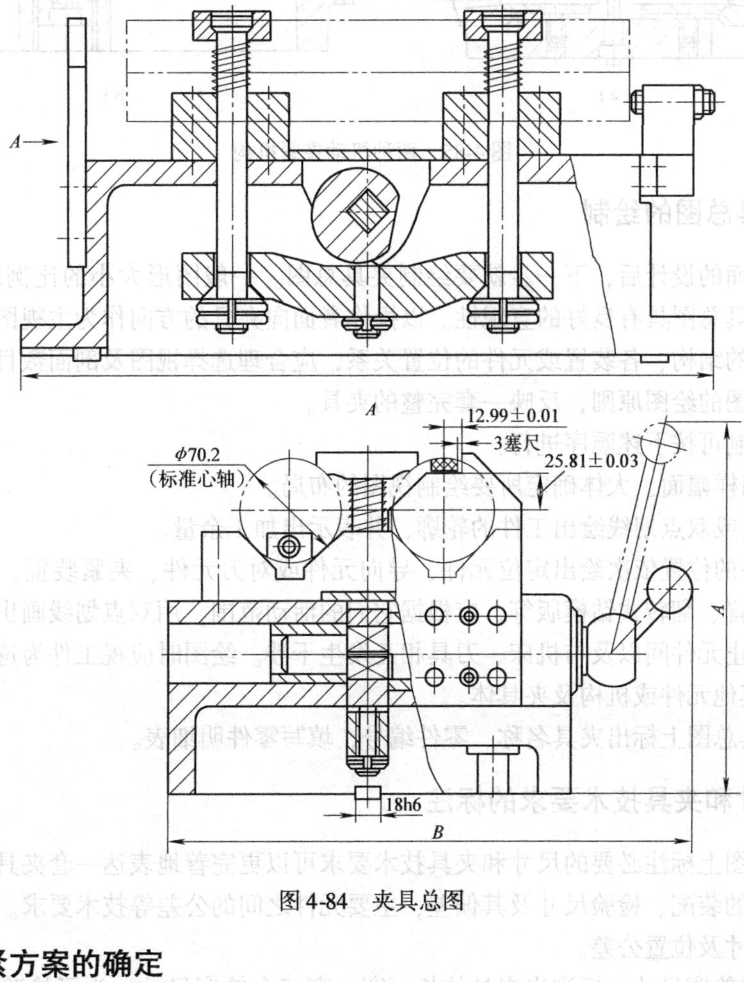

图 4-84　夹具总图

四、夹紧方案的确定

在图 4-84 中，最好的方法是用垂直向下的力将工件压向 V 形块。如果选用螺旋压板从上面直接压紧工件（参考图 4-80），其结构比较简单。但因螺旋压板从上边压紧时，存在机构过于靠近铣刀轴、调整和操作不方便的缺点，所以选用了图 4-84 所示的从下边拉紧来压紧工件的偏心夹紧机构。图 4-85 所示为另两种夹紧机构，其中图 a 为螺旋压板夹紧机构，

图 b 为斜楔压板机动夹紧机构。这两种夹紧机构都是进行单件夹紧，所以生产率低。总之，应根据工件结构特点、采取的定位方案来确定夹紧方案；同时由确定夹紧力的原则，确定夹紧力的作用点及方向，必要时进行夹紧力的计算，进而选用或设计夹紧机构。

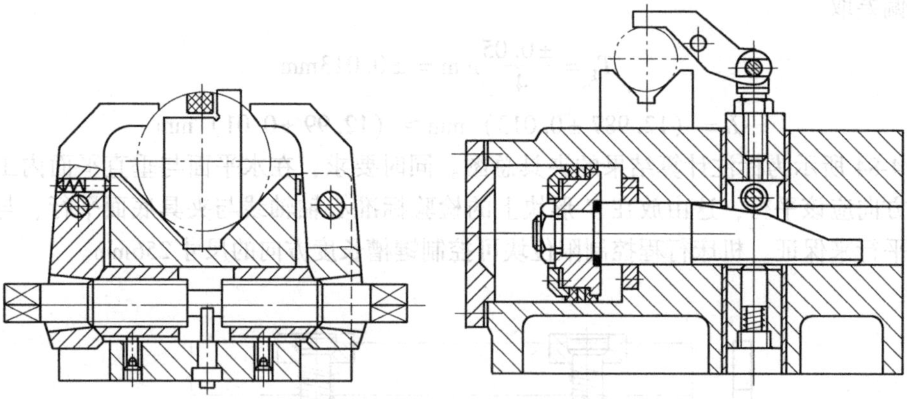

a） b）

图 4-85 两种机动夹紧机构

五、夹具总图的绘制

完成了上面的设计后，下一步就要绘制夹具总图。一般图形大小的比例取 1：1，这样可使绘制的夹具总图具有良好的直观性。以操作者面向夹具的方向作为主视图方向。为了清楚地表示夹具的结构、各装置或元件的位置关系，应合理选择视图及剖面数目。总图应遵循一般机械装配图的绘图原则，反映一套完整的夹具。

总图的绘制可按下述顺序进行：

1）根据图样幅面，大体确定所要绘制视图的布局。

2）用红线或双点划线绘出工件的轮廓，并表示出加工余量。

3）由工件的位置依次绘出定位元件、导向元件或对刀元件、夹紧装置。对于夹具活动件，如夹紧装置、翻转式钻模版等，应根据它们的活动范围，用双点划线画出活动件的极限位置，注意防止元件间以及与机床、刀具相互发生干涉。绘图时应视工件为透明体。

4）绘制其他元件或机构及夹具体。

5）在夹具总图上标出夹具名称、零件编号，填写零件明细表。

六、尺寸和夹具技术要求的标注

在夹具总图上标注必要的尺寸和夹具技术要求可以更完善地表达一套夹具。应标注出轮廓尺寸，必要的装配、检验尺寸及其偏差，主要元件之间的公差等技术要求。通常应标注如下五种基本尺寸及位置公差。

1）夹具的轮廓尺寸。标注出夹具的长、宽、高三个轮廓尺寸。为了检验夹具的活动范围，判断是否会与机床、刀具发生干涉，以及夹具在机床上安装的可能性，对于升降式夹具还须标注出升降的最大活动范围，回转式夹具要标注出回转半径或直径。

2）夹具定位元件与工件定位基准间的配合尺寸及定位元件的位置公差。定位元件与工件定位基面配合的尺寸及其偏差、定位元件间的平行度或垂直度、定位元件对夹具安装基面的位置公差等，是保证与工件加工要求直接有关的尺寸或位置公差。如图 4-84 中的两 V 形块的等高要求、V 形块检验心轴轴线对夹具底面的平行度、检验心轴轴线与夹具底面定位键侧面的平行度等技术要求。

3）夹具与刀具的联系尺寸。为控制对刀或导向误差，须标注出导向元件或对刀元件对定位元件的位置尺寸及极限偏差、位置公差，以及导向元件（钻套等）本身及其相互间的尺寸和极限偏差等。本例铣床夹具的对刀尺寸及偏差如图 4-84 夹具总图所示。

4）夹具与机床连结的联系尺寸。根据机床夹具与机床工作台和机床主轴的连结及定位方式，合理标注机床夹具对机床有关部位的位置公差，如本例中定位键与铣床 T 形槽的配合尺寸及其配合。

5）夹具各组成元件间的其他配合尺寸。这类尺寸是除上述几类主要尺寸以外的其他尺寸，是为保证夹具使用性能而标注的，如定位元件等夹具元件与夹具体的配合及其偏差等。

七、夹具零件图的绘制

夹具中的标准件因在标准中可直接查出，一般不需画零件图。而非标准件则需要绘制零件图。绘图时表达的结构应符合工艺性能要求。在确定这些零件的尺寸、公差及技术要求时，应该满足夹具总图的要求。

习 题

思考题：

4-1 何谓基准？基准分哪几类？各种基准之间有何关系？

4-2 什么是定位粗基准、精基准和定位基面？

4-3 何谓正确定位？何谓夹紧？两者有何区别？

4-4 何谓六自由度定位原则？

4-5 在设计定位系统时，定位元件所限制的自由度和工件的第一类自由度有什么关系？

4-6 定位系统中，工件的定位有几种情况？哪些是允许的？哪些是不允许的？为什么？

4-7 定位系统中，如限制的自由度不超过六个，就不会出现过定位；凡是限制的自由度少于六个的，就一定是欠定位。这两种说法对吗？为什么？

4-8 辅助支承与主要支承有何区别？各用于什么场合？

4-9 采用“一面两销”定位时，为什么其中要有一个销用菱形销？怎样确定菱形销的安装方向？

根据下列各题所列工件的加工要求回答问题：

4-10 图 4-86 中绘出了各工件的工序图，它们的工序尺寸和加工要求如图所示。

1）分析各工序尺寸的工序基准。

2）分析需要限制的第一类自由度。

4-11 在图 4-87a 所示的连杆上钻通孔 ϕD 时，需要保证：①小头孔 ϕD 对端面 A 的垂直度公差 t；②小头孔 ϕD 对不加工外圆壁厚的均匀性。试分析：

1）工序尺寸的工序基准。

2）需要限制的第一类自由度。

4-12 加工图 4-87b 所示汽车减速器主动锥齿轮轴两端面及中心孔时，需要保证：①轴向尺寸 47mm 和 $300_{-0.65}^{\ 0}$mm；②中心孔深度尺寸 $11.5_{+0.16}^{+0.45}$mm；③两端面对轴线的垂直度；④两端中心孔与未加工之轴颈的同轴度。试分析：

1）各工序尺寸的工序基准。

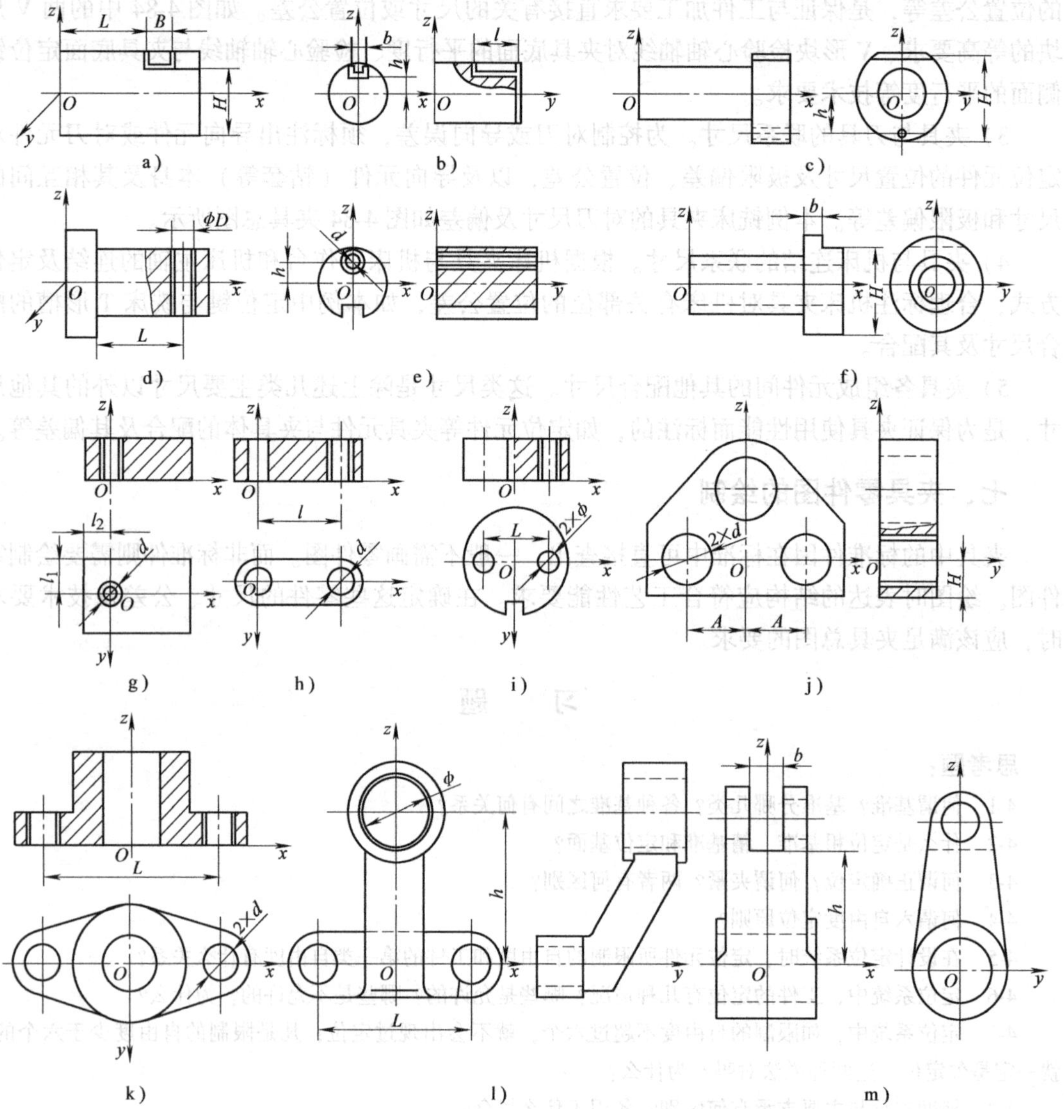

图 4-86 分析工件的工序基准和需要限制的第一类自由度

2）需要限制的第一类自由度。

4-13 在图 4-87c 所示的汽车传动轴突缘叉上磨削平面 K 及 Q，应保证：①两平面 K 及 Q 间的尺寸为 $118^{\ 0}_{-0.07}$mm；②两平面对 $2\times\phi39^{+0.027}_{+0.017}$mm 孔的垂直度公差为 0.10mm；③两平面对 $\phi95^{\ 0}_{-0.07}$mm 外圆的对称度公差为 0.15mm。试分析：

1）各工序尺寸的工序基准。

2）需要限制的第一类自由度。

4-14 在图 4-87d 所示的拖拉机差速锁操纵杠杆上铣槽和钻孔。应该保证：①铣槽宽度尺寸为 $4.5^{+0.016}_{\ 0}$，槽对 $\phi18^{+0.12}_{\ 0}$mm 和 $\phi12.5$mm 两孔中心平面的对称度公差为 0.3mm；②钻阶梯孔 $\phi6.7$mm 及 $\phi9$mm，位置尺寸如图 4-87d 所示。试分析：

1）各工序尺寸的工序基准。

2）需要限制的第一类自由度。

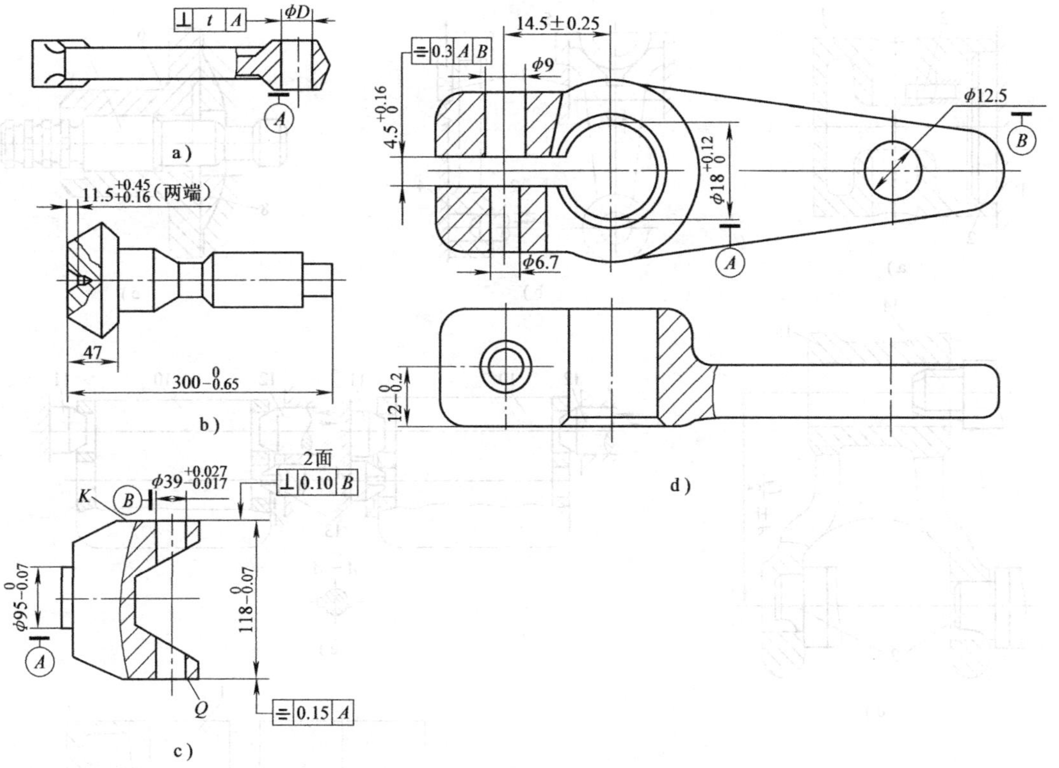

图 4-87　分析工件需要限制的第一类自由度

分析下列定位系统回答提出的问题：

4-15　在立式钻床上扩活塞销孔，采用图 4-88a 所示定位方案。分析机床夹具定位元件所限制的自由度。

4-16　在拉床上，拉削图 4-88b 所示发动机连杆接合平面、半圆孔及两侧面。分析机床夹具定位元件所能限制的自由度。

4-17　如图 4-88c 所示，在卧式拉床上，使用圆拉刀拉削传动轴凸缘内孔（拉刀导向部分可视为长定位销）。分析机床夹具定位元件所能限制的自由度。

4-18　加工汽车钢板弹簧吊耳时，采用图 4-88d 所示定位方案。分析机床夹具定位元件所能限制的自由度。

4-19　分析图 4-88e 所示变速器壳体的两种定位方案Ⅰ和Ⅱ，指出两种方案中定位元件所限制的自由度，并说明哪个定位方案较好。

4-20　试分析十字轴在图 4-88f 所示的四个短 V 形块上定位时，该定位系统有无过定位现象？如果有过定位现象，如何改进定位方案才不出现过定位？

4-21　采用图 4-88g 所示定位方案精镗活塞销孔。分析机床夹具定位元件所能限制的自由度。

定位误差的分析计算：

4-22　在阶梯轴上铣一平面，其工序尺寸为 30 $^{0}_{-0.28}$ mm，有如图 4-89 所示五种定位方案。试分析与计算：

1）工件的工序基准是什么？五种定位方案的定位基准各是什么？

2）当不考虑阶梯轴两外圆同轴度公差时，五种定位方案的定位误差。

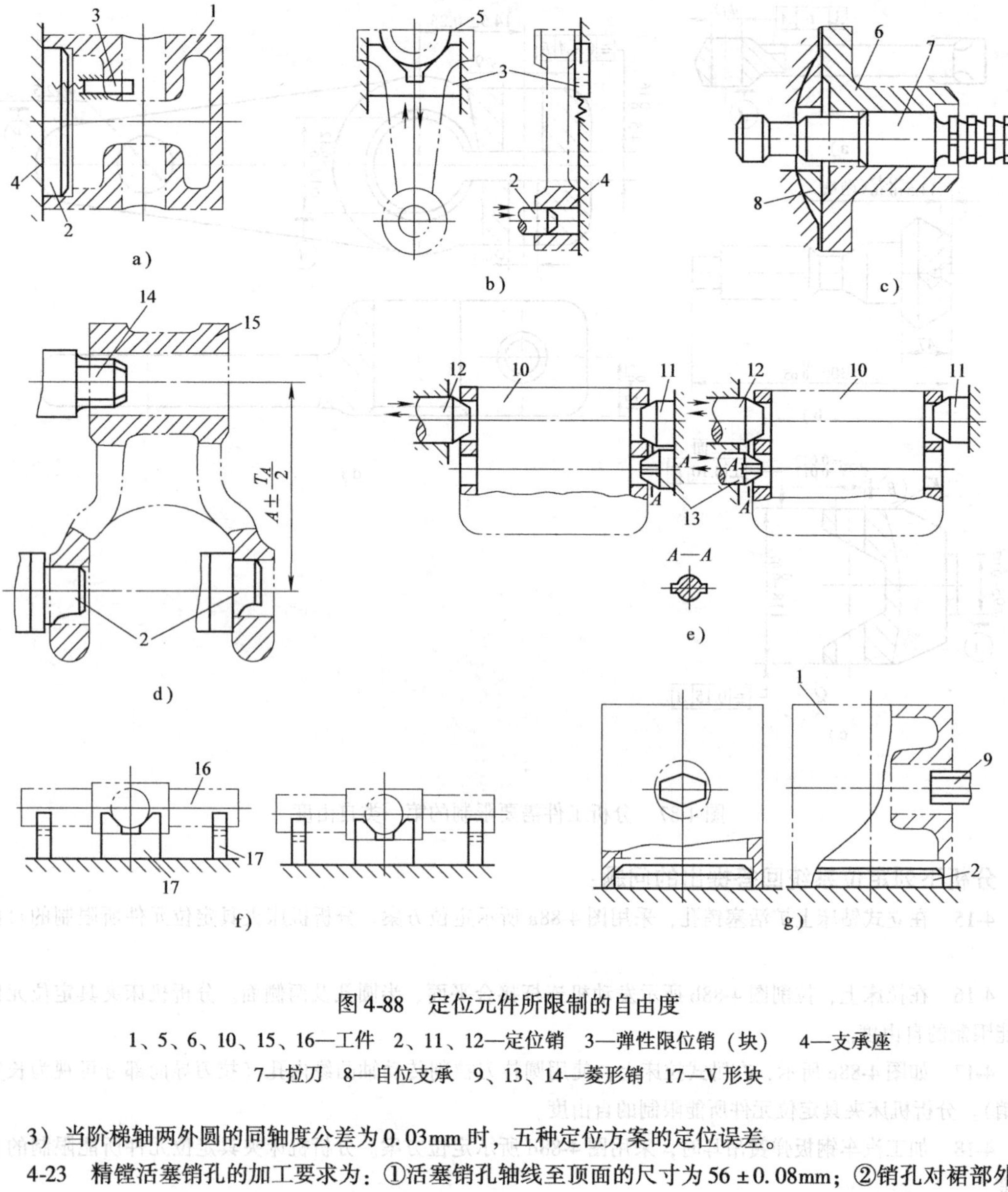

图 4-88 定位元件所限制的自由度

1、5、6、10、15、16—工件 2、11、12—定位销 3—弹性限位销（块） 4—支承座 7—拉刀 8—自位支承 9、13、14—菱形销 17—V 形块

3）当阶梯轴两外圆的同轴度公差为 0.03mm 时，五种定位方案的定位误差。

4-23 精镗活塞销孔的加工要求为：①活塞销孔轴线至顶面的尺寸为 56 ± 0.08mm；②销孔对裙部外圆的对称度公差为 0.2mm（图 4-90a）。若机床夹具采用内止口（短定位套）和平面支承定位（图 4-90b），试分析计算工序尺寸和对称度的定位误差。

4-24 在图 4-91a 所示的圆柱体上钻 ϕ8mm 轴向孔，其加工要求如图 4-91a 所示。试计算三种定位方案（图 4-91b、c、d）的定位误差。

4-25 曲轴按图 4-92 所示定位方案定位铣削键槽，加工要求：键槽对主轴颈和连杆轴颈的公共轴平面的对称度公差为 0.2mm。试分析计算对称度的定位误差和键槽深度的定位误差。

4-26 在一箱体零件上加工孔 ϕ107H7mm 和平面 P，其加工要求如图 4-93 所示。箱体零件采用一面两孔定位，两个工艺孔直径为 $\phi16^{+0.027}_{0}$ mm，孔中心距为 336 ± 0.04mm。夹具定位销：圆柱定位销直径为 $\phi16^{+0.006}_{-0.017}$mm，菱形定位销直径为 $\phi16^{-0.025}_{-0.036}$mm。圆柱定位销与 A 孔配合，菱形定位销与 B 孔配合。分析计算加工孔和平面时产生的定位误差。

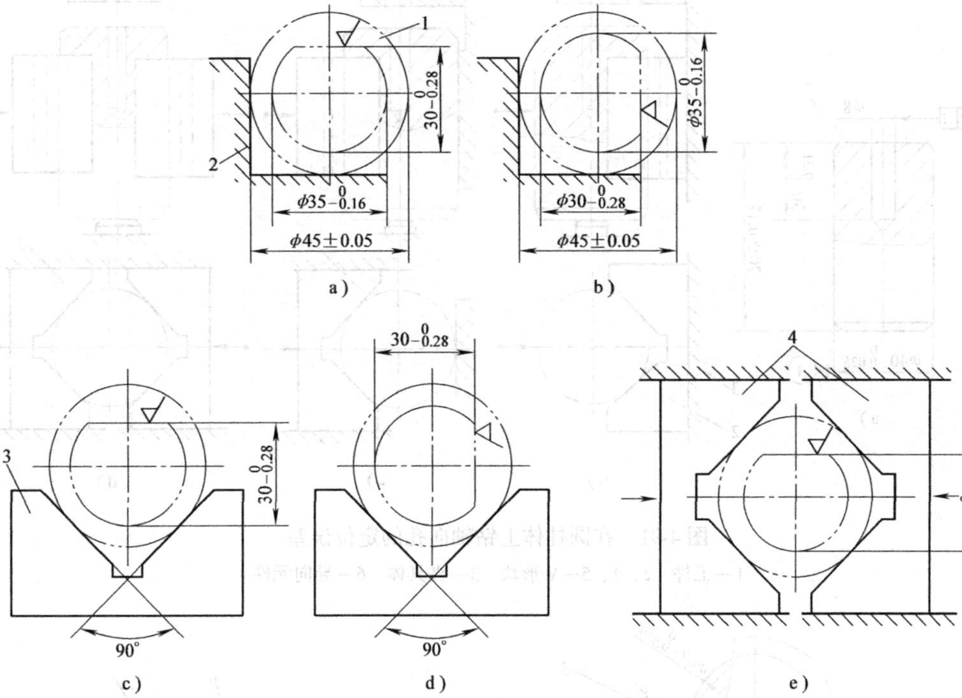

图 4-89 在阶梯轴上铣平面

1—工件 2—支承座 3—V 形块

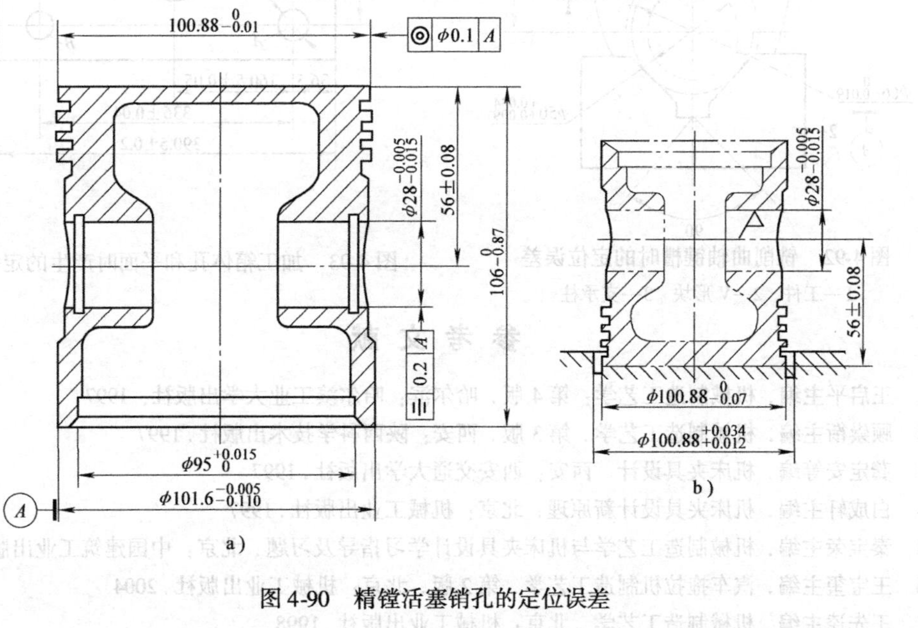

图 4-90 精镗活塞销孔的定位误差

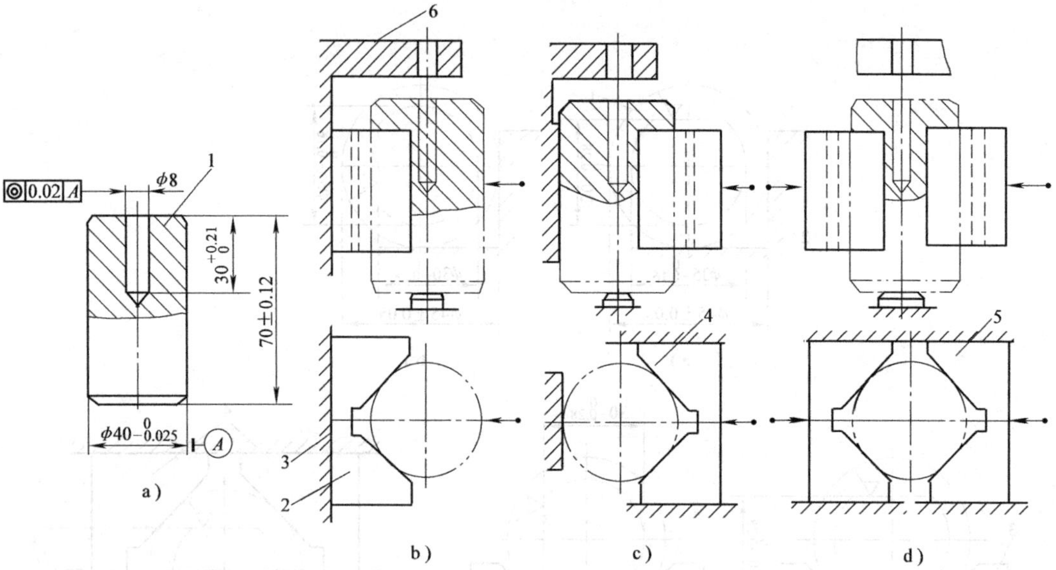

图 4-91 在圆柱体上钻轴向孔的定位误差

1—工件 2、4、5—V 形块 3—夹具体 6—导向元件

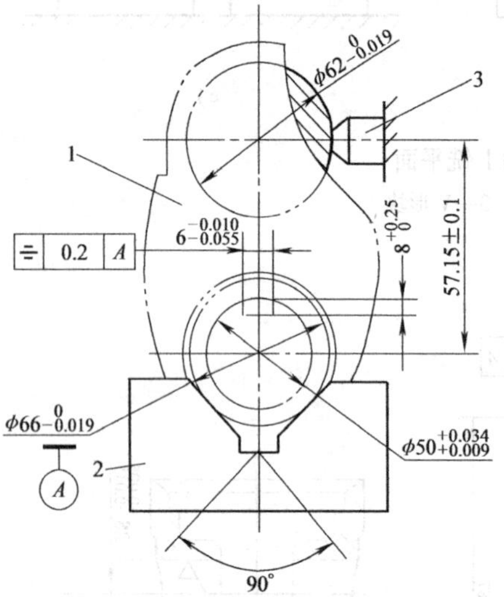

图 4-92 铣削曲轴键槽时的定位误差

1—工件 2—V 形块 3—支承柱

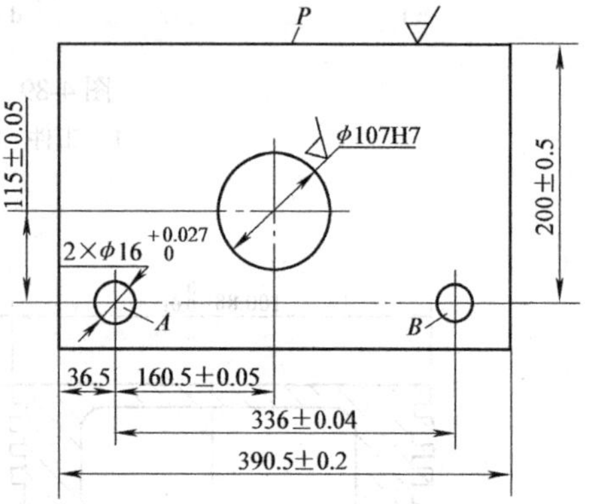

图 4-93 加工箱体孔和平面时产生的定位误差

参考文献

1 王启平主编．机械制造工艺学：第 4 版．哈尔滨：哈尔滨工业大学出版社，1997

2 顾崇衔主编．机械制造工艺学．第 3 版．西安：陕西科学技术出版社．1997

3 龚定安等编．机床夹具设计．西安：西安交通大学出版社．1997

4 白成轩主编．机床夹具设计新原理．北京：机械工业出版社．1997

5 秦宝荣主编．机械制造工艺学与机床夹具设计学习指导及习题．北京：中国建筑工业出版社，1998

6 王宝玺主编．汽车拖拉机制造工艺学．第 2 版．北京：机械工业出版社．2004

7 王先逵主编．机械制造工艺学．北京：机械工业出版社．1998

第五章 机械加工工艺规程的制定

第一节 概 述

一、机械加工工艺规程在生产中的作用

所谓机械加工工艺规程，即是规定零件制造、装配工艺过程和操作方法有关内容的工艺文件。合理、科学的工艺规程是根据生产实践和科学实验，结合具体生产条件而制定出来的，并通过生产实践、科学技术进步不断完善的。

工艺规程是生产组织、生产管理的基本依据。例如，每当产品投产之前，工艺技术管理部门就必须根据工艺规程，进行有关的工艺技术准备，为零件的加工准备工艺装备；工厂的计划和调度部门按工艺规程和生产计划要求，下达零件的投料时间、数量及任务计划，调整设备负荷，保证整个生产按照工艺规程要求，有条不紊地进行。

工艺规程不仅科学地制定了每一工序的加工方法、具体的操作内容，而且严格地规定了各工序的顺序、生产用工艺装备，从而使整个生产优质、高效、低成本、安全地进行。

汽车生产中，由于生产类型不同，工艺文件的形式灵活多样，工艺规程的内容也不尽相同，总结起来，主要有以下几种工艺文件：

(1) 工艺过程卡　又称工艺路线卡或工艺流程卡。其主要作用是：以工序为单位，清晰表明零件加工经过的车间（分厂）、工段、所用机床设备、工艺装备及时间定额等。这种卡片，在生产过程中主要使用者是工厂的生产管理人员，帮助生产调度、计划人员能集中地、简洁迅速地掌握生产情况。表5-1所示即为工艺过程卡。

(2) 工序卡　工序卡是用于指导操作工人进行生产的文件，是为每道工序编制的工艺文件。在卡片上，一般附有工序简图。简图上以粗实线标明本工序要加工的部位，并按规定要求标注定位基准、尺寸、公差、表面粗糙度、形状与位置误差要求，以及其他技术要求等。另外，还必须写明工步的顺序、使用设备、工艺装备、切削用量、时间定额等。表5-2所示即为工序卡。

(3) 调整卡　某些工序加工零件尺寸时，常需要对设备进行调整，以保证夹具相对于机床有正确位置，保证刀具相对于被切削零件有正确进给轨迹等等，因此就需要对这些工序制定专门的技术文件，帮助和指导操作工人或专门的设备维护人员进行工作。一般下列情况需要制定调整卡：①机床调整复杂，如对齿轮、凸轮等零件的加工；②加工过程复杂，如采用多工位加工中心（MC）加工零件时，刀具在机床上的排列和布置。

(4) 检验卡　或称检验工序卡。零件在生产加工过程中，可能会因为某些影响因素而造成零件的某一尺寸或某几个尺寸未达到设计图样的要求。为了保证所生产的零件是合格品，及时发现生产过程中工序的加工是否正常，需要为产品质量检验人员制定专门用于零件质量检验的卡片。在生产制造一个零件的工艺文件里，至少有一份检验卡。对于复杂和精度要求高的零件，有时按生产阶段或加工工序的要求有若干份检验卡；针对特殊工序还有专用的检

表 5-1 机械加工工艺过程卡

机械加工工艺过程卡片									
	机械加工工艺过程卡片	产品型号		零(部)件图号					
		产品名称		零(部)件名称		共 页		第 页	
材料牌号		毛坯种类		毛坯外形尺寸		每毛坯可制件数		每台件数	备注
序号	工序名称	工序内容	车间	工段	设备	工艺装备	工时 准终	工时 单件	
						设计日期	审核日期	标准化日期	会签日期
标记	处数	更改文件号	签字	日期	标记	处数	更改文件号	签字	日期

表 5-2 机械加工工序卡

机械加工工序卡片		产品型号		零件图号					
		产品名称		零件名称		共 页		第 页	
		车间	工序号	工序名称		材料牌号			
		毛坯种类	毛坯外形尺寸	每毛坯可制件数		每台件数			
		设备名称	设备型号	设备编号		同时加工件数			
		夹具编号		夹具名称		切削液			
		工位器具编号		工位器具名称		工序工时 准终	工序工时 单件		
工步号	工步内容	工艺设备	主轴转速 r/min	切削速度 mm/min	进给量 mm/r	背吃刀量 mm	进给次数	工步工时/s 机动	工步工时/s 辅助
描图									
描校									
底图号									
				设计(日期)	审核(日期)	标准化(日期)	会签(日期)		
装订号	标记	处数	更改文件号	签字	日期				

验卡。检验卡内容包括：检验内容，检验所用的夹具、量检具，每一批次零件抽检零件数等。表 5-3 所示为检验卡示例。

表 5-3 检验工序卡

<table>
<tr><td rowspan="2"></td><td colspan="2" rowspan="2">检验工序卡</td><td>产品型号</td><td></td><td>零(部)件图号</td><td></td><td>共 页</td></tr>
<tr><td>产品名称</td><td></td><td>零(部)件名称</td><td></td><td>第 页</td></tr>
<tr><td>工序号</td><td colspan="2">检验内容</td><td>百分比</td><td>加工序号</td><td>设备及检具</td><td>量具及标准号</td><td>量具名称</td></tr>
<tr><td></td><td colspan="2"></td><td></td><td></td><td></td><td></td><td></td></tr>
<tr><td></td><td colspan="2"></td><td></td><td></td><td></td><td></td><td></td></tr>
<tr><td colspan="5"></td><td>编制(日期)</td><td>审核(日期)</td><td>会签(日期)</td></tr>
<tr><td></td><td></td><td></td><td></td><td></td><td rowspan="2"></td><td rowspan="2"></td><td rowspan="2"></td></tr>
<tr><td>标记</td><td>处数</td><td>更改文件号</td><td>签 字</td><td>日 期</td></tr>
</table>

二、机械加工工艺规程的制定步骤

准确、科学、合理地编制零件的加工工艺规程，一般要经过以下几个阶段。

（一）准备阶段

（1）全面了解零件功能和使用要求 首先应根据部件图和总装图，了解零件的作用，及其对整机性能的影响。这对编制零件工艺规程，确定关键、重要工序有极大的帮助。

（2）熟悉和了解生产纲领及现有生产条件 生产纲领确定后，就基本确定了生产的类型，投产批量、批次，确定了工艺手段、设备、工艺装备等。在编制工艺时，需要充分利用现有的生产条件，这样可以减少投资，缩短生产准备的时间。但是，为了使所编制的工艺规程具有先进性，提高产品的加工质量、生产效率，工艺人员还应该尽量采用新工艺、新方法、新材料、新技术。特别是对多品种产品生产，更应该积极采用成组技术、柔性加工等先进加工方法。

（二）工艺分析阶段

对被加工零件进行工艺分析是工艺规程编制最主要的阶段之一。通过工艺分析，工艺人员不仅要充分领会，而且应严格执行零件设计图提出的要求 。更重要的是要进行工艺分析，并在保证使用性能的前提下，提出有利于提高加工质量、提高生产效率、降低成本等好的建议，使加工零件既有良好的实用性能，又有良好的工艺性。工艺分析内容包括：

（1）检验图样的完整性与正确性 例如，检查是否有足够的视图、尺寸是否标注齐全、技术要求是否合理等。同时，应用尺寸链原理，对有关尺寸和公差进行校核。若有错误或遗漏，应提出修改意见。

（2）审查零件的结构工艺性 分析零件的结构形状、尺寸大小、形状位置误差、表面粗糙度要求等，其目的是明确零件的主要工艺特点及主要加工方法。

通过结构形状分析，可以将零件分为以下几类：①有回转中心的轴类零件，如汽车前后桥的传动轴，发动机气阀和曲轴、凸轮轴等，这类零件主要以两端中心孔定位，采用车削、磨削为主要的加工方式；②盘类零件，如法兰盘、轴端盖、盘状齿轮等，加工时，主要以内孔、端面为基准，以车削加工为主；③箱体类零件，如发动机的缸盖、缸体、变速箱体等，这类零件的结构复杂，外形尺寸和重量较大，壁薄而又不均匀，断续平面和孔的加工较多，零件在加工过程中易产生变形，加工时，主要以零件上的某一平面和与该平面垂直的两个销孔定位，加工方式以铣平面、镗孔、钻铰孔为主。

通过零件工艺分析，找出尺寸及其公差、形状与位置误差等设计不合理的要求，以及不合理的结构设计。在保证零件使用性能前提下，与产品设计人员一起研究，进行必要的修改。

通过表面粗糙度分析，为满足某些特殊部位的表面粗糙度要求，决定是否采用研、珩等超精加工方法。

(3) 分析零件所用材料和技术要求　零件材料选用应尽量立足国产，使用我国资源丰富的材料。同时，根据技术要求，分析热处理要求，以便在工序流程中合理安排对零件的热处理。如果材料选择不当，不仅使热处理工序安排不合理，增加零件的制造成本，而且可能使整个工艺规程的制定发生改变。

(三) 毛坯的选用

零件毛坯的选材，是由零件的使用性能和结构等因素所决定。毛坯制造的方式则决定于产品的生产纲领、零件材料、零件的结构形状等要求。

毛坯选择的合理性，在于保证零件的质量要求和尽可能地节约材料、降低成本。实践证明，材料消耗、工序数量、加工时间等在很大程度上取决于所选的毛坯。在条件可能的情况下，应尽可能采用新技术、新工艺、新材料。如采用精密铸造、精锻、粉末冶金、冷轧、冷挤压等先进工艺，以及异型钢材、工程塑料等新材料，来制造高精度毛坯。这样不但可以节约原材料，而且还可以减少劳动量，降低能源消耗，改善经济性。当然，在具体选择毛坯时，要遵从产品的生产纲领，特别是企业本身所具有的毛坯生产条件。在汽车零件生产社会化、专业化的今天，最好通过厂际协作，委托专业化的毛坯制造厂提供毛坯，这样才能达到保证毛坯质量、降低成本的目的。

(四) 工艺路线的拟定

所谓工艺路线，就是确定零件从毛坯制造到成品制成所经历的工序的先后顺序，其主要内容包括：①确定工序集中与分散程度，确定安装方式、定位基准；确定各个表面的加工方法和划分加工阶段等。②根据本加工内容及产品图样要求绘制必要的夹具草图，并对拟定的加工顺序做必要的修改。拟定工艺路线是制定工艺规程具有决定意义的步骤，好的工艺路线往往是在多个方案的比较选择中产生的。

(五) 确定各工序所用设备及其工艺装备（略）

(六) 确定各工序的加工余量、工序尺寸及其公差（略）

(七) 确定切削用量、时间定额（略）

(八) 确定关键、重要工序的技术检验要求及检验方法（略）

(九) 填写工艺文件（略）

第二节 机械加工路线的制定

在制定工艺路线时，工艺人员必须首先在充分掌握信息（如生产纲领、现有生产条件等）的基础上，从所提出的各种方案中，通过分析比较，从中选择最佳方案，并在生产实践中不断完善，制定出比较合理的工艺路线。

一、定位基准的选择

拟定零件加工工艺方案的首要任务是选择基准。它对于在加工过程中保证零件表面之间相对位置精度是非常重要的。在零件加工的第一道工序中，只能使用毛坯的表面来定位，这种定位基准称为粗基准。在以后的每道加工工序中，均采用已经加工过的表面作为定位基准，这种定位基准称为精基准。由于粗基准和精基准的作用和用途不相同，所以，在选择粗基准和精基准时，所考虑问题的侧重点也不同。下面分别予以详细讨论。

1. 粗基准的选择

选择粗基准时，所考虑的侧重点为：如何保证各加工面有足够的加工余量；非加工表面的尺寸、位置误差如何能满足设计图样要求。具体选择原则如下：

1）零件上某个表面不需要加工，则应该选择这个不需要加工的表面作为粗基准，这样可以提高非加工表面与加工表面的相对位置精度。如以图 5-1 所示轴承密封端盖的加工为例，该密封端盖在装配使用时端部露于发动机外，不需加工，为了保证壁厚均匀，应选择露于发动机外的非加工表面为粗基准。

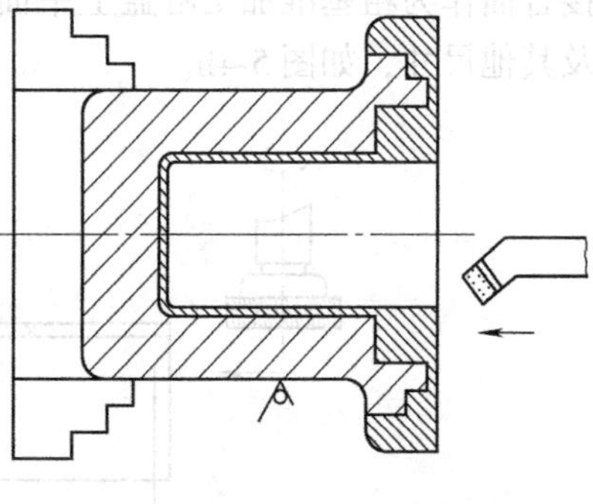

图 5-1 轴承密封端盖的加工

2）如果零件上有多个非加工表面，则应该选择其中有较高精度要求的表面作为粗基准。如图 5-2a 所示，变速器壳体以轴承座孔作为粗基准，加工接合面。在这一工序中，变速器体被两个同轴线的锥形定位销和一个轴线与之平行的菱形销所定位。当再次以被加工好的接合面作为定位基准（图 5-2b），加工同轴的两个轴承座孔时，可以保证轴承座孔具有足够且均匀的加工余量，有利于提高变速器壳体轴承座孔

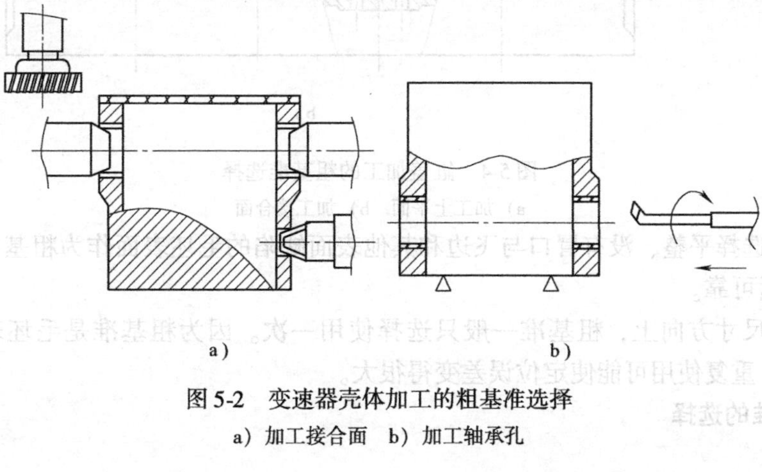

a）　　b）

图 5-2 变速器壳体加工的粗基准选择

a）加工接合面 b）加工轴承孔

的精度。

3）零件的表面若全部需要加工，而且毛坯比较精确，则应选择加工余量最少的表面作为粗基准。如图 5-3 所示的某小型柴油机柱塞偶件的柱塞加工。毛坯表面 ϕA 的余量 $<\phi B$ 的余量 $<\phi C$ 的余量，所以选用 ϕA 部分的毛坯表面作为粗基准。

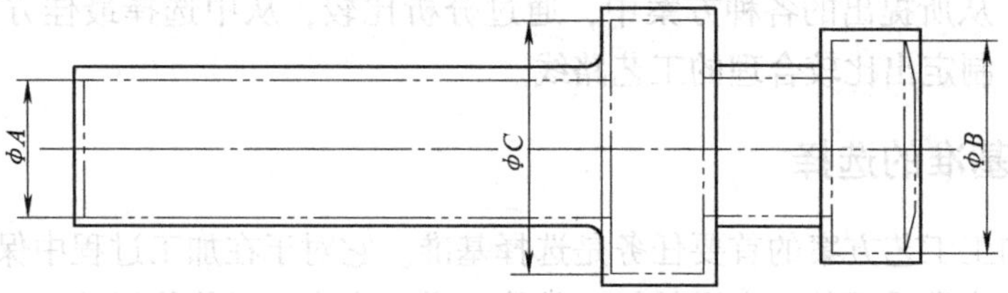

图 5-3　柱塞加工粗基准选择

4）选择重要表面、加工面积最大表面作粗基准，这样可以保证这些重要表面加工余量的均匀性和保护这部分重要表面的表层质量。如图 5-4 所示的发动机缸盖的表面加工，因缸盖与缸体的接合面的加工精度要求高，该表面的铸层质量好，加工余量要求均匀，所以选择接合面作为粗基准加工缸盖上平面，如图 5-4a 所示。然后，再以上端面为基准加工接合面及其他尺寸，如图 5-4b。

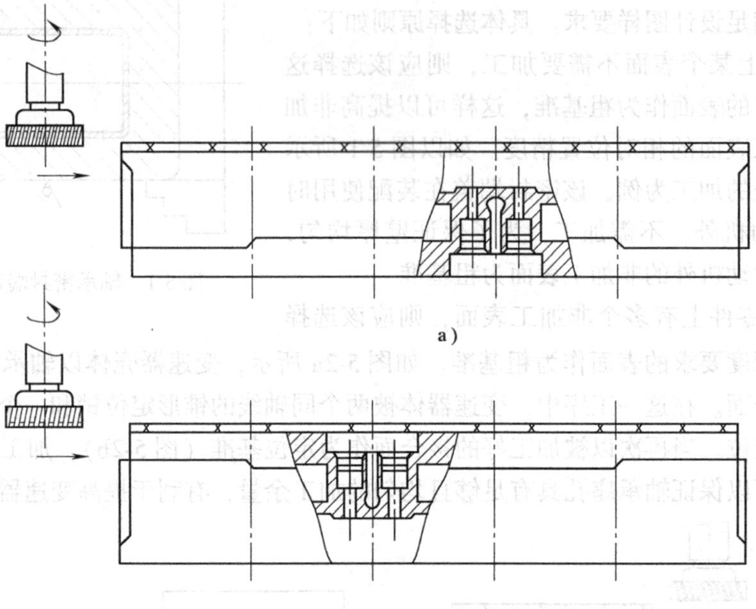

图 5-4　缸盖加工的粗基准选择

a）加工上平面　b）加工接合面

5）尽量选择平整、没有冒口与飞边和其他表面缺陷的毛坯表面作为粗基准，以保证定位准确，夹紧可靠。

6）同一尺寸方向上，粗基准一般只选择使用一次。因为粗基准是毛坯表面，表面粗糙，精度低，重复使用可能使定位误差变得很大。

2. 精基准的选择

选择精基准主要考虑减少定位误差，保证加工精度和装夹方便、准确，因此精基准的选择原则为：

1）基准重合原则。就是选择被加工表面的设计基准作为该加工表面的定位基准，这样可以避免由于基准不重合而引起的定位误差。

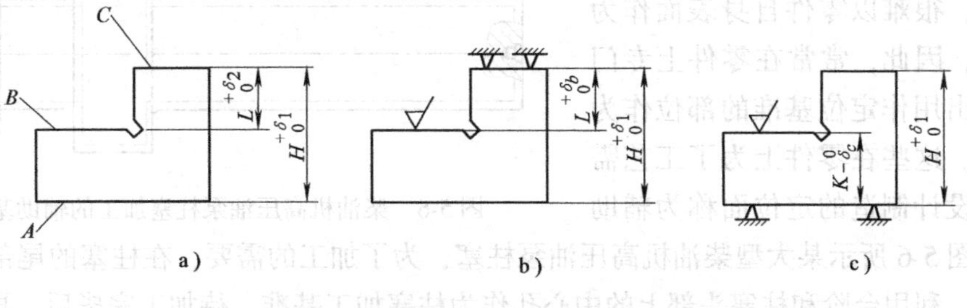

图 5-5　应用基准重合原则选择精基准

a) 零件设计图　b) 以 C 平面作为定位基准　c) 以 A 平面作为定位基准

图 5-5a 所示为某产品零件设计图。在加工获得尺寸 $L^{+\delta_2}_{0}$ 的方法中，有两种方案可选：

方案 1：如图 5-5b 所示，以 C 平面作为定位基准，加工 B 平面，直接保证尺寸 L。由于定位基准与设计基准重合，影响加工精度的因素只有加工 B 平面时的加工误差，这样只要使工序尺寸 $L^{+\delta_b}_{0}$ 的工序公差 $\delta_b \leqslant \delta_2$，零件的设计尺寸 $L_0^{+\delta_2}$ 即可得到保证。

方案 2：见图 5-5c 所示，以 A 平面作为定位基准，加工 B 平面，得到 $K^{\ 0}_{-\delta_c}$ 这一尺寸。由于定位基准与设计基准不重合，因此，$L^{+\delta_2}_{0}$ 的精度是间接保证的。从工序尺寸链分析，本加工方案中 L 为封闭环，则 $L=H-K$；$ES_L=\delta_1+\delta_c$；$EI_L=0$；故有 $T_L=\delta_1+\delta_c$。分析看出：影响尺寸 L 的精度，除了 K 加工误差 δ_c 外，还与尺寸 H 的加工误差 δ_1 有关。而误差 δ_1 影响的引入，正是由于工序基准与设计基准不重合而引起的。因此，要保证尺寸 $L^{+\delta_2}_{0}$ 的要求，必须严格控制尺寸 H 和 K 的误差，即满足不等式 $\delta_2 \geqslant \delta_c+\delta_1$。但是，假设设计图中已经给定公差 $\delta_1>\delta_2$，则上述不等式不能成立。在这样的情况下，为了达到设计图 $L^{+\delta_2}_{0}$ 的要求，实际编制工序卡时，往往采取压缩 H 的工序公差。即在加工尺寸 H 时，所采用的工序公差小于设计要求 δ_1，这样最终结果虽然保证了不等式 $\delta_2 \geqslant \delta_c+\delta_1$ 成立，但却加严了 H 的加工精度，增大了 H 的制造难度。

2）基准统一原则。即在各工序中，所用工序基准尽可能一致。如发动机进、排气凸轮轴及曲轴等类似的轴类零件加工时，采用两端中心孔作为定位基准；齿轮等盘类零件加工时，采用中孔加上与中孔轴线垂直的端面作为定位基准加工齿坯外圆及齿形；发动机缸体、缸盖等箱体零件加工时，采用一面两孔作为工序基准，完成尽可能多的加工工序。采用基准统一原则的意义在于，既可减少由于基准转换引起的误差，又减少了加工工艺过程中夹具设计、制造的种类、数量，有利于提高各加工表面间的位置精度和降低生产成本。

3）互为基准原则。对于两个有位置要求的表面，如果这两个表面的相互位置精度、形状精度及其自身的尺寸精度都要求很高，则可利用这两个表面互为基准，反复多次加工，达到设计图样的要求。如高精度齿轮高频感应加热淬火后，为消除淬火变形，提高齿面与轴孔的精度，常采用以齿面定位加工内孔，再以内孔定位磨削齿面，如此反复多次，即可保证轴孔与齿面有高的相互位置精度。

4）自为基准原则。对于某些精加工或光整加工工序，由于这类加工的加工余量小而且均匀，所以常常选择加工表面自身作为定位基准。例如，利用浮动镗刀加工发动机气缸套内孔，或利用珩磨工艺珩磨缸体上的气缸内壁等。

5）辅助基准。某些零件由于结构不规则，很难以零件自身表面作为定位基准，因此，常常在零件上专门设计制造出用作定位基准的部位作为定位基准。这些在零件上为了工艺需要而专门设计制造的定位面称为辅助基准。如图 5-6 所示某大型柴油机高压油泵柱塞，为了加工的需要，在柱塞的尾部设计增加一小凸台，利用台阶和柱塞头部上的中心孔作为柱塞加工基准，待加工完毕后，再将小凸台切除掉，以满足设计图样的要求。

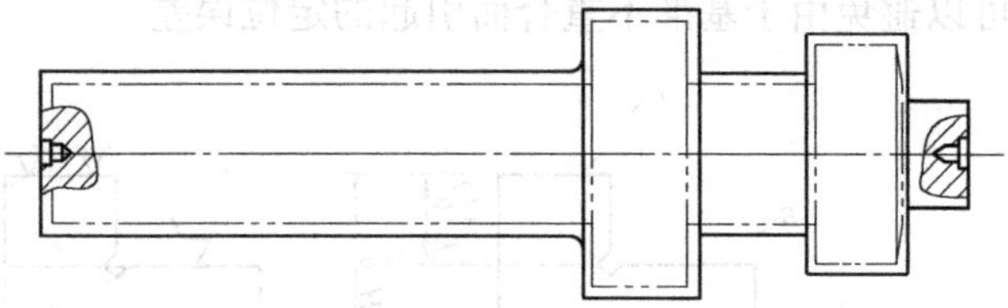

图 5-6 柴油机高压油泵柱塞加工的辅助基准

二、表面加工方法的选择

1. 外圆表面的加工

如图 5-7 所示，根据加工质量要求不同，对外圆表面加工，推荐下列常用加工方案及相应的经济精度和表面粗糙度。

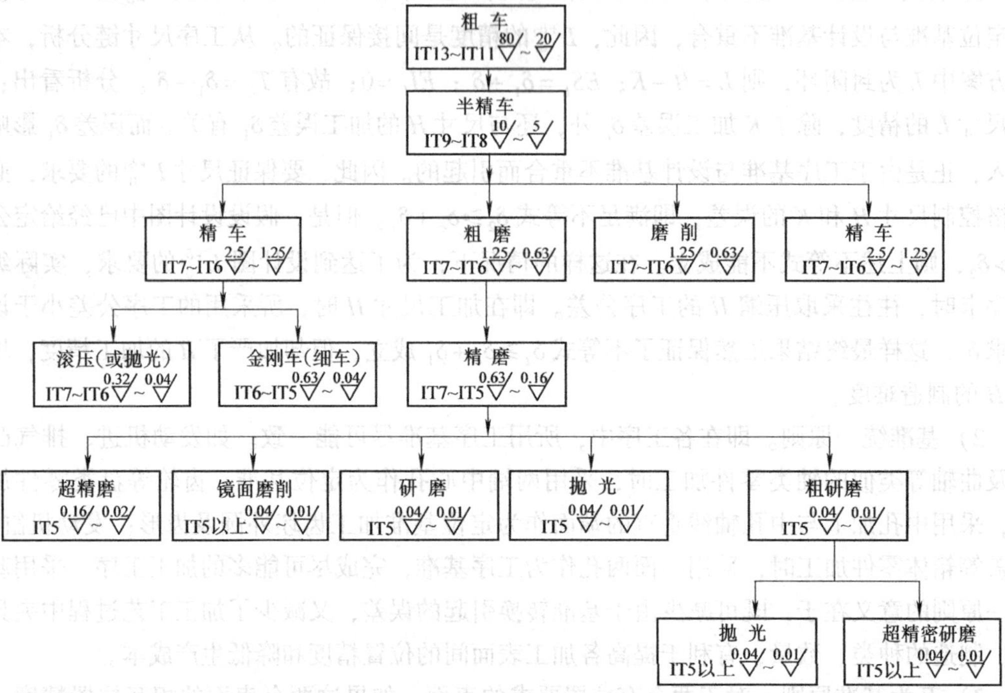

图 5-7 外圆表面加工流程框图

1）粗车。适用于加工除淬火外的各种金属，当加工质量要求在此范围时，一次加工即可。

2）粗车→半精车。粗车之后，再进行半精车，加工质量有所提高，同样适用于加工不需要淬硬的工件。

3）粗车→半精车→粗磨。适用于加工淬火钢零件，也可用于加工质量要求较高的未淬火钢零件、铸铁零件等。但对于有色金属，因其韧性很大，磨削时极易堵塞砂轮，难以得到光洁的表面，因此不宜采用。

4）粗车→半精车→粗磨→精磨。本方案有两道磨削工序，能得到高的加工质量，适用范围同第3方案。

5）粗车→半精车→粗磨→精磨→研磨或其他超精加工。本加工方案可满足质量要求极高的加工要求，不适用于有色金属等韧性材料的加工。

6）粗车→半精车→精车。适用于有色金属加工。

7）粗车→半精车→精车→金刚车（细车）。适用于有色金属加工。

综上所述，对有一定加工要求的外圆表面进行加工，一般有多种方案可以选用，具体应用时，视不同的条件，在多种方案中选择最合理的一种，这样既可以降低生产成本，又可以提高生产效率和保证零件质量。

2. 孔的加工

如图5-8所示，根据加工质量要求不同，推荐下列常用的加工方案及相应的经济精度和表面粗糙度。

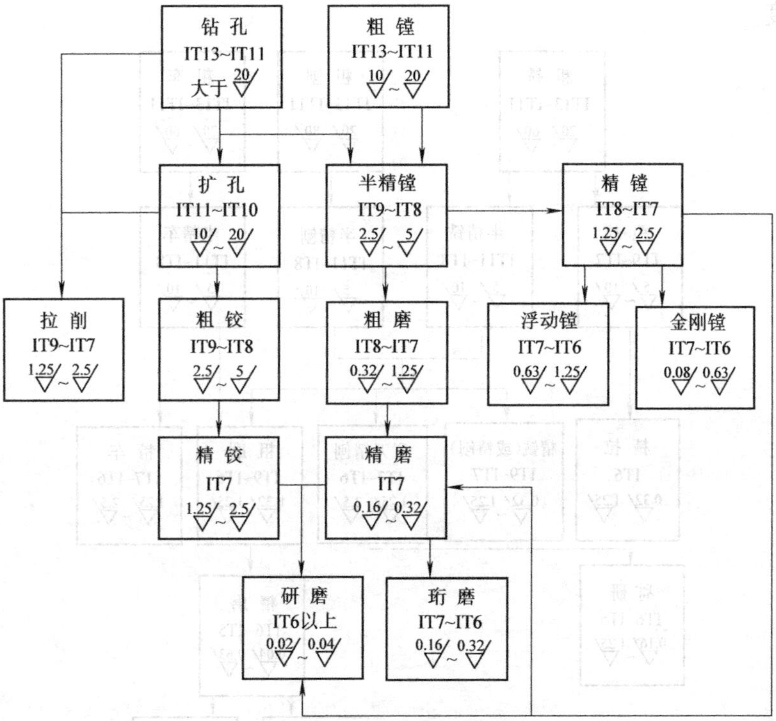

图5-8 孔加工流程框图

孔的加工方法有很多种，视各种不同的精度要求而定，下面以精度要求为IT7的孔加工为例，阐述其不同加工方案选择的理由：

方案1：钻孔→扩孔→粗铰→精铰

该方案适用于孔径 $\phi<80$mm 的孔加工，在孔的加工中应用最为广泛。单件生产、成批

生产、大批大量生产均可采用这种方式对孔进行加工。零件的材料一般为未淬火钢或铸铁，有色金属谨慎选用。

方案 2：钻孔→半精镗→精镗

适用于零件体上大孔尺寸（$\phi>80$mm）加工，对于单件、小批量且直径 $\phi<80$mm 的孔，可在车床上采用通用的单刃镗刀，采用试切法进行加工。

方案 3：粗镗→半精镗→精镗

适宜于在毛坯上已铸出或锻出的、且孔径较大（一般 $\phi>80$mm）的孔加工。例如发动机缸体、缸盖、汽车其他箱体零件上孔径较大的孔的加工均采用这一方案。

方案 4：粗镗→半精镗→精镗→粗磨→精磨

特别适宜于经淬火的零件的孔加工，也可用于铸铁及未经淬火的零件的孔加工。但注意磨孔的生产效率较低，技术难度较大。

方案 5：钻孔→扩钻→拉削

适用于汽车上各种零件的大批量生产。零件材料既可为未经淬火钢、铸铁，也可为有色金属。但注意孔的长径比不宜过大，一般为 1/4 ~ 1/3。

3. 平面加工

如图 5-9 所示，根据不同的加工质量要求，推荐下列常用的加工方案及相应的经济精度和表面粗糙度。

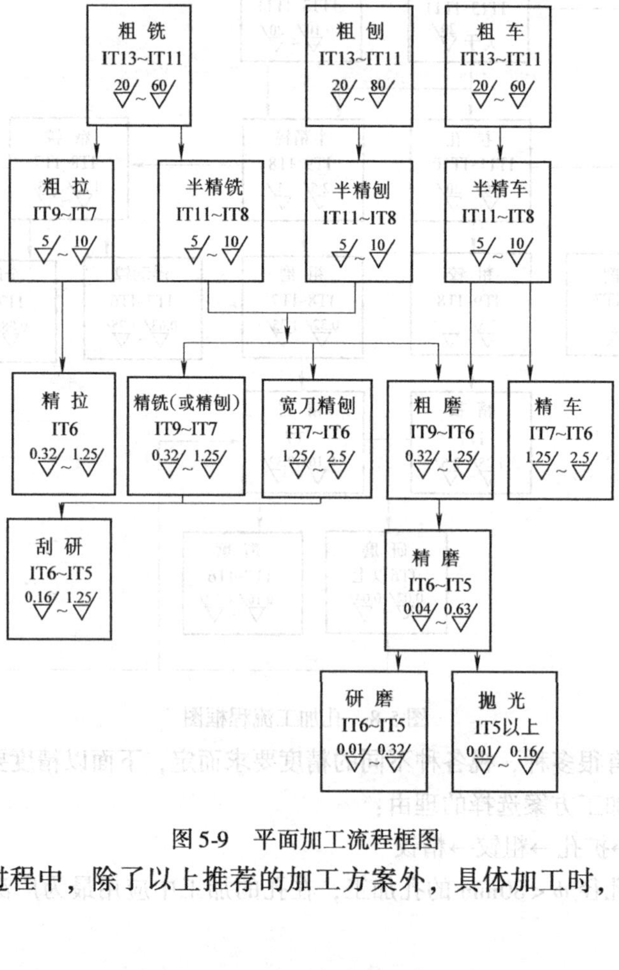

图 5-9 平面加工流程框图

在平面的加工过程中，除了以上推荐的加工方案外，具体加工时，还应考虑毛坯的种类、产量、加工余量、加工表面的形状等实际情况，因地制宜，采用不同的加工方法。一般条件下，大量零件平面加工多采用铣削，以提高生产效率。单件、小批量生产或狭长平面的加工，主要采用刨削，这样刀具简单，调整方便。如果毛坯精度较高、余量较小时，则直接采用磨削。对滑动配合表面及精度要求高的固定表面，还需在铣削或刨削之后进行精加工。

下面就几种常见平面加工方案为例，说明其应用：

方案1：粗车→半精车→精车→磨削

主要用于与圆柱面相垂直的平面，常常和圆柱外圆加工在同一工序内完成，即用车床车出或外圆磨床磨出。

方案2：粗刨（粗铣）→精刨（精铣）→ 刮研

适用于加工未淬硬的平面，可得较小的表面粗糙度值。

方案3：粗刨（粗铣）→精刨（精铣）→宽刀精刨

由于宽刀精刨效率高，故本方案适用于零件批量较大的生产。

方案4：粗刨（粗铣）→精刨（精铣）→粗磨→精磨

常用于零件精度要求很高和在加工过程中需淬硬的平面加工。

方案5：粗铣 →粗拉 →精拉

适用于大批大量汽车零件生产或对平面面积较小的不淬火平面的加工。

方案6：粗铣 →精铣 →精磨 →研磨 →抛光

本方案一般用于精度要求特别高的平面加工。对零件进行研磨加工时，形状简单的小型零件可采用机械研磨。形状较复杂，体积较大的零件，一般只能用手工研磨。

三、加工阶段的划分

（一）加工阶段划分原则

大多数零件，一般都不能在一个工序内完成所有尺寸的加工，而整个加工过程所经历的工序较多。一些精度要求较高的零件加工更是如此。如何安排整个加工过程，在实际生产中，已总结出一系列的指导性原则。把加工过程划分成几个阶段，分别完成不同的加工内容，达到不同的加工目的，就是其中之一。

（1）粗加工阶段　主要任务是除去大部分多余的金属层，使半成品零件从形状和尺寸上尽量接近成品的形状和设计图样的尺寸的要求，以提高零件生产率。

（2）半精加工阶段　为精加工做准备，以及满足设计图样中零件的部分精度要求。

（3）精加工阶段　保证零件加工后，各主要表面达到产品设计图样规定的精度要求，最终获得零件设计图所需要的表面质量、设计尺寸和规定的技术要求。

（4）光整加工阶段　对于精度要求特别高，表面粗糙度值特别小的表面，通过光整加工进一步提高精度，改善表面质量。

（二）加工阶段划分的意义

（1）保证加工质量　工件粗加工时，由于加工余量大，因此加工时背吃刀量和进给量都大，产生的切削力及切削热也大，从而引起工艺系统受力变形、热变形也大，所以从加工的方式可以看出，粗加工不可能得到高的精度和小的表面粗糙度值，必须要有后续的、更高级的加工手段，逐步改变切削用量，减少加工误差，最终满足零件的设计要求。

存在残余应力的毛坯，粗加工后，内应力重新分布，从而造成新的变形。划分了加工阶段，毛坯粗加工后，增加人工时效处理，从而避免由于内应力引起的变形对精加工的影响。

如果零件表面粗、精加工没有按阶段而交替进行，零件极可能由于粗加工的作用，导致已完成加工并达到产品设计图样要求的零件表面精度的破坏。

（2）合理使用机床设备　加工过程按阶段划分后，可合理使用设备，充分发挥粗、精加工设备的各自特点，使设备得到合理的使用。这样既可使粗加工机床的效率得到充分发挥，又可让精加工机床在较小的切削力作用下工作，从而有利于长期保持设备的精度。

（3）方便安排热处理工序和及时发现毛坯缺陷　在加工过程中，如果零件需要热处理，则加工过程至少需要划分为两个阶段。因为精密零件粗加工后，一般应安排一次去应力时效处理，以减少内应力对精加工的影响。此外，零件表面强化处理（如淬火、渗氮等）一般安排在半精加工之后，这样不但可以消除表面强化处理引起的变形，而且可满足零件表面强化的技术要求。

零件的加工分阶段后，毛坯表面先进行粗加工，可及早发现零件内部缺陷（如疏松、缩孔等），及时采取措施，避免造成更多的人力、物力、能源浪费。

必须指出：加工过程阶段的划分不是绝对的，主要考虑工件在加工过程中的变形对精度的影响程度来决定。例如，对高质量的毛坯，加工余量小；加工精度要求低、且刚性又好的零件，则可以不划分阶段。又如，对某些单件或小批量重型零件加工，零件的运输、装夹费力、费时，则常常在一台机床上全部完成该零件某些表面的粗、精加工。只有这样，才能叫合理、科学地利用了加工阶段划分原则，而非机械地按上述原则划分零件加工阶段。

四、加工顺序的安排

（一）机械加工工序的安排

1）为了为后续的工序提供合适的定位基准，往往在加工过程的开始，首先加工出精基准。例如，轴类零件（发动机曲轴，进排气凸轮轴等）加工，加工工序的前两道工序中就是以轴的外径为粗基准，铣端面和打中心孔，确定零件在以后加工中定位用的精基准；又如，箱体零件（发动机缸体，变速器壳体等）的加工，一般先加工出定位平面及与定位平面垂直的每个工艺孔，作为加工箱体零件上其他尺寸的精基准。

2）首先安排加工表面的粗加工，然后安排半精加工，最后安排精加工、光整加工。一般精度要求高的表面安排在加工过程的最后，避免受其他表面加工的影响。

3）根据零件功能和技术要求，一般将零件加工表面区分为主要表面和次要表面，以主要表面的加工顺序安排为重点，将次要表面加工穿插于主要表面的加工工序中间，这样有主有次、相得益彰。

4）先面后孔。对于支架、底座支承、箱体、连杆类零件，先加工平面，后加工孔，这样可借助平面接触面积较大、平整、安装定位可靠的特点，以平面作精基准加工孔等尺寸，从而得到好的平面与孔的位置精度。

5）对于单件、小批量生产的零件，当工厂（车间）的设备按机床功能归类布置时，为了避免零件的往返搬运费时、碰伤、碰坏的可能，应考虑加工工序集中安排。如前面工序均为车削加工，中间工序为铣削或钻削加工，最后为磨削加工等。

（二）热处理工序的安排

零件在加工过程中的热处理按其目的不同，一般分为预备热处理和最终热处理两种。

（1）预备热处理 所谓预备热处理，就是以改善零件毛坯材料组织性能、切削性为目的的热处理。通常 $w_C<0.3\%$ 的中、低碳钢采用正火，中碳钢采用退火，高碳钢采用球化退火，而综合力学性能要求高的零件则采用调质处理。预备热处理一般安排在机械加工之前进行。

（2）最终热处理 所谓最终热处理，就是以获得所需的组织结构与性能而对零件进行的热处理，最终热处理一般安排在零件精加工前进行，主要方式有淬火、调质、表面处理等。

一些结构较复杂的铸件，由于各部分的厚薄分布不均匀，因此各部分冷却速度不同，结果造成铸件中产生内应力。为了减少因加工后内应力的重新分布而引起变形，故在粗加工之后、精加工之前安排人工时效处理。而对于高精度的零件，甚至安排两次时效，即铸造→粗加工→第一次人工时效→半精加工→第二次人工时效→精加工。有时在粗加工之前，还常常将铸件毛坯长时间存放于自然环境之中，先进行自然时效，然后再进行加工制造。

整体淬火的目的是为提高零件材料整体的硬度和强度。在汽车生产中，常见于某些受大负荷、冲击、相对运动速度较高的摩擦副处的销轴零件的热处理。如柴油机喷油器中针阀偶件中的针阀；燃油泵中出油阀偶件的出油阀等零件的热处理。整体淬火变形大，一般安排在精加工之前进行。

表面处理的目的是提高零件表面的硬度和耐磨性，主要方式有：表面淬火、渗碳淬火、渗氮、碳氮共渗等。在汽车生产中，常见于齿轮、连接轴、转动零件的轴颈、有相对运动的零件配合表面等。其中，低碳钢零件常用渗碳淬火，中碳钢、铸铁件常用表面淬火。热处理工序安排在精加工前进行。而渗氮等热处理工艺主要用于一些重要零件，如柴油机柱塞偶件的柱塞套筒。零件经渗氮后变形小，因此渗氮工序可以安排在精加工后、最终加工工序前进行。

淬火前，必须安排去毛刺工序，仔细去掉零件表面的毛刺，否则毛刺经淬火后硬度很高，难于去除，影响后续加工质量。

（三）辅助工序的安排

零件的检验工序是加工过程中的辅助工序。为了保证产品零件的质量，除了在加工过程中设置操作者的自检、操作者之间的互检外，各关键、重要工序、零件从一个车间（工段）转向另一个车间（工段）前后（特别是热处理前后）、粗精加工之间，以及零件全部加工完成后，还必须设立由检验人员进行的专检工序。

在汽车生产过程中，有时需要对零件基体内部质量进行检查，如发动机曲轴、凸轮轴、连杆的磁力探伤；缸体、缸盖的超声波探伤等。这类特种检验根据各检验手段特点不同，其工序安排的顺序也不同。例如，磁力探伤和荧光检验通常安排在精加工阶段，超声波探伤一般安排在粗加工后进行，而密封性、平衡性等检测则视加工过程的需要和方便灵活安排。如发动机缸盖的水道、柴油机油泵体的高压油道的密封性检查，应安排在水道、油道加工完毕后即刻进行，以便及时发现问题。但是汽车油箱的密封性，则常常安排在油箱的终检中进行。对于发动机曲轴的动平衡性试验也是如此。

需要指出的是，零件的终检是非常重要的，但终检的内容却不是对每一个零件按设计图样要求从头到尾进行一次彻底的检验。在大批量生产情况下，一般按规定要求，只抽取一定比例的零件，并只对部分主要尺寸进行检查。

零件表面经过切削后，飞边、毛刺出现是一种必然现象。飞边、毛刺的存在，在加工过程中，既影响零件的加工精度，还容易造成对操作者的伤害，装配时又极易划伤配合零件表面而影响装配精度。因此在加工过程中，应适时安排零件去飞边、毛刺工序。另外，主要尺寸加工和精加工、光整加工前，必须安排去除飞边、毛刺工序，为后继工序作准备。一些结构复杂的零件加工完毕后，入库之前，还常常专门设置去飞边，毛刺工序，对零件的飞边和毛刺进行最后一次彻底清理。

表面保护，如表面涂镀、发蓝等表面处理工序，一般安排在加工过程的最后进行；清洗、防锈工序，根据需要，布置在各道工序之间、检验结束后或零件装配之前进行。

五、工序的集中与分散

选定了一个零件的加工工艺方案，并划分了加工阶段之后，在一定条件下，可以根据零件加工的工艺特点和生产加工过程组织方式，使零件加工工序的数目不同。这种不同，正是应用工序集中与工序分散两种不同的原则，对工序进行不同的组合来实现的。

所谓工序分散，就是将零件的加工分散在较多的工序内完成。其工艺特点为：每道工序所包含的加工内容较少，工序数目较多，工艺路线长；每道工序的工装夹具比较简单，调整、维护方便，生产准备工作量少；涉及的设备数量、种类较多，操作人员需求量大，生产占用面积广。

所谓工序集中，就是将零件的加工集中在少数几道工序里完成。其工艺特点为：每道工序所包含的加工内容较多，工序数目少，工艺路线短；减少了零件装夹次数，一次装夹即可完成多个表面的加工，全面提高了零件生产加工的劳动生产率；减少了工序间的运输，减少了生产设备数量，有利于使用高生产率的先进技术和专用设备，从而减少了生产工人的数量和生产占用的面积。但工序集中，使设备、工艺装备更加复杂，投资可能更大。

由上述分析可以看出，工序集中的优点正是工序分散的缺点；反之，工序分散的优点正是工序集中的缺点。拟定工艺规程时，应根据零件的生产量、零件的结构特点、技术要求、现有机床设备等生产条件予以综合考虑。从现代生产的发展趋势来看，更强调工序集中。如小批量生产时，为简化生产管理工作，让普通通用设备能尽可能多地完成加工内容，减少工序数目。多品种、中小批量生产时，更多采用数控机床、加工中心等高效、自动化设备，从而使一台生产设备也尽可能多地完成加工内容，从而达到工序集中的目的。但是，对一些精度要求高，且形状复杂的零件来说，应根据零件结构特点，对加工工序合理分散，以便使用通用设备和结构简单的工装夹具组成流水生产线，生产出高质量的产品。

第三节 工序具体内容的确定

工艺路线拟定后，还必须明确每道工序的内容。这些内容包括：加工余量、工序尺寸、设备选择、切削用量与时间定额规定等。

一、加工余量的概念

在零件的加工过程中，为了获得某一表面所要求的形状、尺寸和表面质量，必须从该零件的毛坯表面上切除多余的金属层厚度，称为加工余量。加工余量分为总余量和工序余量。

其中，零件某一表面相邻两道工序尺寸之差称为工序余量，而该表面所有工序余量之和等于加工总余量。即

$$Z_T = \sum_{i=1}^{n} Z_i$$

式中，Z_T 为加工总余量；Z_i 为工序余量；n 为工序数目。

工序余量按加工表面形状不同，分为单边余量和双边余量或对称余量。

在图 5-10a 所示的平面加工中，$Z_i = L_{i-1} - L_i$；在图 5-10b 所示的槽底平面加工中，$Z_i = L_i - L_{i-1}$。均属于单边余量。式中，L_i 是本工序名义尺寸；L_{i-1} 是上工序名义尺寸。

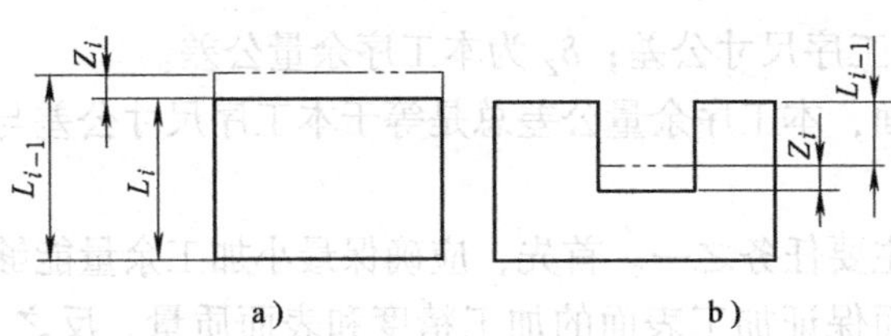

图 5-10　单边余量

a）平面加工　b）槽底的加工

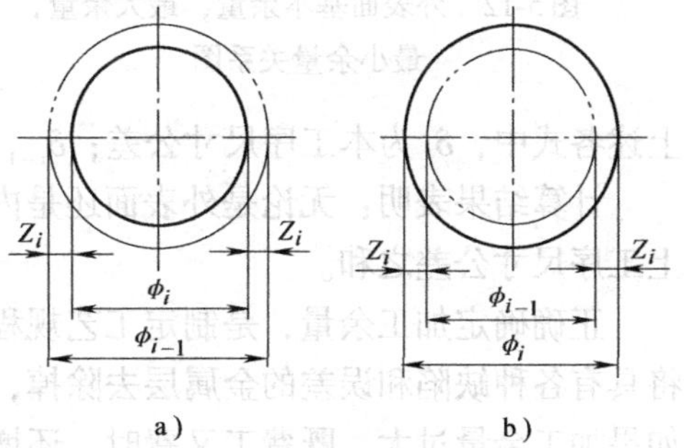

图 5-11　双边余量

a）轴的加工　b）孔的加工

旋转表面（孔和外圆）加工和同时加工相对的两个平面时的加工余量称为双边余量或对称余量。如图 5-11a、b 所示

对于轴（图 5-11a）：$2Z_i = \phi_{i-1} - \phi_i$

对于孔（图 5-11b）：$2Z_i = \phi_i - \phi_{i-1}$

式中，ϕ_i 为本工序名义尺寸，ϕ_{i-1} 为上工序名义尺寸。

无论是加工总余量还是工序余量，在加工过程中，由于工序尺寸有公差，实际切除的余量是变化的，因此加工余量又可以分为基本余量 Z_i、最大余量 Z_{imax}、最小余量 Z_{imin}。下面按内表面、外表面两种情况分别进行讨论。

图 5-12 所示为外表面基本余量、最大余量、最小余量关系图。由图可得

$$Z_{imax} = L_{i-1max} - L_{imin} = L_{i-1} - (L_i - \delta_i)$$
$$= (L_{i-1} - L_i) + \delta_i = Z_i + \delta_i$$
$$Z_{imin} = L_{i-1min} - L_{imax} = (L_{i-1} - \delta_{i-1}) - L_i$$
$$= (L_{i-1} - L_i) - \delta_{i-1} = Z_i - \delta_{i-1}$$
$$\delta_Z = Z_{imax} - Z_{imin} = \delta_{i-1} + \delta_i$$

图 5-13 所示为内表面基本余量、最大余量、最小余量关系图。由图可得

$$Z_{imax} = L_{imax} - L_{i-1min} = (L_i + \delta_i) - L_{i-1}$$
$$= (L_i - L_{i-1}) + \delta_i = Z_i + \delta_i$$
$$Z_{imin} = L_{imin} - L_{i-1max} = L_i - (L_{i-1} + \delta_{i-1})$$
$$= (L_i - L_{i-1}) - \delta_{i-1} = Z_i - \delta_{i-1}$$
$$\delta_Z = Z_{imax} - Z_{imin} = \delta_i + \delta_{i-1}$$

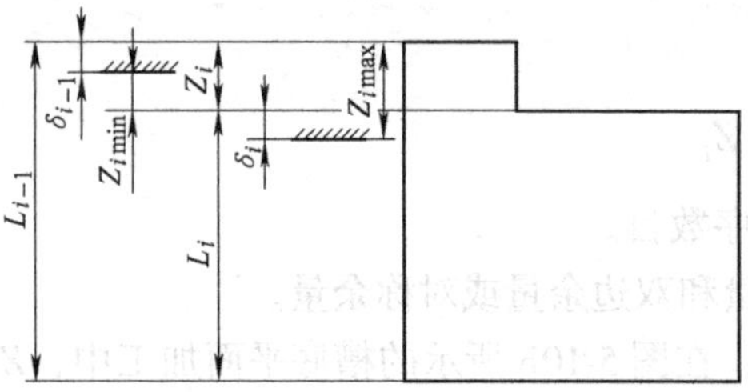

图 5-12　外表面基本余量，最大余量，最小余量关系图

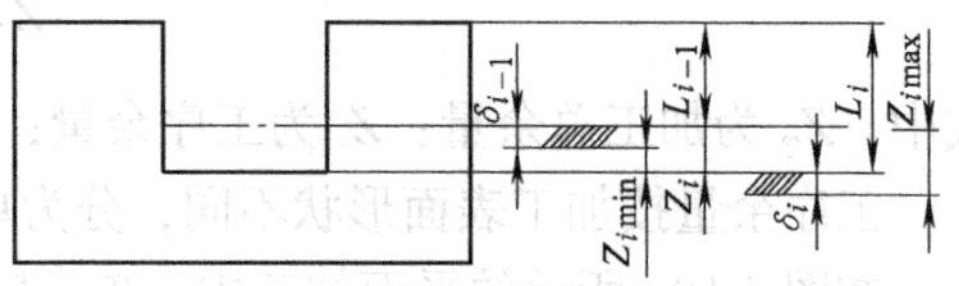

图 5-13　内表面基本余量，最大余量，最小余量关系图

上述各式中，δ_i 为本工序尺寸公差；δ_{i-1}为上工序尺寸公差；δ_Z 为本工序余量公差。

计算结果表明：无论是外表面还是内表面，本工序余量公差总是等于本工序尺寸公差与上工序尺寸公差之和。

正确确定加工余量，是制定工艺规程的主要任务之一。首先，应确保最小加工余量能够将具有各种缺陷和误差的金属层去除掉，从而保证加工表面的加工精度和表面质量。反之，如果加工余量过大，既费工又费时，还增加刀具损耗，浪费材料，甚至破坏需要保存的表面金属层。

影响加工余量确定的因素有：①上工序的表面质量。②上工序的形状误差，特别是对于一些不包括在尺寸公差范围内的形状误差。如零件轴线的直线度误差，假若上工序加工后留下的轴线的直线度误差为 Δt，则本工序必须相应增加加工余量 $2\Delta t$，才能保证消除零件上道工序留下的直线度误差。③上工序的位置误差。在确定本工序加工余量时，必须考虑上一工序不包括尺寸公差范围内的位置误差的影响。④工件在本工序中的定位误差及夹具本身的制造误差都将直接影响本工序的加工余量。

在生产实践中，加工余量的确定方法主要有分析计算法、经验估算法、查表修正法三种。其中，查表修正法本身就是在无数次科学实践基础上总结出来的，并经过无数次实践检验的先进、科学的数据，使用时既方便又可靠，所以此法应用最广。

二、工序尺寸及其公差的确定

当零件的设计基准与工序基准重合时，计算每一工序的尺寸，可由最终尺寸逐步向前推算，便可以得到每一工序的工序尺寸，最后得到毛坯尺寸。当设计基准与工艺基准不重合时，每一工序的工序尺寸则必须通过工艺尺寸链的换算得到。

工序尺寸的公差一般都按“入体原则”进行标注，毛坯尺寸则往往采用双向公差进行标注。

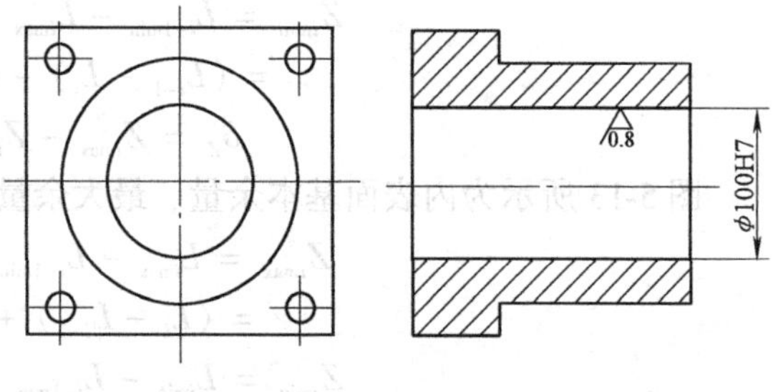

图 5-14　轴套孔加工

图 5-14 所示为一轴套零件，轴套材料为 HT250。现在以轴套孔的加工为例，采用查表法确定轴套孔的加工余量，以及各加工工序（工步）的经济精度和相应公差值。

首先，选择工艺路线为：粗镗→半精镗→精镗→浮动镗。然后，采用最终尺寸逐步向前推算，查表确定各工序（工步）的加工余量，并计算出各工序的工序尺寸，按“入体原则”标注出各工序的经济精度及相应的公差值。

1）浮动镗加工后，应达到零件设计图上的尺寸要求，故

$$\phi_5 = 100\text{H7}(^{+0.035}_{\ 0})\text{mm}$$

2）精镗加工后，孔径尺寸及经济精度、相应偏差值为

$$\phi_4 = 99.9\text{H8}(^{+0.054}_{\ 0})\text{mm}$$

3）半精镗加工后，孔径的基本尺寸及经济精度、相应偏差值为

$$\phi_3 = 99.4\text{H10}(^{+0.14}_{\ 0})\text{mm}$$

4）粗镗加工后，孔径的基本尺寸及经济精度、相应偏差值为

$$\phi_2 = 97\text{H12}(^{+0.36}_{\ 0})\text{mm}$$

5）毛坯孔径的基本尺寸及其相应偏差值为

$$\phi_1 = 92 \pm 1.5\text{mm}$$

各工序尺寸确定后，常常需对每道工序的加工余量进行验算，看一看是否恰当。验算时，应画出所验算工序的尺寸链图，并把加工余量作为封闭环。

三、设备、工艺装备的选择确定

机床设备、工艺装备选用是否正确、恰当，直接影响零件的加工质量、生产效率以及零件生产的成本。生产实践中如何选好设备及工艺装备？首先应熟悉了解各种加工设备的性能、精度，各种刀具的规格、种类，然后根据生产规模合理选用。具体的做法可以按以下方法进行。

（一）机床设备的选择

1）机床的加工尺寸范围应与零件的外廓尺寸相适应。

2）机床的工作精度与所加工零件工序尺寸的精度要求相适应，避免精加工设备用于零件的粗加工，这样既容易损坏设备的精度，又不能提高生产效率。在中、小批量生产规模下，在考虑工序集中时，不排除少量粗加工工序使用高精度设备。

3）零件的生产规模与机床设备的生产效率相适应，否则某些工序必然会成为加工过程的“瓶颈”，加重这些工序加工设备的超负荷运转，从而影响零件的加工质量、设备的使用寿命。

4）机床设备的选择应考虑工厂、车间现有条件，尽量采用现有机床设备或对现有的机床设备进行简单技术改造即能满足使用要求。切忌盲目购买、使用高、精、尖设备。充分根据零件的精度要求，仔细分析，紧紧抓住零件关键、重要尺寸及技术要求，以满足达到设计要求为第一目的，以免造成超限使用高级设备，造成设备资源浪费。

（二）工艺装备的选择

所谓工艺装备，即是指零件加工时所用的刀具、夹具、量检具、模具等各种工具的总称。如何合理选择使用工艺装备，可以从以下几个方面加以考虑：

1）刀具的选择主要取决于工序所用的加工方法、加工表面的尺寸大小、精度、表面粗糙度以及零件材料、生产率、经济性等要素。一般条件下，尽可能采用标准刀具，这样可以

直接降低生产成本。必要时采用高生产效率的复合刀具、专用刀具。

2）对于单件、小批量生产，应尽量选用通用夹具、组合夹具。在大批量生产时，应按工序加工内容要求设计、制造、使用专用夹具。

3）量检具选择的依据是零件生产规模和加工精度。在单件小批生产中，应尽量选用通用量具、量仪，如游标卡尺、千分尺、百分表等。在大批量生产时，应选用各种量规，如专用环规、塞规等，以及高效率的检验仪器和检验用夹具等。

四、切削用量的确定

切削用量是制定工艺规程的基本参数，它包括三个方面：①背吃刀量 a_p 即切削深度；②进给量 f 即加工设备每旋转一周加工刀具切削的距离；③切削速度 v_c 即刀具每分钟切削的距离。从提高机械加工的生产效率出发，应采用尽可能大的切削用量。但在实际的生产中，这一要求受到诸如刀具的寿命、机床设备的工作动力性能、零件毛坯制造的方法，以及零件材料的切削性能等多种因素的限制。因此确定切削用量时，应综合考虑多方面因素，在保证零件加工质量的前提下，以获得高生产率和低加工成本为原则。

（1）粗加工切削用量的确定　粗加工的目的是切除零件表面多余金属层，为精加工作好准备。一般来讲，对加工质量要求不高的工件，主要考虑提高零件的生产效率和保证刀具有长的使用寿命。因此背吃刀量 a_p 的取值可选择等于该工序的加工余量。当然，如果发现该工序加工余量太大或刀具的硬度不足，也可分两次或多次完成。只不过应注意，这时第一次进给时背吃刀量选择应尽可能大一些，以后依次减小。另外，对材料硬度过高的零件，或者加工表面为断续切削时，为避免刀具的磨损和撞击，可适当减小背吃刀量。

当背吃刀量 a_p 选择确定后，作为加工的进给量 f，可以方便地根据机床设备、刀具和工件所能承受的切削力（进给力）选择确定。

对于切削速度的确定，主要考虑两方面的影响因素：一是机床设备的动力性能（功率、转矩）；二是刀具的使用寿命。通常情况下，车刀的使用寿命为 60 min；高速钢麻花钻的使用寿命为 80～120min；硬质合金面铣刀的使用寿命为 120～180min；齿轮刀具的使用寿命为 200～300min。在确定了背吃刀量 a_p、进给量 f 和刀具使用寿命后，就可以根据切削用量对刀具寿命 T 影响的计算公式，计算出切削速度 v_c。

$$v_c = \frac{C_v}{60^{1-m} T^m a_p^{x_v} f^{y_v}} K_v$$

式中，T 为刀具寿命；C_v 为刀具寿命系数，它与刀具材料、工件材料和切削条件有关；x_v、y_v、m 分别为各种切削用量时刀具寿命影响程度的系数，K_v 为修正系数，以上各系数可根据本章参考文献［4］查表确定。

（2）精加工切削用量的确定　精加工时，选择切削用量考虑的主要因素为零件的加工精度和表面粗糙度。精加工时，零件的加工余量小，背吃刀量 a_p 一般取工序加工余量。另外，考虑零件设计对表面粗糙度的要求，所以进给量 f 也不宜选取过大。在选取背吃刀量 a_p 和进给量 f 后，切削速度 v_c 尽可能选择大一些，以提高精加工的生产效率。实际生产中，可根据具体零件的技术要求，从相关资料中查取切削用量。

表 5-1 所示为汽车行业机械加工的切削速度水平。随着机械加工技术的发展，切削用量也将不断提高，以满足生产效率不断提高的要求。

表 5-4　汽车行业机械加工切削速度

项　　目	国内水平	国际水平
车削速度/（$m \cdot s^{-1}$）	1.5～2	2.5～3.3
铣削速度/（$m \cdot s^{-1}$）	1.2～3	2.5～4.2
磨削速度/（$m \cdot s^{-1}$）	50	60～80
拉削速度/（$m \cdot s^{-1}$）	0.1～0.15	0.25～0.45
滚齿速度/（$m \cdot s^{-1}$）	0.5～0.8	1.5～2
钻削速度/（$m \cdot s^{-1}$）	0.35～0.5	1.2～1.5
大平面拉削速度/（$m \cdot s^{-1}$）	0.45～0.6	0.85

五、时间定额的确定

每一个生产企业根据自身的生产条件，对每一种零件生产的每一道工序都规定了所需耗费的时间，称为时间定额。它是零件制造成本的重要组成部分，是企业进行经济核算、安排生产计划的重要依据，是添置生产设备、扩大生产规模、增减生产人员的重要依据。合理制定时间定额，不仅可以提高生产效率、产品质量，而且能够充分挖掘生产工人的积极性、创造性。在生产实践中，一般采取实测与计算相结合的方法来确定时间定额。

完成一个零件加工的某道工序所耗用的时间，称为单件时间定额 T_t，它由以下各部分组成：

（1）基本时间 T_b　就是直接用于改变工件的尺寸、形状和表面质量等工艺过程所消耗的时间，它包括刀具的切入、切削、切出等时间，又称为机动时间。不同加工方式，基本时间 T_b 的计算方法不同。不同加工方式的基本时间的计算方法，可以按本章参考文献［3］查取。以车外圆为例，基本时间 T_b 按下式计算

$$T_b = \frac{L}{v_c} = \frac{L}{nf}i = \frac{L_i + L_w + L_0 + L_3}{nf}i$$

式中，L 为工作行程；L_i 为刀具切入行程，一般 $L_i = a_p/\tan\kappa_r +$（2～3），单位为 mm；L_w 为工件加工长度，单位为 mm；L_0 为刀具切出行程，一般 $L_0 = 3\sim5$mm；L_3 为单件小批量生产时的试切附加长度，对大批量汽车零件加工时，一般取 $L_3 = 0$；i 为进给次数，当加工余量为双边余数时，$i = Z/2a_p$，当加工余量为单边余量时，$i = Z/a_p$；n 为机床主轴转速，单位为 r/min。

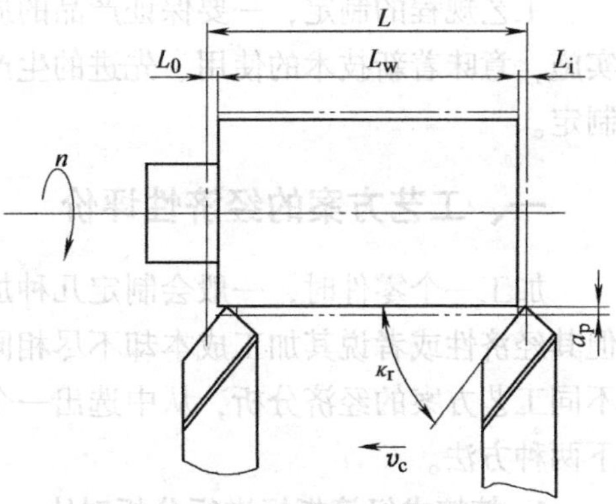

图 5-15　零件外圆车削加工的基本时间

图 5-15 所示为零件外圆车削加工时以上各参数的几何意义。

（2）辅助时间 T_a　就是为完成一道工序的加工，必须进行的各种辅助动作所消耗的时间。它包括：开、停机床；装卸工件；进刀、退刀；测量工件尺寸等。

基本时间 T_b 和辅助时间 T_a 之和，统称为作业时间 T_w。辅助时间的确定，既可以根据相关资料、手册查取，也可实际测取，最好的办法是在二者综合基础之上得到。对大批量生产的汽车来说，常常按基本时间的百分比进行估算，并在生产实践中不断科学总结，对其修改，最终得到合理的时间消耗。

(3) 布置工作地时间 T_s　为保证生产加工活动正常进行，工人应该对生产场地定期进行整理。如：清理铁屑；检查、润滑机床；更换、修磨刀具；调校量、检具等。这些由于工人管理工作场地所消耗的时间，称为布置工作地时间。该时间的确定，一般按工序作业时间的百分比 s 来进行估算，一般取 $s \approx 2\% \sim 7\%$。

(4) 休息与生理需要时间 T_r　工人在工作时间内为恢复体力和满足生理上的需要所消耗的时间，一般按工序作业时间的百分比 r 来估算，一般取 $r \approx 2\% \sim 4\%$。

因此，单件工时定额计算表达式为

$$T_t = T_b + T_a + T_s + T_r = (T_a + T_b)\left(1 + \frac{s+r}{100}\right)$$

(5) 准备与终结时间 T_e　对成批大量生产来讲，还必须考虑工人在加工一批零件的开始和结束时，必须进行准备工作和结束工作所花费的时间。这些工作包括：借还和熟悉工艺文件；借还工、夹、量、刀具；领取零件毛坯；安装工艺设备；调整机床；送验、清点、下传零件成品或半成品等。假设每批零件数为 N，则每个零件平均的准备与终结时间为 T_e/N。因此，成批生产的零件单件工时定额为

$$T_d = T_t + T_e/N = (T_a + T_b)\left(1 + \frac{s+r}{100}\right) + T_e/N$$

批次中，零件数目越多，则 T_e/N 越小。在汽车零件生产过程中，该项时间往往忽略不计，即 $T_e/N \approx 0$

第四节　工艺方案的经济性评价及降低加工成本的措施

工艺规程的制定，一要保证产品的质量，二要提高劳动生产率，降低生产成本。后者的实施，意味着新技术的使用、先进的生产管理体系的实施，以及合理的零件单件时间定额的制定。

一、工艺方案的经济性评价

加工一个零件时，一般会制定几种加工工艺方案，这些方案都能满足零件的加工要求，但其经济性或者说其加工成本却不尽相同。这时，应在首先满足设计要求的前提下，通过对不同工艺方案的经济分析，从中选出一个最经济合理方案。一般工艺方案的经济性评价有以下两种方法。

1. 按技术经济指标进行分析对比

这种评价方法，即是按规定的技术经济指标对加工工艺方案进行评价分析。这些指标一般包括：每个产品（零件）所需的劳动量（工时或台时）；每个工人的年产量（吨/人或件/人）；每平方米生产面积的年产量等。

2. 按工艺成本进行分析和对比

制造一个零件或一台产品所需要的一切费用总和称为生产成本。它包括两大类费用：一是与工艺过程有直接关系的费用，称为工艺成本；二是与工艺过程无关的费用，如行政管理人员的工资，厂房的折旧、维护费用，取暖、照明等费用。在生产条件不变的情况下，后者大体上是不会变化的，一般在进行工艺方案的经济性分析时对此不予考虑，而只对工艺成本进行分析评价。在工艺成本中，又包括与产量有关的并与之成比例的可变费用 V，如零件材料及毛坯费用，操作人员工资，通用机床设备的维护及折旧费，通用工艺装备的维护及折旧费，机床设备能耗及刀具等费用。另一方面是与年产量无直接关系的不变费用 C，如专用机床设备、专用夹具、刀具的折旧、维护费用，调整工人工资等。

设：零件的年工艺成本为 E（元/年），则其表达式为

$$E = NV + C$$

所以，单个零件工艺成本 e（元/件）为

$$e = V + C/N$$

式中，E 为零件的年工艺成本（元/年）；V 为可变费用（元/件）；e 为单个零件工艺成本（元/件）；N 为年产量（件）；C 为年不变费用（元）。

如图 5-16 所示为以年工艺成本 E 为纵坐标、年产量 N 为横坐标，绘制出的年工艺成本、年产量关系图。

如图 5-17 所示为以单件工艺成本 e 为纵坐标、年产量 N 为横坐标，绘制出的单件工艺成本、年产量关系图。

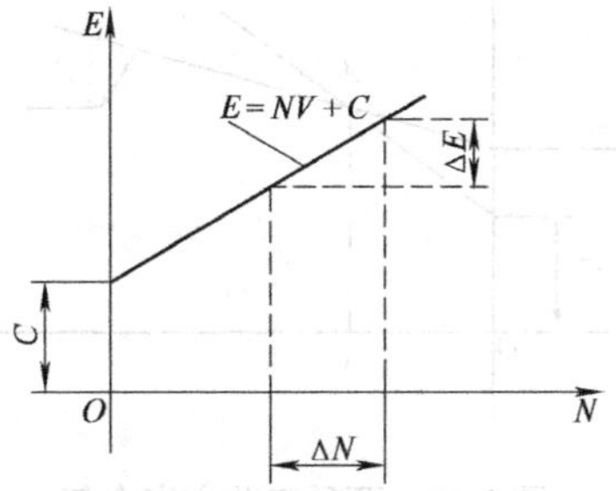

图 5-16　年工艺成本、年产量关系图

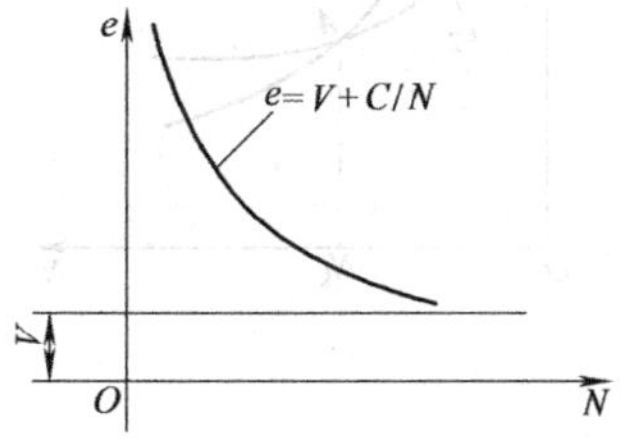

图 5-17　单件工艺成本、年产量关系图

通过图 5-16、图 5-17 可分别看出，年工艺成本 E 与年产量 N 呈线性关系，年工艺成本的变化量 ΔE 与年产量的变化量 ΔN 成正比；而单件工艺成本 e 与年产量 N 呈双曲线关系，单件工艺成本 e 随年产量 N 的增加而减少，当年产量 N 超过无穷大时，e 接近于可变费用 V。

1）假设两种工艺方案基本投资相近，或均采用现有设备进行生产，那么可用工艺成本作为评价它们经济性的重要依据。

a. 如果两种工艺方案只有少数工序有差异，则用单件工艺成本作为依据进行分析评价。

如果年产量 N 为一定时，根据单件工艺成本计算式得

$$e_1 = V_1 + C_1/N$$

$$e_2 = V_2 + C_2/N$$

若 $e_1 > e_2$，则第 2 种工艺方案的经济性好。

如果年产量 N 为一变量时，根据单件工艺成本计算式分别在同一坐标系中绘制出 e_1、e_2 的曲线图，如图 5-18 所示，根据 e_1、e_2 的曲线变化进行比较。

如图 5-18 所示，随着 N 的变化，曲线 e_1 与 e_2 必相交于 A 点，交点 A 所对应的产量 N_k，称为临界产量。对两种工艺方案来说，当 $N > N_k$ 时，此时 $e_2 > e_1$，则方案 1 的经济性较好；当 $N < N_k$ 时，此时 $e_2 < e_1$，则方案 2 的经济性占优。

令 $e_2 = e_1$，则可求得临界产量为

$$N_k = \frac{C_2 - C_1}{V_1 - V_2}$$

b. 若两种工艺方案差异较大，可采取对该零件的年工艺成本进行分析评价，从而找出经济性好的方案。

设两种工艺方案年工艺成本分别为

$$E_1 = NV_1 + C_1$$

$$E_2 = NV_2 + C_2$$

如图 5-19 所示，在同坐标系中分别绘出 $E_1 - N$、$E_2 - N$ 曲线图，随着 N 的变化，两条直线相交于 A 点，点 A 所对应的产量也称为临界产量 N_k。当 $N > N_k$ 时，宜采用方案 2；当 $N < N_k$ 时，则应采用方案 1；当 $N = N_k$ 时，方案 1 与方案 2 经济性相当，可任选其一。

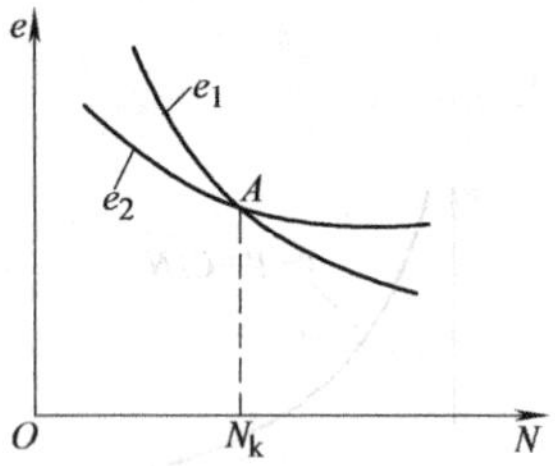

图 5-18 两种工艺方案单件工艺成本比较图

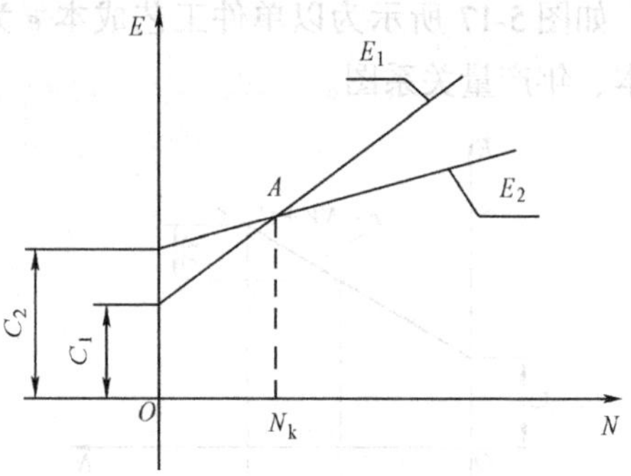

图 5-19 两种工艺方案全年工艺成本比较图

2）假如各工艺方案的基本投资相差较大，在进行经济性分析评价时，不仅要考虑工艺成本，而且还必须比较基本投资回收期限。如在方案 1 中，使用价格较高的、高效率的机床设备及工艺装备，则其基本投资 K_1 必然较大，但工艺成本 E_1 则较低；方案 2 使用价格便宜的一般机床设备，其基本投资 K_2 小，但工艺成本 E_2 则较高。在这种情况下，如果单纯只对其工艺成本进行比较，则分析评价是不全面和不客观的，而必须增加考虑两种方案基本投资回收期限。投资回收期 τ（年）即是指一种方案比另一种方案多花费的投资，需要多少时间才能由于工艺成本降低而收回。投资回收期 τ 越短，经济性就越好；反之，τ 越长，则经济性越差。投资回收期 τ 计算式为

$$\tau = \frac{K_1 - K_2}{E_2 - E_1} = \frac{\Delta K}{\Delta E}$$

式中，ΔE 为两种方案基本投资差额（元/年）；ΔK 为当年工艺成本收益额（元）。

在计算投资回收期时应注意：τ应小于基本投资设备的使用年限和市场对所生产的产品预计需求年限，另外，还必须满足规定的标准回收时限。

二、降低加工成本的措施

提高劳动生产率是每一个企业降低生产成本、获得高额利润的有效手段，它涉及到企业的方方面面，包括产品的设计、企业的管理、生产的组织等。譬如，现代企业生产组织、管理的“定置”管理方法，就是对生产现场机床设备的布置、工艺装备的摆放、待加工零件的搁置，以及在制品的传递等方面，都严格制定了有关的方法和措施，这样既保证了生产有条不紊地进行，又尽可能地减少了生产过程中非生产性时间的浪费，让生产高速、有节奏地进行。而在生产的组织中，改进工艺方案，采用先进的生产设施、科学合理的加工方案来提高劳动生产率，往往是人们最先想到并使用的方法。

(一) 缩短单件时间定额

单件时间定额的压缩，是使整批零件加工时间缩短的基础。而从单件时间定额的组成来分析，可以从以下几个方面入手：

(1) 压缩基本时间 T_b

1) 提高切削用量，即提高切削速度 v_c、进给量 f、背吃刀量 a_p，达到缩短单件时间定额的目的。随着加工技术的发展，高速、强力切削已成为切削加工的主要发展方向，在机床设备加工能力允许的前提条件下，硬质合金车、铣普通钢件的切削速度可达 8.3 ~ 11.7m/s；陶瓷刀具车削灰铸铁的速度可达到 16.7 ~ 25m/s；高速磨削速度超过 120m/s。可以看到，切削速度的大幅提高，使基本时间的压缩成为现实。另外，使用精铸、精锻毛坯，减少了加工余量，也为缩短基本时间提供了保证。

2) 采用多刀切削、多件加工、合并工步等方法，同时加工一个表面或多个表面，缩短刀具工作行程，从而缩短基本时间。

图 5-20a、b 所示分别为多刀车削零件外圆和多刀镗孔加工，在这种情况下，原本需要多次进给才能完成的加工，现在只要一次进给即可完成，从而大大缩短了加工时间，提高了生产效率。

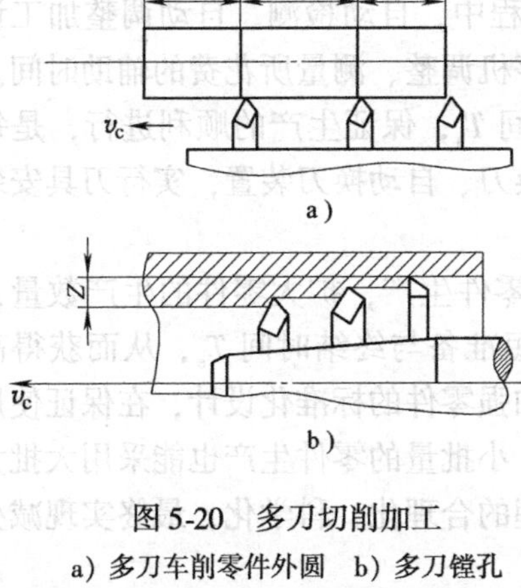

图 5-20　多刀切削加工

a) 多刀车削零件外圆　b) 多刀镗孔

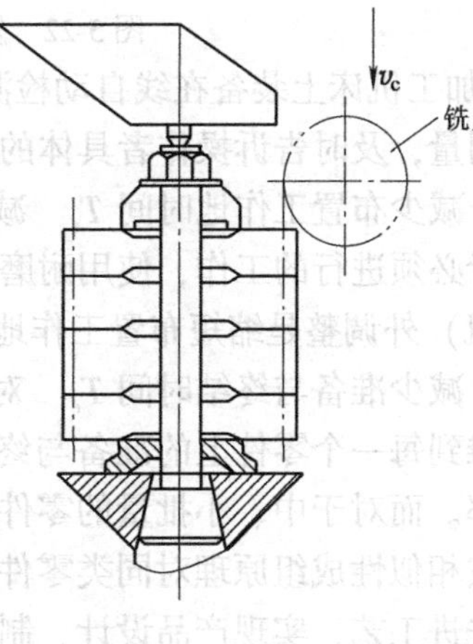

图 5-21　多件顺序加工

图5-21所示为多件加工，例如汽车变速齿轮的加工。在刀具进给方向将待加工的齿轮坯一个接一个有顺序地叠放装夹。加工时，可减少刀具的切入和切出时间。

采用复合工步（参见图1-4），工件一次安装后，同时实现通油螺塞外圆多个台阶车削和油孔的钻削加工，从而大大缩短了加工时间。

（2）缩短辅助时间 T_a 辅助时间是组成零件加工作业时间的另一主要组成部分，它主要受加工设备、工艺装备的影响。广泛使用高度自动化的设备及工艺设备，让辅助时间与基本时间部分重合或全部重合，是压缩辅助时间的最有力措施。

1）在大批量生产中，采用气动、液压、电磁等快速、高效自动化专用夹具，在中、小批生产中，特别是多品种小批量生产条件下，采用成组工艺、成组夹具、组合夹具等工艺装备来缩短零件加工的辅助时间。

2）参见图1－3所示的三工位二轴钻铰孔加工，由于采用多工位回转夹具，可实现几个工件的同时动作。图5-22所示为发动机连杆大、小头两端面的粗铣加工，由于连杆在回转工作台上连续进给，连杆毛坯装夹、粗铣加工顺序进行，使辅助时间与基本时间重叠，在连杆加工过程中无需停机，从而大大减少了作业时间，使生产效率得以大大提高。

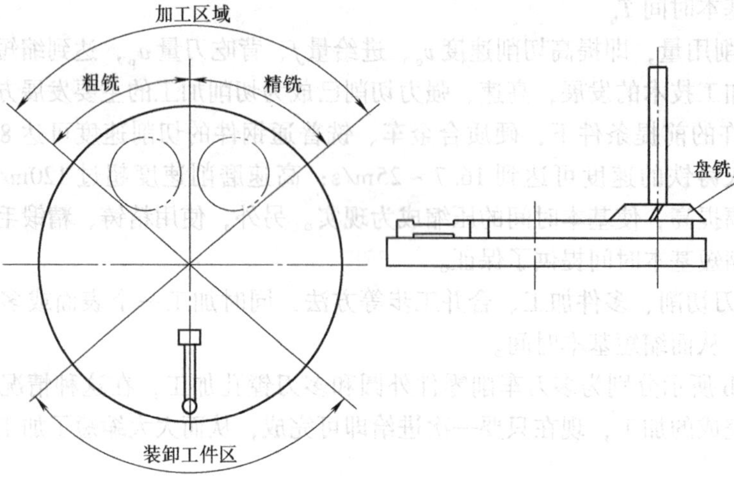

图5-22 发动机连杆大、小头两端面加工

3）加工机床上装备在线自动检测装置，在加工过程中，自动检测、自动调整加工设备的切削用量，及时告诉操作者具体的尺寸数据，节省停机调整、测量所花费的辅助时间。

（3）减少布置工作地时间 T_s 减少布置工作地时间 T_s，保证生产的顺利进行，是每一位操作者必须进行的工作，使用耐磨刀具和各种快速换刀、自动换刀装置，实行刀具安装尺寸线（机）外调整是缩短布置工作地时间的有效措施。

（4）减少准备与终结时间 T_e 对于大批量的汽车零件生产，扩大零件的生产数量，使平均分摊到每一个零件上的准备与终结时间减少，缩短准备与终结时间 T_e，从而获得高的生产效率。而对于中、小批量的零件生产来讲，首先加强零件的标准化设计，在保证使用前提下，按相似性成组原理对同类零件进行设计，使中、小批量的零件生产也能采用大批大量生产的先进工艺，实现产品设计、制造工艺和生产管理的合理化、科学化，最终实现减少每个零件所占用的准备与终结时间的目的。

（二）采用先进制造工艺

在生产过程中采用先进的制造工艺方法，不仅可以取得事半功倍的效果，而且可以在提高效率的前提下提高产品的质量。对于像汽车这类批量较大的产品生产来讲，常用的方法有以下几种：

（1）采用效率高的自动化生产技术和装备　大批量、少品种的汽车生产，一直以来都是采用生产效率较高的自动化流水线生产方式进行生产。但是随着科学技术的飞越发展，社会需求的多样性，以及汽车市场竞争的日益白热化，迫使汽车生产必须从过去的大批量、少品种的生产方式中走出来，采用更为灵活并更具有竞争能力的自动化生产技术和装备。成组技术（GT）、计算机辅助制造（CAM）、数控加工（NC）、柔性制造系统（FMS）与计算机集成制造系统（CIMS）等现代制造技术，必将给汽车制造带来新的变革。

（2）使用先进的毛坯制造技术　精度好、强度高的毛坯，不仅使零件加工更加精密，而且使机械加工技术更趋于简化，并大大提高了材料的利用率。粉末冶金、精密铸造、精密锻造、快速成形、热挤压等新型毛坯加工制造方法，已广泛应用于汽车零件的加工制造，特别是非金属材料成形技术的应用（如注塑技术），为汽车的轻量化走出了一条新路。

第五节　制定机械加工工艺规程范例

图5-23所示为某型汽车上一齿轮零件，下面就以这个零件为实例，按工艺规程制定的思路对其进行工艺分析。

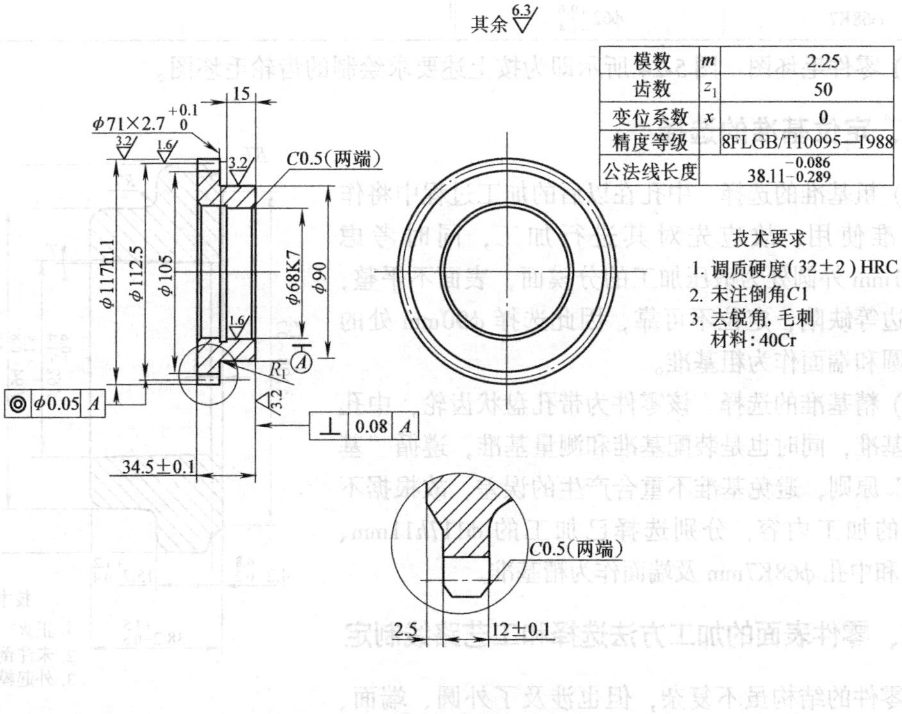

图5-23　齿轮零件

一、审查零件图样的完整性及零件的工艺性

通过对图样的仔细审查，确认该零件视图完整、正确，尺寸、公差及技术要求合理、齐全。该齿轮从结构特点来看，属于盘类零件，零件各部分结构合理，各表面的加工工艺成熟，没有特殊加工要求，不存在加工困难。

二、毛坯选择

从该零件的使用场合来看，是汽车中的一个传动零件，在使用过程中要承受一定的冲击力和传递较大的扭矩，因此，要求齿轮必须具有一定的强度和冲击韧性。从零件外廓及用材分析，齿轮所用材料为40Cr，整个零件的轮廓外形尺寸不大，所以，可采用模锻成形。另外，该零件结构简单，在毛坯制作时，可考虑毛坯形状与零件尽量接近，制作成台阶形，并且中孔可直接锻出。

(1) 毛坯尺寸的确定　通过分析齿轮上的加工表面，所有表面的粗糙度值为 $R_a \geq 1.6\mu m$，因此，这些表面的毛坯尺寸只需要将零件设计尺寸加上所查取的加工余量值即可。具体数据如表5-5所示，毛坯尺寸及其偏差，可由本章参考文献［3］查得。

表5-5　齿轮毛坯主要尺寸及其允许偏差　（mm）

零件尺寸	毛坯及其偏差	零件尺寸	毛坯及其偏差
ϕ117h11	$\phi121^{+1.7}_{-0.8}$	12	$15.7^{+1.2}_{-0.4}$
ϕ90	$\phi94^{+1.5}_{-0.8}$	34.5	$38.2^{+1.5}_{-0.5}$
ϕ105	$\phi108^{+1.5}_{-0.7}$	2.5	$4.2^{+0.8}_{-0.2}$
ϕ68K7	$\phi62^{+0.6}_{-1.4}$		

(2) 零件毛坯图　图5-24所示即为按上述要求绘制的齿轮毛坯图。

三、定位基准的选择

(1) 粗基准的选择　中孔在以后的加工过程中将作为精基准使用，故应先对其进行加工，同时考虑 $\phi117h11$mm 外圆处为锻压加工的分模面，表面不平整，并有飞边等缺陷，定位不可靠，因此选择 ϕ90mm 处的毛坯外圆和端面作为粗基准。

(2) 精基准的选择　该零件为带孔盘状齿轮，中孔是设计基准，同时也是装配基准和测量基准，遵循“基准重合”原则，避免基准不重合产生的误差，故根据不同工序的加工内容，分别选择已加工的 $\phi117h11$mm、ϕ90mm 和中孔 ϕ68K7mm 及端面作为精基准。

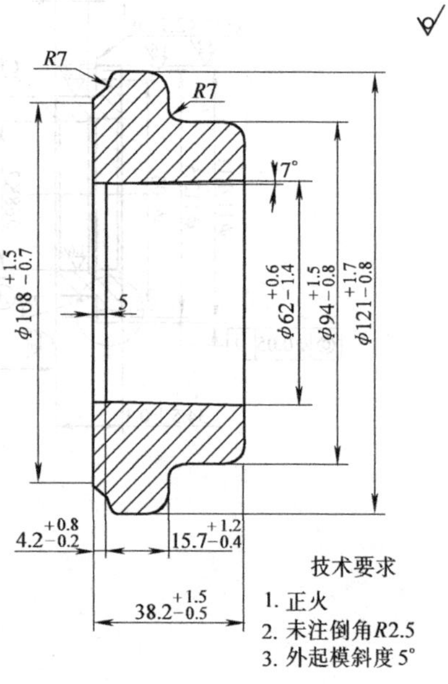

图5-24　齿轮毛坯图

四、零件表面的加工方法选择和工艺路线制定

该零件的结构虽不复杂，但也涉及了外圆、端面、孔、齿形等加工，据此，制定出表5-6所示的加工方法

和工艺路线。

表 5-6　零件加工方法和工艺路线

工序 1	以毛坯 $\phi94^{+1.5}_{-0.7}$mm 外圆及其端面作为工序基准；车另一端面及 $\phi105$mm 到设计要求；粗车外圆到尺寸 $\phi118.5^{\ 0}_{-0.54}$mm；粗镗中孔到尺寸 $\phi65^{+0.19}_{\ 0}$mm
工序 2	以外圆 $\phi118.5^{\ 0}_{-0.54}$mm 及端面作为工序基准，粗车端面及外圆到尺寸 $\phi91.5^{\ 0}_{-0.54}$mm
工序 3	以粗车后的外圆 $\phi91.5^{\ 0}_{-0.54}$mm 及端面作为工序基准，半精车外圆到尺寸 $\phi117h11$（$^{\ 0}_{-0.22}$）mm，达到图样设计要求；半精镗中孔到尺寸 $\phi67^{+0.74}_{\ 0}$mm
工序 4	以外圆 $\phi117h11$（$^{\ 0}_{-0.22}$）mm 及端面作为工序基准，精镗中孔 $\phi68K7$（$^{+0.009}_{-0.021}$）mm；挖槽 $\phi71\times2.7^{+0.1}_{\ 0}$ mm；倒角
工序 5	以中孔 $\phi68K7$mm 及端面作为工序基准，滚齿
工序 6	去锐边、毛刺
工序 7	终检

五、工序具体内容的确定

（一）确定工序尺寸

工序尺寸确定的一般方法为，由加工表面的最后一道工序得到的尺寸往前推算，而最后一道工序的工序尺寸常常就是零件图样的设计尺寸。在推算过程中，如果同一表面多次加工使用的工序基准、定位基准、测量基准与设计基准重合，则工序尺寸只与工序加工余量有关；如果工序基准、定位基准、测量基准、设计基准不重合，则必须应用工艺尺寸链原理进行换算。

1. 不同圆柱面的工序尺寸确定

该零件的各圆柱表面多次加工的工序尺寸只与加工余量有关，因此工序尺寸由后往前推算，各工序尺寸的公差按加工方法的经济精度确定。表 5-7 所示为该零件不同圆柱表面的工序余量、工序尺寸及公差、表面粗糙度。

表 5-7　不同圆柱表面的工序加工余量、工序尺寸及公差、表面粗糙度

加工表面	工序余量/mm			工序尺寸及公差/mm			表面粗糙度		
	粗加工	半精加工	精加工	粗加工	半精加工	精加工	粗加工	半精加工	精加工
$\phi117h11$（$^{\ 0}_{-0.22}$）	2.5	1.5	—	$\phi118.5^{\ 0}_{-0.5}$	$\phi117^{\ 0}_{-0.22}$	—	6.3	3.2	—
$\phi105$	3	—	—	$\phi105^{\ 0}_{-0.4}$	—	—	6.3	—	—
$\phi90$	2.5	1.5	—	$\phi91.5^{\ 0}_{-0.54}$	$\phi90^{\ 0}_{-0.54}$	—	6.3	3.2	—
$\phi68K7$（$^{+0.009}_{-0.021}$）	3	2	1	$\phi65^{+0.19}_{\ 0}$	$\phi67^{+0.074}_{\ 0}$	$\phi68^{+0.009}_{-0.021}$	6.3	3.2	1.6

2. 轴向工序尺寸的确定

图5-25a所示为按加工顺序标注的轴向尺寸：$A_1=2.5_{-0.1}^{\ 0}$ mm，$A_2=(34.5\pm0.1)$ mm，A_3为待求工序尺寸。由此可见，在轴向尺寸的加工过程中，轮齿宽度$A_0=(12\pm0.1)$ mm是间接保证得到的尺寸，按尺寸链中封闭环的定义，该环即为封闭环。

在图5-25a中，尺寸A_1、A_2、A_0是零件图样设计尺寸。如何选取A_3这个工序尺寸，通过A_3的加工，最终能满足A_0的尺寸要求。为此，必须进行工艺尺寸链计算。图5-25b所示即为轴向尺寸加工工艺尺寸链图。

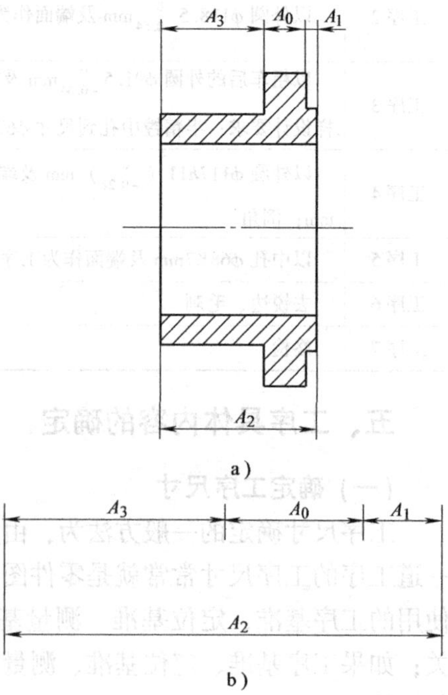

图5-25 齿轮轴向尺寸加工顺序示意图和工艺尺寸链图

a) 加工顺序示意图

b) 工艺尺寸链图

在进行尺寸链计算时，按以下思路进行：

方案一：取A_1、A_2设计尺寸及其偏差作为工序尺寸的名义尺寸及其偏差，根据尺寸链原理有

$$T_{A0}=\sum_{i=1}^{3}T_{Ai}=T_{A1}+T_{A2}+T_{A3}$$

但实际上

$$T_{A0}=0.2\text{mm}$$

而 $$T_{A1}+T_{A2}+T_{A3}=0.3+T_{A3}$$

由此可见，即使$T_{A3}=0$，也不能满足要求。因此，在实际加工时，应重新考虑A_1、A_2工序尺寸的偏差。

方案二：取工序尺寸$A_1=2.5_{-0.05}^{\ 0}$ mm，$A_2=(34.5\pm0.05)$ mm，齿宽按设计要求$A_0=(12\pm0.1)$ mm，则按工艺尺寸链原理，此时A_3的工序名义尺寸及其偏差应为：

（1）名义尺寸为

$$\begin{aligned}A_3&=A_2-A_1-A_0\\&=(34.5-2.5-12)\ \text{mm}=20\text{mm}\end{aligned}$$

（2）上、下偏差为

由 $$ES_{A0}=ES_{A2}-EI_{A1}-EI_{A3}$$

得 $$\begin{aligned}EI_{A3}&=ES_{A2}-EI_{A1}-ES_{A0}\\&=[0.05-(-0.05)-0.1]\ \text{mm}=0\text{mm}\end{aligned}$$

又由 $$EI_{A0}=EI_{A2}-ES_{A1}-ES_{A3}$$

得 $$\begin{aligned}ES_{A3}&=EI_{A2}-ES_{A1}-EI_{A0}\\&=[-0.05-0-(-0.1)]\ \text{mm}=+0.05\text{mm}\end{aligned}$$

故工序尺寸A_3的工序尺寸及其偏差为$A_3=20_{\ 0}^{+0.05}$ mm。

可见，在重新分配各工序尺寸的公差以后，最终使齿宽的要求得到了保证，但各工序尺寸的精度却大大地加严了，给加工带来了一定的难度。当然，公差分布的方法不止上面所讲的一种，这里不再讨论。

（二）加工设备与工艺装备的选择

1. 机床选择

1）工序1、工序2、工序3的加工内容主要是粗车和半精车零件外圆和端面，各工序的加工内容不多，零件外廓尺寸不大，精度要求不是很高，故选用常用的C620-1型卧式车床。

2）工序4为精镗孔，考虑被加工零件外廓尺寸不大，又是回转体，但加工精度要求较高，表面粗糙度值较小，故选用较精密的C616A型车床。

3）工序5为滚齿，从零件的加工要求及尺寸大小，可选用Y2150-1型滚齿机进行加工。

2. 夹具选择

工序1、2、3、4采用三爪自定心卡盘，工序5采用心轴。

3. 刀具选择

1）在C620-1型及C616A型车床上进行加工时，选用硬质合金车刀和镗刀。其中，粗加工时用YT5，半精加工时用YT15，精加工时用YT30。

2）滚齿加工时，采用A级单头滚刀——模数为2.25的Ⅱ型A级精度滚刀。

3）量检具选择。一般选择量检具的方法有两种：一是按计量器具的不确定度（参见参考文献［3］）进行选择；二是按计量器具极限误差进行选择。下面就以这两种方法为例，举例说明其应用。

方案1：按计量器具的不确定度来选择外圆表面加工使用的量具。工序1中，粗车外圆$\phi118.5_{-0.54}^{\ 0}$mm，该尺寸公差为$T=0.54$，查本章参考文献［3］（以下简称“文献［3］”）表5.1-1，计量器具不确定度允许值为$U_1=0.029$，又根据文献［3］表5.1-2分度值为0.02mm的游标卡尺的不确定度值$U=0.02$，$U_1>U$，因此选用分度值为0.02mm的游标卡尺。

方案2：对$\phi68$K7孔粗镗、半精镗、精镗三道工序的加工，分别进行计量器具的选择：

a. 粗镗后，孔的尺寸及偏差为$\phi65_{\ 0}^{+0.19}$mm，其公差等级为IT11，查文献［3］表5.1-5，得精度系数为$K=10\%$，则计量器具测量方法的极限误差$\Delta_{\lim}=KT=0.1\times0.19=0.019$mm。另查文献［3］表5.1-6得一级内径百分表的测量极限误差为$\Delta_{\lim}=0.017$mm（在50～80mm尺寸段）。因此，根据文献［3］表5.2-11，可选用分度值为0.01mm、测量范围为50～125mm的内径百分表。

b. 半精镗后，孔的尺寸及偏差为$\phi67_{\ 0}^{+0.074}$，其公差等级为IT9，查文献［3］表5.1-5，得精度系数$K=20\%$，则计量器具测量方法的极限误差$\Delta_{\lim}=KT=0.0148$mm（在50～80mm尺寸段），同时考虑上述选取公差等级IT9时已加严，因此，根据文献［3］表5.2-11，可选用分度值为0.01mm、测量范围为50～125mm的内径百分表。

c. 精镗后，孔的尺寸精度应达到$\phi68$K7设计图样要求。由于该尺寸为主要的配合尺寸，精度要求高，生产中应加以控制并检测，因此按文献［3］表5.2-1，选用三牙锁紧式圆柱塞规。

其他工序尺寸的检测，可根据本章参考文献［3］，选择使用相关量检具，此处不再赘述。

（三）切削用量及基本时间的确定

切削用量包括：背吃刀量、进给量及切削速度三项。切削用量的选择可以计算求取，也可以根据本章参考文献［4］（以下简称“文献［4］”）查表选取。下面以工序1中粗车外圆 $\phi 118.5_{-0.54}^{0}$mm 为例，阐述其切削用量及基本时间的确定。

由前述可知，零件材料为40Cr，$\sigma_b=686$MPa，模锻件，加工设备为C620-1型卧式车床；所用夹具为三爪自定心卡盘。由于锻件毛坯有外皮，根据文献［4］中表1.1及表1.2，选用刀具为YT5硬质合金可转位车刀，刀杆尺寸为 $B\times H=16\text{mm}\times 25\text{mm}$，刀片厚度为4.5mm；又根据文献［4］中表1.3，选择车刀几何形状为：卷屑槽带倒棱型前刀面，前角 $\gamma_o=12°$，后角 $\alpha_o=6°$，主偏角 $\kappa_r=90°$，副主偏角 $\kappa_r'=10°$，刃倾角 $\lambda_s=0°$，刀尖圆弧半径 $r_\varepsilon=0.8$mm。

1. 背吃刀量 a_p 的确定

因为单边余量仅为1.25mm，即使考虑模锻斜度和公差，最大单边余量也仅为2.85mm，所以，可在一次进给后完成，则

$$a_p=\frac{121-118.5}{2}\text{mm}=1.25\text{ mm}$$

2. 进给量 f 的确定

根据刀杆尺寸16mm×25mm，$a_p\leqslant 3$mm，被加工零件直径范围满足100～400mm，由文献［4］表1.4查得

$$f=0.6\sim 1.2\text{ mm/r}$$

同时按本章参考文献［3］表4.2-9，根据不同车床特性，选得C620－1型机床的进给量为

$$f=0.71\text{ mm/r}$$

选择确定的进给量必须满足刀片强度和机床进给结构强度的要求，因此应进行校核。

（1）刀片强度校核　根据文献［4］表1.9，被加工材料强度 $\sigma_b=637\sim 852$MPa，$\kappa_r=45°$，$a_p\leqslant 4$mm，刀片厚度 $C=4.5$mm，刀片强度允许进给量为

$$f'=1.3+(1.6-1.3)/4=1.63\text{ mm/r}$$

而当 $\kappa_r=90°$，进给量应乘修正系数 $K=0.4$，故实际允许进给量为

$$f=Kf'=1.63\times 0.4=0.652\text{ mm/r}$$

由此可见，由刀片强度确定的实际允许进给量0.652mm/r小于由车床特性选择确定的进给量0.71mm/r，为保证车床的可靠性，重新选择进给量为

$$f=0.65\text{mm/r}$$

（2）机床进给机构强度校核　据文献［4］表1.30，C620-1型机床进给机构允许的进给力为 $F_{max}=3530$N。

按文献［4］表1.21，若被加工零件材料强度 $\sigma_b=670\sim 794$MPa，$a_p\leqslant 2$mm，$f\leqslant 0.75$mm/r，$\kappa_r=45°$，同时假定切削速度 $v_c=1.08$m/s，则进给力 $F_f'=905$N。

按文献［4］表1.29-2查得，F_f'的修正系数为 $K_{\gamma oFf}=1.0$，$K_{\lambda BFf}=1.0$，$K_{\kappa rFf}=1.17$，因此，实际需要的进给力为：

$$F_f=F_f'K_{\gamma oFf}K_{\lambda BFf}K_{\kappa rFf}=905\times 1.17\text{N}=1058.85\text{N}$$

由此可见，实际需要的进给力 $F_f\leqslant$ 进给机构允许的进给力 F_{max}，所选 $f=0.65$mm/r 同时满足上述要求。

3. 选择车刀磨钝标准及耐用度

根据文献［4］表1.9，车刀后刀面最大磨损量为1mm，可转位车刀寿命$T=1800s$。

4. 切削速度v_c的确定

切削速度v_c既可以根据公式计算求出，也可以直接由相应的表中查出。首先采用查表法确定。

1）根据文献［4］表1.10，当用YT15硬质合金车刀加工$\sigma_b=600\sim700MPa$材料，且$a_p\leqslant3mm$，$f\leqslant0.75mm/r$，则切削速度$v'_c=109m/min$。

又根据文献［4］表1.28，查得切削速度v'_c的修正系数为：$K_{tv}=0.65$，$K_{sv}=0.8$，$K_{\kappa rv}=0.81$，$K_{Tv}=1.15$，$K_{Mv}=K_{\kappa v}=1.0$，则得到

$$v_c = v'_cK'_v$$

其中　$K'_v=K_{Mv}K_{tv}K_{\kappa rv}K_{sv}K_{Tv}K_{\kappa v}$

$$v_c=109\times0.65\times0.8\times0.81\times1.15\times1.0m/min=52.8m/min$$

$$n=\frac{1000v_c}{\pi d}=138.9r/min$$

查文献［3］表4.2-8，按C620-1型车床的转速选择确定：$n=120r/min=2.0r/s$。

因此，实际切削速度为

$$v_c=\frac{n\pi d}{1000}=\frac{3.14\times2\times118.5}{1000}=0.75m/s=45m/min$$

2）采用理论计算法对切削速度进行校核。根据参考文献［4］得车削加工时的切削速度计算式为

$$v_c = \frac{C_v}{60^{1-m}T^m a_p^{x^v} f^{y^v}}K_v$$

其中
$$K_v = \frac{637}{686}K_{Mv}K_{tv}K_{\kappa rv}K_{sv}K_{Tv}K_{\kappa v} = \frac{637}{686}K'_v$$

根据文献［4］表1.21查得$C_v=242$，$x_v=0.15$，$y_v=0.35$，$m=0.20$

$$v_c = \frac{242}{60^{0.8}\times1800^{0.2}\times1.25^{0.15}\times0.65^{0.35}}\times\frac{637}{686}\times0.65\times0.80\times0.81\times1.15m/s$$
$$= 0.785m/s$$

$$n = \frac{1000v_c}{\pi d} = 2.11r/s = 126.6r/min$$

由文献［3］表4.2-8，按C620-1型车床的转速选择确定$n=2r/s=120r/min$，与查表结果相同，故$v_c=0.75m/s=45m/min$。

注意：本文从讲解的角度对切削速度的确定和校核，采用了查表选择和公式计算两种方法，具体实际应用中，只取其一即可。

5. 机床功率P_m校核

校核的目的，是保证机床具有足够的动力性，以保证零件的加工。据文献［4］表1.24，当$\sigma_b=580\sim790MPa$，$HBS=166\sim277$，$a_p\leqslant2.0mm$，$f\leqslant0.75mm/r$，$v_c\leqslant46m/min$时，$P_m=1.7kW$。

查文献［4］表1.22，得切削功率的修正系数：$K_{\kappa rpc}=1.17$，$K_{\gamma opc}=K_{Mpc}=K_{kpc}=1.0$，

表 5-8 机械加工工序卡片(一)

机械加工工序卡片	产品型号	JM03A	零件图号	20030102		
	产品名称		零件名称	齿轮	共 5 页	第 1 页

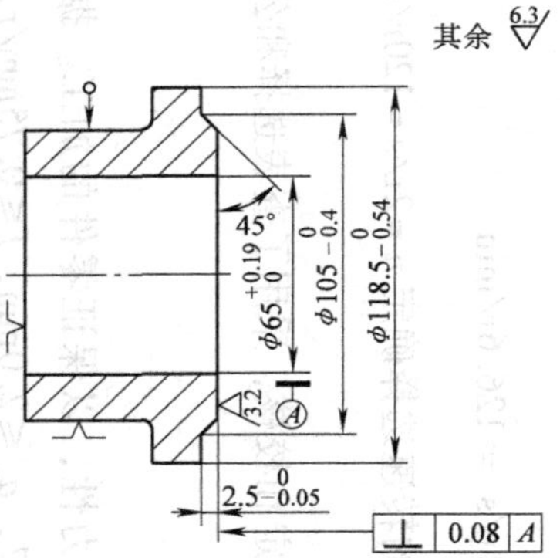

车间	工序号	工序名称	材料牌号
3	01	粗车	40Cr
毛坯种类	毛坯外形尺寸	每毛坯可制件数	每台件数
模锻件		1	2
设备名称	设备型号	设备编号	同时加工件数
卧式车床	C620-1	WC10	1

夹具编号	夹具名称	切削液	
SID-001	三爪自定心卡盘		
工位器具编号	工位器具名称	工序工时	
		准终	单件

工步号	工步内容	工艺设备	主轴转速 /(r·min^{-1})	切削速度 /(mm·min^{-1})	进给量 /(mm·r^{-1})	背吃刀量 /mm	进给次数	工步工时/s 机动	工步工时/s 辅助
1	车端面,保持尺寸 $2.5_{-0.05}^{0}$	刀具:(1) YT5 90°偏刀	30	10.2	手动	1.7	1		
2	车外圆 $\phi105_{-0.4}^{0}$,倒角 45°	(2) YT5 镗刀	120	41.4	0.65	1.75	1		20
3	车外圆 $\phi118.5_{-0.54}^{0}$	量具:(1) 游标卡尺	120	45.6	0.65	1.25	1		18
4	镗孔 $\phi65_{0}^{+0.19}$	(2) 内径百分表	370.2	75.6	0.2	1.5	1		35

描图	描校	底图号	装订号

					设计(日期)	审核(日期)	标准化(日期)	会签(日期)
标记	处数	更改文件号	签字	日期				

表 5-9 机械加工工序卡片(二)

机械加工工序卡片	产品型号	JM03A	零件图号	20030102		
	产品名称		零件名称	齿轮	共 5 页	第 2 页

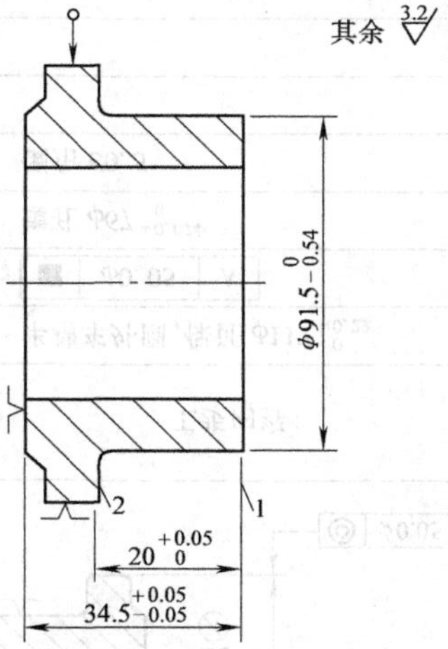

车间	工序号	工序名称	材料牌号
3	02	粗车	40Cr
毛坯种类	毛坯外形尺寸	每毛坯可制件数	每台件数
模锻件		1	2
设备名称	设备型号	设备编号	同时加工件数
卧式车床	C620-1	WC13	1

夹具编号	夹具名称	切削液	
SZD-002	三爪自定心卡盘		
工位器具编号	工位器具名称	工序工时	
		准终	单件

工步号	工步内容	工艺设备	主轴转速 /(r·min⁻¹)	切削速度 /(mm·min⁻¹)	进给量 /(mm·r⁻¹)	背吃刀量 /mm	进给次数	工步工时/s 机动	工步工时/s 辅助
1	车端面 1,保持尺寸 34.5 ±0.05	刀具:YT5 90°偏刀	120	35.4	0.52	2.0	1	22	
2	车外圆 $\phi91.5_{-0.54}^{0}$	量具:游标卡尺	120	35.4	0.65	1.25	1	17	
3	车端面 2,保持尺寸 $20_{0}^{+0.05}$		120	45.6	0.52	1.7	1	18	

描图	描校	底图号	装订号

标记	处数	更改文件号	签字	日期	设计(日期)	审核(日期)	标准化(日期)	会签(日期)

表 5-10　机械加工工序卡片(三)

机械加工工序卡片	产品型号	JM03A	零件图号	20030102		
	产品名称		零件名称	齿轮	共 5 页	第 3 页

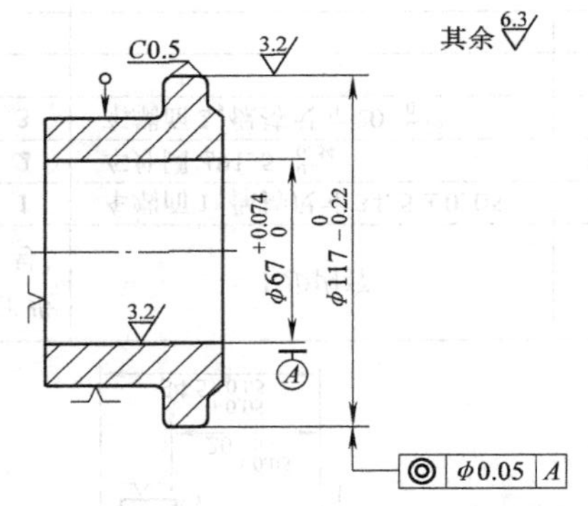

车间	工序号	工序名称	材料牌号
3	03	半精车	40Cr
毛坯种类	毛坯外形尺寸	每毛坯可制件数	每台件数
模锻件		1	2
设备名称	设备型号	设备编号	同时加工件数
卧式车床	C620-1	WC15	1

夹具编号	夹具名称	切削液	
SZD-005	三爪自定心卡盘		
工位器具编号	工位器具名称	工序工时	
		准终	单件

工步号	工步内容	工艺设备	主轴转速 /(r·min^{-1})	切削速度 /(mm·min^{-1})	进给量 /(mm·r^{-1})	背吃刀量 /mm	进给次数	工步工时/s 机动	工步工时/s 辅助
1	半精车外圆,保证 $\phi117^{\ 0}_{-0.22}$	刀具:(1) YT15 90°偏刀	380	139.8	0.3	0.75	1	9	
	■ ϕ0.05 A	(2) 倒角刀							
2	镗孔 $\phi67^{+0.074}_{0}$	(3) YT15 镗刀	380	139.8	0.1	1	1	32	
3	倒角 C0.5	量具:(1) 游标卡尺	380		手动		1		
		(2) 外径千分尺							
		(3) 内径百分表							

描图	描校	底图号	装订号

					设计(日期)	审核(日期)	标准化(日期)	会签(日期)
标记	处数	更改文件号	签字	日期				

表 5-11　机械加工工序卡片(四)

机械加工工序卡片	产品型号	JM03A	零件图号	20030102		
	产品名称		零件名称	齿轮	共 5 页	第 4 页

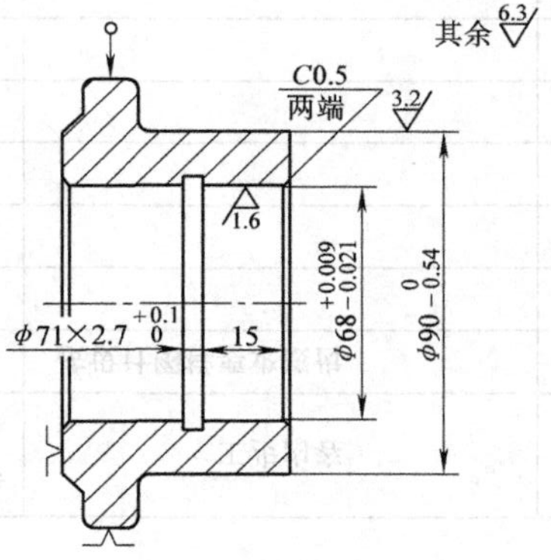

车间	工序号	工序名称	材料牌号
3	04	精镗	40Cr
毛坯种类	毛坯外形尺寸	每毛坯可制件数	每台件数
模锻件		1	2
设备名称	设备型号	设备编号	同时加工件数
卧式车床	C616A	WC-111	1

夹具编号	夹具名称	切削液	
SZD-007	三爪自定心卡盘		
工位器具编号	工位器具名称	工序工时	
		准终	单件

工步号	工步内容	工艺设备	主轴转速 /(r·min^{-1})	切削速度 /(mm·min^{-1})	进给量 /(mm·r^{-1})	背吃刀量 /mm	进给次数	工步工时/s 机动	工步工时/s 辅助
1	半精车外圆 $\phi 90^{0}_{-0.54}$	刀具:(1) YT15 90°偏刀	1400	298.8	0.04	0.5	1	44	
2	精镗孔 $\phi 68^{+0.009}_{-0.021}$	(2) YT30 精镗刀	40	8.4	手动		1		
3	镗槽 $\phi 71X2.7^{+0.1}_{0}$	(3)高速钢切槽刀	40	8.4	手动				
4	倒角 C0.5								
		量具:圆柱塞规　千分尺							

描图	描校	底图号	装订号

标记	处数	更改文件号	签字	日期	设计(日期)	审核(日期)	标准化(日期)	会签(日期)

表 5-12　机械加工工序卡片(五)

机械加工工序卡片	产品型号	JM03A	零件图号	20030102		
	产品名称		零件名称	齿轮	共　页	第　页

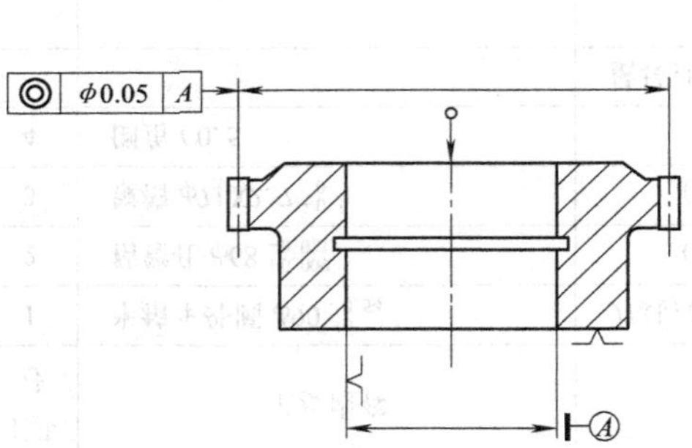

模数	2.25
齿数	50
精度等级	8FL GB/T 10095—1988
变位系数	0
公法线长度及公差	$38.11^{-0.086}_{-0.289}$

车间	工序号	工序名称	材料牌号
3	05	滚齿	40Cr
毛坯种类	毛坯外形尺寸	每毛坯可制件数	每台件数
模锻件		1	2
设备名称	设备型号	设备编号	同时加工件数
滚齿机	Y3150	GZ-005	1

夹具编号	夹具名称	切削液	
工位器具编号	工位器具名称	工序工时	
		准终	单件

工步号	工步内容	工艺设备	主轴转速 /(r·min⁻¹)	切削速度 /(mm·min⁻¹)	进给量 /(mm·r⁻¹)	背吃刀量 /mm	进给次数	工步工时/s 机动	工步工时/s 辅助
1	按设计图样要求滚齿	刀具:齿轮滚刀 $m=2.25$	135	27	0.83		1	1191	
		量具:公法线百分尺							

描图	
描校	
底图号	
装订号	

					设计(日期)	审核(日期)	标准化(日期)	会签(日期)
标记	处数	更改文件号	签字	日期				

$K_{Tpc}=1.13$，$K_{spc}=0.8$，$K_{tpc}=0.65$，故切削加工时应有的功率为

$$P_{me} = 1.7 \times 1.17 \times 1.13 \times 0.8 \times 0.65 \times 1.0\text{kW} = 1.17\text{kW}$$

根据文献［4］表1.30，当 $n=120\text{r/min}$ 时，C620-1 型机床主轴允许功率 $P_E=5.9\text{kW}$。由此可见：$P_{me}<P_E$，故在 C620-1 型机床上按上述所选切削用量进行加工是可行的，最后确定的切削用量为

$$a_p = 1.25\text{mm}, f = 0.65\text{mm/r}, n = 120\text{r/min}, v_c = 0.75\text{m/s}$$

6. 基本工时的计算

根据文献［3］表6.2-1，车外圆 $\phi118.5_{-0.54}^{\ 0}\text{mm}$ 的基本时间为

$$T_b = \frac{L}{v_c} = \frac{L}{nf}i = \frac{L_i + L_w + L_0 + L_3}{nf}i$$

其中：$L_i=2\text{mm}$，$L_w=15.7\text{mm}$，$L_0=3\text{mm}$，$L_3=0$，$i=1$，$f=0.65\text{mm/r}$，$n=2.0\text{r/s}$

则
$$T_b = \left(\frac{15.7+3+2}{0.65\times2}\times1\right)\text{s} = 15.9\text{s}$$

最后，汇总得机械加工工序卡片如表5-8、表5-9、表5-10、表5-11、表5-12所示。

习　题

5-1　什么叫机械加工工艺规程？制定机械加工工艺规程的步骤有哪些？

5-2　机械加工一般划分为哪几个阶段？划分加工阶段有什么意义？

5-3　何谓工序集中？何谓工序分散？影响工序集中、工序分散的主要因素有哪些？

5-4　何谓加工余量？影响加工余量的因素有哪些？

5-5　如何安排零件的机械加工顺序？在机械加工过程中，如何安排热处理工序？

5-6　何谓粗基准？其选择原则是什么？

5-7　何谓精基准？其选择原则是什么？

5-8　分析下列加工时的定位基准：

1）浮动铰刀铰孔；

2）浮动镗刀精镗孔；

3）珩磨孔；

4）无心磨削外圆；

5）磨削发动机缸体与缸盖接合面；

6）精加工发动机曲轴轴颈；

7）珩磨发动机连杆大头孔；

8）拉削发动机缸体曲轴。

5-9　一直径为 $\phi30f6\text{mm}$、长度为240mm的光轴，在成批生产条件下，试求：加工外圆表面各道 工序的工序尺寸及其公差，其加工顺序为：毛坯（棒料）→粗车→半精车→粗磨→精磨。各工序的加工余量分别为：粗车：3mm；半精车 1.1mm；粗磨 0.3mm；精磨0.1mm。公差分别为0.39mm、0.16mm、0.062mm。

5-10　图5-26所示为一液压缸筒，材料为HT250，请按下述要求制定工艺路线：

1）单件小批量生产；

2）成批生产。

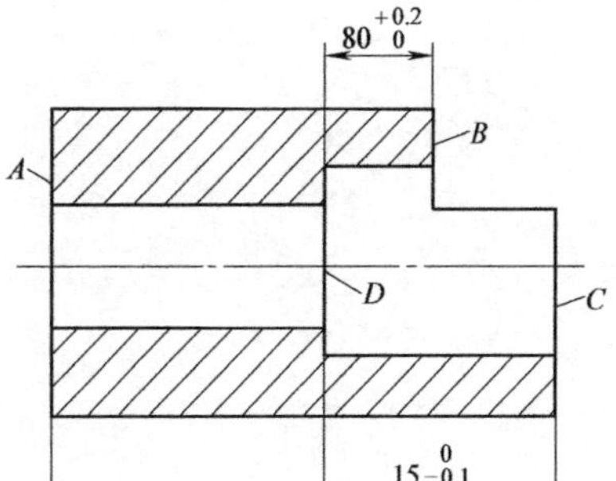

图5-26　液压缸筒加工

5-11　图5-27所示，为一小轴，材料：45钢；方头部分淬火硬度35HRC，请按下述要求制定工艺路线：

1）单件小批量生产；

2）成批生产。

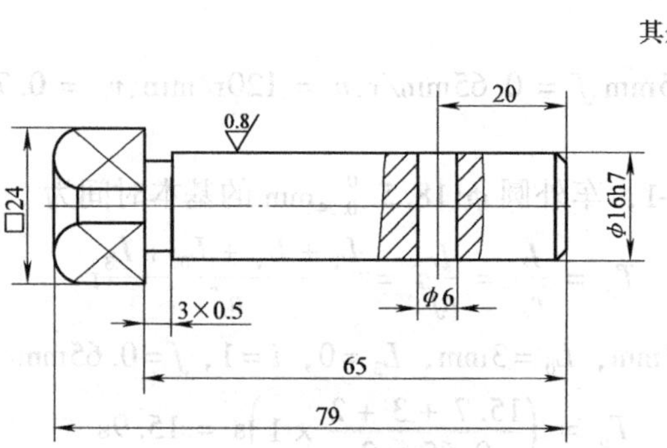

图5-27　小轴加工

参考文献

1　王贵成主编．机械制造学．　北京：机械工业出版社，2001

2　黄鹤汀，吴善元主编．机械制造技术．北京：机械工业出版社，1997

3　李益明主编，机械制造工艺简明手册．北京：机械工业出版社，1993

4　艾兴，肖诗纲编，切削用量简明手册．北京：机械工业出版社，1993

5　李华主编．机械制造技术．北京：机械工业出版社，1997

6　叶伟昌．先进制造技术发展动向与我们的策略．机械制造，1996（5）

7　房费如等．先进制造技术的总体发展过程和趋势．中国机械工程，1995（3）

第六章　尺寸链原理及其应用

在汽车及机械产品设计、制造过程中，尺寸链的应用非常普遍。首先，产品设计工程师要根据产品、部件或总成的使用性能以及特殊要求，规定必需的装配精度（技术要求），以此确定零件的基本尺寸及公差（或极限偏差）；其次，机械加工工艺设计人员通过尺寸链换算，确定各工序尺寸及其偏差；最后，装配工艺工程师要根据装配要求确定合适的装配方法。因此，对产品设计工程师以及工艺工程师来说，尺寸链计算是必须掌握的重要理论之一。本章从汽车零部件设计、加工、装配出发，阐述尺寸链的基本概念、分类、组成、计算方法；装配尺寸链的建立及计算；以及工艺尺寸链解算等内容。

第一节　尺寸链的基本概念

一、尺寸链定义、特征及尺寸链图

(一) 尺寸链定义

在机器设计、装配及零件加工过程中，一组互相联系且按一定顺序排列的封闭尺寸组合，称为尺寸链。

图 6-1a 所示为发动机曲轴第一主轴颈与轴承装配结构图，轴向间隙 C_0 为设计时确定的装配精度，它取决于主轴颈长度 C_1、锁止垫片宽度 C_3、C_4 以及轴瓦宽度 C_2。由尺寸 C_1、C_2、C_3、C_4、C_0 按一定顺序形成封闭尺寸组合，即为尺寸链。

图 6-2a 所示为一轴加工工序简图。由于对 A 面的要求较高，因此，最后一道工序加工 A 面。图示 A 面为设计基准，从 A 面标注两个尺寸 C_1 与 C_0，在最后加工 A 面时，要同时保证设计尺寸 C_1 与 C_0。但是，由于 C_1 的尺寸精度高于 C_0，因此，加工过程中，C_1 直接加工得到，C_0 间接保证。如图 6-2b 所示，由 C_1、C_2、C_0 形成的封闭尺寸组合，即为尺寸链。

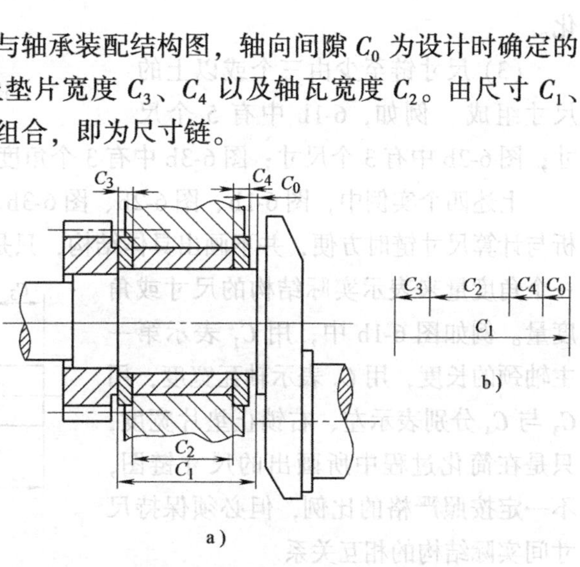

图 6-1　发动机曲轴第一主轴颈与轴承装配结构图

图 6-3a 所示为拖拉机制动器轴承套结构简图，图中要求端面 A 对外圆 C 轴线的垂直度误差在直径 $\phi240$mm 处不大于 0.05mm，端面 B 对外圆 C 轴线的垂直度误差在直径 $\phi120$mm 处不大于 0.05mm，在加工过程中，直接保证 B 面对 A 平面平行度 α_1 和端面 A 对基准 C 的垂直度 α_2 的要求，端面 B 对基准 C 的垂直度要求 α_0 是在加工过程中间接保证的，它取决于 α_1 与 α_2 的大小，由此，α_1、

α_2 和 α_0 组成了位置公差尺寸链。

图6-4a 所示为一轴零件设计图，图中尺寸 C_1、C_2、C_3 是采用链式标注直接标注的，但 C_0 的尺寸取决于 C_1、C_2 和 C_3 的大小，因此，C_1、C_2、C_3 和 C_0 形成了一个封闭的尺寸组，即为尺寸链。

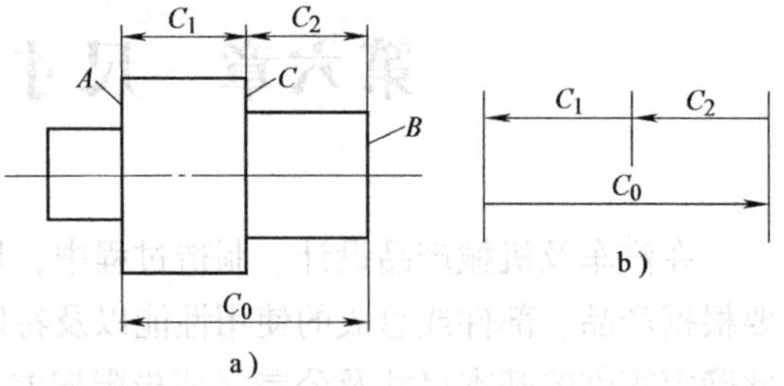

图6-2 轴加工工序简图

（二）尺寸链特征及尺寸链图

由以上实例可以看出，尺寸链具有以下几个特征：

（1）尺寸链的封闭性 即尺寸链中的各尺寸按一定顺序排列最后形成一个封闭的图形，如图6-1b、6-2b、6-3b、6-4b。

（2）尺寸链的关联性 尺寸链中任何一个尺寸的变化都会引起其他尺寸的变化。例如，图6-1b 中，C_1、C_2、C_3 或 C_4 任何一个尺寸的变化都将引起 C_0 间隙的变化；图6-2b 中，C_1 或 C_2 任何一个尺寸的变化都会引起 C_0 变化；图6-3b 中，α_1 或 α_2 任何一个角度量的变化会引起 α_0 的变化。

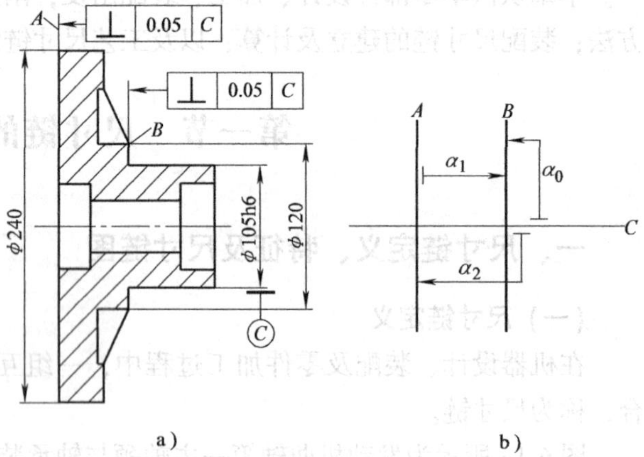

图6-3 拖拉机制动器轴承套结构简图

（3）尺寸链至少由三个或以上的尺寸组成 例如，6-1b 中有5个尺寸；图6-2b 中有3个尺寸；图6-3b 中有3个角度量；图6-4b 中有3个尺寸。

上述四个实例中，图6-1b、图6-2b、图6-3b、图6-4b 称之为尺寸链图，主要是为了分析与计算尺寸链时方便，并不画出具体结构，只是按照具体结构的组成顺序，用一个尺寸或一个角度量来表示实际结构的尺寸或角度量。例如图6-1b 中，用 C_1 表示第一主轴颈的长度，用 C_2 表示轴瓦宽度，用 C_3 与 C_4 分别表示左、右锁止垫片宽度，只是在简化过程中所画出的尺寸链图，不一定按照严格的比例，但必须保持尺寸间实际结构的相互关系。

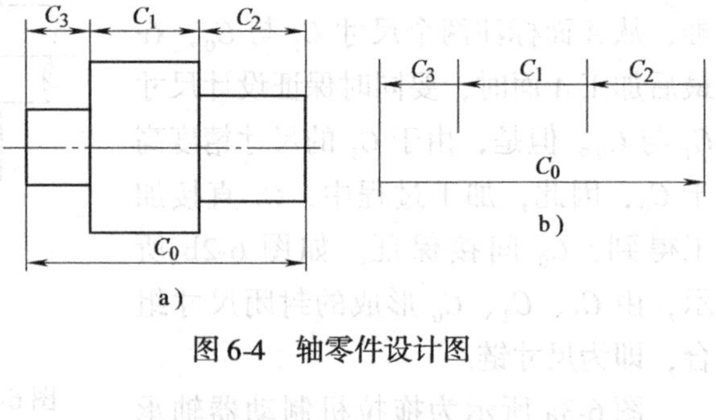

图6-4 轴零件设计图

二、尺寸链的组成

尺寸链中的每一个尺寸或角度量称为环，其中又分为组成环与封闭环。

1. 封闭环

尺寸链中封闭环是由组成环尺寸所决定的，因此，它的存在依赖于组成环而间接形成，在零件加工或机械产品装配过程中，最后自然形成（间接获得）这一尺寸。一个尺寸链中只有一个封闭环。如图6-1b中的C_0，它代表的是一装配精度；图6-2b的中C_0，它代表加工中间接获得的尺寸；图6-3b中的α_0，它代表间接获得的垂直度；图6-4b中的C_0，它代表间接获得的轴的长度尺寸。

封闭环的特点是：其他环的误差必然累积在这个环上，因此封闭环误差是所有各组成环误差的综合。

2. 组成环

尺寸链中，除封闭环以外的其他环都称为组成环，每一个组成环的变动必然引起封闭环的变动，它是在加工或装配中直接获得的尺寸。如图6-1b中，尺寸C_1、C_2、C_3及C_4是装配时直接保证的；图6-2b中，尺寸C_1与C_2是加工时直接保证的；图6-3b中，角度α_1与α_2是加工时直接保证的；图6-4b中，尺寸C_1、C_2与C_3是设计时直接标注的。

根据组成环对封闭环影响的不同，又把组成环分为增环与减环。

(1) 增环　尺寸链中，某组成环的变动将引起封闭环的同向变动，则称该环为增环。所谓同向变动，是指组成环增大，封闭环也增大，组成环减小，封闭环也减小，如图6-1b中的C_1、图6-2b中的C_1与C_2、图6-4b中的C_1、C_2与C_3。

(2) 减环　尺寸链中，某一组成环的变动将引起封闭环的反向变动，这一组成环称为减环。反向变动是指组成环增大，将引起封闭环减小，如图6-1b中的C_2、C_3与C_4。

(3) 增环与减环的判定　分析与计算尺寸链时，首先判断尺寸链中各组成环是增环还是减环。如图6-5所示，在图中各环尺寸线标注单箭头，箭头方向沿着封闭图形的一个方向流动，包括封闭环在内与组成环一样标注（可以在封闭图形内画出一封闭回路，并在回路上标注箭头或是方向，然后尺寸线箭头标注沿该方向或反方向进行）。凡是各组成环尺寸线箭头方向与封闭环尺寸线箭头方向相反的（相同的）为增环（为减环）。如图6-1b，C_2、C_3、C_4与C_0箭头方向相同为减环，C_1与C_0箭头方向相反为增环；图6-5中，C_1、C_2、C_3与C_0箭头方向相同为减环，C_4、C_5与C_0箭头方向相反为增环。

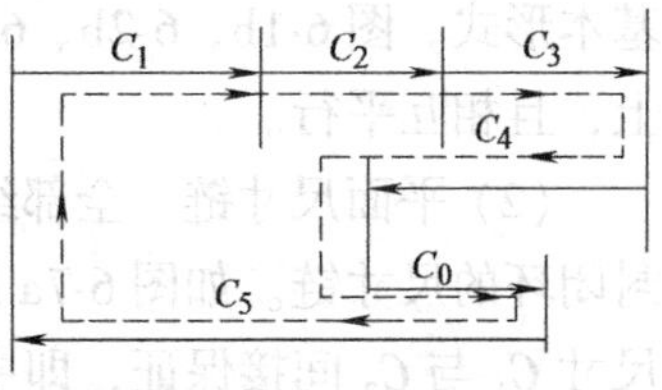

图6-5　判断增、减环的方法

三、尺寸链分类

尺寸链有各种不同的分类方法，是由于尺寸链的构成随各种机械产品的结构或零件结构不同而有所差异，用尺寸链来解决问题的目的不一样，并且应用场合也不一样。下面根据不同的分类原则，介绍尺寸链类型。

（一）按构成尺寸链各环的几何特征分类

(1) 长度尺寸链　全部环为长度尺寸的尺寸链；或者组成环既有长度尺寸又有角度量而封闭环为长度尺寸的尺寸链。将前者称为纯长度尺寸链，如图6-1b、6-2b、和6-4b均为长度尺寸链。

(2) 角度尺寸链　全部环为角度量的尺寸链；或者组成环既有角度量又有长度尺寸而封闭环为角度量的尺寸链。如图6-6所示的具有公共顶角的封闭角度图形，是最简单的角度尺寸链；图 6-3b 所示则为由位置公差平行度和垂直度组成的较复杂的角度尺寸链。因为平面或轴线间要求平行，相当于0°或180°的角度关系；而垂直度相当于90°角度关系。因此，由平行度与垂直度要求组成的尺寸链是角度尺寸链。

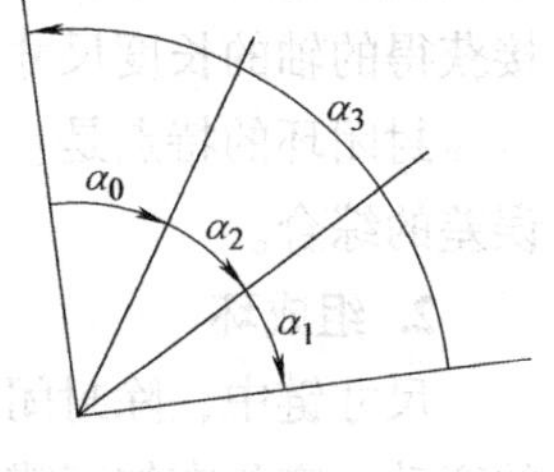

图 6-6 角度尺寸链

（二）按尺寸链的作用分类

（1）装配尺寸链 全部组成环为不同零件的设计尺寸所形成的尺寸链。图 6-1b 所示的尺寸链为装配尺寸链。轴向间隙 C_0 是装配精度，为封闭环，它由第一主轴长度 C_1，左、右锁止垫片宽度 C_3、C_4，以及轴瓦宽度 C_2 所确定。

（2）零件设计尺寸链 全部组成环为同一零件的设计尺寸所形成的尺寸链。如图 6-4b 所示，C_1、C_2、C_3 是设计给定的，即为组成环，而 C_0 是由 C_1、C_2、C_3 间接确定的，为封闭环。在零件尺寸链中，标注的尺寸为组成环，未标注的尺寸为封闭环。

（3）工艺尺寸链 全部组成环为同一零件的工艺尺寸所形成的尺寸链。如图 6-2b 所示，工序尺寸 C_1、C_2 是加工中直接保证的，为组成环，C_0 是间接保证的，为封闭环。在工艺尺寸链中，直接保证的工艺尺寸为组成环，间接保证的工艺尺寸为封闭环。

（三）按构成尺寸链各环的空间位置分类

（1）直线尺寸链 全部组成环平行于封闭环的尺寸链，亦称为线性尺寸链，是尺寸链的基本形式。图 6-1b、6-2b、6-4b 所示的尺寸链均为直线尺寸链，其特征是各环均在同一平面上，且相互平行。

（2）平面尺寸链 全部组成环位于一个或几个平行平面上，但可能某些组成环不平行于封闭环的尺寸链。如图 6-7a 所示为一平板上加工孔 A 与 B 的工序图，两孔中心间的距离用尺寸 C_1 与 C_2 间接保证，即中心距 C_0。由直线尺寸 C_1、C_2 和 C_0 以及角度量 α_1 与 α_2 组成平面尺寸链，如图 6-7b 所示。

平面尺寸链可转换成直线尺寸链。如图 6-7b 所示，将各组成环投影到与封闭环平行的直线上，即 C_1'、C_2'与 C_0'组成直线尺寸链，其中 C_1'、C_2'都是增环。

（3）空间尺寸链 组成环位于几个不平行平面内的尺寸链。空间尺寸可用投影的方法，先转化成为平面尺寸链，然后将平面尺寸链转化为直线尺寸链。

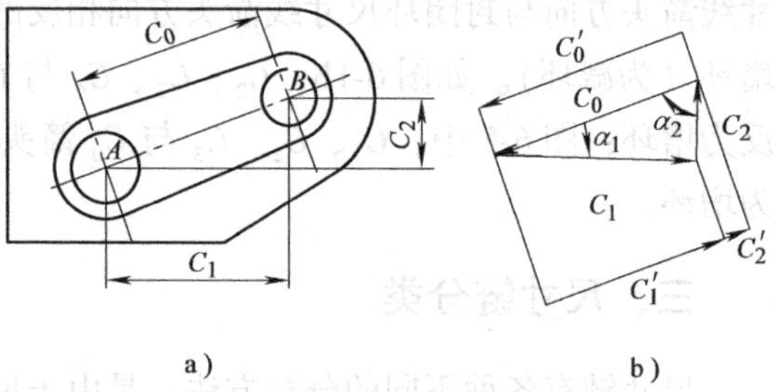

图 6-7 平面工艺尺寸链

（四）按尺寸链间相互关系分类

（1）独立尺寸链 系指组成环与封闭环只属于同一尺寸链，不属任何其他尺寸链。

（2）并联尺寸链 由若干个独立尺寸链通过一个（或几个）共存于两个（或以上）独立尺寸链的环相互联系起来的，这种联系形式称为并联尺寸链，共存于独立尺寸链中的公用环称为公共环，组成环与封闭环都有可能成为公共环。并联尺寸链的特点是：组成并联尺寸链的各独立尺寸链间通过公共环相互联系、相互影响。

如图 6-8a 所示，B、C 尺寸链为并联尺寸链，C_4 与 B_0 同为公共环，且 $C_4=B_0$，但分别存在于两个独立尺寸链中，在 B 尺寸链中，公共环为封闭环 B_0，在 C 尺寸链中，公共环为组成环 C_4。

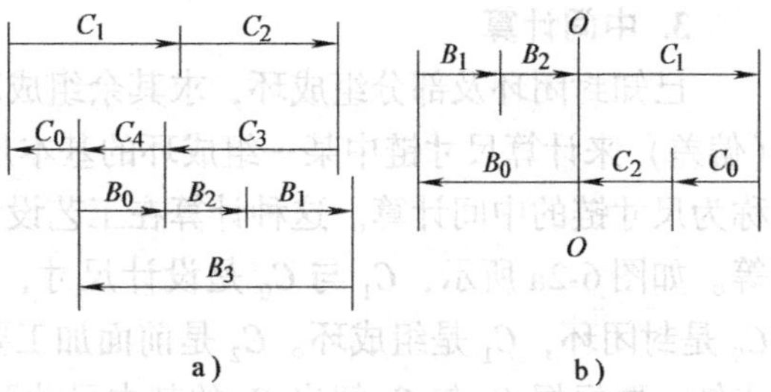

图 6-8　相关尺寸链
a) 并联尺寸链　b) 串联尺寸链

C 尺寸链的方程式为

$$C_0 = C_1 + C_2 - (C_3 + C_4)$$

B 尺寸链的方程式为

$$B_0 = B_3 - (B_1 + B_2)$$

因为 $B_0 = C_4$

则　$C_0 = C_1 + C_2 + B_1 + B_2 - (C_3 + B_3)$

由以上分析可知：通过中间代换，可将一个多环尺寸链分解为两个（或两个以上）的并联尺寸链，以使复杂的问题简单化。

如图 6-8a 所示，将多环尺寸链 C_1、C_2、C_3、C_0 和 B_1、B_2、B_3、代换为 B_1、B_2、B_3、B_0 和 C_1、C_2、C_3、C_0 两个并联尺寸链；反之，也可以将两个并联尺寸链代为一个多环尺寸链。

在装配尺寸链与工艺尺寸链中，经常存在并联尺寸链，往往一个尺寸存在于多个尺寸链中，在求解之时，可以将多环尺寸链分解为并联尺寸链，也可以将并联尺寸链代换为一个多环尺寸链，视具体情况而定。在工艺尺寸链中，余量为封闭环，常常是以余量作为中间变量进行代换。

并联尺寸链中增、减环的判断，依然采用独立尺寸链的原则，若公共环为组成环，有可能在一个尺寸链中是减环（或增环）在另一个尺寸链中是增环（或减环）。按照独立尺寸链的判断原则，公共环的判断不易出错。

(3) 串联尺寸链　如图 6-8b 所示，每一个后继尺寸链是从前面一个尺寸链的基面开始的，即每两个相邻尺寸链有一个共同基面。当 B 尺寸链内任何一个环大小有变化时，尺寸链的基面 OO 位置随即改变。

四、尺寸链的计算

1. 公差校核计算

已知组成环，求封闭环。根据各组成环基本尺寸及公差（或偏差），来计算封闭环的基本尺寸及公差（或偏差）。亦称为尺寸链的正计算。这种计算主要用在审核图样，验证设计的正确性。如图 6-1a 所示，曲轴第一主轴颈与轴承装配后，要求右端锁止垫片与主轴颈右轴肩之间的间隙为 C_0，该尺寸可查设计图样中主轴颈长度 C_1，左、右锁止垫片宽度 C_3、C_4，以及轴瓦宽度 C_2 进行校核，或者先检验 C_1、C_2、C_3 与 C_4 各零件的实际尺寸，就可预知 C_0 的实际尺寸是否合格。

2. 公差设计计算

已知封闭环，求组成环。根据设计要求的封闭环基本尺寸及公差（偏差），反过来计算各组成环基本尺寸及公差（偏差）。亦称为尺链的反计算。这种计算一般用于汽车或机械产品设计或工艺设计。如图 6-1a 所示，在设计过程中根据相关要求规定右锁止垫片右端面与第一主轴右端轴肩之间的间隙为 C_0，即装配精度（或封闭环），根据它合理地确定各组成环第一主轴

颈长度 C_1，左、右锁止垫片宽度 C_3、C_4，以及轴瓦宽度 C_2 的尺寸公差（或偏差）。

3. 中间计算

已知封闭环及部分组成环，求其余组成环。根据封闭环和其他组成环的基本尺寸及公差（偏差）来计算尺寸链中某一组成环的基本尺寸及公差（偏差），其实质属于反计算的一种，称为尺寸链的中间计算。这种计算在工艺设计上应用较多，如基准的换算、工序尺寸的确定等。如图 6-2a 所示，C_1 与 C_0 是设计尺寸，C_1 由加工直接保证，C_0 由 C_1 与 C_2 间接保证，C_0 是封闭环，C_1 是组成环。C_2 是前面加工要获得的工序尺寸，它是组成环，且此工序尺寸未知，要根据 C_1 与 C_0 解出 C_2 的基本尺寸及公差（偏差）。

五、尺寸链计算的基本公式

由上述分析可知，尺寸链分析计算主要有三类问题：正计算、反计算与中间计算。在不同的计算类型问题中，所给的已知条件不一样，求解的结果要求也不一样，因此，需要按不同的公式进行计算。如尺寸链中的每一环可以是基本尺寸与公差表达，也可以是基本尺寸及极限偏差表达，还可以用最大与最小尺寸表达或中间尺寸和中间偏差来表达。

（一）直线尺寸链的计算

尺寸链的计算方法有两种：极值法与概率法。这里主要给出直线尺寸链的计算公式。因直线尺寸链与有公共顶角的角度尺寸链计算的计算方法相同，所以也适用于具有公共顶角的角度尺寸链。

1. 封闭环基本尺寸计算

图 6-9a 所示为尺寸链计算简图，封闭环的基本尺寸等于所有增环的基本尺寸之和减去所有减环的基本尺寸之和

$$C_0 = \sum_{z=1}^{k} C_z - \sum_{j=k+1}^{n-1} C_j \tag{6-1}$$

式中，C_0 为封闭环基本尺寸；C_z 为增环基本尺寸；C_j 为减环基本尺寸；k 为增环数；n 为尺寸链总环数。

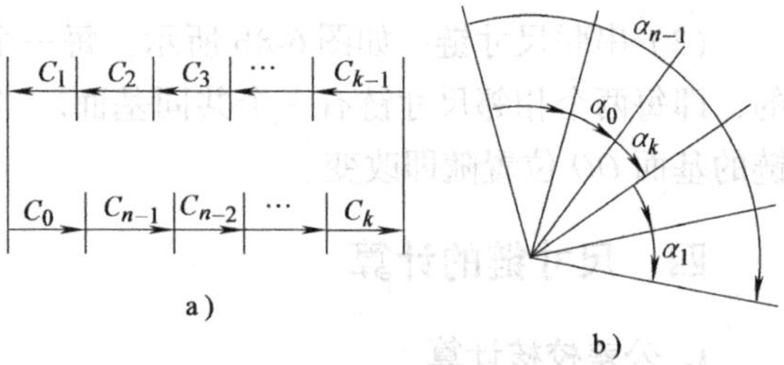

图 6-9 尺寸链计算简图

a) 直线尺寸链 b) 角度尺寸链

图 6-9b 所示为具有公共顶角的角度尺寸链，其封闭环基本尺寸为

$$\alpha_0 = \sum_{z=1}^{k} \alpha_z - \sum_{j=k+1}^{n-1} \alpha_j \tag{6-2}$$

式中，α_0 为封闭环角度量；α_z 为增环角度量；α_j 为减环角度量。

2. 极值法

所谓极值法，是指按组成环的尺寸同为极限尺寸条件下来计算封闭尺寸的方法。

（1）封闭环极限尺寸 封闭环最大尺寸等于所有增环最大尺寸之和减去所有减环最小尺寸之和

$$C_{0\max} = \sum_{z=1}^{k} C_{z\max} - \sum_{j=k+1}^{n-1} C_{j\min} \tag{6-3}$$

式中，$C_{0\max}$ 为封闭环最大尺寸；$C_{z\max}$ 为增环最大尺寸；$C_{j\min}$ 为减环最小尺寸。

封闭环最小尺寸等于所有增环最小尺寸之和减去所有减环最大尺寸之和

$$C_{0\min} = \sum_{z=1}^{k} C_{z\min} - \sum_{j=k+1}^{n-1} C_{j\max} \tag{6-4}$$

式中，$C_{0\min}$为封闭环最小尺寸；$C_{z\min}$为增环最小尺寸；$C_{j\max}$为减环最大尺寸。

(2) 封闭环公差等于所有各组成环公差之和　由式（6-3）减去式（6-4）得

$$T_{C0} = C_{0\max} - C_{0\min} = \sum_{z=1}^{k} T_{Cz} + \sum_{j=k+1}^{n-1} T_{Cj} = \sum_{i=1}^{n-1} T_{Ci} \tag{6-5}$$

式中，T_{C0}为封闭环公差；T_{Cz}为增环公差；T_{Cj}为减环公差；T_{Ci}为各组成环公差。

(3) 封闭环极限偏差　上偏差等于所有增环上偏差之和减去所有减环下偏差之和由式（6-3）减去式（6-1）得

$$ES_{C0} = C_{C\max} - C_0 = \sum_{z=1}^{k} ES_{Cz} - \sum_{j=k+1}^{n-1} EI_{Cj} \tag{6-6}$$

下偏差等于所有增环下偏差之和减去所有减环上偏差之和。由式（6-4）减去式（6-1）得

$$EI_{C0} = C_{C\min} - C_0 = \sum_{z=1}^{k} EI_{Cz} - \sum_{j=k+1}^{n-1} ES_{Cj} \tag{6-7}$$

式中，ES_{C0}、EI_{C0}为封闭环的上、下偏差；ES_{Cz}、EI_{Cz}为增环的上、下偏差；ES_{Cj}、EI_{Cj}为减环的上、下偏差。

(4) 封闭环实际误差　即在零件制造加工过程中，当各环的实际误差不等于各环公差时此时封闭环的实际误差等于所有组成环的实际误差之和

$$\Delta_{C0} = \sum_{i=1}^{n-1} \Delta_{Ci} \tag{6-8}$$

式中，Δ_{C0}为封闭环误差；Δ_{Ci}为组成环误差。

(5) 封闭环中间尺寸 C_{0m} 和中间偏差 Δ_0　图6-10所示表明了各尺寸、公差及偏差间的关系。

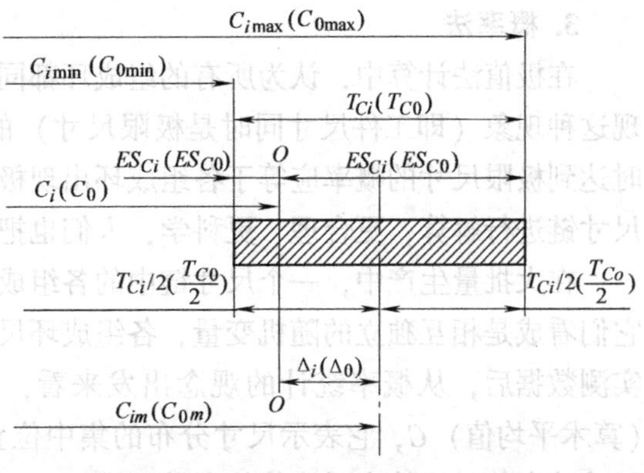

图6-10　尺寸、公差、偏差间的关系图

中间尺寸是指最大与最小尺寸之和的平均值。即

$$C_{im} = \frac{C_{i\max} + C_{i\min}}{2} \tag{6-9}$$

式中，C_{im}为组成环的中间尺寸；$C_{i\max}$、$C_{i\min}$为组成环的最大、最小尺寸。

封闭环的中间尺寸等于所有增环中间尺之和减去所有减环中间尺寸之和

$$C_{0m} = \sum_{z=1}^{k} C_{zm} - \sum_{j=k+1}^{n-1} C_{jm} \tag{6-10}$$

式中，C_{0m}为封闭环中间尺寸；C_{zm}为增环中间尺寸；C_{jm}为减环中间尺寸。

所谓中间偏差，是指上、下偏差的平均值，也称为公差带中心坐标。组成环的中间偏差 Δ_i 为

$$\Delta_i = \frac{ES_{Ci} + EI_{Ci}}{2} \tag{6-11}$$

封闭环的中间偏差等于所有各增环中间偏差之和减去所有各减环中间偏差之和

$$\Delta_0 = \sum_{z=1}^{k} \Delta_z - \sum_{j=k+1}^{n-1} \Delta_j \tag{6-12}$$

式中，Δ_0 为封闭环中间偏差；Δ_z、Δ_j 为增、减环的中间偏差。

(6) 中间偏差、公差及极限偏差间的关系

组成环：

$$ES_{Ci} = \Delta_i + \frac{1}{2}T_{Ci} \tag{6-13}$$

$$EI_{Ci} = \Delta_i - \frac{1}{2}T_{Ci} \tag{6-14}$$

封闭环：

$$EI_{C0} = \Delta_0 - \frac{1}{2}T_{C0} \tag{6-15}$$

$$ES_{C0} = \Delta_0 + \frac{1}{2}T_{C0} \tag{6-16}$$

极值法的特点是计算简单，不必考虑其他因素的影响。但是极值法也有存在缺点，在组成环较多且封闭环精度要求较高的情况下，其组成环的精度要求很高，不论是装配尺寸链还是工艺尺寸链，其零件的加工难度大、成本高。故极值法一般用于封闭环精度高但组成环环数少；封闭环精度低但组成环环数较多，或是具有调整环或修配环的装配尺寸链的计算中。

3. 概率法

在极值法计算中，认为所有的组成环都同时达到极限尺寸。但是在实际生产过程中，出现这种现象（即工件尺寸同时是极限尺寸）的可能性很小。根据概率理论，组成环尺寸同时达到极限尺寸的概率应等于各组成环出现极限尺寸概率的乘积。因此，采用概率原理来对尺寸链进行解算，更合理、更科学，人们也把这种计算尺寸链的方法称为概率法。

在大批量生产中，一个尺寸链中的各组成环尺寸的获得，相互间并无联系，因此，可将它们看成是相互独立的随机变量，各组成环尺寸的误差，是由这些随机变量合成的。经大量实测数据后，从概率统计的观念出发来看，任何一环有两个明显的特征数：①平均尺寸（算术平均值）$\overline{C}$，它表示尺寸分布的集中位置；②均方根偏差（标准差）σ，它表示实际尺寸分布相对于算术平均值的离散程度。

由概率论原理可知，独立随机变量之和的均方差 σ_0，与这些随机变量相应的 σ_i 值之间关系为

$$\sigma_0 = \sqrt{\sum_{i=1}^{n-1} \sigma_i^2}$$

此式是用概率法解尺寸链时，封闭环误差与组成环误差间的基本关系式。采用概率法解算尺寸链，封闭环基本尺寸计算与极值法一样，见式（6-1）。

(1) 封闭环公差 T_{C0} 的计算　由概率原理知：当各组成环的误差分布都遵循正态分布规律时，则其封闭环也将符合正态分布规律。正态分布情况下，组成环尺寸 C_i 误差分散范围与均方根偏差间的关系若为 $\Delta_{Ci} = \pm 3\sigma_i$，则取公差带宽 $T_{Ci} = 6\sigma_i$，封闭环的公差 T_{C0} 与各组成环公差的关系可表达为

$$T_{C0} = \sqrt{\sum_{i=1}^{n-1} T_{Ci}^2} \tag{6-17}$$

式（6-17）说明，当各组成环公差均为正态分布时，封闭环公差等于各组成环公差平方和的平方根。

当组成尺寸分布不为正态分布时，封闭环公差计算时，需引入“相对分布系数 k_i”的概念，对式（6-17）进行修正。

当正态分布时：$T_{Ci} = 6\sigma_i$；$\sigma_i = \frac{T_{Ci}}{6}$

非正态分分布时：$\sigma_i = k_i \frac{T_{Ci}}{6}$

故
$$T_{C0} = \sqrt{\sum_{i=1}^{n-1} k_i^2 T_{Ci}^2} \tag{6-18}$$

相对分布系数是以正态分布曲线作为比较基准（正态分布 $k_i = 1$）来说明非正态分布曲线相对正态分布曲线的差别程度。表 6-1 给出了几种非正态分布曲线的相对分布系数 k_i 和相对不对称系数 e_i 的参考值。

表 6-1 不同曲线的相对分布系数 k_1 和相对不对称系数 e_1

分布特征	正态分布	三角分布	均匀分布	平顶分布
分布曲线	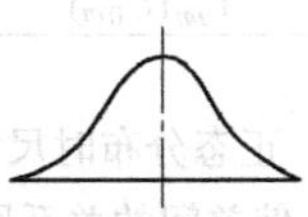	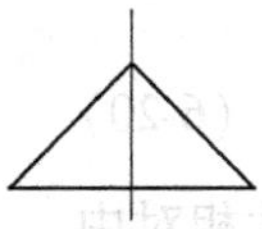	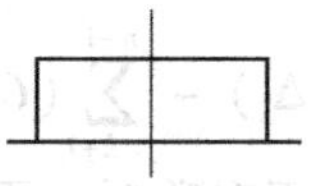	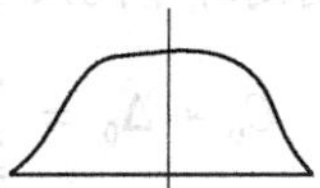
e_i	0	0	0	0
k_i	1	1.22	1.73	1.1 ~ 1.5

分布特征	瑞利分布	偏态分布	
		外尺寸	内尺寸
分布曲线	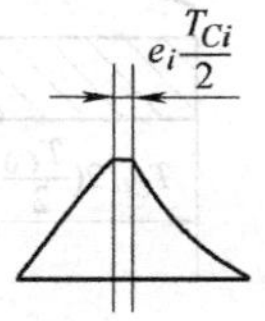	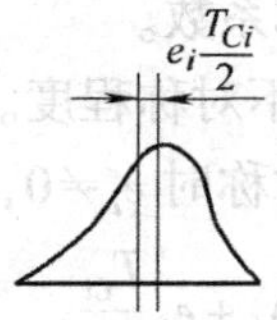	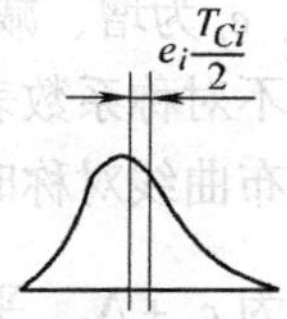
e_i	−0.28	0.26	−0.26
k_i	1.14	1.17	1.17

若令各组成环公差相等，即 $T_{Ci} = T_{av.l}$ 时，则可求得各环的平均公差 $T_{av,l}$ 为

$$T_{av.l} = \sqrt{\frac{T_{C0}^2}{n-1}}$$

与极值法比较$\left(其\ T_{av.l} = \frac{T_{C0}}{n-1}\right)$，在计算同一尺寸链时，用概率法求解可将组成环公差扩大 $\sqrt{n-1}$ 倍。但实际上，各组成环未必都呈正态分布，因此 $k_i > 1$，故实际扩大倍数小于

$\sqrt{n-1}$。

应指出的是：用极值法求解尺寸链时，$T_{C0}=\sum_{i=1}^{n-1}T_{Ci}$ 包括了封闭环变动尺寸一切可能出现的值，即尺寸出现在 T_{C0} 范围的概率为100%。而用概率法时，$T_{C0}=\sqrt{\sum_{i=1}^{n-1}k_i^2T_{Ci}^2}$ 是正态分布情况下，取尺寸分布范围为 6σ，即尺寸出现在该范围的概率为99.73%，而超出 6σ 范围的概率为0.27%，值很小，故取 6σ 作为封闭环尺寸变动范围是合理的。这就是概率法比极值解法所求得的封闭环公差会小的原因所在，而且组成环数目越大，由概率法求得的 T_{C0} 缩小得也越大，由此可以推断，在同样的封闭环公差的条件下，进行反计算，用概率法比用极值法求解得到的组成环公差会大一些，这样可方便加工。

(2) 封闭环中间尺寸 C_{0m}　所谓中间尺寸，是指公差带中心位置的尺寸，而平均尺寸则是指尺寸分布中心位置处的尺寸，二者具有本质的区别，其意义与计算方法都是不同的。当尺寸分布曲线对称时，各环的尺寸分布中心与公差带中心位置相同，故各环中间尺寸与平均尺寸相等。如图6-11所示，各环中间尺寸为

$$C_{im}=C_i+\Delta_i \tag{6-19}$$

封闭环中间尺寸为

$$C_0+\Delta_0=\sum_{z=1}^{k}(C_z+\Delta_z)-\sum_{j=k+1}^{n-1}(C_j+\Delta_j) \tag{6-20}$$

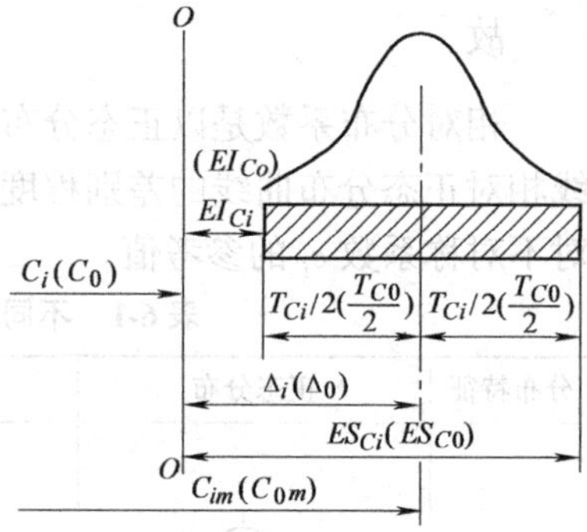

图6-11　正态分布时尺寸、公差、偏差间的关系图

当组成环尺寸分布曲线不对称时，平均尺寸相对中间尺寸产生偏差量，其值为 $e_i\frac{T_{Ci}}{2}$，如图6-12所示，故式（6-12）修正为

$$\Delta_0=\sum_{z=1}^{k}\left(\Delta_z+e_z\frac{T_{Cz}}{2}\right)-\sum_{j=k+1}^{n-1}\left(\Delta_j+e_j\frac{T_{Cj}}{2}\right) \tag{6-21}$$

式中，e_z、e_j 为增、减环的相对不对称系数。

相对不对称系数表示尺寸分布的不对称程度。当尺寸分布曲线对称时 $e_i=0$，当不对称时 $e_i\neq0$，中间尺寸为 $c_i+\Delta_i$，平均尺寸为 $C_i+\Delta_i+e_i\frac{T_{Ci}}{2}$。

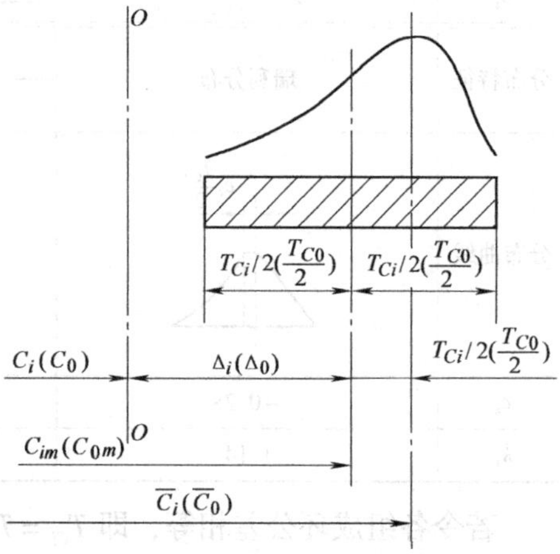

图6-12　非正态分布时尺寸、公差、偏差间的关系图

(3) 封闭环上、下偏差　封闭环上、下偏差按式（6-15）与式（6-16）计算。虽然概率法较极值法是一种更科学、更合理的方法，但由于计算复杂，k_i 与 e_i 不易确定，使概率法在应用上受一些限制，在组成环数较少时，通常采用简便的极值法，而在尺寸链环数较多时，应该采用概率法。

(4) 概率法的近似计算　在采用概率法计算时，若尺寸分布为非正态曲线，必须首先确

定相对分布系数 k_i 与相对不对称系数 e_i。一般情况下，常用实验法确定 k_i 与 e_i，对既定的加工工艺所加工的零件进行测量，然后将所测结果进行统计处理，即可求得 k_i 与 e_i。也可以根据成熟的经验统计数据，确定 k_i 与 e_i。在通常缺乏这种资料或不能预先确定零件的加工条件时，便只能假定一些 k_i 与 e_i 值来近似计算。

其计算方法是：首先假设各组成环的误差分布曲线为对称的，且公差带等于分布范围，此外，由于不能确定各组成环的分布规律，可以综合地考虑取一平均相对分布系数 k，其取值范围为 1.2～1.7，通常取 $k=1.5$，将式（6-17）简化为

$$T_{C0} = k\sqrt{\sum_{i=1}^{n-1} T_{Ci}^2} \tag{6-22}$$

必须指出，概率近似估算法中，式（6-22）的应用范围是有条件的，即要求组成环的数目较多，而在组成环数目不多时，则要求各环的误差值不能相差太大。例如，取 $k=1.5$ 时，若组成环为 2 个，则所求得的 T_{C0} 反而比极值法求得的大。显然，这时利用近似估算法就无意义了。因此，在组成环数为 $n-1 \geqslant 3$ 时，要求各环误差不能相差太大，而环数愈多，概率近似估算法的实用性愈高。

（二）平面和空间尺寸链的计算

平面尺寸链与空间尺寸链的计算方法相似。下面主要介绍平面尺寸链的计算方法。

平面尺寸链的各环按角度关系排列在一个或几个平行平面内，实质上是线性尺寸链和角度尺寸链的组合，它是直线尺寸链的扩展，直线尺寸链是平面尺寸链的特例。

平面尺寸链的解算方法有：①投影法。将平面尺寸链通过投影转换成为直线尺寸链来解算。②图解法。将尺寸链几何图形，按一定比例关系放大作图，然后从图中直接量取所求的封闭环尺寸。下面介绍投影法。

平面尺寸链封闭环是组成环的非线性函数，转换为直线尺寸链时，通过投影得到组成环尺寸，含一维性尺寸和角度量，并且转换后的直线尺寸链与单独的直线尺寸链或角度尺寸链是不相同的，除在计算时引入传递系数外，必须同时考虑线性尺寸公差和角度公差对封闭环的影响。

传递系数表示组成环对封闭环的影响程度和方向，用 ξ 表示，其为正值时，表明该环为增环，反之为减环。

1. 封闭环基本尺寸

$$C_0 = \sum_{z=1}^{k} \xi_z C_z + \sum_{j=k+1}^{n-1} \xi_j C_j \tag{6-23}$$

式中，ξ_z，ξ_j 是增、减环传递系数。

2. 封闭环公差

极值法

$$T_{C0} = \sum_{i=1}^{n-1} |\xi_i| T_{Ci} \tag{6-24}$$

概率法

正态分布 $$T_{C0} = \sqrt{\sum_{i=1}^{n-1} \xi_i^2 T_{Ci}^2} \tag{6-25}$$

非正态分布　　引入相对分布系数 k_i

$$T_{C0}=\sqrt{\sum_{i=1}^{n-1}\xi_i^2k_i^2T_{Ci}^2} \tag{6-26}$$

第二节　工艺尺寸链、装配尺寸链的应用

正确地绘制、分析和计算工艺尺寸链，是编制工艺规程的重要步骤，否则，会在机械加工中造成各种困难甚至出现废品，带来不必要的损失。正确地建立并计算装配尺寸链是汽车与机械产品设计与制造的重要过程，否则，会造成设计的产品达不到性能要求及制造出废品。因此，尺寸链原理在工艺尺寸链及装配尺寸链中的应用是产品设计与工艺设计人员必须掌握的。本节主要介绍一些工艺尺寸链及装配尺寸链的应用。

一、工序尺寸计算

在汽车及机械产品制造过程中，大多数零件的尺寸与形状的获得，都要通过机械加工，在此过程中，只有最终加工与按设计尺寸及形状直接加工的情况下，工序尺寸才与设计尺寸一致，除此之外，工序尺寸与设计尺寸是不同的，它包括间接保证设计尺寸，为后续工序保证足够的余量以及其他工艺尺寸（定位尺寸与基准尺寸）的确定等。确定这些尺寸及公差，必须应用尺寸链原理。

工艺尺寸链封闭环有两种基本形式：一是以工序尺寸为组成环，间接保证某一尺寸，封闭环就是要保证的尺寸；二是以工序尺寸为组成环，确定加工余量，封闭环就是余量（但也有例外，靠火花磨削加工，余量是组成环，工序尺寸是封闭环）。

工艺尺寸链的分析计算，首先确定封闭环；其次建立工艺尺寸链；最后利用尺寸链计算公式解算工艺尺寸链。

（一）工序基准、测量基准与设计基准重合时工序尺寸的确定

定位基准、工序基准、测量基准及设计基准重合，是工序尺寸确定最简单的情况。这种情况下，工序尺寸的计算是以最终工序开始，反算到第一道工序。工序尺寸是组成环，加工余量是封闭环。下面举例加以说明。

图6-13a所示为活塞零件工序尺寸图，尺寸 C_1、C_2 为设计尺寸，其中 C_1 为活塞顶面到底面的距离，C_2 为顶面到销孔轴线间的尺寸。为了保证设计尺寸 C_1，顶面加工顺序为：粗车顶面→精车顶面。粗车顶面时，以底面为定位基准；精车顶面时，也是以底面为定位基准。因此，在加工活塞顶面过程中，工艺基准与设计基准重合，其各工序的工序尺寸为

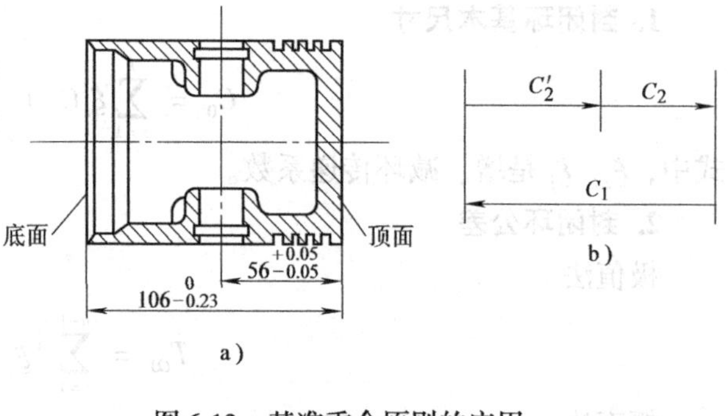

图6-13　基准重合原则的应用

精车顶面　$C_1'=C_1$　　　　（与设计尺寸相同）

粗车顶面　$C_1'' = C_1 + z_1$　（设计尺寸加上精车余量，精度为粗车精度）

式中，C_1'为精车工序尺寸；C_1''为粗车工序尺寸；Z_1 为精车余量。

图 6-14 所示为某汽车机械式有级变速器中间轴第三速齿轮简图，其 $D = 58^{+0.03}_{0}$ mm，$L = 62.6^{+0.25}_{0}$ mm，加工工艺过程：扩孔→拉孔→磨孔。因为工艺基准与设计基准重合，各工序的工序尺寸计算如表 6-2 所示。

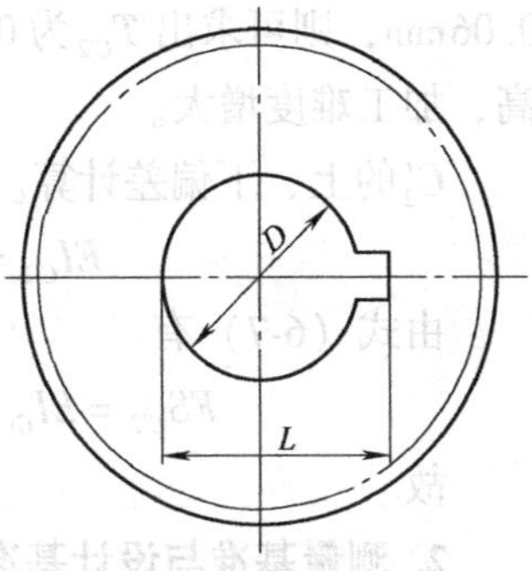

图 6-14　汽车变速器中间轴第三速齿轮简图

通常情况下，外圆、内孔、盘及套类零件加工，其工艺基准与设计基准基本上是重合的。由以上实例可以看出，只要基准重合，可通过下述步骤确定工序尺寸：

1）确定各加工工序的加工余量。

2）从终加工工序开始，即从设计尺寸开始，到第一道加工工序，逐次加上每道加工工序余量，可分别得到各工序基本尺寸。

3）除终加工工序以外，其他各加工工序按各自所用加工方法的加工经济精度确定工序尺寸公差（终了工序的公差按设计要求确定）。

表 6-2　工序尺寸及公差的计算

工序名称	工序余量/mm	工序尺寸/mm	工序公差/mm	工序尺寸公差/mm
磨孔	0.25	58	0.03	$\phi 58^{+0.03}_{0}$
拉孔	1.05	58 − 0.25 = 57.75	0.025	$\phi 57.75^{+0.0025}_{0}$
扩孔	6.7	57.75 − 1.05 = 56.7	0.12	
毛坯孔		50	3	

（二）工序基准、测量基准与设计基准不重合时工序尺寸的确定

当工艺基准与设计基准不重合时，加工过程中往往不能直接保证设计尺寸，而只能间接地保证，因此在进行加工工艺设计时，相关的工序尺寸，必须经过尺寸链换算来获得。下面以实例说明基准不重合工序尺寸的确定。

1. 定位基准与设计基准不重合

在工艺设计过程中，所选择的定位基准与设计基准不重合，则零件的设计尺寸就不能由加工直接获得，而是由几个工序尺寸予以间接保证，此时应用尺寸链原理计算有关的工序尺寸，以保证设计尺寸的精度要求。

如图 6-13a 所示，在精镗活塞销孔工序，选活塞底面作为定位基准，但销孔的设计基准为活塞顶面，因此工序基准与设计基准不重合。为保证尺寸 C_2，工序尺寸按选定的工序基准调整确定为 C_2'，如图 6-13b 所示。现在要确定工序尺寸 C_2'的大小及公差应控制在什么范围内才能保证设计尺寸 C_2。为此，首先确定封闭环。由于 C_2 为间接保证的设计尺寸，所以，C_2 为封闭环，C_2'与 C_1 为组成环。

计算工序尺寸 C_2'。由式 (6-1) 有

$$C_2' = C_1 - C_2 = (106 - 56)\ \text{mm} = 50\text{mm}$$

工序尺寸 C_2'公差计算。因为：$T_{C1} = 0.23$mm，$T_{C2} = 0.1$mm，而 C_2 为封闭环，由式（6-

2）知：T_{C2}必须大于或等于T_{C1}加$T_{C'2}$。但尺寸链中，组成环C_1的公差已大于封闭环的公差，即使C_2'的公差为零也不能保证C_2'的尺寸公差。为此，必须调整C_1的公差。假如取$T_{C1}=0.06$mm，则可求出$T_{C'2}$为0.04mm，公差调整之后$C_1=106_{-0.06}^{\ 0}$mm，该尺寸加工精度明显提高，加工难度增大。

C_2'的上、下偏差计算。由式（6-6）有

$$EI_{C'2}=ES_{C1}-ES_{C2}=(0-0.05)\ \text{mm}=-0.05\text{mm}$$

由式（6-7）有

$$ES_{C'2}=EI_{C1}-EI_{C2}=[-0.06-(-0.05)]\ \text{mm}=-0.01\text{mm}$$

故

$$C_2'=50_{-0.05}^{-0.01}\text{mm}$$

2. 测量基准与设计基准不重合

在零件加工中，有时会遇到一些表面加工之后，按设计尺寸不便直接测量的情况，就要另选一合适的表面作为测量基准进行加工，以间接保证设计尺寸的要求，这时必须进行工序尺寸的计算。

图6-15a所示为套筒零件，端面A为尺寸$10_{-0.36}^{\ 0}$mm及尺寸$50_{-0.17}^{\ 0}$mm的设计基准，在加工过程中，端面A及C已加工完毕达到设计尺寸，本工序加工孔及端面B。因为加工时设计尺寸$10_{-0.36}^{\ 0}$mm不便直接测量，而改用游标深度尺以B面为基准直接测量大孔的深度来间接保证设计尺寸$10_{-0.36}^{\ 0}$mm。由于设计基准为A面，而测量基准为B面，基准不重合，这就需要采用尺寸链原理对工序尺寸C_2进行计算。如图6-15b所示，对大孔深度进行计算，为此应建立工艺尺寸链。首先确定封闭环，封闭环应为间接保证的设计尺寸$10_{-0.36}^{\ 0}$mm，用C_0表示；其次查明与大孔深度尺寸C_2有关的尺寸；再其次画出尺寸链图，尺寸链中C_0为封闭环，C_1为增环，C_2为减环。于是，$C_1=50_{-0.17}^{\ 0}$mm，$C_0=10_{-0.36}^{\ 0}$mm，C_2待求。

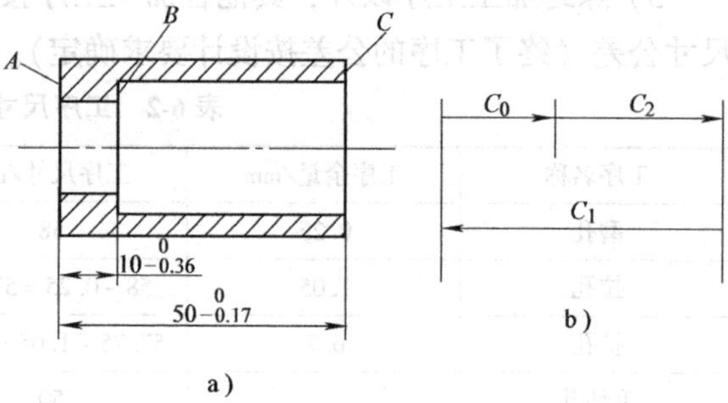

图6-15 某套筒零件工序图

C_2基本尺寸计算。由（式6-1）有

$$C_2=C_1-C_0=(50-10)\ \text{mm}=40\text{mm}$$

C_2尺寸上、下偏差计算。由式（6-6）有

$$EI_{C2}=ES_{C1}-ES_{C0}=0-0=0$$

由式（6-7）有

$$ES_{C2}=EI_{C1}-EI_{C0}=[-0.17-(-0.36)]\ \text{mm}=0.19\text{mm}$$

故

$$C_2=40_{\ 0}^{+0.19}\text{mm}$$

因为$T_{C0}>T_{C1}$，因此可以按上述步骤进行计算。若$T_{C0}\leqslant T_{C1}$，则不能按上述步骤进行计算。因为封闭环之公差小于等于尺寸链中某一组成环之公差，那么其余组成环公差之和应小于或等于零。由于机械制造中零件公差等于零或是负公差是不可能的，因此必须根据工艺可能性重新决定各组成环的公差，即缩小它们的制造公差，提高其加工精度。解决这类问题一

般有以下几种方法：

方法1：按等公差值的原则分配封闭环公差，即

$$T_{Ci}=\frac{T_{C0}}{n-1}$$

这种方法在计算上比较简单，但从工艺上讲不够合理，可以根据实际情况判断是否使用此方法。

方法2：按等公差等级的原则分配封闭环的公差，即首先确定公差等级，然后按各组成环的基本尺寸在公差表中查到相应尺寸的公差等级，确定各组成环的公差，使各组成环的公差之和小于或等于封闭环公差，即

$$T_{C0}\geqslant\sum_{i=1}^{n-1}T_{Ci}$$

最后加以调整。这种方法相对来说比较合理。但是所选用的各种加工方法所能达到的加工经济精度并不一定是相同的公差等级，这是这种方法的缺陷。

方法3：各组成环的公差亦可根据具体情况来分配。采用此法与工艺设计人员的工作经验及技术水平有关，但实质上仍是从工艺观点出发。

必须指出的是，无论何种方法确定组成环公差，都应遵循各组成环的公差之和小于或等于封闭公差的原则。

由上述可看出，通过尺寸链换算来间接保证封闭环的精度，必须要提高组成环的尺寸精度。当封闭环的公差较大时，只需要提高本工序尺寸的加工精度；当封闭环的公差等于甚至小于一个组成环的公差时，不仅要提高本工序的工序尺寸的加工精度，而且还要提高前工序（或工步）的工序尺寸的加工精度。提高了加工精度，制造成本增加，制造难度加大。因此，工艺上应尽量选择设计基准作为定位基准或测量基准，以便消除基准不重合误差。

应该指出，按换算后的工序尺寸进行加工，以间接保证原设计尺寸的要求时，还存在一个“假废品问题”。例如，按图6-15b所示的尺寸链计算的工序尺寸 $C_2=40^{+0.19}_{0}$mm 进行加工时，测量一批零件中的某一零件的实际尺寸 $C_2=39.9$mm，即比工序尺寸的最小极限尺寸还小0.1mm，从工序尺寸上看，此件应为废品。但如将该件的 C_2 实际尺寸再测量一下，如果 $C_1=49.85$mm，则封闭环尺寸 $C_0=(49.85-39.9)$ mm $=9.95$mm，仍然符合设计尺寸 $10^{0}_{-0.17}$mm 的要求，这就是经过工序尺寸换算，从工序尺寸上看是废品，但产品仍然合格的所谓“假废品”问题。

（三）一次加工同时保证多个设计尺寸时工序尺寸的确定

零件图上有时几个设计尺寸具有同一个设计基准，而往往又是在最后终加工这个设计基准时，才同时保证这几个设计尺寸的设计要求。它们可能都是被间接保证的；也可能其中有一个直接获得，而其余的则是间接保证的。这取决于工艺方案的制定。

图6-16a所示的零件，其工艺过程如图6-16b所示：车削端面 A 和钻孔 E，保证工序尺寸 $51^{0}_{-0.4}$mm；车削端面 B 和 C，保证工序尺寸 $50^{0}_{-0.34}$mm 及工序尺寸 $C_1=10.4^{0}_{-0.1}$mm；钻孔 D，保证工序尺寸 $C_2=(14.6\pm0.1)$ mm；磨削端面 B，保证工序尺寸 $C_3=10^{0}_{-0.1}$mm 及间接保证 $C_0=(15\pm0.2)$ mm。

从上述工艺过程分析可以看出，最后磨削端面 B 的工序中，要同时保证两个设计尺寸，

即 C_3 和 C_0。

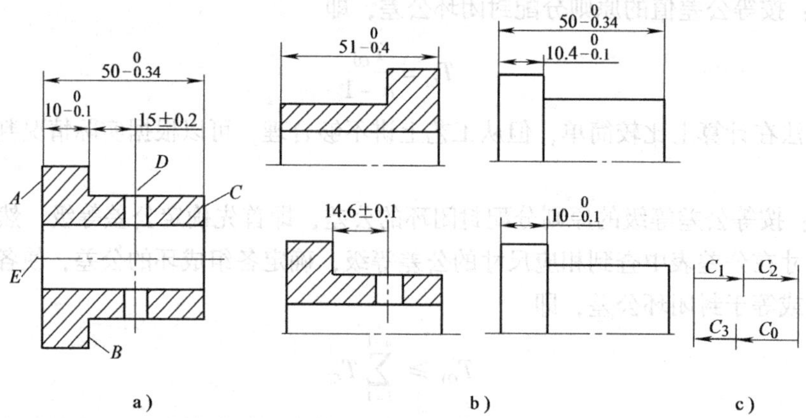

图6-16 多个尺寸同时保证工序及尺寸链图

首先确定封闭环。因为 $C_3=10_{-0.1}^{\ 0}$ mm，$C_0=(1.5\pm0.2)$ mm。C_3 的精度高于 C_0，所以直接保证精度较高的设计尺寸 C_3，而精度较低的 C_0 尺寸间接保证，即 C_0 为封闭环；其次查明与保证设计尺寸 C_3 与 C_0 有关的各工序尺寸，并画出工艺尺寸链图，如图6-16c所示。C_1 与 C_2 为前面工序所得到的工序尺寸，故为组成环，且为增环。C_3 尺寸的设计基准为 A 面，在磨削 B 面获得此尺寸时，若采用调整法，本着基准重合原则，选 A 面为定位基准，则尺寸 C_3 为加工表面 B 与定位基准或测量基准 A 面之间的尺寸，所以 C_3 为组成环，且为减环。

尺寸链正计算。校核各工序尺寸是否能保证两个设计尺寸的要求。校核如下：

基本尺寸校核。由式（6-1）得

$$C_0=C_1+C_2-C_3=(10.4+14.6-10)\ \text{mm}=15\text{mm}$$

上、下偏差的校核。由式（6-6）得

$$\begin{aligned}ES_{C0}&=ES_{C1}+ES_{C2}-EI_{C3}\\&=[0+0.1-(-0.1)]\ \text{mm}=+0.2\text{mm}\end{aligned}$$

由式（6-7）得

$$\begin{aligned}EI_{C0}&=EI_{C1}+EI_{C2}-ES_{C3}\\&=[(-0.1)+(-0.1)-0]\ \text{mm}=-0.2\text{mm}\end{aligned}$$

故 $$C_0=(15\pm0.2)\ \text{mm}$$

尺寸链反计算。在工艺设计过程中，可通过尺寸链解算确定工序尺寸 C_2，其计算过程如下：

C_2 基本尺寸确定。由式（6-1）有

$$C_2=C_3+C_0-C_1=10.4\text{mm}$$

C_2 的上、下偏差确定。由式（6-6）有

$$\begin{aligned}ES_{C2}&=ES_{C0}+EI_{C3}-ES_{C1}\\&=[0.2+(-0.1)-0]\ \text{mm}=0.1\text{mm}\end{aligned}$$

由式（6-7）有

$$EI_{C2} = EI_{C0} + ES_{C3} - EI_{C1}$$
$$= [-0.2 + 0 - (-0.1)]\ \text{mm} = -0.1\text{mm}$$

故 $$C_2 = (10.4 \pm 0.1)\ \text{mm}$$

图6-17所示也是一个多尺寸保证工序尺寸计算的实例。

一轴套零件的加工工艺过程如下：车削大端端面与大外圆→车削小端端面与小外圆→镗内孔及内端面→热处理→磨小端面。

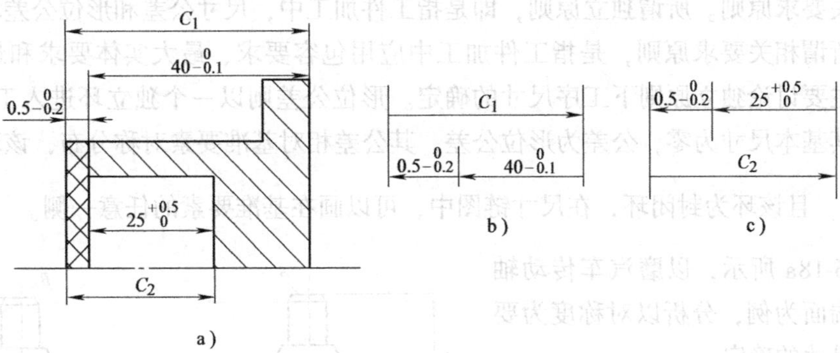

图6-17 轴套零件加工工序及工艺尺寸链图

因最终磨削需同时保证设计尺寸$40_{-0.1}^{0}$mm与$25_{0}^{+0.5}$mm，因此，必须控制工序尺寸C_1及C_2的基本尺寸及偏差。下面从工艺尺寸链入手分析如何对C_1及C_2进行控制。

由前述工艺分析可知，C_1及C_2工序尺寸在前三道工序中已经直接获得，而淬火后磨削小端面时，既要保证$40_{-0.1}^{0}$mm，又要保证$25_{0}^{+0.5}$mm；在编制工序卡时，要求直接加工精度较高的设计尺寸$40_{-0.1}^{0}$mm，另一个设计尺寸$25_{0}^{+0.5}$mm间接保证。

如图6-17b所示，因为设计尺寸$40_{-0.1}^{0}$mm直接保证，因此，加工余量$0.5_{-0.2}^{0}$mm为封闭环，工序尺寸C_1为组成环，且为增环，设计尺寸$40_{-0.1}^{0}$mm为组成环，并为减环。

(1) 工序尺寸C_1的基本尺寸计算　由式（6-1）有

$$C_1 = (40 + 0.5)\ \text{mm} = 40.5\text{mm}$$

(2) 工序尺寸C_1的上、下偏差计算　由式（6-6）有

$$ES_{C1} = (0 - 0.1)\ \text{mm} = -0.1\text{mm}$$

由式6-7有

$$EI_{C1} = (0 - 0.2)\ \text{mm} = -0.2\text{mm}$$

故 $$C_1 = 40.5_{-0.2}^{-0.1}\text{mm}$$

如图6-17c所示，$25_{0}^{+0.5}$mm为间接保证尺寸，因此，设计尺寸$25_{0}^{+0.5}$mm为封闭环，而加工余量为组成环，且为减环，工艺尺寸C_2为组成环，且为增环。

(1) 工序尺寸C_2的基本尺寸计算　由式（6-1）有

$$C_2 = (25 + 0.5)\ \text{mm} = 25.5\text{mm}$$

(2) 工序尺寸C_2的上、下偏差计算　由式（6-6）有

$$ES_{C2} = (0.5 - 0.2)\ \text{mm} = 0.3\text{mm}$$

由式（6-7）有

$$EI_{C2}=0+0=0$$

故 $$C_2=25.5^{+0.3}_{0}\text{mm}$$

（四）对称度、同轴度为设计要求时工序尺寸的确定

工件加工通常要满足几何要素（尺寸及其公差）、几何形状（理想几何形状及公差）、几何要素间的相互关系（位置公差）这三个方面的要求，相应的工艺设计时，必须同时考虑这几个方面的工艺问题。对于有同轴度及对称度要求的工件，工序尺寸的确定应遵守独立原则或相关要求原则。所谓独立原则，即是指工件加工中，尺寸公差和形位公差不相关而独立应用。所谓相关要求原则，是指工件加工中应用包容要求、最大实体要求和最小实体要求。这里主要讨论独立原则下工序尺寸的确定。形位公差则以一个独立环进入工艺尺寸链，其特点是其基本尺寸为零，公差为形位公差，其公差相对基准要素对称分布，该环可表示为 $C_i=0\pm\frac{T_{Ci}}{2}$，且该环为封闭环，在尺寸链图中，可以画在基准要素的任意一侧。

如图6-18a所示，以磨汽车传动轴的十字轴端面为例，分析以对称度为要求的工序尺寸的确定。

已知十字轴各轴颈已加工完毕，轴的两端已经过半精加工，该工序为精磨端面A、B，如图6-18所示，先磨A端面（第一工位），然后磨B端面（第二工位），要求保证工序尺寸 $C_2=107.96^{0}_{-0.035}$mm，对O—O中心线对称度公差要求为0.1mm。已知 $d=\phi24.98^{0}_{-0.02}$mm，试确定磨削端面A时的工序尺寸C_1。

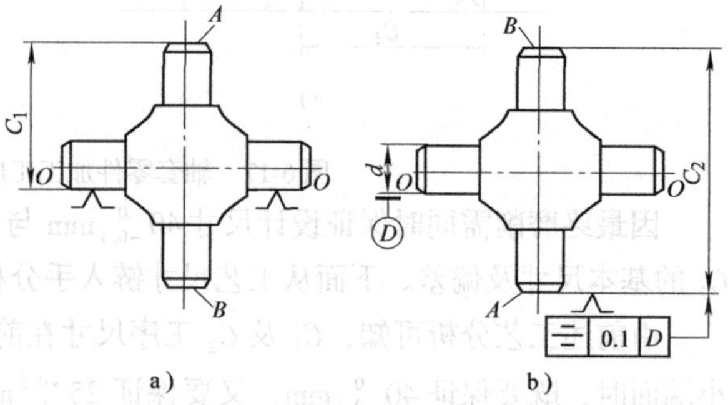

图6-18 磨十字轴端面工序图

首先，建立尺寸链。如图6-19a所示，C_1为所要确定的工序尺寸，C_2为终了工序尺寸。要满足图样要求，$C_2/2$ 应为 $53.98^{0}_{-0.0175}$mm，此尺寸是端面A或B到实际中心线O'—O'的距离。d是轴颈终了尺寸。要满足图样要求，$d/2$应为 $12.49^{0}_{-0.01}$mm。因为对称度在加工过程中不能直接保证，它是间接保证的，因此是封闭环。从封闭环的左、右两端去找在该工序影响封闭环尺寸的相关尺寸，直到左、右两端找到同一尺寸为止，如图6-19a所示。从右端有$C_2/2$、C_1，从左端有$d/2$、C_1，建立如图6-19b所示尺寸链图，C_0画在理想的基准要素O—O任意一侧均可。最后，计算尺寸链。

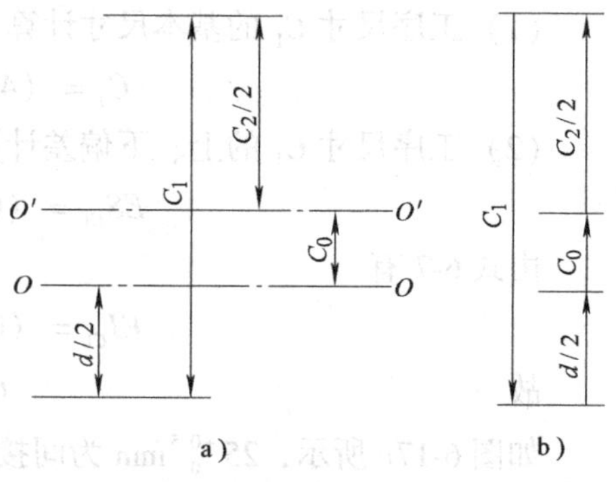

图6-19 磨十字轴端面工艺尺寸链图

在图6-19b尺寸链图中只有C_1是未知的，由式（6-1）有

基本尺寸 $$C_1=\frac{C_2}{2}+\frac{d}{2}+C_0$$

$$= (53.98+12.49+0)\ \text{mm}=66.47\text{mm}$$

按式（6-6）与式（6-7）有

上偏差 $ES_{C1}=ES_{C0}+EI_{C_2/2}+EI_{d/2}$

$$=[0.05+(-0.0175)+(-0.01)]\ \text{mm}=0.0225\text{mm}$$

下偏差 $EI_{C1}=EI_{C0}+ES_{C_2/2}+ES_{d/2}$

$$=(-0.05+0+0)\ \text{mm}=-0.05\text{mm}$$

故 $C_1=66.47^{+0.0225}_{-0.05}\ \text{mm}$

二、装配尺寸链的建立及其计算

装配尺寸链的建立无论是在产品设计阶段，还是在制造阶段，都非常重要。首先，在产品设计阶段，根据装配精度，建立装配尺寸链及解算尺寸链，由此，合理地确定各零件的公差；其次，在产品设计阶段，当各零件公差确定之后，校核是否满足装配精度；再次，在产品制造阶段，根据零件加工精度及装配方法，验算产品是否达到设计要求。无论是进行何种计算，首先必须建立装配尺寸链。建立装配尺寸链，装配精度是依据。

（一）装配精度概念

1. 装配精度

装配精度是指零件经装配后在尺寸、相对位置及运动等方面所获得的精度。装配精度也是为满足机械产品（或汽车产品）及部件的使用性能，在设计过程中规定的技术要求。因此，装配精度不但影响机械产品（汽车）或部件的工作性能，而且影响其使用寿命。合理地确定装配精度，是产品设计的重要环节之一，它不仅关系到产品质量，也关系到产品的制造难易程度和经济性。装配精度既是制定装配工艺规程的主要依据，也是确定零件加工精度的依据。

在汽车部件或总成装配中，存在各种各样装配精度要求。如图 6-1a 所示的汽车发动机曲轴主轴颈轴肩与气缸体止推垫片端面间的轴向间隙 C_0；图 6-20 所示的离合器分离杆端部与分离轴承间间隙要求，要求离合器在工作状态下，分离杆端部与分离轴承下端有一定的间隙值，且要求各分离杆端必须在一个平面上，其间隙值为 C_0。

2. 装配精度与零件精度间关系

汽车或机械产品由零件组成，所以汽车或机械产品的装配精度与相关零部件的加工精度直接相关。零件的加工精度是保证装配精度的基础，在一般情况下，零件的精度越高，装配精度也越高。例如，图 6-1a 所示的汽车发动机曲轴主轴颈轴肩与缸体止推垫片端面间的轴向间隙 C_0，此精度与主轴颈、止推垫片、轴瓦等零部件的 C_1、C_3、C_4、C_2 尺寸加工精度直接有关。若合理地确定这些零件的加工精度，使它们的累积误差不超出装配精度要求，那么这些零件装配后就一定能保证所要求的装配精度。但是，并非装配精度完全取决于零件加工精度，装配中可以采用不同的装配方法来实现产品装配精度要求。因此，装配精度可由零件的加工精度与装配方法来同时保证。

（二）汽车产品常见的装配精度

汽车制造，不仅要保证每个零件的加工精度，还要使零件能正确地进行装配，达到规定的装配精度。汽车的装配精度包括：零件或部件间的尺寸精度，如间隙或过盈量；位置精度，如平行度、垂直度和同轴度等；相对运动精度，即在相对运动中保证有关零件或部件相对位置的准确度及各个配合表面的接触精度等。具体内容主要体现在以下诸方面：

1）轴与孔的配合间隙或过盈量。

2）零件、部件间的位置公差。

3）相邻旋转零件与固定零件的轴向间隙。

4）往复运动件的行程范围。

5）滚动轴承端面与轴承盖间的轴向间隙或过盈量。

6）联轴器所连接的两轴轴线同轴度。

7）滑动轴承中轴类零件的轴肩（或端面）与止推轴承间的轴向间隙。

8）性能参数，如发动机的压缩比等。

9）机械变速器中滑动齿轮在啮合状态时，齿轮没有进入啮合的宽度；齿轮分离状态时，轮齿分离的间隙值。

10）锥齿轮传动副中，为保证齿侧间隙和接触区要求，所规定的锥齿轮副锥顶的位移值。

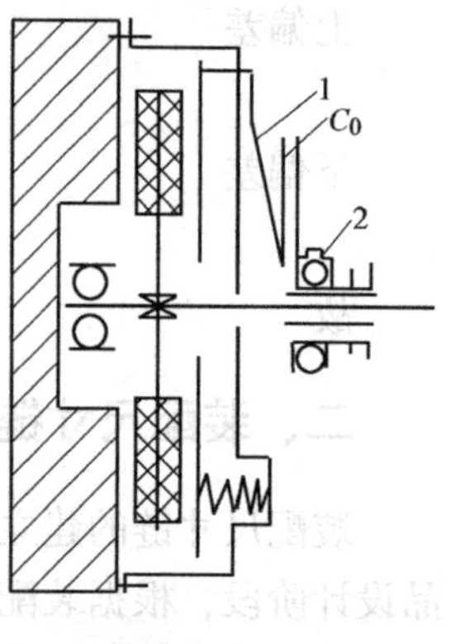

图 6-20 离合器分离杆端部与分离轴承间的间隙要求

1—分离杆 2—分离轴承

11）为保证齿轮副或蜗轮副能正常啮合，齿轮副或蜗轮副的啮合中心距。

（三）装配尺寸链的封闭环与组成环

装配尺寸链是机械产品（汽车）的装配过程中，由相关零件的有关尺寸（表面或轴线间距离）或相互位置关系（平行度、垂直度或同轴度等）以及形状要求所组成的尺寸链。装配过程中最后形成的一环，它也是相关零件的尺寸或相互位置误差积累的一环，此环作为装配精度要求，也是装配尺寸链的封闭环；其他影响装配精度的那些零件的尺寸、形状和位置公差，是组成环。如图 6-1b 所示，C_0 为封闭环，C_1、C_2、C_3、C_4 为组成环。

（四）装配尺寸链建立方法

正确建立装配尺寸链是保证装配精度及装配尺寸链计算的基础，对于产品或部件，必须根据其性能要求，正确地与完全地建立装配尺寸链，才能使产品达到性能要求。装配尺寸链的建立归纳起来有以下几个方面：

1）熟悉产品或部件、总成装配图。

2）确定封闭环。如前所述，装配精度为封闭环。要正确地确定封闭环，必须深入了解产品的性能要求及各部件的作用，以及设计人员所提出的装配技术要求等。

3）确定组成环。装配尺寸链的组成环是对产品或部件装配精度直接影响的环节。一般查找方法是取封闭环两端为起点，以装配基准为联系线索，在装配精度方向沿着相邻零件由近及远地查找影响封闭环的有关零件，直至找到同一个基准零件的两个装配基准或同一基准表面为止，查找到的所有有关零件的尺寸就是装配尺寸链的全部组成环。当封闭环精度较高，而采用独立原则时，则尺寸公差与形位公差是分别控制的，形位公差应作为组成环进入尺寸链。

4）画出尺寸链图，进行增、减环判定。

5）满足尺寸链最短路线原则。

6）列出尺寸链方程。

必须指出，每一部件或总成中有许多装配精度要求，建立装配尺寸链时，必须依据装配精度，逐一建立装配尺寸链，形成装配尺寸链系统。由于有多个装配尺寸链存在，那么，同一零件尺寸可能会同时在几个装配尺寸链中出现，这就是前面叙述过的并联尺寸链。

下面以实例说明装配尺寸链的建立。

例一 图6-21所示为汽车主减速器中主动锥齿轮轴承座的装配图。根据装配技术要求，轴承必须有一定的预紧度，应是一项装配精度。下面具体分析建立与预紧度有关的装配尺寸链。

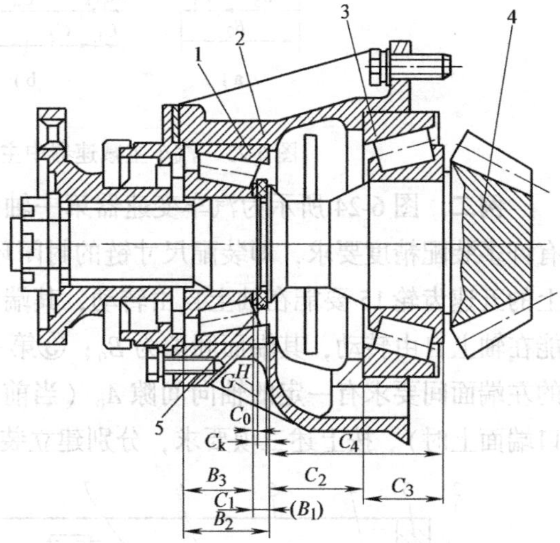

图6-21 汽车主减速器中主动锥齿轮轴承座的装配图
1—左轴承 2—轴承座 3—右轴承
4—主动锥齿轮 5—调整垫片

虽然轴承预紧度要求不是具体的尺寸数值，也不能直接作为封闭环，但是预紧程度应该是预紧力大小的反映。预紧力的大小又与轴承内圈与外圈的轴向相对位置关系有关。因此，为了保证预紧度（保证预紧力），轴承内圈与外圈在轴向必须有一定的过盈量，此过盈量就是装配精度，即封闭环。图6-22所示为轴承的预紧状态，图中实线表示轴承内圈与外圈处于无间隙和无过盈量状态，虚线表示预紧状态。

假定轴向过盈量都集中在轴承的内圈上，如图6-21所示，过盈量 C_0 或为 HG 封闭环，查找以 C_0 为封闭环的装配尺寸链的组成环，从封闭环 C_0 的左、右两端开始，查找对封闭环 C_0 有影响的组成环（零件尺寸）。从 C_0 的右端开始，第一个零件是调整垫片，其宽度为 C_k，对 C_0 有影响，为组成环。C_k 的右边是主动锥齿轮4，两个支承端面的尺寸为 C_4，对 C_0 有影响，为组成环。主动锥齿轮4左支承端面与右轴承右端面接触，右轴承的宽度 C_3 也影响 C_0，为组成环。右轴承的左端面与轴承座的右端面接触，至此，查找到基准零件的一个基准——轴承座2的右端。从封闭环右端暂查到此。又从封闭环 C_0 左端开始查找，第一个零件尺寸是轴承在未预紧前轴承内、外圈右端面之间的距离 C_1，此尺寸对 C_0 也有影响，是组成环。之后是左轴承的右端面与轴承座的左端面接触，此时遇到同基准零件的另外一个基准——轴承座2的左端，这样，找到了同一基准零件的两个基准（轴承座2的左、右支承端面），用轴承座左、右支承端面的尺寸 C_2 把尺寸连成封闭图形，组成以 C_0 为封闭环的装配尺寸链，如图6-23b所示。用回路法判别增、减环，其中 C_1、C_2、C_3 是增环，C_4、C_k 为减环。

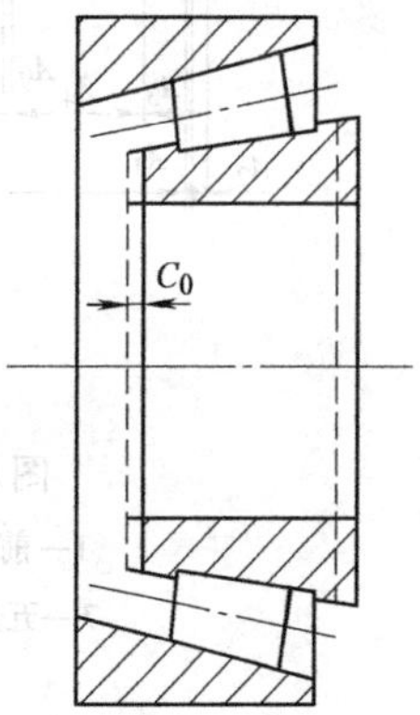

图6-22 轴承的预紧状态图

按式（6-1）列出尺寸链方程式为

$$C_0 = C_1 + C_2 + C_3 - (C_4 + C_k)$$

式中，C_0 为左轴承内、外圈轴向过盈量，即封闭环；C_1 为左轴承未预紧时内、外圈右端面之间的距离；C_2 为轴承座左、右支承端面间距；C_3 为右轴承宽度；C_4 为主动锥齿轮左、右支承端面间距。

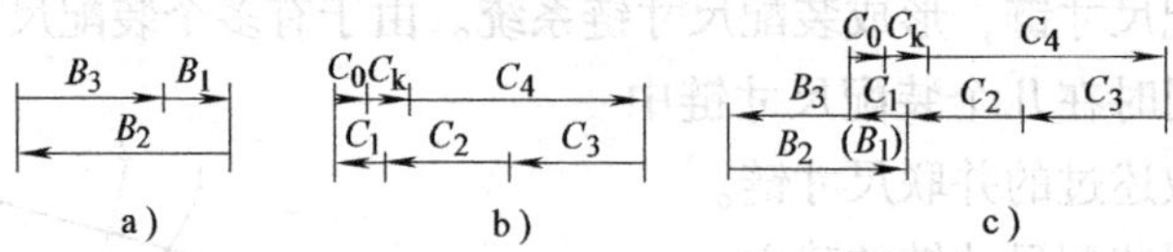

图6-23 汽车主减速器中主动锥齿轮轴承座装配尺寸链图

例二 图6-24所示为汽车变速器第一轴和第二轴的组件装配图及其装配尺寸链。图中有许多装配精度要求，即装配尺寸链的封闭环。下面仅讨论三项装配精度要求：①第二轴8上的五速齿轮15要能在轴上自由转动，其端面间隙为C_0；②第二轴8上的三速齿轮14也要能在轴上自由转动，其端面间隙为B_0；③第一轴4的右端面和第二轴上四、五速固定齿座5的左端面间要求有一定的轴向间隙A_0（当前、后轴承3和9的外圈端面紧靠在前、后盖止口端面上时）。按上述三项要求，分别建立装配尺寸链。

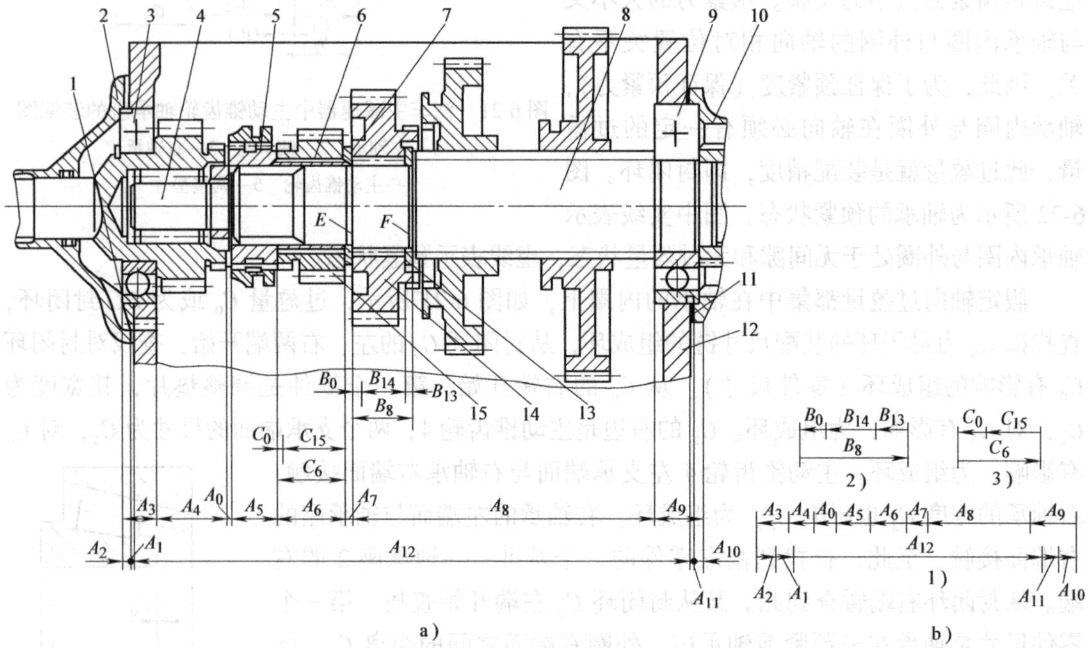

图6-24 汽车变速器第一轴和第二轴的组件装配图及其装配尺寸链

1—前纸垫 2—前盖 3—前轴承 4—第一轴 5—四、五速固定齿座 6—衬套 7—五速齿轮止推环 8—第二轴 9—后轴承 10—后盖 11—后纸垫 12—变速器壳体 13—三速齿轮止推环 14—三速齿轮 15—五速齿轮

先分析前两个装配精度要求C_0和B_0。它们分别是五速齿轮15和三速齿轮14装在第二轴8上以后间接形成的，C_0是一个三环装配尺寸链的封闭环。尺寸链图如图6-24b中的3）所示，尺寸链方程式为

$$C_0 = C_6 - C_{15}$$

式中，C_6是衬套6的宽度；C_{15}是五速齿轮15的宽度。

B_0是一个四环装配尺寸链的封闭环。尺寸链图如图6-24b中的2）所示，尺寸链方程式为

$$B_0 = B_8 - B_{13} - B_{14}$$

式中，B_8 是第二轴 8 上 E、F 两端面间的距离；B_{13}是三速齿轮止推环 13 的宽度；B_{14}是三速齿轮 14 的轮毂宽度。

在第二轴 8 上，三速齿轮 14 在两个止推环 7 和 13 之间相对转动，止推环 7 压紧在第二轴 8 的 E 端面上，所以止推环 7 的右端面和第二轴 8 的 E 端面是重合的。

前两个装配尺寸链比较简单，很容易从装配图上确定。第三个装配尺寸链比较复杂。A_0 是在第一轴组件和第二轴组件装入变速器壳体后最后形成的，所以 A_0 是一个封闭环。

查找以 A_0 为封闭环的装配尺寸链时，首先以 A_0 两端的两个零件为起点，然后沿封闭环尺寸方向从任意一边开始，查找影响 A_0 的组成环。现从 A_0 的左边开始，第一个零件是第一轴 4，第一轴右端面到装配基准间的尺寸 A_4 对 A_0 有影响，A_4 是尺寸链的组成环。A_4 的左边为前轴承 3，其两端面（装配基准）间的宽度尺寸 A_3 也影响 A_0。轴承左端面与前盖止口平面接触，前盖 2 上的尺寸 A_2 也影响 A_0。前盖通过前纸垫 1 和变速器壳体 12 相接触，所以前纸垫 1 的厚度尺寸 A_1 也影响 A_0。至此，查找到尺寸 A_4、A_3、A_2 和 A_1 都是组成环。由于查找到基准零件——变速器壳体 12 的左端，故可暂不再继续查找。然后从 A_0 的右端查找，其查找方法同前。向右第一个零件是四、五速固定齿座 5，尺寸 A_5 对 A_0 有影响。依次继续向右为衬套 6 的宽度 A_6、止推环 7 的宽度 A_7、第二轴 8 上的尺寸 A_8、后轴承 9 的宽度 A_9、后盖 10 上的尺寸 A_{10}以及后纸垫 11 的厚度 A_{11}都对 A_0 有影响，所以尺寸 A_5、A_6、A_7、A_8、A_9、A_{10}和 A_{11}都是组成环。此时也遇到基准零件——变速器壳体 12，用壳体两端面尺寸 A_{12}把尺寸连成封闭的图形，这就是以间隙 A_0 为封闭环的装配尺寸链，如图 6-24b 中的 1）所示。

用回路法判别 A_3、A_4、A_5、A_6、A_7、A_8 和 A_9 是减环；A_1、A_2、A_{10}、A_{11} 和 A_{12} 是增环。

在查找时，为了使装配尺寸链最短，第一轴 4 上的尺寸 A_4 和第二轴 8 上的尺寸 A_8 要直接加入到上述尺寸链中去，因其是决定该零件在结构中的位置及两装配基准间的尺寸。不希望用该零件上的几个尺寸来代替这些尺寸。换句话说，就是在标注这些零件的尺寸时，应该把 A_4 和 A_8 直接标注在相应的零件图上。

最后，按式（6-1）列出这个装配尺寸链的方程式为

$$A_0 = A_1 + A_2 + A_{10} + A_{11} + A_{12} - (A_3 + A_4 + A_5 + A_6 + A_7 + A_8 + A_9)$$

上述几个尺寸链均未考虑形位公差对轴向间隙的影响。实际上，采用独立原则时，形位公差也影响轴向间隙，因而也是组成环，如零件端面的平行度和垂直度等形位公差就会影响轴向间隙的大小。在装配精度要求较低的尺寸链中，如采用包容原则时，形位公差控制在尺寸公差范围内，因此，它们不作为尺寸链的组成环，而只考虑尺寸公差。

（五）装配尺寸链计算

装配尺寸链的计算分为正计算与反计算。已知影响装配精度的有关零件的基本尺寸与偏差，计算装配精度，称为正计算，用于对设计图样进行校核验算，以及验算产品是否满足设计装配精度；反之，已知规定的装配精度，计算影响该装配精度有关零件的基本尺寸及其偏差，称为反计算，用于产品设计过程中确定各有关零件的尺寸与加工精度（公差）。

必须指出，装配尺寸链的计算与所选择的装配方法有关，当采用的装配方法不同时，所采用的计算方法也不同。

习　题

6-1　图6-25所示为齿轮传动装置简图，其轴向装配间隙要求 $A_0=0.082\sim0.430$mm。若设计图样规定：双联齿轮3轮毂宽度 $A_3=48_{-0.119}^{-0.080}$mm，垫片2、4的厚度 $A_2=A_4=1.5_{-0.04}^{\ 0}$mm。试分别用极值法和统计法（假设各组成环尺寸均按正态分布）计算箱体1两内平面间的基本尺寸、公差及极限偏差。

6-2　如图6-26所示，在镗床上镗削活塞销孔，要求保证尺寸（41±0.02）mm 和（50±0.05）mm，主要定位面为平面1和内孔2，试确定尺寸 B 及其上、下偏差。

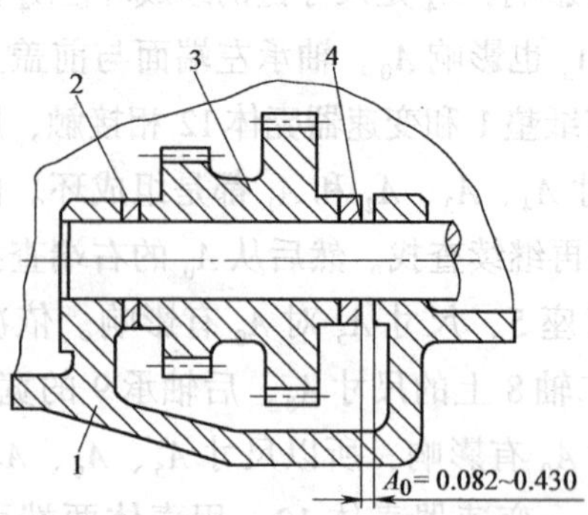

图6-25　齿轮装置组成环尺寸的计算

1—箱体　2、4—垫片　3—双联齿轮

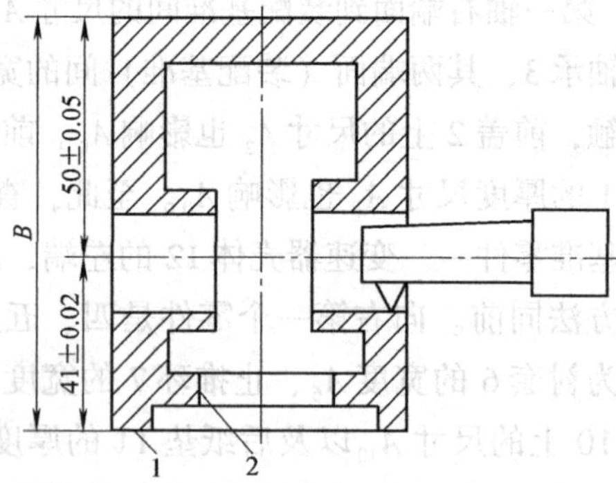

图6-26　镗削活塞销孔

1—平面　2—内孔

6-3　图6-27a所示为一零件图（图中只标注部分尺寸），在大批量生产条件下其有关工艺过程如下：①铣顶面（图6-27b）；②钻孔（图6-27c）；③磨底面，磨削余量为0.5mm（图6-27d）；试计算工序尺寸 A、B、C 及其上、下偏差。

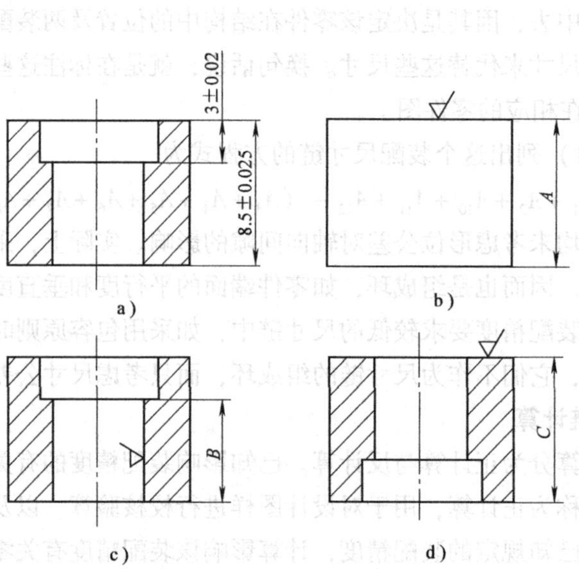

图6-27　零件加工工艺过程

6-4 如图 6-28a 所示零件。大批量生产，加工工艺过程为：①车大外圆，工序尺寸 $A_1=\phi 38_{-0.5}^{\ 0}$mm；②钻 ϕ8mm 孔，孔位置尺寸 $A_2=19_{-0.25}^{\ 0}$mm（图 6-28b）。加工后发现不能很好地保证对称度公差，试问如何解决这一质量问题。

6-5 图 6-29 所示为汽车发动机曲轴第一主轴颈与缸体轴承装配简图。设计要求装配间隙 $A_0=0.05\sim0.25$mm。若两个止推垫片厚度 $A_2=A_4=25_{-0.04}^{\ 0}$mm，缸体轴承座宽度 $A_3=38.5_{-0.07}^{\ 0}$mm。试分别用极值法和统计法（假设各组成环尺寸均按正态分布）计算第一主轴颈长度 A_1 的基本尺寸、公差及极限偏差。

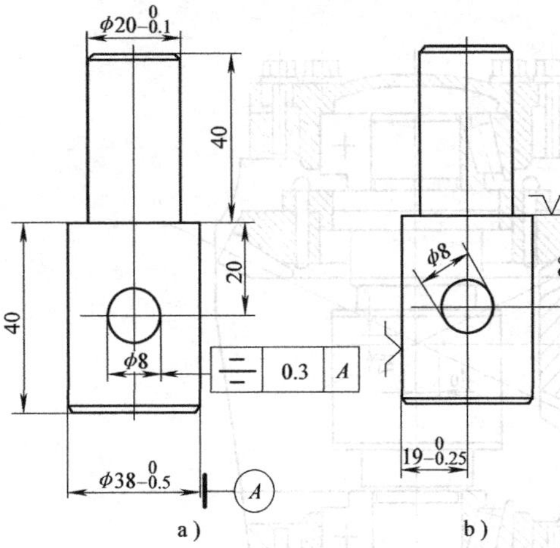

图 6-28 解决零件加工过程中的质量问题

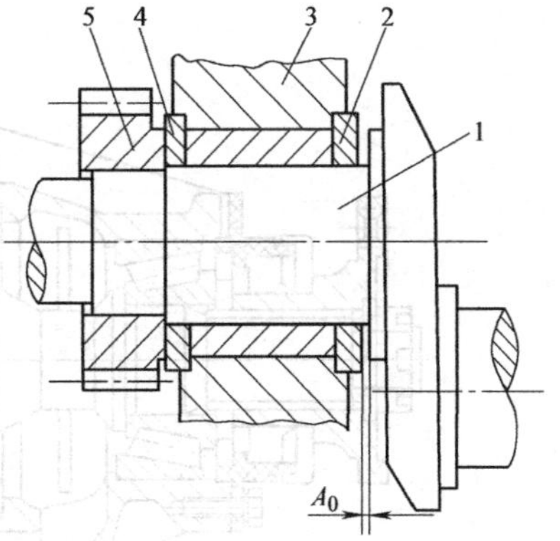

图 6-29 曲轴第一主轴颈与缸体轴承装配简图

1—曲轴 2、4—止推垫片 3—缸体轴承座 5—正时齿轮

6-6 图 6-30 所示为某拖拉机转向蜗杆装配图。为保证正常运转，设计要求：装配时应保证圆锥滚子轴承 1 与端盖 2 之间的轴向间隙 $A_0=0.05\sim0.15$mm。试建立保证该装配精度要求的装配尺寸链。

6-7 图 6-31 所示为二级减速器第二轴组件装配图。设计要求：保证圆锥滚子轴承 1 与左轴承端盖 2 之间的轴向间隙 $A_0=0.05\sim0.15$mm。试建立保证该装配精度要求的装配尺寸链。

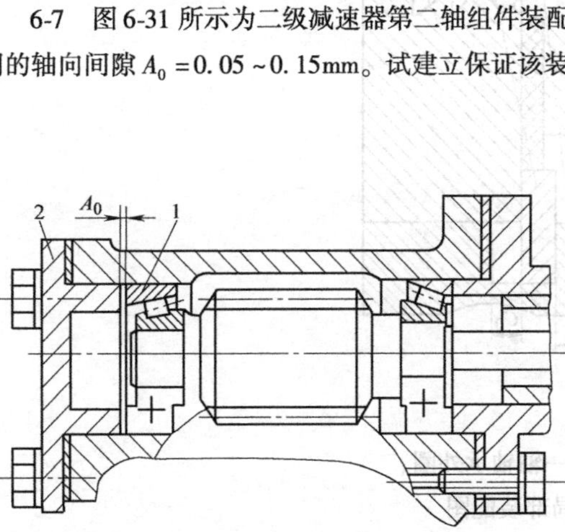

图 6-30 拖拉机转向蜗杆装配图

1—圆锥滚子轴承 2—端盖

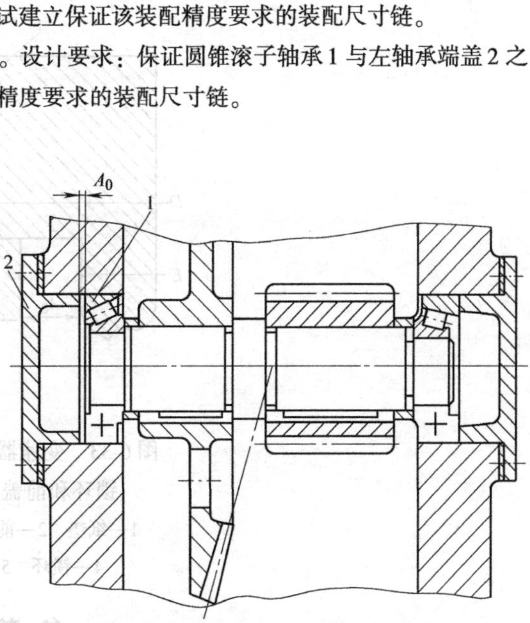

图 6-31 减速器第二轴组件装配图

1—滚子轴承 2—左轴承端盖

6-8 如图6-32所示为一汽车后桥主减速器装配图，设计规定大、小锥齿轮锥顶应分别与小、大锥齿轮回转轴线重合，其锥顶位移分别要求为A_0、B_0，试建立保证装配精度的尺寸链。

6-9 图6-33所示为一变速器第一轴轴承外圈、锁环和前盖的局部装配图。图上有三项装配精度要求：①当前盖2紧固在纸垫1和变速器壳体5上时，前盖2上的D面和锁环4间有轴向间隙B_0；②前盖2上的E面和轴承外圈3间有轴向间隙A_0；③锁环4在轴承外圈3的止动槽中要有间隙C_0，保证锁环4可以方便地装入轴承外圈3的止动槽中。试分别建立上述三个间隙为封闭环的装配尺寸链。

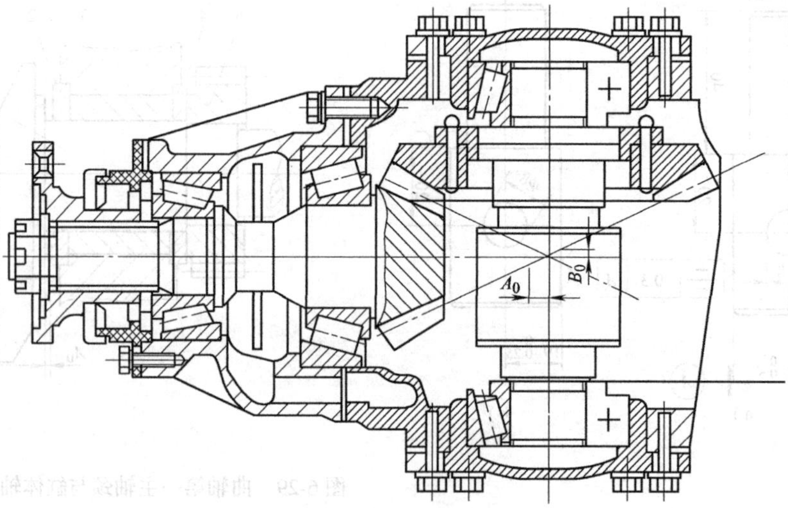

图6-32 汽车后桥主减速器装配图

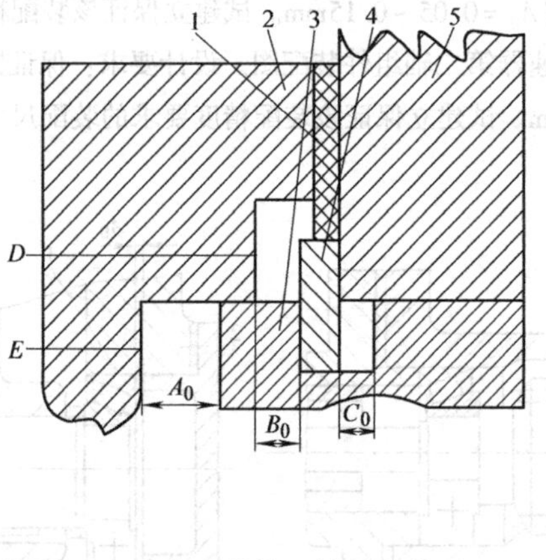

图6-33 变速器第一轴轴承外圈、锁环和前盖的局部装配图

1—纸垫 2—前盖 3—轴承外圈 4—锁环 5—变速器壳体

参考文献

1 王宝玺主编．汽车拖拉机制造工艺学．第2版．北京：机械工业出版社，2000

2 王丽英主编．机械制造技术．北京：中国计量出版社，2003
3 李逢春，秦明范编著．工艺尺寸的分析与计算．北京：机械工业出版社，1998
4 王启平主编．机械制造工艺学．哈尔滨：哈尔滨工业大学出版社，1995
5 李益民主编．机械制造工艺学习题集．北京：机械工业出版社，1995
6 华健编著．现代汽车制造工艺学．上海：上海交通大学出版社，2002
7 侯家驹主编．汽车制造工艺学．北京：机械工业出版社，1991
8 黄鹤汀，吴善元主编．机械制造技术．北京：机械工业出版社，1997
9 上海市大专院校机械制造工艺协作组编著．机械制造工艺学．福州：福建科学技术出版社，1996
10 张荣瑞主编．尺寸链原理及其应用．北京：机械工业出版社，1986

第七章　装配工艺基础

汽车装配是汽车制造的最后一个阶段，汽车的质量最终由装配来保证。因此，装配质量对汽车的使用性能和使用寿命影响很大，如果装配不当，即使所有的零件都合格，也难以获得符合质量要求的产品；反之，如果零件的加工质量不是很好，往往可以通过采用适当的装配方法使产品合格。

此外，由于装配所花费的劳动量很大，占用的时间很多，对整个汽车生产任务的完成、劳动生产率的提高、产品的成本和资金周转等都有直接影响。特别是近年来，在毛坯制造和机械加工方面实现了高度的机械化和自动化，产品成本不断降低，使装配工作在整个汽车制造过程中所占劳动量的比重和成本的比重越来越大，影响就更加突出。因此，只有不断提高装配工作的技术水平和劳动生产率，才能适应整个汽车工业的发展。

本章主要介绍如何保证装配精度，分析装配工艺与机械加工工艺的关系，分析制定装配工艺规程的有关问题。

第一节　概　　述

一、装配的概念

任何机器都是由若干零件、组件和部件组成的。根据规定的装配精度要求，将零件结合成组件和部件，并进一步将零件、组件和部件结合成机器的过程称为装配。

将零件与零件的组合过程称为组装，其成品为组件；将零件与组件的组合过程称为部装，其成品为部件；而将零件、组件和部件的组合过程称为总装，其成品为机器或产品。

二、装配工作的主要内容

（1）清洗　进入装配的零件必须先进行清洗，以除去在制造、储存、运输过程中所粘附的切屑、油脂、灰尘等。部件或总成在运转磨合后也要清洗。清洗对于保证和提高装配质量、延长产品的使用寿命有着重要意义。保证清洗的质量，主要靠合理选用清洗液、清洗方法及工艺参数。零件在清洗后，应具有一定的防锈能力。

（2）平衡　旋转体的平衡是装配过程中一项重要工作。特别是对于转速高、运转平稳性要求高的机器，对其零、部件的平衡要求更为严格，平衡工作更为重要。旋转体的平衡有静平衡和动平衡两种方法。对于盘状旋转体零件，如带轮、飞轮等，一般只进行静平衡；对于长度大的零件，如曲轴、传动轴等，必须进行动平衡。

旋转体内的不平衡质量可用加工去除法进行平衡，如钻、铣、磨、锉、刮等；也可用加配质量法进行平衡，如螺纹联接、铆接、补焊、胶接、喷涂等。

（3）过盈连接　机器中的轴孔配合，有很多采用过盈连接。对于过盈连接件，在装配前应保持配合表面的清洁。常用的过盈连接装配方法有压入法和热胀（或冷缩）法。压入法是在常温下将工件以一定压力压入装配，有时会把配合表面微观不平度挤平，影响过盈量。压入法适用于过盈量不大和要求不高的情况。重要的、精密的机械以及过盈量较大的连接处，常用热胀（或冷缩）法。即采用加热孔件或冷却轴件的办法，使得缩小过盈量或达到有间隙后进行装配。

（4）螺纹联接　在汽车结构中广泛采用螺纹联接。对螺纹联接的要求是：

1）螺栓杆部不产生弯曲变形，螺栓头部、螺母底面与被联接件接触良好。

2）被联接件应均匀受压，互相紧密贴合，联接牢固。

3）根据被联接件形状、螺栓的分布情况，按一定顺序逐次（一般为2~3次）拧紧螺母。

螺纹联接的质量，除受有关零件的加工精度影响外，与装配技术有很大关系。如拧紧的次序不对、施力不均，零件将产生变形，降低装配精度，造成漏油、漏气、漏水等。运动部件上的螺纹联接，若拧紧力达不到规定数值，将会松动，影响装配质量，严重时会造成事故。因此，对于重要的螺纹联接，必须规定拧紧力的大小。

（5）校正　所谓校正，是指各零部件本身或相互之间位置的找正及调整工作，这也是装配时常常要做的工作。

除上述装配工作的基本内容外，部件或总成以至整个产品装配中和装配后的检验、试运转、涂装、包装等也属于装配工作，在编制装配工艺时，应充分考虑予以安排。

第二节　保证装配精度的装配方法

汽车制造中常用的保证装配精度的装配方法有互换装配法、选择装配法、调整装配法和修配装配法，其中互换装配法又分为完全互换装配法和大数互换装配法。

一、互换装配法

互换装配法是在装配时，各配合零件不经选择、调整或修理即可达到装配精度的方法。互换装配法的实质就是通过控制零件的加工误差来保证装配精度。

采用互换装配法，有关零件的公差按下述两种原则来确定：

1）各有关零件公差之和应小于或等于装配公差。用公式表示为

$$T_0 \geqslant \sum_{i=1}^{n} T_i = T_1 + T_2 + \cdots T_n \tag{7-1}$$

式中，T_0 为装配公差；T_i 为各有关零件的制造公差；n 为组成尺寸链各有关零件数。

显然，在这种装配中，零件是可以完全互换的，因此又称为完全互换法。

2）各有关零件公差值平方和的平方根小于或等于装配公差。用公式表示为

$$T_0 \geqslant \sqrt{\sum_{i=1}^{n} T_i^2} = \sqrt{T_1^2 + T_2^2 + \cdots T_n^2} \tag{7-2}$$

显然，按式（7-2）计算时，与式（7-1）相比零件的公差可以放大一些，从而使加工变得容易而经济，同时仍能保证装配精度要求。但式（7-2）的应用是有条件的。由于其原理是根据概率理论，所以只适用于大批大量生产类型，当符合一定条件时，能够达到完全互换法的效果，否则，会使一部分装配达不到装配精度要求，此时称为不完全互换法（或大数

互换装配法）。

完全互换装配法的优点是：可保证零、部件的互换性，便于组织专业化生产；备件供应方便；装配工作简单、经济，生产率高；便于组织流水装配及自动化装配，对装配工人的技术水平要求不高；易于扩大再生产。由于有这些优点，完全互换法成为保证装配精度的先进的装配方法，被广泛应用于各种生产类型的汽车装配中。

汽车的部件或总成的装配精度，是由设计人员根据其使用性能规定的。设计人员在绘制零件图时，必须合理地确定零件有关设计尺寸的公差和极限偏差，这种计算属于公差设计计算。在公差设计计算时，由于组成环数目多于两个，所以式（7-1）为不定方程，其解不是惟一确定的。工程上确定组成环公差有相等公差法和相同等级法等多种方法，其中常用的是相等公差法。

相等公差法，是按照各组成环公差相等的原则来分配封闭环公差的方法，即假设各组成环公差相等，求出组成环平均公差 $T_{av,l}$。按极值法求得

$$T_{av,l}=\frac{T_{C0}}{n-1} \tag{7-3}$$

式中，n 为总环数（包括封闭环）；T_{C0}为封闭环公差。

采用相等公差法，虽然计算简便，但是它没有考虑各组成环的尺寸大小和获得尺寸精度的难易程度，因此各组成环公差规定相等的值是不合理的。通常，根据上述公式计算出 $T_{av,l}$ 后，按各组成环的尺寸大小和加工难易程度，将其公差作适当调整。但调整后的各组成环公差之和仍不得大于封闭环要求的公差。此外，调整时还要考虑以下几点：

1）轴承等标准件的尺寸公差，应采用其标准规定的数值。

2）大尺寸或难加工的尺寸，公差应取较大值；反之，取较小值。

3）调整后 $n-2$ 个组成环的公差值应尽可能符合国家标准《公差与配合》中的公差值。

4）由于 $n-2$ 个组成环的公差采用标准公差值后，另一组成环公差就有可能不是标准公差值，这个组成环的公差值与其他各组成环公差协调，使组成环公差之和等于或小于封闭环要求的公差。协调环公差 T_{Cx} 为

$$T_{Cx}=T_{C0}-\sum_{i=1}^{n-2}T_{Ci} \tag{7-4}$$

协调环的极限偏差，按计算极限偏差的公式——式（6-6）、式（6-7）或式（6-13）、式（6-14）计算。

例一 图 6-24b 中的 2）是汽车变速器第二轴上的三速齿轮组件装配尺寸链。为保证空套在二轴上的三速齿轮旋转灵活，规定轴向装配间隙为（0.1～0.5）mm（$B_0=0^{+0.5}_{+0.1}$mm）。

已知二轴 E 和 F 两端面距离 $B_8=39$mm，止推环宽度 $B_{13}=4$mm，三速齿轮轮毂宽度 $B_{14}=35$mm。试确定各组成环公差和极限偏差。

解 （1）验算各环基本尺寸 按式（6-1）得

$$B_0=B_8-(B_{13}+B_{14})=[39-(4+35)]\text{mm}=0\text{ mm}$$

（2）求各组成环平均公差 按式（7-3）计算各组成环平均公差为

$$T_{av,l}=\frac{T_{B0}}{n-1}=\frac{0.4}{3}\text{mm}=0.133\text{ mm}$$

（3）调整各组成环公差 选择 B_8 为协调环，调整 B_{13}、B_{14}的公差为

$$T_{B13}=0.075\text{ mm}(\text{IT11})$$

$$T_{B14}=0.16\text{ mm}(\text{IT11})$$

按式（7-4）计算协调环 B_8 的公差为

$$T_{B8}=T_{B0}-(T_{B13}+T_{B14})=[0.4-(0.075+0.16)]\text{mm}=0.165\text{mm}$$

(4) 确定各组成环极限偏差 偏差按“入体原则”标注，组成环 B_{13}、B_{14}的极限偏差分别为

$$B_{13}=4_{-0.075}^{\ 0}\text{mm};B_{14}=35_{-0.16}^{\ 0}\text{mm}$$

按式（6-6）、式（6-7）计算协调环 B_8 的极限偏差为

$$ES_{B8}=ES_{B0}+(EI_{B13}+EI_{B14})=[0.5+(-0.075-0.16)]\text{mm}=0.265\text{mm}$$

$$EI_{B8}=EI_{B0}+(ES_{B13}+ES_{B14})=[0.1+(0+0)]\text{mm}=0.1\text{mm}$$

所以

$$B_8=39_{+0.100}^{+0.265}\text{mm}$$

二、选择装配法

选择装配法是在成批或大量生产中，将产品配合副经过选择进行装配，以达到装配精度的方法。在成批或大量生产条件下，若组成零件数不多而装配精度很高时，如果采用完全互换法，会使零件的公差值过小，不仅会造成加工困难，甚至会超过加工的现实可能性。在这种情况下，就不能只依靠零件的加工精度来保证装配精度。这时可以采用选择装配法，将配合副中各零件的公差放大，然后通过选择合适的零件进行装配，以保证规定的装配精度。

选择装配法按其形式不同可分为三种：直接选配法、分组装配法和复合选配法。

1. 直接选配法

直接选配法即在装配时，由装配工人直接从待装配的零件中选择合适的零件进行装配，以满足装配精度的方法。如发动机活塞环的装配，为了避免工作时，在环槽中卡死，装配工人凭经验直接挑选合适的活塞环进行装配，来保证装配精度。

这种装配方法的优点是简单。但装配质量在很大程度上取决于装配工人的技术水平，而且工时分配也不稳定，不适用于生产节拍要求严格的流水装配线。

2. 分组装配法

分组装配法是在成批或大量生产中，将产品各配合副的零件按实测尺寸分组，装配时按组进行互换装配以达到装配精度的方法。对于装配精度要求很高的情况，各组成零件的加工精度也很高，使得加工很不经济或很困难，甚至无法满足加工要求。例如，发动机活塞销和销孔的配合，技术要求规定，在冷态装配时应有 0 ~ 0.0050mm 的过盈量。若用完全互换法装配，则活塞销和销孔各自的加工公差分配非常小，若按平均分配，则销和孔的公差各为 0.0025mm，这么小的公差，将给机械加工造成极大困难，也不经济。在实际生产中，采用分组装配法，即把活塞销和销孔的公差放大到 0.015mm，然后对这些零件进行测量分组，按分组顺序，对应组的零件进行装配，以保证装配精度的要求。

分组装配法的优点是：降低了零件加工精度的要求，仍能获得很高的装配精度，同组内的零件具有完全互换的优点。它的缺点是：增加了零件的测量、分组工作，增加了零件存储量，并使零件的储存、运输工作复杂化。

分组装配法只适用于大批大量生产中，组成件数目少而装配精度要求高的场合。柴油机

中的柱塞偶件、针阀偶件、出油阀偶件等精密偶件都采用分组装配法，大量生产的滚动轴承也采用此种装配法。

采用分组装配法时应注意如下事项：

1）配合件的公差应相等，公差增大应同一方向，增大的倍数就是分组组数。

2）配合件的表面粗糙度、形位公差必须保持原设计要求，不应随着配合件公差的放大而降低要求。

3）保证零件分组装配中都能配套。若产生某一组零件过多或过少而无法配套时，必须采取措施，避免造成积压或浪费。

4）所分组数不宜过多，以免管理复杂。

3. 复合选配法

该种方法是上述两种方法的复合，即先把零件测量分组，装配时再在对应组零件中直接选择装配。

复合选配法吸取了前述两种装配法的优点，既能较快地选择合适的零件进行装配，又能达到理想的装配质量。发动机气缸孔与活塞的装配大都采用这种装配方法。

例二 某汽车发动机活塞销和销孔的基本尺寸为 ϕ28mm，装配技术要求中规定，在冷态装配时要求有 0～0.0050mm 的过盈，用分组装配法保证装配精度，试确定活塞销和活塞销孔的公差。

解 若采用互换装配法装配，则活塞销和销孔所分配的公差为 $T_{Ci}=\dfrac{T_{C0}}{n-1}=\dfrac{0.0050\text{mm}}{2}=0.0025\text{mm}$。这样小的公差值，制造时很困难也很不经济，故生产中多采用分组装配法。

（1）确定组成环的公差 根据活塞销和销孔所选用加工方法的加工经济精度，确定公差为 $T_{A销}=T_{A孔}=0.015\text{mm}$，则公差放大倍数（即分组组数）$=\dfrac{0.015}{0.0025}=6$。

（2）画分组公差带位置分布图 为了清楚地表示配合件的分组尺寸，绘制出分组公差带位置分布图，如图 7-1 所示。绘制时，首先确定基准件。通常取活塞销为基准件，其制造尺寸为 $\phi28^{+0.0075}_{-0.0075}$mm（或 $\phi28^{\ 0}_{-0.015}$mm），将其分成六组。为保证最小过盈量为 0，最大过盈量为 0.0050mm，则得活塞销孔的尺寸为 $\phi28^{+0.005}_{-0.010}$mm。

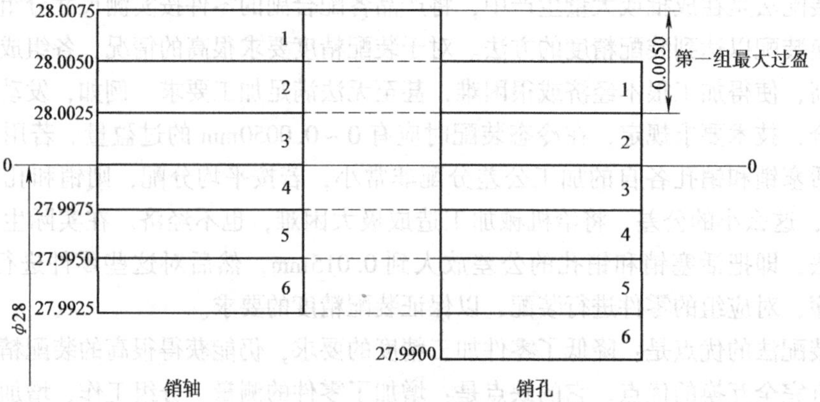

图 7-1 分组公差带位置分布图

(3) 分组表及标记　按上述公差制造的零件，为保证装配精度和便于装配，零件加工后要进行测量分组，并将各组零件涂上不同的颜色作为标记，同组（同种颜色）的零件装配在一起，如表 7-1 所示。

表 7-1　活塞销及活塞销孔尺寸分组及标记　(mm)

标记	组别	活塞销 $\phi28^{+0.0075}_{-0.0075}$	活塞销孔 $\phi28^{+0.005}_{-0.010}$	配合情况 最小过盈	配合情况 最大过盈
粉红	Ⅰ	28.0075 ~ 28.0050	28.0050 ~ 28.0025		
绿	Ⅱ	28.0050 ~ 28.0025	28.0025 ~ 28.0000		
蓝	Ⅲ	28.0025 ~ 28.0000	28.0000 ~ 27.9975	0	0.0050
红	Ⅳ	28.0000 ~ 27.9975	27.9975 ~ 27.9950		
白	Ⅴ	27.9975 ~ 27.9950	27.9950 ~ 27.9925		
黑	Ⅵ	27.9950 ~ 27.9925	27.9925 ~ 27.9900		

三、调整装配法

调整装配法是用改变可调整零件的相对位置或选用合适的调整件来达到装配精度的方法。根据调整件的不同，调整装配法又分为可动调整装配法和固定调整装配法。对于组成件数比较多，而装配精度要求又高的场合，宜采用调整装配法。

调整装配法的优点是：能获得很高的装配精度；在采用可动调整时，可达到理想的精度，而且可以随时调整由于磨损、热变形或弹性变形等原因所引起的误差；零件可按加工经济精度确定公差。它的缺点是：应用可动调整装配法时，往往要增大机构体积，当机构复杂时，计算繁琐，不易准确；应用固定调整装配法时，调整件需要准备几档不同的规格，增加了零件的数量，增加了制造费用；调整工作繁杂费工费时，装配精度在一定程度上依赖工人的技术水平。

1. 可动调整装配法

可动调整装配法是用改变预先选定的可调整零件（一般为螺钉、螺母等）在产品中的相对位置来达到装配精度的要求。如图 7-2 所示，发动机的气门间隙就是通过调整螺钉来保证要求的。

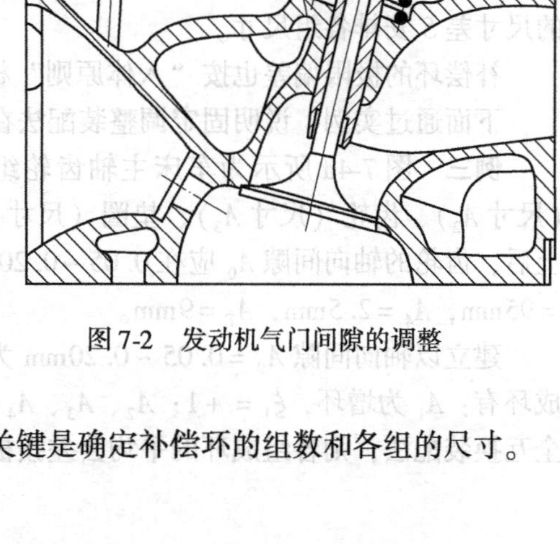

图 7-2　发动机气门间隙的调整

2. 固定调整装配法

固定调整装配法需预先设置几档定尺寸调整件，装配时根据需要选择相应尺寸的调整件装入，以达到所要求的装配精度。汽车主减速器中主动锥齿轮轴承预紧度的调整，就是通过选用不同厚度的调整垫片来保证要求的。

调整装配法虽然多用了一个调整件，因而增加了部分调整工作量和一些机械加工量，但就保证整个汽车生产的装配质量来说，却是非常重要的，所以在汽车装配中被广泛采用。

采用固定调整装配法时，计算装配尺寸链的关键是确定补偿环的组数和各组的尺寸。

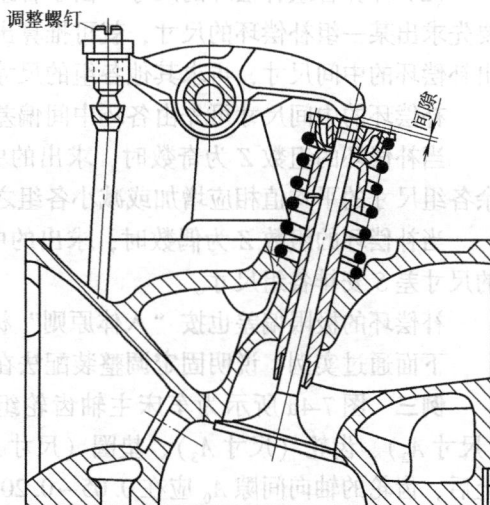

(1) 确定补偿环的组数　首先要确定补偿量F。采用固定调整装配法时，由于放大组成环公差，装配后的实际封闭环的公差必然超出设计要求的公差，其超差量需用补偿环补偿。补偿原理如图7-3所示。补偿量F等于超差量，可用下式计算

$$F = \sum_{i=1}^{n-1} T_{Ci} - T_{C0} \tag{7-5}$$

式中，$\sum_{i=1}^{n-1} T_{Ci}$是实际封闭环的极值公差（含补偿环）；T_{C0}是封闭环公差的要求值。

其次，要确定每一组补偿环的补偿能力S。若忽略补偿环的制造公差T_{Cf}，则补偿环的补偿能力S就等于封闭环公差要求值T_{C0}；若考虑补偿环的公差T_{CF}，则补偿环的补偿能力为

$$S = T_{C0} - T_{Cf} \tag{7-6}$$

当第一组补偿环无法满足补偿要求时，就需用相邻一组的补偿环来补偿。所以，相邻组别补偿环基本尺寸之差也应等于补偿能力S，以保证补偿作用的连续进行。因此，分组数Z可用下式表示

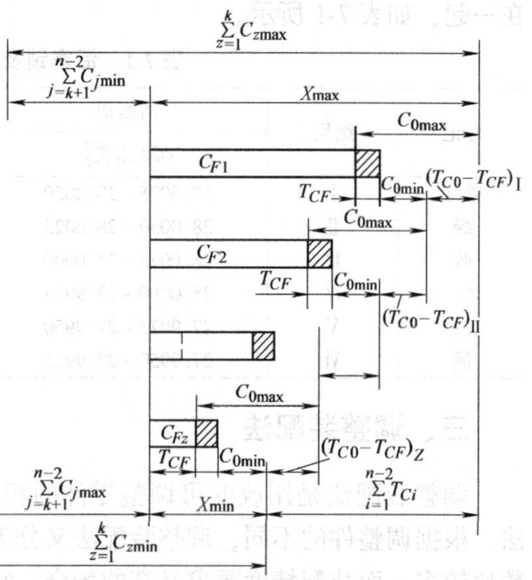

图7-3　补偿环为减环时的补偿原理及分组尺寸的计算图解

$$Z = \frac{F}{S} + 1 \tag{7-7}$$

计算所得分组数Z后，要圆整至邻近的较大整数。

(2) 计算各组补偿环的尺寸　由于各组补偿环的基本尺寸之差等于补偿能力S，所以只要先求出某一组补偿环的尺寸，就可推算出其他各组补偿环的尺寸。比较方便的办法是先求出补偿环的中间尺寸，再求其他各组的尺寸。

补偿环的中间尺寸可先由各环中间偏差的关系式，求出补偿环的中间偏差后再求得。

当补偿环的组数Z为奇数时，求出的中间尺寸就是补偿环中间一组尺寸的平均值，其余各组尺寸的平均值相应增加或减小各组之间的尺寸差S即可。

当补偿环的组数Z为偶数时，求出的中间尺寸是补偿环的对称中心，再根据各组之间的尺寸差S安排各组尺寸。

补偿环的极限偏差也按“入体原则”标注。

下面通过实例，说明固定调整装配法在生产中的具体应用。

例三　图7-4a所示为车床主轴齿轮组件的装配示意图。按照装配技术要求，当隔套（尺寸A_2）、齿轮（尺寸A_3）、垫圈（尺寸A_F）和弹性挡圈（尺寸A_4）装在主轴（尺寸A_1）上后，齿轮的轴向间隙A_0应在0.05～0.20mm范围内。已知：$A_1=115$mm，$A_2=8.5$mm，$A_3=95$mm，$A_4=2.5$mm，$A_F=9$mm。

建立以轴向间隙$A_0=0.05\sim0.20$mm为封闭环的装配尺寸链，如图7-4b所示。其中组成环有：A_1为增环，$\xi_1=+1$；A_2、A_3、A_4和A_F均为减环，$\xi_2=\xi_3=\xi_4=\xi_F=-1$。若采用完全互换装配法，则各组成环的平均公差按极值法求取，由式（7-3）得

$$T_{av,l}=\frac{T_{A0}}{n-1}=\frac{(0.2-0.05)\text{mm}}{5}=0.03\text{ mm}$$

显然，由于组成环的极值法平均公差太小，加工困难，不宜采用完全互换装配法，现采用固定调整装配法。

（1）选择补偿环　组成环 A_F 为垫圈，形状简单，制造容易，装拆也方便，故选择 A_F 为补偿环。

（2）确定各组成环的公差和偏差　根据各组成环所采用的加工方法的加工经济精度确定其公差：$T_{A1}=0.15\text{mm}$，$T_{A2}=0.1\text{mm}$，$T_{A3}=0.1\text{mm}$，$T_{A4}=0.12\text{mm}$，$T_{AF}=0.03\text{mm}$。

按"入体原则"确定除补偿环外各组成环的极限偏差：$A_1=115^{+0.15}_{\ \ 0}\text{mm}$，$A_2=8.5^{\ \ 0}_{-0.1}\text{mm}$，$A_3=95^{\ \ 0}_{-0.1}\text{mm}$，$A_4=2.5^{\ \ 0}_{-0.12}\text{mm}$。

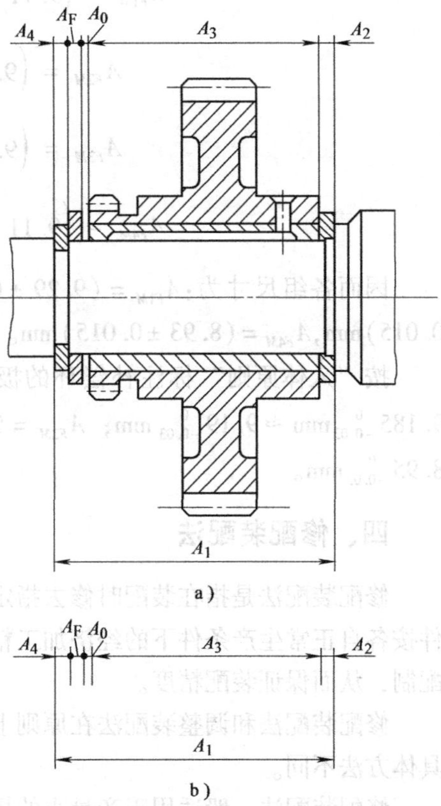

图 7-4　车床主轴齿轮组件的装配示意图及装配尺寸链图
a）结构示意图　b）装配尺寸链图

计算各环的中间偏差

$$\Delta_{A0}=\frac{(0.2+0.05)\text{mm}}{2}=+0.125\text{mm}$$

$$\Delta_{A1}=\frac{0.15\text{mm}}{2}=+0.075\text{mm}$$

$$\Delta_{A2}=\frac{-0.1\text{mm}}{2}=-0.05\text{mm}$$

$$\Delta_{A3}=\frac{-0.1\text{mm}}{2}=-0.05\text{mm}$$

$$\Delta_{A4}=\frac{-0.12\text{mm}}{2}=-0.06\text{mm}$$

（3）计算补偿量 F 和补偿环的补偿能力 S　按式（7-5）可得

$$F=\sum_{i=1}^{n-1}T_{Ai}-T_{A0}=[(0.15+0.1+0.1+0.12+0.03)-0.15]\text{mm}=0.35\text{ mm}$$

按式（7-6）可得

$$S=T_{A0}-T_{AF}=(0.15-0.03)\text{mm}=0.12\text{ mm}$$

（4）确定补偿环的组数 Z　按式（7-7）可得

$$Z=\frac{F}{S}+1=\frac{0.35}{0.12}+1=3.92\approx 4$$

（5）确定各组补偿环的尺寸

1）计算补偿环的中间偏差和中间尺寸

$$\begin{aligned}\Delta_{AF}&=\Delta_{A1}-\Delta_{A0}-(\Delta_{A2}+\Delta_{A3}+\Delta_{A4})\\&=[0.075-0.125-(-0.05-0.05-0.06)]\text{mm}=+0.11\text{mm}\end{aligned}$$

$$A_{FM}=(9+0.11)\text{mm}=9.11\text{mm}$$

2）确定各组补偿环的尺寸。因补偿环的组数为偶数，故求得的 A_{FM} 就是补偿环的对称中

心，各组尺寸差 $S=0.12\text{mm}$。各组尺寸的平均值分别为

$$A_{F1M}=\left(9.11+0.12+\frac{0.12}{2}\right)\text{mm}=9.29\text{mm}$$

$$A_{F2M}=\left(9.11+\frac{0.12}{2}\right)\text{mm}=9.17\text{mm}$$

$$A_{F3M}=\left(9.11-\frac{0.12}{2}\right)\text{mm}=9.05\text{mm}$$

$$A_{F4M}=\left(9.11-\frac{0.12}{2}-0.12\right)\text{mm}=8.93\text{mm}$$

因而各组尺寸为：$A_{F1M}=(9.29\pm0.015)\text{mm}$，$A_{F2M}=(9.17\pm0.015)\text{mm}$，$A_{F3M}=(9.05\pm0.015)\text{mm}$，$A_{F4M}=(8.93\pm0.015)\text{mm}$。

按“入体原则”标注补偿环的极限偏差可得：$A_{F1M}=9.305_{-0.03}^{\ 0}\approx9.3_{-0.03}^{\ 0}\text{mm}$；$A_{F2M}=9.185_{-0.03}^{\ 0}\text{mm}\approx9.19_{-0.03}^{\ 0}\text{mm}$；$A_{F3M}=9.065_{-0.03}^{\ 0}\text{mm}\approx9.07_{-0.03}^{\ 0}\text{mm}$；$A_{F4M}=8.945_{-0.03}^{\ 0}\text{mm}\approx8.95_{-0.03}^{\ 0}\text{mm}$。

四、修配装配法

修配装配法是指在装配时修去指定零件上预留的修配量以达到装配精度的方法。各装配件按各自正常生产条件下的经济加工精度制造，装配时，修去指定零件上预留修配量或就地配制，从而保证装配精度。

修配装配法和调整装配法在原则上是相似的，都是通过调整件来补偿累积误差，仅仅是具体方法不同。

修配装配法一般适用于产量小的场合，如单件小批生产或产品的试制。当装配件数量不多但装配精度要求很高，或装配件数量多而装配精度要求也很高，采用修配装配法时，关键是正确选择补偿环和确定其尺寸及极限偏差。

选择补偿环一般应满足以下要求：

1）要便于装拆、易于修配。选择形状比较简单、修配面较小的零件。

2）尽量不选公共环。因为公共环难于同时满足几个装配要求，所以应选择只与一项装配精度有关的环。

实际生产中，修配的方式较多，常见的有以下三种：

（1）单件修配法　在多环装配尺寸链中，选定某一固定的零件做修配件（补偿环），装配时用去除金属层的方法改变其尺寸，以满足装配精度的要求。如齿轮和轴装配中以轴向垫圈为修配件，来保证齿轮与轴的轴向间隙。这种修配方法生产中应用最广。

（2）合并加工修配法　这种方法是将两个或更多的零件合并在一起再进行加工修配，合并后的尺寸可看作为一个组成环，这样就减少了装配尺寸链中组成环的环数，并可以相应减少修配的劳动量。合并加工修配法由于零件合并后再加工和装配，需对号入座，因而给组织装配生产带来很多不便。这种方法多用于单件小批生产中。

（3）自身加工修配法　在机床制造中，有些装配精度要求较高，若单纯依靠限制各零件的加工误差来保证，势必各零件加工精度都很高，甚至无法加工，而且不易选择适当的修配件。此时，在机床总装时，用自己加工自己的方法来保证这些装配精度更方便，这种装配法

称为自身加工法。如在牛头刨床总装后，用自刨的方法加工工作台面，可以较容易地保证滑枕运动方向与工作台面的平行度要求。

总的说来，因为汽车多是大批大量生产，所以修配装配法的应用不如前述三种装配方法广泛。

第三节　装配工艺规程

一、概述

规定产品的装配工艺过程和装配方法的工艺文件，称为装配工艺规程。它是指导装配工作的技术文件，也是制订装配生产计划和技术准备的依据。装配工艺规程对保证装配质量、提高装配生产效率、缩短装配周期、减轻工人的劳动强度、缩小装配占地面积和降低成本等都有重要的影响。

1. 制订装配工艺规程的基本原则

制订装配工艺规程的基本原则是：保证产品的装配质量要求；装配劳动量尽量小，钳工装配工作尽量少；装配周期尽量短，保证对装配的生产率要求；占用的生产面积尽量小。

在装配工艺规程制订中，必须采取各种技术措施和组织措施，即合理地确定以下所述的装配工艺规程各项内容，以实现上述各项基本原则。

2. 装配工艺规程的内容及制订的依据

装配工艺规程的内容包括：

1）产品装配的工艺过程，包括装配工艺系统图、装配方法和工艺规程卡片。

2）装配的组织形式。

3）装配设备和工夹具。

4）各个装配工序的技术条件和检查方法。

5）制品的运输方法和运输工具。

制订装配工艺规程的依据即所需的原始资料为：

1）产品装配图及重要件的零件图。

2）产品的技术条件。

3）生产纲领。

由产品特征及生产纲领大小决定装配的生产类型，不同生产类型的装配工作具有不同的工艺特点，如表 7-2 所示。

表 7-2　各种生产类型装配工作的工艺特征

项目 \ 特征 \ 生产类型	单件小批生产	中批生产	大批大量生产
产品变换	产品经常变换，生产周期一般较长	几种产品分期交替投产，或同时投产	产品固定，长期重复生产，生产周期较短
装配方法	以修配法及调整法为主，完全互换法占一定的比例	主要采用完全互换法，也采用其他方法，以便节省加工费用	按完全互换法装配，允许少量调整及分组互换装配

（续）

生产类型 / 特征 / 项目	单件小批生产	中批生产	大批大量生产
工艺过程	工艺过程的划分较粗，工序内容可适当调整	工艺过程的划分要与批量大小相适应	工艺过程的划分很细，各工序尽量均衡
设备、工装	一般为通用设备及工、夹、量具	通用设备及工、夹、量具较多，但也采用一定数量专用的设备及工、夹、量具	采用专用、高效设备及工艺装备，易于实现机械化、自动化
生产组织形式	多用固定式装配	根据批量不同，采用固定式装配或流水装配	流水装配线，还可采用自动装配机或自动装配线
手工操作	手工操作的比重很大，要求工人技术水平高	手工操作占一定的比重，对工人技术水平要求较高	手工操作比重较小，对工人技术水平要求较低
举例	重型机床、重型汽车、汽轮机，大型内燃机等	机床、机车、车辆、中小型锅炉、矿山采掘机械，某些汽车、拖拉机等	汽车、拖拉机、内燃机、滚动轴承、手表、缝纫机、自行车、电气开关等

3. 制订装配工艺规程的步骤

1）分析产品的技术要求、尺寸链及结构工艺性。

2）装配工艺过程的确定。

3）装配组织形式的确定。

4）编写装配工艺文件。

装配的组织形式一般分为固定式装配和移动式装配两种。固定式装配是在地面上或者在装配台架上进行，又可分为集中式和分散式两种。移动式装配在小车上或输送带上进行，分为连续移动和间歇移动两种。

二、装配工艺过程

1. 划分装配单元

将产品划分为可进行独立装配的单元是制订装配工艺规程中最重要的一个步骤，这对于大批大量生产结构复杂的机器装配尤为重要。只有划分好装配单元，才能合理地安排装配顺序和划分装配工序，以便组织装配工作的平行、流水作业。

产品或机器是由零件、合件、组件、部件等独立装配单元经过总装而成。零件是组成机器的基本单元。零件一般都预先装配成合件、组件和部件后才安装到机器上，直接进入机器的零件并不多。合件是由若干零件永久连接（铆或焊）而成或连接后再经加工而成，如装配式齿轮、发动机连杆小头孔压入衬套后再经精镗孔。组件是指一个或几个合件与零件的组合，没有显著完整的作用，如主轴箱中轴与其上的齿轮、套、垫片、键和轴承的组合件即为组件。部件是若干组件、合件及零件的组合体，并具有一定完整的功用，如柴油机上的喷油泵、喷油器、增压器、调速器等。汽车则是由上述各种具有完整、独立功能的装配单元结合而成的整体。

2. 选择装配基准

无论哪一级的装配单元，都要选定某一零件或比它低一级的装配单元作为装配基准件。装配基准件通常应是产品的基体或主干零部件。基准件应有较大的体积和重量，有足够的支承面，以满足陆续装入零、部件时的作业要求和稳定性要求。例如，发动机缸体是发动机缸体组件的装配基准；汽车车架分总成是非承载式车身汽车的装配基准。基准件补充加工量应最少，尽可能不再有后续加工工序。另外，基准件的选择应有利于装配过程的检测，有利于工序间的传递运输和翻身、转位等作业。

3. 确定装配顺序，绘制装配系统图

在划分装配单元、确定装配基准零件后，即可安排装配顺序。往往需要通过尺寸链分析才能合理地确定装配顺序，并以装配系统图的形式表示出来。对于结构比较简单，组成的零、部件少的产品，可以只绘制产品装配系统图，如图7-5所示。

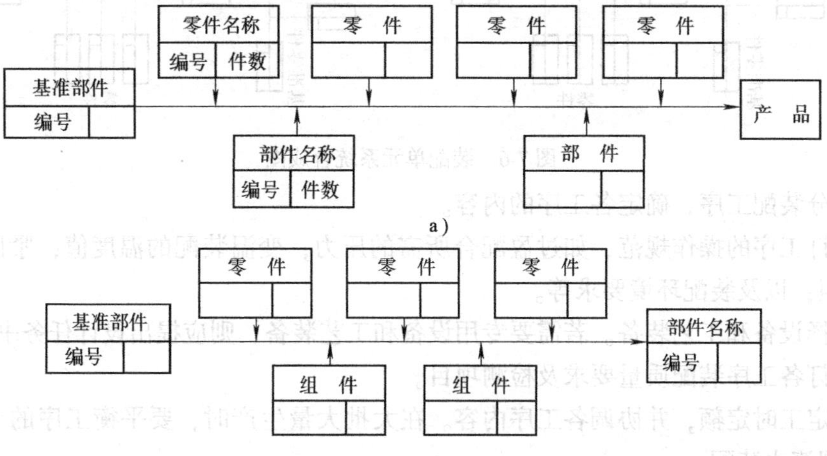

图7-5 装配系统图

a）产品装配系统 图b）部件装配系统图

对于结构复杂，组成的零部件很多的产品，除绘制产品装配系统图外，还要绘制各装配单元的装配系统图，如图7-6所示。

装配系统图有多种形式，以上图例只是其中的两种。这种形式的装配系统图绘法如下：首先画一条较粗的横线，横线右端箭头指向表示装配单元（或产品）的长方格，横线左端为基准件的长方格。再按装配顺序，从左向右依次将装入基准件的零件、合件、组件和部件引入。表示零件的长方格画在横线上方；表示合件、组件和部件的长方格画在横线下方。每一长方格内，上方注明装配单元名称，左下方填写装配单元的编号，右下方填写装配单元的件数。

在装配单元系统图上加注所需的工艺说明，如焊接、配钻、配刮、冷压、热压和检验等，这样就形成了一份较详细的装配工艺系统图。

装配工艺系统图比较清楚而全面地描述装配单元划分、装配顺序和装配工艺方法。它是装配工艺规程制订中主要的文件之一，也是划分装配工序的依据。

4. 划分装配工序

装配顺序确定后，就可将装配工艺过程划分为若干工序。其主要工作如下：

1）确定工序集中与分散的程度。

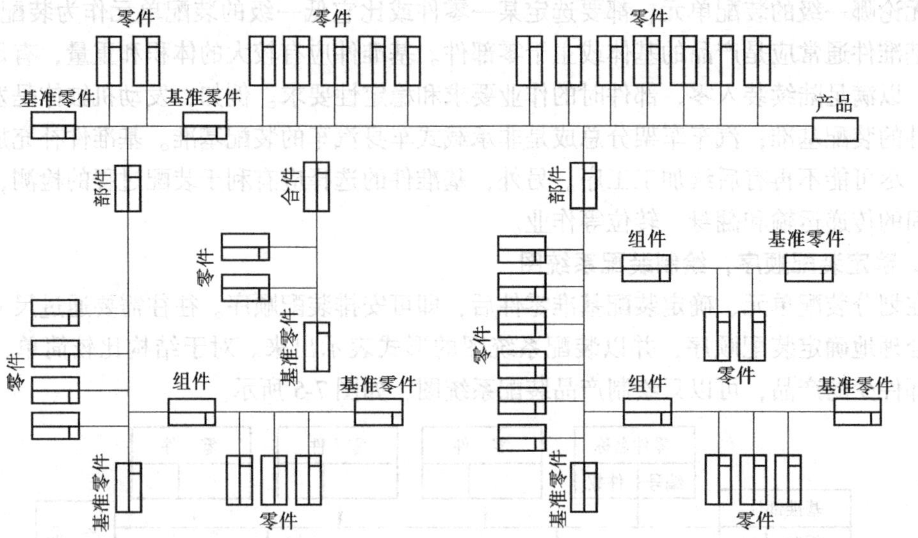

图 7-6 装配单元系统合成图

2）划分装配工序，确定各工序的内容。

3）制订工序的操作规范，如过盈配合所需的压力；变温装配的温度值；紧固螺栓联结的预紧扭矩；以及装配环境要求等。

4）选择设备和工艺装备。若需要专用设备和工艺装备，则应提出设计任务书。

5）制订各工序装配质量要求及检测项目。

6）确定工时定额，并协调各工序内容。在大批大量生产时，要平衡工序的节拍，均衡生产，实现流水装配。

5. 确定装配顺序应注意的事项

1）预处理工序在前。装配前先安排零件的预处理工序，如零件的倒角、去毛刺与飞边、清洗、防锈、防腐处理、涂装、干燥等。

2）先下后上。首先进行基础零、部件的装配，使机器在装配过程中重心处于最稳定状态。

3）先内后外。先装配机器内部的零、部件，使先装部分不成为后续装配作业的障碍。

4）先难后易。在开始装配时，基准件上有较开阔的安装、调整、检测空间，有利于零、部件的装配。

5）先进行能破坏后续工序装配质量的工序。有些装配工序需施加较大装配力或高温，这样容易破坏以后装配工作的质量。如冲击性质装配作业、压力装配作业、加热装配、补充加工工序等应尽量安排在装配初期进行，以保证整台机器的装配质量。

6）及时安排检验工序。在完成对机器装配质量有较大影响的工序后，必须及时安排检验工序，检验合格后方可进行后续装配工序，以保证装配精度和装配效率。

7）集中安排使用相同设备、工艺装备以及具有共同特殊环境的工序，这样可以减少装配设备和工艺装备的重复使用，以及产品在装配地的迂回。

8）处于基准件同一方位的装配工序应尽可能集中连续安排，以防止基准件的多次转位和翻身。

9）电线、油（气）管路的安装应与相应工序同时进行，以防止零、部件的反复拆装。

10）易燃、易爆、易碎、有毒物质或零、部件的安装，尽可能放在最后，以减少安全防护工作量，保证装配工作顺利完成。

第四节　汽车装配工艺过程

汽车总装配是将各种汽车零件、部件按一定的技术要求，通过各种手段进行组合、调试，最后成为性能合格的汽车的过程。国内各汽车制造厂汽车总装配的工艺过程大致可以分为装配、调整、路试、装箱、重修、入库等环节。

（1）装配　按一定的技术要求，将各种汽车零件、部件进行组合。同时，对于需润滑的部位加注润滑剂，对冷却系加注冷却液，基本达到组合后的汽车可以行驶的过程。

（2）调整　通过调整，消除装配中暴露的质量问题，使整机、整车处于最佳工作状态。

（3）路试　调整合格的汽车要经过3～5km的路面行驶试验，完成在实际运行情况下的各种试验以充分暴露质量问题，以便及时消除。

（4）装箱　经过路试合格的汽车装配车箱，完成汽车的最终装配。

（5）重修　如调整和路试中暴露出的质量问题，不能在其各自的生产节奏时间内消除，要进行重修。所谓重修，不是采用特殊工艺对有质量问题的零件或部件进行修复，一般都是更换新的零件或部件。

（6）入库　经以上各环节并经最终鉴定合格的汽车，入库待发。

一、汽车总装配的一般技术要求

（1）装配的完整性　按工艺规定，所有零件、部件和总成必须全部装上，不得有漏装现象。

（2）装配的完好性　按工艺规定，所装零件、部件和总成不得有凹痕、弯曲、变形、机械损伤及生锈现象。

（3）装配的紧固性　按工艺规定，凡螺栓、螺母、螺钉等联接件，必须达到规定的力矩要求，不允许有松动或过紧现象。

（4）装配的牢靠性　按工艺规定，凡螺栓、螺母、螺钉等联接件，必须装好，不允许产生松脱现象。

（5）装配的润滑性　按工艺规定，凡润滑部位必须加注定量的润滑油或润滑脂。

（6）装配的密封性　按工艺规定，气路、油路接头不允许有漏气、漏油现象，补气气路接头必须涂胶密封。

（7）装配的统一性　各种变型车按生产计划进行配套生产，不允许有误装、错装现象。

二、汽车总装配的工艺路线

载货汽车总装配，普遍采用先将车架反放在装配线上，待前桥、后桥、传动轴等总成装配后再翻转车架的装配方案。若车架一开始就正放，势必造成一些总成、零部件装配困难。

为解决地面运输的问题和杜绝各分总成在运输过程中的磕碰伤，主要分总成一般采用输送链运输，如前桥输送链、后桥输送链、发动机输送链、车头输送链，驾驶室输送链、车轮输送链等，通过输送链将主要分总成直接输送到总装配线上进行装配。

图 7-7 所示为某载货汽车总装配的工艺流程图，从图中可以看出载货汽车从装配主体——车架总成上装配线开始，各分总成的装配顺序。

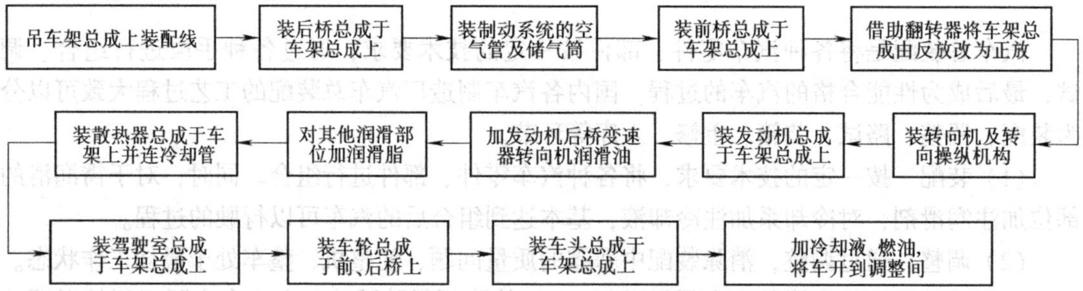

图 7-7 汽车总装配的工艺流程图

汽车装配后要进行路试。为解决由于汽车产量增加而带来的路试工作量增加的问题，有效监测产品质量，汽车制造厂引进了汽车检测线，通过该检测线的在线检查，基本能完成要求的路试项目。检测线主要检测项目为：汽车怠速排放物的检测；前轮左、右转向角的检测；前照灯光束的检测；前、后轮侧滑量的检测；前、后轮制动力的检测及磨合试验等项目。检测线的所有检测数据由仪表显示，由微机处理并打印存档。

三、主要装配工艺介绍

(1) 汽车总装配中的螺纹联接　汽车总装配中，螺纹联接很多，既有一般的联接，又有特殊要求的联接，对于关键部位的联接，都有拧紧力矩值的要求。

汽车行业为统一质量标准，对某些联接处的松脱可能造成重大交通事故，从而导致人身伤亡的关键部位的拧紧力矩值都作了具体规定。各企业结合自己的产品也都制订了相应的质量保证措施。

(2) 气制动系统的装配　汽车的制动系统直接关系着汽车的行驶安全。在对气制动系统装配时，应采取如下几项工艺措施：

1) 为保证空气管路联接的密封性，采用密封加涂胶的办法。

2) 在气制动系统装配后，以 588kPa 的压力充气，用肥皂水对各联接点逐个检查，确保整个系统的密封性。

(3) 转向系统的装配　汽车的转向系统同样关系到汽车的安全行驶，装配时应满足如下工艺要求：

1) 转向盘紧固螺母先以气动扳手拧紧，再用扭力扳手进行复检。装配后的转向盘自由转动量在 0°～15°范围内。

2) 转向器的转向臂固定螺母，按规定的拧紧力矩用定扭力扳手拧紧，垂臂与轴的标记应对准，误差不大于一个齿。

3) 转向纵拉杆球头销及转向横拉杆球头销装配时，紧固螺母要达到规定的力矩值，并用开口销锁紧。

四、主要装配设备和工艺装备

（1）底盘翻转器　载货汽车的装配普遍采用先将车架反放在装配线上，再翻转的工艺方案。车架的翻转由底盘翻转器来完成。图 7-8 所示为底盘翻转器的结构示意图。

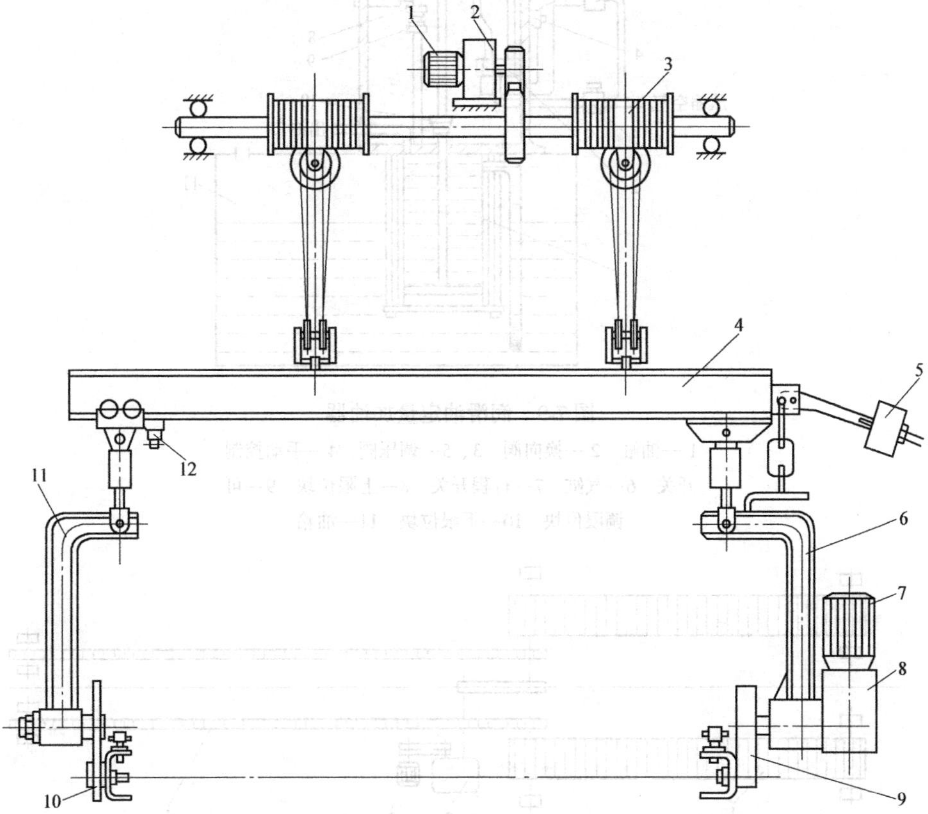

图 7-8　底盘翻转器结构示意图

1—升降电动机　2—移动减速器　3—升降滚筒　4—横梁　5—平衡块　6—后悬挂
7—翻转电动机　8—翻转减速器　9—翻转器后夹具　10—翻转器前夹具
11—前悬挂　12—调整位置定位器

底盘翻转器由升降机构和可以旋转的前悬挂和后悬挂组成。前，后悬挂间的距离通过调节前悬挂的前后位置获得，以便适应不同车架长度的需要。翻转器可以沿装配链方向前后移动，以便在翻转过程中不影响汽车底盘在装配链上的均匀摆放。

（2）润滑油加油器　汽车总装配时，车上的发动机、变速器、后桥、转向器等均需定量加注润滑油，因此需要有定量加油装置。图 7-9 所示为气动定量加油装置。通过调压阀 3、5 改变压缩空气压力，达到调节润滑油的流速的目的。通过可调限位块 9，可改变气缸工作行程，获得不同的加油量。

（3）总装配输送链　总装配输送链是由高出地面的桥式链和与地面持平的板式链等组成，如图 7-10 所示。桥式链与板式链由一台调速电动机驱动，输送链的速度由减速器 2 确定，以便根据需要获得不同的速度。

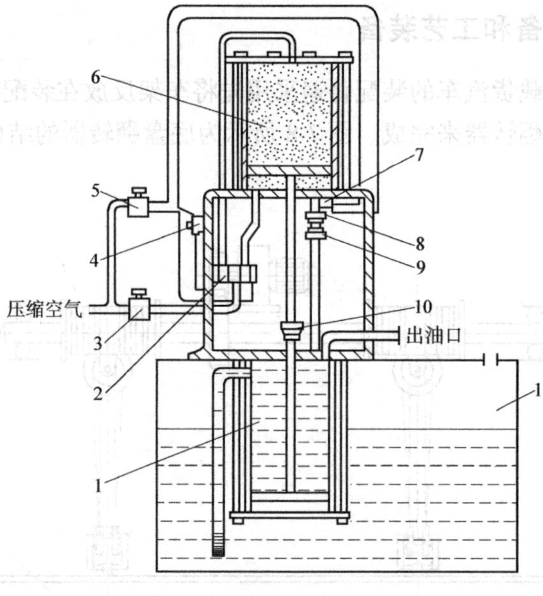

图 7-9 润滑油定量加油器

1—油缸 2—换向阀 3、5—调压阀 4—手动控制开关 6—气缸 7—行程开关 8—上限位块 9—可调限位块 10—下限位块 11—油箱

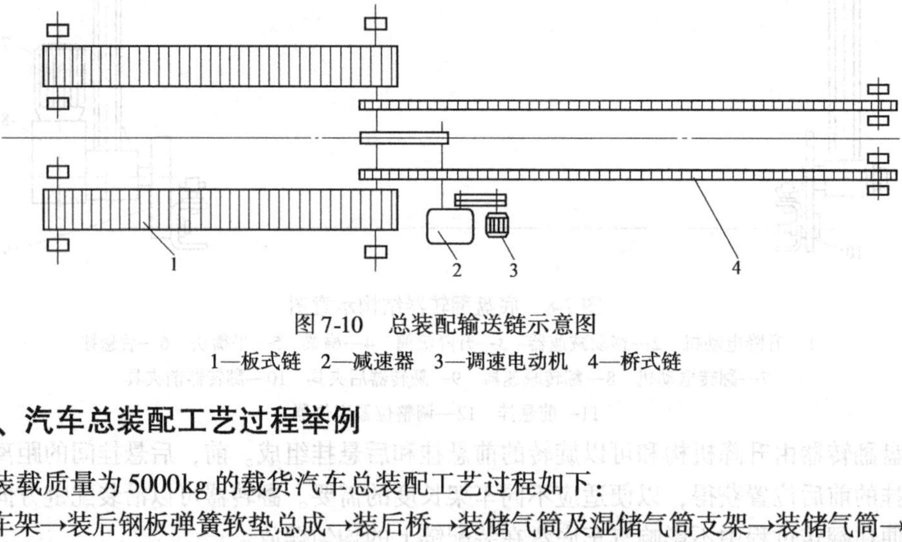

图 7-10 总装配输送链示意图

1—板式链 2—减速器 3—调速电动机 4—桥式链

五、汽车总装配工艺过程举例

某装载质量为5000kg的载货汽车总装配工艺过程如下：

吊车架→装后钢板弹簧软垫总成→装后桥→装储气筒及湿储气筒支架→装储气筒→装湿储气筒，装供气三通管→装制动系统的三通管及支架→装制动阀→装挂车制动阀→装前制动管路空气管，装后制动管路空气管→装挂车制动管路空气管→装蓄电池框架→装消声器前后支架→装传动轴及中间传动轴支承→装汽油箱托架→装脚踏板托架→装蓄电池搭铁线→装前桥→装滑脂嘴→翻转底盘→装驾驶室左右前悬置支架→装转向机和滑动叉万向节总成→装减振器→装转向纵拉杆→底盘补漆→装左、右后灯托架→将发动机送到总装配带上→装发动机→装中间传动轴与手制动盘→装消声器进气管及消声器→装离合器踏板轴支架→装铭牌→往后桥、转向机、变速器及发动机内加入润滑油→用油枪注入润滑脂→装制动阀至前围与管接头的空气管→装后电线束总成→装挂车插销座→装速度表软轴→装分离开关支架→装分离开关及联接头总成

→装电扇护风罩总成→装散热器和百叶窗→装扭杆支架→装前照灯及车头至车架间搭铁总成→将车头送到分装线上→装前照灯罩→装喇叭→车头悬置支座总成扭力杆机构→装车头总成于车架上→装前保险杠和前后拖钩→装备胎升降器→装离合器操纵机构及制动操纵机构→装雾灯→装空气压缩机到储气筒的空气管→装蓄电池于框架中→装起动机到蓄电池的电线总成→装分电器至火花塞及点火线圈的高压线→装下联接轴总成→装倒车灯总成→装倒车蜂鸣器→检验制动系统并消除漏气→装车轮 →紧固散热器悬置，连接制动灯开关电线及气压警报开关电线→装转向柱与上转向轴总成→装转向盘、转向开关→装转向传动轴和万向节总成→将驾驶室送到装配带上→装驾驶室→装气压调节器空气管、制动阀至前围管接头胶管→ 装左右后灯、牌照灯总成→装汽油箱、汽油油量表感应器并接通电线→装汽油滤清器及汽油管→装散热器拉杆→装左右脚踏板轴→装后橡胶挡泥板→装空气滤清器联接管→装制动踏板和离合器踏板→装加速踏板→连接手节气门与手风门操纵线→连接百叶窗拉线→连接电线→轮胎螺母力矩检测→连接速度表软轴→装驾驶员和乘员座垫、靠背总成→气制动系统充气→连接蓄电池搭铁，装蓄电池防护罩→ 加防冻液、燃油→装暖风装置及导水管

习　题

7-1　图 7-11 所示为某拖拉机变速箱倒挡齿轮装置简图。设计要求齿轮端面与垫片间的轴向间隙 $A_0=0.1\sim0.4$mm。设计规定 $A_1=42.6$mm，$A_3=38$mm，垫片采用厚度为高精度（J 级）的碳素结构钢带冲压而成，其尺寸 $A_2=A_4=2.3$mm，该尺寸的 J 级厚度的极限偏差为 $2.3_{-0.06}^{\ 0}$mm，若采用完全互换装配法保证装配精度，试确定各有关零件的公差和极限偏差。

7-2　图 7-12 所示为齿轮箱部件装配简图。根据使用要求，齿轮轴肩与轴承端面间的轴向间隙应在 1 ~ 1.75mm 范围内。若已知各零件的基本尺寸为：$A_1=101$mm，$A_2=50$mm，$A_3=A_5=5$mm，$A_4=140$mm。若采用完全互换装配法装配，试确定这些尺寸的公差及极限偏差。

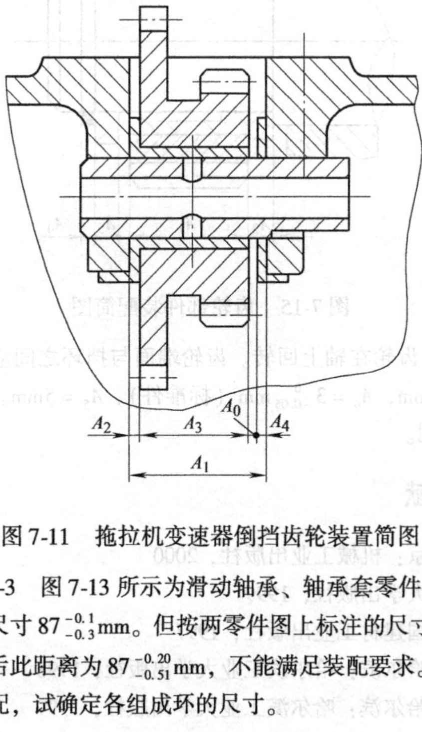

图 7-11　拖拉机变速器倒挡齿轮装置简图

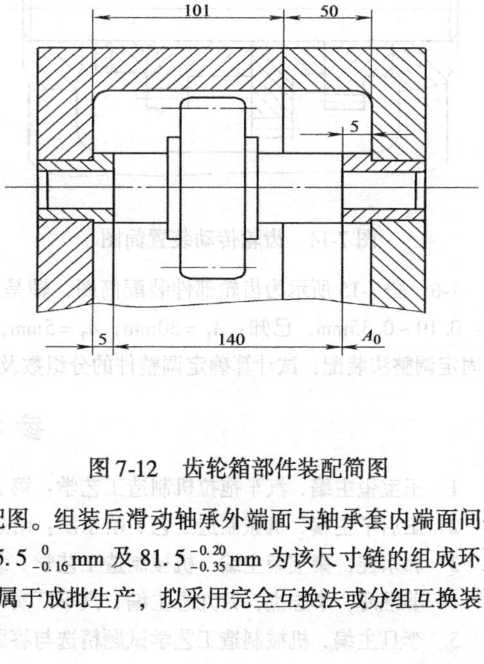

图 7-12　齿轮箱部件装配简图

7-3　图 7-13 所示为滑动轴承、轴承套零件图及装配图。组装后滑动轴承外端面与轴承套内端面间要保证尺寸 $87_{-0.3}^{-0.1}$mm。但按两零件图上标注的尺寸加工（$5.5_{-0.16}^{\ 0}$mm 及 $81.5_{-0.35}^{-0.20}$mm 为该尺寸链的组成环），装配后此距离为 $87_{-0.51}^{-0.20}$mm，不能满足装配要求。该组件属于成批生产，拟采用完全互换法或分组互换装配法装配，试确定各组成环的尺寸。

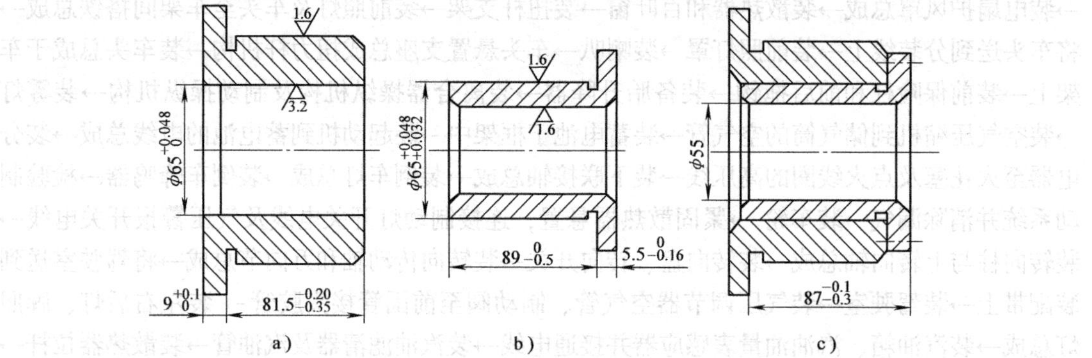

图 7-13 滑动轴承、轴承套零件图及装配图

7-4 某拖拉机分配器回油阀中回油阀心和回油阀套孔直径为 ϕ10mm，装配精度要求：阀心外圆和阀套孔间隙值 $X=0.006\sim0.012$mm。若将两零件直径尺寸的制造公差均放大到 0.015mm。试：

1）确定分组数 Z 和两零件直径尺寸的极限偏差。

2）用公差带位置图表示出各组的配合关系。

7-5 图 7-14 所示为一齿轮传动装置简图。装配精度要求保证轴向间隙 $A_0=0\sim0.25$mm。已知 $A_1=430^{+0.25}_{0}$mm，$A_2=80^{0}_{-0.12}$mm，$A_3=100^{0}_{-0.14}$mm，$A_4=190^{0}_{-0.185}$mm，$A_5=58^{0}_{-0.12}$mm，如采用固定调整装配法保证装配精度要求，调整垫片初定为 $A_F=2$mm，制造公差为 $T_{AF}=0.04$mm。试计算调整垫片组数 Z、各组调整垫片尺寸及极限偏差。

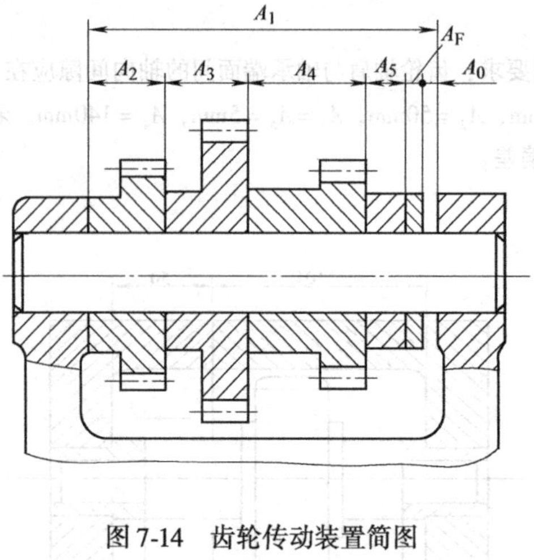

图 7-14 齿轮传动装置简图

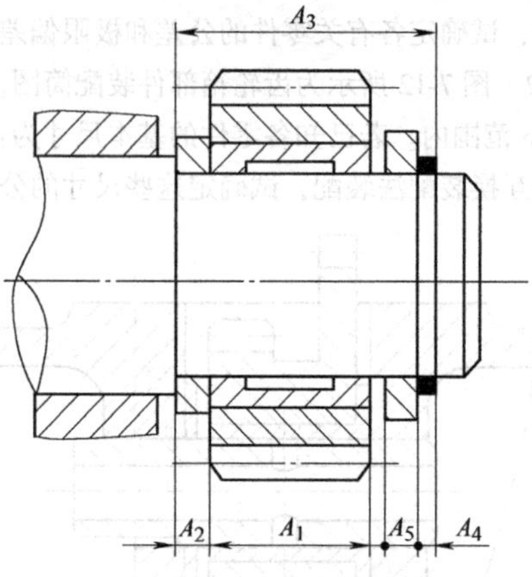

图 7-15 齿轮部件装配简图

7-6 图 7-15 所示为齿轮部件装配简图，轴是固定的，齿轮在轴上回转。齿轮端面与挡环之间应有间隙：0.10～0.35mm。已知：$A_1=30$mm，$A_2=5$mm，$A_3=43$mm，$A_4=3^{0}_{-0.05}$mm（标准件），$A_5=5$mm。现采用固定调整法装配，试计算确定调整件的分组数及尺寸系列。

参 考 文 献

1 王宝玺主编．汽车拖拉机制造工艺学：第 2 版．北京：机械工业出版社，2000

2 王启平主编．机械制造工艺．哈尔滨：哈尔滨工业大学出版社，1999

3 郭宗连，秦宝荣主编．机械制造工艺学．北京：中国建材工业出版社，1997

4 姜继海，李志杰，尹九恩主编．汽车厂实习教程．哈尔滨：哈尔滨工业大学出版社，1998

5 李旦主编．机械制造工艺学试题精选与答题技巧．哈尔滨：哈尔滨工业大学出版社，1999

第八章　结构工艺性

第一节　零件机械加工的结构工艺性

在设计机械零件时，除了要满足零件的使用性能要求外，还应满足制造工艺的要求，即结构工艺性的要求。结构工艺性是指所设计的零件在满足使用要求的前提下，制造、维修的可行性和经济性。零件满足在一定的生产条件和保证使用性能的前提下，能以高的生产率和低的成本制造出来，这样的零件的结构工艺性就好。

零件结构工艺性贯穿于零件生产和使用的全过程，包括材料选择、毛坯生产、机械加工、热处理、机器装配、机器使用、维护，甚至报废、回收和再利用等。因此，零件结构工艺性的优劣对产品的设计、制造具有至关重要的影响。作为一名机械设计师，必须掌握制造工艺的理论和知识，做到对设计方案全面考虑和综合分析，使所设计的产品能符合制造、使用、维护等方面的要求。零件机械加工的结构工艺性还是一项重要的技术经济指标，其研究的内涵和影响因素涉及生产批量、工艺路线、加工精度、加工方法、工艺装备等许多方面。如果脱离具体生产规模和环境，脱离了材料、技术、设备、工艺，结构工艺性也就失去了研究的意义。

评价零件机械加工的结构工艺性优劣的条件很多，对具体的零件结构而言主要有加工精度和表面质量、标准化、加工效率等。在零件设计之初，设计人员要充分重视结构的优化，在满足零件使用要求的前提下，零件的结构设计应做到：①有利于零件达到加工质量的要求；②有利于使用高效机床和先进加工工艺相适应；③有利于减少零件的机动工时；④有利于减少加工过程中的辅助工时；⑤有利于使用标准刀具和量具。

结构工艺性与零件的生产类型和生产条件相关，同时随机械制造技术的发展而发展变化。零件结构工艺性可以分为零件结构的切削工艺性和装配工艺性两个方面。本节介绍零件机械加工的结构工艺性。

评价零件结构工艺性，可以从以下几个方面进行。

一、提高零件的标准化程度

标准化是组织现代化生产的重要手段之一。零件结构要素的标准化程度高，既可以简化零件的设计工作，又可以减少零件生产准备工作量，使零件的生产准备周期大大缩短，降低零件的生产成本。

零件结构要素的标准化主要包括如螺纹、中心孔、空刀槽、砂轮越程槽、锥度与锥角、莫氏锥度、零件倒圆与倒角、球面半径、T型槽、锯缝尺寸等，这些结构设计和尺寸标注应符合国家标准和行业标准。

二、结构设计方便零件加工和检测

（一）结构设计方便零件加工

结构设计应方便零件加工，如表8-1所示。

表 8-1 结构设计应方便零件加工

要点与说明	不合理的结构（A）	改进后的结构（B）
钻孔的入端和出端应避免斜面。在斜面上钻孔时，钻头存在水平分力，钻头易引偏甚至折断，钻孔精度不高，影响生产率	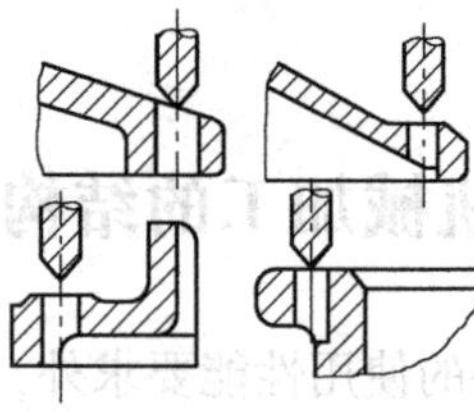	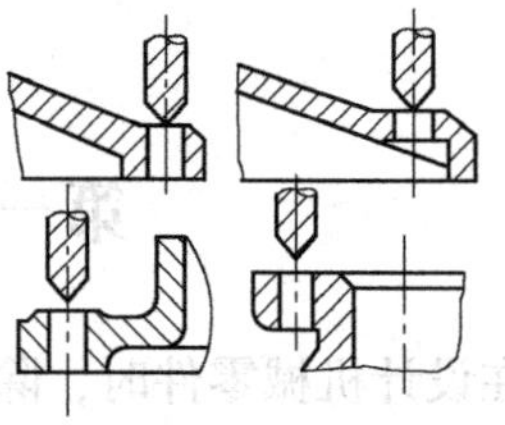
应避免深孔加工，尽量减少孔的加工长度	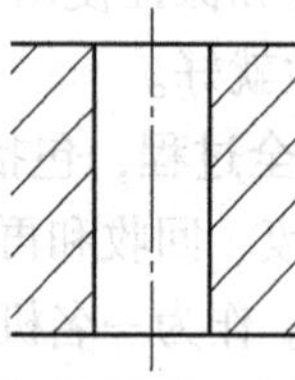	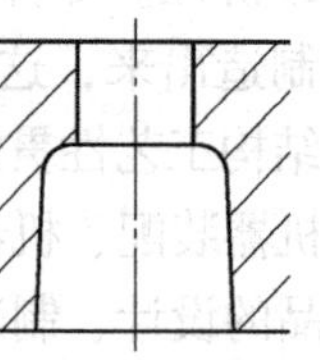
被加工孔的轴线应避免倾斜。B 结构可简化夹具结构，几个平行孔便于同时加工	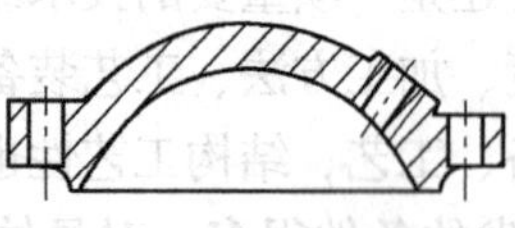	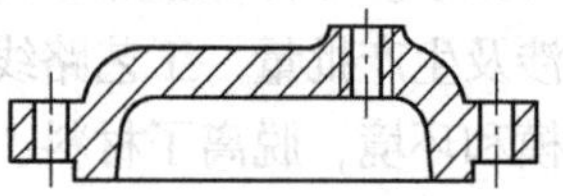
被加工孔的位置不能距壁太近。B 结构可采用标准刀、辅具，提高加工精度	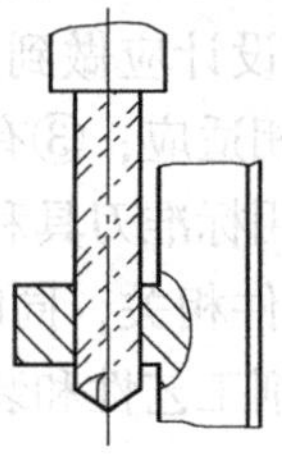	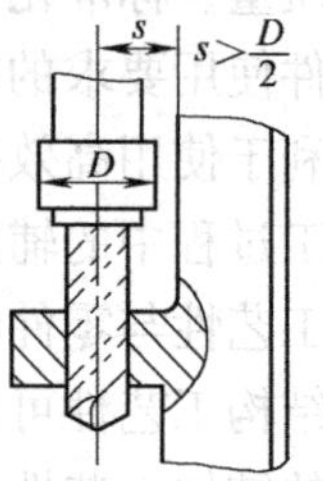
车削内表面时，为了简化刀具结构，方便刀具进、退，应将内部不需要加工的尺寸设计大一些	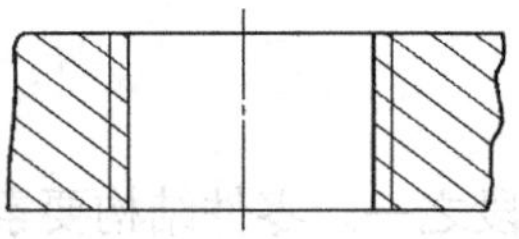	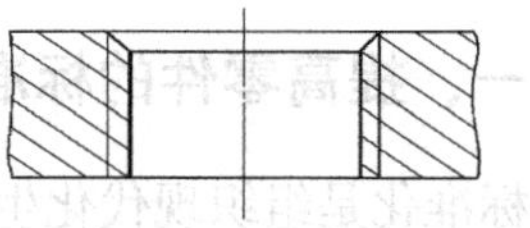
应尽量避免箱体内壁的平面加工。因箱体内壁加工时刀具不便进入。B 结构在箱体侧壁有一较大的孔，便于刀具进入加工。$\phi D>\phi A$	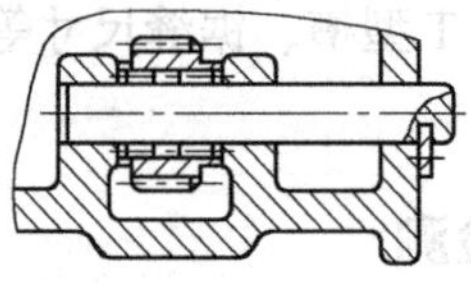	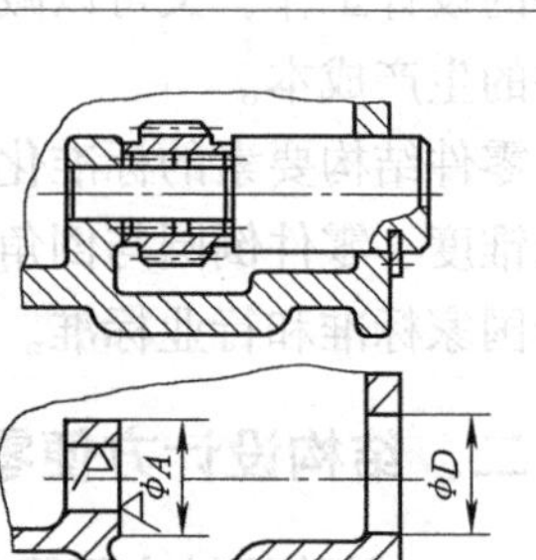

（续）

要点与说明	不合理的结构（A）	改进后的结构（B）
大直径锥孔加工困难，应避免大直径锥孔的加工	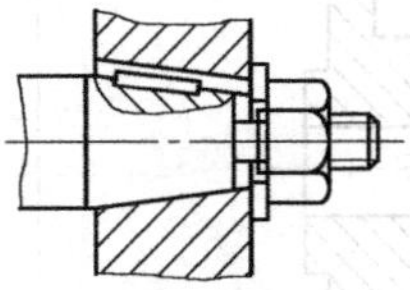	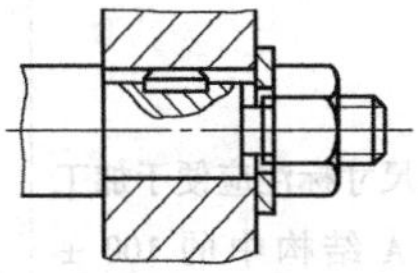
加工螺纹时应有退刀槽。退刀槽应符合相关标准，以方便加工，提高生产率	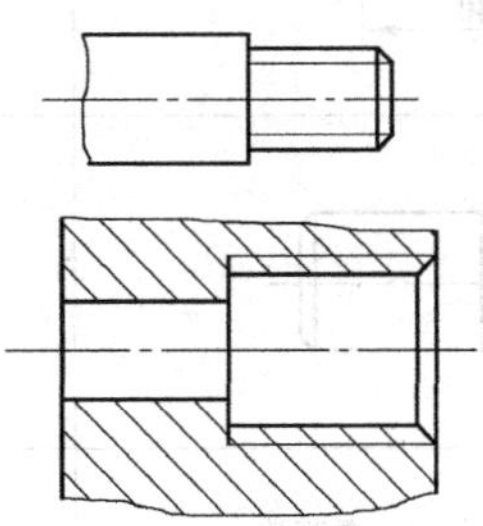	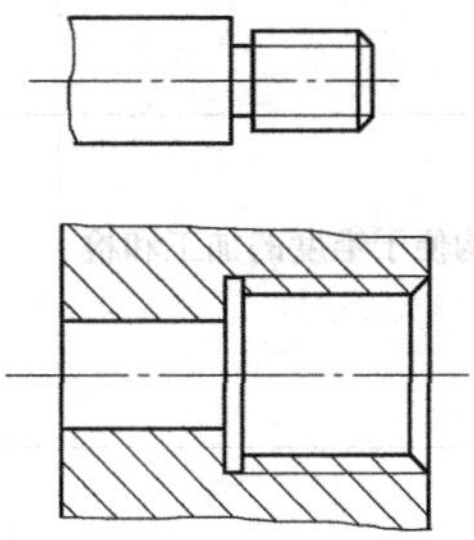
内螺纹在孔口应有倒角，便于正确引导螺纹刀具	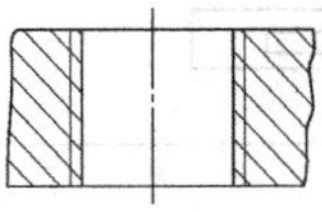	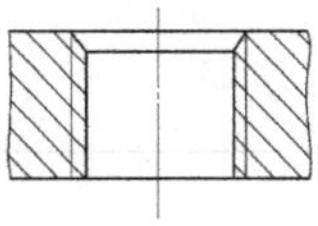
零件沟槽的表面不应与其他加工表面重合。B 结构的加工可改善刀具工作条件，保护已加工表面不被破坏	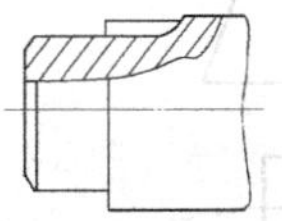	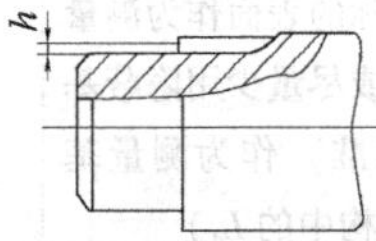 $h>0.3\sim0.5$
在套筒上插削键槽时，应在键槽的顶端设置一孔，用于让刀	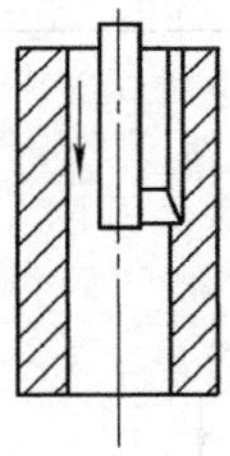	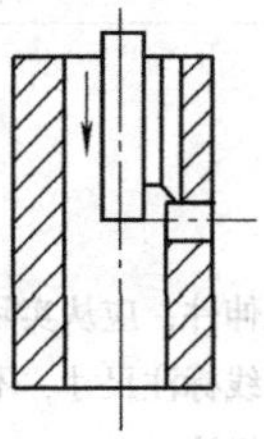

（二）结构设计方便零件检测

结构设计应便于零件的检测，如表 8-2 所示。

表 8-2　结构设计方便零件检测

要点与说明	不合理的结构（A）	改进后的结构（B）
零件的尺寸标注应便于加工和测量。A 结构中的 100 ± 0.1 不便于加工和测量	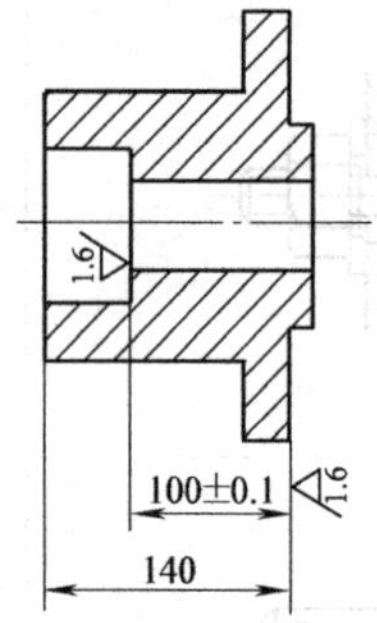	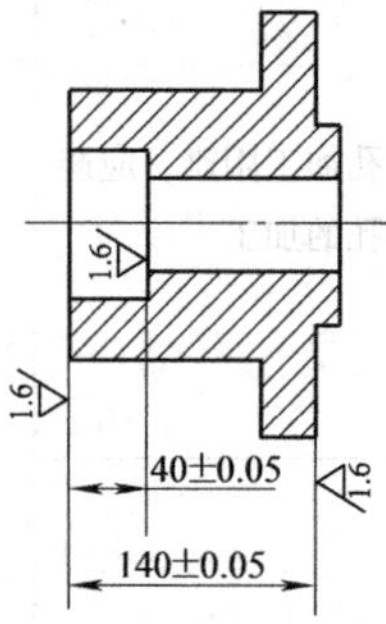
B 结构便于锥度的加工和检测	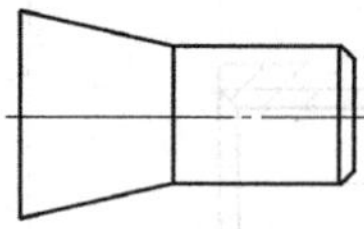	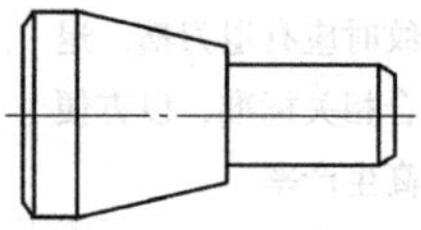
被测尺寸应避免多次换算的情况，以便于检测	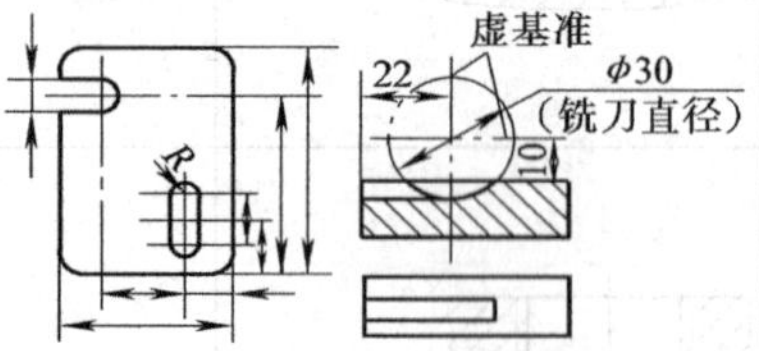	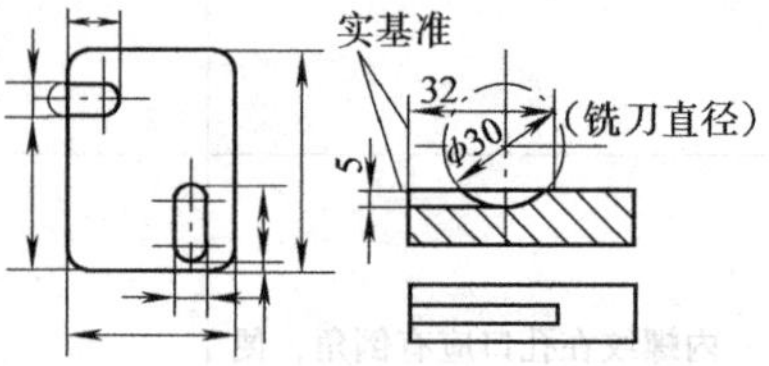
应多用实际的表面作为测量基准，不要或尽量少用隐蔽基准（即虚基准）作为测量基准（如 A 结构中的 L_4）	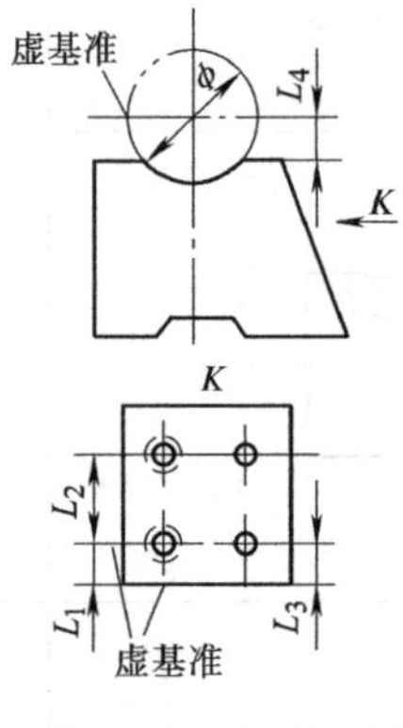	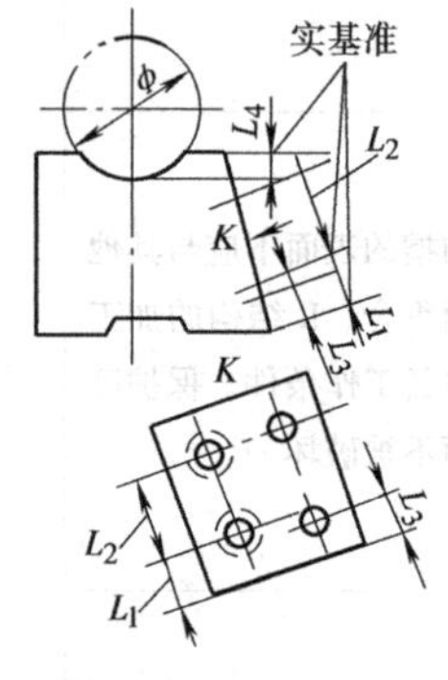
对弯曲或拉伸件，应从实际表面或轮廓素线标注尺寸，不要从零件轴线标注	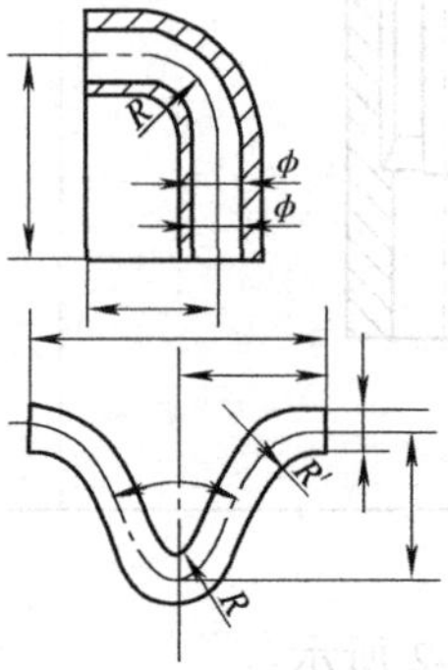	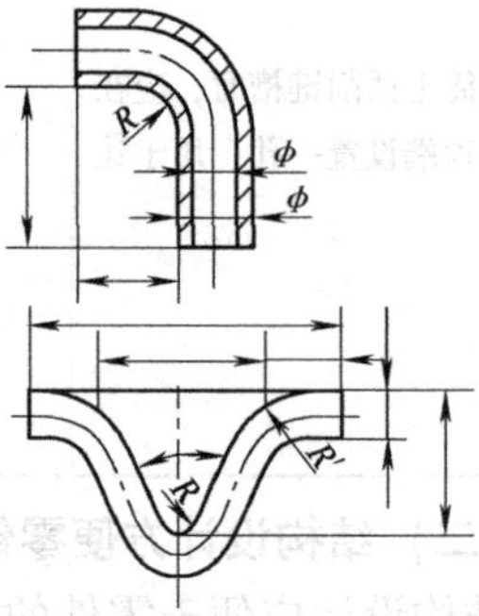

三、方便零件在夹具中的安装、定位、夹紧

结构设计应方便零件在夹具中的安装、定位与夹紧，如表 8-3 所示。

表 8-3　结构设计方便零件在夹具中的安装、定位、夹紧

要点与说明	不合理的结构（A）	改进后的结构（B）
以圆柱面定位夹紧容易并且可靠。B 结构在圆锥面前设一段圆柱面，方便工件的定位夹紧	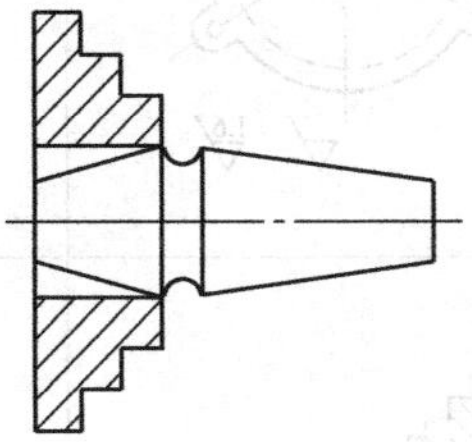	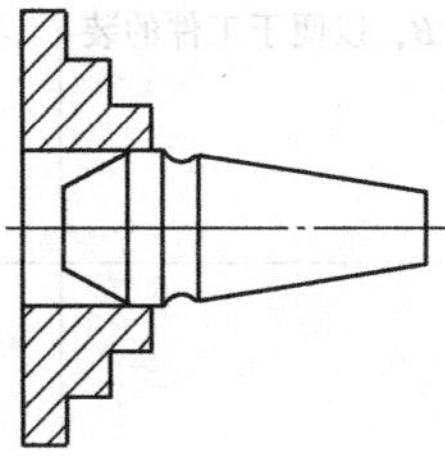
加工面应有支承面较大的基准，以便加工时定位、测量和夹紧。B 结构设置了工艺凸台 *A*，下方的大平面既可使定位可靠，又可作为电器箱箱盖面 加工后工艺凸台 *A* 若不要或影响美观，可将其去掉	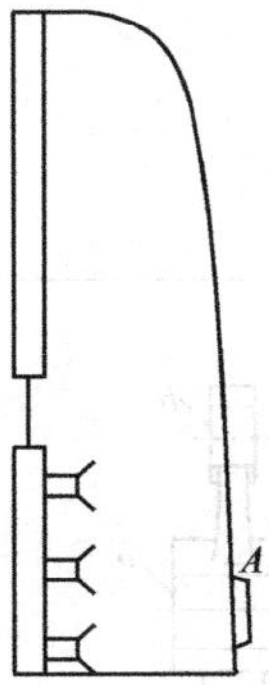	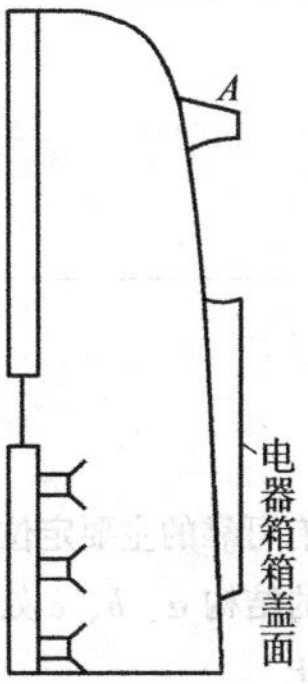
增加夹紧边缘或工艺孔，使工件加工时能可靠地夹紧	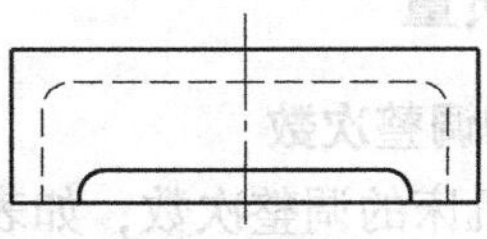	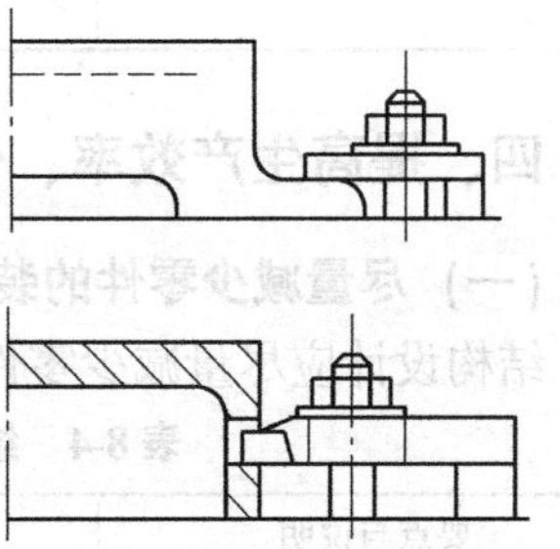
锥度心轴的外锥面需在车床和磨床上加工，应在工件上设置安装卡箍，以便在车床或磨床上定位	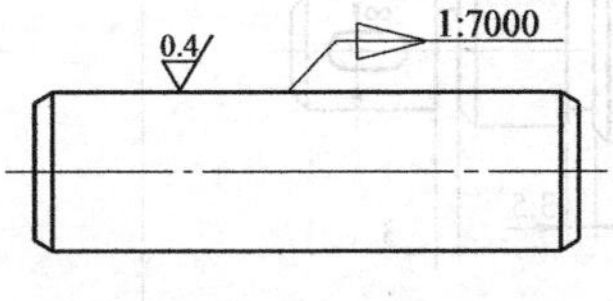	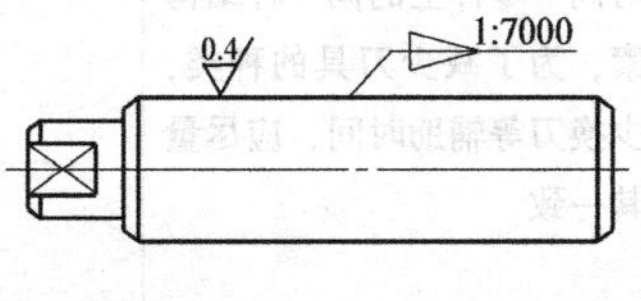

（续）

要点与说明	不合理的结构（A）	改进后的结构（B）
电动机端盖上的许多表面要在一次安装中完成加工，应在端盖弧面 *A* 上设置三个均布的工艺凸台 *B*，以便于工件的装夹	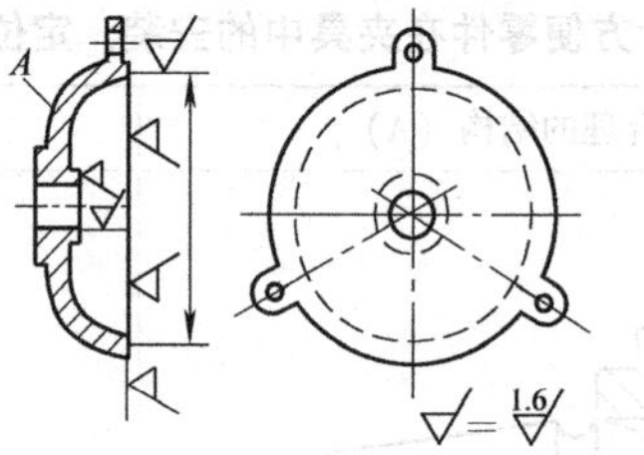	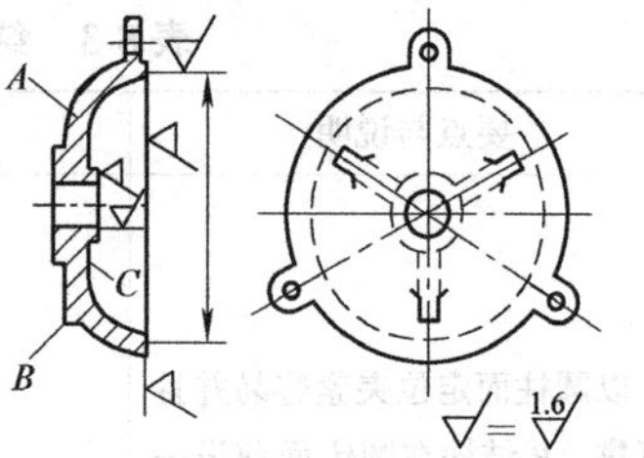
工件定位表面应有足够的面积，使定位、夹紧稳定可靠	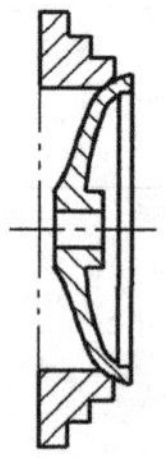	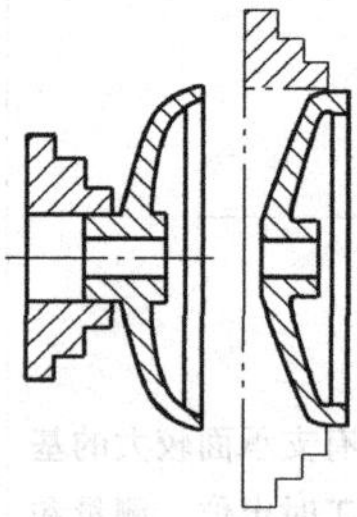
应使工件有可靠的主要定位基准面。B 的结构 *a*、*b*、*c* 处于同一平面上	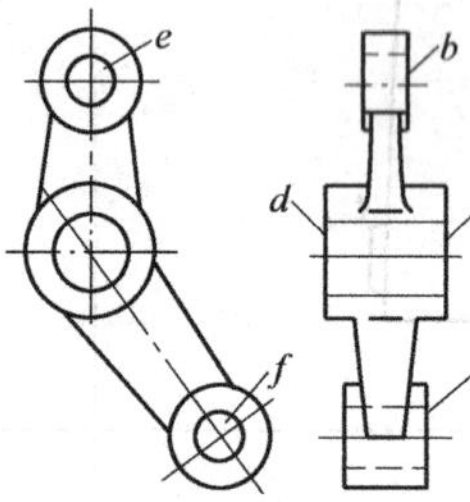	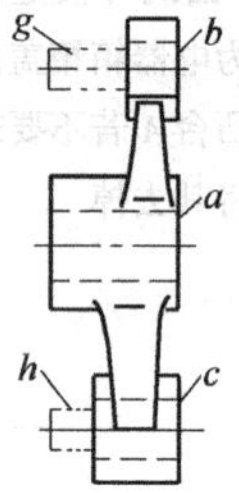

四、提高生产效率、保证产品质量

（一）尽量减少零件的装夹和机床的调整次数

结构设计应尽量减少零件的装夹和机床的调整次数，如表 8-4 所示。

表 8-4 结构设计应尽量减少零件的装夹和机床的调整次数

要点与说明	不合理的结构（A）	改进后的结构（B）
对同一零件上的同一种结构要素，为了减少刀具的种类，减少换刀等辅助时间，应尽量使其一致	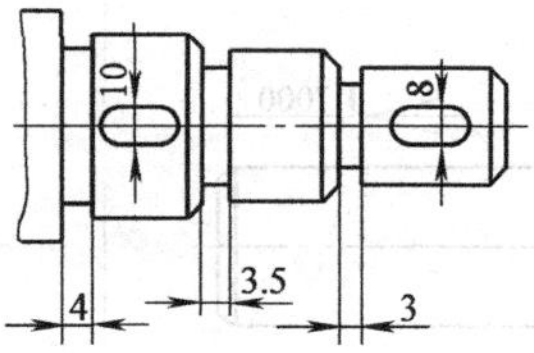	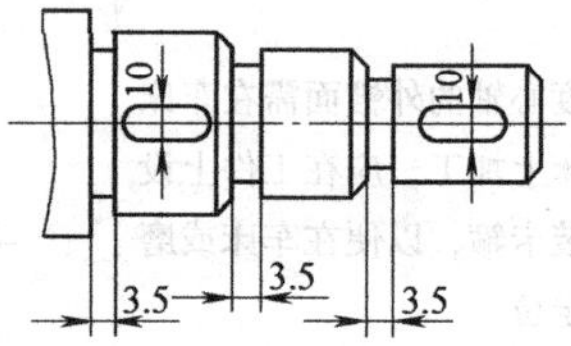

（续）

要点与说明	不合理的结构（A）	改进后的结构（B）
为了减少换刀和装夹次数，应尽可能使同一轴上的键槽宽度一致，且在同一侧。但当键槽较多时，应交错排列，以免降低轴的强度	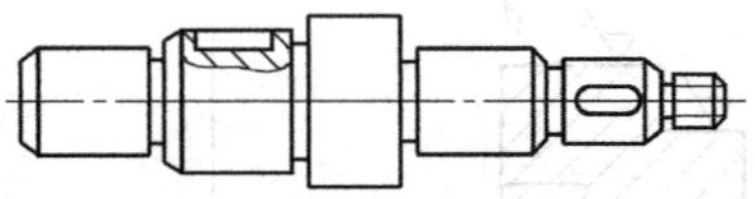	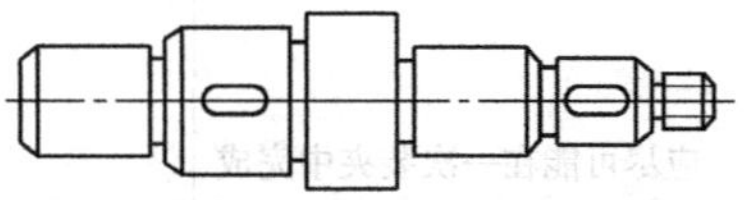
倾斜加工表面和斜孔会增加工件的装夹次数。B结构加工时只需装夹一次	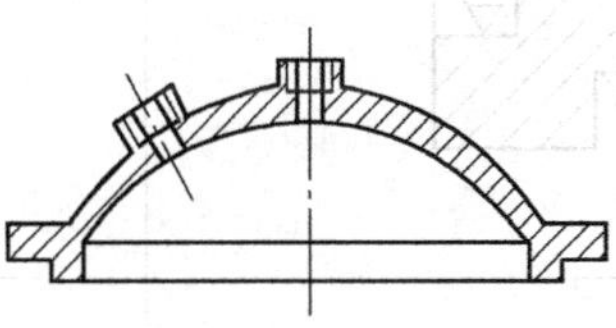	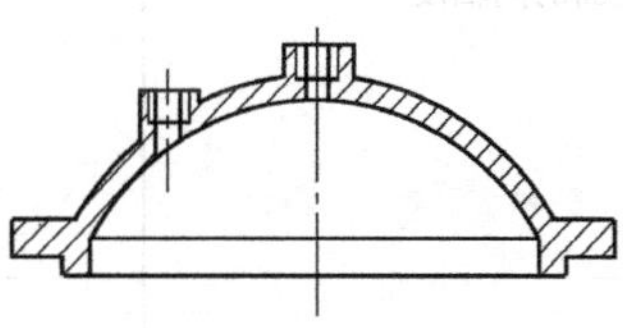
零件上两处螺纹的螺距值应尽可能一致。A结构的两处螺纹的螺距不一致，加工时需要调整两次机床	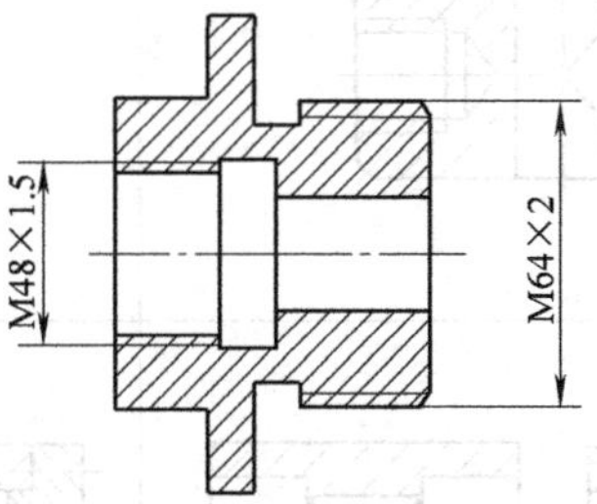	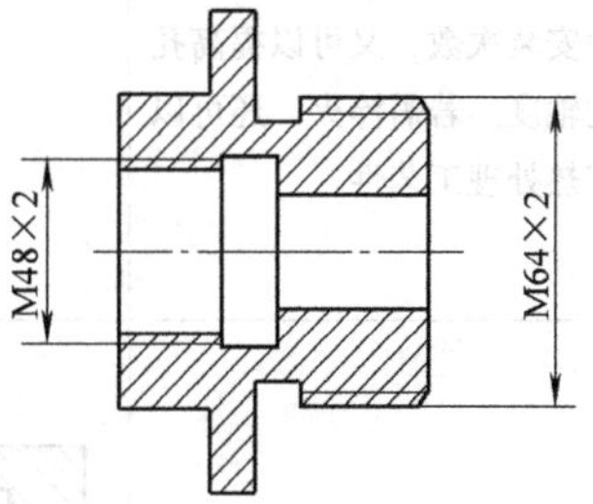
A结构需从两端进行加工，B结构则可从一端一次完成加工	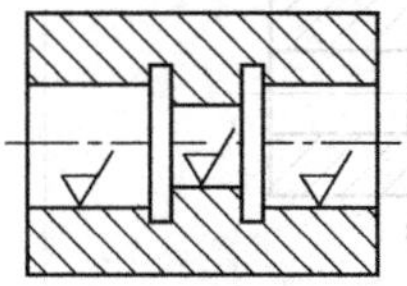	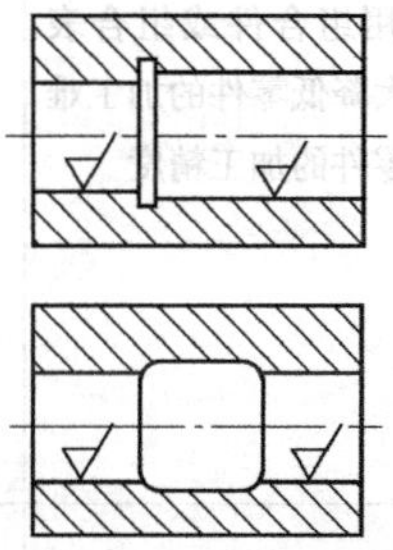
A结构需两次装夹进行磨削，B结构只需一次装夹即可完成磨削	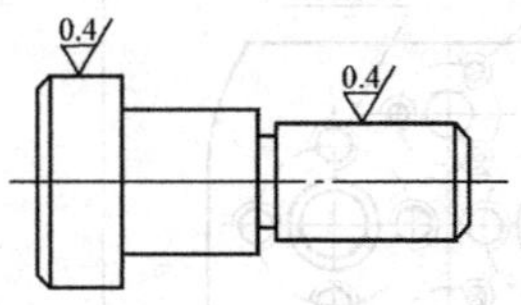	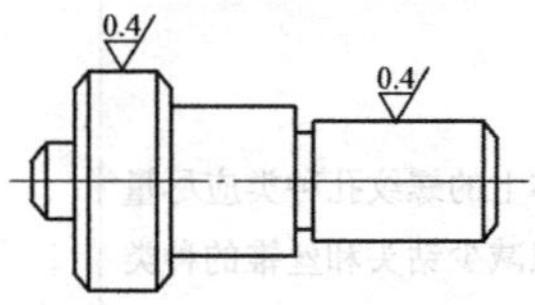
零件在同一方向的加工面，高度尺寸相差不大时，应尽可能使其等高，以减少机床的调整次数	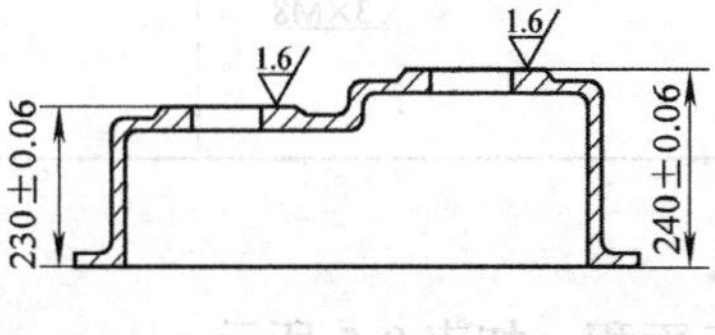	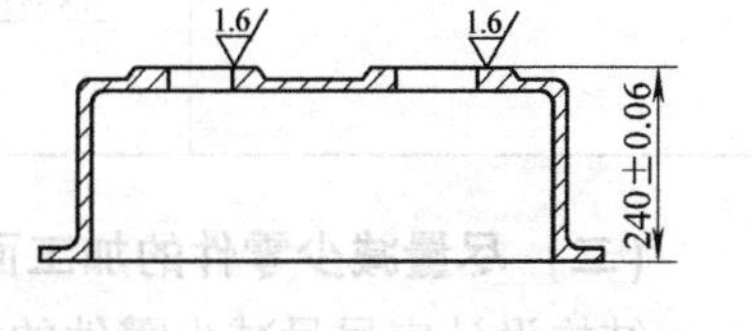

（续）

要点与说明	不合理的结构（A）	改进后的结构（B）
应尽可能在一次装夹中完成内外圆柱面的加工，既可以减少装夹次数，又可以提高内外圆柱面的同轴度	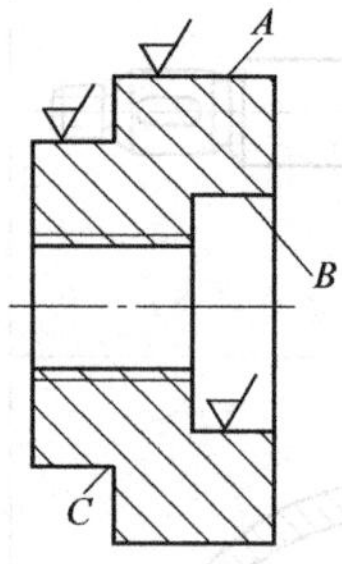	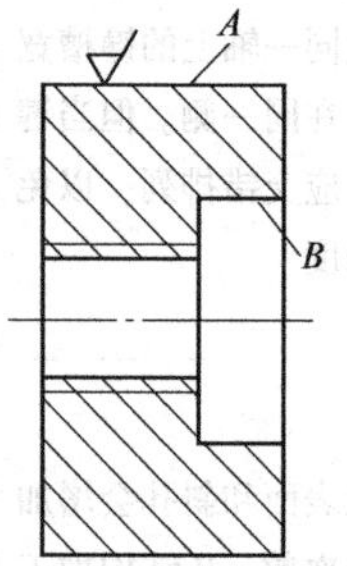
B结构改为通孔后，既可以减少安装次数，又可以提高孔的同轴度。若需淬火，还可以改善热处理工艺性	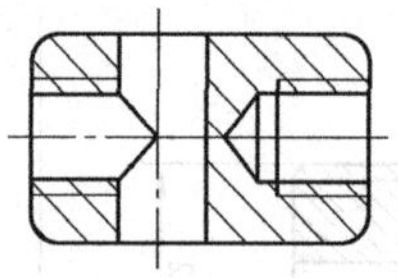	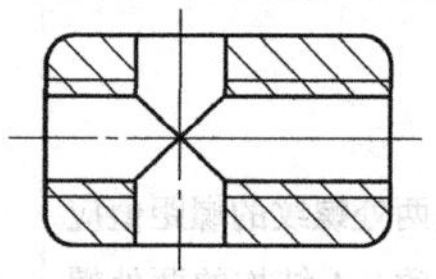
合理采用组合件或组合表面，可大大降低零件的加工难度，提高零件的加工精度	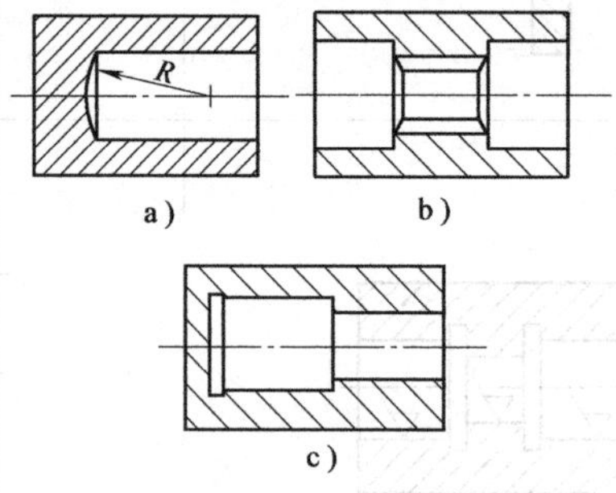	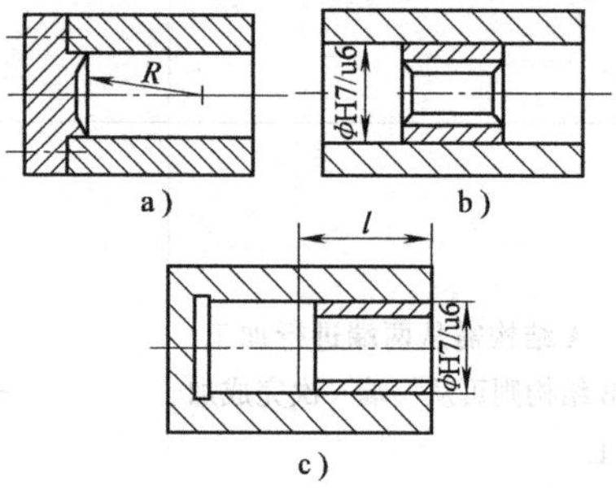
箱体上的螺纹孔种类应尽量少，以减少钻头和丝锥的种类	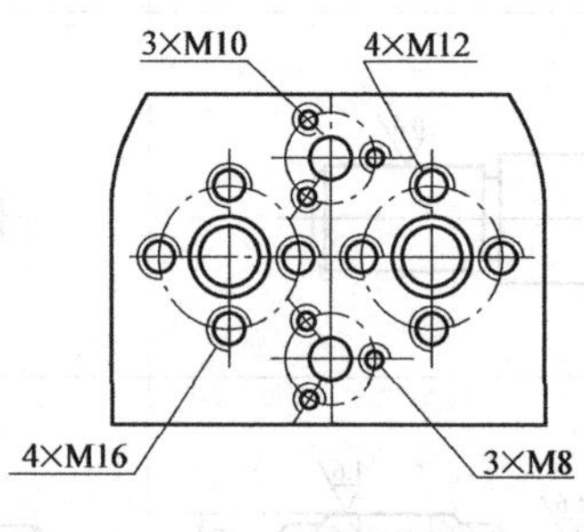	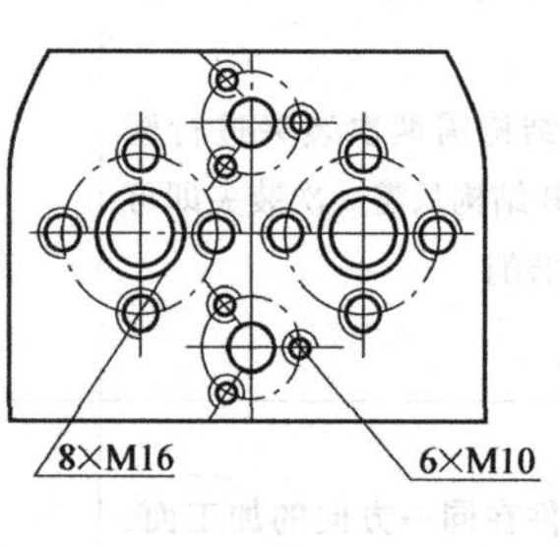

（二）尽量减少零件的加工面积

结构设计应尽量减少零件的加工面积，如表8-5所示。

表 8-5 结构设计应尽量减少零件的加工面积

要点与说明	不合理的结构（A）	改进后的结构（B）
部分支撑面设计成台阶面，既减少了加工面积，也提高了底面的接触刚度和定位的准确性	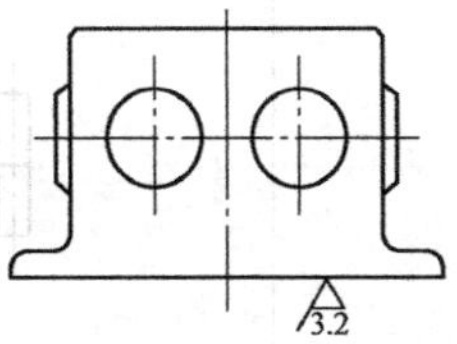	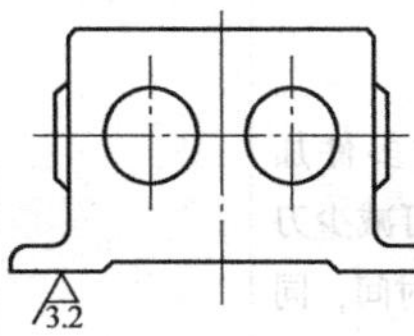
接触面改为环形面后，可大大减少切削加工面积	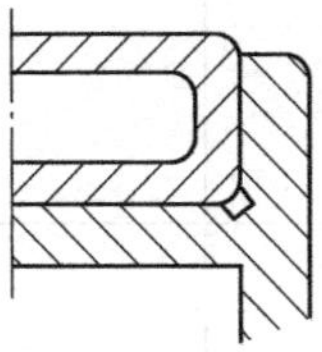	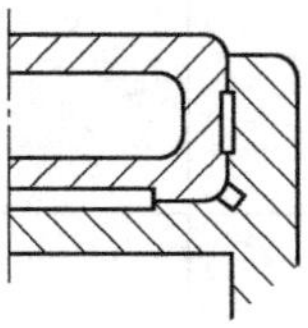
箱体类零件的接合面，应尽量减少其磨削和刮削的面积	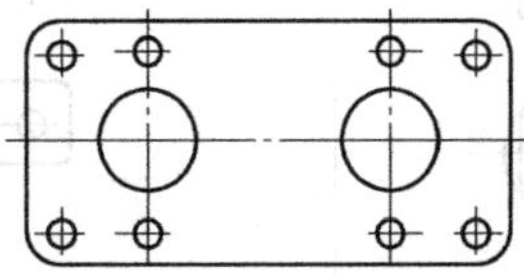	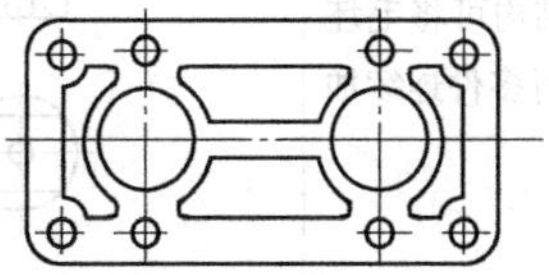
长径比较大、有配合要求的孔，不应在整个长度上都精加工。B 结构更有利于保证配合精度	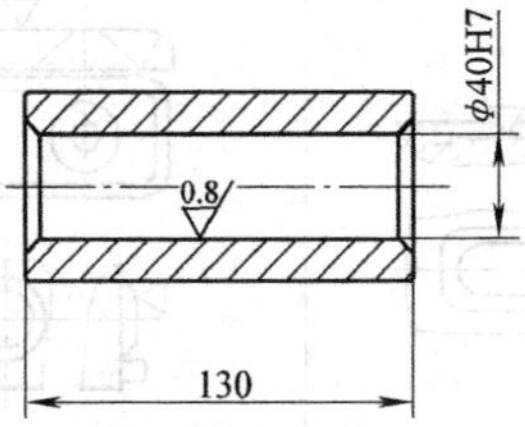	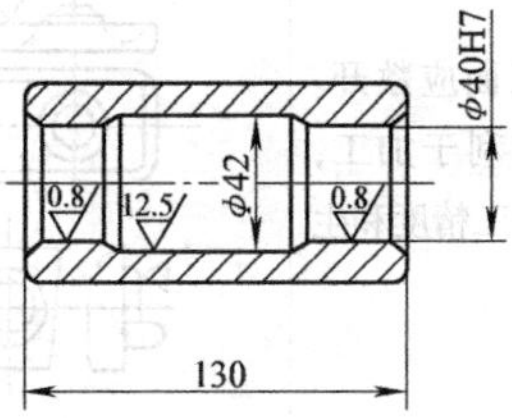
减少切削加工的表面数。B 结构可在一次装夹中加工出来	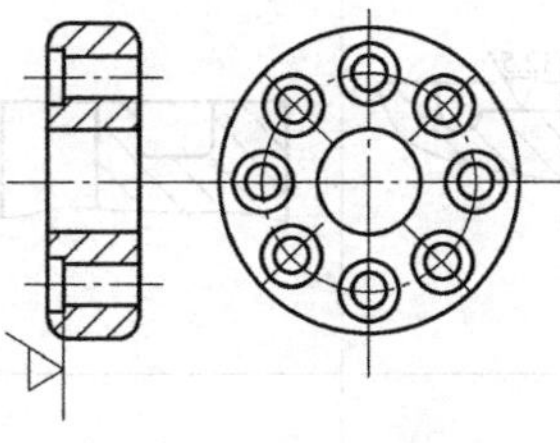	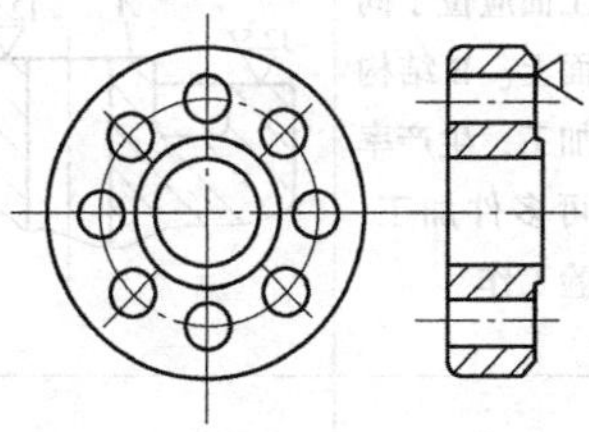
若轴上仅一小部分长度的轴径有严格的公差要求，应将零件设计成阶梯轴，以减少磨削工时	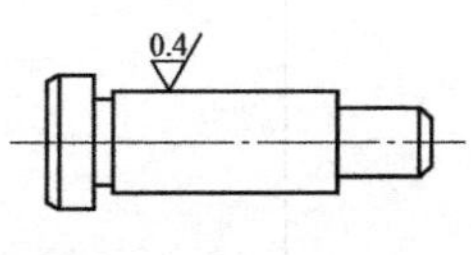	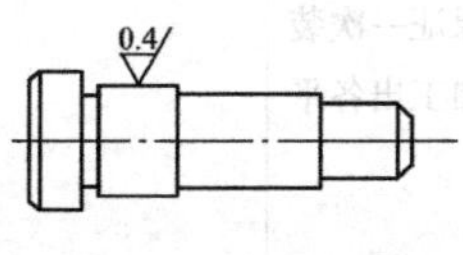

（续）

要点与说明	不合理的结构（A）	改进后的结构（B）
齿轮常常多件加工。B结构可减少刀具的空行程时间，同时提高了工件的刚性，可采用大的切削用量	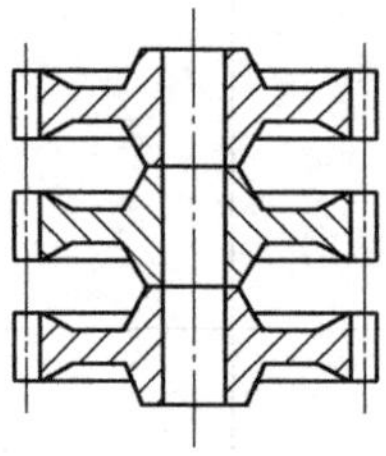	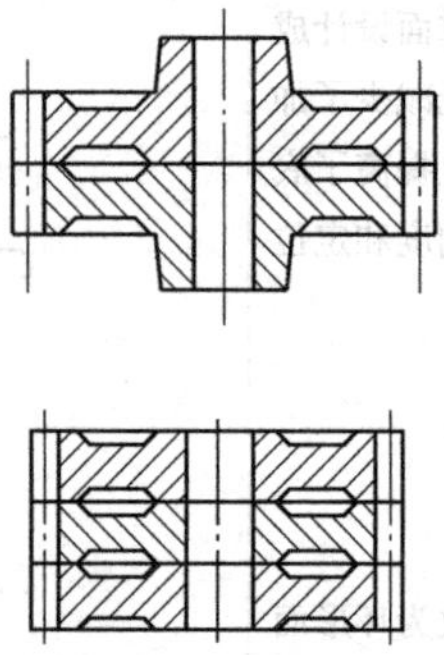
A结构中安放螺母的平面必须逐个加工。B结构可将毛坯排列成行多件连续加工	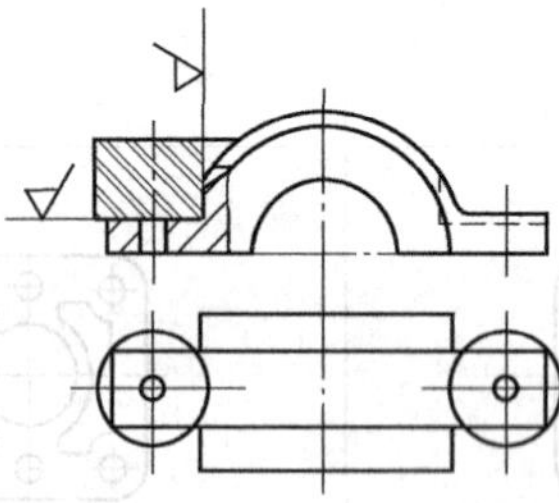	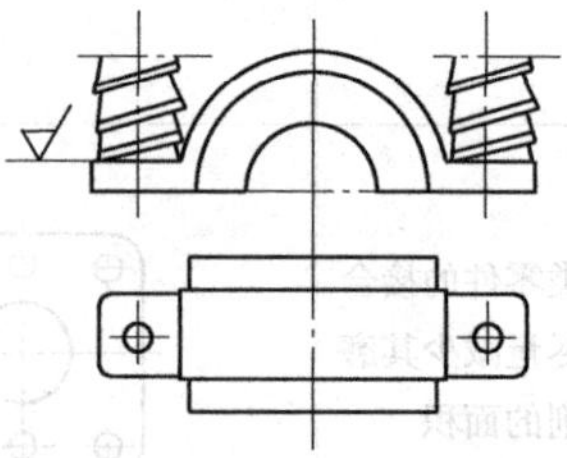
被加工面应敞开。B结构有利于加工，并提高加工精度和生产率	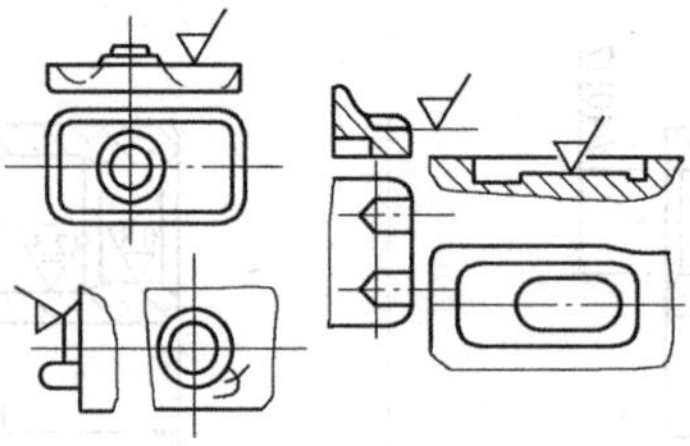	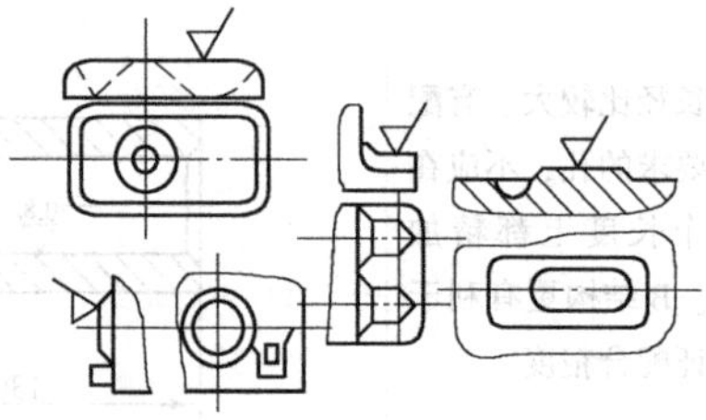
被加工面应位于同一水平面上。B结构有利于加工，生产率较高，可多件加工，简化检验工作	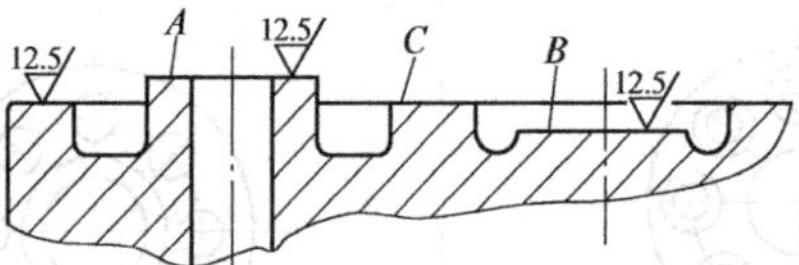	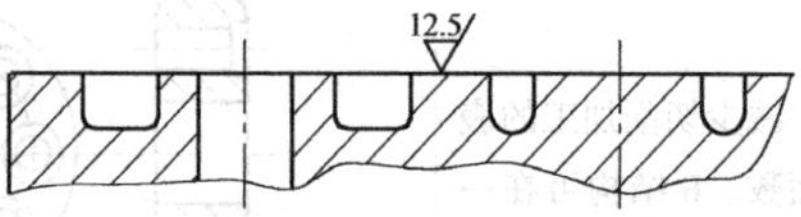
应尽量避免斜面的加工，以保证一次装夹后同时加工出各平面	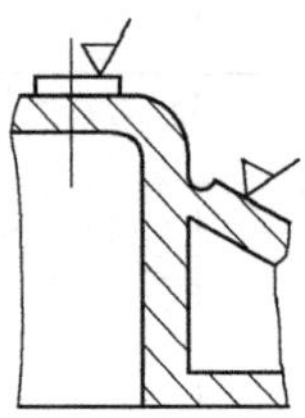	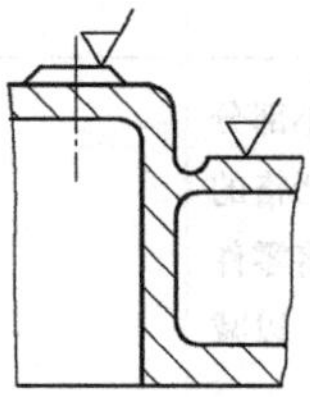

（续）

要点与说明	不合理的结构（A）	改进后的结构（B）
A结构工件底部为圆弧形，只能单件垂直进给加工。B结构底部为平面，可多件同时加工	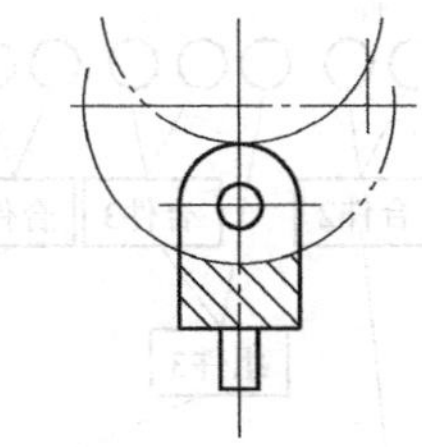	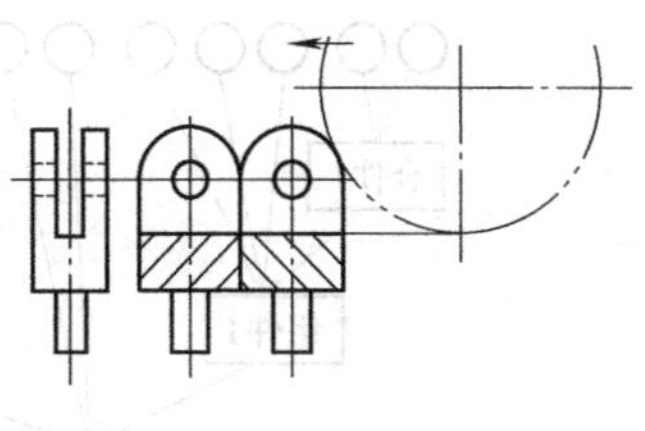
应避免不通的花键孔和键槽孔。因花键孔常采用拉削加工的高生产率工艺	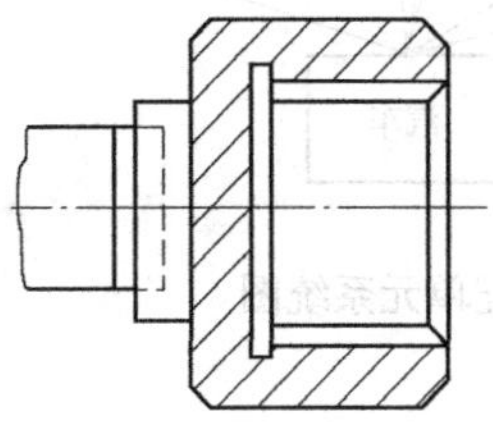	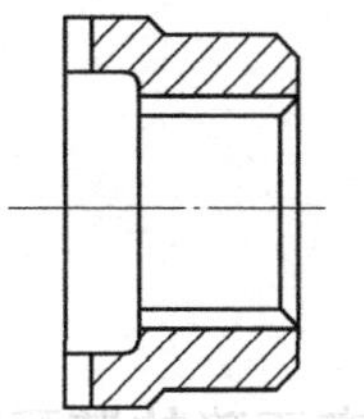

第二节　产品结构的装配工艺性

机器都是由许多零件和部件装配而成。零部件结构装配工艺性，是指所设计的零部件在满足产品使用性能要求的情况下，其装配连接的可行性和经济性，或者说机器装配的难易程度。

零部件的装配工艺性将直接影响装配工作的效率和质量。而零部件的装配工艺性主要取决于零件的结构设计。所以在零件设计时，就应充分考虑零件的装配工艺性，使零件不仅方便机械加工，而且便于装配，容易保证装配精度，使装配所消耗的劳动量少、装配周期短、成本低等。

产品结构的装配工艺性主要从以下几个方面进行考虑。

一、产品能方便分解成独立装配的装配单元

汽车是由许多零件组成的，零件是汽车的最小单元。为了有效地组织装配工作，在汽车的生产过程中，常常将汽车划分为若干个独立的装配单位，以便组织平行的流水线装配，缩短装配周期。因此，产品能否合理地划分为若干独立的装配单元是评价产品结构装配工艺性最重要的指标之一。

一般可以将产品的装配单元划分为五级，即零件、合件、组件、部件和产品。我们将能进行独立装配的部分叫做装配单元。任何机器都是由若干个装配单元组成的。如汽车可以分为前后桥、发动机、变速箱、车身等部件。

每个部件作为一个独立的装配单元。部件由许多组件组成，而每个组件也是独立的装配单元，它又由若干合件组成。合件是由两个或两个以上的零件结合成的不可拆卸的整体件，它也是独立的装配单元。这样装配时就非常便于组织生产、管理，有利于企业之间的协作和

产品的配套，有利于组织专业化生产，这种生产方式在汽车的大批大量生产中被广泛采用。图 8-1 所示即为零件、合件、组件、部件和产品之间关系的装配单元系统图。

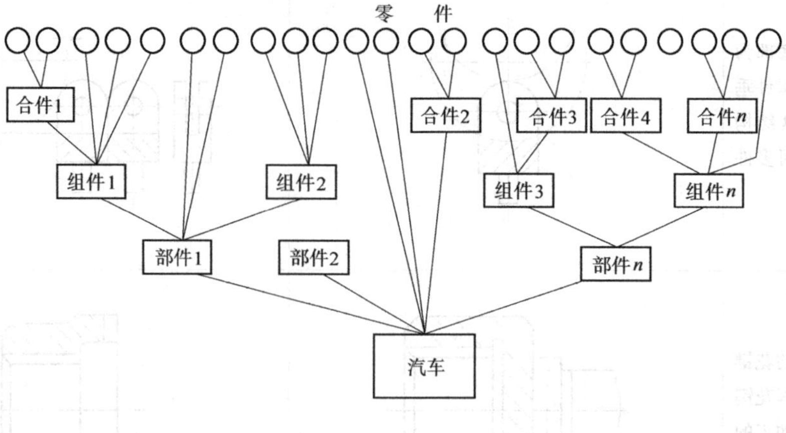

图 8-1　装配单元系统图

二、有正确的装配基准

零件在装配单元上的正确位置，是由零件装配基准间的配合来实现的。为了使零件能正确地定位，必须有正确合理的装配基准，如表 8-6 所示。零件在装配时同样应符合六点定位原则，不许出现过定位或欠定位现象。

表 8-6　结构设计应有正确合理的装配基准

要点与说明	不合理的结构（A）	改进后的结构（B）
两个有同轴度要求的零件连接时，应有正确的装配基准。B 结构通过止口定位，简便合理	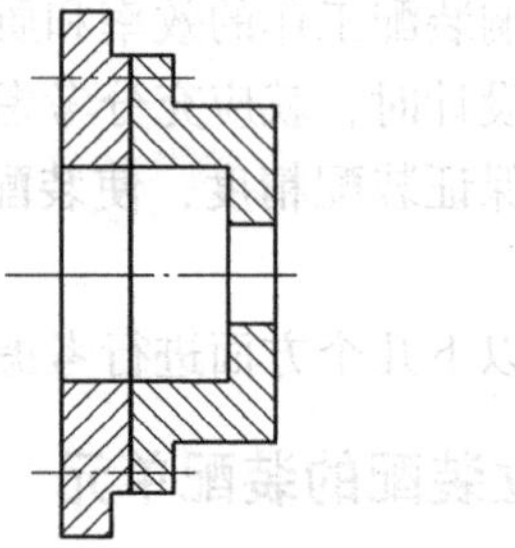	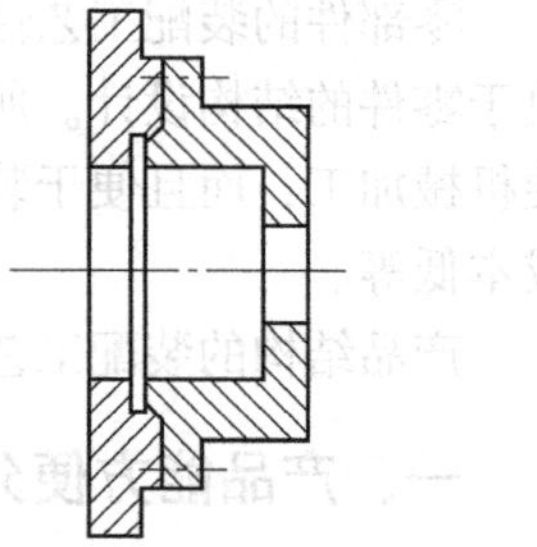
不能用螺纹联接作为装配基准。A 结构螺纹联接不能保证装配后的同轴度。B 结构用圆柱面作为装配基准面，加工方便，也减少了选配和调整的工作量	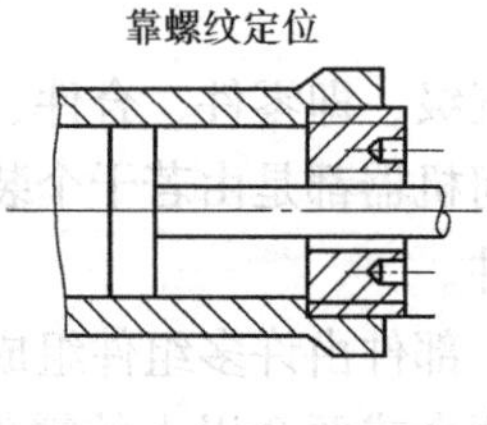	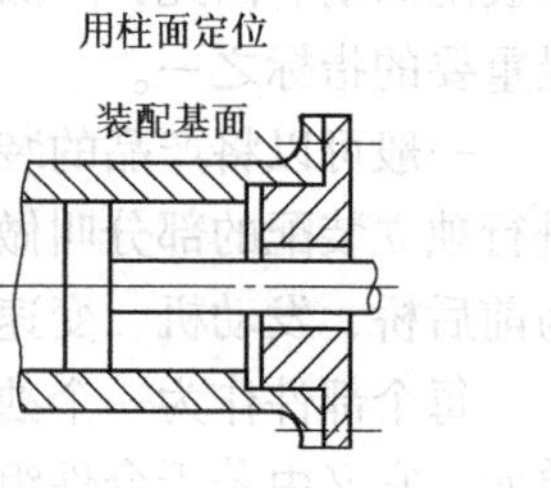

（续）

要点与说明	不合理的结构（A）	改进后的结构（B）
互有位置要求的零件应尽量采用同一定位基准。A 结构齿轮 1 和 2 不能保证全齿都啮合。B 结构齿轮轴用两卡环定位，使两根轴由同一箱体壁定位，可保证齿轮有正确的啮合位置	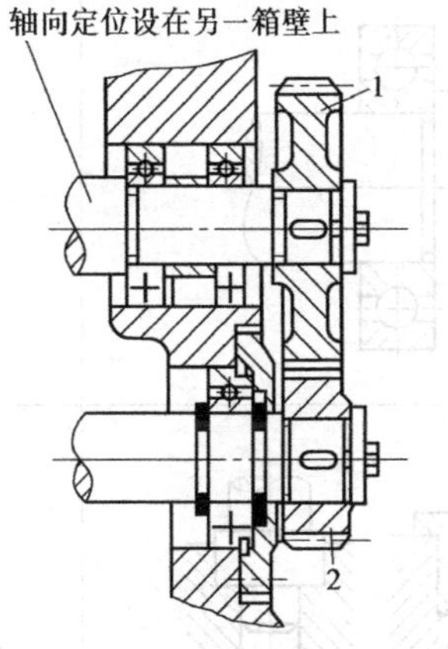	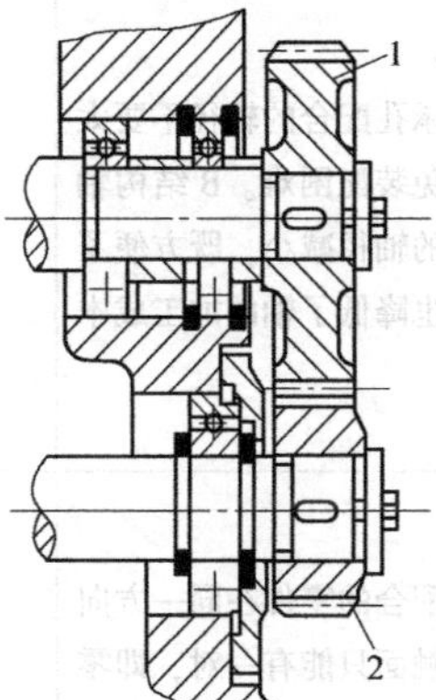
A 结构中两锥齿轮轴 1 和 2 与箱体间有游隙，两齿轮不能正确啮合。B 结构设置了正确的装配基准	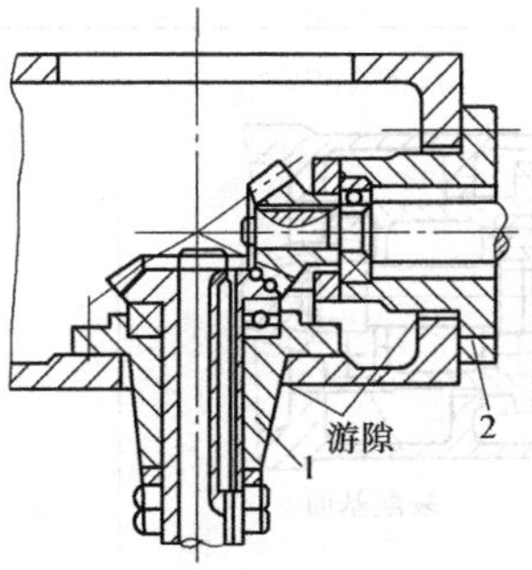	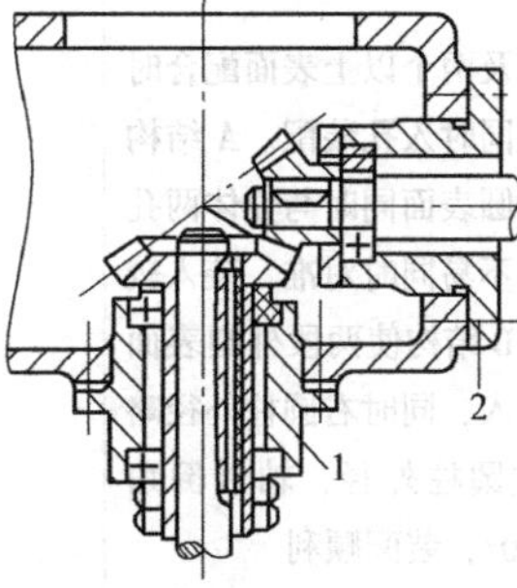

三、便于装配

要使装配工作能顺利进行，首先应将零件顺利地装成合件、部件，最后装配成产品，然后进行调整、检验和试车，如表 8-7 所示。

表 8-7　结构设计应便于装配

要点与说明	不合理的结构（A）	改进后的结构（B）
有配合要求的零件端部应有倒角，以便于装配	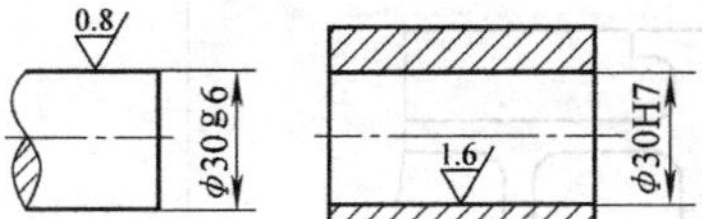	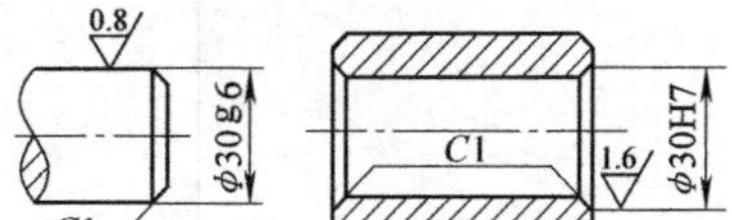
装配时形成密封腔处应有排气通道，使装配能顺利进行	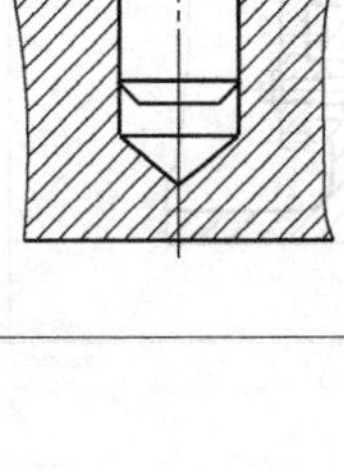	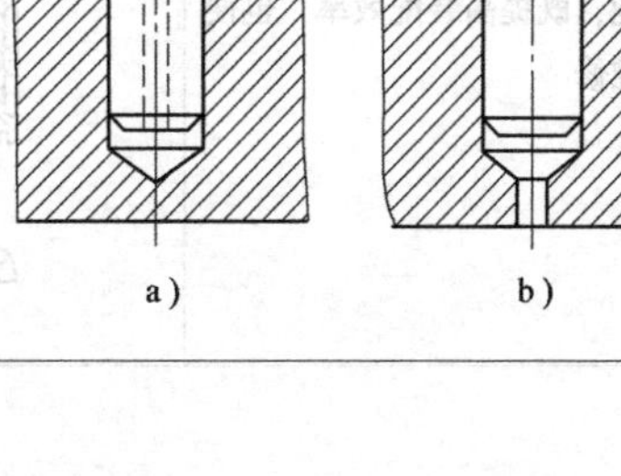 a)　　　b)

（续）

要点与说明	不合理的结构（A）	改进后的结构（B）
与轴承孔配合的轴径不要太长，以免装配困难。B结构轴承右侧的轴径减小，既方便了装配，也降低了轴的加工成本	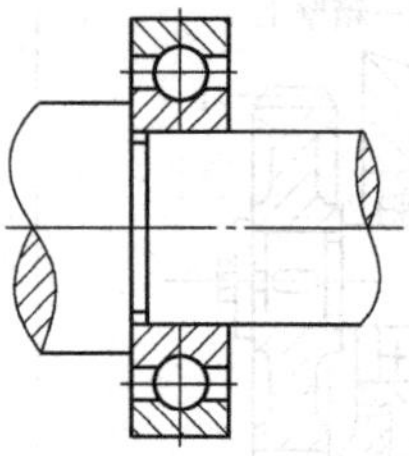	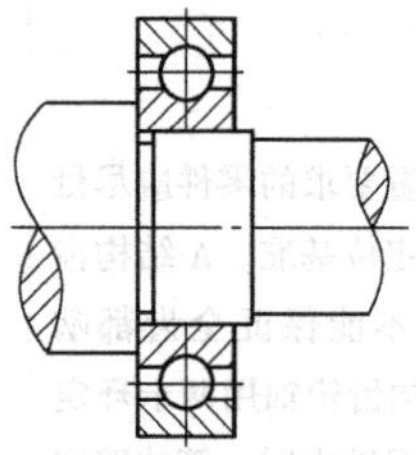
相互配合的零件在同一方向上的接触面只能有一对，即零件装配时应有明确的定位	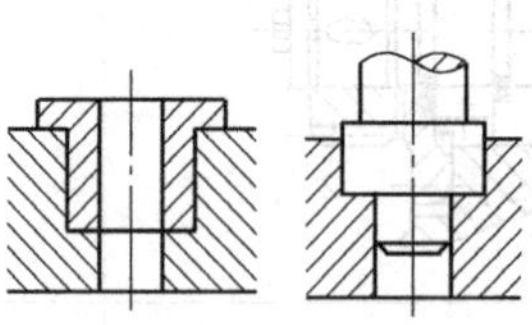	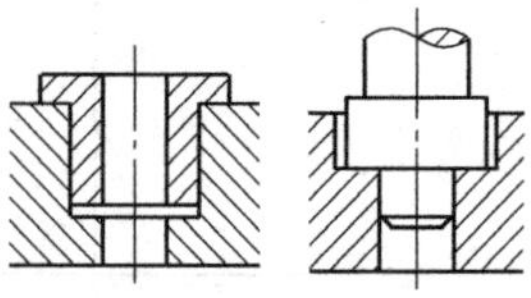
两个及两个以上表面配合时应避免同时入孔装配。A结构两段外圆表面同时与壳体两孔配合，不易同时对准，装入较困难。B结构使两段外圆表面先后装入，同时右圆柱外径略小于左圆柱外径，轴端倒角15°～30°，装配顺利	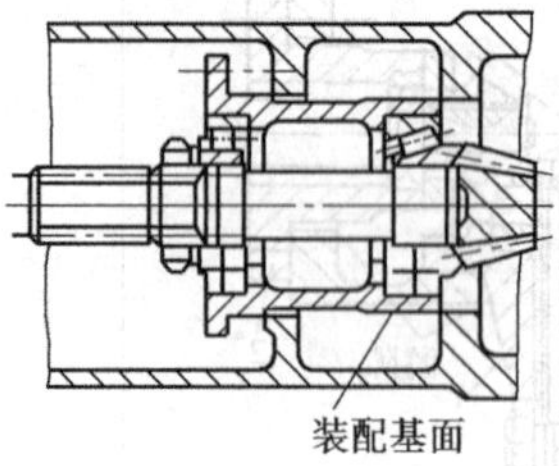	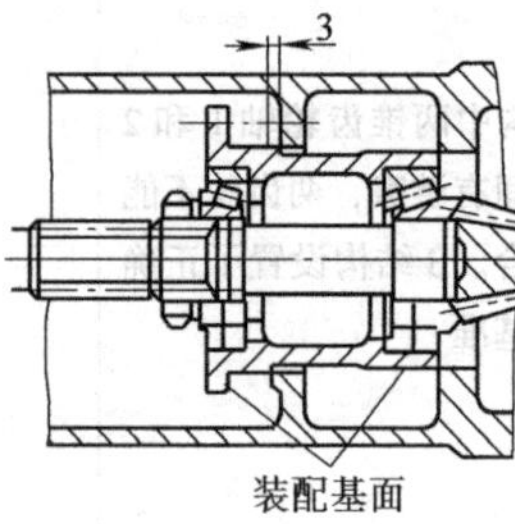
避免箱体内装配。A结构齿轮直径大于箱体支承孔径，齿轮需在箱体内装配，然后再装轴承，很不方便。B结构左支撑孔径大于齿轮外径，轴上零件可在组装后一次装入箱体	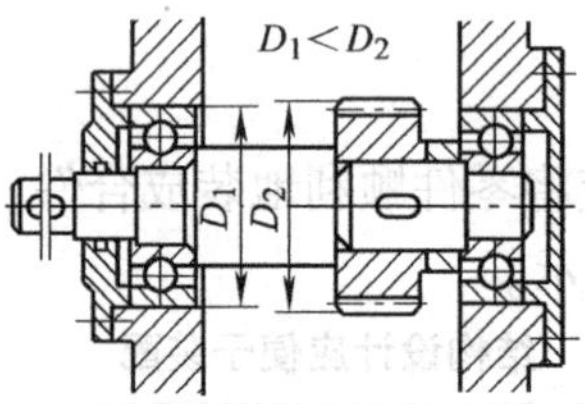	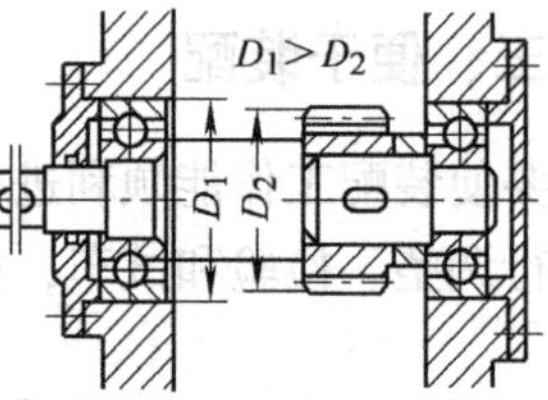
尽可能组成独立的部件或装配单元。B结构将传动齿轮组成为单独的齿轮箱，便于分别装配，既提高装配效率，也便于维修	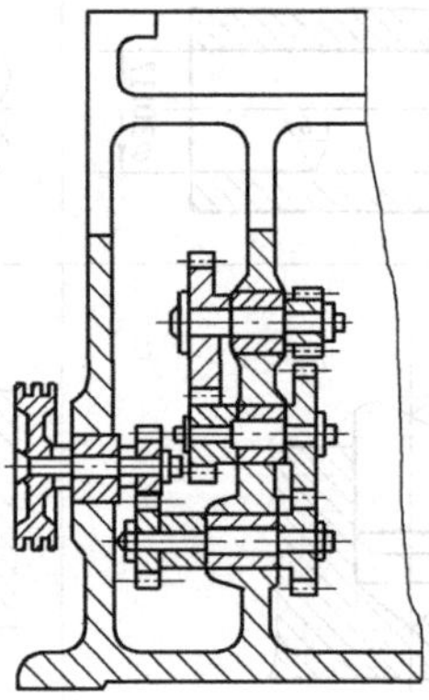	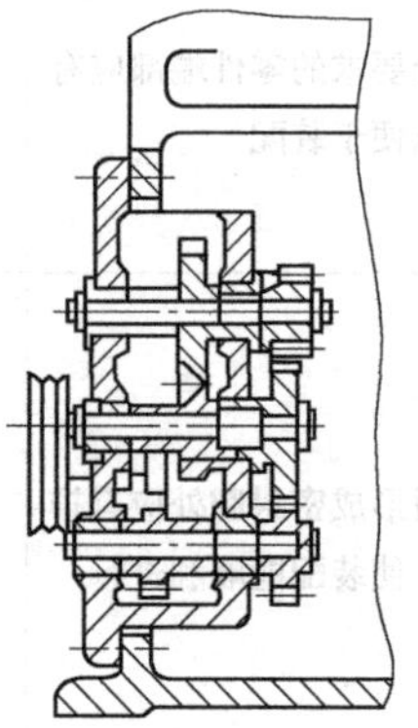

（续）

要点与说明	不合理的结构（A）	改进后的结构（B）
轴与轴套相配合部分较长时应在轴或轴套上设有空刀槽	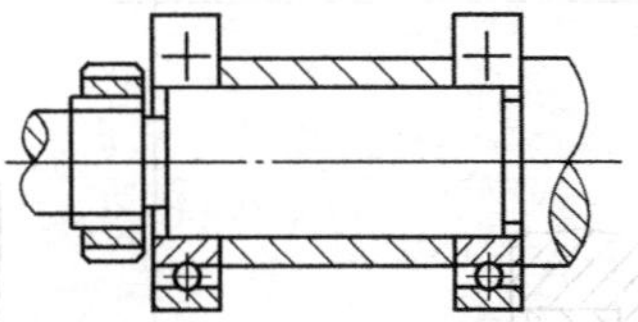	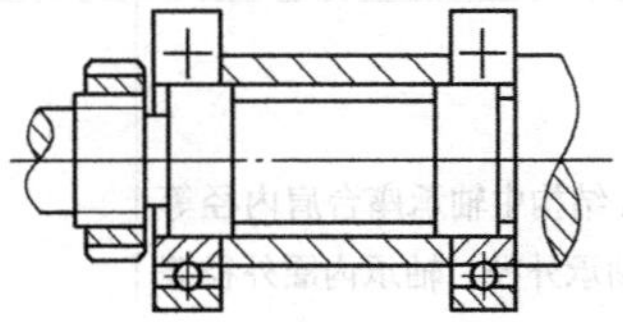
紧固件应尽量布置在易于拆装的位置	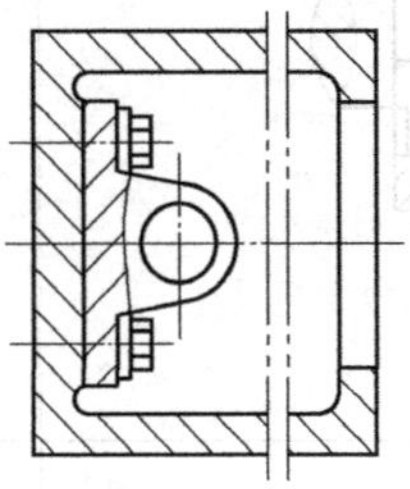	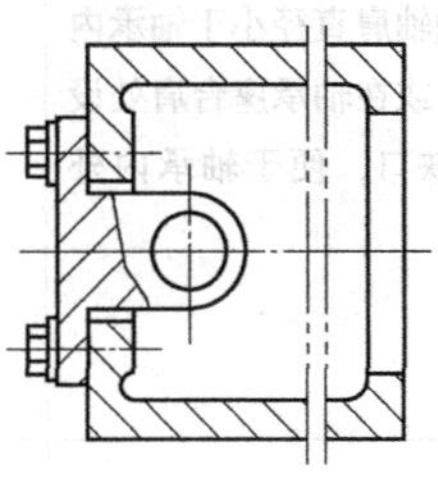
应有足够放置螺钉的高度空间和扳手活动空间	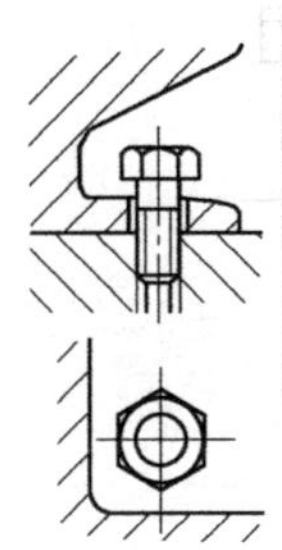	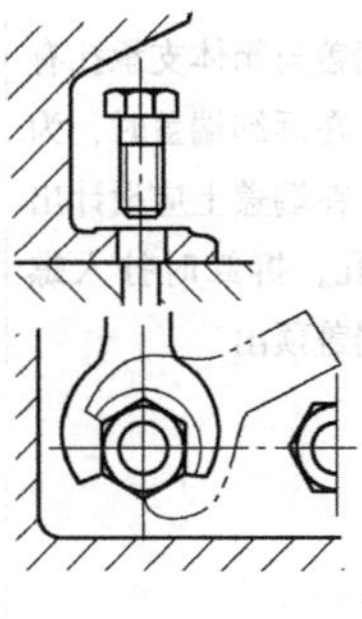
在大底座上安装机体时，应使螺栓联接能方便地装配。A结构螺栓很难进入装配位置。B结构用双头螺柱或螺钉直接拧入底座，装配便利	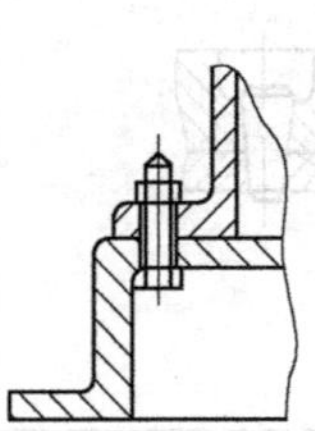	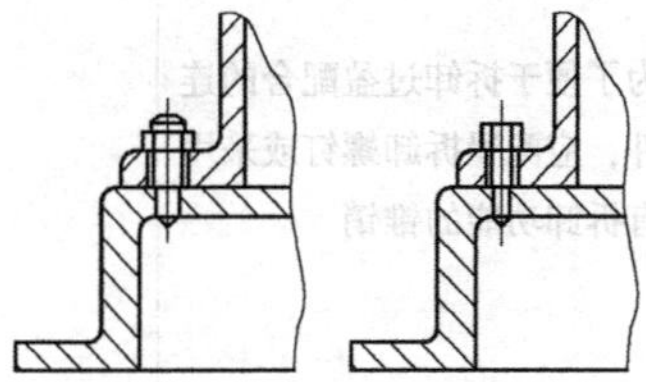 a)　b)

四、方便易损零件的拆除和维修

产品在设计时，既要考虑零件便于装配，又要考虑组件、合件的拆卸，特别是易损件的维修和更换，如表8-8所示。当发现有问题时，如零件精度不够、运动副运转不良、配合零件的配合性质不好等，就需要拆卸、修配或重新更换零件进行装配。

表 8-8 结构设计应方便易损零件的拆除和维修

要点与说明	不合理的结构（A）	改进后的结构（B）
A结构中轴承座台肩内径等于轴承外径，轴承内圈外径等于轴颈轴肩直径，轴承内、外圈均无法拆卸。B结构中轴承座台肩内径大于轴承外圈内径，轴颈轴肩直径小于轴承内圈外径；或在轴承座台肩处设2～4个缺口，便于轴承内外圈拆卸	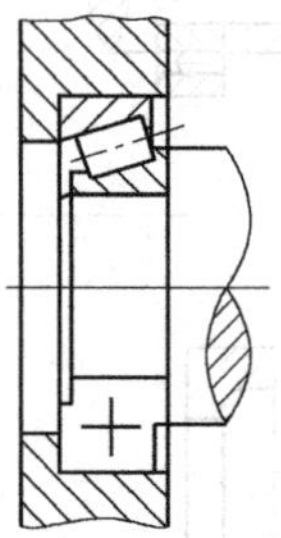	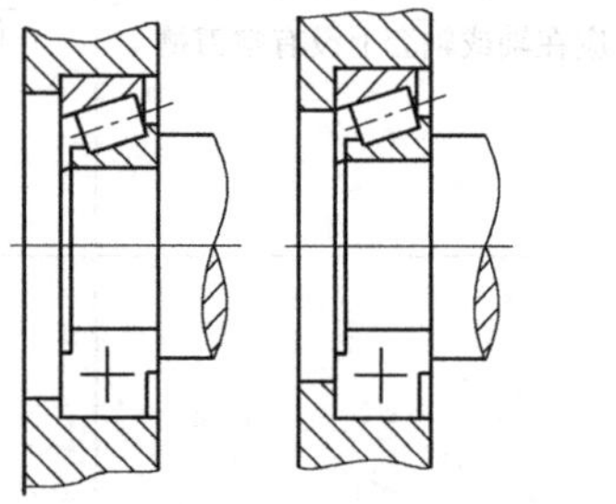 a) b)
因轴承端盖与箱体支承孔有配合要求，在拆卸端盖时，为便于拆卸，在端盖上应设计出2～4个螺孔，拆卸时拧入螺钉即可将端盖顶出	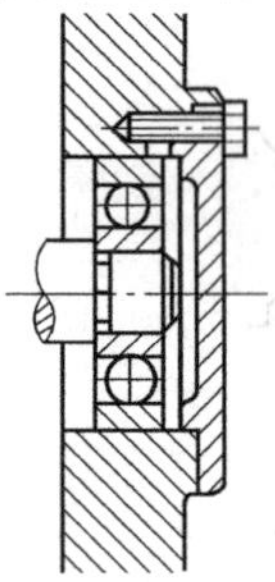	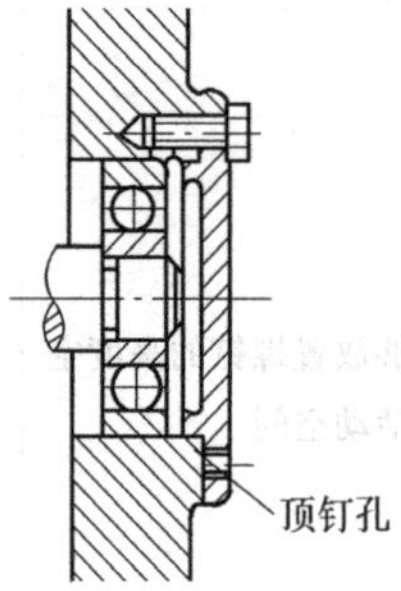
为了便于拆卸过盈配合的连接件，应配置拆卸螺钉或采用具有拆卸功能的锥销	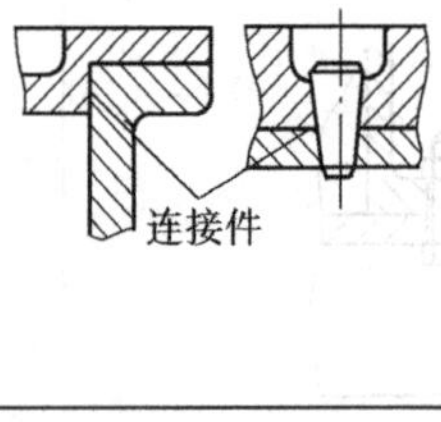	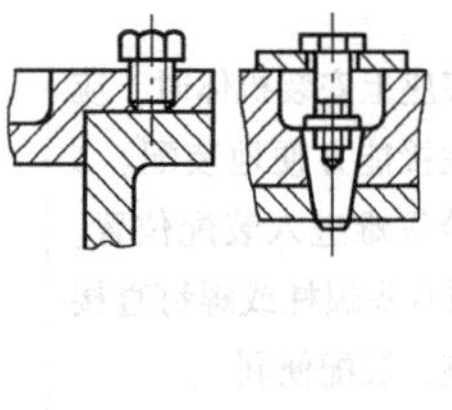

五、减少装配时的修配和机械加工工作量

装配时，对零件进行手工修配费工费力，还会增加装配车间的加工设备投入，容易引起装配工序的混乱。同时零件修配过多，加上操作者技术参差不齐，使装配质量不能统一，从而影响装配质量。一般情况下，只有合件和组件的装配精度要求很小时，才采用修配法保证装配精度。

结构设计应尽可能减少装配时的修配和机械加工工作量，如表 8-9 所示。

表 8-9 结构设计应减少装配时的修配和机械加工工作量

要点与说明	不合理的结构（A）	改进后的结构（B）
A 结构轴套装上后需要钻孔、攻螺纹。B 结构避免了装配时的切削加工	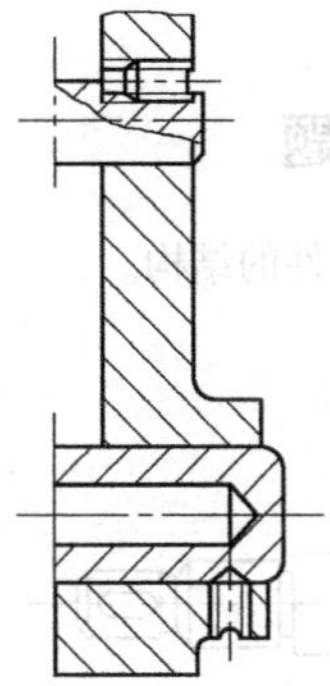	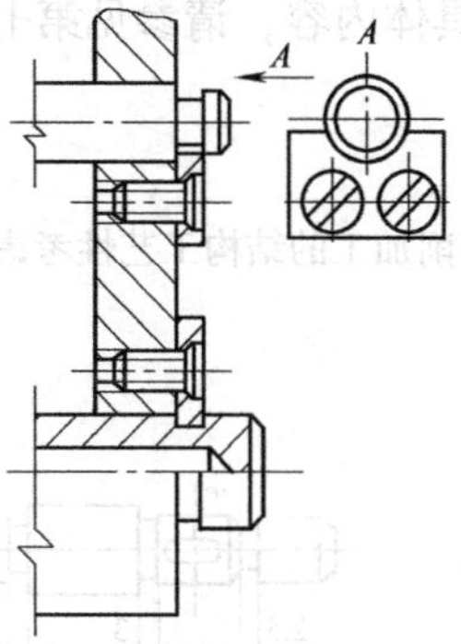
A 结构中后压板与导轨之间的间隙用修配法保证。B 结构中可用调整法，装配效率高	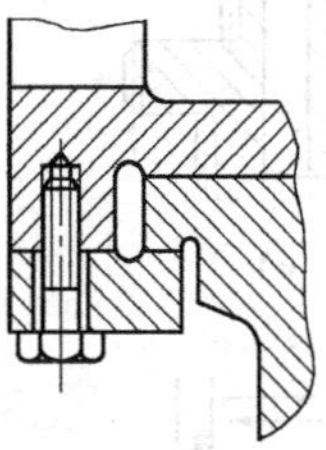	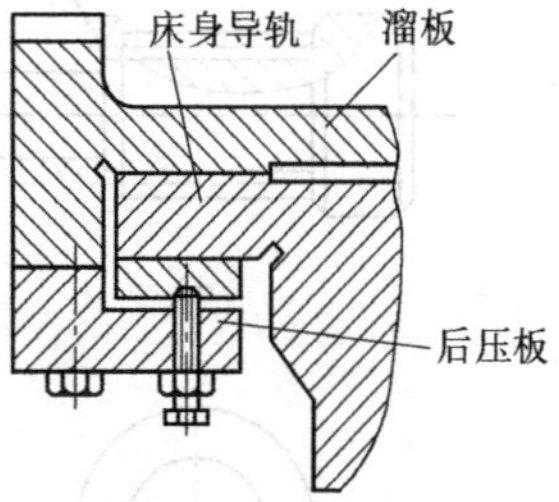
A 结构需在活塞上配钻销孔。B 结构用螺纹联接，装配时省去了机械加工，装配效率高	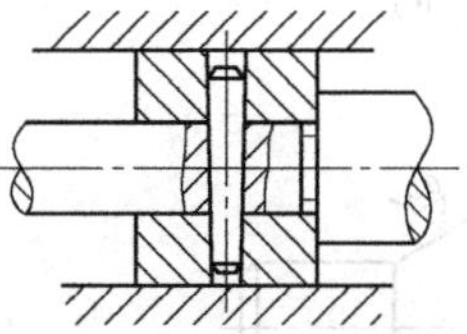	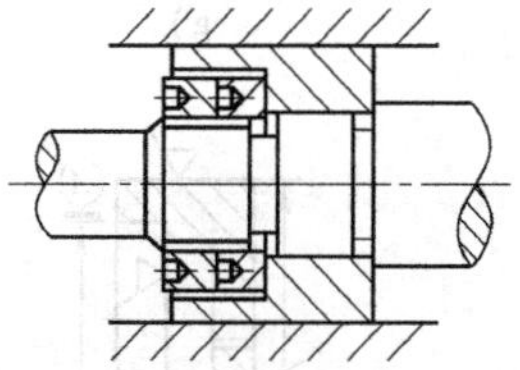
A 结构中间齿轮 1 与花键轴 3 用两个锁紧螺钉 2 固定，装配时需在花键轴上配钻锁紧螺钉孔。B 结构用对开环 4 轴向定位，避免了机械加工	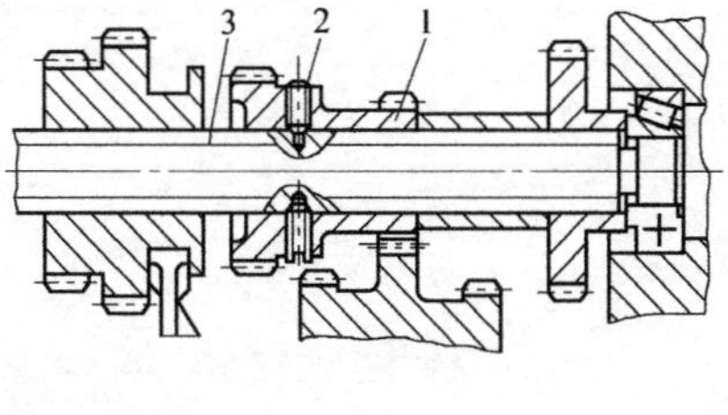	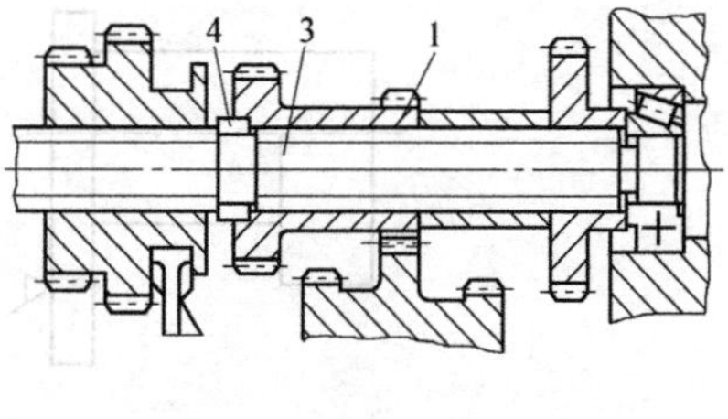

六、正确选择装配方法

为保证产品的质量，应根据产品的技术要求、结构特点、生产类型和生产条件等，采用不同的装配方法。生产中常用的方法有：互换装配法、选择装配法、修配装配法和调整装配法等，具体内容，请参见第七章相关内容。

习　　题

从切削加工的结构工艺性考虑，试改进图 8-2 所示零件的结构。

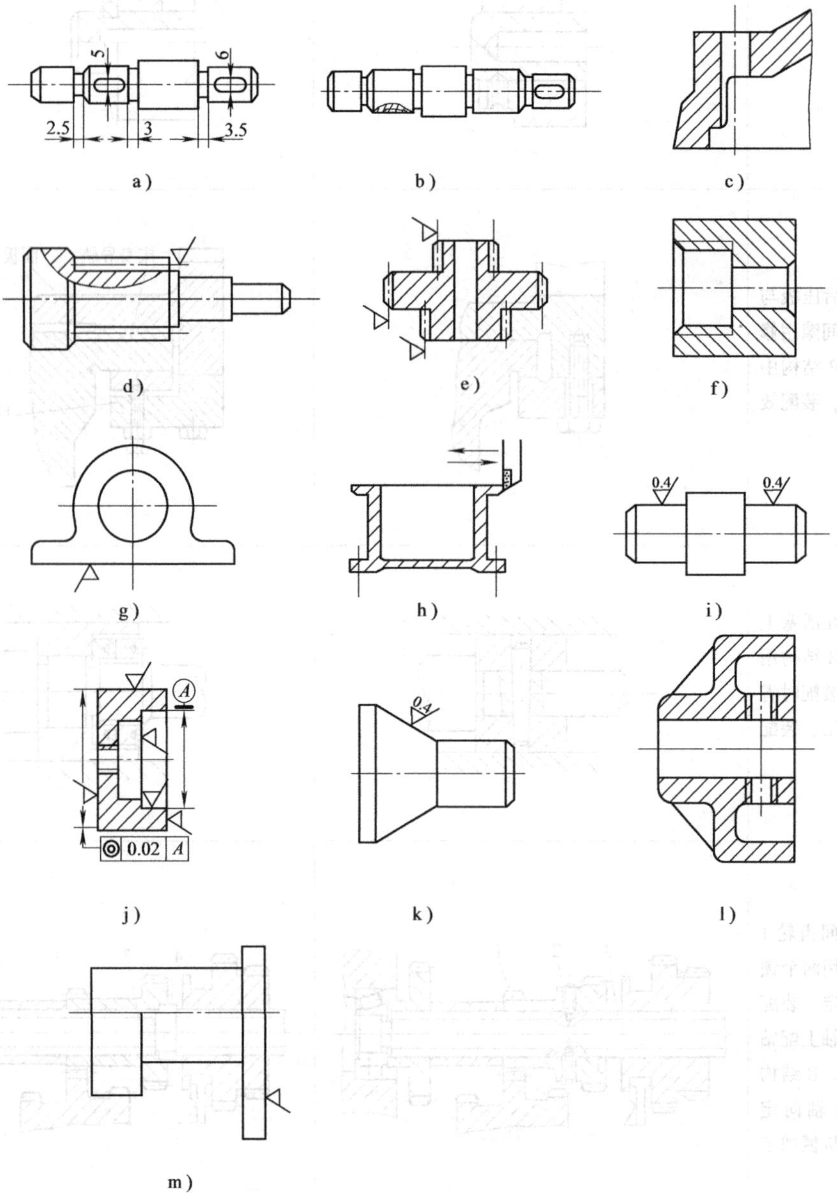

图 8-2　零件结构

参 考 文 献

1　戴起勋编．机械零件结构工艺性 300 例．北京：机械工业出版社，2003

2　王宝玺主编．汽车拖拉机制造工艺学．北京：机械工业出版社，1998

3　司乃钧主编．机械加工工艺基础（金属工艺学Ⅲ）．北京：高等教育出版社，1992

4　曲宝章，黄光烨主编．机械加工工艺基础．哈尔滨：哈尔滨工业大学出版社，2002

5　成大先主编．机械设计手册（单行本）．北京：化学工业出版社，2004

6　贺曙新，张四弟主编．中级金属切削工．北京：化学工业出版社，2004

7　王先逵编著．机械制造工艺学：上册．北京：清华大学出版社，1989

8　徐嘉元主编．机械加工工艺基础．北京：机械工业出版社，1990

9　周增文主编．机械加工工艺基础．长沙：中南大学出版社，2003

10　（日）栗富士雄，小栗达男合著．机械设计禁忌手册．陈祝同，刘惠臣译．北京：机械工业出版社，2002

第九章 汽车典型零件的制造工艺

本章以汽车中常见的典型零件——连杆、齿轮、曲轴和箱体为例，综合运用以上各章所学知识，从分析零件结构特点和审查零件结构工艺性入手，根据零件技术要求和材料，阐述毛坯选择、定位基准、典型表面的加工以及零件的机械加工工艺过程，并列举了国内生产厂具有代表性的典型工艺。

第一节 连杆制造工艺

一、概述

（一）连杆的结构特点

连杆由大头、小头和杆身等部分组成。大头为分开式结构，连杆体与连杆盖用螺栓联接。大头孔和小头孔内分别安装轴瓦和衬套。为了减轻重量且使连杆具有足够的强度和刚度，连杆杆身的截面多为工字形，其外表面不进行机械加工。

图 9-1 所示为汽车连杆简图。大多数汽车的连杆，都是以垂直于杆身轴线的平面作为连杆体和连杆盖的接合面。有些发动机的曲轴，由于提高强度、刚度和减小轴承比压的需要，增大了连杆轴颈。因此，连杆大头的外部尺寸略大于气缸直径，致使连杆大头不能从气缸孔中抽出。为了便于装卸，将连杆大头的接合面做成与连杆杆身轴线成 45°或 30°斜面。

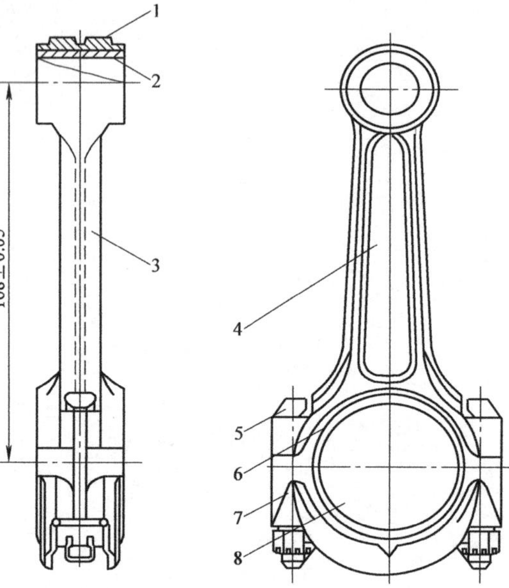

图 9-1 汽车发动机连杆总成

1—连杆小头 2—铜套 3—杆身 4—连杆体 5—连杆 6—连杆轴承衬瓦 7—连杆盖 8—连杆大头

为了减少活塞销和连杆小头孔的磨损及磨损后便于修理，在连杆小头孔中压入青铜衬套。大头孔内装有轴瓦，以减小连杆大头孔和曲轴连杆轴颈之间的摩擦。按照轴瓦的种类，一般有直接在大头孔内浇铸抗磨合金的连杆、大头孔内装有刚性厚壁轴瓦的连杆和大头孔内装有薄壁双金属轴瓦的连杆。前两种连杆，连杆体和连杆盖之间用一组垫片来补偿抗磨合金的磨损；后一种连杆不用垫片，这种薄壁双金属轴瓦可以互换，故应用最广。

连杆的大头和小头端面，一般与杆身对称。有些连杆在结构上规定有工艺凸台、中心孔等，作为机械加工时的辅助基准。

(二) 连杆的主要技术要求

汽车发动机连杆主要技术要求如下：

1）连杆小头孔的尺寸公差不低于 IT7，表面粗糙度 R_a 值不大于 0.80μm，圆柱度公差等级不低于 7 级。小头衬套孔的尺寸公差不低于 IT6，表面粗糙度 R_a 值不大于 0.40μm，圆柱度公差等级不低于 6 级。

2）连杆大头孔的尺寸公差与所用轴瓦的种类有关。当直接浇铸巴氏合金时，大头底孔为 IT9；当采用厚壁轴瓦时，大头底孔为 IT8；当采用薄壁轴瓦时，大头底孔为 IT6。表面粗糙度 R_a 值不大于 0.80μm，圆柱度公差等级不低于 6 级。

3）连杆小头孔及小头衬套孔轴线对连杆大头孔轴线的平行度：在大、小头孔轴线所决定的平面的平行方向上，平行度公差值应不大于 100：0.03；垂直于上述平面的方向上，平行度公差值应不大于 100：0.06。连杆大、小头孔中心距的极限偏差通常为 ±0.05mm。

连杆大头两端面对连杆大头孔轴线的垂直度公差不应低于 8 级。两端面表面粗糙度 R_a 值不大于 1.25μm。

4）为了保证发动机运转平稳对于连杆的重量及装在同一台发动机中的连杆重量差都有要求。有些对运转平稳性要求高的发动机，对连杆小头重量和大头重量分别给以规定。

(三) 连杆的材料和毛坯

汽车发动机连杆的材料，一般采用 45 钢（精选碳的质量分数为 0.42% ~0.47%）或 40Cr、35CrMo，并经调质处理，以提高其强度及抗冲击能力。我国有些工厂也有用球墨铸铁制造连杆的。钢制连杆一般采用锻造。在单件小批生产时，采用自由锻造或用简单的胎模锻；在大批大量生产中采用模锻。模锻时，一般分两个工序进行，即初锻和终锻，通常在切边后进行热校正。中、小型的连杆，其大、小头的端面常进行精压，以提高毛坯精度。

模锻生产率高，但需要较大的锻造设备。因此，我国有些生产连杆的工厂，采用了连杆辊锻工艺。采用辊锻毛坯，在连杆结构设计时，锻造圆角和拔模角不能过小，要尽量避免截面突然变化，否则在锻造时不易充满成形。

锻坯形式有两种：连杆体与连杆盖合在一起的整体锻件和连杆体、连杆盖分开的分开锻件。整体锻件较分开锻件减少了毛坯制造的劳动量，并节约金属材料。整体锻造的毛坯需要在以后的机械加工过程中将其分开。为保证切开后粗镗孔余量的均匀，通常将大头孔锻成椭圆形。分开锻造的连杆盖，金属纤维是连续的，在强度方面优于整体锻造的连杆盖。整体锻造的连杆，虽然增加了切开连杆盖的工序，减少了毛坯制造的劳动量，但降低了材料的损耗，又可使与连杆体的端面同时加工，减少了工序数目，所以采用整体锻造的毛坯较多。

(四) 连杆的结构工艺性分析

连杆的结构形式，直接影响机械加工工艺的可靠性和经济性。影响连杆结构工艺性的因素，主要有以下几个方面：

(1) 连杆盖和连杆体的连接方式　连杆盖和连杆体的定位方式，主要有连杆螺栓、套筒、齿形和凸肩四种，如图 9-2 所示。用连杆螺栓定位（如图 9-2a），螺栓和螺栓孔的尺寸公差都较小，螺栓孔尺寸公差一般为 H7，表面粗糙度为 R_a1.6μm；用套筒定位（如图 9-2b），连杆体、连杆盖与套筒配合的孔，精度为 H7 级，表面粗糙度为 R_a1.6μm；用齿形（如图 9-2c）或凸肩定位（如图 9-2d），定位精度高，接合稳定性好，制造工艺也较简单，连杆螺栓孔为自由尺寸，接合面上的齿形或凸肩可采用拉削方法加工，适用于大批大量生产。成批生产时，可用铣削方法加工。

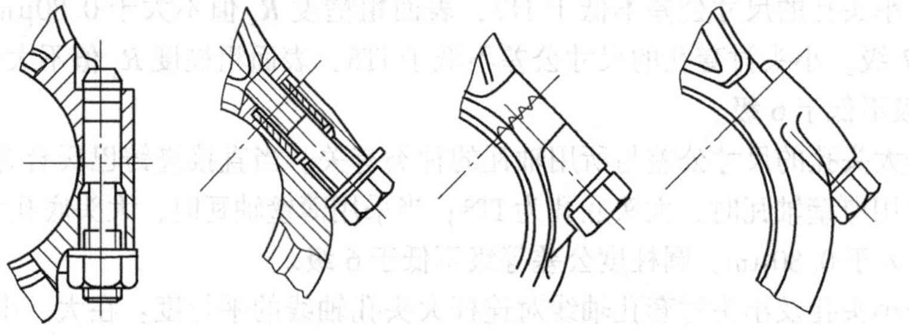

图9-2 连杆盖和连杆体连接的定位方式

(2) 连杆大、小头厚度　考虑到加工时的定位、加工中的输送等要求，连杆大、小头一般采用相等厚度。对于不等厚度的连杆，为了加工定位和夹紧的方便，也常在工艺过程中先按等厚度加工，最后再将连杆小头加工至所需尺寸。

(3) 连杆杆身上油孔的大小和深度　活塞销与连杆小头衬套孔之间需进行润滑，部分发动机连杆采用压力润滑。为此，在连杆杆身中钻有油孔，润滑油从连杆大头沿油孔通向小头衬套。油孔一般为 ϕ4mm ~ ϕ8mm 的深孔。由于深孔加工困难，有些连杆以阶梯孔代替小直径通孔，从而改善了工艺性，避免了深孔加工。现在，汽车发动机连杆小头衬套孔的润滑方式主要为飞溅润滑加重力润滑。当发动机工作时，飞溅在活塞内腔顶部上的润滑油，由于自重落到连杆小头油孔或开口内，再经过衬套上的小孔流到活塞销的摩擦表面，这种结构不需要深油孔，所以便于加工。

二、连杆机械加工工艺

(一) 连杆机械加工的定位基准

连杆的工艺特点是：外形较复杂，不易定位；大、小头是由细长的杆身连接，刚度差，容易变形；尺寸公差、形状和位置公差要求很严，表面粗糙度值小。这给连杆机械加工带来了许多困难。定位基准的正确选择对保证加工精度是很重要的。如为保证大头孔与端面垂直，加工大、小头孔时，应以一端面为定位基准。为区分作为定位基准的端面，通常在非定位一端的杆身和连杆盖上各锻造出一凸点（小凸台）。为保证两孔位置公差要求，加工其中一孔时，常以另一孔作为定位基准，即互为定位基准。连杆加工中，大多数工序是以大、小头端面，大头孔或小头孔，以及零件图中规定的工艺凸台为精基准的。

根据连杆加工工艺要求，可设置工艺凸台，如图9-3 所示。图9-3a 为大、小头侧面都有工艺凸台的连杆，图示是用端面、大头孔和小头工艺凸台为定位基准加工小头孔的工序图。图9-3b 为大头侧面有工艺凸台的连杆，图示是用端面、小头孔和大头工艺凸台为基准加工接合面的工序图。图9-3c 为大、小头侧面和小头顶面有工艺凸台的连杆，图示是用端面和工艺凸台为定位基准加工大头孔或小头孔，也可以同时加工大、小头孔的工序图。这三种结构形式不同的连杆的定位方式适用于产量较大的生产。这三种定位方式不仅用于加工时的定位，也便于在自动化生产中作为输送基面。

此外，有的连杆在大、小头侧面有三个或四个中心孔作为辅助基准，如图9-4 所示。

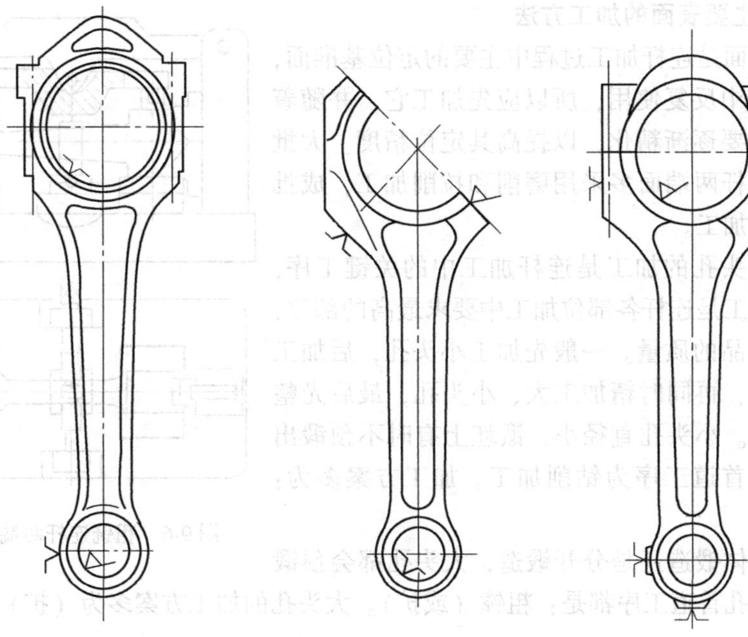

图 9-3　不同工艺凸台的连杆结构

采用三个或四个中心孔的定位方法，不仅可以使加工过程中基准不变，而且还可以实现大、小头同时加工。

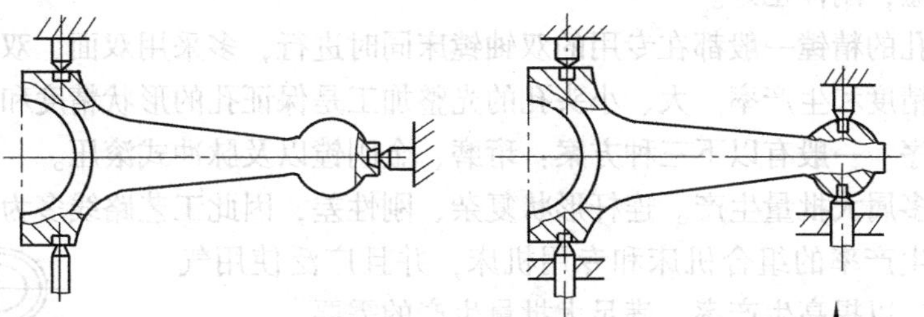

图 9-4　以中心孔作辅助基准的连杆

（二）连杆合理的夹紧方法

连杆是一个刚性较差的工件，应十分注意夹紧力的大小、方向及着力点位置的选择，以免因受夹紧力的作用而产生变形，降低加工精度。图 9-5 所示为不正确的夹紧方法。

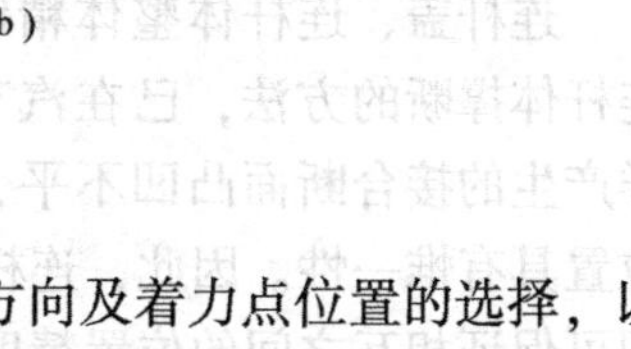

图 9-5　连杆的夹紧变形

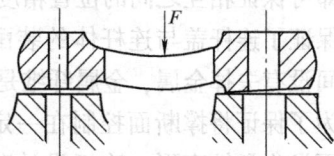

实际生产中，设计粗铣两端面的夹具时（图 9-6），应使夹紧力主方向与端面平行。在夹紧力作用的方向上，大头端部与小头端部的刚性大，即使有一点变形，也产生在平行于端面的方向上，对端面平行度影响较小。夹紧力通过工件直接作用在定位元件上，可避免工件产生弯曲或扭转变形。从前述粗基准选择中可知，这样还有利于对称。

（三）连杆主要表面的加工方法

连杆的两端面是连杆加工过程中主要的定位基准面，而且在许多工序中反复使用，所以应先加工它，并随着工艺过程的进行要逐渐精化，以提高其定位精度。大批大量生产中，连杆两端面多采用磨削和拉削加工，成批生产多采用铣削加工。

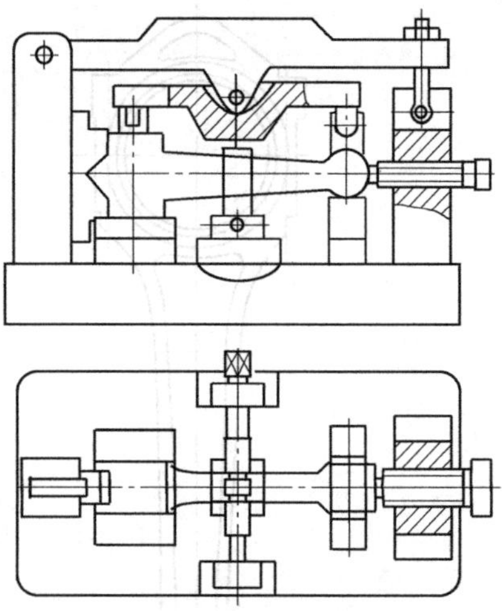

图 9-6　粗铣连杆两端面的夹具

连杆大、小头孔的加工是连杆加工中的关键工序，尤其大头孔的加工是连杆各部位加工中要求最高的部位，直接影响连杆成品的质量。一般先加工小头孔，后加工大头孔，合装后，再同时精加工大、小头孔，最后光整加工大、小头孔。小头孔直径小，锻坯上有时不预锻出孔，所以小头孔首道工序为钻削加工。加工方案多为：钻→扩→镗。

无论采用整体锻造还是分开锻造，大头孔都会预锻出孔，因此大头孔首道工序都是：粗镗（或扩）。大头孔的加工方案多为（扩）粗镗→半精镗→精镗。

在大、小头孔的加工中，镗孔是保证精度的主要方法。因为镗孔能够修正毛坯和上道工序造成的孔的歪斜，易于保证孔与其他孔或平面的位置精度。虽然镗杆尺寸受孔径大小的限制，但连杆的孔径一般不会太小，且孔深与孔径比皆在 1 左右，这个范围的镗孔工艺性最好，镗杆悬臂短，刚性也好。

大、小头孔的精镗一般都在专用的双轴镗床同时进行，多采用双面、双轴金刚镗床，有利于提高加工精度和生产率。大、小头孔的光整加工是保证孔的形状精度和表面粗糙度不可缺少的加工工序。一般有以下三种方案：珩磨、金刚镗以及脉冲式滚压。

连杆加工多属大批量生产。连杆形状复杂、刚性差，因此工艺路线多为工序分散，大部分工序采用高生产率的组合机床和专用机床，并且广泛使用气动、液动夹具，以提高生产率，满足大批量生产的需要。

（四）整体精锻连杆盖、体的撑断新工艺

连杆盖、连杆体整体精锻，待半精加工后，采用连杆盖与连杆体撑断的方法，已在汽车发动机连杆生产中广泛采用，这样产生的接合断面凸凹不平，连杆盖与连杆体再组装时的装配位置具有惟一性。因此，连杆盖与连杆体之间只需用螺栓联接，即可保证相互之间的位置精度。这样既简化了连杆的加工工艺，保证了连杆盖与连杆体的装配精度，又由于连杆盖与连杆体之间没有去掉金属，金属纤维是连续的，从而保证了连杆的强度。为了保证将撑断面控制在一定范围内，撑断时连杆盖与连杆体不发生塑性变形，连杆设计时应注意适当减小接合面面积，并在撑断前在连杆盖与连杆体接合处拉出引断槽，形成应力集中，如图 9-7 所示。此加工方法已在轿车发动机连杆生产中采用，是连杆加工的新工艺。

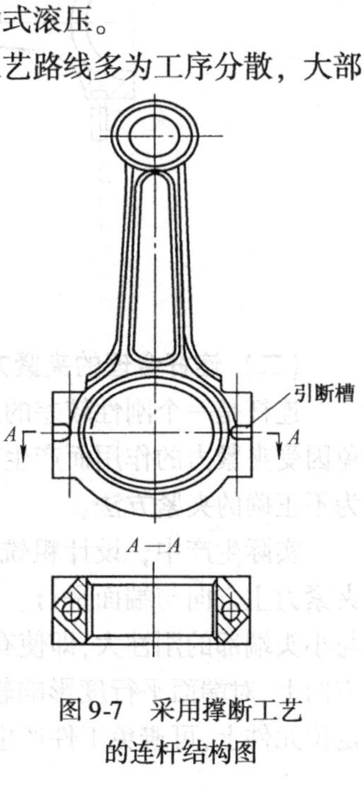

图 9-7　采用撑断工艺的连杆结构图

三、大批量生产时连杆机械加工的工艺过程

在汽车发动机的制造中，连杆的加工多属于大批大量生产，广泛采用先进工艺和高生产率专用机床，实现机械加工、连杆盖和连杆体装配、称重、检验、清洗和包装等工序自动化。表 9-1 所示为成批生产整体锻造的连杆机械加工工艺过程。

表 9-1　成批生产整体锻造的连杆机械加工工艺过程（主要工序）

工序号	工序内容	设备	工序号	工序内容	设备
1	粗、精铣大小头端面	立式铣床	15	磨连杆大头两端面	平面磨床
2	钻、扩小头孔	立式钻床	16	半精镗大头孔	专用镗床
3	半精镗小头孔	专用镗床	17	车连杆大头侧面	卧式车床
4	铣定位凸台	立式铣床	18	拆开和装配连杆盖	钳工台
5	自连杆上切下连杆盖	卧式铣床	19	精镗大头孔	专用镗床
6	锪连杆盖螺栓头贴合面	立式钻床	20	精镗小头孔	专用镗床
7	精铣接合面	立式铣床	21	小头孔压入衬套	油压机
8	粗镗大头孔	专用镗床	22	精镗小头衬套孔	专用镗床
9	磨接合面	平面磨床	23	拆开连杆盖	钳工台
10	钻、扩、铰螺栓孔	立式钻床	24	铣锁口槽	卧式铣床
11	锪连杆体螺栓头贴合面	立式钻床	25	清洗、去毛刺	钳工台
12	钻阶梯油孔	立式钻床	26	装配连杆盖和连杆体	钳工台
13	去毛刺，清洗	钳工台	27	称重、去重	钳工台
13J	中间检验		27J	最终检验	
14	装配连杆盖和连杆体、打字头	钳工台			

第二节　齿轮制造工艺

一、概述

（一）齿轮的结构特点

汽车的齿轮，按照结构的工艺特点可分为五类，如图 9-8 所示。

1）单联齿轮，孔的长径比 $L/D>1$。

2）多联齿轮，孔的长径比 $L/D>1$。

3）盘形齿轮，具有轮毂，孔的长径比 $L/D<1$。

4）齿圈，没有轮毂，孔的长径比 $L/D<1$。

5）轴齿轮。

单联齿轮与多联齿轮也称筒形齿轮，内孔为光孔、键槽孔或花键孔。盘形齿轮和齿圈的内孔一般为光孔或键槽孔。

（二）齿轮的主要技术要求

为了保证齿轮正常工作和便于加工，齿轮主要表面的尺寸公差、位置公差和表面粗糙度均须达到一定的标准。归纳起来，汽车传动齿轮的主要技术要求有：

（1）齿轮精度和表面粗糙度　载货汽车变速器的精度不低于 8 级，表面粗糙度不大于 $R_a3.2\mu m$；轿车齿轮的精度不低于 7 级，表面粗糙度不大于 $R_a1.6\mu m$。汽车驱动桥主动圆柱齿轮的精度不低于 8 级，从动圆柱齿轮的精度不低于 9 级。

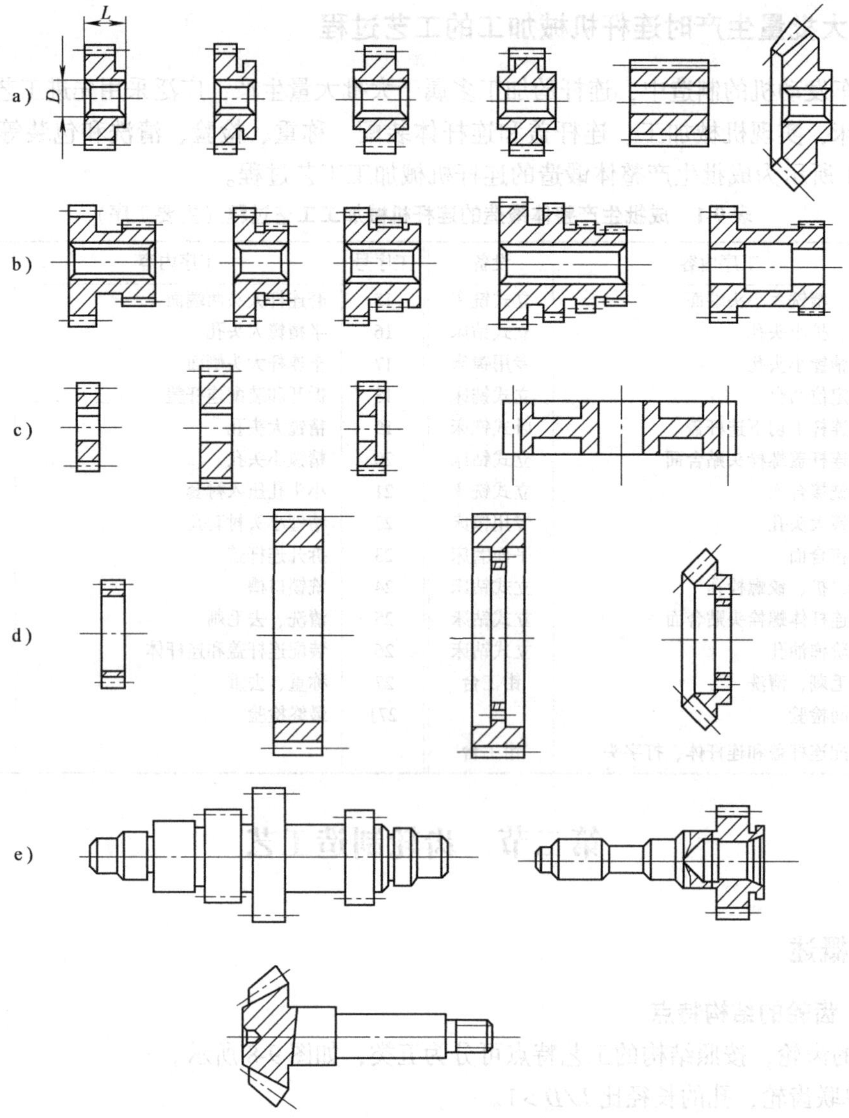

图 9-8 汽车齿轮的结构类型

a) 单联齿轮 b) 多联齿轮 c) 盘形齿轮 d) 齿圈 e) 轴齿轮

(2) 齿轮孔或轴齿轮轴颈尺寸公差和表面粗糙度　齿轮孔或轴齿轮轴颈是加工、测量和装配时的基面，它们对齿轮的加工精度有很大影响，所以要有较高的加工精度和较小的表面粗糙度值。对于6级精度的齿轮，它的内孔为IT6，轴颈为IT5；对7级精度的齿轮，内孔为IT7，轴颈为IT6。对基准孔和轴颈的尺寸公差和形状公差应遵守包容原则，表面粗糙度为$R_a0.40\sim0.80\mu m$。

(3) 端面圆跳动　带孔齿轮齿坯端面是切齿时的定位标准，端面对内孔在分度圆上的跳动量对齿轮加工精度有很大影响，因此，端面圆跳动量规定了较小的公差值。端面圆跳动量视齿轮精度和分度圆直径不同而异，对于6~7级精度齿轮，规定为0.011~0.022mm。基准端面的表面粗糙度为$R_a0.40\sim0.80\mu m$；非定位和非工作端面表面粗糙度为$R_a6.3\sim25\mu m$。

(4) 齿轮外圆尺寸公差　当齿轮外圆不作为加工、测量的基准时，其尺寸公差一般为

IT11，但不大于0.1m_n（法向模数）。当它作为定位、测量的基准时，其尺寸公差要求较严，一般为IT8。此外，还规定有外圆对孔或轴颈轴线的径向圆跳动的要求等。

（5）齿轮的热处理要求　对常用的低碳合金钢，渗碳层深度一般取决于齿轮模数的大小。如中等模数 m_n >3~5mm 的齿轮，渗碳层深度为0.9~1.3mm，齿面淬火硬度56~64HRC，心部硬度32~45HRC。对中碳钢或中碳合金钢，经表面淬火后，齿面硬度不低于53HRC。

（三）齿轮的材料和毛坯

汽车的传动齿轮，常用的材料是20CrMnTi、20CrNiMo、20CrMo、20MnVB、40Cr、40MnB和45钢等。

在中、小批生产中，齿轮毛坯可以在空气锤上用胎模锻造。产量大时，齿轮毛坯一般均采用模锻。当孔径大于25mm，长度不大于孔径的2倍时，内孔亦可锻出（在卧式锻造机上，还可以锻出孔的长径比大于5的深孔）。图9-9所示为汽车变速器第一速及倒车齿轮毛坯的锻件图。钢材经模锻后，内部纤维对称于轴线，可以提高材料的强度，如图9-10所示。

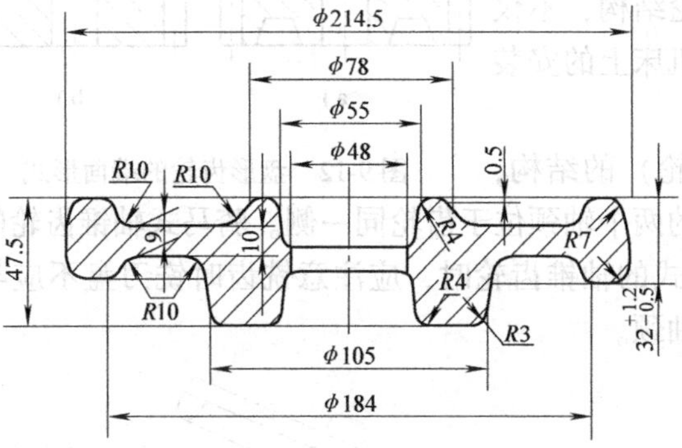

图9-9　汽车第一速及倒车齿轮毛坯锻件图

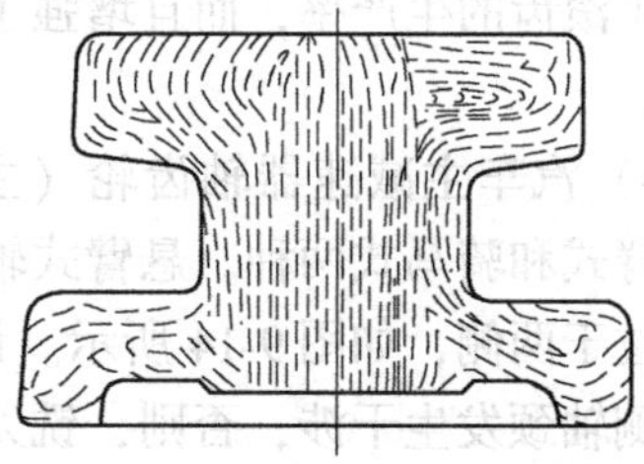

图9-10　墩锻齿轮毛坯材料纤维的排列情况

为了减少被加工齿轮在渗碳和淬火时的变形，要求毛坯的金相组织和晶粒大小均匀。所以，锻件毛坯一定要经初步热处理（正火或退火），以消除锻件的内应力和提高材料的切削性能。精密锻造、粉末冶金锻造（即粉末冶金精密锻造）的齿轮毛坯，在我国汽车制造中也得到了一定的应用。

齿轮精密锻造，精锻成形后齿面不需机械加工，只是内孔和端面留有适当的精加工余量。它不仅大大提高了劳动生产率，降低生产成本，也节约了大量钢材。

粉末冶金锻造齿轮，是少切削、无切削的先进工艺之一。若采用粉末冶金锻造生产行星齿轮的毛坯，只要模具有足够的精度（不低于IT11公差），除了油孔、精磨内孔和球形端面之外，齿面不需加工就能满足公差和表面粗糙度的要求。为了满足内孔、球面和齿面的耐磨性，齿轮在精磨前须经热处理。粉末冶金锻造齿轮能大大缩短机械加工工时，节省原材料和降低成本。如某厂粉末冶金锻造4t汽车行星齿轮，与原工艺比较，生产率提高近3倍，材料利用率提高1倍以上。但是由于存在粉末材料成本较高，设备投资较大等问题，所以推广应用受到一定限制。近些年，轧制齿轮工艺有很大的发展。

（四）齿轮结构工艺性分析

齿轮的结构直接影响齿面加工方法的选择。对齿轮机械加工工艺性的分析，除适用对结构工艺性的一般分析外，采用传统加工方法时，还应考虑以下几方面：

1）用滚刀加工双联齿轮的小齿轮时，大、小齿轮之间的距离 B 要足够大，以免加工时滚刀碰到大齿轮的端面。如图9-11所示，B 的大小和滚刀直径 D_0、滚刀切削部分长度及滚刀安装角度等有关。

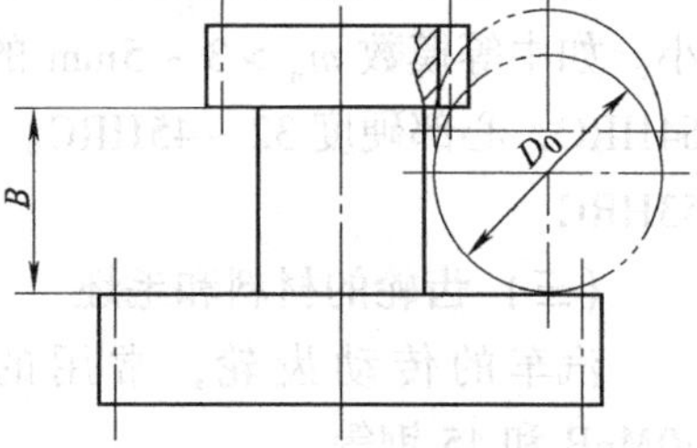

图9-11 用滚刀加工双联齿轮中小齿轮时两齿轮之间应有足够距离

2）当齿轮较宽时，盘形齿轮的端面形状常做成有凹槽的形式，如图9-12a所示。这样，可减轻齿轮重量和减少机械加工量。但当齿轮尺寸较小和齿轮强度不足时，可采用图9-12b的结构。

3）盘形齿轮在滚齿机上加工时，为了提高生产率，常采用多件加工。如图9-13a所示，结构安装刚度差，由于增加了滚刀行程长度，也影响了生产率的提高。如果采用图9-13b所示齿轮结构，不仅提高了滚齿的生产率，而且增强了工件在机床上的安装刚度。

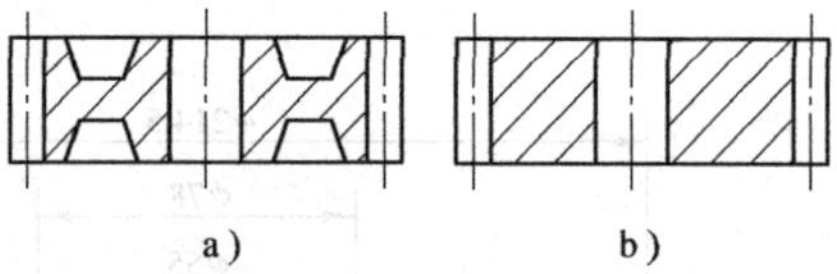

图9-12 盘形齿轮的端面形式

4）汽车主减速器轴齿轮（主动锥齿轮）的结构，有悬臂式和骑马式两种。悬臂式轴锥齿轮的两个轴颈位于齿轮同一侧。骑马式轴锥齿轮的两轴颈位于两侧，如图9-14所示。设计骑马式的轴锥齿轮时，应注意铣齿时铣刀盘不应与小头一侧轴颈发生干涉，否则，铣刀将切去轴颈。

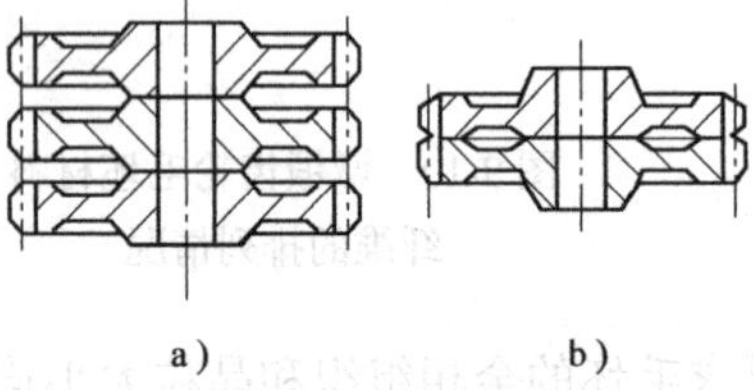

图9-13 盘形齿轮多件加工的结构形式

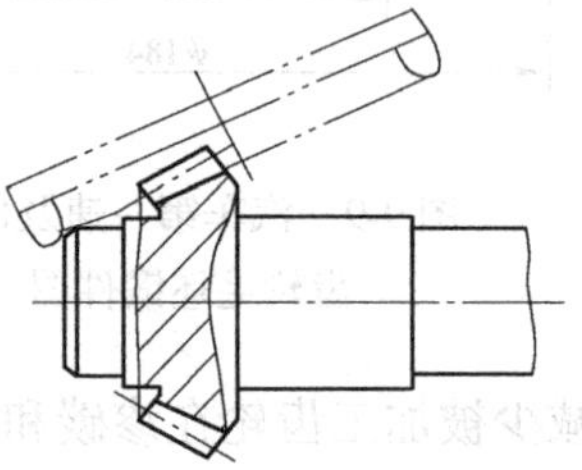

图9-14 骑马式轴锥齿轮结构工艺性不好时的情况

二、齿轮机械加工工艺

（一）齿轮机械加工的定位基准

带孔的齿轮，加工齿面时，用光孔（或花键孔）及端面作为定位基准（基面）。以这些表面作为定位基（准）面符合基准重合原则；许多工序，如齿坯和齿面加工等都可用内孔和端面定位，因此，也符合基准统一原则。但是，孔和端面两者应以哪一个作为主要的定位基准，要从定位的稳定性来决定。当齿轮孔的长径比 $L/D>1$ 时，应以孔作为主要的定位基面，装在心轴上，限制四个自由度；端面只限制一个

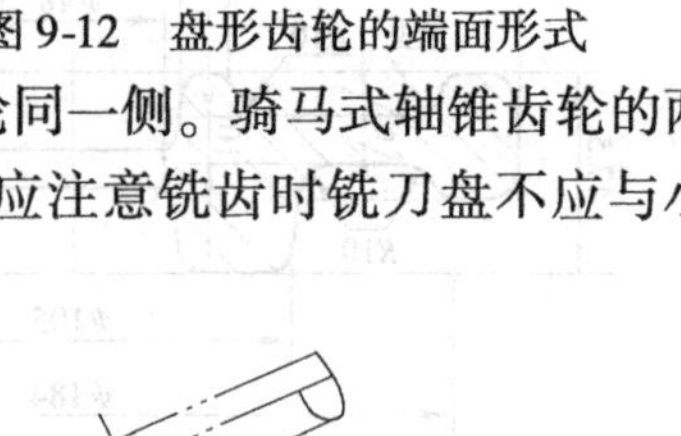

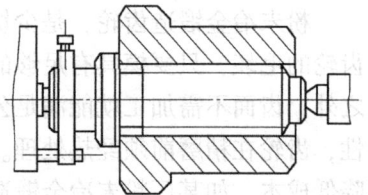

图9-15 齿轮孔长径比 $L/D>1$ 齿轮的定位

自由度，如图 9-15 所示。此时，孔和心轴间的间隙是引起加工误差的主要原因。因此，作为定位基准的孔应以较小的公差进行加工，一般按 H7 加工。为了消除孔和心轴间的间隙影响，精车齿坯时，常用过盈心轴或锥形心轴（锥度为 1/4000 ~ 1/6000）；预加工齿面时，可采用能自动定心的可涨心轴或分组的间隙心轴。当齿轮孔的长径比 $L/D<1$ 时，如图 9-16a 所示，应以端面作为主要的定位基准，限制三个自由度，内孔限制两个自由度。为使作为定位基准的孔和端面具有较高的垂直度，在加工这两个表面时，可装在三爪自定心卡盘内，在一次安装中车出，如图 9-16b 所示。

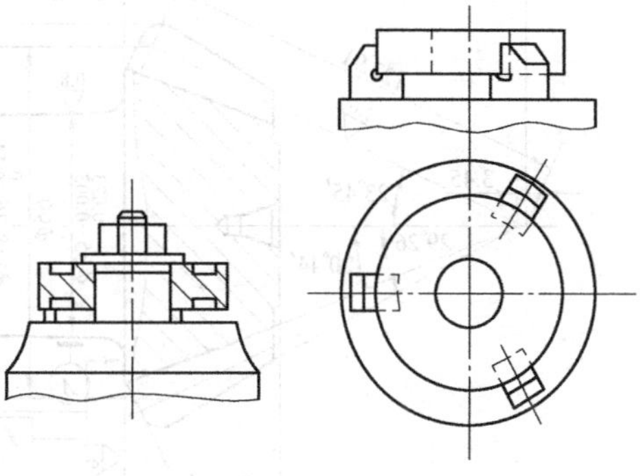

a)　　b)

图 9-16　齿轮孔长径比 $L/D<1$ 的盘形齿轮的定位

对于轴齿轮，当加工轴的外圆表面、外螺纹、圆柱齿轮面和花键时，常选择轴两端的中心孔作为定位基面，把工件安装在机床的前后（或上、下）顶尖之间进行加工。如以工件两端中心孔定位不方便或安装刚度不足时，有的工序可用磨过的两轴颈作为定位基准。图 9-17 所示为汽车主动锥齿轮零件图，加工轴端的齿面时，常用两轴颈定位，装在精密的弹性夹头中进行加工。若在轴上钻径向孔、铣键槽等，则常以两轴颈在两个 V 形块上定位夹紧进行加工。

用中心孔在机床两顶尖间定位时，定心精度高；用两轴颈在三爪自定心卡盘或弹性夹头里定位时，限于夹头结构的精度，定心精度较低，但夹紧力较大，安装刚度较好。

在单件小批生产时，齿面的加工通常是按外圆（齿顶圆）用百分表找正的。也就是说，是以齿坯外圆作为定位基面的。为了保证齿轮的加工精度，对于齿坯外圆的尺寸公差，及其对孔轴线或轴颈轴线的径向圆跳动，都提出了较高的要求。

（二）齿坯加工

齿形加工前的齿轮加工称为齿坯加工。齿坯的外圆、端面或孔经常作为齿形加工、测量和装配的基准，所以齿坯的精度对于整个齿轮的精度有着重要的影响。另外，齿坯加工在齿轮加工总工时中占有较大的比例，因而齿坯加工在整个齿轮加工中占有重要的地位。

1. 齿坯精度

齿轮在加工、检验和装夹时的径向基准面和轴向基准面应尽量一致。多数情况下，常以齿轮孔和端面为齿形加工的基准，所以齿坯精度中主要是对齿轮孔的尺寸精度和形状精度、孔和端面的位置精度有较高的要求；当外圆作为测量基准或定位、找正基准时，对齿坯外圆也有较高的要求。具体要求如表 9-2、表 9-3 所示。

表 9-2　齿坯尺寸和形状公差

齿轮精度等级	5	6	7	8
孔的尺寸和形状公差	IT5	IT6	IT7	
轴的尺寸和形状公差	IT5		IT6	
外圆直径尺寸和形状公差	IT7	IT8		

注：1. 当齿轮的三个公差组的精度等级不同时，按最高等级确定公差值。

2. 当外圆不作测齿厚的基准面时，尺寸公差按 IT11 给定，但不大于 0.1mm。

3. 当以外圆作基准面时，本表就指外圆的径向圆跳动。

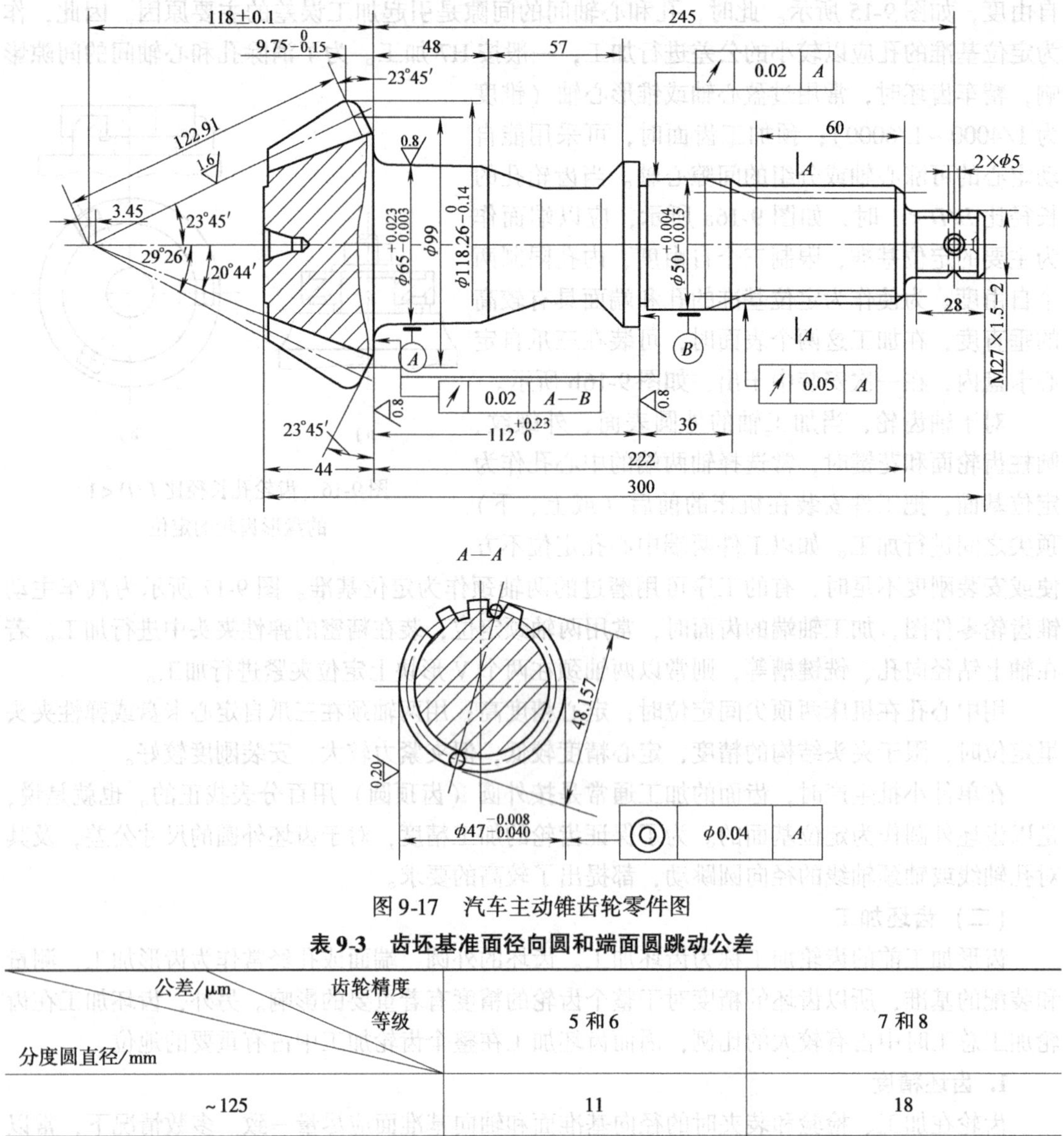

图 9-17　汽车主动锥齿轮零件图

表 9-3　齿坯基准面径向圆和端面圆跳动公差

公差/μm　齿轮精度等级 分度圆直径/mm	5 和 6	7 和 8
~125	11	18
125 ~400	14	22
400 ~800	20	32

2. 齿坯加工方案的选择

齿坯加工的主要内容包括：齿坯的孔加工、端面和中心孔的加工（对于轴类齿轮）以及齿圈外圆和端面的加工；对于轴类齿轮和套筒类齿轮的齿坯，其加工过程和一般轴、套类基本相同。下面主要讨论盘类齿轮齿坯的加工工艺方案。

齿坯的加工工艺方案主要取决于齿轮的轮体结构和生产类型。

（1）大批大量生产的齿坯加工　大批大量加工中等尺寸齿轮齿坯时，多采用“钻→拉→多刀车”的工艺方案：

1）以毛坯外圆及端面定位进行钻孔或扩孔。

2）拉孔。

3）以孔定位在多刀半自动车床上粗、精车外圆、端面、车槽及倒角等。

由于这种工艺方案采用高效机床组成流水线或自动线，所以生产效率高。

（2）成批生产的齿坯加工　成批生产齿坯时，常采用“车→拉→车”的工艺方案：

1）以齿坯外圆或轮毂定位，粗车外圆、端面和内孔。

2）以端面支承拉孔（或花键孔）。

3）以孔定位精车外圆及端面等。

这种方案可由卧式车床或转塔车床及拉床实现。它的特点是加工质量稳定，生产效率较高。当齿坯孔有台阶或端面有槽时，可以充分利用转塔车床上的转塔刀架来进行多工位加工，在转塔车床上一次完成齿坯的全部加工。

（三）齿形加工

齿圈上的齿形加工是整个齿轮加工的核心。尽管齿轮加工有许多工序，但都是为齿形加工服务的，其目的在于最终获得符合精度要求的齿轮。

按照加工原理，齿形加工可分为成形法和展成法。采用指状铣刀铣齿，盘形铣刀铣齿，齿轮拉刀拉内、外齿等，是成形法加工齿形；而滚齿、剃齿、插齿、磨齿等，是展成法加工齿形。

齿形加工方案的选择，主要取决于齿轮的精度等级、结构形状、生产类型和齿轮的热处理方法及生产工厂的现有条件。对于不同精度的齿轮，常用的齿形加工方案如下：

（1）8级精度以下的齿轮　调质齿轮用滚齿或插齿就能满足要求。对于淬硬齿轮，可采用滚（插）齿→剃齿或冷挤→齿端加工→淬火→校正孔的加工方案。根据不同的热处理方式，在淬火前齿形加工精度应提高一级以上。

（2）6~7级精度齿轮　对于淬硬齿面的齿轮可采用滚（插）齿→齿端加工→表面淬火→校正基准→磨齿（蜗杆砂轮磨齿），该方案加工精度稳定；也可采用滚（插）、剃齿或冷挤→表面淬火→校正基准→内啮合珩齿的加工方案，这种方案加工精度稳定，生产率高。

（3）5级以上精度的齿轮　一般采用粗滚齿→精滚齿→表面淬火→校正基准→粗磨齿→精磨齿的加工方案。大批大量生产时也可采用粗磨齿→精磨齿→表面淬火→校正基准→磨削外珩的加工方案。这种加工方案加工的齿轮精度可稳定在5级以上，且齿面加工质量好，噪声极低，是品质极高的齿轮。磨齿是目前齿形加工中精度最高、表面粗糙度值最小的加工方法，最高精度可达3~4级。

（四）齿端倒角加工

齿面加工之后，有时还要进行齿端倒角。齿端倒角有两种，一种是去掉直齿轮或斜齿轮齿端的锐角，另一种是加工变速器滑动变速齿轮的齿端圆角。

（1）去掉齿端锐角　齿轮，特别是斜齿轮的齿端锐角部分 g 的强度很低（图9-18），齿面经过淬火很脆，工作中锐角容易折断，断片会破坏齿轮箱内的零件，故必须预先把锐角去除。去除锐角的方法很多，例如可在滚齿机上用齿轮滚刀倒角，但生产率低，成本高。

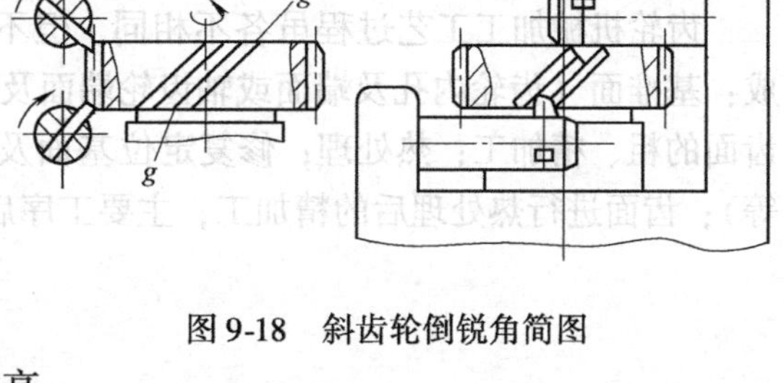

图9-18　斜齿轮倒锐角简图

（2）滑动变速齿轮齿端倒圆角　变速器齿轮换挡时，为了容易啮合，其齿端要有圆角。常见的齿轮圆角形状如图9-19a所示。其加工方法见图9-19b，指状铣刀在旋转的同时还作上下运动，工件作匀速旋转运动，两者符合一定的传动比关系。这样，刀具相对于工件的运动轨迹为与工件的齿数相协调的波浪形，如图9-19c所示，铣刀便在齿端铣出圆角。

（3）修磨基准孔和端面　作为齿轮定位基面的内孔和端面，淬火后其形状和尺寸都有一定变化，轮齿的相对位置也有新的误差。为保证齿面最后精加工（如珩齿或磨齿等）和装配基准的精度，热处理后要修磨这些基准孔和端面。

磨孔一般是在内圆磨床上进行。为了减小端面对孔轴线的圆跳动，孔与一个端面应在一次装夹中磨出；用磨过的端面定位磨削另一端面，以保证两端面有较高的平行度。

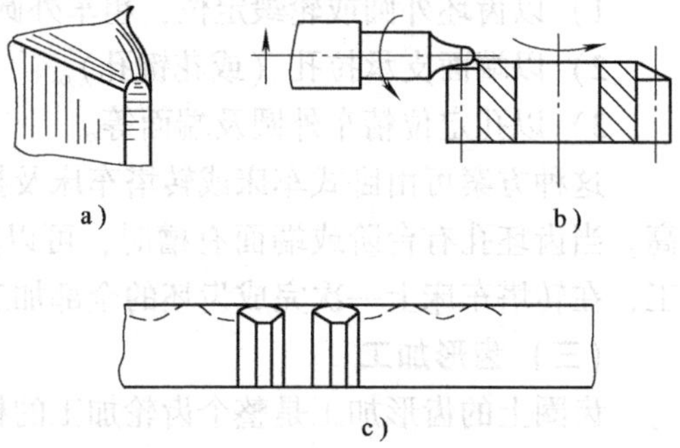

图9-19　换挡齿轮齿端铣圆角

为了保证内孔对齿面的位置公差（齿圈的径向圆跳动），磨基准孔和端面时，应以齿面定位进行加工。圆柱齿轮用滚柱在齿面上定位，锥齿轮用钢球在齿面上定位。要正确选择滚柱或钢球的尺寸，以保证它和齿面的接触部位是在齿面的中部。

（五）精基准的修整

热处理（渗碳、淬火）后，齿面精度一般下降一级左右，其孔常发生变形，直径可缩小0.01～0.05mm。为确保齿形精加工质量，必须对基准孔予以修整。一般采用磨孔和推孔的修整方法。对于成批或大批量生产未淬硬的外径定心的花键孔及圆柱孔齿轮，常采用推孔。推孔生产率高，并可用加长推刀前导引部分来保证推孔的精度。对于以小孔定心的花键孔或已淬硬的齿轮，以磨孔为好，可稳定地保证精度。磨孔应以齿面定位，符合互为基准原则。

三、不同生产类型中齿轮机械加工的工艺过程

影响齿轮加工工艺过程的因素很多，其中主要有生产类型、对齿轮的精度要求、齿轮的结构形式、齿轮的尺寸大小、齿轮的材质和车间现有的设备情况。

应该指出，齿轮的工艺过程要根据不同的要求和生产的具体情况而采用不同的方案。即使是同一种齿轮，其工艺过程也由于各厂生产的具体情况不同而有所差别。下面介绍汽车变速器第一速及倒车齿轮的两种典型工艺过程。表9-4所示为大量生产的工艺过程；表9-5所示为成批生产的工艺过程。

齿轮机械加工工艺过程虽各不相同，但不论产量大小，归纳起来主要由以下几部分组成：基准面（齿轮内孔及端面或轴齿轮端面及中心孔）的加工；外表面及其他表面的加工；齿面的粗、精加工；热处理；修复定位基面及精加工装配基准（内孔及端面、轴颈、花键等）；齿面进行热处理后的精加工；主要工序后，对工件清洗、中间检验和最终检验。

表 9-4　大量生产汽车第一速及倒车齿轮的工艺过程

工序号	工序内容	设备
1	扩孔	立式钻床
2	车轮毂端面	车床
3	拉花键孔	拉床
4	精车另一端面	车床
5	车齿坯	八轴立式车床
5J	中间检验	
6	去毛刺	
7	滚齿	双轴滚齿机
8	倒齿端圆角	倒角机
9	清洗	清洗机
9J	中间检验	
10	剃齿或冷挤齿	剃齿机或挤齿机
11	修花键槽宽	压床
12	清洗	清洗机
12J	中间检验	
13	热处理	
14	对滚	专用对滚机
15	磨内孔	内圆磨床
16	珩磨	蜗杆式珩齿机
17	清洗	清洗机
18	修理齿面	
18J	最终检验	

表 9-5　成批生产汽车第一速及倒车齿轮的工艺过程

工序号	工序内容	设备
1	粗车小端外圆、端面	车床
2	粗车大端外圆、孔、端面	车床
2J	中间检验	
3	半精车大端面、孔	车床
4	拉花键孔	拉床
4J	中间检验	
5	精车两端面及外圆	多刀半自动车床
5J	中间检验	
6	滚齿	滚齿机
7	清洗	清洗机
7J	中间检验	
8	倒齿端圆角	倒角机
9	剃齿或冷挤齿	剃齿机或挤齿机
10	清洗	清洗机
10J	中间检验	
11	热处理	
12	磨内孔	内圆磨床
13	珩磨	蜗杆式珩齿机
14	清洗	清洗机
14J	最终检验	

第三节　曲轴制造工艺

一、概述

（一）曲轴的结构特点

曲轴是将直线运动转变成旋转运动，或将旋转运动变成直线运动的零件。它是汽车发动机中最重要的零件之一，承受很大的疲劳载荷和巨大的磨损，一旦发生故障，对发动机有致命的破坏作用。曲轴的结构与一般轴不同，它由主轴颈、连杆轴颈、主轴颈与连杆轴颈之间的曲柄组成，其结构细长多曲拐，刚性差，要求精度高，因而安排曲轴加工过程应考虑到这些特点。

（二）曲轴的主要技术要求

1）主轴颈、连杆轴颈本身的精度，即直径尺寸公差等级通常为 IT6 ~ IT7；主轴颈的宽度极限偏差为 +0.05 ~ −0.15mm；曲拐半径极限偏差为 ±0.05mm；曲轴的轴向尺寸极限偏差为 ±0.15 ~ ±0.50mm。

2）轴颈长度公差等级为 IT9 ~ IT10。轴颈的形状公差，如圆度、圆柱度控制在尺寸公差一半之内。

3）位置精度，包括主轴颈与连杆轴颈的平行度：一般为 100mm 之内不大于 0.02mm；

曲轴各主轴颈的同轴度：小型高速发动机曲轴为0.025mm，中大型低速发动机曲轴为0.03～0.08mm；各连杆轴颈的位置度不大于±30′。

4. 曲轴的连杆轴颈和主轴颈的表面粗糙度为R_a0.2～0.4μm；曲轴的连杆轴颈、主轴颈、曲柄连接处圆角的表面粗糙度为R_a0.4μm。

除上述技术要求外，还有热处理、动平衡、表面强化、油道孔的清洁度、曲轴裂纹、曲轴旋转方向等规定和要求。

（三）曲轴材料与毛坯

曲轴工作时要承受很大的转矩及交变的弯曲应力，容易产生扭振、折断及轴颈磨损，因此要求用材应有较高的强度、冲击韧度、疲劳强度和耐磨性。常用材料有：一般曲轴为35、40、45钢或球墨铸铁QT600－2；对于高速、重载发动机用曲轴，可采用40Cr、35CrMoAl、42Mn2V等材料。

曲轴的毛坯根据批量大小、尺寸、结构及材料品种来决定。批量较大的小型曲轴，采用模锻；单件小批的中大型曲轴，采用自由锻造；球墨铸铁材料则采用铸造毛坯。

二、曲轴的机械加工工艺

（一）曲轴机械加工的定位基准

在汽车制造业中，由于产量较大，一般在加工连杆轴颈时，可利用已加工过的主轴颈定位，安装到专用的偏心卡盘分度夹具中，使连杆轴颈的轴线与转动轴线4重合，如图9-20所示。连杆轴颈之间的角度位置精度靠夹具上的分度装置来保证，加工时（多拐曲轴）依次加工同一轴线上的连杆轴颈及曲柄端面，工件2通过在夹具体3上的分度板1与分度定位销5分度。由于曲轴偏心装夹，虽然卡盘上装有平衡块，但曲轴回转时仍免不了产生振动，所以必须适当降低主轴转速。对于大量大批生产，为了提高其加工生产率，采用专用的半自动曲轴车床，工件能在一次装夹下（仍以主轴颈定位）车削连杆所有轴颈；专用自动曲轴磨床也能同时磨削连杆所有轴颈。

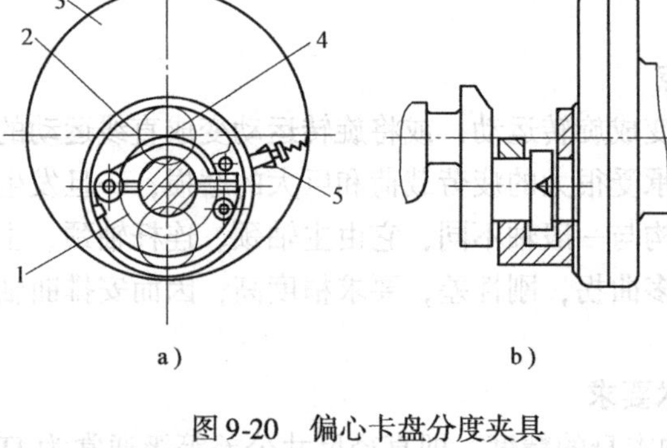

图9-20 偏心卡盘分度夹具

1—分度板 2—工件 3—夹具体 4—转动轴线 5—分度定位销

（二）曲轴加工的特点

曲轴刚性较差，应按先粗后精的原则安排加工顺序，逐步提高加工精度。对于主轴颈与连杆轴颈的加工顺序是，先加工连杆轴颈，然后再加工主轴颈及其他各处的外圆，这样安排可避免一开始就降低工件刚度，减少受力变形，有利于提高曲轴的加工精度。另外，随着产品更新速度的加快，为提高柔性程度，加工主轴颈已普遍采用数控“车→车→拉”的工艺，与主轴颈同轴的几个外径的磨削也普遍采用同轴多砂轮径向移动的磨削工艺。

（三）曲轴加工的先进技术

随着汽车工业的发展，要求加工曲轴不仅产量大，而且质量好。为此，国内外的专业制造企业采用了一些曲轴加工新技术。

（1）质量中心孔技术加工　曲轴加工过程中的定位基准中心孔，按其加工位置可分为两种：一种是曲轴主轴颈的几何中心；另一种是利用专门的测试设备测出整轴的质量中心，在此中心上加工出的中心孔称为质量中心孔。

由于毛坯上几何形状误差和质量分布不匀等原因，一般几何中心和质量中心不重合。前述曲轴加工工艺多采用几何中心孔。但是利用几何中心孔作定位基准进行车削或磨削加工时，工件旋转会产生离心力，这不仅影响加工质量，而且加工后余下的动不平衡量较大，在以后装配前的动平衡工序中，需多次反复测量去重才能达到要求，影响生产效率。现在一些国家大都采用了质量中心孔技术，可基本解决采用几何中心孔产生的问题。我国一些曲轴加工企业也已采用了质量中心孔技术。

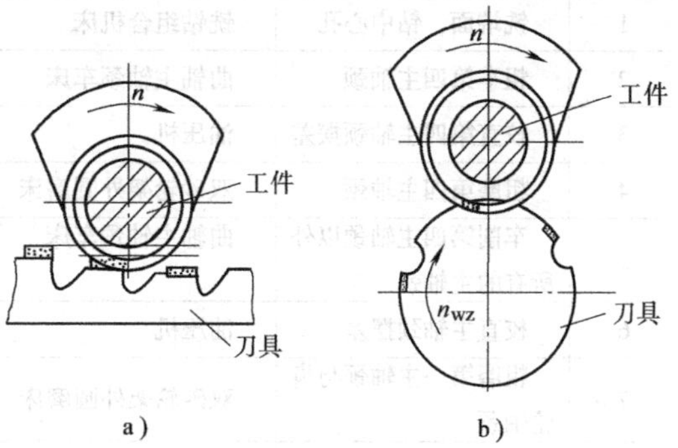

图 9-21　车拉示意图

a）直线车拉　b）圆刀具外环车拉

n—工件速度　n_{wz}—刀具速度

（2）车拉技术　如图 9-21 所示，用直线车拉刀（图 9-21a）或圆刀具外环车拉刀（图 9-21b）车拉轴颈。车拉方式的优点在于，在任何时间内只有一个刀齿和工件接触。与成形车削或铣削相比，工件承受的切削力大大减小，工件的弯曲变形更小，加工质量得以提高。由于每把刀齿可根据各自的切削参数优化设计出各自的尺寸和安装角度，所以能达到最佳的切削状态。

据有关厂测定，车拉后的曲轴尺寸参数：

1）主轴颈直径误差≤ ±0.04mm。

2）主轴颈宽度误差≤ ±0.04mm。

3）连杆轴颈回转半径误差≤0.05mm。

4）连杆轴颈分度位置误差≤ ±0.07mm。

车拉后可不再进行粗磨或半精磨，简化了工艺过程，而且效率高，一次车拉同一相位角的连杆轴颈的时间分别为 24s 和 42s，刀具寿命可达 2000 件。

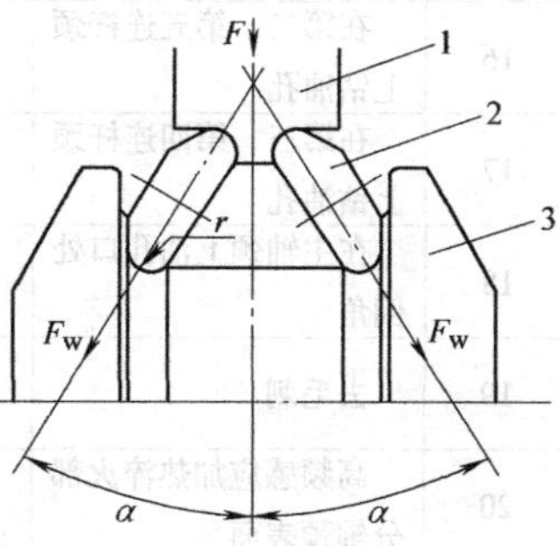

图 9-22　圆角深滚压示意图

1—施力器　2—滚轮　3—工件

F_w—滚压力

（3）圆角深滚压技术　曲轴工作时需承受较大而复杂的冲击载荷，对抗疲劳强度有较高要求，曲轴轴颈与侧面的连接过渡圆角处为应力集中区，为此发展了圆角深滚压技术，以代替成形磨削。图 9-22 所示为圆角深滚压示意图。经测定，球墨铸铁曲轴经滚压后寿命可增至 280%，钢制热处理曲轴滚压后寿命可提高至 237%，滚压加工时间只需 24 ~ 30s。但要注意，若半成品因加工或热处理原因存在不合理残余应力时，滚压后必须安排校直工序，或滚压前安排去应力工序，方可保证稳定的加工质量。

三、大量生产时曲轴机械加工的工艺过程

在汽车发动机的制造中，曲轴的加工多属于大批大量生产，按工序分散原则安排工艺过程。表9-6所示为大量生产的六缸汽油机曲轴机械加工工艺过程。如表9-6所示，主轴颈的精磨分别在工序23、24、26、29四道工序中完成，并广泛采用先进工艺和高生产率专用机床，实现零件机械加工、检验和清洗等工序的自动化。

表9-6 大量生产的六缸汽油机曲轴机械加工工艺过程

工序号	工序内容	工序设备	工序号	工序内容	工序设备
1	铣端面，钻中心孔	铣钻组合机床	23	精磨第四主轴颈	双砂轮架外圆磨床
2	粗车第四主轴颈	曲轴主轴颈车床	24	精磨第七主轴颈	双砂轮架外圆磨床
3	校直第四主轴颈摆差	油压机	25	车回油螺纹	曲轴回油螺纹车床
4	粗磨第四主轴颈	双砂轮架外圆磨床	26	精磨第一主轴颈与齿轮轴颈	双砂轮架外圆磨床
5	车削第四主轴颈以外所有的主轴颈	曲轴主轴颈车床	27	精磨带轮轴颈	双砂轮架外圆磨床
6	校直主轴颈摆差	油压机	28	精磨油封轴颈与法兰外圈	双砂轮架外圆磨床
7	粗磨第一主轴颈与齿轮轴颈	双砂轮架外圆磨床	29	精磨第二、三、五、六主轴颈	双砂轮架外圆磨床
8	精车第二、三、五、六、七主轴颈、油封轴颈和法兰	曲轴车床	30	粗磨六个连杆轴颈	曲轴磨床
			31	精磨六个连杆轴颈	曲轴磨床
9	粗磨第七主轴颈	双砂轮架外圆磨床	32	在带轮轴颈上铣键槽	键槽铣床
10	粗磨第二、三、五、六主轴颈	双砂轮架外圆磨床	33	加工两端孔	两端孔组合机床
11	在第一、第十二曲柄上铣定位面	曲轴定位面铣床	34	检查曲轴不平衡量	曲轴动平衡自动线
12	车六个连杆轴颈	曲轴连杆轴颈车床	35	在连杆轴颈上钻去重孔	特种去重钻床
13	清洗	清洗机	36	去毛刺	风动砂轮机
14	在连杆轴颈上球窝	球形孔钻床			
15	在第一、第六连杆颈上钻油孔	深孔组合钻床	37	校直曲轴	油压机
16	在第二、第五连杆颈上钻油孔	深孔组合钻床	38	加工轴承孔	曲轴轴承专用车床
17	在第三、第四连杆颈上钻油孔	深孔组合钻床	39	精车法兰断面	端面车床
18	在主轴颈上油孔口处倒角	交流两相电钻	40	去毛刺	风动砂轮机
19	去毛刺	风动砂轮机	41	粗抛光主轴颈与连杆轴颈	曲轴油石抛光机
20	高频感应加热淬火部分轴颈表面	曲轴高频感应加热淬火机	42	精抛光主轴颈与连杆轴颈	曲轴砂带抛光机
21	高频感应加热淬火另一部分轴颈表面	曲轴高频感应加热淬火机	43	清洗	清洗机
22	校直曲轴	油压机	44	最后检查	

第四节　箱体零件制造工艺

一、概述

（一）箱体零件的结构特点

箱体零件是机器或部件的基础零件，它把有关零件连接成一个整体，使这些零件保持正确的相对位置，彼此能协调地工作。因此，箱体零件的加工精度，将直接影响机器或部件的装配质量，进而影响整机的使用性能和寿命。

对于汽车的箱体零件，按其结构形状可以分为两大类。一类是回转体型的壳体零件，如水泵壳体，变速器壳体和汽车后桥壳体等；另一类是平面型箱体零件，如气缸体（机体）、变速器壳体、拖拉机的传动机构箱体等。这些零件的主要特点是：结构形状复杂，尺寸较大，壁厚较薄，有许多精度要求较高的平面和孔系，此外，还有较多供连接用的螺纹孔。本节将着重讨论平面型箱体零件的机械加工工艺。

（二）箱体零件的主要技术要求

汽车箱体零件除了对毛坯规定了一些技术要求（如铸件硬度、起模斜度、圆角半径以及铸件毛坯缺陷的限制等）外，对一些主要孔与平面均有较高的技术要求，归纳起来有：主要孔的尺寸公差、形状公差和表面粗糙度；主要孔与孔、孔与平面的位置公差，包括孔与孔间的尺寸公差、平行度、同轴度、垂直度以及孔与平面的垂直度等；主要平面的尺寸公差、平面度和表面粗糙度。图9-23所示为某型汽车变速器壳体简图，其主要技术要求如下：

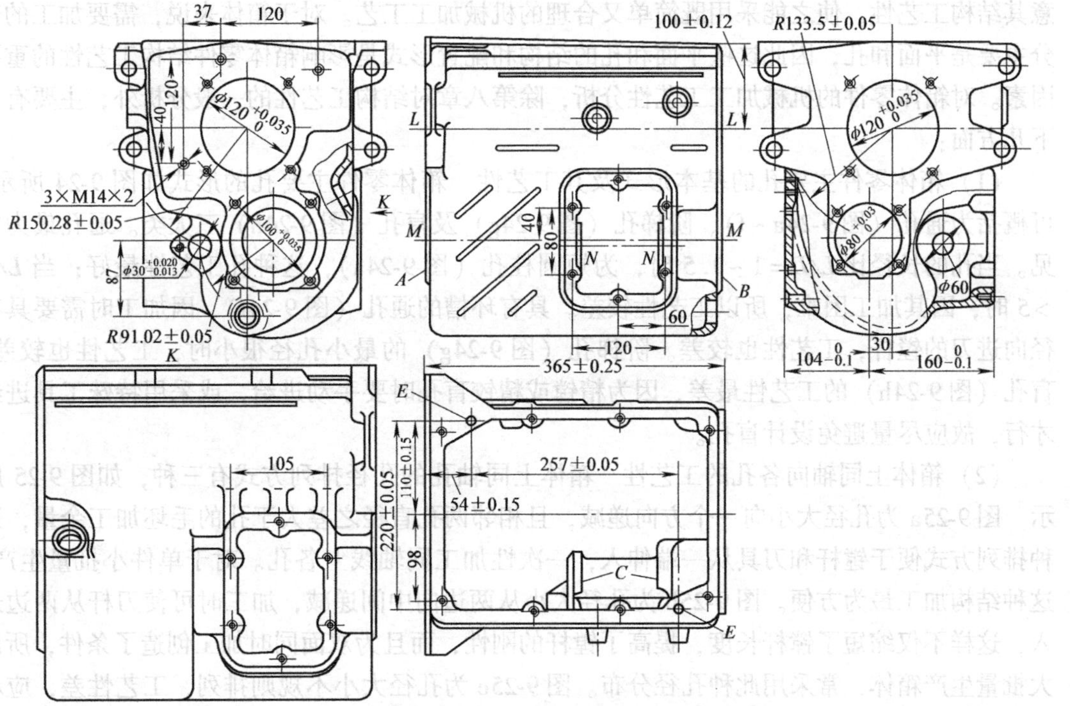

图9-23　汽车变速器壳体简图

1）主要孔（轴承座孔）的尺寸公差不低于 IT7。

2）孔与孔、孔与平面的位置公差：①前、后端面 A 和 B 相对于 $L—L$ 轴线的圆跳动，在 100mm 长度上分别不大于 0.08mm 和 0.12mm；②轴线 $L—L$ 和轴线 $M—M$ 在同一平面内的平行度，在变速器壳体整个长度 365mm 上不大于 0.07mm；③轴线 $N—N$ 和 $L—L$ 在同一平面内的平行度，在 100mm 长度上不大于 0.04mm；④端面 C 相对于轴线 $N—N$ 的圆跳动，在半径为 18mm 的长度上不大于 0.15mm；⑤主要孔的中心距极限偏差为 ±0.05mm。

3）主要孔的表面粗糙度为 $R_a1.6\mu m$。前、后端面和两侧面表面粗糙度为 $R_a6.3\mu m$。

（三）箱体零件的材料和毛坯

灰铸铁具有较好的耐磨性、减振性以及良好的铸造性能和切削性能，此外，灰铸铁的价格也比较低廉。因此，箱体零件的毛坯通常采用铸铁件。有些承受载荷较大的箱体，有时采用可锻铸铁件和铸钢件。还有一些箱体件，为了减轻箱体重量，用铝合金铸造。此外，还有一些箱体为了缩短毛坯的制造周期，有时也采用焊接件。图 9-23 所示变速器壳体的材料为灰铸铁（HT150），硬度为 163～229HBS。

毛坯的铸造方法，取决于生产类型和毛坯的尺寸。在单件小批生产中，多采用木模手工造型；在成批大量生产中，广泛采用金属型机器造型，毛坯的尺寸误差和表面粗糙度值较小。

由于箱体结构复杂，毛坯中常有较大的铸造内应力。为了减小铸件内应力对以后机械加工质量的影响和改善切削性能，毛坯在机械加工之前需经去应力时效处理。

（四）箱体结构工艺性分析

箱体零件的机械加工质量要求高，劳动量大。对于成批大量生产的车用箱体，要特别注意其结构工艺性，使之能采用既简单又合理的机械加工工艺。对于箱体来说，需要加工的部分主要是平面和孔，因此这些平面和孔的结构和配置形式是影响箱体零件结构工艺性的重要因素。对箱体零件的机械加工工艺性分析，除第八章对结构工艺性的一般分析外，主要有以下几方面：

（1）箱体零件主要孔的基本形式及其工艺性　箱体零件主要孔的形式如图 9-24 所示，可概括为通孔（图 9-24a～f）、阶梯孔（图 9-24g）及盲孔（图 9-24h）三大类。通孔最为常见。当孔的长径比 $L/D=1\sim1.5$ 时，为短圆柱孔（图 9-24a），这种孔工艺性最好；当 $L/D>5$ 时，因其加工困难，所以工艺性较差。具有环槽的通孔（图 9-24f），因加工时需要具有径向进刀的镗杆，工艺性也较差。阶梯孔（图 9-24g）的最小孔径很小时，工艺性也较差。盲孔（图 9-24h）的工艺性最差，因为精镗或精铰盲孔时要手动进给，或采用特殊工具进给才行，故应尽量避免设计盲孔。

（2）箱体上同轴向各孔的工艺性　箱体上同轴孔的孔径排列方式有三种，如图 9-25 所示。图 9-25a 为孔径大小向一个方向递减，且相邻两孔直径之差大于孔的毛坯加工余量，这种排列方式便于镗杆和刀具从一端伸入，一次性加工同轴线上各孔。对于单件小批量生产，这种结构加工最为方便。图 9-25b 为孔径大小从两边向中间递减，加工时可使刀杆从两边进入，这样不仅缩短了镗杆长度，提高了镗杆的刚性，而且为双面同时加工创造了条件，所以大批量生产箱体，常采用此种孔径分布。图 9-25c 为孔径大小不规则排列，工艺性差，应尽量避免。

（3）箱体上孔中心距的大小工艺性　在大批量生产时，孔的中心距不能太小。因为在

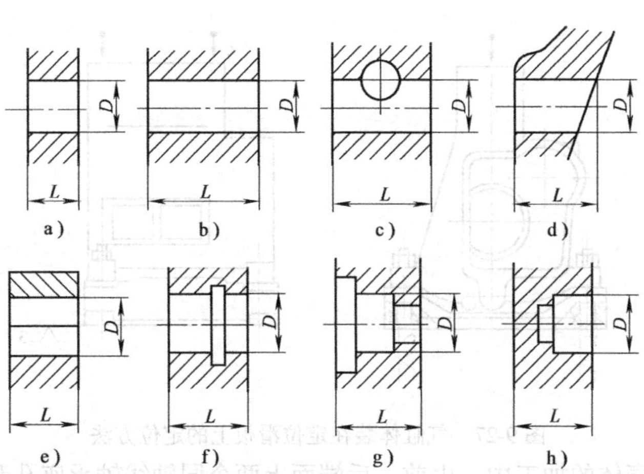

图 9-24　箱体零件主要孔的基本型式

大批量生产时，通常采用组合镗床进行加工，在同一加工面上的许多孔，多为在一个多轴主轴上安装多把刀具在一次工作行程中加工出来，由于布置主轴轴承需要，孔中心距离不能太小。

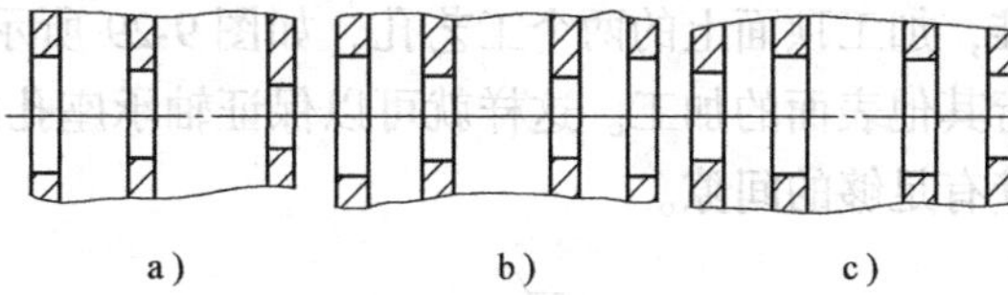

图 9-25　同轴线上孔径大小的分布形式

（4）箱体上孔与平面布置的工艺性　当孔与平面不垂直（图 9-24d），在用定尺寸刀具进行加工时，由于刀具上所受的径向力不均匀，刀具容易引偏，从而影响孔的位置精度。因此，孔轴线最好与平面垂直。

二、箱体零件机械加工工艺

（一）箱体零件机械加工的定位基准

加工箱体零件时，各轴承座孔的加工余量应均匀；装入箱体内的全部零件（轴、齿轮等）与不加工的箱体内壁要有足够的间隙；要尽可能使基准重合以及基准统一，以减小定位误差和避免加工过程中各工序的误差积累，从而保证箱体零件的加工精度。

用作箱体零件加工的精基准，最常见的有以下两种方案：一种方案是用一个平面和该平面上的两个工艺孔定位，即通常所说的一面两孔定位，一般工艺孔孔径公差采用 H7 ~ H9，两工艺孔中心距公差 ±（0.03 ~ 0.05）mm；另一种方案是用三个相互垂直的平面作定位基准，如图 9-26 所示，该定位方案适用于不具备一面两孔定位基准条件的箱体零件。

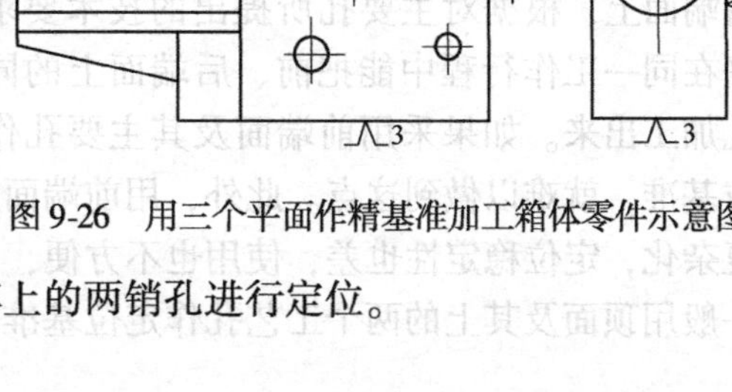

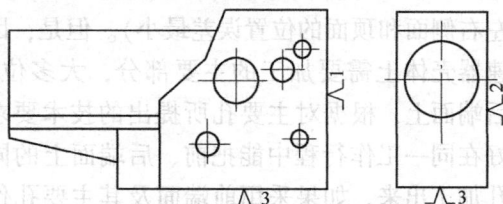

图 9-26　用三个平面作精基准加工箱体零件示意图

有些箱体零件没有良好的定位基面。尽管工件上有了一些已加工平面，但由于这些平面不便于安装，或不便于按工序集中方法进行加工，它们不能作为定位基准。这时，可在工件上增加工艺凸台或工艺用支承平面，或者将工件固定在专用的定位滑板上，然后再在机床上定位加工。图 9-27 所示就是气缸体和定位滑板一起装到机床夹具上，以定位滑板的底平面及其上的两销孔进行定位。

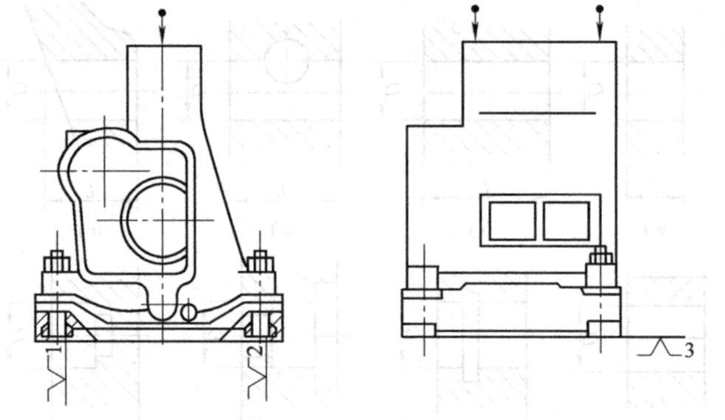

图 9-27 气缸体装在定位滑板上的定位方法

在汽车变速器壳体的加工中，由前、后端面上两个同轴线轴承座孔和另一轴承座孔为粗基准，加工出顶面，如图 9-28 所示。然后，再用变速器壳体内壁作粗基准和以顶面作精基准，加工顶面上的两个工艺孔，如图 9-29 所示。最后利用顶面和这两个工艺孔作精基准进行其他表面的加工。这样就可以保证轴承座孔的加工余量均匀和装入变速器壳体的零件与内壁有足够的间隙。

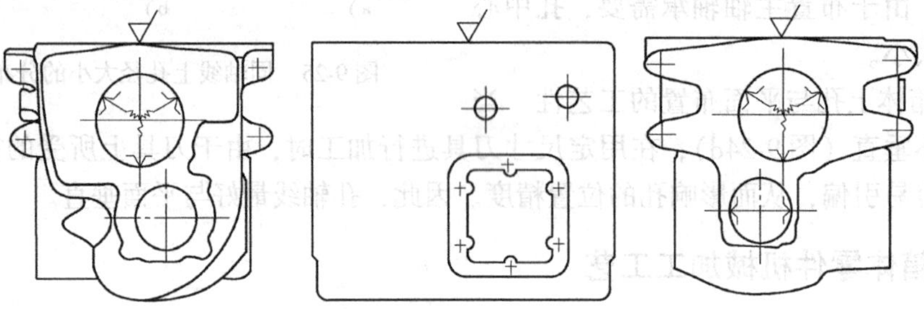

图 9-28 加工变速器壳体顶面的粗基准

选用顶面及其上的两个工艺孔作精基准，具有如下特点。从图 9-23 中可知，变速器壳体的设计基准和装配基准是前端面 A 和该面上的两个主要孔 $\phi120^{+0.035}_{0}$ mm 和 $\phi80^{+0.03}_{0}$ mm。按基准重合原则，加工时应选前端面和该面上的那两个主要孔作定位基准，这样才能使定位误差最小（即保证主要孔轴线与前、后端面的垂直度公差，以及与左右侧面和顶面的位置误差最小）。但是，因为变速器壳体上需要加工的主要部分，大多位于前、后端面上，根据对主要孔所提出的技术要求，最好在同一工作行程中能把前、后端面上的同轴线孔加工出来。如果采用前端面及其主要孔作为定位基准，就难以做到这点。此外，用前端面和该面上两个主要孔作定位基准还将使夹具结构复杂化，定位稳定性也差，使用也不方便，而且难以实现基准统一和自动化。实际加工时，一般用顶面及其上的两个工艺孔作定位基准，这样可以做到基准统一，能加工较多的表面，

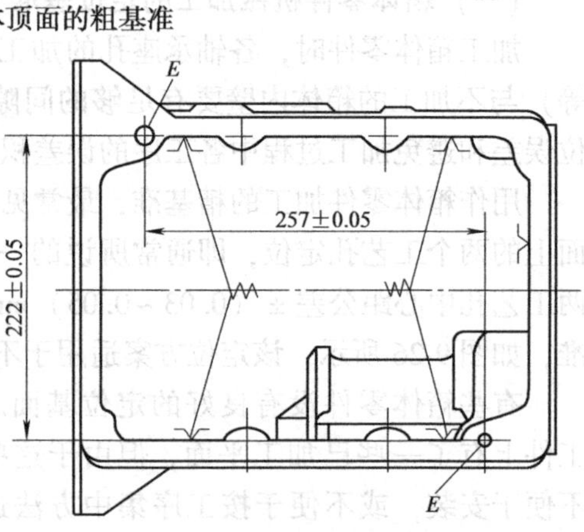

图 9-29 以变速器壳体内壁作粗基准加工顶面上两个工艺孔

也避免了由于基准转换而引起的定位误差，容易保证各表面间的位置公差。同时，夹具结构基本相同，结构也简单。但对于保证主要孔轴线与前、后端面的垂直度，就出现了基准不重合，因而产生定位误差。

为了保证前、后端面和主要孔轴线之间的垂直度要求，以及两侧面距 $\phi80^{+0.03}_{0}$mm 孔的尺寸及平行度要求，在最后精加工两端面和两侧面时，最好仍以主要孔定位，使其基准重合。

通过分析图 9-23 可知，主要孔 $\phi120^{+0.035}_{0}$mm 的位置，是由在垂直平面内距顶面（100 ± 0.12）mm 和水平平面内距工艺孔（110 ± 0.15）mm 这两个尺寸来确定的。因此，顶面及其上的两个工艺孔是主要孔 $\phi120^{+0.035}_{0}$mm 的设计基准，因而以顶面及其上的两个工艺孔作精基准来加工主要孔 $\phi120^{+0.035}_{0}$mm，是不会产生基准不重合定位误差的。而同时加工孔 $\phi80^{+0.03}_{0}$mm 时，主要以加工孔 $\phi120^{+0.035}_{0}$mm 的刀具位置为基准，来确定 $\phi80^{+0.03}_{0}$mm 孔的刀具位置，则定位误差也就不存在了。同样，$\phi30^{+0.020}_{-0.013}$mm 孔的位置公差也可以得到保证。在成批大量生产中，采用组合镗床同时加工前、后端面上的孔时，只要正确地设计和制造镗模，就很容易保证所加工孔的位置公差。

基于上述原因，在实际生产中，多用顶面及该面上的两个工艺孔作精基准。

（二）箱体零件主要加工表面的工序安排

（1）先面后孔　加工平面型箱体时，一般是先加工平面，然后以平面定位再加工其他表面。这是由于平面面积较大，定位稳固可靠，可减少装夹变形，有利于提高加工精度，而且箱体零件的平面多为装配和设计基准，这样可以使装配和设计基准与定位基准、测量基准重合，以减少积累误差，提高加工精度。

（2）粗、精加工　粗、精加工阶段的划分，对箱体零件机械加工的质量影响很大。当工件刚性好，内应力小，毛坯精度高时，粗加工后的变形很小。这时可以在基准平面及其他平面粗、精加工后，再粗、精加工主要孔。这样，可以减少工序的数目，使零件的安装次数少，而且加工余量也可以减小，因此，这种方案的生产率高，而且经济性好。当零件结构合理时，无论是成批大量生产（使用刚性高的粗、精加工机床）或是单件小批生产，都比较合适。但是，当工件刚性差，内应力大，毛坯精度较低时，粗加工后的变形就很大，往往影响加工质量，同时粗加工孔时，可能会破坏平面精加工后的质量，这是值得注意的。因此，当箱体零件技术要求较高，而粗加工又引起显著变形时，常将平面和孔的加工交替进行，即粗加工平面→粗加工孔→精加工平面→精加工孔。虽然交替加工使生产管理复杂，加工余量大，但较易保证加工精度，也能及早发现毛坯的缺陷。

（3）工序集中　在成批大量生产箱体零件的流水生产线上，广泛采用组合机床或其他高生产率机床以工序集中方式进行加工，这样可以有效地提高生产率。把一些相关的表面加工集中在同一工位或同一台机床上进行，有利于保证各表面之间的尺寸和位置公差。

近年来，由于自动换刀（或更换主轴箱）数控机床的出现，有时一台机床就相当于一条生产线。工件在一次装夹中，可以利用更换刀具或主轴箱的方法，对工件完成平面和孔的铣、镗、钻、扩、铰等多种工序加工，有利于提高加工精度和机床利用率。这类机床适合于在中、小批量对箱体零件的加工。

综上所述，箱体零件主要工序的顺序，一般是先加工定位用的平面及其上的两工艺孔→

粗、精加工其他平面→钻各面上的螺纹底孔→粗镗主要孔→钻、铰其余孔→精镗主要孔→攻螺纹。

三、箱体平面的加工方法

箱体平面加工的常用方法为刨、铣、磨三种。刨削和铣削常用作平面的粗加工和半精加工，而磨削则用作平面的精加工。

刨削加工的特点是：刀具结构简单、机床调整方便。在龙门刨床上可以利用几个刀架，在一次装夹中同时或依次完成若干个表面的加工，从而能经济地保证这些表面间的相互位置精度。精刨还可以代替刮削，以减少手工工作量。精刨后的表面粗糙度值可达 R_a0.63 ~2.5μm，平面度可达 0.02mm/m。

铣削生产率高于刨削，在中批量以上零件生产中多用铣削加工平面。例如汽车制造业中的发动机机体和气缸盖的加工，常采用多轴龙门铣床，用几把铣刀同时加工几个平面，如图 9-30 所示，这样既能保证平面间的位置精度，又能提高生产率。近年来面铣刀在结构、刀具材料等方面都有很大改进，如不重磨刃面铣刀，每齿进给量可达数毫米，进给量在铣削深度较小（< 0.3mm）情况下可达100mm/s，其生产率较普通精加工面铣刀高 3 ~5 倍，加工表面的表面粗糙度值可达 R_a1.25μm，国内、外制造行业普遍提倡以铣代刨。

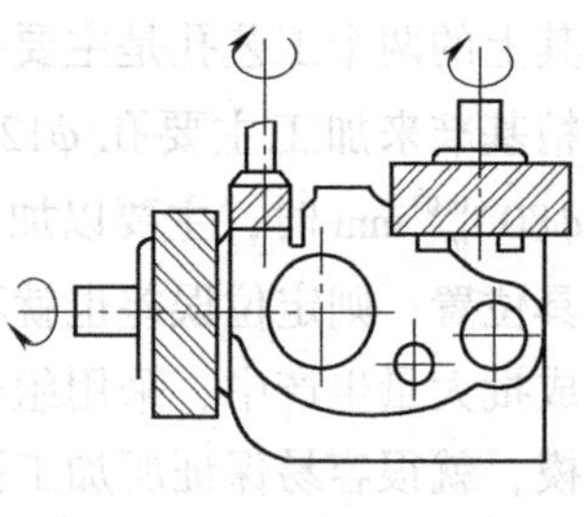

图 9-30　多刀铣削箱体示意图

四、箱体孔系的加工方法

箱体上一系列有位置精度要求的孔的组合，称为孔系。孔系可分为平行孔系，同轴孔系和交叉孔系，如图 9-31 所示。孔系加工是箱体加工的关键。根据箱体批量的不同和孔系精度要求的不同，所用的加工方法也是不一样的，现讨论如下。

（一）平行孔系的加工

所谓平行孔系，是指这样一些孔，它们的轴线既要求互相平行，又要求保证孔距精度。下面讨论保证平行孔系孔距精度的方法。

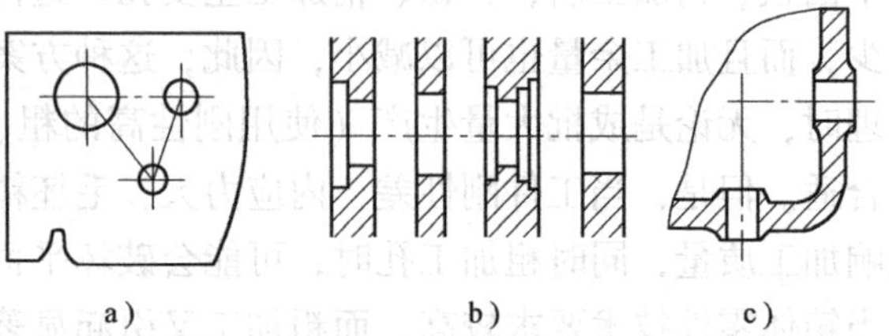

图 9-31　孔系分类

a）平行孔系　b）同轴孔系　c）交叉孔系

1. 找正法

找正法是工人在通用机床（铣镗床、铣床）上利用辅助工具来找正要加工孔的正确位置的加工方法。这种方法加工效率低，一般只适于单件小批生产。常见的有划线找正法、心轴和量规找正法和样板找正法

（1）划线找正法　加工前按照零件图要求，在箱体毛坯上划出各孔的加工位置线，然后按划线加工。

（2）心轴和量规找正法　此法如图 9-32 所示。镗第一排孔时将心轴插入主轴孔内（或直接利用镗床主轴插入主轴孔内），然后根据孔和定位基准的距离，组合一定尺寸的量规来校正主轴位置。校正时用塞尺测定量规与心轴之间的间隙，以避免量规与心轴直接接触而损伤量规（图 9-32a）。镗第二排孔时，分别在机床主轴和已加工孔中插入心轴，采用同样的

方法来校正主轴线的位置，以保证孔距的精度（图9-32b）。这种找正法的孔距精度可达±0.03mm。

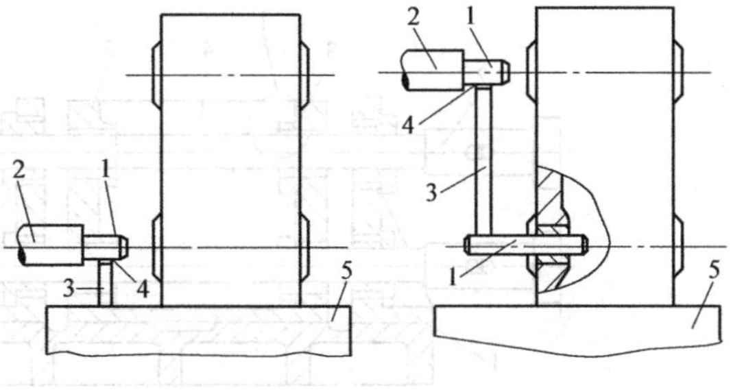

a)　　b)

图9-32　用心轴和量规找正

a）第一工位　b）第二工位

1—心轴　2—镗床主轴　3—量规　4—塞尺　5—镗床工作台

（3）样板找正法　如图9-33所示，用10~20mm厚的钢板制成样板1. 装在垂直于各孔的端面上（或固定于机床工作台上），样板上的孔距精度较箱体孔系的孔距精度高（一般为±0.01mm~±0.03mm），样板上的孔径较被加工的孔径大，以便于镗杆通过。样板上孔的直径精度要求不高，但要有较高的形状精度和较小的表面粗糙度值。当样板准确地装到工件上后，在机床主轴上装一个百分表2，按样板找正机床主轴，找正后即换上镗刀加工。此法加工孔系不易出差错，找正方便，孔距精度可达±0.05mm。这种样板的成本低，仅为镗模成本的1/7~1/9，单件小批的大型箱体加工常用此法。

2. 镗模法

用镗模加工孔系，如图9-34a所示。工件装夹在镗模上，镗杆被支承在镗模的导套里，增加了系统刚性。这样，镗刀便通过模板上的孔将工件上相应的孔加工出来。当用两个或两个以上的支承来引导镗杆时，镗杆与机床主轴必须浮动连接。图9-34b所示为常用的一种镗杆活动连接头形式。采用浮动连接时，机床主轴回转误差对孔系加工精度影响很小，因而可以在精度较低的机床上加工出精度较高的平行孔系。加工的孔距精度主要取决于镗模制造精度，镗杆导套与镗杆的配合精度。当从一端加工、镗杆两端均有导向支承时，孔与孔之间的同轴度和平行度可达0.02~0.03mm；当分别由两端加工时，可达0.04~0.05mm。在大批量生产时，多在组合机床上用钻模和镗模加工孔系。

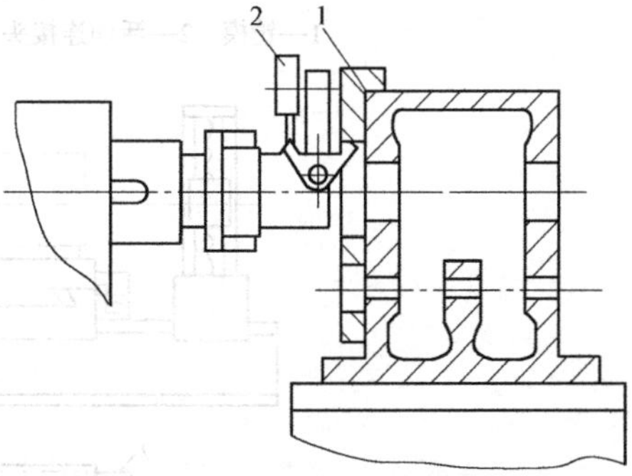

图9-33　样板找正法

1—样板　2—百分表

3. 坐标法

坐标法镗孔是在普通卧式铣镗床、坐标镗床或数控镗铣床等设备上，借助于测量装置，调整机床主轴与工件间在水平和垂直方向的相对位置，以保证孔距精度的一种镗孔方法。图9-35所示为在卧式铣镗床上用百分表1和量规2来调整主轴垂直和水平坐标位置的示意图。采用坐标法镗孔时需注意：有时因孔与孔间有齿轮啮合关系，故在箱体设计图样上，孔距尺寸有严格的公差要求。采用坐标法镗孔之前，必须先把各孔距尺寸及公差换算成以主轴孔中心为原点的相互垂直的坐标尺寸及公差。

坐标法镗孔的孔距精度取决于坐标的移动精度，也就是取决于机床坐标测量装置的精度。这类坐标测量装置的形式很多，有普通刻线尺与游标尺加放大镜测量装置（精度为0.1~0.3mm），精密刻线尺与光学读数头测量装置（读数精度0.01mm），还有光栅数字显示装置和感应同步器测量装置（精度可达0.0025~0.01mm）、磁栅和激光干涉仪等等。采用坐标法加工孔系时，要特别注意选择基准孔和镗孔顺序，否则坐标尺寸的累积误差会影响孔距

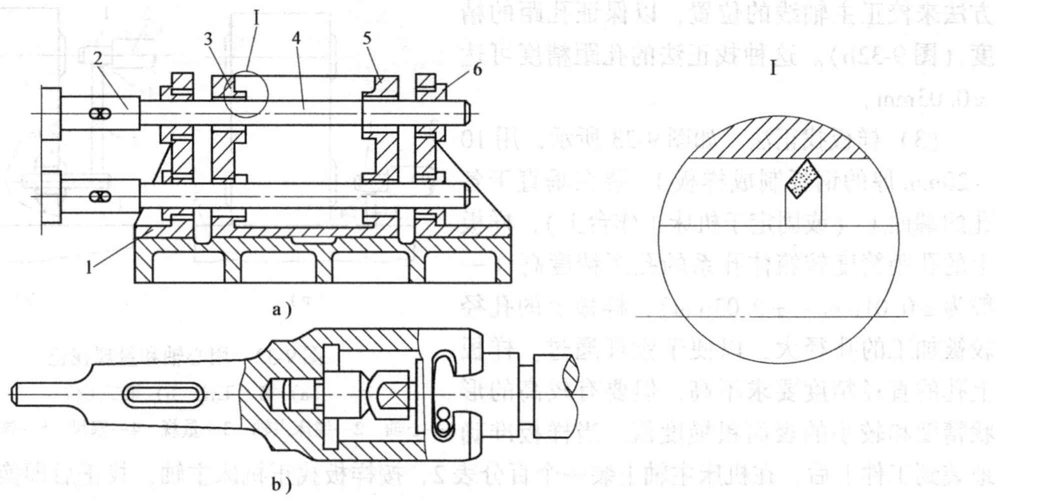

图 9-34　用镗模法加工孔系
a）镗模　b）镗杆活动连接头
1—镗模　2—活动连接头　3—镗刀　4—镗杆　5—工件　6—镗杆导套

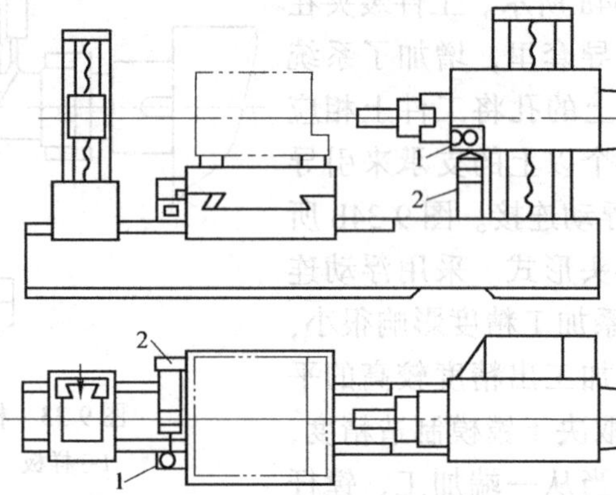

图 9-35　在卧式铣镗床上用坐标法加工孔系
1—百分表　2—量规

精度。基准孔应尽量选择本身尺寸精度高、表面粗糙度值小的孔（一般为主轴孔），以便于加工过程中检验其坐标尺寸。有孔距精度要求的两孔应连在一起加工，加工时应尽量使工作台朝同一方向移动，以减少传动元件反向间隙对坐标精度的影响。

（二）同轴孔系的加工

成批生产中，箱体同轴孔系的同轴度几乎都由镗模保证；而在单件小批生产中，其同轴度可用下述几种方法来保证：

（1）利用已加工孔作支承导向　如图 9-36 所示，当箱体前壁上的孔加工好后，在孔内装一导向套，支承和引导镗杆加工后壁上的孔，以保证两孔的同轴度要求。这种方法只适于加工距箱壁较近的孔。

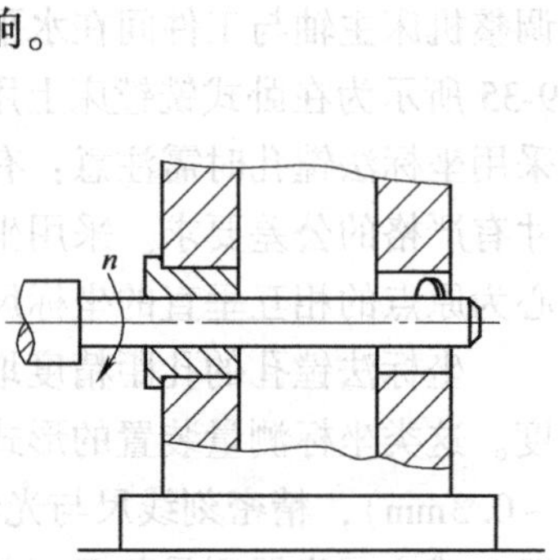

图 9-36　利用已加工孔导向

（2）利用铣镗床后立柱上的导向套支承导向　这种方法的镗杆由两端支承，刚性好。但此法调整麻烦，镗杆要长，很笨重，故只适于大型箱体的加工。

（3）采用调头镗　当箱体箱壁相距较远时，可采用调头镗。工件在一次装夹下，镗好一端孔后，将镗床工作台回转180°，调整工作台位置，使已加工孔与镗床主轴同轴，然后再加工孔。

当箱体上有一较长并与所镗孔轴线有平行度要求的平面时，镗孔前应先用装在镗杆上的百分表对此平面进行校正（图9-37a），使其和镗杆轴线平行，校正后加工孔*B*；加工完*B*孔后，工作台回转180°，并用镗杆上装的百分表沿此平面重新校正，以保证工作台准确地回转180°(图9-37b)，然后再加工*A*孔，就可保证*A*、*B*孔同轴。若箱体上无长的、加工好的工艺基面，也可用钢直尺置于工作台上，借助钢直尺使其表面与待加工的孔轴线平行后再固定。也可达到两孔同轴的目的，调整方法同上。

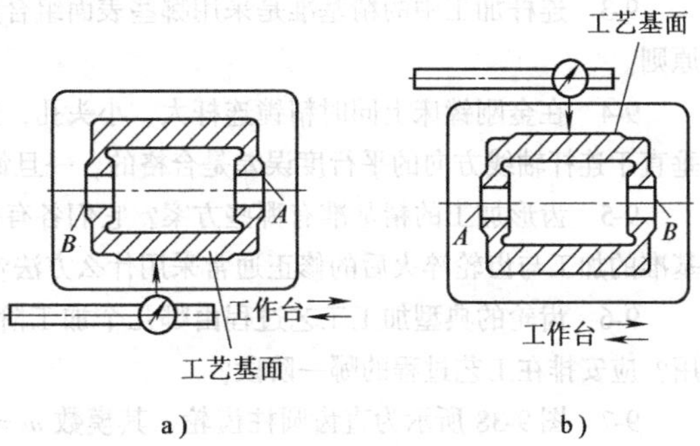

图9-37　调头镗时工件的校正
a）第一工位　b）第二工位

（三）交叉孔系的加工

交叉孔系的主要技术要求是控制有关孔的垂直度，在卧式铣镗床上主要靠机床工作台上的90°对准装置。这种装置结构简单，对准精度低（T68铣镗床的出厂精度为0.04mm/900mm，相当于8″）。目前国内有些铣镗床，如TM617，采用了端面齿定位装置，90°定位精度达5″，还有的用了光学瞄准器。

五、大量生产时变速器壳体机械加工的工艺过程

变速器壳体的机械加工工艺过程，随生产类型、结构特点、工厂设备条件等不同而异。表9-7所示，为变速器壳体在大量生产类型中的机械加工工艺过程。

表9-7　大量生产时变速箱体的机械加工工艺过程

工序号	工序内容		基准面	设　备
1	粗、精铣顶面		前后端面的三个铸孔	双轴转台式铣床
2	在顶面上钻、铰两个定位孔		顶面、箱体内壁	立式钻床
3	粗铣左、右两侧面		顶面及其工艺孔	双轴组合铣床
4	粗铣前、后面		顶面及其工艺孔	双轴组合铣床
5	钻孔（左、右、后面）		顶面及其工艺孔	组合机床
6	钻孔（前、后面及倒车齿轮轴孔）		顶面及其工艺孔	组合机床
7	自动线加工			
	工位1	铣倒车齿轮轴孔处两内侧面及钻放油孔		
	工位2	粗镗孔及扩孔		
	工位3	攻螺纹（放油孔）		
	工位4	精镗孔及铰孔		
	工位5	攻螺纹（顶面、前面）		
8	精铣端面		顶面及其工艺孔	组合铣床
9	精铣左右两侧面		前端面及两主要孔	双轴组合铣床
10	攻螺纹（左、右、后面）			组合机床
11	清洗			清洗机
11J	最终检验			

习 题

9-1 连杆的主要表面及主要技术要求有哪些？为什么要有这些技术要求？

9-2 加工连杆的主要困难在哪里？如何解决？

9-3 连杆加工中的精基准是采用哪些表面组合起来的？试说明该基准的选用如何体现了精基准的选择原则。

9-4 在金刚镗床上同时精镗连杆大、小头孔，发现连杆加工完毕未卸下夹具之前检验两孔轴线方向及垂直于连杆轴线方向的平行度误差是合格的，一旦卸下后再检验却不合格，试分析原因。

9-5 齿形加工的精基准有哪些方案？它们各有什么特点？对齿坯加工的要求有何不同？齿轮淬火前精基准的加工与齿轮淬火后的修正通常采用什么方法？

9-6 齿轮的典型加工工艺过程由哪几个加工阶段所组成？其中毛坯热处理与齿面热处理各起什么作用？应安排在工艺过程的哪一阶段？

9-7 图9-38所示为直齿圆柱齿轮，其模数 $m=2\text{mm}$，齿数 $z=30$，精度为7FL（GB/T10095—2001），齿面的表面粗糙度 $R_a=0.8\mu\text{m}$，齿轮材料为45钢，齿面硬度为45～48HRC。试制定合理的工艺过程（简述主要工序的工序内容、定位基准，选择各工序所用的机床、刀具）。

9-8 曲轴的结构特点是什么？有哪些主要的技术要求？为什么要规定这些技术要求？

9-9 试述曲轴加工的定位基准与曲轴加工的特点。

9-10 箱体加工顺序安排中应遵循哪些原则？为什么？箱体孔系加工有哪些方法？它们各有何特点？

9-11 在镗床上镗削直径较大的箱体孔时，影响孔在纵、横截面内形状精度的主要因素是什么？镗削长度较大的气缸体时，为什么粗镗常采用双向加工曲轴孔和凸轮孔，而精镗则采用单向加工？

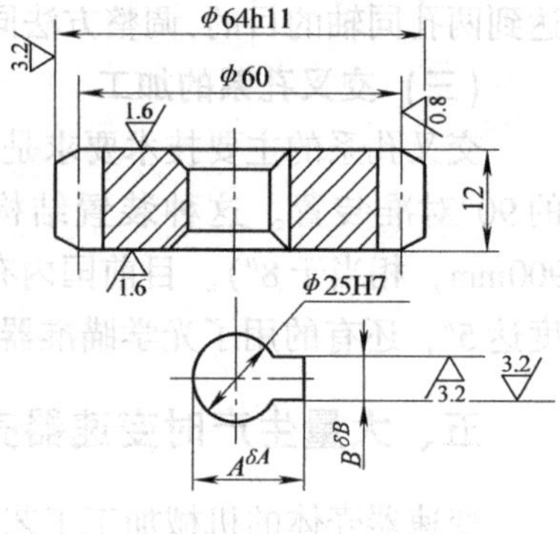

图9-38 题9-7图

9-12 在卧式铣镗床上加工箱体内孔，可采用图9-39所示的几种方案：图9-39a为工件进给，图9-39b为镗杆进给，图9-39c为工件进给、镗杆加后支承，图9-39d为镗杆进给并加后支承，图9-39e为采用镗模夹具，工件进给。若只考虑镗杆受切削力变形的影响，试分析各种方案加工后箱体孔的加工误差。

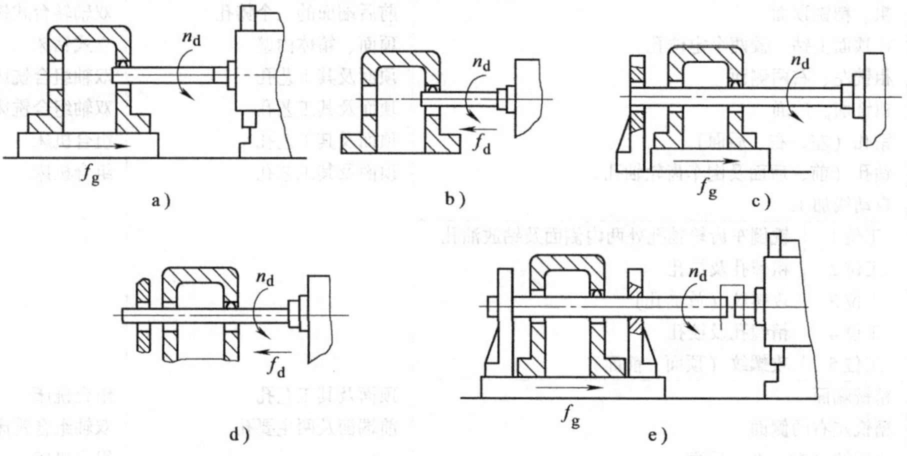

图9-39 题9-12图

参考文献

1　郑修本主编．机械制造工艺学．北京：机械工业出版社，1999
2　王宝玺主编．汽车拖拉机制造工艺学．北京：机械工业出版社，2004
3　哈尔滨工业大学，上海工业大学主编．机械制造工艺学．上海：上海科学技术出版社，1980

第十章　汽车车身制造工艺

汽车车身制造工艺是一类较为特殊的生产工艺，它主要针对汽车覆盖件的薄钢板进行加工。使用模具进行覆盖件的成形；使用焊接设备进行钣金件的焊接，从而获得满足碰撞法规要求的安全车身；使用涂装设备对覆盖件进行表面处理，进而获得耐用和美观的车身。但这一切都必须建立在具有优良品质的车身冲压材料的基础上，因此，下面首先介绍汽车车身冲压材料。

第一节　汽车车身冲压材料

汽车工业和冶金技术的发展推动了汽车车身覆盖件材料的发展，要求汽车车身覆盖件材料既要在使用上保证有足够的强度和刚性，又要在生产工艺上必须满足冲压工艺的要求。覆盖件冲压材料的质量是冲压工艺中一个非常重要的环节，其好坏将直接影响汽车产品的质量和成本。应考虑两个方面：一是选择能适应冲压过程变形要求的材料，这就要求材料较好，使成本相应增加；二是可通过改进冲压件的结构工艺性来完善材料的变形条件，降低对材料的要求。解决问题的方法是在设计手段上尽量使用一些先进的专业软件（如达索公司的CATIA）进行设计，科学评价材料的冲压性能，在保证冲压件具有合理结构和性能的前提下，降低对材料的质量要求，以降低制造成本。

汽车车身覆盖件总的特点是形状虽然复杂但受力不大，要求钢板有良好的冲压性能和绝对良好的表面质量。多采用冷轧深冲低碳薄钢板（通常厚度为0.6～2.0mm）。冲压性能好的薄板料应满足便于加工、生产效率高和模具磨损小的工艺要求。

一、汽车冲压用钢板的特点

（1）质量要求高　作为汽车车身覆盖件，生产制造过程中，为保证产品质量，一般应检查以下项目：

1）汽车覆盖件的轮廓尺寸、孔位尺寸、局部形状的各种尺寸必须有很好的尺寸精度，确保装焊的准确性、互换性，实现车身装焊的自动化。

2）保证覆盖件具有足够的刚性。

3）覆盖件在成形过程中，材料应能进行足够的塑性变形，具有良好的工艺性。

4）外覆盖件（尤其是乘用车）表面不允许有任何缺陷，曲线应圆滑，过渡应均匀，具有极好的表面质量。

5）对外覆盖件要求与车身造型设计一致，必须具有很高的形状精度，与主模型吻合。

（2）品种多　汽车覆盖件一般采用冷轧薄钢板，按冲压级别区分为超深冲拉深级（IF）、最复杂拉深级（ZF）、很复杂拉深级（HF）、复杂拉深级（F）、最深拉深级（Z）、深拉深级（S）和普通拉深级（P）。根据强度的不同可分为软钢和高强度钢系列。另外还有涂层钢板、复合材料板等。

（3）性能要求　在常规生产中，各种零部件、总成和车身是由众多的冲压件经焊接而成的，所以要求汽车冷冲压用钢板应具有良好的焊接性。为了获得美观的车身外观质量和提高车身耐腐蚀性能（高档汽车采用单面或双面镀锌钢板），要求钢板具有良好的涂装性能。为提高车身外表件的抗凹陷性，可采用烘烤硬化钢板生产外覆盖件以达到使用要求。

近年来汽车冷冲压用钢板发展很快。一是向深冲性和超深冲性方向发展，满足汽车车身造型、冲压工艺性和结构工艺性的要求；二是满足碰撞法规的要求及减轻车重，对材料性能方面提出的要求就是提高钢材的强度；三是为进一步提高汽车的耐腐蚀性，大量应用镀层钢板生产车身冲压件；四是发展新的制造技术，如激光拼焊技术（将不同强度级别和不同厚度以及镀层与非镀层钢板通过激光焊接技术拼焊成一种毛坯板）和液压成形技术。

二、汽车冲压用钢板系列和成形性能

（一）汽车冲压用钢板的类型

（1）按钢板的拉深级别分类

1）厚度小于2mm 的深冲压用冷轧薄钢板和钢带一般用于冲压汽车车身的复杂覆盖件，其拉深级别分为三级：ZF—冲制拉深最复杂的零件；HF—冲制拉深很复杂的零件；F—冲制拉深复杂的零件。

2）厚度小于4mm 的冷轧薄钢板的拉深级别分为三级：Z—最深拉深级；S—深拉深级；P—普通拉深级。

综合起来看，上述两类钢板的拉深级别从高到低的排列顺序为：ZF→HF→F→Z→S→P。如车门内板需选用 ZF 级的钢板进行拉深。

（2）按钢板的表面质量分类　钢板的表面质量分为四组：Ⅰ——特别高级的精整表面（表面分为无光泽和有光泽）；Ⅱ——高级的精整表面；Ⅲ——较高级的精整表面；Ⅳ——普通的精整表面。

（3）按钢板轧制尺寸精度（厚度公差）分类　钢板的尺寸精度或厚度公差为：A——高级精度；B——较高级精度；C——一般精度。

另外，深冲压用冷轧薄钢板分 A、B 两级；优质钢板分 A、B、C 三级；普通钢板分为 B、C 两级。按边沿状态分为：Q——切边；BQ——不切边。按轧材的供货形态分为钢板、钢带（卷钢）和扁钢。

国家标准要求的标注格式示例：“钢板$\frac{\text{A-1.2-GB/T 708—1988}}{\text{08Al-I-ZF-GB/T 710—1991}}$”，该格式表示轧材的供货形态为钢板，分母表示材料为08Al，表面质量为Ⅰ级，拉深级别为ZF；分子表示尺寸精度为A，板料厚度为1.2mm。

按该格式写在图纸的材料栏内，零件图上则无需再标注板料厚度尺寸。

（二）汽车冲压用钢板系列

汽车冲压用钢板系列如图10-1 所示。

（1）冷轧双相钢板　此类钢板的钢号主要有：Sx540 和 Sx590。冷轧双相钢板具有铁素体与马氏体或铁素体与微小珠光体复合金相组织，在图10-1 中属于普通冲压级。

冷轧双相钢板开始时经热轧而成，然后在酸洗槽中除去氧化皮。冷轧后紧接着在大约750℃中软化退火，这样该材料便可重新获得原先的可塑性能。冷轧双相钢板具有连续屈服、屈强比低、加工硬化高及高强度和高塑性兼备的特点，抗拉强度与屈服点呈正相关关系，与

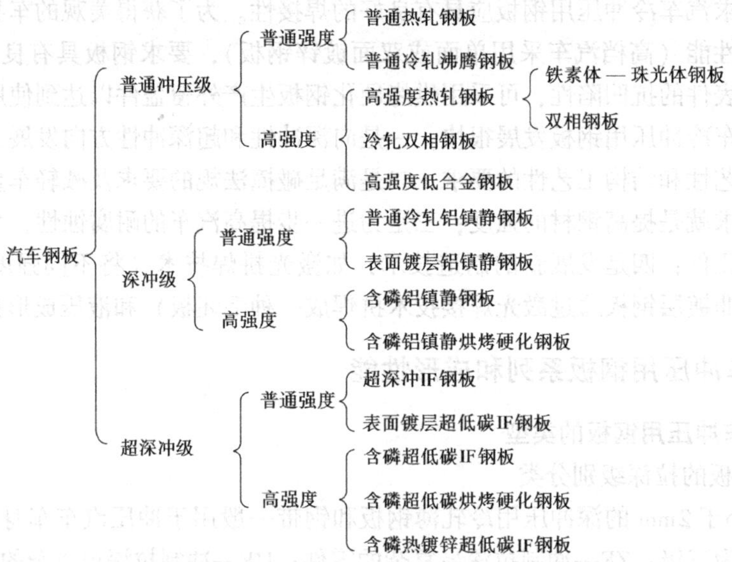

图 10-1　汽车冲压用钢板系列

伸长率成负相关关系，在冲压加工时较软，便于加工。冷轧双相钢板还具有较好的烘烤硬化性，烤漆后屈服点可增加 $15N/m^2$，其 BH（低温硬化性）值可达 $30N/m^2$ 以上。冷轧双相钢板主要用于汽车车门加强板、后货厢盖板、保险杠和车轮等零件形状复杂、拉深性好，又要求强度高的冲压零件。

(2)冷轧铝镇静钢板　此类钢板的钢号主要有:08Al、St12、St13、St14 和 St15,其化学成分和性能如表 10-1 所示。冷轧铝镇静钢板具有一定的强度和较好的塑性,冷轧退火钢板具有最佳的塑性,是目前汽车(特别是微型车)上用量最大的冷轧钢板。其中 St13、St14 和 St15 为非时效钢板。

对冷轧钢板进行质量检查时应着重检查“脆裂线”（与钢板轧制方向垂直的一组等距条线）和“折摺线”（当紧卷退火时造成钢板粘结，开卷时已粘结的冷轧钢板被撕开而形成与轧向垂直的条线）。“脆裂线”和“折摺线”是在冲压前就存在的一种表面缺陷，都垂直于轧制方向，条线是平直的。冲压成形后应检查是否存在“滑移线”（凹凸不平的溢流状条纹）。滑移线的存在，会严重影响零件的表面质量。冷轧铝镇静钢板是在基础钢中加入了铝，对钢中的氮进行固定，钢板冲压成形后，零件表面不产生滑移线，故冲压后表面质量较好。表 10-1 所示为冷轧铝镇静钢板的化学成分和性能。

(3) 加磷铝镇静钢板　此类钢板的钢号主要有：06AlP、08AlP、10AlP、WP340、WP370、WP390、BP340 和 BP400。加磷铝镇静钢板是在超低碳铝镇静钢中添加磷后冷轧而成，具有较多的优点，因而在汽车车身上得到大量应用。

1）强度高。加磷高强度冷轧钢板 08AlP 比所代用的 08Al 冷轧钢板的抗拉强度高 15% ~ 25%，从而可节约钢材 10% ~17%。

表 10-1　冷轧铝镇静钢板的化学成分和性能

钢号	冲压级别	厚度/mm	化学成分（%）						屈服点 σ_s/ $N\cdot mm^{-2}$	抗拉强度 σ_b/ $N\cdot mm^{-2}$	伸长率 δ_5 (%)
			w_C	w_{Si}	w_{Mn}	w_P	w_S	w_{Al}			
08Al	ZF	全部	≤0.08	≤0.03	≤0.40	≤0.020	≤0.030	0.02 ~ 0.07	≤195	255 ~335	≥44
	HF								≤205	255 ~335	≥42

（续）

钢号	冲压级别	厚度/mm	化学成分（%）						屈服点 σ_s/N·mm^{-2}	抗拉强度 σ_b/N·mm^{-2}	伸长率 δ_5（%）
			w_C	w_{Si}	w_{Mn}	w_P	w_S	w_{Al}			
		>1.2							≤215	255~345	≥39
08Al	F	0.2	≤0.08	≤0.03	≤0.40	≤0.020	≤0.030	0.02~0.07	≤215	255~345	≥42
		<1.2							≤135	255~345	≥42
	Z									275~390	≥32
08Al	S	全部	0.05~0.12	≤0.03	0.25~0.65	≤0.035	≤0.035	0.015~0.065	—	275~410	≥30
	P									275~410	≥28
St12		全部	≤0.10		≤0.50	≤0.035	≤0.035	—	≤280	270~410	≥28
St13		全部	≤0.08		≤0.45	≤0.030	≤0.035		≤240	270~370	≥34
St14		全部	≤0.08		≤0.40	≤0.020	≤0.030		≤210	270~350	≥38
St15		全部	≤0.06	0.03	≤0.35	≤0.020	≤0.025	0.025~0.70	≤195	250~330	≥40

2）较好的塑性，拉深性比一般高强度钢板好，价格较低。在冲压成形时的屈服强度较低，有利于冲压成形，而且加磷铝镇静钢板的塑性指标几乎不随强度指标的增加而下降，非常适于复合成形冲压件的生产。

3）板厚方向抗变形能力强。加磷铝镇静钢板因为含磷而具有较大的厚向异性系数 r 值，表明其在板平面内的变形比板厚方向的变形要容易。这种性能可以减缓冲压时厚度变薄程度，提高成形极限，适于深冲。

4）点焊性能好，加磷高强度冷轧钢板与08Al冷轧钢板相同，可沿用08Al冷轧钢板的生产工艺组织生产。

5）加磷高强度冷轧钢板的耐腐蚀性能优秀，相对于08Al冷轧钢板的耐腐蚀性能约提高15%以上。

6）这种钢板在表面涂装后进行200℃左右的烘烤时，其烘烤硬化性能、屈服强度进一步得到提高，从而增加了覆盖件的强度，这对提高汽车车身件的抗凹陷性能是非常有益的。

表10-2所示为加磷冷轧钢板的化学成分和性能。

表10-2　加磷冷轧钢板的化学成分和性能

钢　号	化学成分（%）						屈服点 σ_s/N·mm^{-2}	抗拉强度 σ_b/N·mm^{-2}	伸长率 δ_5（%）	r 值	n 值
	w_C	w_{Si}	w_{Mn}	w_P	w_S	w_{Al}					
06AlP	≤0.06	≤0.064	≤0.35	0.05~0.08	≤0.06	0.05~0.08	≥215	340~420	≥35	≥1.4	≥0.19
08AlP	≤0.08	≤0.06	≤0.70	0.05~0.08	≤0.06	0.05~0.08	≥215	340~420	≥35	≥1.4	≥0.19

（续）

钢 号	化学成分（%）						屈服点 σ_s/N·mm^{-2}	抗拉强度 σ_b/N·mm^{-2}	伸长率 δ_5（%）	r 值	n 值
	w_C	w_{Si}	w_{Mn}	w_P	w_S	w_{Al}					
10AlP	≤0.14	≤0.03	≤1.00	0.05~0.08	≤0.06	0.05~0.08	≥215	340~420	≥35	≥1.4	≥0.19
WP340	≤0.06	≤0.03	≤0.35	0.05~0.08	≤0.06	0.05~0.08	≥215	340~420	≥35	≥1.4	≥0.19
WP370	≤0.08	≤0.03	≤0.40	0.05~0.08	≤0.06	0.05~0.08	≥215	340~420	≥35	≥1.4	≥0.19
WP390	≤0.10	≤0.03	≤0.45	0.05~0.08	≤0.06	0.05~0.08	≥215	340~420	≥35	≥1.4	≥0.19
BP340	≤0.06	≤0.03	≤0.35	0.05~0.08	≤0.06	0.05~0.08	≥215	340~420	≥35	≥1.4	≥0.19
BP400	≤0.08	≤0.03	≤0.35	0.05~0.08	≤0.06	0.05~0.08	≥215	340~420	≥35	≥1.4	≥0.19

表10-3所示为加磷高强度冷轧钢板的冲压性能。

表10-3 加磷高强度冷轧钢板的冲压性能

钢 号	极限拉深比 LDR 值	锥杯值 CCV/mm	扩孔率（%）	拉深系数	BH 值/N·mm^{-2}	AI 值/N·mm^{-2}
06AlP	2.19	36.5	175.00	0.68	17.0	9.3
08AlP	2.04	38.2	153.00	0.62	11.0	4.9
WP340	2.06~2.16	38.2~38.9	135~155	0.79	—	—
WP390	2.01~2.04	39.2~39.3	110~120	0.80	—	—
BP340	2.05~2.16	37.6	136~145	0.68	12.0	4.6
BP400	1.96~2.03	39.6	121~130	0.64	15.3	10.8

（4）加磷铝镇静烘烤硬化钢板 此类钢板的钢号主要有：BP240A、WHB340和A220BH。为使汽车实现轻量化，减少能源的消耗，汽车制造商大量采用薄钢板制造车身外覆盖件（约占车身质量的20%）。据统计，当车身覆盖件板厚由1.0~1.2mm减薄到0.7~0.8mm后，车身质量可减轻20%~40%，节约能源20%以上。在减薄汽车大型覆盖件厚度后，其中间部位在冲压成形时变形较小，如果被重物撞击，容易产生凹陷。耐凹陷性是决定外覆盖件厚度的重要因素（决定因素还有抗拉伸性和耐锈蚀性）。提高抗凹陷能力的措施是提高钢板的屈服强度，故需应用高强度薄钢板。但提高屈服强度，变形抗力增大会降低深冲性能。为此要求钢板在冲压成形前具有较低的屈服强度，在冲压拉深成形后，通过高温时效处理（喷气烘干，温度在100~160℃之间，见本章第四节），使钢板的屈服强度可以得到一定程度的提高，这种钢板称为烘烤硬化钢板，简称BH钢板。

表10-4所示为烘烤硬化钢板的实际化学成分和性能。表中的烘烤硬化性（BH）和常温时效性（AI）都属于应变时效，BH与AI在数值上存在线性关系，如表10-5所示，BH值

越大，AI 值越高。一般将烘烤硬化钢板的 BH 值控制在 30～50N/mm^2，如果还要提高钢板的 BH 值，必须加大其冷轧平整量，对生产工艺技术提出了更高的要求，增加了生产成本。BH 值过小，抗凹陷性能力不明显。但 BH 值过大，又容易引起常温时效。一般控制 AI 值使之不大于 30N/mm^{2}时，使其与 08Al 冷轧钢板具有相近的常温时效性。

表 10-4　烘烤硬化钢板的实际化学成分和性能

钢　号	化学成分（%）						屈服点	抗拉强度	伸长率	BH 值	r 值	n 值
	w_C	w_{Si}	w_{Mn}	w_P	w_S	w_{Al}	σ_s/N·mm^{-2}	σ_b/N·mm^{-2}	δ_5（%）	/N·mm^{-2}		
BP340A①	0.026	0.022	0.23	0.103	0.009	0.041	207.5	355.0	41	39.5	1.64	0.239
BP340A②	0.023	0.019	0.23	0.098	0.008	0.050	245.5	375.5	39	53.7	1.59	0.232
WHB340	0.038	0.020	0.27	0.064	0.019	0.083	218.5	353.5	42	39.5	1.61	0.229
A220BH	0.040	0.030	0.28	0.048	0.013	0.044	212.0	360.0	40	31.1	1.29	0.238

①罩式退火。②连续退火。

表 10-5　不同温度的 BH 值　（N/mm^2）

钢号	时　效　温　度/℃								
	70	100	135	170	200	230	260	290	350
BP340A①	22.39	23.83	31.88	39.45	48.73	49.46	58.10	57.54	55.80
BP340A②	37.10	40.40	45.03	49.51	49.79	56.02	63.66	63.61	56.38
WHB340	22.88	22.66	29.62	32.44	33.31	39.09	62.11	60.17	63.10
A220BH	—	—	—	31.05	32.40	39.30	54.05	56.10	51.13

①罩式退火。②连续退火。

（5）超深冲 IF 冷轧钢板　此类钢板的钢号主要有：St16、SSPDX 和 SSPDXE。在超低碳钢（$w_C \leqslant 0.005\%$，$w_N \leqslant 0.004\%$）中，加入足够量的元素钛（Ti）和铌（Nb），使钢中的碳、氮原子完全被固定成碳、氮化合物 Ti（C、N）、Nb（C、N），钢中不再有间隙固溶原子存在，称为“无间隙原子钢”，即 Interstitial Free Steel，简称“IF”钢。目前，世界 IF 钢的产量已达数千万吨，主要用途是车身外板和内板，兼有高强度和良好的成形性，成为汽车特别是乘用车用冷轧钢板的一种主要钢种。含 Nb 的高强度 IF 钢主要被用作热镀锌及其合金化的基板，其可镀性和抗粉化性能较好，此外其硬化指数 n 和厚向异性系数 r 高，具有很优异的深冲性能。IF 钢的品种有：一般 IF 钢板、电镀锌 IF 钢板、热镀锌 IF 钢板、镀铝 IF 钢板、不锈 IF 钢板、高强度 IF 钢板等。如果在 IF 钢中加入适量的磷实现固溶强化，就可使其具有好的烘烤硬化性能，这种钢被称为“超低碳高强度烘烤硬化钢板”，英文名词为“Extra Low-Carbon and High Strength Steel Sheet with Bake Hardenability”。

无间隙原子 IF 冷轧钢板具有以下优点：杂质元素（Si、Mn、P 和 S）含量低；低屈服强度（$\sigma_s \leqslant 180N/mm^2$）和低屈强比（$\sigma_s/\sigma_b \leqslant 0.55$）；高伸长率（$\delta_{10} \geqslant 45\%$）；因常温时效指数 AI≈0，故不用进行时效处理。

在 IF 钢中，根据高强度 IF 钢的合金元素的不同，可将 IF 钢分为 Ti-HSSIF（r 值高，但伸长率有所下降）、Nb-HSSIF（冷轧钢板 45°方向的 r 值得到提高）和 Nb + Ti - HSSIF（在钢中加入 Ti-Nb 复合元素，既可获得高 r 值的冷轧钢板，又不会降低其伸长率）等三大类。

现代轿车每车用 IF 冷轧钢板可达几百千克，约占钢板总用量的 2/5。

表 10-6 所示为 1F（St16）冷轧钢板的化学成分和性能，表 10-7 所示为 IF（St16）冷轧钢板的实际成分和性能。

表 10-6 IF（St16）冷轧钢板的化学成分和性能

化学成分（%）									屈服点 σ_s/ $N\cdot mm^{-2}$	抗拉强度 σ_b/ $N\cdot mm^{-2}$	伸长率 δ_5（%）	r 值	n 值
w_C	w_{Si}	w_{Mn}	w_P	w_S	w_{Al}	w_{Ti}	w_{Nb}	w_N					
≤ 0.008	≤ 0.03	≤ 0.30	≤ 0.020	≤ 0.015	≤ 0.07	注①	注②	≤ 0.004	≤190	260 ~ 330	≥41	≥1.8	≥0.22

注①：Ti =（4C + 3.43N + 1.5N）（1 ~ 4）。注②：Nb =（0.01 ~ 0.3）Ti。

表 10-7 IF（St16）冷轧钢板的实际成分和性能

化学成分（%）								屈服点 σ_s/ $N\cdot mm^{-2}$	抗拉强度 σ_b/ $N\cdot mm^{-2}$	伸长率 δ_5（%）	r 值	n 值
w_C	w_{Si}	w_{Mn}	w_P	w_S	w_{Al}	w_{Ti}	w_N					
0.003 ~ 0.006	0.001 ~ 0.003	0.13 ~ 0.17	0.007 ~ 0.009	0.005 ~ 0.012	0.031 ~ 0.038	0.047 ~ 0.071	0.001 ~ 0.003	131 ~ 167	290 ~ 320	40 ~ 48	1.8 ~ 2.2	0.22 ~ 0.24

（6）镀锌钢板　此类钢板的钢号主要有：SECC、SECD、SECE、St01Z、St02Z、St03Z、St04Z、St05Z、StE250-2Z 和 StE280-2Z。钢铁材料存在的一个最大缺点是极易腐蚀。每年全世界金属因腐蚀造成的损失大约占钢产量的 5% ~ 10%。汽车在整个使用过程中，承受着含有各种酸或碱的空气、湿气、水和油的腐蚀。因为乘用车车身既是乘坐的空间又是各总成的安装基础，所以乘用车车身的腐蚀速度在很大程度上决定了汽车的使用寿命。国外汽车厂商一般保证乘用车使用寿命为 10 年，乘用车的耐腐蚀性越来越重要。因此，能提高汽车耐蚀性能的镀锌钢板在汽车上的应用愈加广泛。轿车的镀锌钢板的用量占钢板总量的 75% 以上。

汽车用镀锌钢板有热镀锌钢板（锌层可以是单面或双面，锌层厚度在 $60 \sim 370g/m^2$ 或更厚，热镀锌钢板具有很好的耐腐蚀性能，广泛应用于汽车的内外板）和电镀锌钢板（其锌镀层厚度 $10 \sim 50g/m^2$，镀层可分为单面和双面）两类，其中电镀锌钢板的拉深性能（冲压时表面具有润滑性）更优良，多用于汽车覆盖件的生产。

（7）其他钢板　除上述钢板之外，还有很多具有特殊功能或性能的材料在汽车覆盖件上得到应用：

1）具有良好的成形性、焊接性和抗腐蚀能力的锌铬镀层板。

2）具有减振、降噪、轻量化等功能的复合型板材。

3）在电镀锌钢板上涂覆一层塑料，使之既有钢的高强度又有锌、塑料等材料的耐腐蚀性，总质量又与铝合金等同，十分适合汽车使用。涂层板可优化材料的成形性能，拉深时的极限拉深比提高20%以上。

4）冷轧TRIP钢。TRIP钢又称相变诱导塑性钢，主要有600MPa、700MPa和800MPa三个强度级别。由于TRIP钢在成形过程中残余的奥氏体逐渐转变为硬的马氏体，使得变形很难集中在局部区域，变形分散而均匀，强度和塑性兼而有之。另外，TRIP钢还具有高的抗撞吸能的特点，在国外新车型中用作安全件。

5）Tailored Blank Welding，简称TBW钢板，它是根据汽车各部位对材料要求的差异，将不同厚度、不同强度和表面覆层（如镀锌钢板）用激光焊合的一种汽车专用钢板。这种材料可以提高材料屈服强度，减轻合成板的质量进而减轻车体质量，通过选择最适宜的材料增强结构刚性，提高安全性，并且减少了车身冲压模具的种类和数量。如凯迪拉克轿车侧围部分A柱用料厚度为1.2mm，车顶纵梁用料厚度为2.1mm，C柱用料厚度为2.5mm，经拼焊后再冲压可省去加强部件，从而减轻侧围重量，但并不影响车身整体刚度。

（三）冲压材料的成形性能

1. 薄板成形性能的评价方法

评价薄板料成形性能一般采用成形极限图，如图10-2所示，图中的拉—拉应变部分首先由Stuart·P·Keeler提出，拉—压应变部分由Gorton·M·Goodwin提出，成形极限图（称为Forming Limit Diagram——FLD图或Keeler Goodwin图）是用来表示金属薄板在平面内的两个主应变（经向和纬向）的联合作用下，在变形过程中某一区域变薄时可以获得的极限应变量，为改进工艺提供参考依据。成形极限图可在实际冲压生产中积累数据来确定。每一种材料对应着一种成形极限曲线，一般通过试验方法来建立。如采用半球形凸模胀形法进行试验，通过采集数据，测得不同主应力比值下的极限主应变值，将该值绘制在主应变坐标系内（以长轴应变作为纵坐标，以短轴应变作为横坐标），获得试验的FLD。也可参考有关资料，作出简易成形极限图来满足生产的需要。如图10-2所示，如果成形极限曲线试验数据分散，形成宽度较窄的区域，称为临界区。如果板平面内的两个主应变的任意组合落在FLD中的成形极限曲线之上，薄板料变形就会发生破裂；反之则是安全的。

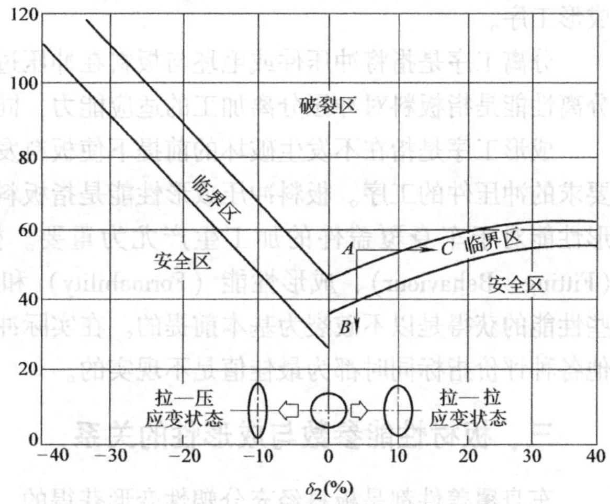

图10-2　成形极限图

2. 成形极限图的应用

生产实际中应用成形极限图来分析和评价板料的成形工序，为提高成形极限（充分发挥材料的性能）和产品质量提供参考。成形极限图的应变值越高，板料的局部成形性能就越好。将绘制有网格的试样在模具中进行冲压，测量的数据与对应该材料的FLD进行比较，可以：

1）合理选用材料。如果冲压件危险点的应变值处于临界区以下较远位置，说明材料性能太好，过于安全，浪费板料成形性能，可换用成形性能较低但价格较便宜的板料。如果冲压件破裂点的应变值处于临界区，在生产中会产生很高的废品率，故应选用性能稍好的材料。

2）在模具的调试中，找出潜在的危险点，解决零件局部的拉裂问题。如图 10-2 所示，如果发现测得的局部应变值落在破裂区，可以采用调整压料力、采用拉深筋、改变落料毛坯尺寸、调整凹模圆角半径或改变润滑条件等办法（在本章第二节中介绍），调整拉深材料流入凹模的变形阻力，既增大拉深深度，又增大双向拉深应变，达到调整局部应变的目的，使拉深工序得以改善，保证生产的稳定性。

3）提高复杂冲压件的成形质量。图 10-2 所示 A 点处于拉—拉应变状态，存在严重的拉裂倾向。解决措施是用增大短轴方向应变的办法，使 A 点应变移至 C 点，或用减小长轴方向应变的办法，使 A 点应变移至 B 点，进入安全区。两种方法比较而言，后者有利于解决起皱问题，使起皱和拉裂问题在拉—拉应变条件下得到平衡，为解决复杂成形零件局部不破裂条件下的防起皱创造了有利条件，提高了复杂零件的成形质量，这在车身冲压生产中经常应用。具体措施是通过加大压料力、设置拉深筋和调整落料毛坯尺寸来解决。解决起皱问题的原则是在防皱的情况下，保证零件不破裂。

3. 板料冲压性能

板料是冲压加工三要素（模具、板料和设备）之一。只有对板料冲压性能进行深入研究，才能建立起高水平的冲压和模具技术。因此，在冲压工艺与模具设计中，必须合理选用板材，同时要考虑板料的冲压性能。

板料冲压性能的涵义：板料冲压性能是指板料对各种冲压加工方法的适应能力，包括的指标很多，如工件的质量、精度、刚度、强度，成形性、冻结性、贴模性，模具寿命、加工能量消耗及加工的简便程度等。如果这些指标越好，板料的冲压性能就越高。

冲压加工方法种类很多，按加工性质的不同，其基本工序可以分为两大类：分离工序和成形工序。

分离工序是指将冲压件或毛坯与板料在冲压过程中按一定轮廓线分离的工序。板料冲压分离性能是指板料对冲压分离加工的适应能力，同时对断面的质量也有相应要求。

成形工序是指在不发生破坏的前提下使板料发生预期的塑性变形，获得合乎形状及尺寸要求的冲压件的工序。板料冲压成形性能是指板料对冲压成形加工的适应能力。板料冲压成形性能对于车身覆盖件的加工生产尤为重要。板料的冲压成形性能可分为：贴模性能（Fitting Behaviour）、成形性能（Formability）和冻结性能（Shape Flxability）。显然，这些性能的获得是以不破裂为基本前提的。在实际冲压加工生产中，期望板材的冲压性能和其他各种评价指标同时都为最佳值是不现实的。

三、板材性能参数与成形性的关系

车身覆盖件都是板材经充分塑性变形获得的，因此汽车覆盖件的冲压成形性与板材性能参数有密切的关系。过去在生产中，无论以何种方式成形或成形时板料的变形性质是什么，都统一用一些常规力学指标如强度、伸长率和杯突值（即艾利克森试验值）来衡量。这些指标虽然操作简单，但这些单个的指标往往只能反映板材的某一种或某几种性质的成形性能，并不能全面反映板材的综合成形性能。而车身覆盖件在冲压过程中，塑性变形很复杂，很多是多种成形方式的复合，常规力学指标有时不能反映板材在特定冲压成形中的成形性能。因此，准确理解并掌握板材性能参数与冲压成形性的关系是非常重要的。

(一) 拉深试验性能参数及其与冲压成形性的关系

(1) 屈服点 σ_s　当板材在拉力的作用下成形时，屈服点 σ_s 一般与伸长类成形性能成反比，材料的屈服点 σ_s 越小，越容易屈服，变形抗力小，产生相同的变形所需的变形力就小。σ_s 小的材料在弯曲变形、拉深变形后，回弹变形也较小，贴模性和定形性好，有利于提高冲压件精度，有利于满足对覆盖件形状的要求。当板材受到压缩变形时，容易产生压缩变形而不易起皱；对于深度较小的浅拉深覆盖件，容易使板料的塑性变形增大，不仅有利于提高覆盖件的形状精度，也有利于提高其刚度。

(2) 屈强比 σ_s/σ_b　屈强比对板材冲压成形性能有较大的影响，较小的屈强比对几乎所有的冲压成形都是有利的。

小的屈强比对压缩类成形工艺来说是有利的。屈强比小说明 σ_s 较小而 σ_b 较大，也就是说易于产生塑性变形而不易破裂，当变形抗力小而强度高时，变形区较容易进入塑性变形状态，并且变形区间较大，传力区材料的强度虽较高却不容易被拉裂，故提高了拉深成形极限。同时压料圈部分在压应力作用下容易进入塑性变形状态而不易起皱，降低了塑性变形力，有利于拉深变形的极限变形能力的提高。基于上述原因，用于汽车覆盖件的 ZF 级钢板的屈强比不能大于 0.66。

(3) 伸长率 δ 和均匀伸长率 δ_u　拉深试验中，在单向拉深情况下，试样拉断时的伸长率称为断后伸长率。伸长率 δ 是衡量材料塑性的指标。均匀伸长率 δ_u 是试样在拉深试验中受到的拉应力开始达到抗拉强度 σ_b（试样开始出现局部颈缩）时的伸长率。δ_u 对于冲压性能有更直接、实际的意义，它表示了板料产生均匀塑性变形的能力，可用来间接地表示伸长类变形的极限变形程度。δ_u 越高，板料的冲压变形能力就越强。车身覆盖拉深件的曲面形状复杂，要求使用具有较高的均匀伸长率 δ_u 的材料。

(4) 硬化指数（应变刚指数）n　常用金属材料在常温下的冲压加工属于冷塑性变形，在冷变形过程中要出现加工硬化效应，这是冷变形加工的基本特点，使决定材料变形抗力的指标（σ_s、σ_b）随变形程度的增大而增大，同时使其塑性指标（主要是伸长率 δ）随变形程度的增加而降低。在冲压生产中，经常用指数曲线来近似表示硬化曲线，即

$$\sigma = C\varepsilon^n$$

式中，σ 为材料的真实应力；C 为系数；ε 为材料的真实应变；n 为材料的应变硬化指数。

硬化指数 n 值表示在塑性变形中材料发生硬化的程度。由于板料存在加工硬化效应，可使冲压件的强度、硬度比初始状态有所提高，提高的程度取决于 n 值的大小。板料的 n 值大，表明在同样的变形程度下，实际应力增加得更多。n 值大，板料的加工硬化效应突出，变形抗力增长快，在伸长类变形过程中可以使变形均匀，减少板料的局部变薄，使冲压成形性能更好。特别是对于具有复杂曲面形状的大型汽车覆盖件的拉深成形工艺，当板料中间部分的胀形成分较大并且变形分布不均匀时，较大的 n 值能提高其成形极限，使整体变形均匀。如 08Al（ZF）的 $n=0.252$，08Al（HF）的 $n=0.247$，08Al（F）的 $n=0.233$，随着拉深级别的降低，n 值也逐渐降低，由此可见 n 值对成形性能的影响非常明显。

另一方面，材料的硬化对冲压性能也有不利的影响。硬化的结果通常比实际需要的变形力大，并会进一步限制板料的变形。例如在进行翻边工序前边缘部分就已经出现了加工硬

化，那么在翻边时就会引起开裂。解决措施是，在进行后续工序之前需增加中间退火工序，以消除一定的硬化。

（5）各向异性系数 板料的各向异性是指由于钢板结晶和板材在轧制时出现纤维组织，造成板料的塑性因方向的不同而出现差异。各向异性包括厚度方向各向异性（用厚向异性系数 r 衡量）和板平面各向异性（用板平面内方向异性系数 Δr 衡量）。

1）厚向异性系数 r。厚度方向的各向异性用厚向异性系数来表示。厚向异性系数是指单向拉深试样宽度应变和厚度应变的比值，用下式表示

$$r = \frac{\varepsilon_b}{\varepsilon_t} = \frac{\ln(b/b_0)}{\ln(t/t_0)}$$

式中，r 为厚向异性系数；ε_b 为试样宽度应变；ε_t 为试样厚度应变；b_0、b 为试样变形前、后的宽度；t_0、t 为试样变形前、后的厚度。

r 值具有方向性。r 值的大小，表明板材在厚度方向变形的难易程度。在汽车覆盖件拉深成形时，对 r 值大的材料来说，板材厚度方向上的变形困难，而板平面内的变形容易。实践表明，r 值越大，板材拉深性能好，抵抗变薄的能力强。板料受拉时，如果厚度不易变薄，就不易产生拉裂现象，有利于冲压加工的进行和产品质量的提高。

2）板平面内方向异性系数 Δr。板材经轧制后，在板平面内也出现各向异性。因此，板料沿不同的方向的力学物理性能均不同，冲压成形性能因此受到影响。板平面内方向异性系数 Δr 大时，板材性质的方向性很强，尤其是在沿轧制 45°方向与其他方向形成的差异明显。板平面内各向异性系数 Δr 可用厚向异性系数 r 在 r 个方向上的平均差值来表示，即

$$\Delta r = \frac{r_0 + r_{90} - 2r_{45}}{2}$$

式中，r_0、r_{45}、r_{90} 分别表示沿轧制方向、沿轧制 45°方向和沿垂直于轧制方向的厚向异性系数。对铝镇静钢，测得 $r_0 = 1.68$，$r_{45} = 1.19$，$r_{90} = 1.90$，可计算出 $\Delta r = 0.60$。Δr 值的大小与 r 值（对铝镇静钢，$r = 1.49$）呈正相关关系。

Δr 值越大，拉深凸耳就越严重，此时必须增大切边余量，增加了冲压成形工序的材料消耗，故 Δr 值大，对大部分冲压加工成形的变形和冲压件质量都不利，所以冲压加工中应尽量选择低 Δr 值的板材。有的国家在标准中已对板材的最大 Δr 值提出了限制。

（二）化学成分和金相组织对冲压性能的影响

（1）化学成分对冲压性能的影响 材料的化学成分与冲压性能有着密切关系。碳是钢中最基本的元素，含碳量对材料的塑性影响最大。深拉深件用钢的含碳量不超过 0.05% ~ 0.12%（质量分数），甚至可用超低碳 IF 钢（碳的质量分数不超过 0.008%）。车身用钢板含硅量应在 0.03%（质量分数）以下。硫是一种有害无益的元素，应尽量降低其含量。磷在低碳钢中可改善 r 值，含磷量应控制在 0.1%（质量分数）以下，避免冷脆性和对焊接性的不利影响。

（2）金相组织对冲压性能的影响 钢板金相组织的晶粒大小直接影响冲压性能。晶粒大小不均匀引起变形不均，大晶粒易变形，而小晶粒难于变形，最容易引起裂纹；板料表面粗大的晶粒在冲压成形时变形大，心部细小的晶粒变形小，容易使冲压件产生开裂等缺陷。钢板的晶粒形状分为等轴和薄饼形两种，薄饼形晶粒含有量高可降低冲压件废品率；通过严格的退火工艺使 Fe_3C 呈圆球状或扁球状且均匀分布在铁素体中，可降低其对深冲性能的影

响；控制夹杂物的数量及形状，以减少对冲压性能的影响。

（三）板料的尺寸精度和表面质量对冲压性能的影响

（1）板料的尺寸精度对冲压性能的影响　板料的尺寸精度对冲压性能影响最大的是板料的厚度公差。板厚公差是钢板轧制精度的主要指标。板料过薄难以控制回弹，板料过厚会拉伤冲压件表面，也易拉伤模具的侧壁。特别是板厚度公差不均匀、偏差过大时，不利因素就更难消除。

钢板厚度公差的波动，实际上造成模具对零件施加的压料力不均匀，金属流动难以控制，从而引起零件冲压开裂和起皱。

（2）板料的表面质量　板料的表面质量也是影响冲压性能的因素之一。钢板表面缺陷在相应的技术标准中有明确的规定。如前所述汽车用冷轧钢板的表面质量分为Ⅰ组、Ⅱ组和Ⅲ组，用以区别钢板存在的不同程度的表面缺陷。对乘用车外覆盖件要求使用Ⅰ组表面质量的冷轧钢板，对不影响外观质量的内部件则可用Ⅱ组表面质量的冷轧钢板。

钢板的表面不得有气泡、划痕、裂纹、结疤、折叠、分层和夹层等对使用有害的缺陷。钢板表面上任何缺陷的存在，都有可能造成零件冲压开裂、影响涂装质量和车身外观质量。

1）冷轧钢板的表面氧化色。氧化色多集中于钢板的边沿。它是冷轧钢板（如BP340A）在罩式炉退火时，在300℃左右，由于保护气体（氮或氩）不纯，铁被空气中的氧氧化，导致钢板边缘部位的表面形成氧化色。较浅的氧化色对冲压性能的影响不大，但会降低冲压件表面涂层的附着力或磷化处理质量，表面涂层易过早发生剥落或者穿孔腐蚀，严重影响汽车使用性能。若氧化色严重，在将其弯曲时在弯曲表面会出现氧化铁粉末的脱落现象，显然在冲压时会引起钢板冲压性能恶化。钢板表面的氧化色无论深浅，都会使焊接时的电阻增大，容易引起焊穿或焊接不牢，影响焊接质量，从而影响汽车的使用安全。

2）冷轧钢板表面的黑膜。残留在钢板表面上的冷却乳化液或轧机的润滑油，在冷轧钢板经退火后于钢板表面形成一条或相平行的数条黑膜贯穿整个钢板表面，它对钢板的冲压性能、涂装性能和焊接性能均产生影响。黑膜的存在使形成的磷化膜较薄，虽然在黑膜表面上也能形成漆膜，但附着力差，实际上影响了钢板的防腐功能。

3）钢板表面的其他缺陷：①钢板表面麻点。“麻点”的存在使污垢更易聚集，使钢板表面质量恶化，从而降低冲压性能和使用寿命。因此要将钢坯表面的氧化铁皮冲洗干净。②钢板表面夹层。在冲压成形时，“夹层”缺陷破坏金属基体变形的连续性，造成开裂。因处于钢板横断面的中心部位的大块“夹层”不参加变形，除了影响冲压开裂外，严重时甚至在冲压完成后，冲压件“夹层”自动分离，使冲压件形成约为原件厚度一半的两个零件。③钢板表面发纹。零件冲压成形时，变形部位的“发纹”因受力而逐渐向内伸展，冲压件被拉裂。这往往在整卷钢板上呈连续有规律的分布。④钢板表面结疤。覆盖件冲压成形时，“结疤”起着缺口作用和分割金属基体的作用，造成零件冲压开裂。

第二节　汽车车身覆盖件冲压工艺

一、车身覆盖件的特点

车身覆盖件是指汽车车身内、外表面的薄壳板件。不同于一般冲压件，覆盖件在结构上和质量要求上有其独特之处，在冲压工艺、冲模设计和冲模制造工艺上也有其独有的特点。因此，一般将覆盖件作为一类特殊的冲压件来研究。

覆盖件主要具有以下特点：

(1) 形状复杂　大多数覆盖件都是由复杂的三维空间曲面组成，为了获得空气动力特性好的车身外形，覆盖件应当具有连续的空间曲面形状且冲压深度不均。为体现车身造型的风格，常在一些曲面上设有棱线和装饰性结构（在拉深时相当于同时进行了反拉深），使覆盖件的形状变得更加复杂，是最为复杂的冲压件。

(2) 外形尺寸大　为了简化装配工艺，减少零件数，保证车身外表曲面的连续性和完整性，大多数覆盖件的外形尺寸都比较大，有些覆盖件如侧围外轮廓尺寸可达2~3m。

(3) 表面质量要求高　覆盖件的可见表面不允许有波纹、皱纹、凹痕、边缘拉痕、擦伤以及其他破坏表面完美的缺陷。覆盖件上的装饰棱线、筋条都应清晰、平滑，曲线应圆滑。相邻覆盖件上的装饰棱线在衔接处必须一致，不允许对不齐。特别是对于乘用车，覆盖件表面上一些微小的缺陷会在涂装后引起光的杂乱不规则反射而影响外观。

(4) 要求足够的刚度　覆盖件是薄壳零件，在汽车行驶时会产生振动，引起覆盖件的激振。必须通过充分的塑性变形来提高覆盖件的刚度，从而避免共振，减少噪声和延长车身寿命。

二、汽车覆盖件冲模的特点

(1) 主模型是覆盖件图样的补充　由于汽车覆盖件多为三维立体曲面形状，单靠一般的图样不能完全表达其设计要素，通常还应有主模型（或数据、实体模型）来作为制造和检验的实物依据。甚至可以说能够完整地表示覆盖件尺寸和形状的只有主模型。主模型是车身的原始技术资料，是制造覆盖件冲模和装焊夹具、检验夹具的标准，又是检验覆盖件以及调整装焊夹具和检验夹具不可缺少的标准。

在模具制造过程中，各种工艺模型（铸造模型、仿形模型、研修模型等）也要根据主模型翻制，满足模具制造工艺的需要。

现在随着计算机技术的发展，已经采用数学模型来取代实物模型，以数据的形式储存在计算机内，需要时再调用。无论是汽车覆盖件图样，还是模具型面的加工程序，都将由设计定型后的车身型面数学模型自动生成。

(2) 双动拉深　由于汽车覆盖件形状复杂，对于比较复杂的和难度较大的拉深件，需要采用有较大行程和拉深力及压边力的双动压力机来拉深，保证良好的拉深件质量，确保冲压、焊装生产工艺的可靠性和稳定性。

(3) 轮廓尺寸大、结构复杂　由于汽车覆盖件轮廓尺寸大，因此模具比较大，汽车覆盖件模具的轮廓尺寸是指下模座的长度和宽度之和，一般大于2500mm（个别达到

6000mm)，重十几吨（个别重达40余吨)。一般分类：下模座长度和宽度之和大于3500mm的称为大型模具；下模座长度和宽度之和介于1200mm和3500mm之间的称为中型模具；下模座长度和宽度之和小于1200mm的称为小型模具；模具零件较多地采用铸件和镶块的结构。由于汽车生产的批量大、质量要求高，因此要求模具的功能越完善，结构也就越复杂。普遍采用机构较复杂的斜楔结构设计制造修边模和翻边模。

(4) 覆盖件模具调整工作量大　覆盖件模具调整分为制造调整和使用调整。模具的调试是一项技术难度很大的工作，尤其是拉深模的调试。拉深模的调试往往需要较长的时间，需要反复多次试模，直到压制出合格的制件后才能使用，才算成功。

(5) 生产、技术准备工作繁重　汽车覆盖件冲模的设计与制造是一项技术密集型的系统工程。一个汽车覆盖件往往需要经过几套模具的冲压，才能生产出合格的冲压件，而这些模具的型面都必须与同一个主模型相符合。在制造工艺上有互相依赖的关系，因而它们不能同时、也不能按冲压工艺的先后顺序制造，各套模具的加工顺序需要在工艺编制时进行分析研究后才能确定。其中拉深模是所有模具中最关键的，必须最先投入制造。只有拉深模制造完毕后才能制造其他模具。对于落料模和修边模，由于通常都需要通过试验决定板料的毛坯尺寸，并要等拉深模、翻边模制造完并试验好展开尺寸后，才能投入制造。

(6) 覆盖件模具的成套性　覆盖件模具的成套性是指全车模具的成套性和某个覆盖件所需模具套数的成套性两层含义。汽车车身由数百个冲压件构成，全车所需冲模高达1000套以上（见表10-8)。全车模具的成套性是保证全车质量的关键。采用计算机辅助设计（CAD）和辅助制造（CAM)，可有效地保证模具的成套性。

表10-8　模具的成套性

汽车型号	制造厂家	驾驶室	载重/t	整车模具/套	大型模具/套
EQ140	东风汽车厂	长头	5	2800	100
LZW110	柳州微型车厂	平头	0.5	1300	50
上海 SANTANA-LX	上海大众公司	4门轿车	5座	2500	131
花冠	日本丰田	4门轿车	5座	2500	155

三、覆盖件的冲压工序

汽车覆盖件的形状复杂、尺寸大、深度不均匀，因此一般不可能在一道冲压工序中直接获得，有的需要十几道工序才能获得，最少的也要三道基本工序：落料、拉深、修边。其他还有翻边和冲孔等工序。也可根据需要将修边和冲孔合并、修边和翻边合并。

落料工序是为拉深工序准备板料。拉深工序是覆盖件冲压的关键工序，覆盖件的绝大部分形状由拉深工序形成。冲孔工序是加工覆盖件上的工艺孔和装配孔。冲孔工序一般安排在拉深工序之后，避免孔洞在拉深后变形。修边工序是切除拉深件的工艺补充部分。翻边工序位于修边工序之后，它使覆盖件边缘的竖边成形，可作为装配焊接面。

覆盖件按具体工序的内容，称为拉深件、修边件和翻边件等工序件。

四、车身覆盖件拉深工艺设计

(一) 覆盖件拉深工艺的特点

拉深工序是车身覆盖件冲压中最关键、最重要的工序。拉深质量对覆盖件的质量影响最大。拉深工艺设计是否合理还直接影响其他各道工序的设置。拉深工艺的好坏往往决定了整个覆盖件设计和制造的成败。

车身覆盖件的拉深具有以下特点：

1）无论覆盖件分块有多大，形状有多复杂，只能在一次拉深中全部成形。若是分几次成形，则不能把握每一次变形的规律，很难保证覆盖件几何形状的一致性和表面的光滑。

2）由于覆盖件的形状复杂，往往需要根据经验和拉深实验来试错、判断、验证产品设计和拉深工艺设计的可行性、可靠性和经济性，将发现的问题反馈到产品设计和工艺设计中进行修改。此外，往往还需要进行工艺设计，将产品的形状和尺寸变换为适合于进行拉深的拉深件形状和尺寸。

3）覆盖件的拉深不仅要求一定的拉深力，还要求在拉深过程中具有稳定的、足够的、可调节的压料力（为拉深力的65%～70%）。

4）覆盖件拉深时，常需要在压料面上涂抹特制的润滑脂以减少板料与凹模和压料圈的摩擦，降低材料内应力，以避免出现破裂和表面拉毛的现象。

（二）拉深方向的确定

由于一般覆盖件的侧壁与压料面呈钝角，所以可选择最有利的冲压方向。拉深件的冲压方向是拉深工艺设计中需要首先解决的问题。它关系到能否拉深出合格的拉深件，也影响到拉深件工艺补充部分的多少和压料面形状。

1）保证凸模能顺利进入凹模，能将工件需拉深的部位在一次拉深中完成，避免“倒钩”的存在。

2）保证凸模开始拉深时与板料的接触处于有利的位置，接触面积大而靠近中心；凸模表面同时接触坯料的点要多而分散，并尽可能分布均匀以防坯料窜动；凸模两侧的包容角尽可能接近，使由两侧进入凹模的料均匀。

3）尽量减小拉深深度，使压料面各部位拉深深度均匀、适当。

4）拉入角尽量相等，工艺补充部分少。

（三）工艺补充部分

工艺补充部分是指为顺利拉深出合格的制件，在冲压件要求的形状以外添加的那部分材料。由于这部分材料是为满足成形的需要而不是零件本身的需要，因此在拉深成形后的修边工序要将工艺补充部分予以切除。但它是不可缺少的。工艺补充部分对拉深成形起着重要影响，是拉深件设计的主要内容，而且对后面的修边、整形、翻边等工序也有重要影响。工艺补充部分的定义是：由于工艺需要而补充的部分（即修边线以外的板料）。

1. 工艺补充部分应考虑的因素

1）拉深时的进料条件。拉深深度尽量浅，降低加工难度。

2）压料面的形状和位置。工艺补充部分尽量小，减少材料消耗。

3）修边线的位置和修边方式。尽量采用垂直修边，简化斜楔结构。

2. 工艺补充部分的种类

工艺补充部分的种类如图 10-3 所示，修边线在拉深件底部的各部分的作用和尺寸如表 10-9 所示。

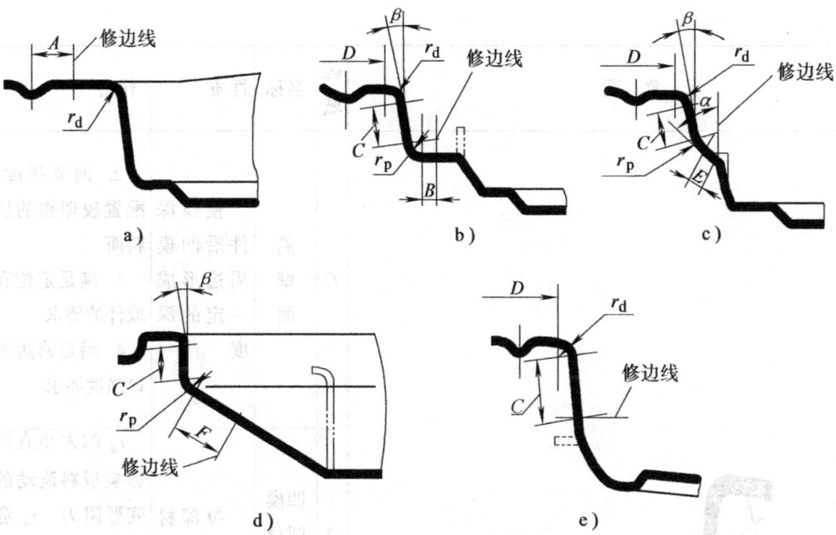

图 10-3　工艺补充部分的种类

a）修边线在拉深件压料面上，垂直修边，压料面就是覆盖件本身的凸缘面，$A=25$mm　b）修边线在拉深件底面上，垂直修边 $B=3\sim5$mm，$C=10\sim20$mm，$D=40\sim50$mm，$r_p=3\sim10$mm，$r_d=3\sim10$mm；c）修边线在拉深件翻边展开的斜面上，垂直修边，$\alpha\not<40°$，$\beta=6°\sim10°$，$E=3\sim5$mm，$r_p=3\sim5$mm，$C=10\sim20$mm，$D=40\sim50$mm　d）修边线在拉深件的斜面上，垂直修边，$F\not<12$mm，$\beta=6°\sim12°$，$r_p=3\sim10$mm，$C=10\sim20$mm　e）修边线在拉深件的侧壁上，水平修边或倾斜修边 $C\not<12$mm，$r_d=4\sim10t$，$D=40\sim50$mm

表 10-9　工艺补充部分各部分的作用及尺寸

示　意　图	区域	名称	性质	作用	尺寸/mm
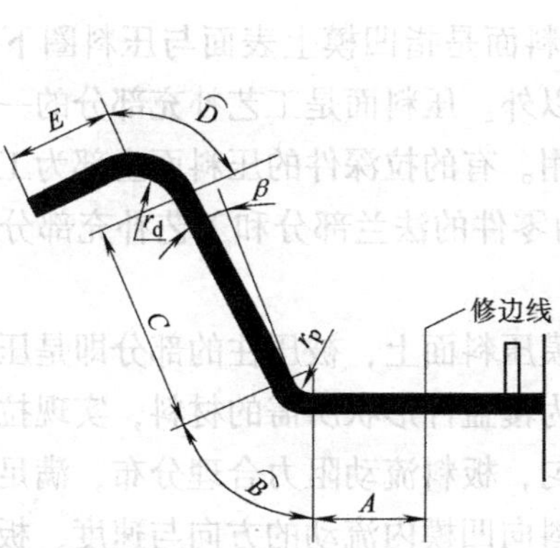	A	底面	从零件的修边线到凸模圆角	1. 调试时，不致因为 r_p 修磨变大而影响零件尺寸 2. 保证修边刃口的强度要求 3. 满足定位结构要求	用拉深槛定位时：$A\geqslant8$ 用侧壁定位时：$A\geqslant5$
	B	凸模圆角面	凸模圆角处的表面	降低变形阻力	一般拉深件：$r_p=(4\sim8)t$ 复杂覆盖件：$r_p\geqslant10t$
	C	侧壁面	使拉深件沿凹模周边形成一定的深度	1. 控制零件表面有足够的拉应力，保证板料全部拉深，减少起皱的形成	$C=10\sim20$ $\beta=6°\sim10°$

（续）

示意图	区域	名称	性质	作用	尺寸/mm
	C	侧壁面	使拉深件沿凹模周边形成一定的深度	2. 调节深度，配置较理想的压料面 3. 满足定位和取件的要求 4. 满足修边刃口强度要求	$C=10\sim20$ $\beta=6°\sim10°$
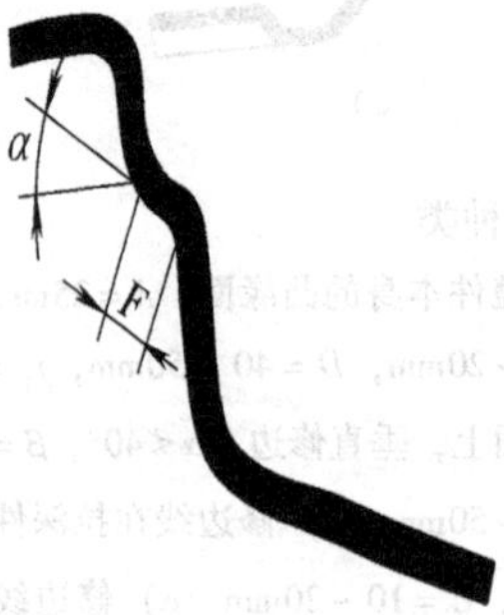	D	凹模圆角面	拉深材料流动面	r_d 的大小直接影响板料流动的变形阻力。r_d 愈大，则阻力愈小，容易拉深。r_d 小则反之	$r_d=(4\sim10)t$ 料厚或深度大时取大值，允许在调试中变化
	E	法兰面	压料面	1. 控制拉深时进料阻力大小 2. 布置拉深（槛）筋和定位	$E=40\sim50$
	F	棱台面		使水平修边改为垂直修边，简化冲模结构	$F=3\sim5$；$\alpha\leqslant40°$

（四）压料面

（1）压料面的作用与对拉深成形的影响　压料面是指凹模上表面与压料圈下表面起压料作用的那一部分表面，其位置在凹模圆角部分以外。压料面是工艺补充部分的一个重要组成部分，它对汽车覆盖件的拉深成形起着重要作用。有的拉深件的压料面全部为工艺补充部分（最后全部要切掉），有的拉深件的压料面则由零件的法兰部分和工艺补充部分共同组成（最后只切去工艺补充部分，留下法兰部分）。

在拉深开始前，压料圈首先将板料压紧在凹模压料面上，被压住的部分即是压料面。拉深开始后，压料面上的材料逐渐被拉入凹模，变为覆盖件形状所需的材料，实现拉深成形过程。通过压料面的压力，可以使拉深件的深度均匀，板料流动阻力合理分布，满足拉深成形的需要。通过合理的压料面设计，控制压料面板料向凹模内流动的方向与速度、板料破裂起皱等问题。

（2）压料面设计原则　如上所述，压料面有两种情况：一种是压料面的一部分就是拉深件的法兰面；另一种情况是压料面全部属于工艺补充部分。无论哪种情况，都是以保证良好的拉深成形条件为主要目的进行压料面的设计。对第二种情况，要考虑到这部分材料在拉深工序后将在修边工序被切除，所以应尽量减少这种压料面的材料消耗。

对第二种情况，设计压料面应遵循的基本原则有以下几方面：

1）压料面形状应简单化，压料面最好呈水平方向。因为采用平面压料面不但使拉深板料的定位和放置最为方便，而且其拉深条件也最为优越。与此同时，模具的加工工艺性也最佳。在保证良好的拉深条件的前提下，为减少材料消耗，也可设计成斜面、平滑曲面或平面曲面组合等形状。要避免设计成平面大角度交叉和高度变化剧烈的形状，这些形状的压料面会造成材料流动困难和塑性变形分布极不均匀，在拉深成形时，在角度交叉处产生堆积、起皱、破裂等现象。图 10-4a 所示为水平压料面，是最有利于拉深成形的压料面位置。图 10-4b 所示为向内倾斜的压料面，一般控制压料面倾斜角 $\alpha < 40° \sim 50°$。图 10-4c 所示为向外倾斜的压料面，倾斜角 α 太大，其材料流动阻力最大，易产生破裂，而且凹模表面磨损严重，应尽量少选用。

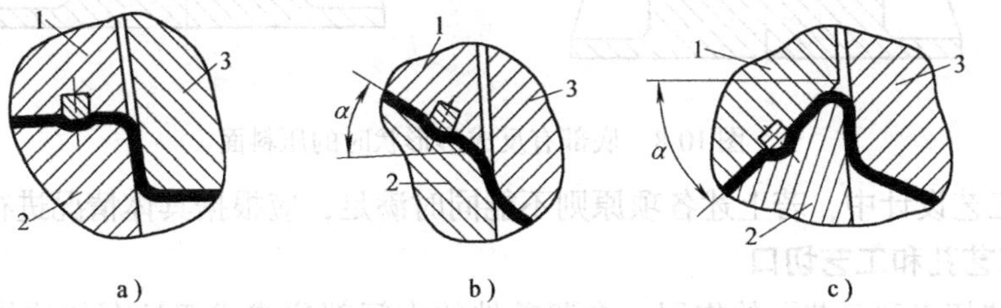

图 10-4　压料面与冲压方向的关系

1 —压料圈　2 —凹模　3 —凸模

2）压料面本身形状不能起皱。压料面的任一断面曲线长度 l_0 应小于拉深件内部断面曲线长度 l_1，即满足 $l_0 < 0.97 l_1$，才能保证拉深过程中板料处于张紧状态，防止皱折的产生，如图 10-5 所示。在图 10-6 中，要保证压料面形状不起皱的条件是：压料面的仰角 α 大于凸模仰角 β。若不能满足这一条件，可在拉深件底部设置筋类或反成形形状以吸收余料，如图 10-7 所示。当覆盖件的底部有反成形形状时，压料面必须高于反成形形状的最高点，如图 10-8 所示。

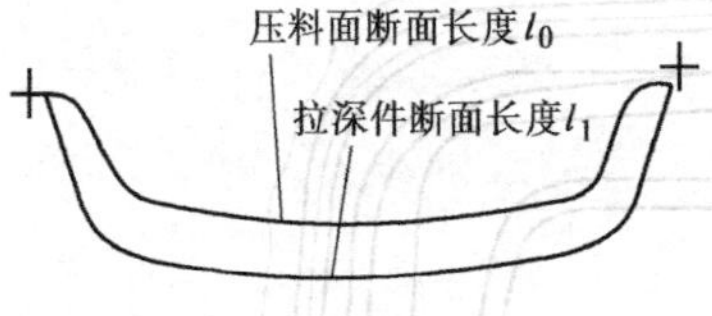

图 10-5　压料面内断面长度 l_0 与拉深件内断面长度 l_1 的关系

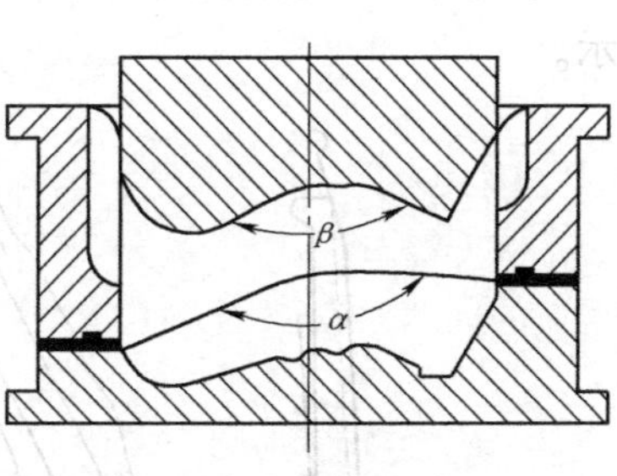

图 10-6　压料面仰角 α 与凸模仰角 β 的关系

3）压料面应降低成形深度，并且各部分深度应接近一致，使板料不产生皱折、扭曲等现象。

4）压料面应使板料在拉深成形和修边工序中具有可靠的定位，并考虑送料和取件的方便性，不在某一方向产生很大的侧向力。

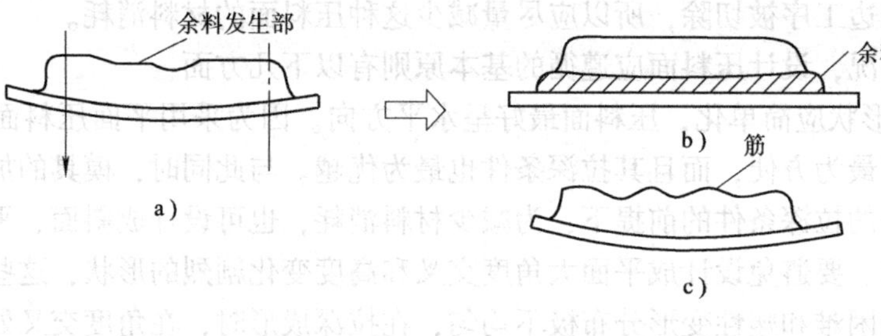

图 10-7 防止余料的措施

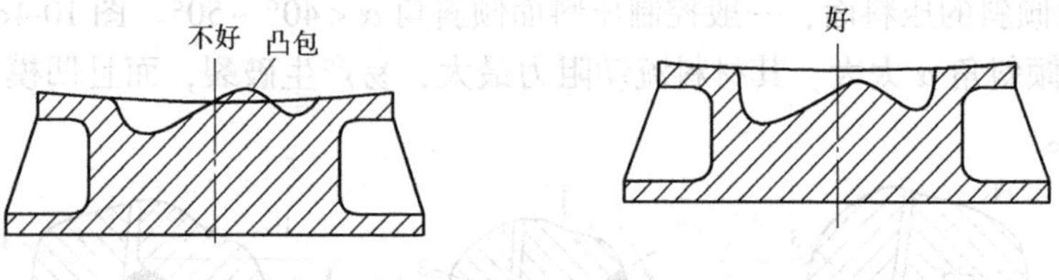

图 10-8 底部有反成形形状时的压料面

在实际工艺设计中，若上述各项原则不能同时满足，应根据具体情况进行分析、取舍。

(五) 工艺孔和工艺切口

(1) 工艺切口和工艺孔的作用　在覆盖件的中间部位或成双拉深的连接部位，由于在拉深过程中局部变形太大，得不到外部材料补充而只能从板料的内部得到补充，往往会导致冲压件的局部拉裂，而拉裂的部位又往往不可预料，有的裂口甚至延伸到修边线以外，所以必须在工艺补充部分的适当位置预先冲出工艺切口或工艺孔，使容易拉裂的部位从变形区内部得到材料补充，克服开裂现象。也就是在拉深前或在拉深进行时，预先在将会被拉裂的部分切出一切口（即将工艺补充部分切出一切口，形状可以是规则的或不规则的，与局部拉深变形部位的周沿形状相适应）。

(2) 工艺切口和工艺孔的布置原则

1）必须分布在工艺补充部分上，设置在修边线之外，在修边冲孔时将它们冲掉，如图 10-9 所示。

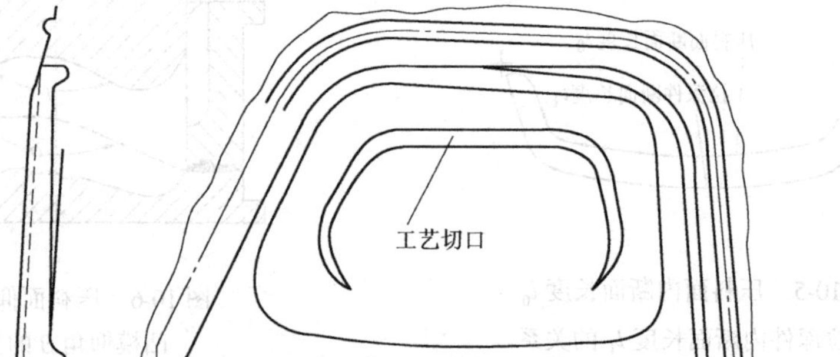

图 10-9 工艺切口

2）工艺孔一般在拉深前的落料冲孔工序中完成。工艺切口可在落料时冲出，但往往在拉深的过程中，在反成形即将到破裂产生时切出，不能提前也不能滞后。

3）切口或冲孔的数量、大小和形状，要根据所处位置和变形的要求，保证各处材料变形均匀。一般通过试料来决定。

4）需要多个切口时，切口之间应有足够的搭边尺寸。

（六）拉深筋

汽车覆盖件拉深模具常设置拉深筋，且在压料面上占有相当大的比例，这是汽车覆盖件模具的重要特征。

（1）敷设拉深筋的目的　汽车覆盖件的形状变化很大，由于覆盖件不规则的形状造成各处的进料阻力相差很大。汽车覆盖件拉深模具对于进料阻力的调节一般可通过调整压料面来进行，调整的主要内容有：调整冲压方向、压料面形状、翻边展开、工艺补充部分及压料力大小，辅助手段是通过改变拉深板料的形状、拉深润滑脂的使用以及修磨压料面的间隙等来实现对进料阻力的调节，使拉深能够顺利进行。但是，以上方法往往只能对进料阻力的整体调节有用，而对于拉深件的局部进料阻力的调整是明显不够的。

一般的技术手段是在压料面上需要增加进料阻力的局部位置敷设拉深筋。在理解拉深筋的存在这个问题时，一定要清楚材料是逐渐流入凹模内的，控制和调节板料各段流入凹模的阻力，一般是增大进料阻力，拉深的结果使拉深件内部的拉应力也增大，拉深件的刚性也同时得以提高，同时减少弹复现象的发生。增设拉深筋，还可减慢局部切向压应力很大的圆角的进料速度，削弱压应力，防止起皱现象的发生。总之，敷设拉深筋对汽车覆盖件模具有极其重要的作用：

1）增加进料阻力。板料在流入凹模型腔内时由于拉深筋的存在，使板料要经过四次弯曲和反弯曲（发生在拉深筋处和凹模圆角处），加大了拉深件内应力，提高了覆盖件的刚性（便于工序间的转运），防止拉深件起皱和畸变。

2）使局部进料阻力合理分布。控制和调节材料流动速度，使整个拉深件进料阻力均衡，按需要的变形方式及速度变形，防止“多则皱，少则裂”。

3）降低对压料面形状及压料力大小的要求。

（2）拉深筋的形状　拉深筋的形状尺寸应根据实际要求的进料阻力大小来决定，一般情况其剖面为半圆弧形状，装在压料圈上，如图 10-10 所示。显然，当筋的高度一定且半径 R 较大时，则进料阻力较小；当筋的半径 R 一定时，高度 h 越大，材料变形程度越大，进料阻力越大。制造时，拉深筋的高度与拉深筋的半径相等（为 7mm），如需修整，只改变拉深筋半径（当然同时也改变了拉深筋的高度）就可控制进料阻力。拉深筋的宽度一般取为 12～18mm。除半圆筋外还有梯形的门槛式拉深筋（拉深槛）。拉深槛用于要求进料阻力相当大的拉深件，其形状如图 10-11 所示。拉深槛比拉深筋的进料阻力更大，因此用于拉深深度浅而曲率小（形状平坦）的拉深件。但在生产中制造和修理半圆筋较方便、灵活，故在汽车覆盖件模具上半圆筋应用很广。

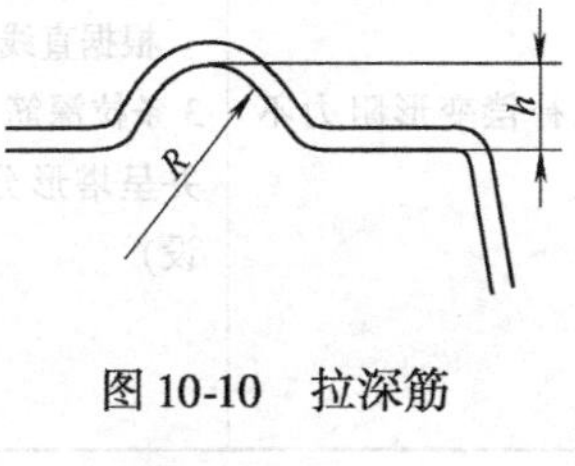

图 10-10　拉深筋

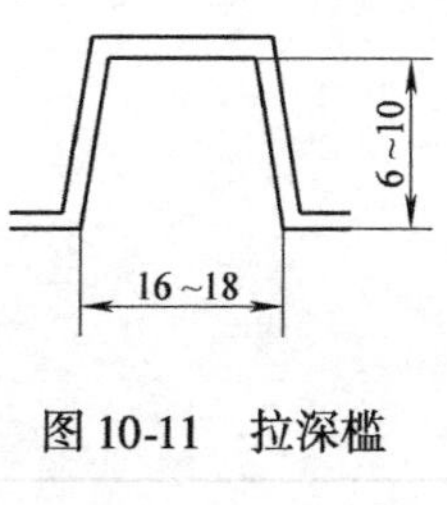

图 10-11　拉深槛

(3) 敷设拉深筋的基本原则

1) 拉深深度浅的应敷设可增加刚性的拉深筋或拉深槛，如表10-10、表10-11所示。

表10-10 拉深筋的布置原则

序　号	作用和要求	布　置　原　则
1	增加进料阻力，提高材料变形程度	设置整圈的或间断的1条拉深槛或1～3条拉深筋
2	增加径向拉应力，降低切向压应力，防止板料起皱	在容易起皱的部位设置局部的短筋
3	调整进料阻力和进料量	1. 拉深深度大的直线部位，放1～3条拉深筋 2. 拉深深度大的圆弧部位，不放拉深筋 3. 拉深深度相差较大时，在深的部位不设拉深筋，浅的部位设筋

表10-11 按凹模口形状布置拉深筋的方法（$\alpha=8°\sim12°$）

凹模口	形状	要　求	布置方法
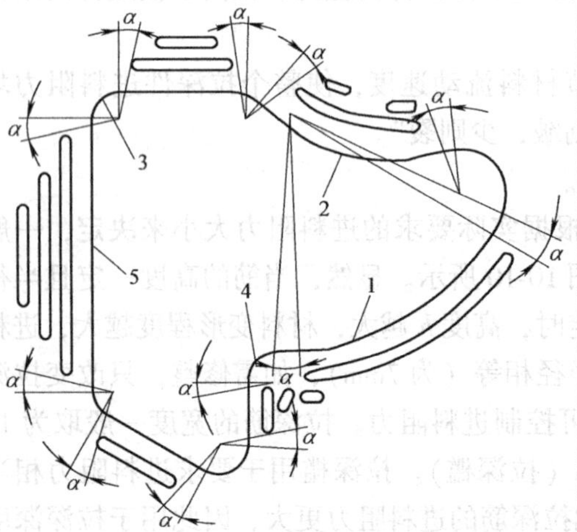	1. 大外凸圆弧	补偿变形阻力不足	设置1条长筋
	2. 大内凹圆弧	1. 补偿变形阻力不足 2. 避免拉深时材料从相邻两侧凸圆弧部分挤过来而形成皱纹	设置1条长筋和2条短筋
	3. 小外凸圆弧	塑流阻力大，应让材料有可能向直线区段挤流	1. 不设拉深筋 2. 相邻筋的位置应与凸圆弧保持8°～12°夹角关系
	4. 小内凹圆弧	将两相邻侧面挤过来的多余材料延展开，保证压料面下的板料处于良好状态	1. 沿凹模口不设筋 2. 在离凹模口较远处设置两段短筋
	5. 直线	补偿变形阻力不足	根据直线长短设置1～3条拉深筋（长者多设，并呈塔形分布，短者少设）

2）为控制深度相差较大的覆盖件拉深模的进料阻力，原则上直线部分板料流动速度较快，应敷设拉深筋或拉深槛；浅的部位必须设拉深筋，深的部位可不设拉深筋。

3）为克服起皱，应在凸曲线敷设局部的、较短的拉深筋。

4）拉深筋或拉深槛尽量靠近凹模圆角，但不能影响后续工序中修边模的强度。

5）在同一位置应尽量只布置一条拉深筋，必要时才增至两条或三条筋，由内向外的高度应依次递减，如图 10-12 所示。

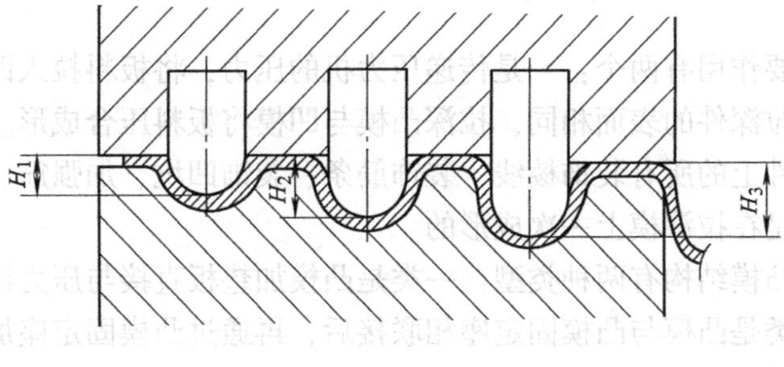

图 10-12　多重筋的布置（高度 $H_1<H_2<H_3$）

五、拉深模

汽车覆盖件板料只能在拉深模中一次成形，因此对拉深模提出了很高的要求。拉深模是汽车覆盖件成形过程中最为关键的因素，它直接决定了汽车覆盖件的结构及表面质量。

（一）拉深模的典型结构特点

覆盖件拉深模的特点是体积尺寸大、质量大、形状结构复杂，其主要零件的毛坯采用铸造件。模具零件的形状和主要结构尺寸，要按拉深件和压力机的型式和规格进行设计。

拉深模分为双动拉深模和单动拉深模两类。

双动压力机上的拉深模如图 10-13 所示，由凸模 6、凹模 1、压料圈 2 及凸模固定座 5 四大件及一些辅助零件组成。将凸模 6 和凸模固定座 5 做成一体时，成为三大件。由三大件组成的拉深模结构相对简单，用于内、外滑块闭合高度尺寸差小的拉深模。由三大件组成的拉深模适用于平面尺寸大而深度又小的覆盖件拉深及中大批量生产；由四大件组成的拉深模结构较复杂，用于内、外滑块闭合高度尺寸差大的拉深模，适用于拉深成形形状复杂的大型汽车覆盖件。一般双动压力机上的拉深模都采用四大件，对压边力的调节很方便，具有压边力大、压边力稳定、压边力

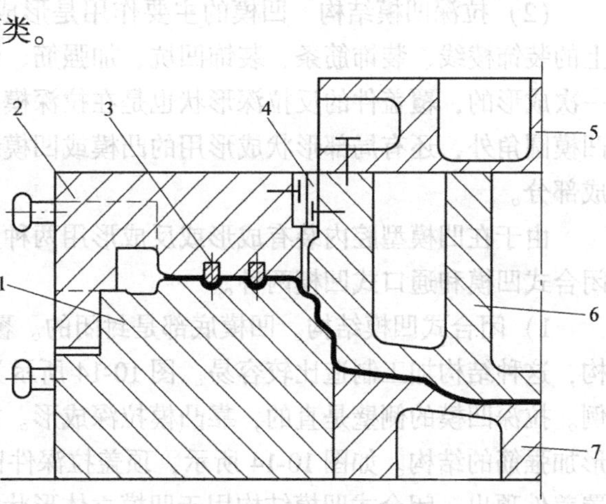

图 10-13　在双动压力机上的拉深模结构示意图

1—凹模　2—压料圈　3—拉深筋　4—导向板　5—凸模固定座　6—凸模　7—顶件器

分布可调的特点。

单动拉深模是按单动压力机设计的，主要由凸模、凹模和压料圈三大件及一些辅助零件组成。

（二）拉深模的工作零件

汽车覆盖件拉深模的工作零件主要有：凸模、凹模和成形局部形状所用的凸、凹模等。

1. 拉深凸、凹模结构

（1）拉深凸模结构　汽车覆盖件单动拉深模的凸模固定于上模板上，上模板再与上滑块或工作台联接。

拉深凸模的主要作用有两个：一是传递压力机的压力，将板料拉入凹模；二是拉深凸模工作表面与覆盖件拉深件的表面相同，拉深凸模与凹模将板料压合成形。反映汽车造型的所有元素，包括拉深件上的所有装饰棱线、装饰筋条、装饰凹坑、加强筋、装配凸包、凹坑等局部形状，一般都是在拉深模上一次成形的。

双动拉深模的凸模结构有两种类型：一类是凸模加垫板直接与压力机的内滑块相联接的整体式结构；另一类是凸模与凸模固定座相联接后，再通过凸模固定座加垫板与压力机内滑块相联接的分体式结构。

由于汽车覆盖件的尺寸比较大，决定了凸模的尺寸也比较大（但一般较凹模尺寸小），故一般采用铸造成形，常用材料为镍铬钼铸铁或钼钒铸铁。为尽量减轻凸模的质量又保证足够的强度和刚度，将其非重要部位予以挖空，成为中空的壳体结构。由于凸模要承受很大的压力和较大的滑动摩擦力，在要求凸模有较高的硬度和耐磨性时，需对模具表面进行处理，使硬度分布均匀，以防模具表面被拉毛而使寿命缩短。国际上对模具表面的处理主要有两种方法，日本主要采用电镀法，欧美采用离子渗氮技术。目前，国内拉延模表面处理还停留在拉延凸圆角火焰淬火处理阶段，硬度低（一般在 40HRC 左右），大的摩擦面无法处理，大型模具的表面电镀还是空白。

（2）拉深凹模结构　凹模的主要作用是形成凹模压料面和凹模拉深圆角。由于覆盖件上的装饰棱线、装饰筋条、装饰凹坑、加强筋、装配凸包、凹坑等绝大部分都是在拉深模上一次成形的，覆盖件的反拉深形状也是在拉深模上成形的，因此，凹模结构除凹模压料面和凹模圆角外，还有局部形状成形用的凸模或凹模装在凹模结构里，也属于凹模结构的必要组成部分。

由于在凹模型腔内装有成形或反成形用两种凹模或凸模，因此凹模的结构不同，一般有闭合式凹模和通口式凹模两种。

1）闭合式凹模结构。凹模底部是封闭的。覆盖件拉深模中，大多数采用闭合式凹模结构，这种结构加工制造比较容易。图 10-14 所示为用于车身顶盖成形的闭合式凹模结构的实例。拉深凹模的侧壁是直的，靠凸模拉深成形。拉深件上有加强筋，必须在凹模里有用于成形加强筋的结构。如图 10-14 所示，顶盖拉深件比较浅，又没有直壁，因此无需顶件装置将覆盖件顶出。闭合式凹模结构用于凹模立体形状需简单加工或无需加工的情况。

2）通口式凹模结构。在这种结构中，凹模底部的凹模口是通的，下面加底板。通口式凹模结构的实例如图 10-15 所示。凹模型腔内装有反成形窗口和成形装饰筋及凹坑等用的凹模（顶件器），其下面放有弹簧用来顶出拉深件。为使反拉深能够压料，反拉深凸模是固定的，成形装饰筋的凹模（顶件器）是活动的，反拉深凸模紧固于底板上。通口式凹模结构

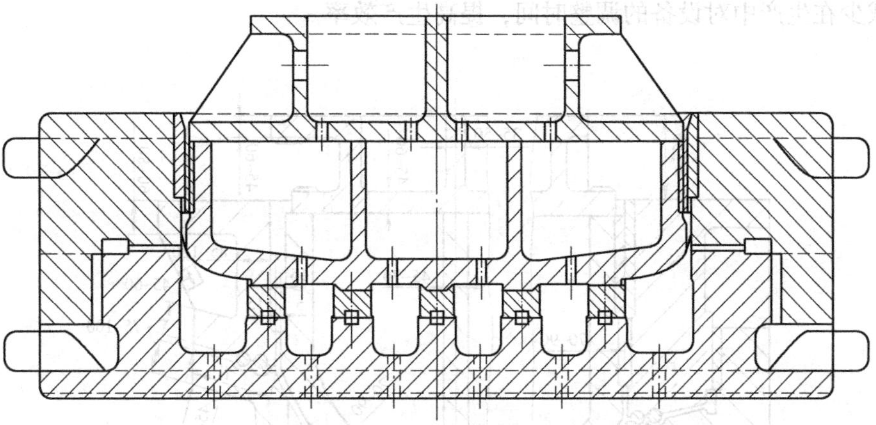

图 10-14　闭合式凹模结构的实例

因其顶件器的外轮廓形状是拉深件的一部分，形状比较复杂，且顶件器与凹模型腔的配合要求也较高，因此一般无法直接在凹模的型腔中划线加工，而需分开加工后再装配，故这种结构加工装配比较困难。

单动拉深模的凹模一般加垫板安装在上滑块上（上模），拉深过程结束后，拉深件因自重而留在下模上，故多为闭合式凹模结构。在拉深件有较大的直壁时，还要在凹模内设置顶件装置。拉深件上有局部形状成形时，模具上应有成形局部形状的凸模或凹模。

通口式凹模结构主要用于拉深件形状较复杂、坑包较多、棱线要求清晰的拉深模。

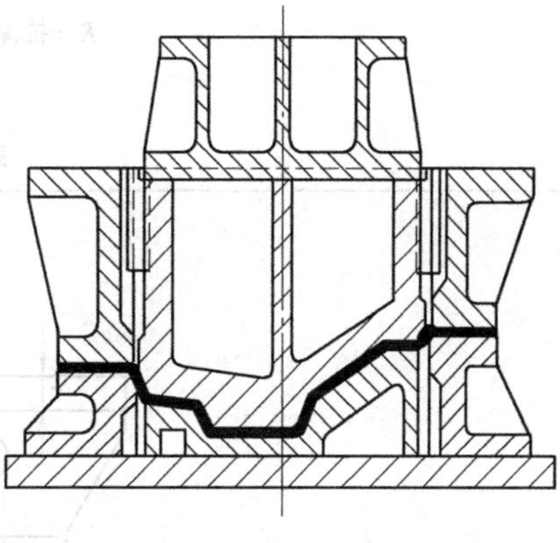

图 10-15　通口式凹模结构

2. 凸、凹模及压料（边）圈结构尺寸

图 10-16 所示为双动正装大型拉深模的结构尺寸图。拉深模为中空的壳体结构，在影响强度和刚度的部位设有加强筋，断面厚度一般为 45 ~ 60mm。另外，铸件各部分的壁厚可参照表 10-12。为减少凸模轮廓面的加工量，轮廓面上部内缩，形成 15mm 空档毛坯面，不做任何加工；同时压料圈内轮廓上部为减少加工量，也应留有向外 15mm 的空档毛坯面。两者之间的间隙为 5mm。凹模和压料圈上的压料面一般应保证足够的厚度，为 75 ~ 100mm。压料面宽度 K 值按拉深前毛坯的宽度再放 40 ~ 80mm 确定，K 值一般在 130 ~ 240mm 范围内。总之，在考虑压料圈时，总的原则是压料圈的内轮廓最好在凹模圆角半径的切点处，这时压料面的宽度利用最充分。

图 10-17 所示为拉深模在双动压力机上的安装示意图。冲模的闭合高度应根据双动压力机规格中的闭合高度确定。凸模及固定座通过内滑块垫板与内滑块紧固，以便于固定座的安装；压料圈通过外滑块垫板（亦称过渡垫板）与外滑块紧固。在人工安装时，要求固定座上平面至少应高于压料圈上平面 350mm 以上，作为安装工人的安装空间。

在大型冲压车间，根据生产安排装在同一双动压力机上的拉深模要求其闭合高度应一致，以减少在生产中对设备的调整时间，提高生产效率。

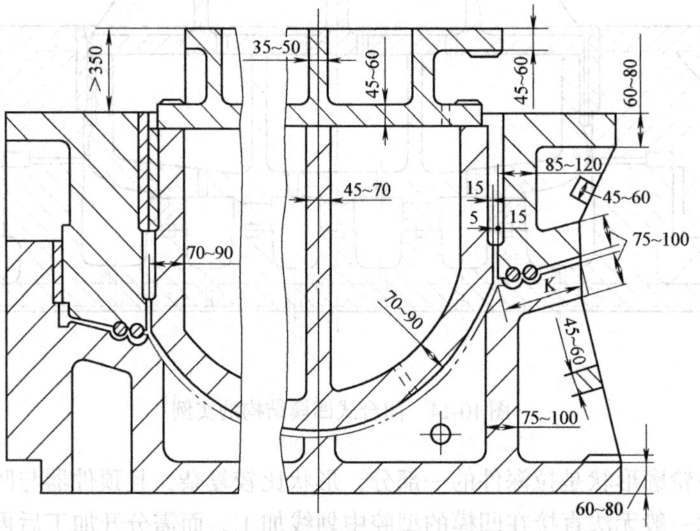

图 10-16　拉深模结构尺寸参数

K = 拉深前毛坯的压料宽度 +（40 ~ 80）mm

表 10-12　拉深模壁厚尺寸　（mm）

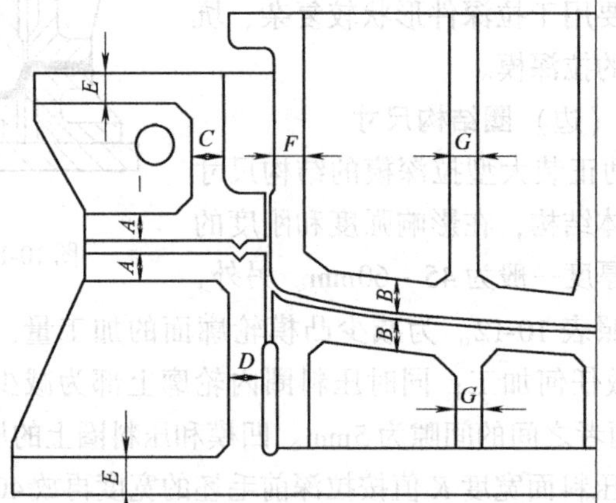

模具大小	*A*	*B*	*C*	*D*	*E*	*F*	*G*
大型	75 ~ 120	60 ~ 80	50 ~ 165	45 ~ 65	50 ~ 65	40 ~ 50	30 ~ 40
中小型	40 ~ 50	35 ~ 45	35 ~ 45	30 ~ 40	35 ~ 45	30 ~ 35	30

（三）导向零件

汽车覆盖件中除少数冲压件为轴对称的外（如发动机机罩、顶盖、后背门或行李箱盖），多数冲压件都不是轴对称的(如侧围和翼子板)，有的冲压件其左右或前后方向也不是对称的，冲压过程中必然存在侧向力，因此在冲压时必须对模具的上下方向运动进行导向，并且要求模具的导向必须能承受较大的侧向力。有两个方面的要求：导向精度和导向刚度。导向元件是汽车覆盖件模具的重要零件，对模具的精度、覆盖件的精度、模具的寿命和设备的寿命有相当大的影响。

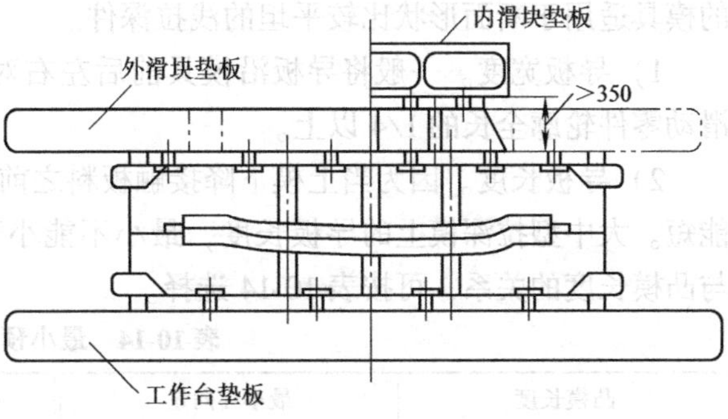

图 10-17　拉深模在双动压力机上的安装示意图

汽车覆盖件模具中常用的导向方式有导柱导套导向、导板导向、导块导向、背靠块导向及组合导向等。各种导向方式的适用范围如表 10-13 所示。

表 10-13　大中型模具导向形式

模具大小及类型		生产批量	
		中大批量生产	小批量生产
弯曲模	中型	导板、导块、导柱	
拉深模	大型	无导柱的背靠块	
	中型	导板或导块	
翻边模	大型	带导柱的背靠块	无导柱的背靠块
修边模	中型	导柱	
穿孔模	大型	带导柱的背靠块	

1. 单动拉深模的导向

1）导柱、导套的导向方式能承受的侧向力有限，故只在侧向力较小的零件和工序中采用，一般是将导柱放在下面，导套放在上面。

2）导板导向常用于中型件的拉深模具的凸模与压料圈的导向；导板应布置在凸模外轮廓的直线部分或曲线最平滑的部分。导板的材料为 T8A，淬火硬度 52 ~ 56HRC。

3）采用导块导向时，一般将导块设置在模具对称中心线上作三面导向；设置在模具的转角部位时，作为两面导向。

4）背靠块导向主要用于大型模具的导向。因大型复合模凸、凹模的合模精度要求较高，模具的导向需采取背靠块与导柱并用；大型单动拉深模凸、凹模的合模精度要求不太高，可只用背靠块进行导向。

2. 双动拉深模的导向

双动拉深模的导向主要有凸模与压料圈导向、凹模与压料圈导向、压料圈与凸模和凹模都导向等方式。

(1) 凸模与压料圈导向　凸模与压料圈导向的双动拉深模中，凹模与压料圈之间一般不导向。一般在凸模和压料圈的导向面间设导板，以提高导向面的导向精度和耐磨性。设置导板的位置多在凸模上，但也可以在压料圈上，或两者都装上导板。采用凸模与压料圈导向的模具适用于断面形状比较平坦的浅拉深件。

1）导板宽度。一般将导板沿模具前后左右对称分布 4～8 个，导板的总宽度等于内侧滑动零件轮廓全长的 1/4 以上。

2）导板长度。因为当上模下降接触板料之前要先进行导向，所以导板的长度只能长不能短。大中型拉深模上的导板长度，最小不能小于 150mm。开始接触毛坯时最小导向长度与凸模长度的关系，可按表 10-14 选择。

表 10-14　最小预先导向量　(mm)

凸模长度	最小导向量	凸模长度	最小导向量
<200	30	1200～1800	70
200～400	40	1800～2500	80
400～800	50	2500～3200	90
800～1200	60	>3200	100

3）导板材料。导板材料一般用优质工具钢如 T8A，其硬度要求较高，一般为 52～56HRC。

(2) 压料圈与凹模导向　对于拉深断面形状复杂、模具型面极易产生侧向力的双动拉深模，需采用凹模与压料圈导向方式。其导向作用与一般冲模的导柱导套相似，不同之处是导向间隙较大，一般为 0.3mm。导向元件一般为 2 组或 4 组背靠块。

(3) 凸模、凹模与压料圈同时导向　目前国内外普遍采用压料圈与凸模、凹模都导向的双动拉深模，保证运动精度。这对持续产量达几十万辆的单一车型特别适用。

(四) 压料零件

压料零件是汽车覆盖件拉深模的重要零件。压料方式与压料零件一样，对拉深成形起着重要作用。汽车覆盖件拉深模采用的压料方式有弹性压料和刚性压料两种，应用于单动拉深模和双动拉深模上。

1. 单动拉深模的压料

单动拉深模主要采用弹性压料方式，主要有弹簧垫或橡胶垫压料形式和气垫或液压垫压料形式两种。

(1) 弹簧垫或橡胶垫压料　弹簧垫或橡胶垫结构简单，安装在压力机工作台或者模具下模座上，冲压拉深时弹簧或橡胶被压缩，产生的压缩力作为压料力。冲压过程对压料力的要求是，冲压开始时，压料面上的板料面积大，需要较大的压料力防止起皱。随着拉深的进行，一部分板料逐渐“流进”了凹模内，使压料面上的板料面积逐渐减小，需求的防止起皱的压料力应是先大后小，而弹簧和橡胶的弹性特性曲线都是直线的，其弹力随压缩行程的增大而线性增大，与冲压工艺要求正好相反，与压料防皱的效果不匹配。所以，弹簧垫或橡胶垫压料一般只用于形状简单的浅拉深件。

图 10-18a 所示为弹簧压料形式的单动拉深模示意图。

(2) 气垫或液压垫压料　气垫和液压垫安装在压力机工作台下，利用压缩空气或液压力通过托杆作用于压料圈上。所使用的压缩空气的气压或液压的压力比较稳定，压料力的大小基本上不随压力机滑块行程而变化，而且压料力的调节也很方便，压缩空气或液压缸压力的大小可在拉深加工生产前根据冲压工艺对压料力的要求进行调节。图 10-18b 所示为气垫

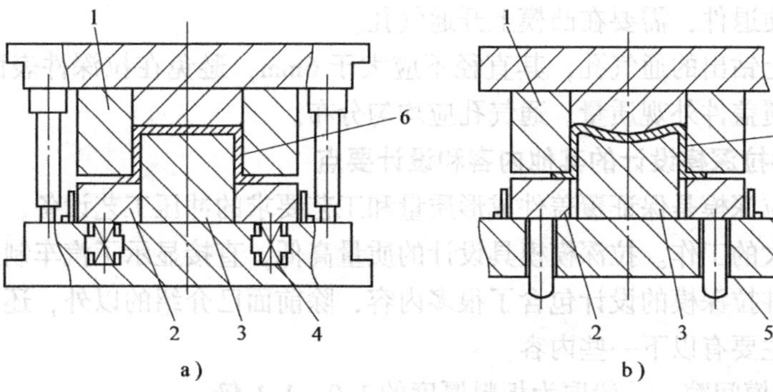

图 10-18　单动拉深模压料形式

a）弹簧压料形式　b）气垫压料形式

1—凹模　2—压料圈　3—凸模　4—弹簧　5—托杆　6—拉深制件

压料方式的单动拉深冲模示意图。

2. 双动拉深模的压料

刚性的压料装置多用于双动拉深模上，压料圈固定在压力机外滑块上，由外滑块驱动。外滑块与内滑块的动作是相互独立的，在拉深时压料圈位置保持不动，因而其压料力不随拉深深度的变化而变化，压料力稳定可靠，可达到拉深力的65%～70%。在进行形状复杂的汽车覆盖件拉深模调试时，可以针对试冲中出现的问题，通过调节外滑块的调节螺母（有的压力机是通过调节外滑块的压力缸压力）局部调节压料面上不同部位的压料力的大小，以适应深拉深成形的需要。

（五）起重零件

由于汽车覆盖件模具一般较重，有的重达40多t，所以在凸模和凹模相应位置均设有起重棒或起重钩，以便在需要开模时作起吊用。

（六）其他结构

（1）凹模的通气孔　利用双动拉深模拉深时，压料圈首先运行至下死点，将板料压紧在凹模压料面上，然后停在下死点不动，接着凸模向下进行拉深，处于板料下面和凹模表面之上的空气逐渐被压缩。在凸模开始上行而压料圈还压住压料面的时间段里，拉深件受到被压缩空气的反压力，将拉深件顶反变形甚至产生反凹坑等。为此，必须在凹模型腔内的非工作部分钻孔径一般为20～30mm的通气孔。通气孔的位置、数量及直径大小，可根据拉深件形状设计，以能顺利地排气而又不破坏拉深件表面为宜。通气孔一般钻在凹模非工作表面或以后要去掉的废料部分。相应地，要在凹模底面铣通气槽，排除空气。

（2）凸模的通气孔　若没有凸模的通气孔，凸模下行拉深时在凸模与板料之间留存有一定的空气，这些空气在拉深成形过程中被压缩，使板料向凹模型腔内产生一定程度的凹陷，当凸模下行到下死点时板料被封闭的空气顶起，与凸模隔开，造成与凸模的贴模性变差，使拉深件的形状不能与凸模保持一致。因此，必须在凸模上合适的部位开通气孔，使这些空气能排出模具外面。

拉深行程完成后，凸模首先行程向上，而压料圈则停留一段时间，在此时间段内，空气必须能流进拉深件和凸模之间，以免在凸模与拉深件之间形成真空，使拉深件紧贴凸模表面，被凸模带向上方，不便于退件，拉深件也可能由于压缩空气的回弹而沿其轮廓向下鼓起。因此，为方便退件，需要在凸模上开通气孔。

在凸模表面上钻出的通气孔，其直径不应大于6mm，避免在拉深件表面留下明显的通气孔痕迹，影响覆盖件外观质量。通气孔应均匀分布。

（七）覆盖件拉深模设计的其他内容和设计要点

汽车覆盖件拉深模是保证覆盖件成形质量和工艺要求的冲压工艺设备，设计拉深模是模具设计中难度最大的工作。拉深模模具设计的质量高低，直接显示了汽车制造厂车身开发能力的高低。覆盖件拉深模的设计包含了很多内容，除前面已介绍的以外，还应考虑一些重要问题，归纳起来主要有以下一些内容：

1）凸模、凹模间隙。一般取为板料厚度的1.0～1.1倍。

2）板料的定位。板料在凹模压料面上的定位，因为压料面多数是曲面的，故不要求其位置十分准确。一般采用螺栓定位销。定位销的位置应放在压料面比较平坦的部位，一般放在送料方向的前面和左、右面，这样便于观察定位情况和不影响送料。定位销可根据板料尺寸大小，设置2～6个。为防取件时板料表面被定位销划伤，一般在定位销头部加一个纯铜帽。

3）确定凸、凹模圆角等参数。凸模圆角决定覆盖件的相关形状；凹模圆角影响板料流入模具的阻力。凹模圆角部分虽不起压料作用，但对压料面的大小有重要影响。

4）拉深件出模方式。拉深结束后，拉深件被留在凹模里。对没有直壁、底部是平缓曲面的浅拉深件，且生产批量不是很大时，凹模内可不设专门的顶出装置，拉深成形结束后，在凹模压料面的适当位置设一组撬杆装置以便于人工出件。但需开空手槽，以保证操作者的安全。对有一定直壁高度的深拉深件及大批量生产时，应在凹模内设置弹簧顶件器或气动出件装置等顶出装置，将制件顶起合适的高度，以便于操作者取件或由机械手通过吸盘取件，提高生产效率。

由于拉深模的设计制造水平代表了单个覆盖件整套模具和整车全套模具的水平，故拉深模的设计要同时兼顾单台压力机自动化和冲压生产线自动化的要求，要与上下料装置、翻转装置和传送装置等配合。

（八）拉深模材料及拉深模制造要点

（1）拉深模常用材料　拉深模的材料主要是指凸模、凹模和压料圈这三大件所用的材料。由于汽车覆盖件拉深模的尺寸大而且形状复杂，凸模、凹模和压料圈通常都采用铸件。其所用的材料应满足耐磨、不易拉毛（粘着）和易加工的要求，并能进行局部表面火焰淬火使之硬化。

目前采用的铸件材料主要有镍铬铸铁、铬钼钒铸铁、铜钼钒铸铁和钼钒铸铁。铸铁中的石墨起润滑作用，具有较好的耐磨性，加工性也好。

凸模、凹模和压料圈等主要零件的材料，通常根据生产量和模具使用寿命的要求来选择：大批量生产时，采用镍铬铸铁或钼钒铸铁等合金铸铁，硬度要求达到45～50HRC。

（2）拉深模制造要点　汽车覆盖件拉深模，由于制件形状复杂和轮廓尺寸大，其制造工艺有一定特殊性。拉深模与后工序模具（修边模、翻边模等）的关系密切，拉深模制造的成败优劣决定了其他模具制造质量的好坏。

拉深模的制造工艺，与车身覆盖件的要求、模具结构、形状以及加工设备等有关。根据模具的成套性，通常的情况是如果一个覆盖件有几道冲压工序就应有几套模具。这些模具在投入制造时，不可能同时投入，也不可能按冲压工艺的顺序投入。通常的制造顺序是按照：

拉深模→翻边模→修边模→冲孔模（或修边冲孔模）→落料模的顺序来进行的。拉深模制造完毕后，进行反复调试才能获得合格的拉深件，根据拉深模拉深出的合格拉深件来制造翻边模和修边模用的工序件（立体）样板。再根据拉深模调试所确定的板料形状和尺寸倒推落料模尺寸；同时用拉深出的合格拉深件进行剪边，决定翻边模的制造尺寸。再根据翻边模调试所确定的修边线形状和尺寸确定修边模尺寸。所以，拉深模应优先制造，制造成功后才能投入其他模具的制造。制造拉深模时，主要应保证各型面的精度、间隙和表面质量。

（九）拉深模调试

覆盖件拉深模装配后，要装在研配压床上进行研配调试。在调试过程中，首先检查验证各运动零件之间的相互关系是否合适。调试主要靠手工研磨加工，需耗费大量的工时。研磨加工的主要内容是凸凹模型面的配合及压料面。研磨时，一般是用涂色的办法，观察涂色的变化情况，对高点进行研磨。研磨的结果必须使凹模压料面与压料圈的接触面积至少达到80%以上。然后用板料进行试冲，针对试冲中出现的问题，通过双动压力机来调整压料力，修改压料面、板料形状尺寸、凹模圆角等，经反复试模后获得合格的拉深件。最后，将拉深模和试冲件交付生产调试。

1. 拉深模调整的意义

拉深模的调整，是模具制造调整中最复杂和困难的，调整工时耗费最多，尤其是在试冲翼子板和侧围等形状复杂的拉深件时板材消耗最多。许多不确定性因素都需要通过试冲来确认。只有通过拉深模的调整，才有可能拉深出合格的工序件。拉深出合格的工序件后才能进行其他模具的调整，获得合格的最终覆盖件。但如果拉深件工艺性较差，则有可能拉深不出合格的制件，这样不但影响拉深模，而且还会影响拉深以后各工序的模具。所以，有的零件在通过拉深模的调试并冲出合格的制件以后，还需要重新设计，因此需要的制造周期较长。

此外，将拉深模的试冲所决定的覆盖件拉深坯料的外形尺寸，作为设计落料模的依据。落料模确定后才能进行其他模具的生产。因此，对汽车覆盖件的冲压成形来说，拉深模调试具有重要意义。

2. 拉深模调试应解决的问题

尽管可在一些软件的辅助下进行汽车覆盖件和模具的工艺设计，但还不能定量地给出材料在成形过程中的全部塑性变形规律和有关数据，显然，设计出的冲压工艺和模具在很大程度上存在着许多不确定的因素，这些只能靠模具的现场调试来解决。

汽车覆盖件拉深模在制造完成之后，虽然在装配调试中已试冲出基本合格的拉深件，但拉深模还未处于生产状态，还没有把握保证大批量稳定生产的要求。因此，为使拉深模在投入正式生产使用时能够稳定生产出高质量和良好性能的覆盖件，必须进行模具的生产调试。

冲模调试时应注意解决以下问题：验证零件设计和拉深件设计的冲压工艺性；验证冲压工艺、冲模结构及模具参数的合理性；确定板料的选择是否合理。

调试完毕后，将调试过程的详细记录建立档案并予以妥善保存。

3. 调试要点

调试前要熟悉模具，认真审核所调整安装的模具在模具图样、冲压件图样、冲压工艺和模具安装的图样等方面是否与模具结构一致。

（1）检查模具的安装技术条件　模具的闭合高度是否与压力机的闭合高度相适应，模具的安装槽（孔）与压力机上安装槽（孔）的位置是否相一致。

冲模的闭合高度 H 是指模具工作行程终了时，模具上模的上表面与下模的下表面之间的距离。压力机的装模高度是指压力机滑块在下死点位置时，滑块下表面到工作垫板上表面之间的距离。冲模的闭合高度必须与压力机的装模高度相匹配。压力机的闭合高度等于装模高度加上垫板厚度。选择压力机时，必须使模具的闭合高度介于压力机的最大装模高度 H_{max} 与最小装模高度 H_{min} 之间，应满足

$$H_{min}+10\leqslant H\leqslant H_{max}-5$$

上式中的5mm是考虑装模方便所留间隙，10mm是保证修模所留的间隙，如图10-19所示。

对曲柄连杆式机械压力机，由于考虑到连杆受力情况，希望以最短的连杆工作，以及考虑到修模使模具封闭高度减小等原因，一般模具设计最好接近压力机的最大装模高度。如果模具的闭合高度过小，可在压力机台面上加垫板加以调整。

此外，模具的其他外形尺寸也必须和压力机相匹配。

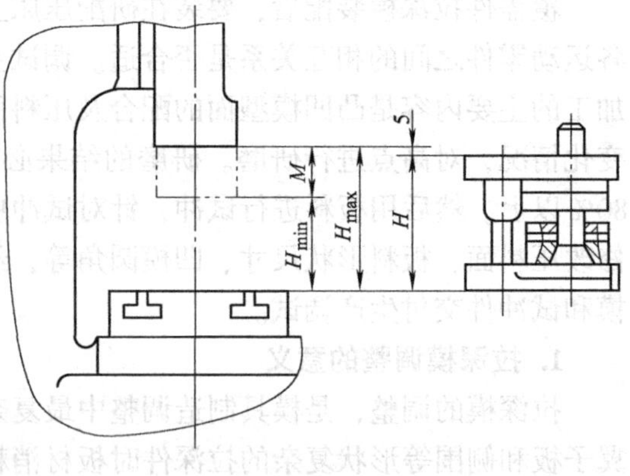

图10-19　冲模的封闭高度

（2）检验模具压力中心　为了保证压力机和模具正常地工作，必须使模具的压力中心与压力机滑块的中心线相重合。否则在冲压时会产生弯矩，使模具与压力机滑块歪斜，引起凸凹模间隙不均和导向零件的加速磨损，损坏模具刃口和其他零件，甚至还会引起模具和压力机导轨磨损，影响压力机精度，降低模具使用寿命。

求模具压力中心的方法很多，可通过解析法、作图法和使用软件求出。

模具如需联合安装，应对（1）、（2）进行严格校验。

（3）检查压力机的技术条件　检查压力机的制动器、离合器、平衡气缸、液压系统、操作机构是否完好、有效，工作是否正常。应将压力机打料螺栓调节到适当位置，以免在调节滑块的闭合高度时顶断压力机上的打料机构。检查压力机上的压缩空气垫、液压垫的操作是否灵活。

（4）试冲时分段调整　将全部拉深深度分为三段或四段进行试拉深，对较平坦且拉深深度较浅的冲压件可分为三段，对形状复杂且拉深深度较深的冲压件可分为四段。调整试拉深时，先将较浅的一段调试合格后，再往下调深一段，一直调至所需的拉深深度为止。

（5）避免冲压件出现破裂或皱纹　破裂或皱纹是拉伸模调整中最常见的缺陷。“多则皱，少则裂”，实质上是调整进料阻力。另外还要根据FLC对零件的材质的优劣进行分析。

最终的要求是能满足稳定大批量生产的要求。

4. 一般工作程序

（1）在双动压力机上安装、操作拉深模　在双动压力机上安装、操作拉深模按下列程序进行：

1）验证拉深模的安装尺寸，使之与工作压力机匹配。

2）在压力机上安装好模具。

3）将板料放在压料面上，通过定位销定位。

4）开动压力机外滑块，使压料圈压紧板料并保持压料力，同时内滑块带动凸模向下运

动至下死点，拉深过程结束。

5）内滑块带动凸模上行，外滑块仍停留较短时间，便于拉深件从凸模上退下。

6）外滑块也开始上行，为下一个拉深作准备。

7）顶件装置提供顶件力，将阻塞在凹模内的拉深件顶出，拉深周期结束。

（2）在单动压力机上安装、操作拉深模　在单动压力机上安装、操作拉深模按下列程序进行：

1）验证拉深模的安装尺寸，使之与工作压力机匹配。

2）在压力机上安装好模具。

3）将板料放在压料面上，通过定位销定位。

4）开动压力机上滑块，带动凸模向下运动，压料部分与板料接触，弹性压料装置受压缩，上滑块运行至下死点，拉深过程结束。

5）上滑块带动凸模上行，为下一个拉深作准备。

6）若拉深件紧箍在凸模上，需使用卸料装置施加卸料力，将紧箍在凸模上的拉深件卸下，拉深周期结束。

六、落料模

在冲压生产工序中，落料工序位于拉深工序之前，为拉深工序准备毛坯板料。其工作原理与一般冲裁模类似。

七、修边模

覆盖件修边模在冲压生产工序中位于翻边模之前，而制造顺序在翻边模之后。修边模的型面根据拉深模翻制。

覆盖件修边模是汽车覆盖件模具的重要组成部分。覆盖件修边模的作用是将拉深件工艺补充部分修切掉，为翻边作准备。由于覆盖件的修边线周长较长，而且是不规则的立体复杂形状，因此修边模的修边刃口一般是由修边镶块组合成的。根据修边形式，修边模可以分为垂直修边模、斜楔修边模和垂直斜楔修边模等三类。垂直修边模的修边镶块随上模的上下运动作垂直方向运动，进行垂直修边；斜楔修边模采用斜楔滑块机构，将上模的上下运动转换成修边镶块的水平或倾斜方向运动，进行水平修边或倾斜修边，结构较垂直修边模复杂；垂直斜楔修边模则是有的修边镶块作垂直方向运动，有的作水平或倾斜方向的运动，对修边件进行不同方向的修边。斜楔滑块机构的设计是修边模的难点。

在设计修边模时要考虑修边方向、覆盖件的定位方式及废料的排除等问题。其中修边刃口的运动方向尽量和修边件的修边表面垂直。修边刃口运动方向和修边表面的夹角 α 最少约为10°才能修边。定位方式有用覆盖件形状定位、用工艺孔定位和用拉深凸台定位等三种。在冲压自动生产线上对修边模切下的废料的处理方式：一般采用废料通过斜槽自动外流的方式排料，但要求落下的废料在尺寸上应小于700mm，便于废料打包处理。

八、翻边模

覆盖件翻边是覆盖件冲压工艺的最后成形工序，对覆盖件的质量起决定性的作用。翻边是重要的装配焊接面，其位置精度直接影响车身质量。翻边还可增加覆盖件的刚性和强度，使覆盖件边沿整齐、光滑和美观。

根据翻边凸模或凹模的运动方向，翻边模可分为垂直翻边模、斜楔翻边模和翻边复合模三类。垂直翻边模的凸模或凹模作垂直方向的运动，其翻边方向与压力机的滑块运动方向一致。斜楔翻边模是利用斜楔滑块机构，使翻边凹模作水平或倾斜方向的运动。斜楔翻边模的翻边方式有两种：一是对翻边件外边缘向内进行翻边；二是对翻边件的孔洞边缘向外进行翻边。两种翻边方式形成的翻边件都存在翻边完毕后取出制件的问题，即翻边件是包在翻边凸模上的，不易取出，甚至无法取出，因此必须把凸模做成活动的（对应的结构是凸模缩小结构和凸模扩张结构）。翻边复合模是指具有两个或两个以上翻边方向的翻边模，机构较复杂。设计翻边模时要考虑修边件在翻边模中的定位，一般是用修边件侧壁、外形或本身的孔。

根据需要，翻边模可和修边模合并为修边翻边模。

九、冲孔模

汽车外覆盖件上的孔较少，主要有重要的安装工艺孔、安装天线用的孔、伸出刮水器转轴的孔和锁孔等。但汽车内覆盖件上的孔较多，如发动机盖内板上的孔就很多，形状也不规则，有圆孔也有长孔。汽车覆盖件上的孔对装配有重要的影响，需要安排冲孔工序来完成相关孔位的冲制，基本原则是避免在斜面上冲孔。冲孔工序可根据需要与其他工序合并，形成复合工序，使用的模具是复合工序模。冲孔一般和修边做成复合模，也可以和其他工序复合。采用复合工序模可减少定位误差，提高生产效率。如果是采用单独的模具就叫（单工序）冲孔模。在冲制中，凸模和凹模要承受冲击载荷，工作条件恶劣，需采用较好的材料并进行热处理，提高硬度、耐磨性和韧性。

十、装配压合模

用于汽车外覆盖件的装配压合模较少，典型的有车门、发动机盖的外板和内板的装配压合模。装配压合的实质是将板件进行翻边和压弯，先将两个覆盖件定位，然后在装合面上涂上密封减振胶或粘合胶，沿翻边轮廓进行扣合并压实。完成这一工序的模具就叫装配压合模。采用装配压合工艺可避免在装配面上进行焊接而留下表面凹坑甚至缺陷，提高外覆盖件的外观质量，减少涂装工序的工作量。

第三节 汽车车身装焊工艺

一、概述

车身壳体是一个复杂的薄板结构件。一辆轿车由数百个薄板冲压件，经点焊、凸焊、CO_2（MIG）气体保护焊、钎焊、铆接（铝制车身的主要连接方式）、机械联接以及粘接等工艺连接成一个完整的车体。设计和冲压的车身壳体结构都是按照装焊的要求进行的。汽车车身装焊技术是汽车生产制造技术的重要组成部分，车身的装焊面几乎都是沿空间分布的，施焊难度相当大，这就要求使用的装焊夹具定位要迅速而准确，质量控制手段要完善，要应用先进的自动化生产线和大量焊接机器人才能满足大批量生产的要求。

装焊工艺的操作对象是车身本体（也称为白车身，Body in White，见图 10-20），一般是由底板（见图 10-21）、前围、后围、左右侧围、顶盖和车门等分总成组成，而各分总成又由很多合件、组件及零件（大多为冲压件）组成。

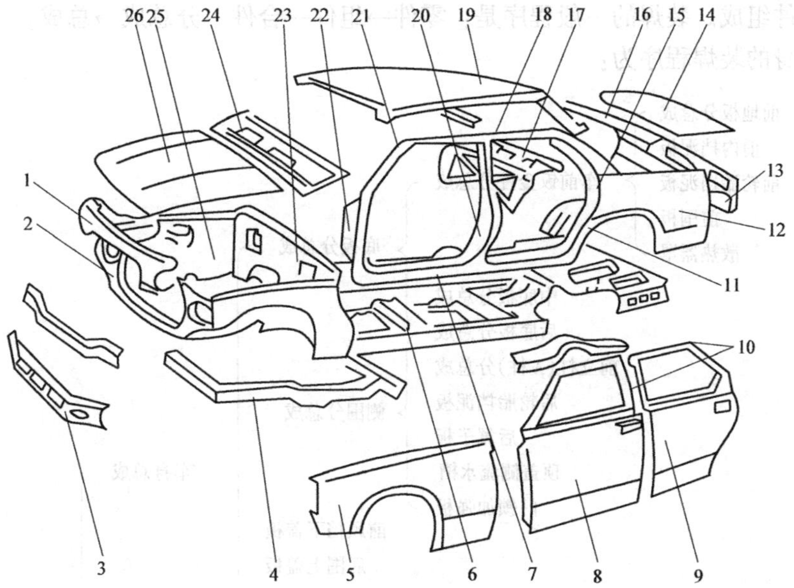

图 10-20 轿车白车身

1—发动机罩前支撑板 2—散热器固定框架 3—前裙板 4—前框架 5—前翼子板 6—地板总成 7—门槛 8—前门 9—后门 10—门窗框 11—车轮挡泥板 12—后翼子板 13—后围板 14—行李箱盖 15—后立柱（C柱） 16—后围上盖板 17—后窗台板 18—上边梁 19—顶盖 20—中立柱（B柱） 21—前立柱（A柱） 22—前围侧板 23—前围板 24—前围上盖板 25—前挡泥板 26—发动机罩

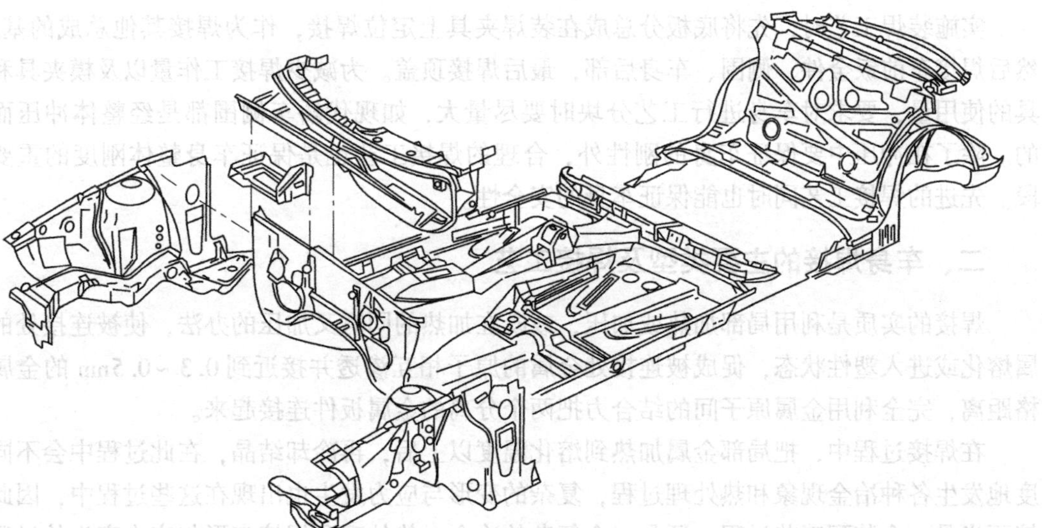

图 10-21 车身底板分总成

汽车车身在装焊过程中最重要的特点是具有明显的程序性，即车身覆盖件装焊存在先后顺序。车身按照位置的不同通常分为上下、左右和前后六大部分，车身壳体为惟一的总成。按照装焊的需要，总成由若干个分总成组成，各分总成又划分为若干个合件，各合件又由若干个零件组件组成。装焊的一般程序是：零件→组件→合件→分总成→总成。

轿车车身的装焊程序为：

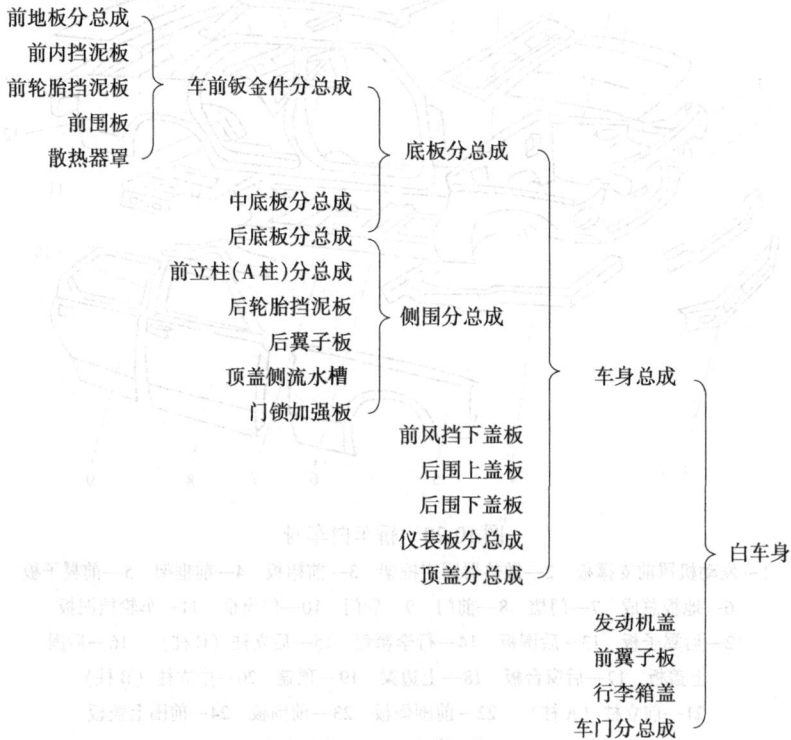

- 白车身
  - 车身总成
    - 底板分总成
      - 车前钣金件分总成
        - 前地板分总成
        - 前内挡泥板
        - 前轮胎挡泥板
        - 前围板
        - 散热器罩
      - 中底板分总成
      - 后底板分总成
    - 侧围分总成
      - 前立柱(A柱)分总成
      - 后轮胎挡泥板
      - 后翼子板
      - 顶盖侧流水槽
      - 门锁加强板
    - 前风挡下盖板
    - 后围上盖板
    - 后围下盖板
    - 仪表板分总成
    - 顶盖分总成
  - 发动机盖
  - 前翼子板
  - 行李箱盖
  - 车门分总成

实施装焊工艺时，先将底板分总成在装焊夹具上定位焊接，作为焊接其他总成的基准，然后焊接车前钣金件、侧围、车身后部，最后焊接顶盖。为减少焊接工作量以及模夹具和检具的使用量，要求对车身进行工艺分块时要尽量大，如现代轿车侧围都是经整体冲压而成的。除了在冲压中要保证车身的刚性外，合理的焊接工艺也是保证车身整体刚度的重要手段。先进的焊接工艺同时也能保证车身的安全性。

二、车身焊接的主要类型及焊接工艺

焊接的实质是利用局部加热或加压，或既在加热的同时又加压的办法，使被连接处的金属熔化或进入塑性状态，促成被连接处金属的原子相互渗透并接近到0.3～0.5nm的金属晶格距离，完全利用金属原子间的结合力把两个分离的金属板件连接起来。

在焊接过程中，把局部金属加热到熔化温度以上后，再冷却结晶，在此过程中会不同程度地发生各种冶金现象和热处理过程，复杂的变形与应力发生也出现在这些过程中，因此焊接不光是一个装配工艺过程，还是一个复杂的冶金、热处理和焊接变形与应力产生的过程。

在对车身覆盖件板材进行材料选择时，要考虑板料的可焊性。现在使用的覆盖件金属板材经实践的验证都具有优良的焊接性。

下面介绍车身焊接中常用的几种焊接方法。

(一) 点焊

汽车车身是一个典型空间薄壳的点焊结构。根据焊接工艺和车身刚度的需要，一辆载货轿车车身约有4000多个焊点，焊缝长达40m以上。点焊非常适于车身的自动装焊生产，在车身生产中应用最广。

1. 点焊的优点及原理

点焊是将车身板件已有的搭接接头夹置于两电极之间，同时压紧、通电，利用电阻热能熔化板材，故焊点的形成过程是热—机械（力）联合作用的焊接过程。

（1）优点

1）与熔焊方法相比，点焊是在压力作用下通过内部电阻热加热金属而形成焊点，其冶金过程简单，且加热集中，热影响区域小，易于获得品质优良的焊接接头。

2）与铆接相比，不需其他金属，结构质量轻，这对有着较高行驶速度的乘用车十分重要，可以达到轻量化节省能源的要求。

3）焊接过程中不产生弧光、有害气体及噪声，工人劳动条件好。

4）点焊过程因机械化、自动化程度高，通用点焊机焊接速度达60点/min，快速点焊机可达600点/min，可提高生产效率，减轻操作者的劳动强度。适合于自动生产线的要求。

图10-22所示为点焊原理示意图；图10-23所示为点焊过程示意图。

（2）点焊循环的原理

1）预压。点焊时，将待焊的板件搭接起来，置于上、下电极之间，然后施加一定的电极压力，将板件压紧。预压的目的是使焊件在焊接过程中接触紧密，为焊接电流的顺利通过创造条件。如果预压力不足，则会由于接触电阻过大，瞬间产生大量热量，可能导致焊件被烧穿或将电极的工作表面被烧坏。

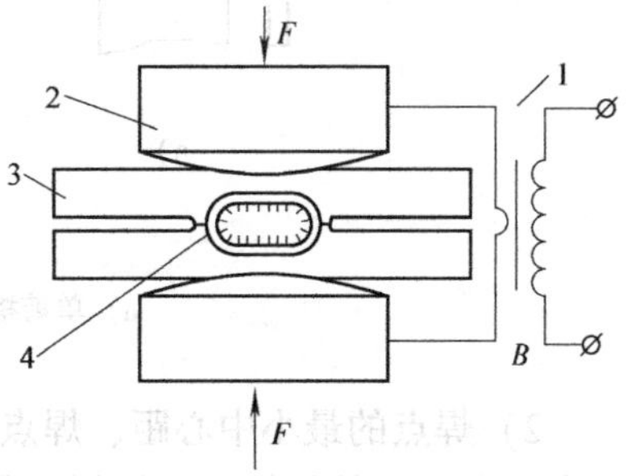

图10-22　点焊原理图

1—变压器　2—电极　3—板件　4—熔化核心（熔核）

2）焊接。闭合开关K，接通焊接变压器，变压器次级电流经焊机机臂、电极，流经被焊板件。板件本身的内部电阻是形成焊点的主要热源，产生的电阻热将板件迅速加热。因为与板件接触的电极是由导电、导热性能良好的

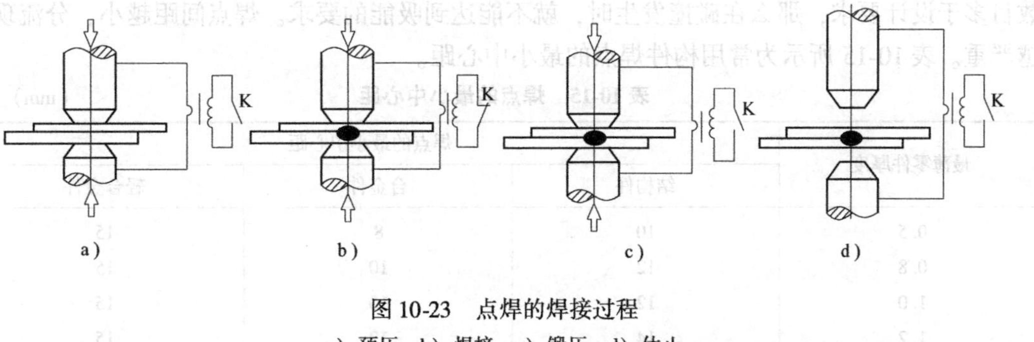

图10-23　点焊的焊接过程

a）预压　b）焊接　c）锻压　d）休止

铜合金（如铬锆铜）制成的，且其内部通有循环的冷却水进行冷却，故与电极直接接触的板件表面散热条件最好，温度不会升高，而板件与板件之间的接触表面被加热到熔化温度，并逐渐向四周扩大形成一定大小的熔核。熔核的形成过程是加热和散热相互作用的结果，熔核中心的温度从中心向四周递减，熔核自身被周围的塑性环紧紧包围。但如果控制不好，容易形成飞溅（塑性环被破坏，熔化的金属被挤出塑性环的现象）等缺陷。该阶段是整个循

环中最关键的阶段。

3）锻压。锻压就是在把焊接电流切断以后，但仍保持足够大的电极压力使电极继续对熔核进行挤压使之变形，形成致密的核心，同时熔核冷却结晶形成焊点的过程。锻压时间的大小与金属种类和板件厚度有关。厚度越大，锻压时间应越长。厚度为1～8mm，锻压时间调为0.1～2.5s。锻压时间太短，无锻压作用；锻压时间太长，使熔核冷却速度增大，增加焊点的硬度和脆性，从而影响焊点的力学性能。

4）休止。在休止时间内，升起电极，移动板件或电极，准备进行下一个点的焊接。

2. 点焊工艺

1）图10-24所示为常见的点焊接头形式。接头强度对车身强度影响极大。

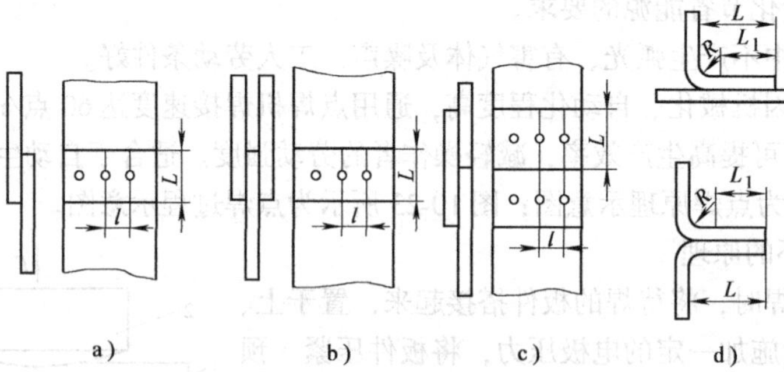

图10-24　点焊的接头形式
a）单剪搭接接头　b）双剪搭接接头　c）带垫片的对接接头　d）弯边搭接接头

2）焊点的最小中心距、焊点数目决定点焊板件接头的强度。焊点数目由焊点中心间的距离决定，即单位长度上的焊点数目的多少十分重要，焊点间距小，焊点密，接头强度高。焊点数目要根据车身刚度的具体要求来确定，该密集的就一定要多，密度要求小的就一定要少。如处于车身吸能区的焊点密度就不能太大，如焊点密度过大反而使车身刚度变大，起不到吸能的作用。应该指出，对汽车吸能区域的构件焊接时，焊点数目及位置至关重要，如果数目多于设计要求，那么在碰撞发生时，就不能达到吸能的要求。焊点间距越小，分流现象越严重。表10-15所示为常用构件焊点的最小中心距。

表10-15　焊点的最小中心距　（mm）

最薄零件厚度	焊点的最小中心距		
	结构件	合金件	轻合金件
0.5	10	8	15
0.8	12	10	15
1.0	12	10	15
1.2	14	12	15
1.5	14	12	20
2.0	16	14	25
2.5	18	16	25
3.0	20	18	30
3.5	22	20	30
4.0	24	22	35

3）焊点直径（也称焊点熔核直径）是影响焊点强度的主要因素。试验证明，焊点直径与焊点强度近似成正比关系。焊点直径一般取为（5～6）$\sqrt{被焊件的厚度}$，单位为mm。

4）焊透率和表面压坑深度。单板焊透率为

$$A=\frac{h}{\delta-c}\times100\%$$

式中，h为单板上熔核高度（mm）；δ为单板板厚（mm）；c为压坑深度（mm）。

按板件的材料、板厚和结构特点决定A的取值范围，一般为20%～80%。试验结果表明，当焊点熔核直径符合要求时，取下限$A\geqslant20\%$便可保证焊点强度。A过大，熔核接近焊件表面，使板件表面金属过热，易造成飞溅，使压坑变深；同时熔化金属量大，结晶后收缩量也大，在熔核内部产生缩孔、裂纹等缺陷，使接头承载能力下降。薄板点焊时，因散热强烈，焊透率应选用较小值（10%～20%），否则易被焊穿。

压坑深度c不仅影响接头强度，而且影响覆盖件表面外观质量，这对车身覆盖件的点焊来说特别重要。c值一般不应超过板厚的15%～20%。

焊点质量必须用合理的工艺条件来保证。

3. 点焊的规范参数及对焊接质量的影响

（1）焊接时间和焊接电流　焊接时间和焊接电流对板件加热有重大影响，在其他参数不变的情况下，通电时间与焊点强度的关系如图10-25所示。在曲线AB段对应的较短时间段内，开始时在表面只能看见加热痕迹，时间延长后，焊接区也不会达到焊接温度，这时的焊点只是在塑性粘连的状态下焊接的，还没有形成熔核，属于未熔化的焊接（图10-25b），因而焊点强度低且不稳定。在这种情况下，即使微小的热量变化，也会引起接头强度的很大变化。随着时间的延长，在曲线B点以后，金属开始熔化，产生熔核，焊点尺寸增加（图10-25c）。BC段与AB段相比，要平缓一些，属熔化焊接，随着时间的延长，熔核也不断增大，强度随之提高。当接近C点时，曲线开始变得平坦，即使通电时间继续延长，熔核液态金属量虽然处于增长状态，但这时散热也增加了很多，故熔核扩大速度减缓，强度提高不明显，但焊点强度比较稳定。在C点以后，虽然继续通电加热，但电极直径限制焊点直径的继续增大，反而由于过热和大的电极压力，使塑性环变薄而被突破，引起强烈飞溅，熔核金属的缺失使焊点表面压坑加深，接头强度减弱、表面质量变坏。因此在选择规范时，应该选择C点前的一小段（处于合格的焊接范围）。

实践表明，在点焊时，如电网电压波动（应配专用馈电网）、焊件表面状态、焊机二次回路阻抗变化等都会影响焊接电流的变化，因此，在生产中必须注意能够引起电流变化的各种因素。

（2）电极压力　电极压力决定了板件间接触状态以及塑性变形的范围和强度。但电极压力并非越大越好。增大电极压力可使焊件间的间隙减小，散热条件变好，同时电极接触面积增大，使电阻减小，电流密度减小，总热量减少，使熔核尺寸减小，造成焊透率A降低较快，因而接头强度下降。当电极压力相当大时，反而不能形成焊点。减小电极压力可提高总热量，但板件接触不良，易受外界因素的影响，造成质量不稳。

电极压力根据被焊材料的种类、厚度和焊接规范来决定。在被焊材料的高温强度及板厚大的情况下，必须加大电极压力。

（3）电极直径　电极直径增大，电极接触面积也增大，通过的电流密度变小，同时散

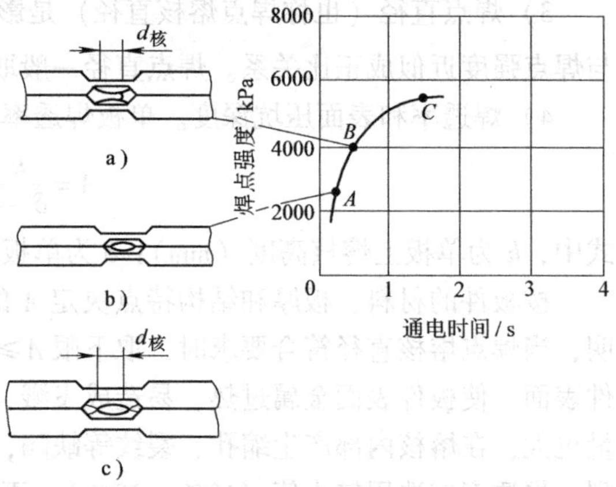

图 10-25 焊点强度与通电时间的关系

热效果增强，引起焊点加热不够，造成板件焊点强度下降，故应按推荐值和试焊的情况来确定。

4. 强规范和弱规范

通电时间和焊接电流的不同可组合成强（硬）规范和弱（软）规范。一般强规范的焊接电流大而通电时间短，加热速度很快，板件接头综合性能好；弱规范的焊接电流小而通电时间长，温度分布均匀，塑性区宽，可消除缩孔，降低内应力。

（1）强规范的特点

1）焊点压坑浅，熔核致密。

2）加热区窄，焊接变形小，表面质量好。

3）生产率较高。

4）焊缝质量稳定性差，飞溅倾向大，因焊接规范参数随外界条件瞬时变化而作微小波动时，会带来明显的质量波动。

（2）弱规范的特点

1）加热平稳，因此焊接质量对焊接规范参数波动的敏感度小，易保证熔核尺寸的一致。

2）温度场分布平缓，塑性区域较宽，在压力作用下易变形，可减小熔核内的飞溅、缩孔及裂纹的倾向。

3）加热区宽，焊件变形较大。

轿车车身覆盖件大多是低碳钢的薄板。由于低碳钢具有很好的焊接性，不需要采用特别的设备和工艺，因而选用强规范或弱规范都可以获得良好的焊接质量。在生产批量大时，采用强规范（大电流、短时间）不但能提高劳动生产率，而且能节约电能和减少薄板结构的翘曲变形，能够满足车身生产的特殊要求。

由于低碳钢板件点焊后 产生裂纹和缩孔的倾向很小，所以电极压力的调节范围较大。点焊板件时，如果既采用强规范又将电极压力调得较大，则更能提高焊点质量。

点焊车身覆盖件薄板时一般采用平电极。有资料介绍，电极的工作表面直径可根据焊件厚度按（2×板厚+3）的原则选定；也可根据需要采用球面半径为40~100mm的球面电极。焊接过程中，要注意电极工作表面的磨损，当磨损量超过规定值的15%~20%时，应重新修磨或更换电极。

5. 控制点焊质量的措施

必须采取正确的点焊工艺控制点焊质量，保证达到规定的强度和稳定的焊接质量。汽车车身点焊中的质量问题（如未焊透、飞溅、压痕、缩孔和裂纹等），直接影响汽车的安全性（经可靠焊接的车身具有能够满足国家碰撞法规的刚度，以保证乘客的安全）、可靠性和使用寿命，必须引起高度重视，并采取相应措施，在实际生产中应注意按质检标准抽检。

（1）焊件表面清理　点焊机工作时因电流大、阻抗小，所以二次电压一般为不大于10V的低电压。被焊板件表面的油污及氧化膜等不良导体会增加焊接时的接触电阻，甚至产生局部区域不导电，在电极压力的作用下，电流和热量的分布很容易被破坏，使焊点强度变得不易控制。另外，锈皮内的水分，在焊接时离解出氢溶入熔核，在熔核结晶时氢原子进入缩孔变成氢分子，氢分子产生很大的压力使缩孔扩大，个别时候形成热裂纹，还会加剧飞溅。板件表面氧化物沾污电极，使电极过热，需修锉电极，过快消耗了电极材料，缩短了电极寿命，同时影响生产的正常进行。

焊件表面清理的方法分为机械清理和化学清理两种。机械清理包括喷砂以及用铜丝刷、砂轮或砂纸抛光等，完工后再用高压空气吹去残留在焊件上的砂粒和灰尘；化学清理的方法包括酸洗、碱洗和钝化等，清理后的板件表面接触电阻稳定性好。板件表面若使用了防锈油而又没有生锈，可以通过电极加压时挤出表面上的油膜，不防碍点焊。但深拉深覆盖件表面经冲压后存在拉深油，因拉深油粘度较大，承载力大，焊前则必须清理干净。

(2) 板件装配　车身覆盖件装配时易产生的缺陷是：由于板件间曲率不一致引起的间隙过大或板件间位置的错移，造成板件焊后翘曲变形或应力过大。如果两板件间的间隙过大，相当大的一部分电极压力将用于压紧这些间隙，故实际有效的电极压力减小了，增强飞溅的倾向性，熔核尺寸和接头强度的波动加大，焊接区的变形也会增加。由于设计或冲压模具的误差引起翻边不垂直或弧度上的曲率不相符合，造成两制件贴合不好而产生间隙，在装配时间隙过大，如图 10-26 所示。解决的措施是提高板件的冲压精度、装焊夹具的刚度和位置精度。技术要求中规定，一般装配间隙应不大于 0.5 ~ 0.8mm。当焊件小且刚度大时，不易压紧，故装配间隙应放大到 0.1 ~ 0.2mm 之间。

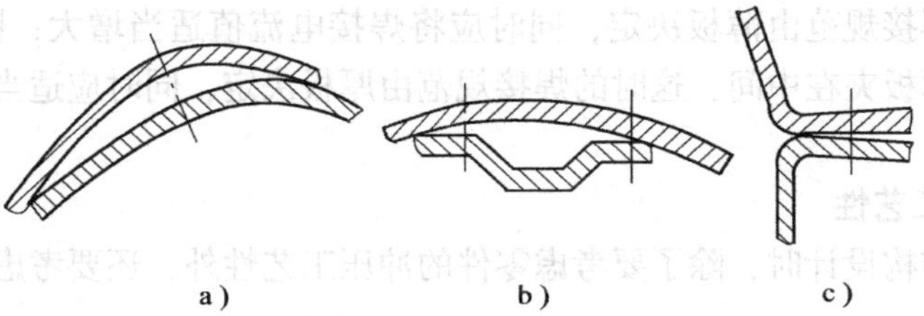

图 10-26　装配间隙

a) 圆角半径配合不准确　b) 蒙皮与型材不贴合

c) 弯曲角度不垂直且零件有相对转动所致

(3) 点焊分流与焊点间距　点焊时没有经过焊接区，未参加形成焊点的那一部分电流称为分流电流，简称分流。分流使焊接区有效电流密度降低，可能造成焊不透、熔核形状畸变等缺陷。由于分流，穿过焊接区域的电流比例不稳定，使焊点质量也不稳定，故应尽量采取措施，减少分流的影响。影响分流的主要因素有焊点间距、板件材料、表面状态、装配状况、板件的层数和电极压力等。

焊点间距越小，焊点密度自然增多，尽管提高了板件的连接强度，但在能保证连接强度的条件下，焊点间距大一些为好。原因不仅是减少焊点、提高生产率，而且焊点间距越大，电流流经已焊好的焊点的分流电阻也越大，分流减少，有效电流增多，有利于提高焊接质量。

(4) 不同厚度板和多层板的焊接　在车身点焊中，还要解决不同厚度板件的焊接问题。如在客车生产中将车身外蒙皮焊在骨架上，一般骨架零件的厚度比蒙皮零件的厚度大些，厚度的不同造成两焊件电流场分布不对称，熔核偏向厚件，而不能形成实际有效的熔核。在焊接两个厚度不同的焊件时，焊接规范应由薄的焊件决定，再按厚板或平均厚度修正，然后将电流稍微增大，提高薄板发热量。在实际生产中，如果厚度差别太大（超过1: 3），这时焊点大约会在两焊件厚度之和的一半位置上形成，如图10-27a所示，焊点不能把焊件连接起来。为解决这个问题，可采用硬规范，可在薄板一侧使用小直径电极，同时将与厚板接触的电极直径加大，使向厚板方向的散热大于薄板方向的散热，因此熔核向薄板方向偏移，如图10-27b所示，使两个焊件可靠地连接起来。其他解决办法是从结构上考虑，在薄板上冲工艺凸点以降低薄板的散热和增加薄板一边的电流密度。

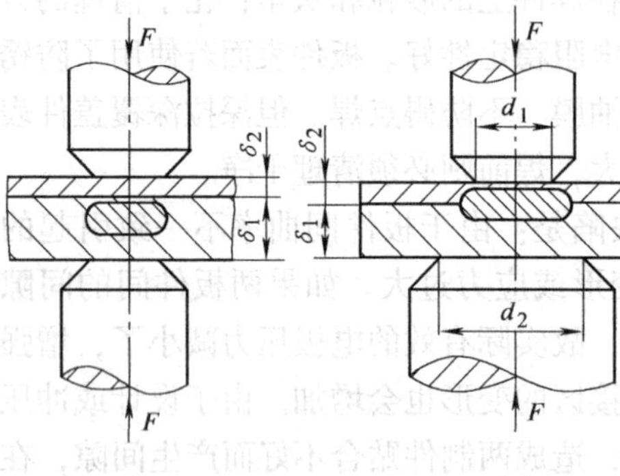

a)　　b)

图10-27　焊件厚度不同的情况

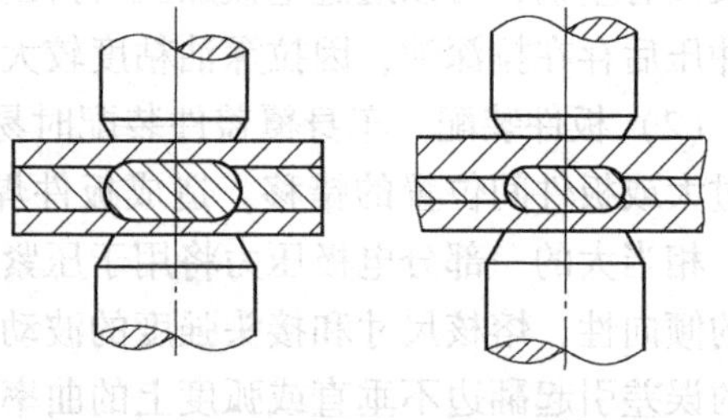

a)　　b)

图10-28　三层不同厚度板件的电阻点焊

在汽车车身制造中，有时还会有如图10-28所示的焊接三层板的情况。图10-28a所示中间为厚件，这时焊接规范由薄板决定，同时应将焊接电流值适当增大；图10-28b所示中间为薄板，厚板将薄板夹在中间，这时的焊接规范由厚板决定，同时应适当减小焊接电流和减少焊接时间。

6. 车身点焊工艺性

在进行车身结构设计时，除了要考虑零件的冲压工艺性外，还要考虑零部件的装焊工艺性。

（1）工艺分块　车身覆盖件的分块，应该在冲压工艺允许的前提下，使零件数越少越好（随着冲压设备和模具水平的提高，可以得到强有力的保障），这样可以减少焊接工作量和装配误差。

车身上有不少的孔洞（如门洞和前后风窗口）是非常重要的装焊部位，要求这些孔洞尽量采取整体结构而无需考虑单个板件的定位。若孔洞部分采用内外两层结构，则至少有一层为整体结构，以减少装焊误差。这样做有如下好处：

1）减少零件数，取消相应的装焊工序，使装焊夹具简单；减少检具的使用频率，提高车身总装的效率，从而降低生产成本。

2）保证洞口空间尺寸的准确性，大幅度提高车身的装配质量。

3）取消部分零件之间的点焊搭接量，减少材料的消耗，减轻了车身的重量。

4）有利于提高车身整体刚度。

（2）点焊工艺的选择

1）点焊工作量应尽量放在分总成的装焊工位上，尽量形成较大的组件、合件和分总成再置于总装焊夹具上，简化总装焊夹具，在总装焊线上的装配时间缩短，保证装焊质量。

2）根据焊件的形状和焊点位置正确选择点焊设备。当组成搭接接头的零件比较小，焊点又布置在靠近零件的边缘时，可以选用固定点焊机焊接。若焊点数多且排列整齐，则最好在多点焊机上焊接以提高工效。如图 10-29a 所示的车身底板和座椅框的焊接可采用多点焊机。当焊点数少、板件尺寸大，焊点又处于合件的中间位置时，适于选择悬挂式点焊机，如图 10-29b 所示；或选用反作用焊枪，如图 10-29c 所示。

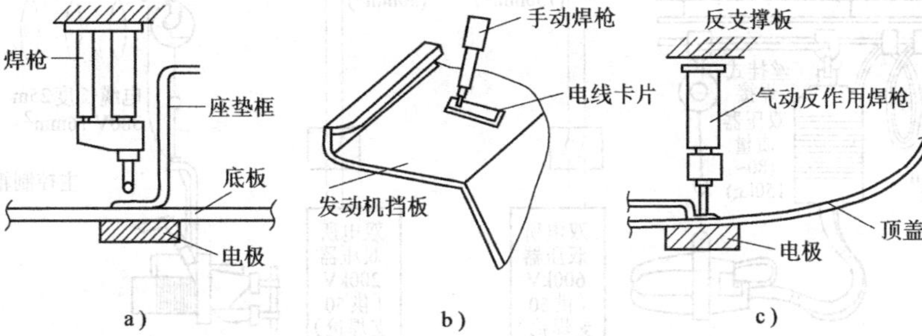

图 10-29　大零件上焊点在中间位置时的焊接情况

3）对某些外观要求较严格的外覆盖件，点焊表面不允许有凹面，可使用大平面电极，从而使凹面不明显。

4）应考虑点焊的接近性，主要在板件的结构设计中加以考虑。

5）焊好的板件应有足够的刚度，满足转运的要求，减少在运输中的变形。

7. 点焊设备

汽车车身的有些零部件外形尺寸大，冲压件本身刚度差且易变形，移动不方便，不宜用固定式点焊机焊接，所以在车身制造中，移动式点焊机得到了广泛的应用。在车身装焊生产线上主要使用悬挂式电焊机。

悬挂式点焊机的特点是变压器和焊接工具（焊钳或焊枪）悬挂在空中，有电极加压装置提供电极压力，用微动开关接通电路，移动方便灵活，适合于装焊面积较大的板件。另外，可选配特殊形状的焊钳，这样对焊接点的接近性更好，使用起来更灵活。

按变压器和焊接工具连接的方式，分为有电缆和无电缆的悬挂式点焊机。有电缆悬挂式点焊机如图 10-30a 所示。焊钳与变压器之间用电缆连接，点焊非常轻便，劳动强度低。但二次回路长，功率损耗较大。无电缆悬挂式点焊机如图 10-30b 所示，焊钳和变压器直接相连，点焊时对焊接位置适应性较差。但二次回路中没有电缆损耗，可充分利用功率。

（二）凸焊

凸焊与点焊相比，其不同点是预先在板件上加工出凸点，或利用焊件上能使电流集中的型面、倒角等作为焊接时的相互接触部位。焊接时靠凸点接触，提高了单位面积上的压力与电流密度，有利于将板件表面氧化膜压破，使热量集中，减小分流，减小了点焊中心距，一次可进行多点凸焊，提高了生产率，并减小了接头的翘曲变形。在车身上，一般是将凸焊螺母（有凸点的螺母）焊在薄板上，这样在装配时只需要拧紧螺栓即可，提高了装配工效。

（三）钎焊

钎焊是利用某些熔点低于被连接材料熔点的金属（即钎料，例如车身焊接中常用铜）作连接的媒介物，经加热熔化后在连接界面上产生流动润湿作用，待钎料冷却结晶后与被连接金属形成结合面。

对汽车车身上有密封要求的两块板件之间的缝隙，一般应用钎焊进行处理，如德国

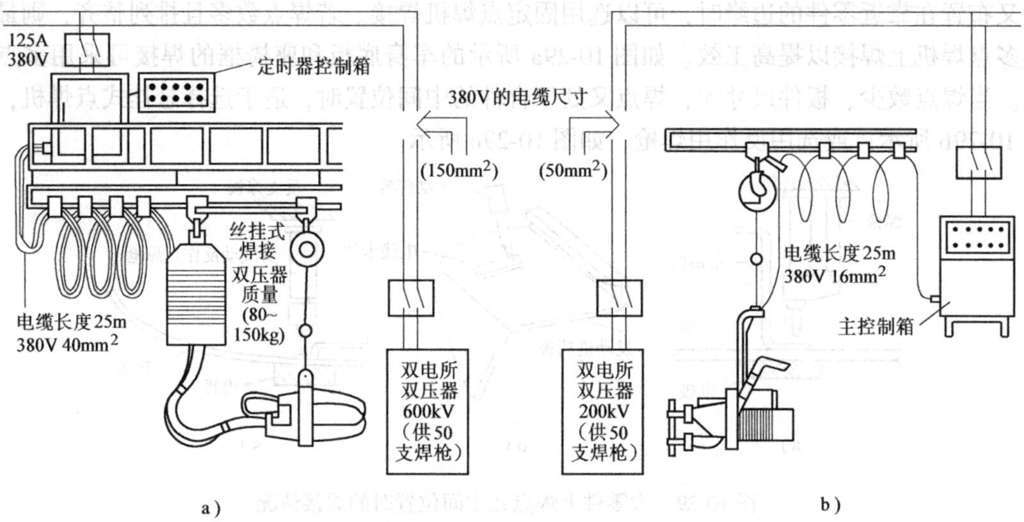

图 10-30 悬挂式点焊机

a）有电缆式点焊机 b）无电缆式点焊机

BMW 公司对轿车的后围与侧围缝隙的处理就用了这种方法。

（四）激光焊

作为汽车两大主体之一的车身越来越受到生产企业和用户的重视。汽车车身价值约占整辆车的 1/5。20 世纪 90 年代后期美国以提高汽车车身质量为目标而开展了“2mm 工程”和“亚毫米冲压”大型研究项目。“亚毫米冲压”是指将冲压件的精度控制在小于 1mm 的范围内，并趋近于零，这是以提高汽车车身冲压件的质量和制造技术为目标的研究项目。该研究项目已经完成，从提交的报告来看，取得了许多有益的成果，有希望得到汽车制造厂的实际应用。“亚毫米冲压”为激光焊上线提供了条件，因为激光焊接要求被焊件尺寸较精确。在实际应用中，激光焊常采用对接和搭接的接头形式。“2mm 工程”是以提高汽车车身装配质量为目标的研究项目，即将车身尺寸变动量控制在 2mm 以内。采用激光焊接工艺能显著改善车身抗冲击性能和耐疲劳性能，也是“2mm 工程”实施的强有力保证。该项目已经完成，正在美国三大汽车公司装配制造厂推广应用，取得了极大的效益，车身制造质量达到世界先进水平。

激光焊接十分灵活，与只能进行单调焊接的点焊相比几乎是无所不能。激光焊既可焊接连续的缝，也可焊接断续的缝，实际上可以在计算机的控制下沿任意轨迹焊接。如梅塞德斯-奔驰公司用激光焊车顶和侧窗，每小时可完成 45 件，通用汽车公司的装配车间用 3kW 光纤传输的连续 Nd：YAG 激光焊新型的 Oldsmobile Aurora 车顶部件，焊缝总长 2.4m，焊速 4.5m/min，每小时可完成 80 件，焊缝质地光滑，缺陷率极低，费用仅 4.5 美元/件。福特公司采用 Nd：YAG 激光器结合工业机器人焊接轿车车体，极大地降低了制造成本。据报道，到 2000 年，美国三大汽车公司 50% 的电阻焊生产线被激光焊生产线所取代。帕萨特 B5 轿车车身焊点有 5892 个，上海大众厂在生产线上使用了两套激光焊接装置，一套用在车顶和侧围的焊接，另一套用在后盖激光钎焊上，这两套激光焊接装置都使用了从德国引进的 KUKA 机器人，重复精度达 0.02mm，其中车顶焊接使用了焊缝跟踪系统，使激光焊接能量集中，焊缝平整，焊接的痕迹小，无需修补。正是由于激光焊接技术的应用，大大提高了车身刚度和强度，减小了车身缝隙（车身装配缝隙降到了3.5mm以内）。一汽大众厂引进的BORA（宝来）同样采用了激光焊接工艺。

经激光焊接形成的接头强度非常牢固。这是因为汽车车身应用的材料是低碳钢薄板，焊后形成的焊缝比母材更硬，称为过渡接头。加上激光焊输入热量低，冷却速度较弧焊快得多，并表现为大熔宽比的指状焊缝，焊缝残余应力小，对接头的影响较弧焊小得多。实践证明，在进行对接接头拉伸试验时，几乎所有接头都是从母材部分断裂的，接头强度接近100%。所以，采用激光焊接的车身其强度是毋庸置疑的。

（五）二氧化碳（CO_2）焊

CO_2 气体保护焊亦称 CO_2 焊。它之所以能广泛应用于汽车制造（主要是客车车身），是因为它具有以下一些特点：

1）焊接成本低。CO_2 气体容易制取，价格低，焊接耗电量小。CO_2 保护焊的成本只有埋弧焊和焊条电弧焊的40%～50%。

2）生产率高。CO_2 保护焊电弧的穿透力强，熔深大，而且焊丝的熔化系数高，所以熔敷速度快。焊丝可连续自动送进，不用像焊条电弧焊那样频繁更换焊条，生产率可比焊条电弧焊高1～4倍。

3）适用范围广。不论何种位置都可进行焊接。焊接薄板时，比气焊速度快，尤其是变形小；薄板可焊到1mm左右，间隙可小于0.5mm。焊接厚件可采用多层焊。

4）抗锈能力较其他焊接方法强，焊缝含氢量低，抗裂性好。

5）因是明弧，便于观察和控制焊接过程，有利于实现焊接过程的机械化和自动化，焊后不需清渣。

因 CO_2 气体密度比空气大，受电弧加热后体积膨胀，所以 CO_2 气体保护焊在隔绝空气、保护焊接熔池和电弧方面的效果相当好。进行 CO_2 气体保护焊时，必须采用含有脱氧剂的专用焊丝（如H10MnSiMo、H04Mn2SiAlTiA）及专用的平外特性焊接电源。CO_2 气体的纯度不得低于99.5%。当 CO_2 气瓶内的压力低于1MPa时，就应停止使用，以免溶于液态 CO_2 中的水分气化量增大而产生气孔。

CO_2 气体保护焊设备由焊接电源、焊枪、送丝机构、供气系统和控制电路组成，如图10-31所示。

焊接程序为：提前送气→通电、送丝、焊接→断电、停丝、停止焊接→滞后停气。

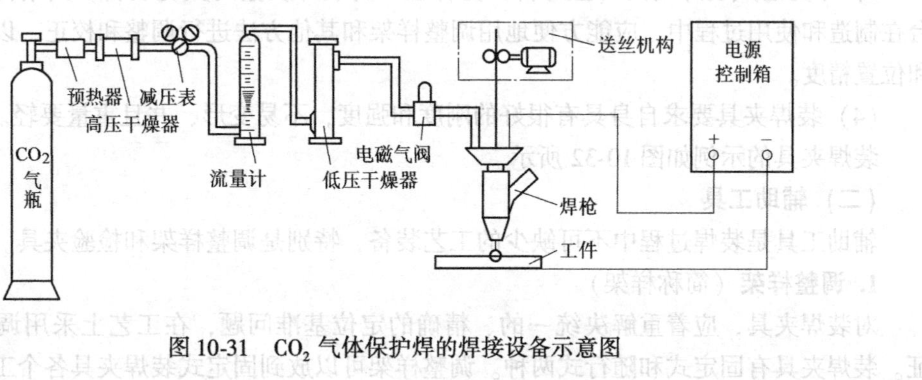

图10-31　CO_2 气体保护焊的焊接设备示意图

三、装焊夹具与车身装焊生产线

(一) 装焊夹具

车身为一复杂的空间壳体，单独的板件自身刚性很差，需在一定的工艺装备中定形、定位并夹紧，按照车身组件、合件、分总成及总成的顺序组合，以保证车身的精确尺寸。该过程称为装配过程。装配夹紧定位后利用焊接的方法使板件形成整体的过程称为焊接过程。车身的装配、焊接过程往往是组合在一起的，统称为装焊过程。装焊过程使用的组合夹具称为装焊夹具。

(1) 装焊夹具的作用　车身结构复杂，种类多，产量大，为了保证车身装焊质量，提高装焊效率，减轻劳动强度，必须大量使用装焊夹具。在装焊夹具上完成板件的装配、定位及所有焊接点的焊接。装焊夹具的作用有以下几点：

1）使被装配的板件获得准确的空间位置并被夹紧。车身复杂的型面是由若干个板件组合而成的，因而夹具是保证各待装件相互位置及焊后的几何形状和尺寸所不可缺少的工艺装备。

2）保证焊接工艺能正常进行。夹具要有足够的刚度，只有通过具有一定精度的装焊夹具，才能保证板件的正确位置，保证焊接能顺利进行。在制造和使用中便于用调整样架进行检验和校正。

3）采用结构良好且便于操作的翻转式装焊夹具，定位、夹紧和松开应省力而迅速，可减轻劳动强度，提高生产率，保证装焊质量。

(2) 装焊夹具的结构特点　装焊夹具要保证板件夹紧、定位的要求。

1）车身制件大多为具有空间曲面的覆盖件，形状复杂，而且刚性差、易变形。为了保证车身的正确形状，夹具定位元件的工作表面必须与车身上相应的待定位表面的形状相一致。但对应的装焊夹具的定位元件选取困难，一般取车身各重要部位和便于测量部位的断面用作夹具中的定位。定位元件工作面复杂，精度要求高，设计制造难度大，并且位置分散。因此，装焊夹具定位元件的工作表面的确定是夹具结构的关键，必须使其获得准确的形状和尺寸，才能保证车身的形状和尺寸精度符合设计要求。

2）在装配焊接时，通常是将车身制件逐件地放入夹具，装焊完后，将已焊成整体的车身装焊件从夹具中整体取出。为满足这一要求，夹紧机构应采用一些手动、气动或液压的快速夹紧装置并能敞开。夹紧装置应操作方便，装夹时间短、速度快，即能够快夹快松。

3）车身总成装焊夹具（主焊台）是保证车身装焊质量的关键装备，其结构复杂。主焊台在制造和使用过程中，应能方便地用调整样架和其他方法进行调整和校正，以保持其形状和位置精度。

(4) 装焊夹具要求自身具有很好的刚度和强度，不易变形，并且重量要轻。

装焊夹具的示例如图 10-32 所示。

(二) 辅助工具

辅助工具是装焊过程中不可缺少的工艺装备，特别是调整样架和检验夹具。

1. 调整样架（简称样架）

对装焊夹具，应着重解决统一的、精确的定位基准问题，在工艺上采用调整样架来保证。装焊夹具有固定式和随行式两种。调整样架可以放到固定式装焊夹具各个工位及各个随

图 10-32　某汽车侧围装焊夹具

行装焊夹具上，使各夹具和各工位的定位块具有相同的空间位置，以保证各夹具上装焊出的车身具有正确而一致的形状。另外，为了分析车身装焊质量，校正夹具上定位元件的磨损，以及重新复制夹具，均需使用调整样架。

调整样架一般用 Q235 钢轧制的型钢拼焊而成。调整样架根据主模型框架的尺寸装配有精确的基准块，与夹具定位元件相应的基准块对应，这些基准块的空间位置可由三维坐标测量仪来检验校准。

2. 检验夹具（简称检具）

检验夹具担负着提高车身零部件装焊质量和提高整个车身质量的重要作用，是对车身的轮廓形状、尺寸和孔位尺寸进行检测的综合性专用检测工具。检验夹具应具有精确、高效的功能，是车身装焊过程中必不可少的检测工具。国内引进的装焊生产线上均设有这样一道工序：车身在离开装焊线以前由检验夹具对车身的几何形状进行激光检测，输出检测数据，达到在线检测的要求，从而严格控制车身的制造质量。

（三）车身装焊生产线

1. 布置方式

随着汽车工业的快速发展，汽车车身改型越来越快，生产效率也越来越高，大批量的车身生产必须在车身装焊线上进行。同时为满足不断推出新车型的要求，车身装焊线必须具有一定的柔性，让多个车型能共线生产，从而降低成本。在汽车车身生产厂，一般有多条装配生产线，它们是：

1）底板分总成装焊线。它主要完成底板部分的装焊，包括前底板、中底板和后底板的装焊，是车身生产中最先完成的分总成，作为其他分总成装焊的基础。

2）侧围板生产线。实现两片侧围与底板焊接。

3）车身总成装焊线。它的工作内容是实现车身总成的定位、成形和增补焊接，生产率一般设计为每小时数十辆。并且配有一激光检测工位，由该工位在车身离开成形定位焊接生产线之前，进行车辆几何形状检查。

大型汽车制造厂的车身装焊线均已实现自动化，由焊接机器人完成，无需人工操作。

2. 车身装焊线的基本形式

（1）贯通式装焊线　图10-33所示为贯通式装焊线示意图。它适用于车身底板、车门、行李箱盖、发动机盖等轮廓形状较简单、刚性较好、结构较完整、组成零件数较少的分总成的装焊。这种装焊线占地面积较少，所有装夹焊定位的工装都分别固定在各自工位上，运行时仅工件作前移传送。整线的传送装置比较简单，工件靠贯通式往复杆来传送。这种装焊生产线便于专用焊机的配置和采用悬挂点焊机进行手工操作，在国内外汽车车身制造中得到了普遍的应用。

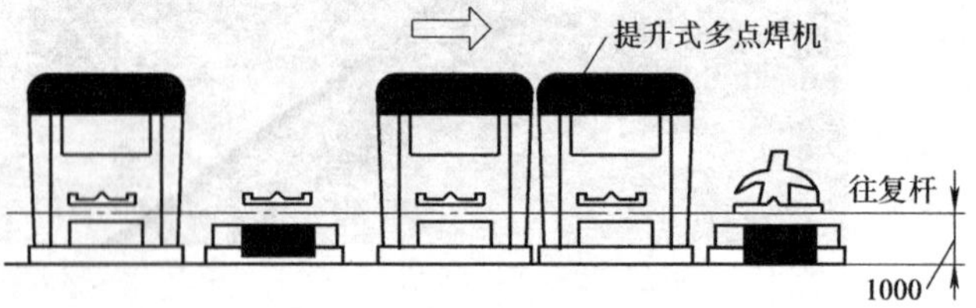

图10-33　贯通式装焊线示意图

（2）环形式装焊线　环形式装焊线适用于工件刚性较差、组成零件数较多（如前围板等），特别是尺寸精度要求较严格的部件、总成等的装焊。为了保证装焊质量，一般都将工件装夹于随行夹具上，所有的装焊工作全部在随行夹具上进行。当前工位装焊完毕后，工件连同随行夹具一起前移传送到下一工位。全部装焊工作结束后，工件已有一定的刚性，工件吊离随行夹具，空的随行夹具返回原处待用。如工位多，这种环形线所需的随行夹具数量就多。由于每个工位都要有一个夹具，并要满足循环使用的要求，故夹具数量多。这类装焊线投资较大，主要有三种形式。

1）如图10-34所示的椭圆形地面环形线。这种环形线占地面积较大，但整线的传送装置简单。

2）如图10-35所示的矩形地面环形线。这种环形线上的随行夹具通过两端的横向移动装置返回初始位置。它的占地面积比椭圆形环形线少，循环时间较短，但整线的传送装置复杂。

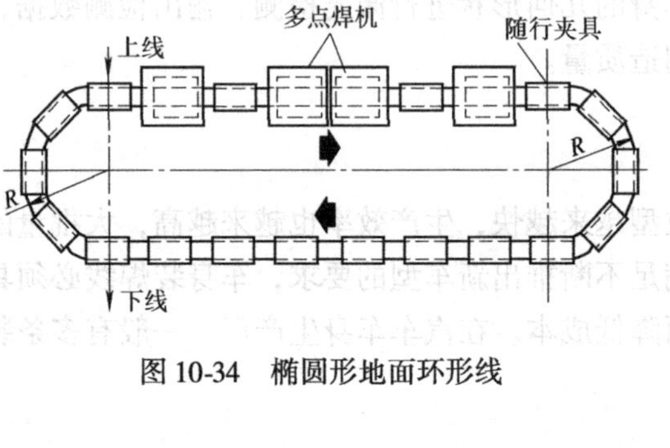

图10-34　椭圆形地面环形线

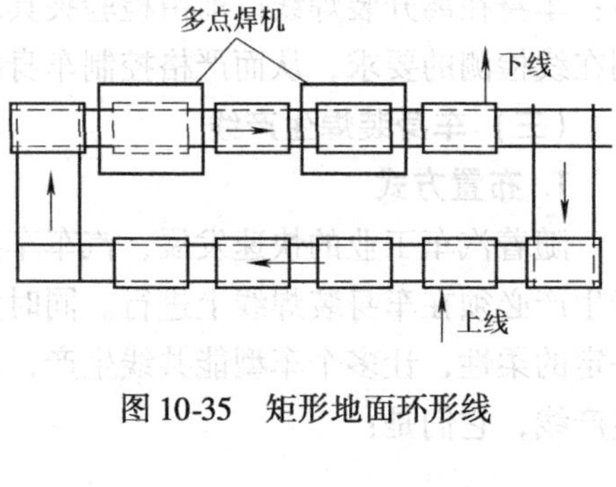

图10-35　矩形地面环形线

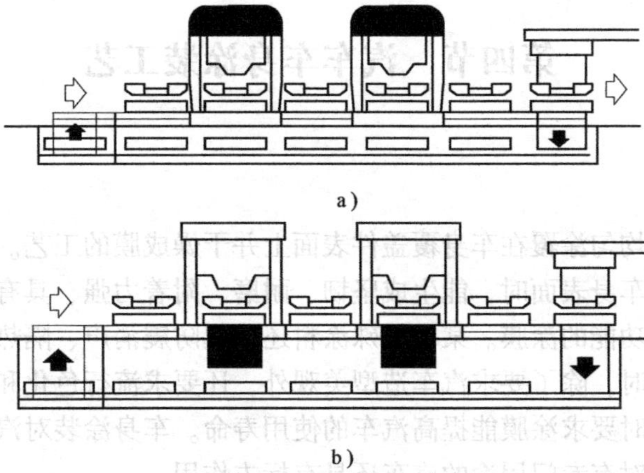

图 10-36 地下环形线

a) 采用提升多点焊机 b) 采用托起式多点焊机

3）如图 10-36 所示的地下环形线。这种环形线上的随行夹具，其空行程处于地面以下的地坑里，通过两端的升降装置从地坑返回初始位置后开始工作循环。它占地面积较少，但整线的传动装置比较复杂，而且地坑的土建工程量很大。图 10-36a 所示的提升式多点焊机的地坑深度较浅，而图 10-36b 所示的托起式多点焊机的地坑深度较深。

4）如图 10-37 所示的“门框”式夹具环行线。这种“门框”夹具式环形线是比较先进的装焊线，厂房面积的利用比较合理，不需要在左右侧围分总成的中间留存放面积。效率高、成本低、柔性较强。如图 10-37 所示，左右侧围分总成先在 *H*、*G* 处，在吊架的左右侧围“门框”式装焊随行夹具内进行装焊，装焊结束后由 *C*、*D* 悬链传送到 *M* 点与车身环行随行夹具合装，经过若干装焊工位后，把左右侧围分总成焊接于车身底板上，释放出左右“门框”夹具。到达 *N* 点后，空的左右“门框”夹具与车身随行夹具脱离，由悬链送回装焊起始位置。车身随行夹具带着焊有左右侧围分总成的车身底板继续前进，车身总成经一系列装焊工位后在 *Q* 点下线，送到其他装焊线。

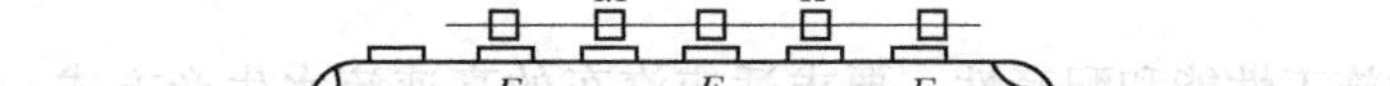

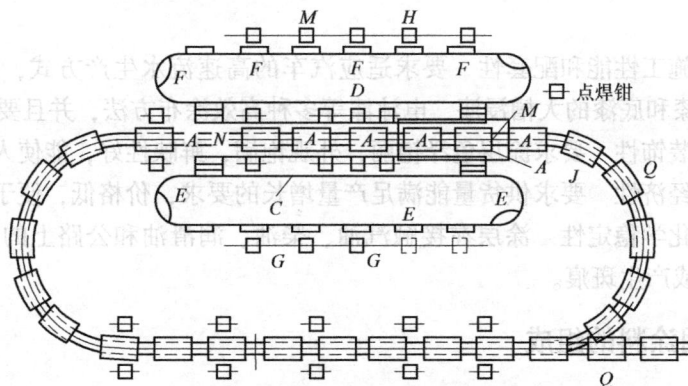

图 10-37 “门框”式夹具环行线

A—随行夹具 *C*、*D*—左右侧围板总成“门框”线 *E*、*F*—左右侧围板总成“门框”装焊夹具 *H*、*G*—左右侧围总成装焊工位 *J*—底板带前端总成装入车身随行夹具 *Q*—车身总成下装焊线 *M*—左右侧围“门框”夹具连同左右侧围总成上线与车身随行夹具合装 *N*—空的左右侧围板“门框’夹具与车身环形线脱离

第四节 汽车车身涂装工艺

一、概述

涂装是指将涂料均匀涂覆在车身覆盖件表面上并干燥成膜的工艺。

车身涂料涂覆在车身表面时，能生成坚韧、耐磨、附着力强、具有各种颜色和防锈、耐潮湿、耐高温等多种功能的涂膜。某些特殊涂料还能起防震消声、隔热作用。汽车越来越高档，用户在选购汽车时，除了要求汽车造型美观外，还要求流行色化和与汽车流行式样相适应的多样化色彩，同时要求涂膜能提高汽车的使用寿命。车身涂装对汽车车身具有防腐蚀保护作用和装饰作用，对有专门用途的汽车还具有标志作用。

涂料工业的发展水平在一定程度上反映了一个国家的国民经济发展水平；高产值、高附加值的汽车涂料，又代表着涂料工业的最高水平和发展方向。美国、日本和西欧是全球涂料工业最发达的国家和地区。以日本为例，从1996年起，年产涂料总量在200万t左右，汽车用涂料虽只占20%，但其产值、利润所占的比重却非常大。汽车涂料已成为一类专用涂料。汽车外观涂料不仅要求漂亮鲜艳，而且耐候性要优良。也就是说，外观装饰性、光泽、颜色、鲜映性（D. O. I）要好。耐久性则主要指涂层的抗腐蚀性和耐老化性。

二、车身用涂料特点

根据汽车使用条件以及大量自动流水线作业的要求，汽车涂料应具备下列特点：

（1）极好的耐候性和耐腐蚀性　车身涂料要求能与汽车一起适应各种气候条件和道路情况，使用寿命接近汽车本身的寿命（一般保用10年）。在季节变换，冷热剧变，风雨侵蚀，苛刻的日晒夜露等各种气候下，保持色泽光彩，涂膜不开裂、不起泡、不脱落，车身板件不锈蚀。

（2）优良的力学性能　适应汽车振动、冲击而引起的应力和应变，这就要求涂膜坚韧耐磨。

（3）极好的施工性能和配套性　要求适应汽车的高速流水生产方式，如适应面漆的自动喷漆、静电喷漆和底漆的大槽浸漆、电泳漆等多种高效涂布方法，并且要求成膜迅速。

（4）极高的装饰性　要求涂层色泽艳丽，外观饱满，鲜映性好，能使人感觉到艺术美。

（5）良好的经济性　要求供货量能满足产量增长的要求，价格低，便于“三废”处理。

（6）良好的化学稳定性　涂层在接触汽油、柴油、润滑油和公路上的沥青后不软化变色、失光、溶解或产生斑痕。

三、车身用涂料的组成

涂料的品种很多，成分差别很大，但综合其成膜情况，基本上由以下三部分组成：

（1）主要成膜物质　它是使涂料粘附在制件表面上成为涂膜的主要物质，是构成涂料的主要成分，又叫基料、漆基或漆料。在涂料中，作为主要成膜物质的是油料和树脂两大类，称为固着剂。油性涂料（或叫作油性漆）是以油作为主要成膜物质的涂料；树脂涂料（或叫作树脂漆）是以树脂作为主要成膜物质的涂料；酚醛树脂涂料（或叫作酚醛树脂漆）

是以酚醛树脂或改性酚醛树脂为主要树脂的涂料；油基涂料（或叫作油基漆）是以油和一些天然树脂合成为主要成膜物质的涂料。

（2）次要成膜物质　它也是构成涂膜的组成部分，主要是一些添加剂（如颜料），但它不能离开主要成膜物质单独构成涂膜（主要成膜物质则可以单独成膜，也可以和次要成膜物质共同成膜）。次要成膜物质赋予涂膜一定的遮盖力和着色力，增加涂膜厚度。

（3）辅助成膜物质　它是对涂料变成涂膜的过程或对涂膜性能起辅助作用的物质。它不是涂膜的主体，不能单独成膜。辅助成膜物质包括稀料（挥发剂）和辅助材料（催干剂、增韧剂、乳化剂和稳定剂等）两大类。

涂料的组成中没有颜料或体质颜料而呈透明状的涂料称为清漆。涂料的组成中有颜料或体质颜料而呈有色或不透明状的涂料称为色漆。

四、车身用油漆涂层的分组

汽车车身油漆涂层分组如表10-16所示。

表10-16　汽车车身油漆涂层分组

涂层代号	分组名称	级别	涂层名称	用途
TQ1	车身组	甲	优质装饰保护性涂层	货车驾驶室及覆盖件
		乙	一般装饰保护性涂层	
TQ2	轿车车身组	甲	高级装饰性涂层	高级轿车车身及覆盖件
		乙	优质装饰保护性涂层	中级轿车车身及覆盖件
TQ3	车箱组	甲	防腐、装饰性涂层	金属车箱
		乙	防腐、装饰性涂层	木制车箱
TQ4	车内装饰组			客车、货车内饰件

五、车身用底漆

底漆是涂布在经过表面处理的白车身表面上的第一道漆，是整个涂层的基础。它对车身的防锈蚀和整个涂层的经久耐用起着非常重要的作用。

底漆必须具备下列特性：

1）附着力强，除可牢固附着在车身表面上外，还可与腻子或面漆相牢固粘附，起到“承上启下”的作用。

2）有良好的防锈能力、耐腐蚀性、耐潮湿性和抗化学试剂性。

3）底漆涂膜应具有较高的机械强度和适当的弹性，当车身覆盖件膨胀或收缩时，不致脆裂脱落。

4）应与中间涂层或面漆涂层有良好的配套性和良好的施工性。应能适应汽车涂装工艺和大量流水生产的要求。汽车车身涂装常用底漆如表10-17所示。

表 10-17 汽车车身涂装常用底漆

型号	名 称	组成	性能	施工注意事项	应用
F06—10	铁红纯酚醛电泳底漆	纯酚醛电泳漆料，防锈颜料，蒸馏水	附着力好，防锈性好，漆膜平整与面漆结合力好	水作溶剂，水质要好，施工时遵守技术规范	车身的覆盖件
H06—3	铁红、锌黄环氧底漆	环氧树脂，三聚氰胺甲醛树脂，防锈颜料，溶剂（二甲苯、丁醇）	优越的附着力，极好的耐水性及耐化学药品性能		高级轿车和驾驶室的覆盖件
H06—5	铁红环氧酯电泳底漆	环氧树脂，亚麻油，酸顺丁烯二酸酐，丁醇，胺类，蒸馏水	附着力、耐水防潮及防锈性能近似于环氧底漆	溶剂是水	驾驶室覆盖件
H06—19	铁红锌黄环氧酯底漆	环氧树脂，植物油，氨基树脂（少量），铁红锌黄，体质颜料，溶剂（二甲苯、丁醇）	漆膜坚硬耐久，附着力好，可与磷化底漆配套使用		驾驶室覆盖件

六、车身用中间层涂料

中间层涂料是指作为底漆层与面漆层之间的涂层涂料。它主要用来改善被涂工件表面或底涂层的平整度，对物体表面微小的不平处有填平能力。如用来填平涂过底漆表面的划痕、针孔和麻点等缺陷，为面漆层创造优良的基底，增加底漆层和面漆层的结合力，提高整个涂层的外观质量。对于表面平整度和装饰性要求不高的汽车车身，在大量流水生产中，常去掉中间涂层，以简化工艺。但对于装饰性要求高的乘用车，有时采用下面几种中间层涂料：通用底漆（又称底漆二道浆）、二道浆（又称喷用腻子）、腻子（俗称填密）和封底漆。

中间层涂料应具有以下特性：

1）应与底漆、面漆层配套良好，涂层之间的结合力强，硬度适中，不产生被面漆的溶剂咬起的现象（一种涂装缺陷）。

2）应具有较强的填平性，能消除被涂漆表面的浅纹路等微小缺陷。

3）打磨性能良好，在湿打磨后能得到平整光滑的表面，能高温烘干，烘干后干性好，再打磨时不沾砂纸。

4）涂层不应在潮湿环境下起泡。

为保证涂层间的结合力和配套性，中间层涂料所选用的漆基与底漆和面漆所用的漆基相仿，最好选用同一家公司的产品，并逐步由底向面过渡。

中间层涂料的种类也比较多，主要有环氧树脂、胺基醇酸树脂和醇酸树脂漆。几种常用的中间层涂料如表 10-18 所示。

表 10-18　汽车车身涂装常用中间层涂料

型号	名　称	施工方法	性能	施工注意事项	应用
C06—10	醇酸二道底漆，又称醇酸二道浆	涂料用二甲苯兑稀后喷涂，与醇酸底漆、醇酸磁漆、醇酸腻子、氨基烘漆等配套使用	漆膜细腻，容易打磨，打磨后平整光滑	喷涂后可常温干燥。若喷涂后放置0.5h，再在100～110℃温度下烘烤1h，可提高漆膜性能	多用其喷涂在有底漆和腻子的表面上；或只有底漆的金属上，填平微孔和砂纹
H06—9	环氧酯烘干二道底漆	施工以喷涂为主，用二甲苯调稀	填密性良好，可填密腻子孔隙、细痕，也易打磨	漆膜烘干后，可用水砂纸打磨，使底层平滑	作为汽车车身封闭底漆
G06—5	过氯乙烯二道底漆，又称过氯乙烯封闭漆	适宜喷涂，用X-3过氯乙烯漆稀释剂和F-2过氯乙烯防潮剂调整粘度，除防潮外还可防止发白。可与过氯乙烯底漆、腻子、磁漆、清漆等配套使用	可填平微孔和砂纹，打磨性较好，能增加面漆的附着力和丰满度		用来作为头道底漆和腻子层上的封闭性底漆

七、车身用面漆

汽车面漆是汽车车身覆盖件多层涂层中最后涂层用的涂料，汽车的装饰性、耐候性、耐潮湿性和抗污性等性能要求主要靠面漆实现。在汽车车身生产中，尤其是在乘用车生产中，对汽车用面漆的质量要求非常高。具体要求如下：

(1) 外观装饰　保证汽车车身具有高质量的、优美的外观，具有光彩亮丽的外观装饰性。

(2) 硬度和抗崩裂性　面漆涂膜应坚硬耐磨，以保证涂层在汽车行驶中经受路面砂石的冲击和在擦洗车身时不产生划痕、裂纹。

(3) 耐候性　按有关标准，要求汽车用面漆涂层在热带地区长期暴晒不少于12个月后，只允许极轻微的失光和变色，不得有起泡、开裂和锈点。

(4) 耐潮湿性和防腐蚀性　涂过面漆的工件浸泡在40～50℃的温水中，暴露在相对湿度较高的空气中，面漆应不起泡、不变色或不失光。整个涂装体系具有较强的防腐蚀性。

(5) 耐药剂性　面漆涂层在使用过程中，若与蓄电池酸液、润滑油、制动液、汽油、各种清洗剂和路面沥青等直接接触，擦净后接触面不应变色或失光，也不应产生带色的印迹。

(6) 施工性　在大量流水生产中，面漆的涂布方法多采用自动喷涂或静电喷涂，烘干温度一般为120～140℃，时间为30～40min为宜。在装饰性要求高时，面漆涂层应具有优良的抛光性能，这样能满足汽车在使用中对漆面光泽度翻新的要求。

汽车车身用面漆的种类很多，按其成分主要有表10-19所示的几大类。

八、车身涂装的典型工艺

汽车涂装属于多层涂装。由于各种汽车的使用条件及外观要求不一样，涂装工艺也各不相同。国内外汽车车身涂装工艺可以分为以下三个基本体系。

1. 涂三层烘三次体系/涂层总膜厚70～100μm

碱性脱脂→锌盐磷化［有的涂装线采用Ro Dip—Tochnology（全旋反向浸渍输送技术）］→干燥（120℃/10min）→底漆涂层［喷涂溶剂型环氧树脂底漆，膜厚15～25μm，烘干（150℃/30min）］→干或湿打磨→干燥→中间涂层［静电自动喷涂溶剂型三聚氰胺醇酸树脂漆，膜厚20～30μm，烘干（150℃/30min）］→湿打磨→干燥→面漆涂层［喷涂三聚氰胺醇酸树脂系面漆（金属闪光色用丙烯酸树脂系），膜厚35～45μm，烘干（130～140℃）/30min）］。

外观装饰性要求高的乘用车车身一般都采用这一涂装体系。

表10-19 汽车车身涂装常用面漆

型号	名称	组成	性能	施工注意事项	应用
B01—10	丙烯酸清烘漆	甲基丙烯酸脂，丙烯酸酯，甲基丙烯酸、β—烃乙酯，三聚氰胺甲醛树脂，增韧剂，苯、酮类溶剂	漆膜有较好的光泽，硬度、丰满度，以及防湿热、防盐雾、防霉变的性能，保色、保光性极好	供B05－4面漆罩光用	用于轿车车身
B05—4	各色丙烯酸烘漆	加颜料，其余与丙烯酸清烘漆组成相同	热固性漆，烘干后漆膜丰满，光泽及硬度良好、保色和保光性极好、三防性能好	用B05－4烘漆并掺入质量分数为50%～70%的B01—10清烘漆喷涂罩光，作为最后工序	用于光泽要求高及三防性能好的轿车车身
A01—10	氨基清烘漆	氨基树脂，三羟甲基丙烷醇酸，丁醇二甲苯	漆膜坚硬，光泽平滑，耐潮及耐候性好	作为A05－15面漆罩光用	用于轿车室外金属表面罩光
A05—15	各色氨基烘漆	氨基树脂，三羟甲基丙烷，脱水蓖麻油，醇酸树脂，有机溶剂	漆膜硬度高，光亮度好，漆膜丰满，耐候性优良，附着力好，抗水性强	与电泳底漆、环氧树脂底漆配套，进入烘干室烘干前，应在常温下静置15min	用于中级轿车车身
C04—49	各色醇酸磁漆	植物油改性醇酸树脂，颜料，加少量氨基树脂，催干剂，二甲苯	较好的耐候性，附着力，耐水耐油性也较好	加少量氨基树脂起防皱作用，故可一次喷得较厚、烘干120～130℃，时间30min	用于汽车驾驶室表面涂布
Q04—31	硝基磁漆	低粘度硝化棉，有机硅改性，椰子油醇酸树脂，氨基树脂、增韧剂，溶剂（酯、醇、苯）	漆膜光亮平滑，坚硬，丰满，耐磨，耐温变及机械强度较好、户外耐久性好	面漆总厚度层控制100μm以内，在100℃～110℃烘1h，可提高耐温变性	中、高级轿车车身

2. 涂三层烘两次体系/涂层总膜厚70～100μm

碱性脱脂→锌盐磷化→干燥（120℃/10min）→底漆涂层［电泳底漆，膜厚15～25μm，不烘干（仅晾干水分）］→中间涂层［静电自动喷涂与电泳底漆相适应的水性涂料，膜厚20～30μm，烘干（100℃/10min）（预烘）；（160℃/30min）（与底漆一起烘干）］→面漆涂层［喷涂三聚氰胺醇酸树脂系面漆（金属闪光色用丙烯酸树脂系），膜厚35～45μm，烘干（130～140℃）/30min）］。

对于外观装饰性要求不太高的旅行车和大客车车身及轻型载货汽车的驾驶室等一般采用这一涂装体系。

3. 涂两层烘两次体系/涂层总膜厚55～75μm

碱性脱脂→锌盐磷化→干燥（120°/10min）→底漆涂层［电泳底漆，膜厚20～30μm烘干（160℃/30min）］→干或湿打磨→干燥→面漆涂层［喷涂三聚氰胺醇酸树脂系面漆（金属闪光色用丙烯酸树脂系），膜厚35～45μm，烘干（130～140℃）/30min）］。

中、重型载货汽车的驾驶室一般采用这一涂装体系。

习　题

10-1　敷设拉延筋时根据凹模洞口几何形状的不同，筋条位置一定要保证与板料流动方向（　）。

A. 平行　B. 成30°角

C. 成45°角　D. 垂直

10-2　采用二氧化碳保护焊时，对二氧化碳纯度要求为（　）。

A. 不得低于95%　B. 不得低于90%

C. 不得低于89.9%　D. 不得低于99.5%

10-3　导电性好的材料，分流电阻小，分流（　），焊点间距应适当（　）。

A. 增大，减小　B. 减小，增大

C. 增大，增大　D. 减小，减小

10-4　汽车覆盖件的冲压成形有什么特点？怎样才能延长汽车覆盖件模具的使用寿命？

10-5　车身常用的覆盖件材料有哪些？

10-6　车身冲压对覆盖件材料有什么要求？

10-7　覆盖件冲压模具有哪些？模具的制造顺序怎样安排？为什么？

10-8　车身常用的焊接方法有哪些？

10-9　点焊有哪些优点？如何调整其焊接规范？

10-10　常见的车身涂装体系有几种？举例说明。

10-11　车身用面漆有哪些种类？对施工的适应性如何？

参考文献

1　郭春生，汤宝骏，孙继明等编．汽车大型覆盖件模具．北京：国防工业出版社，1993
2　王新华主编．汽车冲压技术．北京：北京理工大学出版社，1999
3　崔令江编著．汽车覆盖件冲压成形技术．北京：机械工业出版社，2003
4　邓仕珍，范淼海编著．汽车车身制造工艺学．北京：北京理工大学出版社，1997
5　钟诗清，王文德编著．汽车车身制造工艺学．北京：机械工业出版社，1992
6　肖景容，周士能，肖祥芷编．板料冲压．武汉：华中理工大学出版社，1986
7　卢险峰编著．冲压工艺模具学．北京：机械工业出版社，1998
8　陈家起，罗虹，张伟编．汽车车身制造工艺学．重庆：重庆大学出版社，1993
9　滕志斌等编．新编金属材料手册．北京：金盾出版社，1991
10　（德）霍尔斯特·皮佩特著．汽车车身技术．吴贤明译．北京：科学普及出版社，1992
11　谷正气主编．轿车车身．北京：人民交通出版社，2002
12　黄天泽，黄金陵主编．汽车车身结构与设计．北京：机械工业出版社，1996
13　杨握铨编著．汽车装焊技术及夹具设计．北京：北京理工大学出版社，1996
14　第一汽车制造厂工装设计室编．汽车覆盖件冲模．北京：机械工业出版社，1979

第十一章　自动化制造系统及先进制造技术简介

第一节　制造自动化技术发展过程及发展趋势

一、发展过程

自从18世纪中叶瓦特发明蒸汽机以来，制造自动化技术就随机械化的发展而得到迅猛发展，从其发展过程来看，可以分为五个阶段：

第一阶段：刚性自动化，包括自动单机和刚性自动线。该阶段在20世纪40～50年代已相当成熟。应用传统的机械设计与制造工艺方法，采用专用机床和组合机床、自动化单机或自动化生产线进行大批量生产。如1870年美国发明了自动制造螺钉的机器，继而于1895年发明多轴自动车床，是典型的单机自动化系统。1924年第一条采用流水作业的机械加工自动线出现在英国的Morris汽车公司，1935年前苏联成功地研制出第一条汽车发动机气缸体加工自动线。这两条自动线的出现，使得自动化制造技术由单机自动化转向了自动化系统。在第二次世界大战前后，美国福特汽车公司采用自动化生产线，使汽车生产率成倍提高，生产成本大幅度降低，汽车的质量明显改善。随后，自动化制造技术和自动化制造系统得到迅速的普及。虽然当时的自动化制造系统仅应用于像汽车这样的大批大量生产的产品，但它对人类社会生产技术的发展却起到了巨大的推动作用。1946年，前苏联又提出了成组生产工艺的思想，其对自动化制造系统的发展具有十分重大的意义。至今，成组技术仍然是自动化制造系统赖以生存和发展的主要技术基础之一。

第二阶段：数控加工，包括数控（NC）和计算机数控（CNC）。数控加工设备包括数控机床、加工中心等。特点是柔性好、加工质量高，适应于多品种、中小批量（包括单件产品）的生产。第一台数控机床于1952年在美国的麻省理工学院研制成功，从1956年开始就逐渐在中、小批量生产中得到应用。1953年，麻省理工学院又成功地研制出了著名的数控加工自动编程语言（Automatically Programmed Tools—APT），为后来的数控加工技术的发展奠定了基础。1958年，美国研制成功第一台具有自动换刀装置和刀库的数控机床，即加工中心（Machining Centre—MC）。第一台工业机器人（Industrial Robot）于1959年也在美国问世。1960年，美国研制出自适应控制机床（Adaptive Control Machine Tools）。1961年，计算机控制的碳电阻自动化制造系统在美国出现，可以称为计算机辅助制造（Computer Aided Manufacturing—CAM）的雏形。1962年和1963年，圆柱坐标式工业机器人和计算机辅助设计及绘图系统（Computer Aided Design—CAD）又相继在美国问世。1965年出现了计算机数控机床（Computerized Numerical Control—CNC），它的出现为实现更高级别的自动化制造系统扫清了技术障碍。

第三阶段：柔性制造。该阶段的特征是强调制造过程的柔性和高效率，适应于多品种、中小批量的生产。涉及的主要技术包括成组技术（GT）、计算机直接数控和分布式数控（DNC）、柔性制造单元（FMC）、柔性制造系统（FMS）、柔性加工线（FML）、离散系统理论和方法、仿真技术、车间计划与控制、制造过程监控技术、计算机控制与通信网络等等。1967 年英国的 Molins 公司成功地研制出计算机控制 6 台数控机床的可变制造系统 24，该系统被称为最早的柔性制造系统，它的问世，使多品种、小批量复杂零件生产的自动化及降低成本和提高效率的问题得到了解决。随着工业机器人技术和数控技术的发展和成熟，20 世纪 70 年代初出现了小型自动化制造系统，即柔性制造单元。1980 年，日本首次建成无人化机械制造厂——富士工厂，它实现了除装配以外的其他工序的完全自动化。

第四阶段：计算机集成制造（CIM）和计算机集成制造系统（CIMS），其特征是强调制造全过程的系统性和集成性，以解决现代企业生存与竞争的 TQCS 问题。CIMS 涉及的学科技术非常广泛，包括现代制造技术、管理技术、计算机技术、信息技术、自动化技术和系统工程技术等。CIMS 是由美国人约瑟夫·哈林顿于 1974 年提出的概念，其基本思想是借助于计算机技术、现代系统管理技术、现代制造技术、信息技术、自动化技术和系统工程技术，将制造过程中有关的人、技术和经营管理三要素有机集成，通过信息共享以及信息流与物流的有机集成实现系统的优化运行。所以说，CIMS 技术是集管理、技术、质量保证和制造自动化为一体的广义自动化制造系统。CIMS 技术发展从 20 世纪 80 年代以来，经历了一个痛苦的发展过程。在 CIMS 发展的初期，人们对 CIMS 的认识不够深刻，把 CIMS 理解为全盘自动化的无人化工厂，忽视了人的主导作用。直到 20 世纪 90 年代，CIMS 的概念发生了根本的变化，提出了以人为中心的 CIMS 思想，并将并行工程、精益生产、敏捷制造和企业重组等新思想、新模式引入 CIMS 中，使 CIMS 思想得到改进、补充、完善，以至形成了第二代 CIMS 的新观念。

第五阶段：新的制造自动化模式，如智能制造、敏捷制造、虚拟制造、网络制造、全球制造、绿色制造等。

二、发展趋势

制造自动化技术发展趋势主要是敏捷化、网络化、虚拟化、智能化、全球化和制造绿色化。

1. 制造全球化

近年来，随着互联网技术的发展，制造全球化的研究和应用发展迅速。制造全球化包括的内容非常广泛，主要有：

1）市场的国际化，产品销售的全球网络正在形成。

2）产品设计和开发的国际合作。

3）产品制造的跨国化。

4）制造企业在世界范围内的重组与集成，如动态联盟公司。

5）制造资源的跨地区、跨国家的协调、共享和优化利用。

6）全球制造的体系结构将会形成。

2. 制造敏捷化

敏捷制造是一种 21 世纪的制造战略和现代制造模式。当前，在世界各国敏捷制造研究十分活跃，发展迅速。制造环境和制造过程的敏捷性问题是敏捷制造的重要组成部分。敏捷化是制造环境和制造过程面向 21 世纪制造活动的必然趋势。制造环境和制造过程的敏捷化包括的内容很广，主要有：

1）柔性。包括机器设备柔性、工艺柔性、运行柔性和扩展柔性等。

2）重构能力。能实现快速重组重构，增强对新产品快速开发以及对市场的快速响应能力。

3）快速化的集成制造工艺。如快速成形技术 RPM，是一种 CAD/CAM 的集成工艺。

3．制造网络化

由于网络技术的发展，给企业制造带来新的变革，注入新的活力，其影响的深度、广度和发展速度可以说是超出人们预测的。制造网络化，表现在以下几个方面：

1）制造环境内部的网络化，实现制造过程的集成。

2）制造环境与整个制造企业的网络化，实现制造环境与企业中各子系统的集成。

3）企业与企业间的网络化，实现企业间的资源共享、组合与优化利用。

4）通过网络，实现异地制造。

4．制造虚拟化

基于数字化的虚拟化技术主要包括虚拟现实（VR）、虚拟产品开发（VPD）、虚拟制造（VM）和虚拟企业（VE）。制造虚拟化主要指虚拟制造，又称拟实制造。虚拟制造（Virtual manufacturing）是以制造技术和计算机技术支持的系统建模技术和仿真技术为基础，集现代制造工艺、计算机图形学、并行工程、人工智能、人工现实技术和多媒体技术等多种高新技术为一体，由多学科知识形成的一种综合系统技术。它将现实制造环境及其制造过程通过建立系统模型借助相关技术在计算机中进行模拟，以实现对产品制造及制造系统的行为进行预测和评价。虚拟制造是实现敏捷制造的关键技术，对制造业的发展起到至关重要的作用。

5．制造智能化

智能制造将是制造自动化发展的总趋势。所谓智能制造系统（IMS），是指一种由智能机器和人类专家共同组成的人机一体化的制造系统，它在制造过程中能进行分析、推理、判断、构思和决策等智能活动。智能制造技术的宗旨在于通过人与智能机器相结合，部分取代人类专家在制造过程中的脑力劳动，以降低人的脑力劳动强度，实现制造过程的优化。

6．制造绿色化

环境、资源、人口是当今人类社会面临的三大主要问题。环境问题，其恶化程度与日俱增，正在对人类社会的生存与发展构成严重威胁。资源问题，它不仅涉及人类世界有限的资源如何利用，而且又是引发环境问题的主要根源。由于制造业量大面广，因此对环境的影响很大。制造业一方面是大多数国家的支柱产业，但另一方面也是环境污染的主要源头。有鉴于此，如何使制造业尽可能少地污染环境，是环境问题研究的一个重要方面。于是人们提出了绿色制造（Green manufacturing）这 一个新概念。绿色制造是一个综合考虑环境影响和资源效率的现代制造模式，其研究的目标是产品从设计、制造、包装、运输、使用到报废处理的整个产品生命周期中，对环境的影响（负作用）最小，资源效率最高。绿色制造是可持续发展战略在制造业中的具体体现，涉及到产品的整个生命周期。对制造环境和制造过程来说，绿色制造主要涉及到资源的优化利用、环保生产以及废弃物的最少化与综合利用。

我国制造自动化的发展战略目标是：到 2010 年，实施和完成对整个制造企业进行面向“人”资源的计算机集成化、自动化和操作优化，促进企业从粗放型向集约型转变，提高制造业的快速设计、快速检测、快速响应和快速重组的能力，适应世界市场的激烈竞争。在有效地将 CNC、机器人以及自动化程度较低的设备集成起来的基础上，逐步建立起以人为中心、以计算机为核心工具，以信息技术和网络为基础，具有柔性化、智能化、集成化、敏捷化、知识化、创新化、绿色化的制造自动化系统。

第二节　计算机辅助工艺过程设计（CAPP）

一、概述

CAPP（Computer Aided Process Planning）向上连接 CAD，向下连接 CAM，它起到一个连接 CAD 与 CAM 的桥梁作用。来自 CAD 的几何和技术要求的数据在 CAPP 完成加工处理，成为指导生产加工的制造数据。因此，CAD 的结果能否有效、充分地在生产中予以应用与实现，数控机床与加工中心能否充分发挥其最大作用，CAD 与 CAM 能否真正实现集成，CAPP 技术是关键，并且受到愈来愈广泛的重视。

在传统的工艺规程编制过程中，因为要处理的信息量大，各种信息之间的关系又错综复杂，只能依靠工艺工程师多年工作实践总结出来的经验与工艺理论来进行。因此，工艺规程的设计质量完全取决于工艺人员的技术水平和经验。这样编制出来的工艺规程因人而异，很难得到最佳方案。因此，传统的工艺规程编制方式存在一些无法避免的局限性。如：①工艺部门之间信息沟通与协调不及时，工艺工程师之间无法共享信息，劳动重复率高；②工艺师受自身知识水平和经验的限制，设计出来的工艺规程千差万别，质量不稳定，给生产准备和质量控制带来困难；③数据间内在的逻辑关系得不到保证，经常发生数据不一致现象；④工艺规程编制缺乏总体控制等。另外，培养一个熟练的工艺师需要经过漫长的时间，加上有经验的工艺人员离开时，无法将他们的实践经验知识留下来，这一切原因都使得工艺规程编制成为机械制造过程中的薄弱环节。CAPP 技术的出现和发展使这一薄弱环节问题得以解决，即利用计算机辅助编制工艺规程。对 CAPP 技术的研究始于 20 世纪 60 年代中期。1969 年，挪威提出了第一个 CAPP 系统 AUTOPROS，它根据成组技术原理，利用零件的相似性去检索和修改标准工艺文件，形成相应零件的工艺规程。到目前为止，已研制出多种 CAPP 系统，而且有不少系统已投入汽车生产使用。国内则于 20 世纪 80 年代开始这项研究，已开发出不少 CAPP 系统，有的 CAPP 系统已在实践应用中取得了良好的效果。

二、CAPP 系统的功能

一个 CAPP 系统应具有以下功能：①检索标准工艺文件；②选择加工方法；③工序安排；④选择机床、刀具、量具、夹具、辅具等；⑤选择装夹方式、装夹表面和定位基准；⑥优化选择切削用量；⑦计算加工时间和加工费用；⑧确定工序尺寸和公差；⑨选择毛坯；⑩绘制工序图及编写工序卡。有的 CAPP 系统还具有计算刀具轨迹、自动进行 NC 编程和进行加工过程模拟的功能。

三、CAPP 系统的分类

按其工作原理来分，可以分为以下几类：

（1）派生法　派生法是一种建立在成组技术基础上的 CAPP 系统。首先，根据零件相似原理（几何形状和工艺上的相似性）将各种零件分类归族，形成零件组。针对每一零件族

(组)，选择一个能包含该组中所有零件特征的零件为标准样件，也可以虚拟一个想象中的零件，使它包含该族（组）中所有零件特征，根据标准样件编制标准工艺规程；并将该标准工艺规程存放在数据库中。当要编制新零件工艺规程时，只要输入该零件的有关描述信息，由系统自动生成该零件的成组技术代码；再根据零件的成组技术代码，由系统自动判定零件的零件族（组）别，并检索出该零件族的标准工艺规程；然后根据零件的结构形状特点和尺寸及公差，利用系统提供的修改编辑功能，对标准工艺规程进行修改编辑，最后得到所需的工艺规程。

（2）创成法　与派生法 CAPP 系统不同之处，在于创成法 CAPP 系统中没有标准工艺规程，只有一个收集有大量工艺数据的数据库和一个机械加工工艺专家系统。当输入零件的有关信息后，系统可以在没有人工干预的条件下，自动生成该零件的工艺规程。创成法 CAPP 系统理论还不够完善，因此还没有出现一个纯粹的创成法 CAPP 系统。创成法 CAPP 系统的核心是工艺决策逻辑。

（3）半创成法　从原理上看，半创成法 CAPP 系统是派生法和创成法 CAPP 系统二者的综合。这种系统是在派生法 CAPP 系统的基础上，增加若干创成功能而形成的系统，兼有二者的优点。

（4）智能 CAPP 系统。

四、派生法 CAPP 系统

如前所述，派生法 CAPP 系统是建立于成组技术基础之上的，其原理框图如图 11-1 所示。

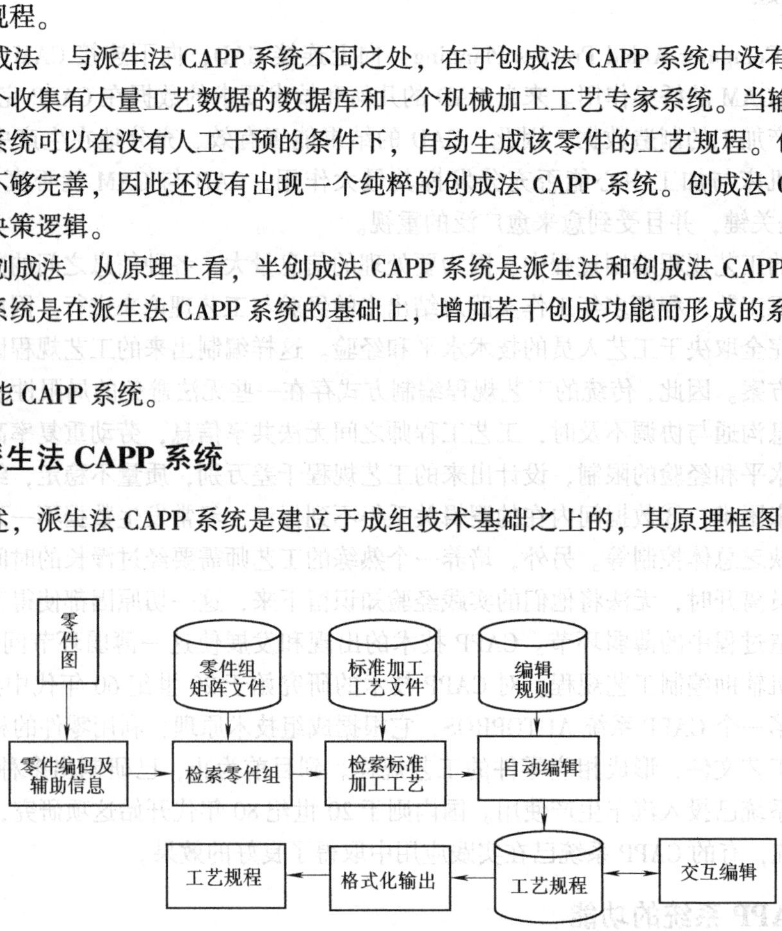

图 11-1　派生法原理框图

（一）零件编码

零件编码的目的是将零件图上的信息代码化，使计算机易于识别和处理。分类编码系统通用的有 OPITZ、JLBM、JCBM、KK3 等系统。编码分为手工编码和计算机编码两种。手工编码是由编码人员根据编码法则，对照零件图用手工方式编出各码位的代码。这种方式的效率低，劳动强度大，一致性差，容易出错。计算机辅助编码采用人机对话的方式，由计算机提问，操作人员回答，对编码系统的理解和判断是由计算机软件自动完成的。这种方式对零件信息的理解以及各码位的代码的判断是自动进行的，出错率低，编码效率高。

（二）零件特征识别

零件特征识别的目的是将输入零件的代码与计算机中的零件组进行比较，以确定零件所属的零件族，以便检索出标准工艺。

（三）工艺规程编辑

检索出标准的工艺规程，根据零件的具体要求，修改编辑这个标准的工艺规程，最后生成该零件的工艺规程。系统应提供对工艺文件进行编辑的功能，应能方便地删除、添加、修改标准工艺规程。修改包括加工工艺路线（加工方法、加工路线等）和工序内容（机床、刀具、夹具、量具、切削参数、加工尺寸和公差）的修改以及加工时间和加工费用计算等。

五、创成法 CAPP 系统

该系统的原理是让计算机模拟工艺师的逻辑思维能力，自动进行各种决策，选择零件的加工方法，安排工艺路线，选择机床、刀具、夹具，计算切削参数和加工时间、加工成本，以及对工艺过程进行优化等。人的任务仅在于监督计算机的工作，并在计算机决策过程中作一些简单问题的处理，对中间结果进行判断和评估等。图 11-2 所示为创成法 CAPP 系统的原理框图。

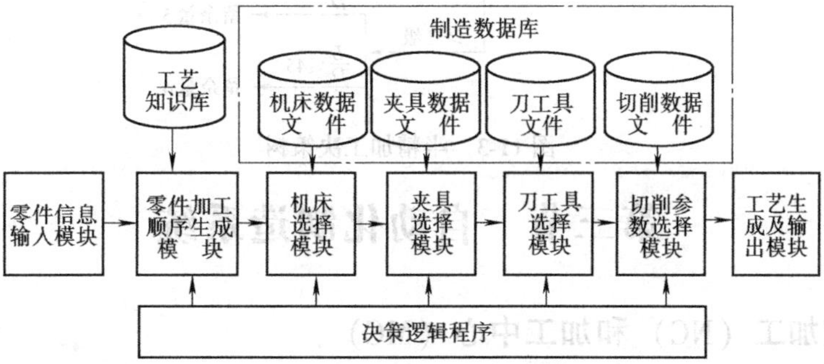

图 11-2　创成法 CAPP 原理框图

（一）零件信息描述

创成法 CAPP 系统中零件的描述方法很多，最常用的有以下三种：

（1）型面描述法　这种描述方法将零件看成由若干种基本型面按一定方式组合而成，而每种型面都可用一组特征参数来表示，型面类别及它的特征参数及型面间的相互关系可用代码表示。如外圆柱面可以用直径和长度来确定，描述为：CYLE/D，L1。另外，可根据其加工精度和表面质量要求来确定每种型面所对应的一组加工方法。型面分为三种：圆柱面，圆锥面及平面等基本型面；退刀槽、边缘、台阶面、均布螺钉孔等型面域；螺纹、花键、沟槽、齿形面等复合型面。

（2）元素描述法　元素描述法把零件看成是由若干种基本几何体，如圆锥体、圆柱体、六面体、圆环体及球体等，按一定位置关系组合而成。

（3）从 CAD 数据库采集零件信息　这种方法是利用中间接口或其他的传输方式，将零件的设计信息直接由 CAD 数据库传给 CAPP 系统，用以进行工艺规程设计。采用这种方法可以省去工艺设计时对零件的信息描述，并可获得更完整的零件信息，有利于实现 CAD/CAPP/CAM 的一体化。它是 CAPP 零件信息获取的最佳方法。

（二）工艺决策逻辑

在创成法工艺设计系统中，工艺决策逻辑是核心，决策表（表 11-1）和决策树（图 11-

3）是常用表示决策逻辑的方法。例如，某类零件半精加工的决策规则如下：

1）如果加工精度低于 E 级，则不精车。

2）如果加工精度高于 E 级，且 $L/D>45$，各圆留余量 5mm。

3）如果加工精度高于 E 级，且 $L/D\leqslant45$，各圆留余量 4mm。

表 11-1 半精加工决策表

低于 E 级	T	F	F
$L/D>45$		T	F
不精车	×		
留余量 5mm		×	
留余量 4mm			×

注：T—逻辑“真”；F—逻辑“假”；X—该项选中。

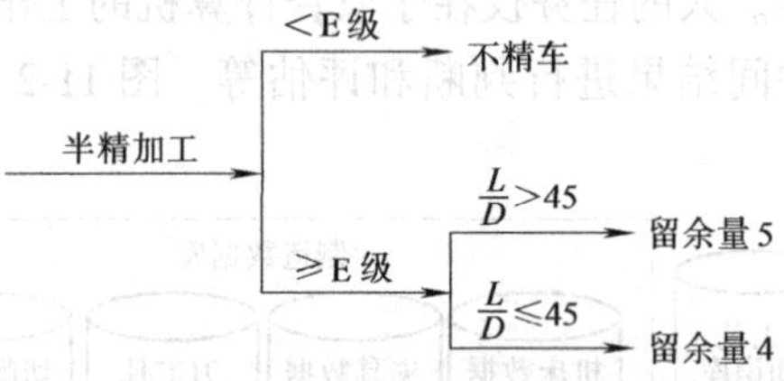

图 11-3 半精加工决策树

第三节 自动化制造系统

一、数控加工（NC）和加工中心（MC）

制造自动化是制造技术发展的必然趋势，也是人们在长期的生产活动中不断追求的主要目标。随着科学技术的不断发展与进步，自动化制造的水平也愈来愈高。采用自动化技术，不仅可以大大降低劳动强度，而且还可以提高产品质量，提高制造企业的市场应变能力，从而提高企业的市场竞争能力。本节主要介绍数控加工（NC）与加工中心（MC）、柔性制造单元（FMC）与柔性制造系统（FMS）、计算机集成制造系统（CIMS）、智能制造系统（IMS）等基本内容。

（一）数控加工（NC）

1. 数控加工概念

数控机床加工是指在数字程序控制机床（简称数控机床）上，按照事先编好的零件加工程序对工件进行的自动化加工。图 11-4 所示为数控加工过程的框图。从图中可以看出，拥有数控机床和编制零件的数控加工程序是实现数控加工的最基本条件。

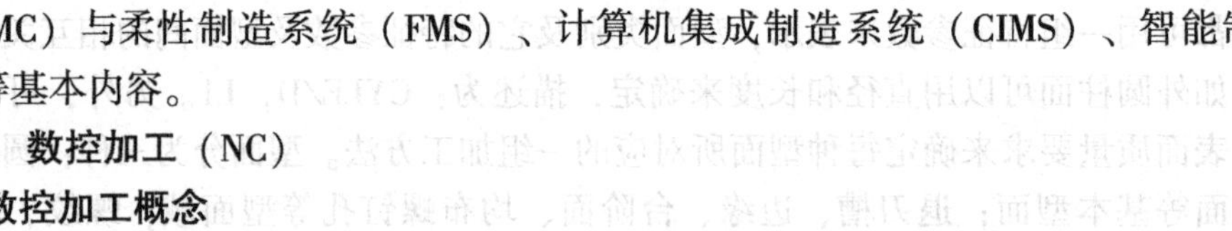

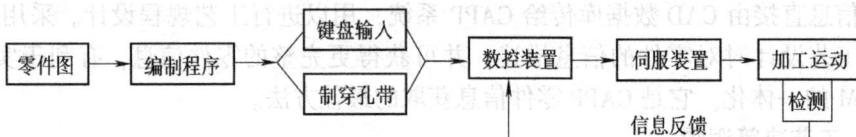

图 11-4 数控机床工作过程框图

2. 数控机床的组成

数控机床的品种繁多，在结构与功能上各有区别，但它们的基本组成部分是一致的。数控机床一般由以下几部分组成：

（1）主机 数控机床的主体，包括床身、立柱、主轴、进给机构等机械部分。

（2）计算机数控（CNC）装置 它是数控机床的控制核心，主要由计算机系统、位置控制器、PLC 接口板、通信接口板、纸带阅读机、扩展功能模块以及响应的控制软件等模块组成。

（3）伺服单元和驱动装置 包括主轴伺服驱动装置和主轴电动机以及进给伺服驱动装置和进给电动机。

（4）数控机床的辅助装置 数控机床的一些必要的配套部件，用以保证数控机床的正常运行。它包括液压和气动装置、排屑装置、冷却装置、交换工作台、数控转台和数控分度头，还包括刀具及监控检测装置。

（5）编程机及其他一些附属设备 现代数控机床不仅可以利用 CNC 装置上的键盘直接输入零件的加工程序，也可以利用自动编程机进行零件加工程序编制，将程序记录在信息载体上（如磁盘、磁带等），然后送入数控装置。

3. 数控机床的工作原理

图 11-5 所示为一典型的数控系统原理图。数控加工的工作过程：首先将被加工零件图上的几何信息和工艺信息数字化，即将刀具与工件的相对运动轨迹、加工过程中主轴速度和进给速度的变换、切削液的开关、工件和刀具的交换等控制和操作，都按规定的代码和格式编成加工程序，然后将该程序送入数控系统。数控系统则按照程序的要求，进行相应的运算、处理，发出控制命令，使各坐标轴、主轴以及辅助动作相互协调，实现刀具与工件的相对运动，自动完成零件的加工。具体的过程可分为以下几个步骤。

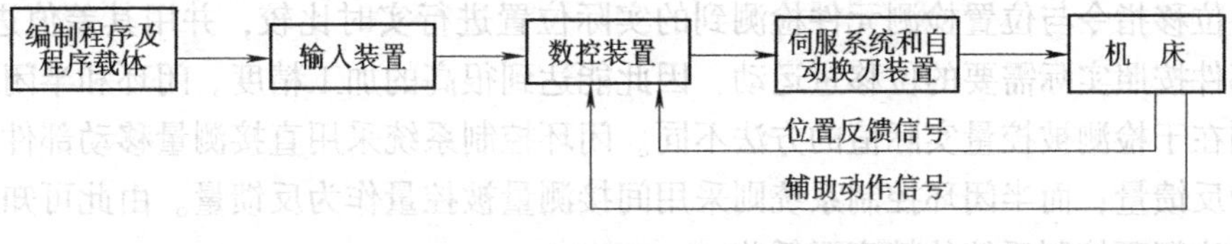

图 11-5 数控系统基本组成图

1）根据零件图样，确定工艺方案，用规定的代码和程序格式编写加工程序，并把这些代码存储在信息载体上。

2）把存储在信息载体上的代码通过输入装置输入到数控装置（即 CNC 单元）中去。

3）数控装置的代码，经过处理和运算转变成脉冲信号。这些信号被分别送到机床的伺服系统或可编程序控制器中。

4）伺服系统根据控制系统（数控装置）发出的指令，驱动机床的运动部件，使刀具和工件严格按照程序所规定的轨迹移动。

5）机床机械部分带动刀具与工件的相对运动，加工出满足零件设计图要求的零件。

6）检测系统对机床的运动及时检测，并通过反馈装置把信息反馈给控制系统并进行修正，使机床的工作正常，保证工件的加工精度。

4. 数控机床的分类

根据零件加工内容要求不同，数控机床的品种很多，涉及的专业技术也很广，它可以从以下几方面进行分类。

（1）按用途分类

1）金属切削类数控机床。这类机床主要有数控车床、数控铣床、数控钻床、数控镗床、数控磨床、加工中心等。

2）金属成形类数控机床。这类机床主要有数控折弯机、数控弯管机、数控压力机等。

3）数控特种加工机床。这类机床主要有数控线切割机、数控电火花加工机床、数控激光加工机床。

（2）按照控制系统的特点分类

1）点位控制数控机床。这类机床只控制刀具相对于工件定位点的坐标位置，从某一工作位置移动到另一工作位置的过程不加以控制（不加工与不要求轨迹），仅要求定位的准确性。点位控制数控机床主要有数控钻床、数控镗床、数控冲床和数控测量机等。

2）直线控制数控机床。这类机床除有定位要求外，还要求进给运动沿平行于坐标轴的方向直线移动进行切削加工，或者控制两个坐标轴以同样的速度同时运动，沿45°斜线进行切削加工。

3）轮廓控制数控机床。这类机床能够同时控制两个以上的坐标轴联动，使刀具和工件按平面任意直线、曲线或空间曲面轮廓进行相对运动，加工出任何形状的复杂零件。

（3）按伺服控制方式分类

1）开环控制系统数控机床，即没有任何被控量实际值反馈的数控系统。这是一种比较原始的数控机床。因开环控制系统具有结构简单、运行平稳、成本低、使用维护方便等特点，所以被广泛用于经济型数控机床上。

2）闭环控制系统和半闭环控制系统数控机床。这类机床具有位置和速度检测元件，数控装置将位移指令与位置检测元件检测到的实际位置进行实时比较，并用其差值进行控制，使移动部件按照实际需要的位移量运动，因此能达到很高的加工精度。闭环和半闭环控制系统的区别在于检测被控量实际值的方法不同。闭环控制系统采用直接测量移动部件输出的被控量作为反馈量；而半闭环控制系统则采用间接测量被控量作为反馈量。由此可知，半闭环控制系统比闭环控制系统的精度要低些。

5. 数控机床的加工特点

1）能实现不同零件的自动加工。数控机床是根据对被加工零件所编制的数控程序来进行自动加工的。加工不同零件时，只需改变数控程序，不必更换工艺装备。因此，不但生产准备周期短，而且有利于机械产品的更新换代。

2）生产效率及加工精度高、加工质量稳定。数控机床在加工零件时的装夹次数少，一次装夹可加工出多个表面，可省去许多中间工序，有利于提高生产效率和加工精度高。据统计，普通机床的净切削时间一般为全部加工时间的15%～20%，而数控机床可达65%～70%，带有刀库可实现自动换刀的数控机床甚至可达72%～80%。加工复杂零件时，效率可提高5～10倍。

数控机床在设计时因为考虑了整体刚度和零件的制造精度，又采用高精度传动机构，所以机床的定位精度和重复定位精度都很高，特别是有的数控机床具有主动测量系统，因而能可靠地保证加工精度和尺寸的稳定性。

3）功能复合程度高，可以一机多用，适合加工形状复杂的轮廓表面。如利用数控车床加工形状复杂的回转表面和利用数控铣床加工复杂的空间曲面。

4）有利于实现计算机辅助制造。

5）投资大，加工成本高。数控机床的价格一般是同规格的普通机床的若干倍，机床备件的价格也很高，加上首件加工进行编程、调整和试加工等的准备时间较长，因而使零件的加工成本大大高于普通机床。

6）有利于实现制造自动化。

7）数控机床维护和数控编程的技术要求较高。

数控机床是技术密集型的机电一体化产品，数控技术的复杂性和综合性增加了维修工作的难度，需要配备高素质的操作人员、维护人员进行编程和设备维修。

6. 数控机床的发展趋势

随着科学技术的发展，制造技术的进步，以及社会对产品多样化的需求愈加强烈，产品的更新换代加速，中、小批量生产的比重越来越大，这些变化要求现代数控机床成为一种高效率、高精度、高柔性、低成本的新一代制造设备，来满足市场的需要。同时，为满足制造业向更高层次发展，也为柔性制造单元（FMC）、柔性制造系统（FMS）以及计算机集成制造系统（CIMS）等提供基础装备，现代数控机床的发展主要表现在以下几方面：

1）实现长时间地、连续地自动加工。

2）向高速度、高精度与高质量发展。

3）提高数控机床生产效率，提高数控机床的可靠性，具有良好的操作性能。

4）能自动编程，具有人机对话的、功能强大的内装式机床可编程序控制器。

5）具有更高的通信功能，能实现网络化加工。

（二）加工中心（MC）

1. 加工中心的概念

加工中心是带有刀库和自动换刀装置的一种多功能数控机床。加工中心具有工序集中，可以减少调整机床、搬运工件和装夹工件的时间，加工质量高，生产效率及自动化程度高等特点。加工中心常用于零件结构比较复杂，加工工序多，批量加工的零件生产场合。

2. 加工中心分类

（1）镗削加工中心　镗削加工中心是在镗、铣机床的基础上发展起来的加工中心。为了加工出零件所需的形状，这类机床至少有3个相互垂直方向的移动，同时加上1～3个绕移动轴的旋转运动。

（2）车削加工中心　车削加工中心一般具有如下运动功能：主轴的旋转运动，转塔刀架的纵向和横向运动，刀架的上下（或左右）运动。车削加工中心按主轴的运动方向是水平还是垂直的，分为卧式和立式两大类。

3. 加工中心的加工特点

（1）加工精度高，且精度稳定　加工工序高度集中，一次装夹可加工出零件上大部分甚至全部表面，避免了工件多次装夹所带来的装夹误差，因此加工零件能获得较高的相互位置精度。整个加工过程完全是自动完成的，加上机床的位置补偿功能和较高的定位精度和重复定位精度，因此加工出的零件精度稳定性好。

（2）生产效率高　与普通机床相比，一次装夹能完成较多表面的加工，减少了多次装夹工件所需的辅助时间。同时，也减少了工件在机床与机床之间、车间与车间之间的周转次数和运输工作量，所以减少了中间环节时间。

(3) 加工表面质量好 加工中心主轴转速和各轴进给量均是无级调速，有的甚至具有自适应控制功能，能随刀具和工件材质及刀具参数的变化，把切削参数调整到最佳数值，从而提高了各加工表面的质量。

二、柔性制造单元（FMC）和柔性制造系统（FMS）

1. 柔性制造单元（FMC）

柔性制造单元（Flexible Manufacturing Cell— FMC）是在制造单元的基础上发展起来、具有柔性制造系统部分特点的一种单元。通常由 1~3 台具有零件缓冲区、刀具换刀及托板自动更换装置的数控机床或加工中心与工件储存、运输装置组成。FMC 作为 FMS 中的基本单元，被视为一个规模最小的 FMS，是 FMS 向廉价化及小型化方向发展的一种产物。与柔性制造系统相比，柔性制造单元的主要优点是：系统结构简单，成本较低，可靠性较高。正是由于 FMC 拥有这些优点，所以采用 FMC 比采用简单的数控机床和更复杂的 FMS，有着更显著的技术、经济优势：①增加了柔性；②生产利润高，便于实现计算机集成生产系统；③适合于多品种零件的加工；④FMC 的自动化程度虽略低于 FMS，但其投资比 FMS 少得多，而经济效益接近，因而更适用于财力有限的中小型企业。目前，国内外众多厂家都将 FMC 列为发展的重点。

2. 柔性制造系统（FMS）

关于柔性制造系统（Flexible Manufacturing System—FMS）的定义很多，下面给出一些权威性的定义。

美国国家标准局（United States bureau of Standards）把 FMS 定义为："由一个传输系统联系起来的一些设备，传输装置把工件放在其他连接装置上送到各加工设备，使工件加工准确、迅速和自动化。中央计算机控制机床和传输系统，柔性制造系统有时可同时加工几种不同的零件"。

在"中华人民共和国国家军用标准"有关"武器装备柔性制造系统术语"中的定义为："柔性制造系统是由数控加工设备、物料运储装置和计算机控制系统组成的自动化制造系统，它包括多个柔性制造单元，能根据制造任务或生产环境的变化迅速进行调整，适用于多品种、中小批量生产"。

国际生产工程研究协会定义为："柔性制造系统是一个自动化的生产制造系统，在最少人的干预下，能够生产任何范围的产品族，系统的柔性通常受到系统设计时所考虑的产品族的限制"。

欧共体机床工业委员会认为"柔性制造系统是一个自动化制造系统，它能够以最少的人干预，加工任一范围的零件族工件，该系统通常用于有效加工中小批量零件族，以不同批量加工或混合加工；系统的柔性一般受到系统设计时考虑的产品族限制，该系统含有调度生产和产品通过系统路径的功能。系统也具有产生报告和系统操作数据的手段"。

综上所述，FMS 可定义为：FMS 是由若干台数控设备、物料运储装置以及计算机控制系统组成的，并能根据制造任务和生产品种变化而迅速进行调整的自动化制造系统。它包括 4 台或更多台全自动数控机床（加工中心与车削中心等），由集中的控制系统及物料搬运系统连接起来，可在不停机的情况下实现多品种、中小批量的加工及管理。FMS 的控制、管理功能比 FMC 强，对数据管理与通信网络的要求高。

柔性制造系统（FMS）通常包括以下三部分：

1）数控机床或加工中心。数目一般在 20 台以下，较为适宜的规模是 5 ~ 10 个加工工位。

2）运送零件和刀具的传送系统。可以由运输带、托板、有轨小车（RGV）、无轨小车（AGV）、机器人等单项或多项装置组成，运输路线可粗略分为直线式、环形封闭式、网状式和直线随机式四类。

3）计算机控制系统。包括设计规划、工程分析、生产调度、系统管理、监控及通信等子系统。

柔性制造系统的优点是：系统自动化程度高，零件加工质量非常好，加工时间短，易于实现更高级的自动化制造系统。因此它最适合于多品种、中小批量的零件生产。

世界著名的汽车制造商 BMW 公司，为了积极应对市场变化，推行的策略就是“柔性化制造”。车身框架结构的制作就是一个实例。该公司将某些不同系列的车身“混合”在一起生产。同一车型系列的各个变型也都可以混合生产。例如 3 系列 BMW 轿车的 4 门车、2 门车、旅行车、敞篷跑车等。由此而带来的收益是：新型汽车的开发时间由原来的 60 个月下降到现在的 30 个月，并且费用大大降低，从而使设计项目的一次性投入大大降低。

三、计算机集成制造系统（CIMS）

1. CIM 与 CIMS 概念

20 世纪 70 年代中期，随着市场全球化的发展，世界工业市场竞争日益加剧，给企业带来了巨大的压力，迫使企业纷纷寻求有效途径，以加速推出高性能、高可靠性、成本低的产品，使其竞争能力增强。另一方面，由于计算机技术有了飞速的发展，并且在工业领域中不断应用，这就为 CIMS 的产生奠定了基础。

1974 年，美国约瑟夫·哈林顿博士针对企业所面临的激烈市场竞争形势提出了一种组织企业生产的新思想。这种新思想有两个基本观点：一是制造业中的各个部分，即从市场分析、经营决策、工程设计、制造过程、质量控制、生产指挥到售后服务的各个生产环节是不可分割的，互相紧密联系在一起；二是整个制造过程本质上可抽象成一个数据的采集、传递、加工和利用的过程。这两个紧密联系的基本观点构成了 CIM 的概念。

围绕着哈林顿博士的这一基本思想，各国对 CIM 的定义进行了不断的研究和探索。1985 年德国经济委员会（AWF）推荐的定义是：“CIM 是指在所有与生产有关的企业部门中集成地采用电子数据处理，CIM 包括了在生产计划与控制（PPC）、计算机辅助质量管理（CAQ）之间信息技术上的协同工作，其中生产产品所必需的各种技术功能与管理功能应实现集成”。美国 IBM 公司 1990 年关于 CIM 的定义是：“应用信息技术提高组织的生产率和响应能力”。欧共体 CIM－OSA 课题委员会关于 CIM 的定义：“CIM 是信息技术和生产技术的综合应用，旨在提高制造型企业的生产率和响应能力，由此，企业的所有功能、信息、组织管理方面都是一个集成起来的整体的各个部分”。日本能率协会在 1991 年完成的研究报告中对 CIMS 的定义为：“为实现企业适应今后企业环境的经营策略，有必要从销售市场开始对开发、生产、物流、服务进行整体优化组合。CIM 是以信息为媒介，用计算机把企业活动中多种业务领域及其职能集成起来，追求整体效率的新型生产系统"。

863/CIMS 主题专家组通过近十年来对这种哲理的具体实践，根据中国国情，把 CIM 及 CIMS 定义为："CIM 是一种组织、管理与运行企业生产的哲理，它借助计算机硬件及软件，综合运用现代管理技术、制造技术、信息技术、自动化技术、系统工程技术，将企业生产全过程（市场分析、经营管理、工程设计、加工制造、装配、物料管理、售前售后服务、产品报废处理）中有关的人员组织、技术、经营管理三要素与其信息流、物流有机地集成并优化运行，实现企业整体优化，以达到产品高质、低耗、上市快、服务好，从而使企业赢得市场竞争"。CIMS 是基于 CIM 哲理构成的系统，它是 CIM 哲理的具体体现，并且 CIMS 的核心应体现在"集成"二字。

2. 计算机集成制造系统的组成

CIMS 由四个应用分系统及两个支撑分系统组成，如图 11-6 所示。市场信息进入管理信息分系统，经过分析决策确定产品策略及设计要求。设计要求经网络送给技术信息分系统，在技术信息分系统中进行产品设计和工艺设计，并生成数控代码。数控代码又经网络分系统将有关信息送给制造自动化分系统，与此同时，原材料、能源、技术信息和外部配套件等也被输入制造自动化分系统中，在此系统形成市场需要的产品。整个过程中，质量信息分系统收集质量信息并加以分析，根据分析结果控制设计和制造质量。为了有效地存储和管理数据并实现信息共享，必须具备两个支撑分系统：网络分系统和工程数据库分系统。这两个分系统是 CIMS 的基础。下面介绍各系统的主要功能。

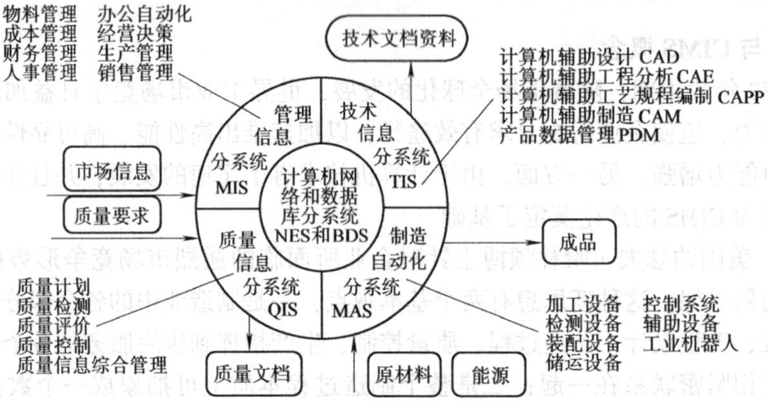

图 11-6 CIMS 组成图

（1）管理信息分系统（MIS） 以制造资源计划 MRP－Ⅱ（Manufacturing Resource Planning）为核心，包括实现办公自动化、物料管理、经营管理、生产管理、销售管理、人事管理、成本管理和财务管理等管理信息功能，通过信息集成，达到缩短产品生产周期、降低流动资金占用、提高企业应变能力的目的。认真分析生产经营中物质流、信息流和决策流的运动规律，研究它们与企业生产经营活动中产品的各种信息进行筛选集成与优化信息处理，使企业能够有节奏、高效益地运行。

（2）技术信息分系统（TIS） 技术信息分系统的核心是 CAD/CAPP/CAM 的 3C 一体化。根据管理信息分系统下达的产品设计要求，进行产品的技术设计和工艺设计，包括必要的工程分析、优化和绘图，通过工程数据库和产品数据管理实现内、外部信息集成。

（3）制造自动化分系统（MAS） 制造自动化分系统是 CIMS 中信息流与物流的结合

点，它接受能源、原材料、配套件和技术信息的输入，完成制造工作，最后输出合格产品。制造自动化系统的主要组成部分有：加工中心、数控机床、运输小车、立体仓库及计算机控制管理系统等。

（4）质量信息分系统（QIS）　主要进行产品的质量计划、质量检测、质量评价、质量控制和质量信息的综合管理。通过采集、存储、评价与处理存在于设计、制造过程中与质量有关的大量数据，从而提高与保证产品的质量。

（5）计算机网络分系统（NES）　主要实现各个工作站之间、各个分系统之间的相互通信，以实现信息的共享和集成。计算机网络分系统应做到所谓的 4R（Right），即在正确的时间，将正确的信息，以正确的方式，传递给正确的对象。

（6）数据库分系统（DBS）　存储和管理企业生产经营活动中的各种信息和数据，保证数据存储的准确一致性、及时性、安全性、完整性、使用和维护的方便性。

3. 我国 CIMS 应用概况

从 1989 年至今，我国已有几十家企业开展了 CIMS 推广应用工作，这些企业覆盖了多种类型的机械制造（包括单个、多品种、小批量、大批量等类型）、飞机、汽车、电子、家用电器、服装、通信、石化、冶金、煤炭、化工等行业。如东风汽车公司是一个大型企业，很难在整个公司实施 CIMS 时一步到位。因此他们首先在产品开发和生产的关键部位上开展 CIMS 技术应用，然后逐渐在公司内延伸和扩展 CIMS 应用。这样既解决了产品开发和生产的急需，又能从取得的经济效益中及时回收投资，为进一步在整个企业逐步实施 CIMS 奠定了一定的经济基础。

汽车车身的开发和覆盖件模具的设计制造是影响汽车改型换代的关键所在。传统的车身设计复杂程度高，设计周期长，车身设计传递给模具设计的产品信息多数只能做到二维的，这样，冲模设计制造难度大、周期长、精度低。东风汽车公司实施 CIMS 技术，首先就是要突破这一关键环节，主要在其下属的技术中心和冲模厂实施 CIMS 技术。技术中心的车身设计采用 CAD，冲模厂的车身覆盖件模具的设计制造采用 CAD/CAPP/CAM。CIMS 技术的实施实现了从车身设计到模具设计制造的信息集成，缩短了车身开发时间和生产准备时间，增强了开发新车型的能力，提高了产品质量。

从 1991 年开始，经过几年的努力，东风汽车公司 CIMS 应用工程已取得了很大的成绩。车身设计 60% 的工作用 CAD 完成，设计效益提高了 40%。采用 CAPP 技术生产 500 多套模具，使工艺设计效率提高一倍。用于两种新车型的开发，预计使每种新车型提前一年投产上市，并且 CIMS 技术在这两种新车型上的应用预计将创效益 3400 万元。

四、智能制造系统（IMS）

1. 智能制造系统的提出

基于以下几个方面的原因而提出的 IMS：一方面是制造信息的爆炸性的增长，以及处理信息的工作量的猛增，这要求制造系统有更高的智能；另一方面是专业人材的缺乏和专门知识的短缺，严重制约了制造工业的发展，这就需要系统能储存人类专家的知识和经验，并能自主进行思维活动；第三是动荡不定的市场和激烈的竞争要求制造企业在生产活动中表现出更高的机敏性和智能；第四 CIMS 的实施和制造业的全球化的发展，遇到目前已形成的自动化“孤岛”的联接和全局优化问题，以及各国、各地区的标准、数据和人机接口的统一的问题，而这些问题的解决也有赖于智能制造的发展。

2. 智能制造概念

智能制造系统是一种由智能机器和人类专家共同组成的人机一体化智能系统，它将人工智能技术融合进制造系统中的各个环节，通过模拟人类专家的智能活动，诸如分析、推理、判断、构思和决策等，从而取代或延伸制造环境中应由人类专家来完成的那部分活动，同时，收集、存储、完善、共享、继承和发展人类专家的智能，使系统具有智能特征。

由于计算机永远也不可能代替人，因此，即使再高级的智能制造系统，也不可能离开人类专家的支持。从这方面讲，我们认为智能制造系统是由3部分组成，如图11-7所示。

3. 智能制造的特征

与传统的制造系统相比，智能制造系统具有以下特征：

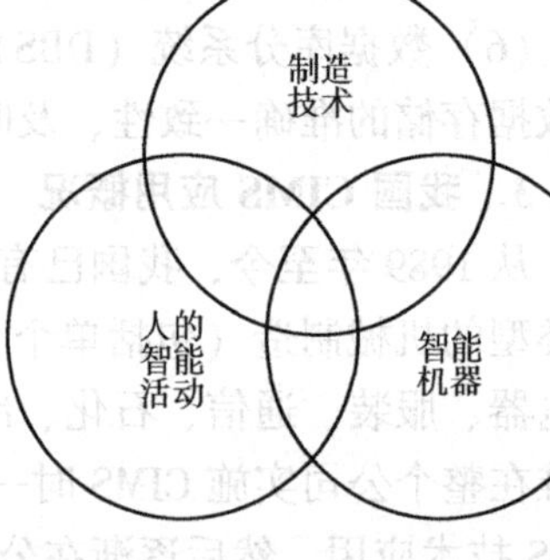

图11-7 智能系统的组成图

1）自组织能力。自组织能力是指IMS中的各种智能设备或组成单元，能够按照工作任务的要求，自行集结成一种最合适的结构，并按照最优的方式运行。完成任务以后，该结构随即自行解散，以备在下一个任务中集结成新的结构。

2）自律能力。IMS能对周围环境和自身作业状况的信息进行实时监测和处理，并根据处理结果自行调整控制策略，以使制造系统的运行结果达到最优。这种自律能力使整个制造系统表现出具有抗干扰、自适应和容错等能力。

3）灵境（Virtual Reality）技术，也称为幻真技术、虚拟现实或虚拟制造技术，是IMS中新一代的人机界面技术。

4）自学习和自维护能力。IMS能以系统中原有专家知识为基础，在实施过程中，不断进行学习、完善和充实系统知识库，并删除库中有误的知识，以使系统知识库越来越完美。同时，自身能对系统故障进行自我诊断、排除和修复。

5）整个制造环境的智能集成。IMS在强调各生产环节智能化的同时，更注重整个制造环境的智能集成。这是IMS与面向制造过程中的特定环节、特定问题的“智能化孤岛”的根本区别。IMS涵盖了产品的市场、开发、设计、制造、经营管理与售后服务整个过程，把它们集成为一个整体，系统地加以研究，实现整体的智能化。

4. 智能制造的研究热点

1）无污染工业制造技术。

2）全球制造业的并行工程。

3）21世纪全球集成制造技术。

4）自律性制造系统。

5）快速产品开发支持系统。

6）知识系统。

第四节　先进制造技术、工艺和方法

在现代制造战略的指导下，传统制造技术不断吸取计算机、信息、自动化、新材料和现代系统管理技术，并将其综合应用于产品的研究与开发、设计、生产、管理和市场开发、售后服务，并取得社会经济效益的综合技术，统称为先进制造技术（AMT）。

一、成组技术（GT）

（一）成组技术的基本概念

自 1946 年提出成组生产工艺的思想以来，成组技术随着机械制造业的发展而得到迅速发展，尤其是与计算机技术相结合，现已应用到企业的产品设计、制造工艺和管理等各方面。它采用“按相似性成组”的原理，使多品种中、小批生产也能采用大批大量生产的先进工艺。大量的统计分析表明，任何一种机器产品中的组成零件都可分为三类：专用件、相似件和标准件，并且相似件的出现率高达 70% 左右，而且即使是专用件，在同类系列化产品中，其在工艺上也有许多相似性。因此，只要充分利用这一特点，就可将那些看似孤立的零件按相似性原理划分为具有共性的一组，在加工中以组为基础集中处理，从而使多品种小批量的生产转化为近似大批量的生产。所谓零件相似性，是指零件在结构、材料、工艺上具有许多共同的特征。

充分利用事物之间的相似性，将许多具有相似信息的研究对象归并成组，并用大致相同的方法来解决这一组研究对象的生产技术问题，这样就可以发挥规模生产的优势，达到提高生产效率、降低生产成本的目的，这种技术统称为成组技术。

（二）零件的分类和编码的基本原理

1. 零件的分类

根据零件的有关特征（如材料、工艺、产品等），按照一定的规则把零件进行分组，是实施成组技术的核心和基础。而分组的理论基础则是相似性原理。从产品中零件本身的属性来讲，其相似性可以从两个方面理解，即作用相似和结构特征相似。由于作用相似所含的信息量较少，且不够明确具体，而结构特征相似则比较直观、明确，并可根据零件图的信息直接确定，所含的信息量也较大，所以在成组技术中通常是以后者作为零件分组的依据。结构特征相似又可以分为结构相似、材料相似和工艺相似，如图 11-8 所示。

2. 零件编码的基本原理

由于产品零件是用零件图来表示，虽然比较形象，在一定条件下，凭人的经验、目测识别零件相似性，能获得较好的分类效果。但是，仅仅如此是不够的，希望有更科学、更合理的方法来对零件进行分类，即采用分类编码系统进行分类。分类编码系统是用字符（数字、字母、符号）来标识和描述零件的结构特征，使这些信息代码化，据此对零件进行分类成组，然后按照成组的方式组织生产。

代表零件特征的每个字符称为特征码。所有特征码按照分类编码系统的规则的组合过程，就是零件编码。由于每一个字符代表的是零件的一个特征，而不是一个具体的参数。因此，每种零件的编码不一定是惟一的，即相似的零件可以拥有相同或相近的编码。利用零件的编码可以较容易划分出结构特征相似的零件组来。

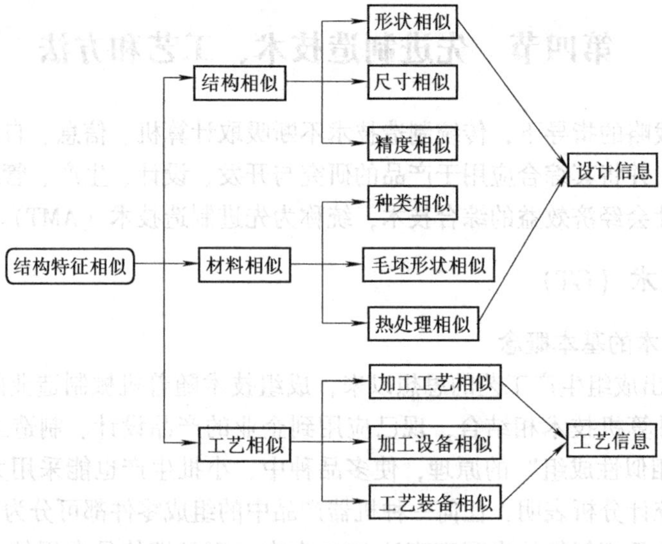

图 11-8 零件结构相似性

德国、英国与日本等国家先后提出了一些分类编码系统。其中德国的奥匹兹（OPITZ）分类编码系统在国际上获得较为广泛的应用，并作为制定其他零件分类编码系统的重要参照依据。在 OPITZ 系统的基础上，我国也建立了 JLBM－1 零件分类编码系统。下面对 OPITZ 分类编码系统作一个简介。

OPITZ 分类编码系统由九位十进制数字代码组成，前五位为主码，用于描述零件的结构形状，又称为形状码，后四位为辅码，用于描述零件的尺寸、材料、毛坯形状及加工精度。每一码位有十个特征码（0～9）分别表示十种零件特征。图 11-9 所示为 OPITZ 编码系统的基本结构示意图。

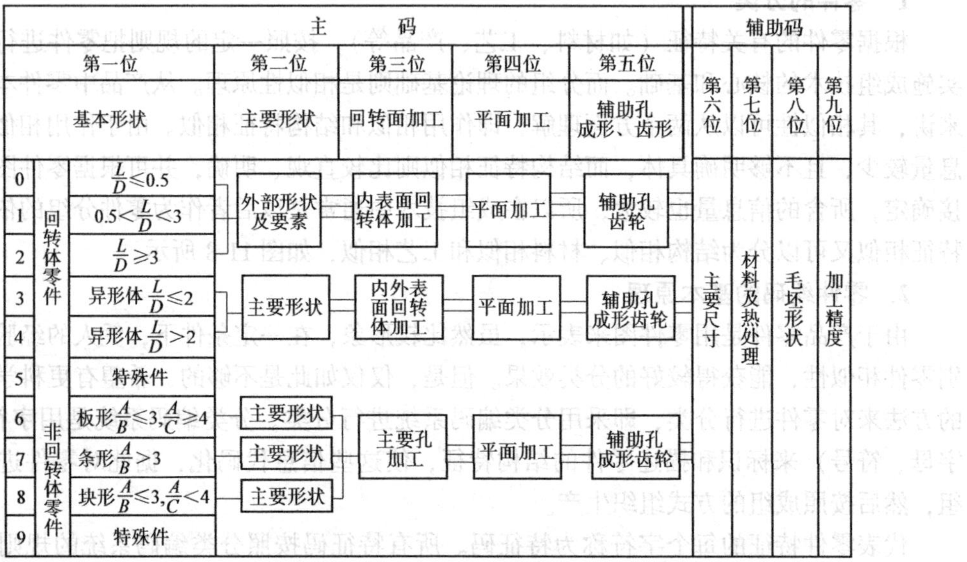
主 码
辅助码
第一位
第二位
第三位
第四位
第五位
第六位
第七位
第八位
第九位
基本形状
主要形状
回转面加工
平面加工
辅助孔 成形、齿形
回转体零件
$\frac{L}{D}\leq 0.5$
$0.5<\frac{L}{D}<3$
$\frac{L}{D}\geq 3$
异形体 $\frac{L}{D}\leq 2$
异形体 $\frac{L}{D}>2$
特殊件
外部形状及要素
内表面回转体加工
平面加工
辅助孔齿轮
主要形状
内外表面回转体加工
平面加工
辅助孔成形齿轮
主要尺寸
材料及热处理
毛坯形状
加工精度
非回转体零件
板形 $\frac{A}{B}\leq 3,\frac{A}{C}\geq 4$
条形 $\frac{A}{B}>3$
块形 $\frac{A}{B}\leq 3,\frac{A}{C}<4$
特殊件
主要形状
主要孔加工
平面加工
辅助孔成形齿轮

图 11-9 OPITZ 系统基本结构图

各码位所描述的特征内容简介如下：

第一位码表示零件的类型。十个特征码（0～9）分别代表十种基本零件类型，特征码0～5代表六种回转体零件，如套筒、齿轮、轴等；特征码6～9代表四种非回转类零件，如盖板、箱体等。其中 D 为回转件的最大直径，L 为其轴向长度；A、B、C 分别为非回转体的长度、宽度和厚度。

第二位表示零件表面的主要形状及其要素。

第三位表示一般回转体的内表面形状及其要素和其他几类零件的回转体加工、内外形状要素、主要孔等特征。

第四位和第五位分别表示平面加工和辅助孔、齿形及成形面加工。

第六位表示零件的主要尺寸。

第七位表示零件材料的种类、强度和及热处理等状况。

第八位表示零件加工前的原始状况。

第九位表示零件上有高精度要求的表面所在的码位。

二、精益生产（LP）

1. 精益生产基本概念

精益生产又称精良生产，是20世纪50年代由日本工程师丰田英二和大野耐一根据当时日本的实际情况——国内市场很小，所需的汽车种类繁多，而又没有足够的资金和外汇购买西方最新技术，在丰田汽车公司创造的一种新的生产方式。这种生产方式既不同于欧洲的单件生产方式，也不同于美国的大批量生产方式，它综合了单件生产与大批量生产方式的优点，使工厂的一切投入都大大减少，新产品的开发时间大大缩短，生产出的产品更多，而且质量更好。这种生产方式到了20世纪60年代已经成熟，从而不仅使丰田，而且使整个日本的汽车工业受益匪浅。

进入20世纪80年代，日本产品依靠高质量、低价格、多品种、优性能等优势，势不可挡地进入世界市场，欧美市场面临着严峻挑战。为了探索其秘密，1985年美国麻省理工学院MIT启动了一个具有重要意义的研究计划——国际汽车研究计划。整个计划历时五年，耗资500万美元，参加研究人员116名，他们对世界各地的近100家汽车制造厂经过研究、分析，提出了精益生产（Lean Production—LP）的概念，并得出一个非常重要的结论：日本经济的腾飞在很大程度上依赖于一种新的生产方式（精益生产）。精益生产的基本概念一经提出，立即在全世界掀起一股研究和推广应用的热潮。研究人员认为，大量流水线的生产方式是旧时代工业化的象征，而精益生产则是新时代工业化的标志。人们普遍认为，精益生产的基本哲理和方法对各种企业都适用，不仅花钱少，而且见效快。精益生产方式对制造业及人类社会都会产生巨大而深远的影响。

2. 精益生产企业的特征

概括精益生产企业的特征，主要有以下几个方面：

（1）以顾客为“上帝”　产品面向顾客，与顾客保持密切联系，将顾客纳入产品开发过程，以多变的产品，以至从价格、质量、交货、速度、售后服务等各个方面尽可能来满足顾客的需求，真正体现顾客是“上帝”的精神。不仅要向顾客提供周到的服务，而且要洞悉顾客的思想和要求，才能生产出适销对路的产品。

（2）以“人”为本　人是企业一切活动的主体。充分发挥企业职工的积极性和创造性，使他们积极为改进产品的质量献计献策，使企业全体职工为“零缺陷”生产而努力。同时，企业应充分珍重职工的劳动，并从制度上保证职工的利益，也应使职工利益与企业的利益挂钩，也应对职工进行爱厂如家的教育。应下放部分权力，使人人有权、有责任、有义务随时解决碰到的问题。还要满足人们学习新知识和实现自我价值的愿望，形成独特的、具有竞争意识的企业文化。

(3) 以“精简”为手段 在组织机构方面实行精简化，采用“分布自适应生产”，提倡面向对象的组织形式，权力下放给项目小组，充分发挥项目组的作用；在岗位与人员方面精简化，去掉一切多余的岗位和人员，必须做到每一个岗位是增值的，每一个岗位的员工是一专多能；在生产制造过程方面简化，采用先进的柔性加工设备，把少批次、大批量生产转变为大批次、少批量生产，最大限度地减少在制品的储存；另外，采用 JIT 和 Kanban 方式管理物流，大幅度减少甚至实现零库存，也减少了库存管理人员、设备和场所。此外，精益不仅仅是指减少生产过程的复杂性，还包括在减少产品复杂性的同时，提供多样化的产品。

(4) Team Work 和并行设计 精益生产强调 Team Work 工作方式进行产品的并行设计。Team Work（综合工作组）是指由企业各部门专业人员为完成某项目任务而组成的多功能设计组。设计小组对产品的开发和设计强调团队精神，其工作包括产品设计、工艺设计、编制预算、材料购置、生产准备及投产等；并强调设计环节与制造环节的信息交流，减少设计和制造的返工，缩短产品的制造周期，提高产品的质量。

(5) JIT 供货方式 JIT 工作方式可以保证最小的库存和最少在制品数。为了实现这种供货方式，应与供货商建立起良好的合作关系，相互信任，相互支持，利益共享。

(6) “零缺陷”工作目标 精益生产所追求的目标不是尽可能好一些，而是“零缺陷”。即最低的成本、最好的质量、无废品、零库存与产品的多样性。当然，这只是一种理想境界，但应无止境地去追求这一目标，才会使企业在竞争中立于不败之地。

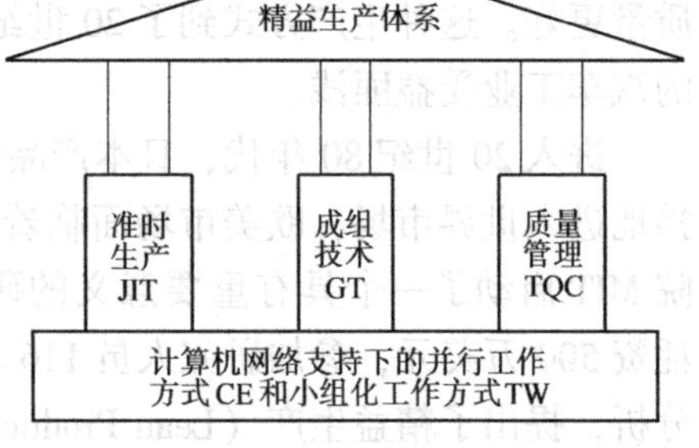

图 11-10 精益生产的体系结构图

3. 精益生产的体系构成

如果把精益生产体系看作一幢大厦，它的基础就是在计算机网络支持下的、以小组方式工作的并行工作方式。在此基础上的三根支柱就是：

1) 全面质量管理（TQC）。它是保证产品质量，达到零缺陷目标的主要措施。

2) 准时生产（JIT）。它是缩短生产周期和降低生产成本的主要方法。

3) 成组技术（GT）。这是实现多品种、按顾客订单组织生产、扩大批量、降低成本的技术基础。

这幢大厦的屋顶就是精益生产体系，如图 11-10 所示。

三、敏捷制造（AM）

1. 敏捷制造的提出

20 世纪 60、70 年代，随着日本工业经济的发展，日本的各种生产管理技术和理论也在不断地走向成熟，JIT（准时生产）、TQC（全面质量管理）等管理方法与理论陆续提出。这些不断发展的理论又反过来支撑着日本经济特别是工业经济的飞速发展，将美国等老牌资本主义国家抛在了身后。因此，1991 年，由美国国防制造技术计划秘书办公室资助，由美国海军制造技术办公室和美国里海（Lehigh）大学的亚柯卡（Iacocca）研究所签订合同，开展未来制造技术发展战略的研究。为此，由亚柯卡研究所和美国13 家大公司的行政首脑组成核心组进行深入研究，并邀请100 多家企业和著名的咨询公司参与研讨，历时半年，形成了一份名为“21 世纪制造企业发展战略"的研究报告，在其中首次提出了敏捷制造新概念。其基本的思想是通过把动态灵活的虚拟组织机构（Virtual Organization）或动态联盟、先进的柔性制造技术和高素质的人员进行全面的集成，从而使企业能够从容应付快速变化和不断变化的市场，获得长期效益。这是一种提高企业竞争能力的全新的制造组织模式。其核心观点是除了学习日本的成功经验外，更要利用美国信息技术的优势，夺回制造工业的世界领先地位。这一新的制造哲理在全世界产生了巨大的反响，并且已经取得了引人瞩目的实际效果。

2. 敏捷制造概念及内涵

美国工程师学会（ASME）主办的《机械工程》杂志1994 年期对敏捷制造进行了如下定义：“敏捷制造就是指制造系统在满足低成本和高质量的同时，对变幻莫测的市场需求的快速反应”。

敏捷制造是在无法预测和持续变化的市场环境中保持并不断提高企业的快速反应和竞争能力，通过综合运用在计算机技术基础上迅猛发展的产品制造、信息集成和通信技术，充分利用企业之间以及企业内部的各种资源，结成针对某种产品开发、设计与制造的全球企业动态联盟，并以最快、最经济的方式开发产品，推向市场。

敏捷制造是一种结构，每个公司都能在这个结构中开发自己的产品，并实施自己的经营战略。构成这个结构的基石是三种基本资源：先进的生产技术、先进的管理技术和高素质的人员。敏捷性源于这三种制造资源的最优配置。其中，生产技术包括敏捷的技术支持、工作过程并行化，设计面向产品的整个生命期，在互联网上采用通用的数据交换标准，实现分布式企业集成和分布式并行操作等特点。管理技术包括多变的动态组织结构、动态联盟等领域。敏捷制造强调人的决定性作用，有知识、有技术的人是企业成功的关键因素，因此通过继续教育和激励机制培养企业雇员的丰富想象力、主动性、创造性和专业技能是敏捷制造不断发展的基础。

企业的敏捷性是企业获得竞争优势，进而取得成功、生存下去的综合能力的表现。敏捷制造作为一种战略，它提供了一个基本框架，按照此框架组织的企业具有敏捷性的基本素质；同时，敏捷制造还是一种哲理、一种指导思想，按照此指导思想企业可进行不断的调整与开拓创新。因此，企业所采取的任何不断增强自身敏捷性的一切活动都可以算作是实施了敏捷制造。

3. 敏捷制造的特点

敏捷制造（Agile Manufacturing—AM）是美国为重振其在制造业中的领导地位而提出的一种新的制造模式。它的特点可概括为：通过先进生产技术、先进的管理技术和高素质人员的集成，着眼于获取企业的长期经济效益；用全新的产品设计和产品生产的组织管理方法，来对市场需求和用户要求做出灵敏和有效的响应。具体地讲，它具有以下特点：

（1）对产品开发、设计、制造全过程的要求　敏捷制造采用柔性化、模块化的产品设计方法和可重组的工艺设备，使产品能根据用户的需求进行改变，并借助仿真技术进行产品性能和制造过程仿真，让用户很方便地参与设计，从而很快地生产出满足用户需要的产品。

(2) 多变的动态组织结构　21世纪衡量竞争优势的准则在于企业对市场反应的速度和满足用户的能力。而要提高这种速度和能力，必须以最快的速度与最佳的方式把企业内部的优势和企业外部不同公司的优势组织起来，成为灵活的经营实体，即虚拟公司。

所谓虚拟公司，是一种利用信息技术打破时空阻隔的新型企业组织形式。它一般是某个企业为完成一定项目任务而与供货商、销售商、设计单位或设计师，甚至与用户所组成的经营组织。选择这些合作伙伴的依据是他们的专长、竞争能力和商誉。这样，虚拟公司能把与项目任务有关的各领域的精华力量集中起来形成最佳组合，单个公司是无法比拟的。当既定项目一旦完成，公司即行解体。一旦出现新的市场机会，再重新组建新的虚拟公司。

虚拟公司这种动态组织结构，加速了产品的开发速度与产品更新换代的速度，大大缩短了产品上市时间，产品质量也会大大提高，也能大大降低公司开支，增加收益。虚拟公司不仅已成为企业重新建造自己生产经营过程的一个步骤，而且虚拟公司是企业创新发展与可持续发展的一种手段。

(3) 战略着眼点在于长期获取经济效益　传统的大批量生产企业，其竞争优势在于规模生产，产生规模效益，即依靠大量生产同一产品，以减少每个产品所分摊的制造费用和人工费用，来达到降低产品的成本，使企业具有较好的效益。敏捷制造是采用先进制造技术和具有高度柔性的生产线进行生产，这些具有高柔性、可重组的生产线可用于多种产品，不需要像大批量生产那样要求在短期内收回投资。可在较长的一段时间内获取经济效益，所以它可以使生产成本与批量无关，能做到完全按需生产，充分把握市场中的每一个盈利时机，使企业长期有能力获取经济效益。

(4) 实现技术、管理和人的有效集成　敏捷制造企业需要充分利用分布在各地的各种资源，把这些资源有效地集中在一起，以及把企业中的生产技术、管理和人员有效、相互协调地集成到一起。为此，必须建立新的标准结构来支持这一集成。这些标准结构内容包括大范围的通信基础结构、信息交换标准等硬件和软件。

(5) 充分利用人的因素，强调以“人”为中心　敏捷制造提倡以“人”为中心的管理。有研究表明，影响敏捷制造企业竞争力的最重要因素是工作人员的专业技能和创造力，而不是设备。工作人员的积极性越高、创造和响应能力越强，企业取得成功的可能性就越大。因此，敏捷制造企业为了充分发挥人的主动性和创造性，强调用分散决策代替集中控制，用协商机制代替递阶控制机制。把权力下放到项目组，提倡“基于统观全局的管理”模式，要求各个项目组都能了解全局的远景，胸怀企业全局，明确工作目标和任务的时间要求，但完成任务的中间过程则由项目组自主决定。

四、并行工程（CE）

传统的产品开发组织形式是一种串行工程形式，在设计的先期不能充分考虑到后期的制造与产品质量可靠性等多种因素，致使制造出来的产品质量不稳定以及不能达到最优，并造成产品开发周期长、成本高，难以满足激烈的市场竞争的需要。1988年，美国防御分析研究所以武器生产为背景，对传统的生产模式进行了分析，系统地、完整地提出了并行工程的概念，即并行工程是集成地、并行地设计产品及其相关过程（包括制造过程和支持过程）的系统方法。这种方法要求产品开发人员在一开始就考虑产品整个生命周期中从概念形成到产品报废的所有因素，包括质量、成本、进度计划和用户要求等。并行工程是一种企业组织、管理和运行的先进设计、制造模式；是采用多学科团队和并行过程的集成化产品开发模式。它把传统的制造技术与计算机技术、系统工程技术和自动化技术相结合，在产品开发的早期阶段全面考虑产品生命周期中的各种因素，力争使产品开发能够一次获得成功，从而缩短产品开发周期，提高产品质量，降低产品成本，如图 11-11 所示。

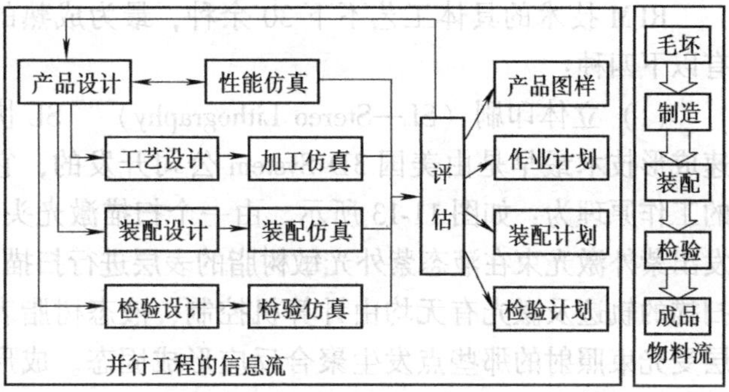

图 11-11　并行工程的内涵及组成

并行工程的特点主要表现在以下几方面：

1）团队工作，团队精神和工作方式。

2）产品开发的成功性。

3）设计过程的并行性。

4）设计过程的系统性。

5）设计过程的快速反馈。

五、快速成形技术（RPM）

1. RPM 技术产生背景

随着全球市场一体化的形成，制造业的竞争越来越激烈，产品的开发速度日益成为市场竞争的主要焦点。在此情况下，自主快速开发产品（快速设计和快速工模具制造）的能力，成为制造业全球竞争的实力基础。同时，制造业为满足日益变化的用户需求，又要求制造技术有较强的灵活性，能够以小批量甚至单件生产而不增加产品的成本。因此，开发产品的速度和制造技术的柔性就显得十分重要。从技术发展角度看，计算机、CAD、材料、激光等技术的发展为新的制造技术的产生奠定了基础。快速成型制造技术（RPM - Rapid Prototyping Manufacturing）就是在这种社会背景下，于20世纪80年代后期产生于美国，并很快扩展到日本及欧洲，是近20年来制造技术领域的一项重大突破。

2. 快速成形定义

目前，“Rapid Prototyping”一词已不能完全表达出各种成形系统、成型材料及成形工艺等所包含的内容。因此，关于什么是“Rapid Prototyping”，美国制造工程师协会（SME）对 RP 技术进行了定义：“RP 系统依据三维 CAD 模型数据、CT 和 MRI 扫描数据和由三维实物数字化系统创建的数据，把所得数据分成一系列二维平面，又按相同序列沉积或固化出物理实体”。

3. 快速成形原理

首先由三维 CAD 软件设计出所需要零件的计算机三维曲面或实体模型（亦称电子模型）；然后根据工艺要求，按一定的规则在 z 向将其按某一厚度进行分层，将原来的三维电子模型变成一系列的二维平面信息；再将分层后的数据进行一定的处理，加入合适的加工参数，产生数控代码；最后在微机控制下，数控系统以平面加工方式，连续有序地加工出每个层片，并使它们自动粘接而成型。图 11-12 所示为快速成形原理框图。

4. 快速成形工艺方法

RPM 技术的具体工艺不下 30 余种，最为成熟的有以下四种：

（1）立体印刷（SL—Stereo Lithography） SL 快速成形技术最早是由美国 3D System 公司开发的，它的工作原理为：如图 11-13 所示，由一个扫描激光头，发出紫外激光束在液态紫外光敏树脂的表层进行扫描，扫描的轨迹及激光有无均由计算机控制，液态树脂表层受光束照射的那些点发生聚合反应形成固态。成形开始时，工作平台在液面下一个确定的深度，液面始终处于激光的聚焦平面，聚焦后的光斑在液面上按计算机的指令逐点扫描，即逐点固化。当一层扫描完成后，未被照射的地方仍是液态树脂。然后升降台带动平台下降一层高度，已成形的层面上又布满一层树脂，以便进行第二次扫描，新固化的一层牢固地粘在前一层上。如此重复进行直至三维零件制作完毕。

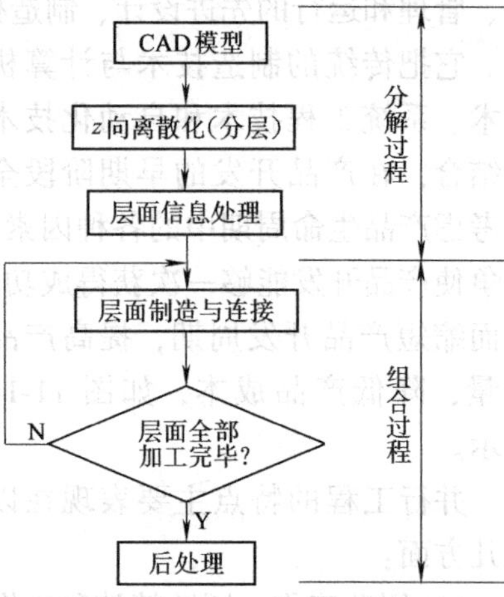

图 11-12 快速成形原理框图

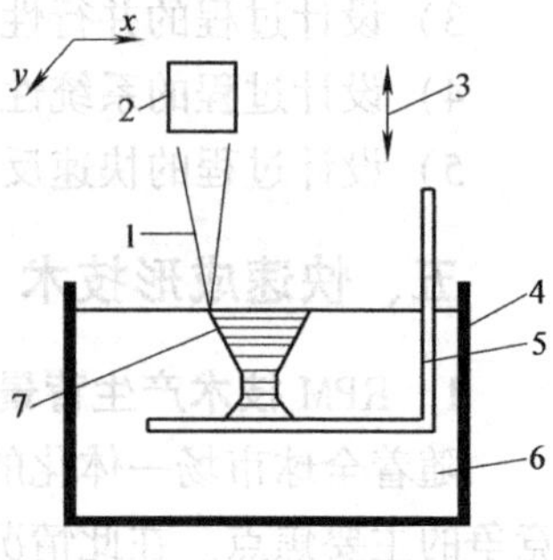

图 11-13 SL 工艺方法原理图

1—激光束 2—扫描镜 3—z 轴升降方向 4—树脂槽 5—升降台 6—光敏树脂 7—零件

（2）分层实体制造（LOM—Laminated Object Manufacturing） LOM 快速成形技术最早是由美国 Helisys 公司开发的。该项技术将薄片材料，如纸、塑料薄膜等一层一层地堆叠起来，激光束只需扫描和切割每一层的边沿，而不必像 SL 技术那样，要对整个表面层进行扫描，如图 11-14 所示。它的工作原理是：片材表面事先涂覆上一层热熔胶，加工时，热压辊热压片材，使之与下面已成形的工件粘接；在计算机控制下，CO_2 激光器在刚粘接的新层上切割出零件截面轮廓和工件外框，并在截面轮廓与外框之间多余的区域内切割出上下对齐的网格；激光切割完成后，工作台带动已成形的工件下降，与带状片材分离；供料机构转动收料轴和供料轴，带动料带移动，使新层移到加工区域；工作台上升到加工平面；热压辊热压，工件的层数增加一层，高度增加一个料厚；再在新层上切割截面轮廓。如此反复直至零件的所有截面粘接、切割完毕，从而得到分层制造的实体零件。

LOM 模型相当坚固，它可以进行机械加工、打磨、抛光、绘制、加涂层等各种形式的加工。

目前用于 LOM 技术的箔材主要有涂覆纸、覆膜塑料、覆蜡陶瓷箔、覆膜金属箔等。

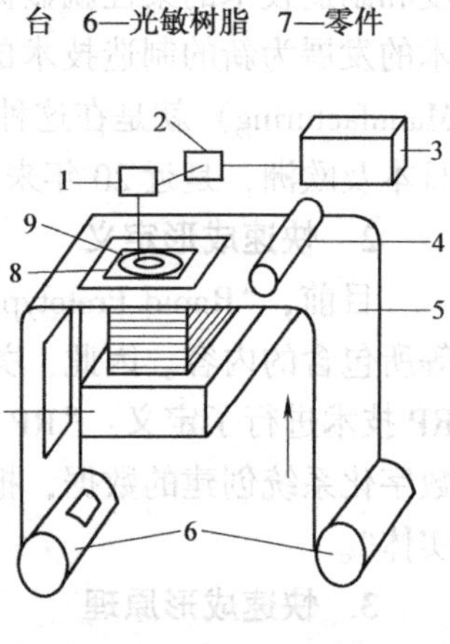

图 11-14 LOM 法原理图

1—x-y 扫描系统 2—光路系统 3—CO_2 激光器 4—热压滚筒 5—原料片 6—原料回收、供应卷 7—工作平台 8—外形及剖面线 9—零件原形

（3）选择性激光烧结（SLS—Selective Laser Sintering） SLS 技术最早由美国得克萨斯大学开发，并由 DTM 公司将其推向市场。SLS 工艺是利用粉末状材料成形的。其原理为：如图 11-15 所示，将材料粉末铺洒在已成形零件的上表面，并

刮平；在计算机的控制下，用高强度的 CO_2 激光器在刚铺的新层上扫描出零件截面；材料粉末在高强度的激光照射下被烧结在一起，得到零件的截面，并与下面已成形的部分粘接；一层完成后再进行下一层，循环往复，全部烧结完成后，去除多余的粉末，便得到烧结成的零件。

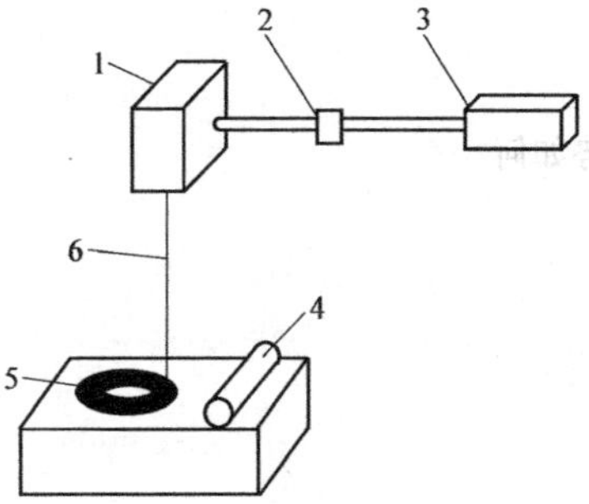

图 11-15　SLS 法原理图

1—扫描镜　2—透镜　3—CO_2 激光器

4—平整辊　5—零件原形　6—激光束

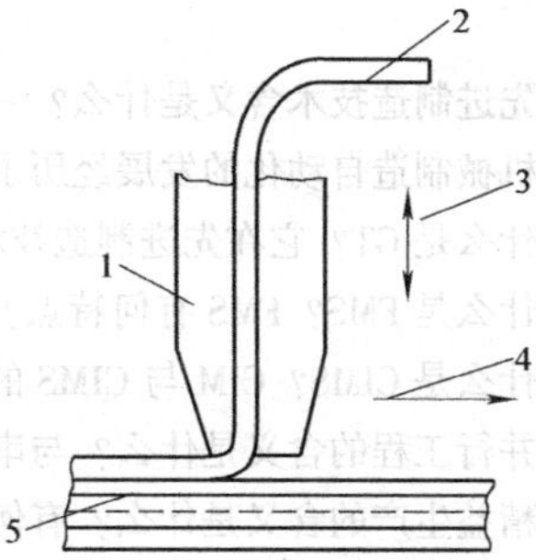

图 11-16　FDM 法原理图

1—加热装置　2—料丝　3—z 向运动　4—x-y 联动　5—零件原形

（4）熔融沉积成形（FDM—Fused Deposition Modeling）　熔融沉积成形 FDM 工艺由美国学者 Dr. Scott Crump 于 1988 年研制成功。它是一种不使用激光器加工的方法。其原理：如图 11-16 所示，喷头在计算机控制下作 x—y 联动及 z 向运动，丝材在喷头中被加热到温度略高于其熔点，通过带有一个微细喷嘴的喷头挤喷出来。热熔性材料的温度始终稍高于固化温度，而成形的部分温度稍低于固化温度。热熔性材料挤喷出喷嘴后，随即与前一个层面熔结在一起。一个层面沉积完成后，工作台按预定的增量下降一个层的厚度，再继续熔喷沉积，直至完成整个实体零件。

FDM 工艺的热熔性材料一般为 ABS、蜡、聚乙烯、聚丙烯等。

六、虚拟制造技术（VMT）

虚拟制造技术的基本思想是在产品制造过程的设计阶段就进行对产品制造全过程的虚拟集成，将全过程可能出现的问题解决在这一阶段，通过设计的最优化达到产品的一次性制造成功。

VMT 是由多学科知识形成的综合系统技术，其本质是以计算机支持的仿真技术为前提，对设计、制造等生产过程进行统一建模，在产品设计阶段，适时地、并行地模拟出产品未来制造全过程及其对产品设计的影响，预测产品性能、产品制造技术、产品的可制造性、产品的可装配性，从而更有效、更经济地、柔性灵活地组织生产，增强决策与控制水平，有力地降低由于前期设计给后期制造带来的回溯更改，以达到产品的开发周期和成本的最小化，产品设计质量的最优化，生产率的最高化。因此，虚拟制造技术可以理解为：在计算机上模拟产品的设计与制造过程。借助于建模和仿真技术，在产品设计时，就可以把产品的工艺过程设计、零件加工过程、装配过程、作业计划、生产调度、库存管理、生产管理以及成本核算和零部件采购等生产活动显示在计算机上，使产品在设计阶段就能全面确定设计和生产的合理性与可行性。虚拟制造技术是一种软件技术，把企业的生产和管理活动的过程与结果在产品投入生产之前就在计算机上加以显示和评价，使设计员和工程师能够及时发现可能发生的问题和出现的后果。借助于计算机的仿真技术，使得人们能够在真实地生产产品之前虚拟地制造产品。虚拟制造技术不消耗现实资源和能量，所进行的过程是虚拟过程，所生产的产品也是虚拟的，因此，虚拟制造技术的应用将会对未来制造业的发展产生深远影响。

习 题

11-1 先进制造技术含义是什么？

11-2 机械制造自动化的发展经历了哪几个阶段？发展趋势如何？

11-3 什么是GT？它在先进制造技术中起什么作用？

11-4 什么是FMS？FMS有何特点？

11-5 什么是CIMS？CIM与CIMS的区别与联系是什么？

11-6 并行工程的含义是什么？与串行工程相比有何特点？

11-7 精益生产的含义是什么？有何特点？

11-8 敏捷制造的含义是什么？有何特点？

11-9 智能制造的含义是什么？有何特点？

参考文献

1 孙大涌主编．先进制造技术．北京：机械工业出版社，2000
2 任家隆主编．机械制造技术．北京：机械工业出版社，2000
3 盛定高主编．现代制造技术概论．北京：机械工业出版社，2003
4 张根保主编．自动化制造系统．北京：机械工业出版社，1999
5 盛晓敏等主编．先进制造技术．北京：机械工业出版社，2000
6 王丽英主编．机械制造技术．北京：中国计量出版社，2003
7 蔡建国，吴祖育主编．现代制造技术导论．上海：上海交通大学出版社，2000
8 华健编著．现代汽车制造工艺学．上海：上海交通大学出版社，2002
9 黄鹤汀，吴善元主编．机械制造技术．北京：机械工业出版社，1997
10 刘飞主编．先进制造系统．北京：中国科学技术出版社，2001
11 陈明主编．机械制造技术．北京：北京航空航天大学出版社，2001
12 陈立德主编．机械制造技术．上海：上海交通大学出版社，2000
13 吉卫喜主编．机械制造技术．北京：机械工业出版社，2001
14 李伟光，王卫平．现代制造技术．北京：机械工业出版社，2001
15 刘越主编．机械制造技术．北京：化学工业出版社，2003
16 颜永年主编．先进制造技术．北京：化学工业出版社，2002
17 张世琪，李迎，孙宇等编著．现代制造引论．北京．科学出版社，2003

《汽车制造工艺学》信息反馈表

尊敬的老师：

您好！感谢您多年来对机械工业出版社的支持和厚爱！为了进一步提高我社教材的出版质量，更好地为我国高等教育发展服务，欢迎您对我社的教材多提宝贵意见和建议。另外，如果您在教学中选用了本书，欢迎您对本书提出修改建议和意见。

一、基本信息

姓名：________ 性别：______ 职称：________ 职务：__________

邮编：________ 地址：____

任教课程：____________ 电话：________—________（H）________（O）

电子邮件：________________________________ 手机：___________

二、您对本书的意见和建议

（欢迎您指出本书的疏误之处）

三、您对我们的其他意见和建议

请与我们联系：

100037　北京百万庄大街22号·机械工业出版社·高教分社　赵编辑　冯编辑 收

Tel：010—8837 9712，8837 9715（O），6899 4030（Fax）

E-mail：ainingzhao@ sohu. com，fcs8888@ sohu. com